KB053533

新選明文東洋古典大系

新完譯

世說新語(下)

劉義慶 撰
安吉煥 譯

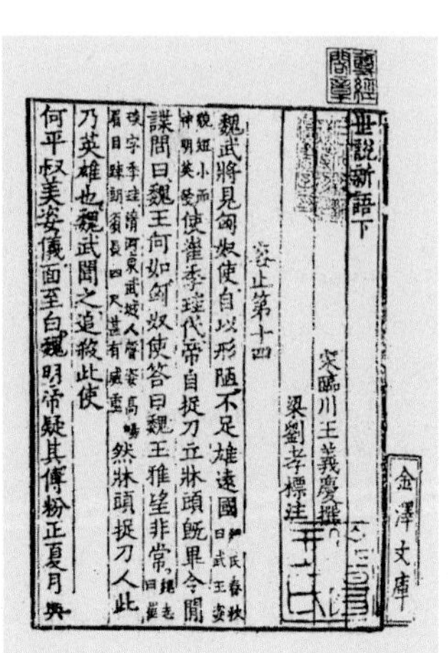

世說新語下
宋臨川王義慶撰
梁劉孝標注
容止第十四
魏武將見匈奴使，自以形陋，不足雄遠國，魏氏春秋曰武王姿貌短小而神明英發
使崔季珪代，帝自捉刀立牀頭。既畢，令間
諜問曰：魏王何如？匈奴使答曰：魏王雅望非常，魏志曰
琰字季珪清河東武城人聲姿高暢眉目疏朗須長四尺甚有威重
然牀頭捉刀人，此
乃英雄也。魏武聞之，追殺此使。
何平叔美姿儀，面至白，魏明帝疑其傅粉。正夏月，與

明文堂

▲ 한(漢) 무제상(武帝像)

▲ 칠보시(七步詩)를 짓는 동아왕(東阿王) 조식(曹植
위(魏) 문제(文帝)는 동생인 조식에게 일곱 걸음을 걷
는 동안 시를 지으라 하였다.

◀ 왕명군(王明君[王
昭君])이 흉노 땅으
로 시집가는 그림
한(漢) 원제(元帝
때의 왕소군 이야기
는 문학 작품에서
애절(哀切)한 제재
(題材)로 자주 등장
한다.

사마선왕(司馬宣王) 사마의(司馬懿)

동진(東晉) 원제(元帝[司馬睿])

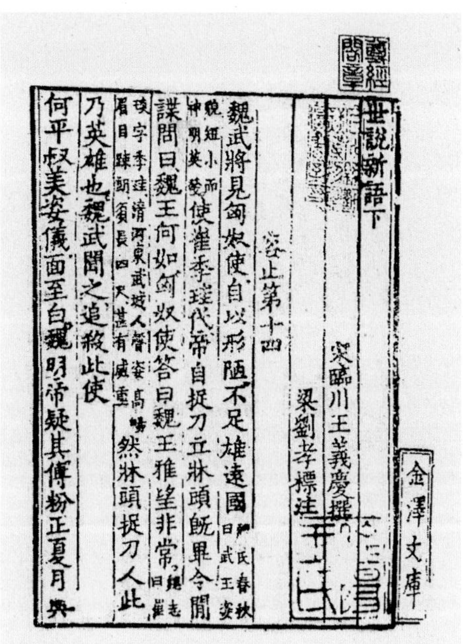

世說新語下

梁臨川王義慶撰

梁劉孝標注

容止第十四

魏武將見匈奴使自以形陋不足雄遠國魏氏春秋曰武王姿貌短小而神明英發使崔季珪代帝自捉刀立牀頭既畢令間諜問曰魏王何如匈奴使答曰魏王雅望非常魏志曰崔琰字季珪清河東武城人聲姿高暢眉目疏朗鬚長四尺甚有威重然牀頭捉刀人此乃英雄也魏武聞之追殺此使

何平叔美姿儀面至白魏明帝疑其傅粉正夏月與

金澤文庫

▲ 세설신어 하(下) 영인본

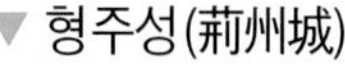

▼ 형주성(荊州城)

◀ 서주(徐州)의 운룡산(雲龍山)

▶ 말을 사육하는 그림 거연(居延) 한묘(漢墓)에서 출토

▼ 여사잠도권(女史箴圖卷)의 한 장면 거울을 보는 궁정부인. 고장강(顧長康[顧愷之]) 그림

머리말

이 《세설신어》가 배경으로 하고 있는 위진시대(魏晋時代 : 220~420년) 2백 년 간은 당시의 사대부(士大夫) 지식인들에게 있어 굉장한 수난(受難)의 시대였다. 내부로는 제위(帝位) 찬탈의 투쟁이 이어졌고 외부로는 북방 이민족의 침입이 창궐하여 부득이 강남(江南) 땅으로 민족 대이동을 해야 하는 등, 그 혼란상은 춘추전국시대(春秋戰國時代)의 동란에 못지않았던 것이다.

권력을 수중에 넣은 새 지배자는 여론을 형성해 나가는 데 영향을 끼치는 지식인층을 자기 진영으로 끌어모으기 위해 갖가지 수단을 동원했다. 동시에 이런 움직임에 반항하고자 하는 지식인들의 일거수일투족에도 눈길을 곤두세우고 있었다.

한편 지식인들도 이런 갖가지 억압에서 벗어나 굳세게 살아갔다. 때로는 반항하는 직접적 행동으로 나오고, 때로는 예법을 무시하고 기묘한 행동을 했다. 죽림칠현(竹林七賢)으로 대표되는 탈속적(脫俗的) 행위는 유동하는 상황 속에서 견디어내기 위한 '연기(演技)'에 지나지 않았다. 물론 그 형식이야 다르지만 권력자들도 '연기'를 몸에 익히어 지배권을 확립하고자 하였다.

《세설신어》는 이처럼 혼미한 시대에 생존을 걸고 여러 가지 '연기'를 연출하고 갖가지 개성을 발휘한 대표적 인물의 일화를 집대성한 것이며, 이른바 위진(魏晋)의 풍격(風格)이 어떠했던 것인지를 구체적·사실적으로 전해주고 있다.

여기에 모은 일화들은 그 모두가 반드시 사실이 아니라고는 하지만 상당히 많은 사실들을 전해주고 있으며 사료적(史料的) 가치로서뿐만 아니라 문학작품으로서도 뛰어난 완성도를 보여주고 있다. 또한 이해하기 쉬운 단문(短文) 형식으로서 뉘앙스가 풍부한 여러 가지 일화가 실려 있어서 씹으면 씹을수록 맛이 있는 표현들이다.

그뿐 아니라 여기에 그려져 있는 인간상(人間像)은 복잡하고 굴절된 성격과 심리를 갖추고 있어서 우리 현대인들에게도 단순한 흥미 이상의 생생한 교훈을 주고 있다. 그러기에 후대 중국인 사대부들의 인격 형성에도 어떤 종류의 영향을 주었다는 말도 결코 헛된 말이 아니다.

이 《세설신어》는 남조(南朝)인 송(宋)나라 유의경(劉義慶)이 편집하고, 역시 남조인 양(梁)나라 유효표(劉孝標)가 내용을 보충하는 한편 주를 단 것이 오늘날 전해온다. 옛날에는 《세설(世說)》 또는 《세설신서(世說新書)》라고 했었다. 〈덕행(德行)〉 〈언어(言語)〉 〈정사(政事)〉 등 모두 36편으로 되어 있는 이 《세설신어》는 '등용문(登龍門)' '군계일학(群鷄一鶴)' 등 명언들의 출전이기도 하다.

끝으로 이 졸역(拙譯)을 허물치 않고 상재(上梓)해 주신 명문당(明文堂) 김동구(金東求) 사장님과 관계직원 여러분께 심심한 감사의 뜻을 전한다.

2004년 1월
편역자 씀

일러두기

1. 송본(宋本)·원본(袁本) 등 두 가지를 대조해보아도 의미가 통하지 않는 곳은 원문은 그대로 두되 정사(正史)와 《태평어람(太平御覽)》, 기타 서적을 참고하여 번역문의 뜻이 통하게 하였고, 그 요지를 끝에 적었다.

2. 유주(劉注)는 활자 급수를 작게 하여 따로 실었다. 원래 이 유주는 본문 사이에 끼워져 있는 것인데 편의상 뒤로 미루고 원래 있던 곳에 (1) (2) (3) …… 등의 어깨번호를 넣어서 구별하였다.

3. 주해(註解)는 본디 유주(劉注)에 있는 것도 있는데, 가급적 간략하게 적었다.

4. 번역문은 현대인들이 이해하기 쉽도록 의역한 곳도 있다.

5. 이 책은 원서(原書)에 따라 상·중·하권으로 나누었다.

세설신어世說新語 하下

차 례

용 지
容 止
………
제14

1. 위(魏) 무제(武帝 : 曹操)는 흉노(匈奴)의 사자(使者)를 인견코자 할 때, 자신은 용모가 보잘것없으므로 먼 나라를 위압할 수 없을 것으로 생각하고[(1)] 최계규(崔季珪 : 崔琰)로 하여금 대신케 하고, 그 자신은 칼을 차고 어좌(御座) 옆에 서 있었다. 회견이 끝나자 "위왕(魏王)은 어떠하십니까?"라며 첩자(諜者)를 시키어 물어보게 하였다. 흉노의 사자가 대답했다. "위왕의 풍채는 아주 훌륭하십니다만[(2)] 어좌 옆에 칼을 들고 있는 사람, 그 사람이야말로 영웅입니다." 위나라 무제는 이 말을 듣자 곧 추격하여 그 자를 죽였다.

원문| **魏武將見匈奴使. 自以形陋, 不足雄遠國.[(1)] 使崔季珪代, 帝自捉刀立牀頭. 旣畢, 令間諜問曰, 魏王何如. 匈奴使答曰, 魏王雅望非常.[(2)] 然牀頭捉刀人, 此乃英雄也. 魏武聞之, 追殺此使.**

(1) 《위씨춘추(魏氏春秋)》에 이런 이야기가 있다. '무왕(武王 : 曹操)은 몸이 왜소했는데 그 영명함은 매우 빛났다.'

魏氏春秋曰, 武王姿貌短小, 而神明英發.

(2) 《위지(魏志)》에 이런 말이 있다. '최염(崔琰)의 자는 계규(季珪)이며 청하(淸河) 동무성(東武城) 사람이다. 목소리도 모습도 기품이 있었고 점잖았으며 미목(眉目)이 수려하고 수염의 길이는 4척(尺) ―. 굉장히 위엄이 있었다.'

魏志曰, 崔琰字季珪, 淸河東武城人. 聲姿高暢, 眉目疎朗, 鬚長四尺, 甚有威重.

주해 ㅇ容止(용지)―'지(止)'자는 《시경(詩經)》 〈용풍(鄘風)〉 '상서(相鼠)'의 시에 '사람이 버릇이 없다(人而無止)'는 구절이 있으며 정현(鄭玄)은 '지(止)는 용지(容止)'라고 주(注)를 달았다. 또 《시경》 〈소아(小雅)〉 '소민(小旻)'의 정전(鄭箋)에는 '지(止)는 예(禮)이다'라고 되어 있다. 《예기(禮記)》 〈월령편(月令篇)〉의 '그 용지(容止)를 계(戒)하는 자가 있다면' 운운에 정현은 '용지(容止)는 즉 동정(動靜)과 같다'고 주를 달았으며 《효경(孝經)》 〈성치장(聖治章)〉에 '용지(容止)는 가관(可觀)'이라고 했는데 정현의 주에는 '위의(威儀)는 예(禮) 가운데에 있다. 고로 볼만하게 하다'고 했다. 한편 《광아(廣雅)》 석음(釋音)이나 《광운(廣韻)》에도 '지(止)는 예(禮)이다'라고 했다. 따라서 용(容)도 지(止)도 거의 같은 의미가 되며 용지(容止)란 위의가 있는 올바른 자세라든가 행동이란 뜻을 가지고 있을 것으로 생각된다. 그런데 이 《세설신어》 〈용지편〉에는 무릇 용모와 풍채에 중점을 둔 이야기가 수록되어 있으니 육조기(六朝期)에 있어, 용모와 풍채가 얼마나 중시되고 있었는지를 전해주고 있다.

ㅇ魏志(위지)―《삼국지(三國志)》 권12 〈최염전(崔琰傳)〉.

2. 하평숙(何平叔 : 何晏)은 용모가 준수하고 얼굴이 몹시 희었다. 위(魏) 명제(明帝 : 曹叡)는 그가 분을 바르고 있는 게 아닌가 의심하

여 한여름날에 뜨거운 국수를 먹였다. 하안은 국수를 다 먹자 땀을 많이 흘렸는데 주의(朱衣)로 닦아냈건만 얼굴은 하얗게 번쩍이고 있었다.(1)

원문| 何平叔美姿儀, 面至白. 魏明帝疑其傅粉, 正夏月, 與熱湯麩. 旣噉, 大汗出, 以朱衣自拭, 色轉皎然.(1)

(1) 《위략(魏略)》에 이런 이야기가 있다. '하안(何晏)은 자기 용모에 자신감이 있어서 행동할 때면 언제나 분을 손에서 떼지 아니했고 걸어가면서도 자기 모습을 (그림자를) 돌아보았다'고 한다.
생각하건대 이 글에 의하면 하안의 미모는 외식에 대한 것이다. 더구나 하안은 궁중에서 자라났고, 황제와 함께 성장했다. 어찌 그 용모를 의심하여 시험을 해보고서야 비로소 밝혀졌다고 할 수 있겠는가?
魏略曰, 晏性自喜, 動靜粉帛不去手, 行步顧影.
按此言, 則晏之妖麗, 本資外飾. 且晏養自宮中, 與帝相長. 豈復疑其形姿, 待驗而明也.

주해| ㅇ明帝(명제)－《북당서초(北堂書鈔)》 권135에서 인용한 《어림(語林)》에는 '문제(文帝)'로 적고 있다. ㅇ湯麩(탕병)－병(麩)은 병(餠)과 같음. 탕병은 밀가루로 만들어서 끓인 것. 《사물기원(事物紀原)》 주례음식부(酒醴飮食部), 탕병조(湯餠條)에 '위진시대(魏晋時代)에 세상에서 탕병(湯餠) 먹기를 좋아했다. 오늘날의 색병(索餠)이 이것이다. 《어림》에 위(魏) 문제(文帝)가 하안(何晏)에게 열탕병(熱湯餠)을 주었다고 했는데 그것이 곧 이것이다. 한위(漢魏)시대에 생겨난 것이다'라고 되어 있다.
ㅇ粉帛(분백)－분백(粉白)과 같다. 가루분.
ㅇ養自宮中(양자궁중)－하안은 위나라 궁중에서 자라났다. 〈숙혜편(夙慧篇)〉 2 참조.

3. 위(魏) 명제(明帝 : 曹叡)는 황후의 동생인 모증(毛曾)을 하후현(夏侯玄)과 나란히 앉혔다. 당시 사람들은 말했다. "갈대가 옥수(玉樹)에 기대고 있군."(1)

원문| 魏明帝使后弟毛曾, 與夏侯玄共坐. 時人謂, 蒹葭倚玉樹.(1)

(1) 《위지(魏志)》에 이런 이야기가 있다. '하후현(夏侯玄)이 황문시랑(黃門侍郎)이었을 때 모증(毛曾)과 나란히 자리에 앉았다. 하후현은 이 일을 매우 부끄럽게 생각했는데 모증은 얼굴에 기쁜 빛이 나타났다. 명제는 이 일을 못마땅하게 여기어 하후현을 우림감(羽林監)으로 좌천시켰다.'

魏志曰, 玄爲黃門侍郞, 與毛曾並坐. 玄甚恥之, 曾說形於色. 明帝恨之, 左遷玄爲羽林監.

주해| ㅇ后(후) - 명제(明帝)의 도모황후(悼毛皇后). 《삼국지(三國志)》 권5에 전(傳)이 있음.

ㅇ魏志(위지) - 《삼국지》 권9 〈하후현전(夏侯玄傳)〉.

ㅇ曾說形於色(증열형어색) - 《삼국지》 〈하후현전〉에는 '불열형지어색(不悅形之於色)'이라고 되어 있다.

ㅇ羽林監(우림감) - 우림(羽林)은 천자의 숙위(宿衛)를 맡아보는 근위병. 후한(後漢)시대 이후에는 좌우의 우림감이 두어졌다.

4. 당시 사람들이 비판하여 말했다. "하후태초(夏侯太初 : 夏侯玄)는 환하게 빛이 나서 해와 달을 가슴속에 품고 있는 것 같다. 이안국(李安國 : 李豐)은 흔들거리어 당장에라도 옥산(玉山)이 무너지려는 것 같다."(1)

원문 時人目, 夏侯太初朗朗如日月之入懷. 李安國頹唐如玉山之將崩.(1)

(1) 《위략(魏略)》에 이런 이야기가 있다. '이풍(李豊)의 자는 안국(安國)이며 위위(衛尉) 이의(李義)의 아들이다. 인물 감정을 잘하여 세상 사람들의 주목을 받았다. 명제(明帝 : 曹叡)가 오(吳)나라에서 항복해온 자에게 강동(江東) 땅에서 중원(中原)의 명사로 일컬어지는 자가 누구냐고 물으니 이안국이라고 대답했다. 이때 이풍은 황문랑(黃門郎)으로서 이름을 이선(李宣)이라고 고치고 있었다. 황제가 이안국의 거처를 묻자 좌우에 있던 공경(公卿)들은 즉석에서 그것은 이풍을 가리키는 것이라며 자세하게 대답했다. 황제는 말했다. "이풍의 이름은 오월(吳越)에까지도 떨치고 있단 말인가?" 벼슬하여 중서령(中書令)에 이르렀으며 진왕(晋王 : 司馬師)에 의해 주살당했다.'

魏略曰, 李豊字安國, 衛尉李義子也. 識別人物, 海內注意. 明帝得吳降人, 問江東聞中國名士爲誰, 以安國對之. 是時, 豊爲黃門郎, 改名宣. 上問安國所在, 左右公卿卽具以豊對. 上曰, 豊名久被於吳越邪. 仕至中書令, 爲晉王所誅.

주해 ㅇ頹唐(퇴당)－의기소침하여 무너질 것 같은 모습.

ㅇ爲晋王所誅(위진왕소주)－이풍(李豊)은 장집(張緝) 등과 함께 진왕(晋王) 사마사(司馬師)를 죽이고 하후현(夏侯玄)에게 정권을 잡도록 하려다가 실패하고 도리어 사마사에게 죽음을 당했다(《삼국지》 권9 〈하후현전〉).

5. 혜강(嵇康)은 신장이 7척 8촌, 풍모가 특히 빼어났었다.(1) 그를 보는 사람은 감탄하며 말했다. "깔끔하고 엄숙하며 상쾌하고 청준(淸

俊)하도다.” 또 어떤 사람은 말했다. “쏴아하고 소나무 밑에 바람이 공중 높이 불어가는 것 같도다.” 산공(山公 : 山濤)이 말했다. “혜숙야(嵇叔夜 : 혜강)의 사람 됨됨이는 울퉁불퉁한 한 그루 소나무가 서있는 것 같다. 그것이 술에 취하는 날에는 흔들거리며 넘어지는데 옥산(玉山)이 무너지는 것같이 된다.”

원문| **嵇康身長七尺八寸, 風姿特秀.**(1) **見者歎曰, 蕭蕭肅肅, 爽朗清擧. 或云, 肅肅如松下風高而徐引. 山公曰, 嵇叔夜之爲人也, 巖巖若孤松之獨立. 其醉也, 傀俄若玉山之將崩.**

(1) 《혜강별전(嵇康別傳)》에 이런 이야기가 있다. ‘혜강은 신장이 7척 8촌, 그 용모가 빼어났다. 육신을 토목(土木)처럼 다루고 자기 몸을 꾸미는 일이 없었지만 그 용봉(龍鳳)과 같이 빼어난 용모는 타고난 자연스러운 것이었다. 실로 사람들 속에 (섞여) 있어도 금방 비범한 그릇임을 자연히 알 수 있었다.’
康別傳曰, 康長七尺八寸, 偉容色. 土木形骸, 不加飾厲, 而龍章鳳姿, 天質自然. 正爾在群形之中, 便自知非常之器.

주해| ㅇ七尺八寸(칠척팔촌)－위(魏)나라 때의 1척은 약 24.12㎝일 것으로 추정된다(楊寬의 《歷代尺度考》). 7척 8촌이면 약 188.136㎝에 상당한다.
ㅇ肅肅(숙숙)－바람이 윙윙 부는 것의 형용.
ㅇ巖巖(암암)－위엄있게 우뚝 서있는 것의 형용.
ㅇ傀俄(괴아)－산이 무너지는 형용.
ㅇ土木形骸(토목형해)－육신을 마구 다루는 것. 〈용지편〉 13 참조.

6. 배영공(裵令公 : 裵楷)은 왕안풍(王安豊 : 王戎)을 평하여 말했

다. "번쩍이는 눈이 바위 아래에서 비치는 번개와 같다."(1)

원문| **裴令公目王安豊, 眼爛爛如巖下電.**(1)

(1) 왕융(王戎)은 몸집은 작았지만 눈동자는 매우 빛나고 있어서 해를 바라보아도 어지러워하지 아니했다.
王戎形狀短小, 而目甚清炤, 視日不眩.

주해| ㅇ炤(소)-소(昭)와 같다.

7. 반악(潘岳)은 용모가 빼어났으며 매력적인 풍모를 갖추고 있었다.(1) 젊었을 때 탄궁(彈弓)을 겨드랑이에 끼고 낙양(洛陽)의 길에 나서면 만나는 여자들 모두가 손을 마주잡고 그를 에워쌌다. 좌태충(左太沖 : 左思)은 매우 추했는데(2) 그 역시 반악의 흉내를 내며 놀러나갔다. 그러자 노파들이 일제히 함부로 침을 뱉는 바람에 완전히 기가 죽어서 돌아왔다.(3)

원문| **潘岳妙有姿容, 好神情.**(1) **少時, 挾彈出洛陽道, 婦人遇者, 莫不連手共縈之. 左太沖絕醜.**(2) **亦復效岳遊遨. 於是群嫗齊共亂唾之, 委頓而返.**(3)

(1) 《반악별전(潘岳別傳)》에 이런 이야기가 있다. '반악은 용모가 매우 아름다운데다가 조용한 성격에 차분한 풍채가 있었다.'
岳別傳曰, 岳姿容甚美, 風儀閑暢.

(2) 《속문장지(續文章志)》에 이런 말이 있다. '좌사(左思)는 용모가 추하고 풍채가 보잘것없어서 위의(威儀)를 갖추지 못했다.'

續文章志曰, 思貌醜顇, 不持儀飾.

(3) 《어림(語林)》에는 이런 이야기가 있다. '안인(安仁 : 潘岳)은 매우 아름다워서 외출을 할 때마다 노파들이 과일을 던져주었으므로 수레에 (과일이) 가득했다. 장맹양(張孟陽 : 張載)은 매우 추하여 외출을 할 때마다 아이들이 기왓장을 집어던져 역시 수레에 (기왓장이) 가득해졌다.' 이 두 설(說)은 같지 아니하다.

語林曰, 安仁至美, 每行, 老嫗以果擲之, 滿車. 張孟陽至醜, 每行, 小兒以瓦石投之, 亦滿車. 二說不同.

8. 왕이보(王夷甫 : 王衍)는 단정하고 아름다운데다가 현담(玄談)을 잘했다. 언제나 백옥(白玉) 자루가 달린 주미(麈尾)를 들고 있었는데 손의 색깔과 전혀 구별이 안되었다.

| 원문 | 王夷甫容貌整麗, 妙於談玄. 恆捉白玉柄麈尾, 與手都無分別.

9. 반안인(潘安仁 : 潘岳)과 하후담(夏侯湛)은 모두 미남이었는데 기꺼이 함께 외출했다. 당시 사람들은 그들을 연벽(連璧)이라고 평했다.[(1)]

| 원문 | 潘安仁, 夏侯湛並有美容, 喜同行. 時人謂之連璧.[(1)]

(1) 《팔왕고사(八王故事)》에 이런 이야기가 있다. '반악은 하후담과 사이가 좋았으며 기꺼이 함께 외출했다.'

八王故事曰, 岳與湛著契, 故好同遊.

주해| ㅇ連璧(연벽)－한 쌍의 옥(玉). 《장자(莊子)》 권8 〈열어구(列禦寇)〉에 '일월(日月)로 연벽(連璧)이라 하고, 성신(星辰)을 주기(珠璣)라고 한다'라 하였다.

10. 배영공(裵令公 : 裵楷)은 빼어난 용모를 갖추고 있었다. 어느 날 갑자기 병에 걸려 중태에 빠졌다. 그래서 혜제(惠帝 : 司馬衷)는 왕이보(王夷甫 : 王衍)를 보내어 문병했다. 배해는 그때 벽을 향하여 누워 있었는데 왕이 보낸 사자가 왔다는 말을 듣고 일부러 돌아누워서 사자 쪽을 향했다. 왕이보는 나와서 사람들에게 말했다. "두 눈은 반짝거리는 것이 마치 바위 아래의 번갯불과 같더군. 정신은 생생하여 멀쩡하던데 몸은 다소 나쁜 것 같더라구."(1)

원문| **裴令公有儁容姿. 一旦有疾至困. 惠帝使王夷甫往看. 裴方向壁臥, 聞王使至, 强回視之. 王出語人曰, 雙眸閃閃, 若巖下電, 精神挺動, 體中故小惡.**(1)

(1) 《명사전(名士傳)》에 이런 이야기가 있다. '배해(裵楷)가 병으로 중태에 빠졌을 때 조명(詔命)이 있어 황문랑(黃門郞) 왕이보(王夷甫)를 파견해서 문병토록 했다. 배해는 돌아누워 왕이보를 응시하며 말했다. "지금까지 뵈온 일이 없었군요." 한편 왕이보는 돌아간 다음 그의 사람 됨됨이가 훌륭하다고 감탄했다.'
名士傳曰, 楷病困, 詔遺黃門郎王夷甫省之. 楷回眸屬夷甫云, 竟未相識. 夷甫還, 亦歎其神儁.

주해| ㅇ惠帝(혜제)－《태평어람(太平御覽)》 권366에서 인용한 《세설(世

說)》에는 무제(武帝 : 司馬炎)로 되어 있다.

11. 어떤 사람이 왕융(王戎)에게 말했다. "혜연조(嵇延祖 : 嵇紹)는 발군(拔群)이어서 마치 들의 학(鶴)이 닭의 무리 속에 있는 것 같더이다." 대답했다. "그대는 아직 그의 아버지〔嵇康〕를 본 일이 없구려."(1)

원문| 有人語王戎曰, 嵇延祖卓卓如野鶴之在雞群. 答曰, 君未見其父耳.(1)

(1) 혜강(嵇康)은 앞에서 나왔다.

康已見上.

주해| ㅇ康已見上(강이견상)－그의 풍모와 용자(容姿)가 뛰어났었다는 것은 〈용지편〉 5에 나와 있다.

12. 배영공(裵令公 : 裵楷)은 용모가 빼어났었다. 관(冠)을 벗고 허름한 옷을 입고 머리를 산발하고 있어도 모두가 아름다웠다. 당시 사람들은 그를 옥인(玉人)이라고 하였다. 그를 본 사람이 말했다. "배숙칙(裵叔則 : 裵楷)과 만나면 옥산(玉山) 위를 걷는 것과 같다. 빛이 사람에게 비추어 온다."

원문| 裴令公有儁容儀. 脫冠冕, 麤服, 亂頭皆好. 時人以爲玉人. 見者曰, 見裴叔則如玉山上行, 光映照人.

13. 유령(劉伶)은 신장이 6척(尺)에 지나지 않았고 용모가 매우 추했는데, 유유자적하며 육신을 토목(土木)처럼 여겼다.[(1)]

원문| 劉伶身長六尺, 貌甚醜悴, 而悠悠忽忽, 土木形骸.[(1)]

(1) 양조(梁祚)의《위국통(魏國統)》에 이런 이야기가 있다. '유령(劉伶)의 자는 백륜(伯倫)이다. 용모가 추하고 키가 6척에 지나지 않았지만 자유분방하게 행동하고 한평생을 유유자적하며 항상 우주도 좁다고 했다.'
梁祚魏國統曰, 劉伶字伯倫, 形貌醜陋, 身長六尺. 然肆意放蕩, 悠焉獨暢, 自得一時, 常以宇宙爲狹.

주해| ㅇ忽忽(홀홀)－홀홀(惚惚)과 같다. 세상사를 모두 웃고 초연하게 지내는 모습.

ㅇ悴(췌)－원본(袁本)에서는 '췌(顇)'로 적고 있다.

ㅇ梁祚魏國統(양조위국통)－《북사(北史)》권81〈유림전(儒林傳)〉상(上)에는 '양조는 북지(北地) 이양(泥陽) 사람……. 진수(陳壽)의《삼국지》를 찬병(撰幷)하고 이름을 붙여 국통(國統)이라 했다'라고 적혀 있으며,《수서(隋書)》권33〈경적지(經籍志)〉에는 양조(梁祚) 찬(撰)《위국통(魏國統)》20권을 저록(著錄)했다고 되어 있다.

14. 표기장군(驃騎將軍)인 왕무자(王武子 : 王濟)는 위개(衛玠)의 외숙(外叔)으로서 재기(才氣)에 넘치고 풍모도 훌륭했다. 그런 그가 위개를 보면 언제나 감탄하며 말했다. "주옥과 같은 사람이 옆에 있으면 내 몸이 초라함을 느낀다."[(1)]

원문| 驃騎王武子, 是衛玠之舅. 儁爽有風姿. 見玠, 輒歎曰,

珠玉在側, 覺我形穢.(1)

(1) 《위개별전(衛玠別傳)》에 이런 이야기가 있다. '표기장군(驃騎將軍) 왕제(王濟)는 위개의 외숙이다. 어느 때 위개가 함께 놀았는데 나중에 사람에게 말했다. "어제 내 생질과 동석했는데 마치 명주(明珠)가 옆에 있는 것처럼 나를 밝게 비춰주고 있었지."'
玠別傳曰, 驃騎王濟, 玠之舅也. 嘗與同遊, 語人曰, 昨日吾與外生共坐, 若明珠之在側, 朗然來照人.

주해| ㅇ驃騎(표기)－표기장군(驃騎將軍). 삼공(三公)에 버금가는 무관의 중요한 관직.
ㅇ舅(구)－여기서는 외숙(外叔)을 가리킨다.
ㅇ外生(외생)－생질(甥姪). 자매(姊妹)가 시집가서 낳은 아들.

15. 어떤 사람이 왕태위(王太尉 : 王衍)를 찾아가자 왕안풍(王安豊 : 王戎)·대장군(大將軍 : 王敦)·승상(丞相 : 王導) 등이 때마침 한자리에 있었다. 또 별채의 방으로 가서 계윤(季胤 : 王詡)과 평자(平子 : 王澄)와 만났다.(1) 그 사람이 돌아간 다음 사람들에게 말했다. "오늘 찾아갔다가 만나본 것은 모두가 임랑주옥(琳琅珠玉)들이었소."

원문| 有人詣王太尉, 遇安豊, 大將軍, 丞相在坐, 往別屋見季胤, 平子.(1) **還, 語人曰, 今日之行, 觸目見琳琅珠玉.**

(1) 석숭(石崇)의 《금곡시(金谷詩)》 서(敍)에 이런 말이 있다. '왕후(王詡)의 자는 계윤(季胤)으로, 낭야(琅邪) 사람이다.'
《왕씨보(王氏譜)》에 이런 이야기가 있다. '왕후는 왕이보(王夷甫 : 王衍)의 동생이다. 벼슬하여 수무(脩武)의 영(令)에 이르렀다.'

石崇金谷詩敍曰, 王詡字季胤, 琅邪人.
王氏譜曰, 詡, 夷甫弟也. 仕至脩武縣令.

주해 | ㅇ琳琅(임랑)－주옥[美玉]의 이름. 옥처럼 빼어난 인물이란 의미이다. 여기에 등장하는 사람들은 모두 낭야왕씨(琅邪王氏)의 일족들이다.(아래 도표 참조)

ㅇ石崇金谷詩敍(석숭금곡시서)－《문선(文選)》 권20. 반안인(潘安仁)의 〈금곡집작시(金谷集作詩)〉 이선(李善) 주(注)와 《세설신어》 〈품조편(品藻篇)〉 57 유주(劉注)에도 일문(逸文)인 〈금곡시서(金谷詩敍)〉가 인용되어 있다.

낭야왕씨(琅邪王氏)

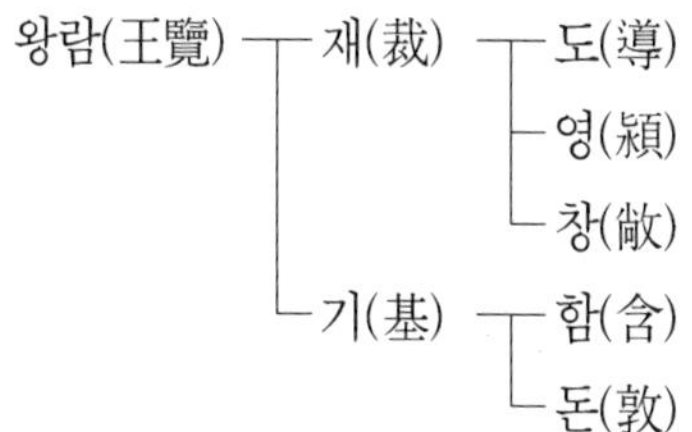

낭야왕씨(琅邪王氏) 별파(別派)

왕웅(王雄) ─┬─ 혼(渾) ── 융(戎)
　　　　　　└─ 예(乂) ─┬─ 연(衍)
　　　　　　　　　　　　├─ 징(澄)
　　　　　　　　　　　　└─ 후(詡)

16. 왕승상(王丞相 : 王導)이 위세마(衛洗馬 : 衛玠)를 보고 말했다. “너무나 몸이 쇠약하여 비록 온종일 몸조리를 한다 해도 비단옷조차 감당치 못할 것 같아.”[(1)]

원문| 王丞相見衛洗馬曰, 居然有羸形. 雖復終日調暢, 若不堪羅綺.(1)

(1) 《위개별전(衛玠別傳)》에 이런 이야기가 있다. '위개는 본디 병약(病弱)한 체질이었다.'
《서경부(西京賦)》에는 이런 이야기가 있다. '처음에 천천히 들어오는 (舞姬들), 그 연약한 몸은 비단옷조차 이겨내지 못할 것 같네.'
玠別傳曰, 玠素抱羸疾.
西京賦曰, 始徐進而羸形, 似不勝乎羅綺.

주해| ㅇ洗馬(세마)—태자세마(太子洗馬)를 가리키는 것으로서 태자가 외출할 때 앞장서서 위의(威儀)를 갖추고 일을 맡은 관직.
ㅇ西京賦(서경부)—후한(後漢) 장형(張衡) 찬(撰). 《문선(文選)》 권2에 수록되어 있다.

17. 왕대장군(王大將軍 : 王敦)이 태위(太尉 : 王衍)를 평했다. "대중 속에 있으면 주옥(珠玉)이 기왓조각 사이에 있는 것 같다."

원문| 王大將軍稱太尉, 處衆人中, 似珠玉在瓦石閒.

18. 유자숭(庾子嵩 : 庾敱)은 키가 7척도 안되었지만, 허리둘레는 10뼘이나 되었으며, 언제나 맥없는 모습으로 자유분방하게 행동했다.

원문| 庾子嵩長不滿七尺, 腰帶十圍, 頹然自放.

주해| ㅇ十圍(십위)—《장자음의(莊子音義)》에 '오촌왈위(五寸曰圍), 우

일포왈위(又一抱曰圍)'라고 되어 있다. 1위를 5촌(寸), 또는 3촌이라고 한다는 등, 여러 설이 있는데 요는 허리둘레가 매우 넓다는 것을 의미한다.

19. 위개(衛玠)가 예장(豫章)에서 형주(荊州)에 오자 사람들은 오랜만에 그 이름을 듣게 되었으므로 구경꾼들이 담을 친 것 같았다. 위개는 원래 몸이 병약하여 피로 때문에 몸을 지탱하지 못하다가 끝내 병으로 죽었다. 당시 사람들은 '위개를 간살(看殺 : 많이 쳐다보아서 죽이다)한 것이다'라고 했다.

원문| 衛玠從豫章至下都, 人久聞其名, 觀者如堵牆. 玠先有羸疾, 體不堪勞, 遂成病而死. 時人謂看殺衛玠.(1)

(1) 《위개별전(衛玠別傳)》에 이런 이야기가 있다. '위개는 보통사람들 속에 있으면 뚜렷하게 나타나는 풍채가 있었다. 어렸을 때 백양거(白羊車)에 타고 낙양 시가지를 지나가면 사람들은 모두 "어느 집 옥인(玉人)일까?"라고들 말했다. 그래서 그 친척들과 그 지방 사람들은 그를 옥인이라고 불렀다.'
생각하건대 《영가류인명(永嘉流人名)》에 이런 이야기가 있다. '위개는 영가 6년 5월 6일에 예장(豫章)에 도착하고, 그 해 6월 20일에 죽었다.' 이것에 의하면 위개는 예장에 남도(南渡)한 다음 45일 사이에 어찌 도읍에 와서 죽을 시간이 있었겠는가? 또 모든 책은 모두 위개가 죽은 것은 예장이었다 하고 도읍이었다고는 하지 않았다.
玠別傳曰, 玠在群伍之中, 寔有異人之望. 齠齔時, 乘白羊車於洛陽市上, 咸曰, 誰家璧人. 於是家門州黨號爲璧人.
按永嘉流人名曰, 玠以永嘉六年五月六日至豫章, 其年六月二十日卒. 此則玠之南度豫章四十五日, 豈暇至下都而亡乎. 且諸書皆云玠亡在豫章, 而不云在下都也.

주해| ㅇ下都(하도)－형주(荊州)를 가리킨다. 《문선(文選)》 권26 사현휘(謝玄暉)의 '잠사하도야발신림지경읍증서부동료(暫使下都夜發新林至京邑贈西府同僚)'의 시(詩) 참조. 《어람(御覽)》 권739와 741에서 인용한 《세설(世說)》에는 '지(至)'자가 없다. 그렇다면 예장(豫章 : 江西)에서 도읍[建鄴]으로 내려온 것이 된다. 그러나 유주(劉注)에도 하도(下都)란 말이 있으므로 역시 지하도(至下都)로 해두어야 할 것이다.

ㅇ白羊車(백양거)－백양이 끌도록 하는 수레로서 아이들이 타는 수레. 《석명(釋名)》 권7의 〈석거(釋車)〉에는 '이거(羸車)·양거(羊車)는 각각 메는 것으로 그 이름을 짓는다'라고 되어 있다. 참고로 이 이야기를 근거로 해서 지은 이백(李白)의 시에 '군행기식백금자(君行旣識伯禽子), 응가소거기백양(應駕小車騎白羊)'이란 구(句)가 있다.

20. 주백인(周伯仁 : 周顗)이 환무륜(桓茂倫 : 桓彝)을 평하여 말했다. "고준(高峻)하고 뇌락(磊落)하여 재미있는 사람이다." 혹은 사유여(謝幼輿 : 謝鯤)가 한 말이라고도 한다.

원문| 周伯仁道桓茂倫, 嶔崎歷落, 可笑人. 或云謝幼輿言.

주해| ㅇ嶔崎(흠기)－산이 높고 험준한 것을 나타내는 쌍성어(雙聲語).

ㅇ歷落(역락)－뇌락(磊落)과 같은 뜻의 쌍성어. 뜻이 크고 자질구레한 일에 구애받지 않는 것.

ㅇ謝幼輿(사유여)－'여(輿)'자를 송본(宋本)에서는 '여(與)'로 적고 있는데 원본(袁本)에 따라 고쳤다. 《진서(晋書)》 권49 〈사곤전(謝鯤傳)〉에는 '사곤의 자는 유여(幼輿)이다'라고 되어 있다.

21. 주후(周侯 : 周顗)가 왕장사(王長史 : 王濛)의 아버지를 평하여 말했다.[(1)] "용모가 훌륭한 데다가 고아한 성품에 기개까지 갖추고 있다. 천거하여 쓴다면 큰일을 무엇이든지 해낼 수 있을 것이다."

원문| 周侯説王長史父,[(1)] 形貌旣偉, 雅懷有槪, 保而用之, 可作諸許物也.

(1) 《왕씨보(王氏譜)》에 이런 이야기가 있다. '왕눌(王訥)의 자는 문개(文開)이며 태원(太原) 사람이다. 조부인 왕묵(王默)은 상서(尙書), 아버지 왕우(王祐)는 산기상시(散騎常侍)였다. 왕눌은 동진(東晋) 때에 벼슬하여 신감령(新淦令)에 이르렀다.'
王氏譜曰, 訥字文開, 太原人. 祖默, 尙書. 父祐, 散騎常侍. 訥始過江, 仕至新淦令.

주해| ㅇ諸許物(제허물)－허(許)는 어조사. 모든 것이란 뜻.
ㅇ文開(문개)－송본(宋本)은 '문연(文淵)'으로 적고 있다. 〈용지편〉 29의 원본(袁本) 및 송본에는 '문개(文開)'로 되어 있다.
ㅇ祖默(조묵)·父祐(부우)－《진서(晋書)》 권93 〈왕몽전(王濛傳)〉에는 '조우(祖佑)', 〈언어편(言語篇)〉 66의 유주(劉注)에서 인용한 《왕장사별전(王長史別傳)》에는 '조부좌(祖父佐)'로 적고 있다.

22. 조사소(祖士少 : 祖約)는 위군장(衛君長 : 衛永)을 보고 말했다. "그는 장수감에 어울리는 모습을 갖추고 있다."

원문| 祖士少見衛君長云, 此人有旄杖下形.

주해| ㅇ旄杖下形(모장하형)－모장(旄杖)은 쇠꼬리라든가 새의 깃털을

끝에 달아맨 장대로서 의장(儀杖)·행군(行軍)에 사용했다. '모장하형'이란 모장 밑에 서있기에 어울리는 당당한 모습이란 뜻으로서 장수감의 인물을 가리키는 것이리라. 한편 위영(衛永)은 동진(東晋)의 좌군장사(左軍長史)에까지 벼슬이 올랐다.〈賞譽篇〉 107에서 인용한《衛氏譜》 참조)

23. 석두(石頭)의 사건으로 조정은 위기에 빠졌다.[(1)] 온충무(溫忠武 : 溫嶠)와 유문강(庾文康 : 庾亮)은 도공(陶公 : 陶侃)에게 몸을 의지하고 구원해 줄 것을 청했다. 도공이 말했다. "숙조(肅祖 : 明帝 司馬紹)의 유조(遺詔)에는 나에 대한 언급이 없었고, 또 소준(蘇峻)이 난을 일으킨 것도 실은 유씨(庾氏) 일가족이 빌미인 것이오. 유씨 형제를 주살한다 해도 천하에 사죄하기가 부족한 실정이외다."[(2)] 이때 유량은 온교의 배 후미(後尾)에 있으면서 이 이야기를 들었던지라 두려워서 어찌할 바조차 모르고 있었다. 그후 어느 날, 온교가 유량에게 도공을 만나보도록 권했으나 유량은 주저하며 갈 생각을 하지 못했다. 온교가 말했다. "그 사람에 대해서는 내가 잘 알고 있소. 그대는 그저 만나기만 하면 되오. 조금도 걱정할 것 없소이다." 유량은 빼어난 풍모를 갖추고 있었다. 도공은 그를 한번 보더니 다시 보게 되었고, 온종일 환담했는데 금방 친교를 쌓게 되었다.

| 원문 | **石頭事故, 朝廷傾覆.[(1)] 溫忠武與庾文康投陶公求救. 陶公云, 肅祖顧命不見及, 且蘇峻作亂, 釁由諸庾. 誅其兄弟, 不足以謝天下.[(2)] 于時庾在溫船後, 聞之, 憂怖無計. 別日, 溫勸庾見陶, 庾猶豫未能往. 溫曰, 溪狗我所悉, 卿但見之, 必無憂也. 庾風姿神貌. 陶一見便改觀, 談宴竟日, 愛重頓至.**

(1) 《진양추(晋陽秋)》에 이런 이야기가 있다. '소준(蘇峻)은 고숙(姑

孰)에서 석두(石頭)로 돌아오자 천자(天子 : 成帝)를 억지로 석두에 옮겨가도록 했다. 소준은 창고를 궁전으로 삼고 이것을 사람들로 하여금 지키게 했다.'

《영귀지(靈鬼志)》〈요징(謠徵)〉에 이런 이야기가 있다. '명제(明帝 : 司馬紹) 말년, 유행하던 노래에, "이랏 찻찻! 말을 산기슭에서 몰아내니 큰 말은 죽어가고 작은말은 굶는구나." 후에 소준은 성제(成帝)를 석두로 옮겼는데 어찬(御饌)조차 갖추지 않았다.'

晉陽秋曰, 蘇峻自姑孰至于石頭, 逼遷天子. 峻以倉屋爲宮, 使人守衛.

靈鬼志謠徵曰, 明帝末, 有謠歌曰, 側力, 放馬出山側, 大馬死, 小馬餓. 後峻遷帝於石頭, 御膳不具.

(2) 서광(徐廣)의 《진기(晋紀)》에 이런 이야기가 있다. '숙조(肅祖 : 明帝)는 유량(庾亮)과 왕도(王導)에게 유주(幼主 : 成帝 司馬衍)를 보좌하라는 유조(遺詔)를 남기고 대신(大臣)으로 세웠는데 도간(陶侃)과 조약(祖約)은 그 속에 들어있지 않았다. 도간과 조약은 유량이 유조를 고친 것으로 의심했다.'

《중흥서(中興書)》에는 이런 이야기가 있다. '처음에 유량은 소준을 (조정으로) 초청하고자 했으나 변호(卞壼)가 허락하지 않았다. 온교(溫嶠)와 삼오(三吳)의 땅에서는 군사를 일으키어 제실(帝室)을 지키려고 했으나 유량이 듣지 아니하고 제령(制令)을 내리어 명했다. "망령되이 군사를 일으키는 자는 주살하겠다." 그래서 소준은 도읍에서 군사를 일으킬 수 있었던 것이다.'

徐廣晉紀曰, 肅祖遺詔庾亮·王導輔幼主, 而進大臣官, 陶侃·祖約不在其例. 侃·約疑亮竄遺詔也.

中興書曰, 初, 庾亮欲徵蘇峻, 卞壺不許. 溫嶠及三吳欲起兵衛帝室. 亮不聽, 下制曰, 妄起兵者誅. 故峻得作亂京邑也.

주해 | ㅇ投陶公求救(투도공구구)－'도공구구(陶公求救)'의 4자가 송본(宋本)에는 없는데 원본(袁本)에 따라 보충했다. 이때 온교 등은 소준의 난을 다스리기 위해 형주(荊州 : 刺史)에 있던 도간에게 토벌군의 맹주(盟主)가 되어 줄 것을 요청했다. 도간은 처음 명제(明帝)의 유조(遺詔)를 받은 적이 없음을 깊이 원망하고 "나는 강장(疆場)의 외장(外將)인즉 감히 월권을 할 수 없소이다."라며 사양했으나 결국 추대되어 맹주가 되었고 석두(石頭)에서 소준을 토벌했다(《晋書》 권66 〈陶侃傳〉).

ㅇ肅祖顧命不見及(숙조고명불견급)－숙조, 즉 명제(明帝)가 붕어할 때 태자(太子 : 成帝)를 보좌하라는 고명(顧命)을 받았던 사람은 사도(司徒)인 왕도(王導), 상서령(尙書令) 변호(卞壼), 거기장군(車騎將軍) 치감(郗鑒), 호군장군(護軍將軍) 유량(庾亮), 영군장군(領軍將軍) 육엽(陸曄), 단양윤(丹陽尹) 온교(溫嶠) 등이었다(《晋書》 권9 〈明帝紀〉).

ㅇ溪狗(계구)－여기서는 계(溪) 땅[江西] 출신인 도간(陶侃 : 鄱陽 사람)을 경멸(輕蔑)하여 한 말이다.

ㅇ靈鬼志(영귀지)－《수서(隋書)》 권33 〈경적지(經籍志)〉에 '《영귀지》 3권, 순씨찬(荀氏撰)'이라고 저록(著錄)되어 있다.

ㅇ側力(측력)－자세한 의미는 미상이다. 낄낄 혀를 차는 소리, 혹은 말을 모는 소리 종류인 듯하다. 원본(袁本)에는 '측측력(側側力)'으로 적고 있다. 《진서(晋書)》 권28 〈오행지(五行志)〉에는 '명제태녕초(明帝太寧初), 동요왈(童謠曰), 측측력력(惻惻力力), 방마산측(放馬山側), 대마사(大馬死), 소마아(小馬餓), 고산붕(高山崩), 석자파(石自破)'라고 되어 있다. 또 《송서(宋書)》 권31 〈오행지(五行志)〉는 '측력측력(惻力惻力)'으로 적고 있다. 이 동요가 의미하는 것을 《진서》 〈오행지〉는 '명제(明帝)가 붕어할 때에 이르러 성제(成帝)는 어리고 소준의 강요로 석두(石頭)에 옮겨갔으나 어선(御膳)도 없으니, 이것이 곧 대마사(大馬死), 소마아(小馬餓)이다. "고산(高山)"은 소준이다. 또 소준은 찾아와서 죽으라고 한다. "석(石)"은 소준의 동생인 소석(蘇石)이다. 소준이 죽은 다음 소석은 석두(石頭)에 근거를 잡고 있었는데 제공(諸公)이 몰려와서 격파했다. 이것이 붕산석파(崩山石破)를 응한 것이다'라고 했다.

ㅇ三吳(삼오)－오군(吳郡)・오흥(吳興)・의흥(義興) 땅을 가리킨다(《資治通鑑》 권94 胡三省 注).

24. 유태위(庾太尉 : 庾亮)가 무창(武昌)에 진을 치고 있을 때다. 어느 가을날 밤, 날씨도 좋고 경치도 아름다웠다. 막료(幕僚)인 은호(殷浩)와 왕호지(王胡之) 등은 남루(南樓)에 올라가 시를 읊조리고 있었다. 음조(音調)가 막 높아지려고 할 때 계단에서 나막신 소리가 들려왔다. 그것은 다름아닌 유공(庾公 : 庾亮)이었는데 10여 명의 종자(從者)들을 데리고 오는 것이었다. 사람들이 일어서면서 자리를 양보하려고 하자 유공이 천천히 말했다. “괜찮아요, 괜찮아. 이 늙은이는 여기 있어도 충분히 즐길 수 있어.” 그리고 그대로 의자에 앉아서 사람들과 담소하며 시를 읊조리는데 자리가 끝날 때까지 즐겁게 보내는 것이었다. 후일 왕일소(王逸少 : 王羲之)가 도읍에 가서, 승상(丞相) 왕도(王導)와 이야기를 나누던 중, 화제가 이 일에 이르자 승상이 말했다. “원규(元規 : 庾亮)도 그때는 위의(威義)를 다시 흐트러지지 않을 수 없었던 게야.” 우군(右軍 : 王羲之)이 대답했다. “그때 그분의 마음속에는 산수(山水)만이 있었을 뿐입니다.”(1)

원문| **庾太尉在武昌, 秋夜氣佳景清, 佐吏殷浩・王胡之之徒, 登南樓理詠. 音調始遒, 聞函道中有屐聲甚厲. 定是庾公. 俄而率左右十許人步來. 諸賢欲起避之. 公徐云, 諸君少住, 老子於此處興復不淺. 因便據胡牀, 與諸人詠謔, 竟坐甚得任樂. 後王逸少下, 與丞相言及此事. 丞相曰, 元規爾時風範, 不得不小頹. 右軍答曰, 唯丘壑獨存.**(1)

(1) 손작(孫綽)의 〈유량비문(庾亮碑文)〉에 이런 내용이 있다. ‘유공(庾公)은 원래부터 기꺼이 세속 밖에다 마음을 두고 있었다. 유연

한 태도로 세상을 살면서 몸을 도회(韜晦)하고 있었는데 그 마음 속은 깊고 조용했으며 유현(幽玄)한 심경으로 산수(山水)를 대하였다.'

孫綽庾亮碑文曰, 公雅好所託, 常任塵垢之外. 雖柔心應世, 蠖屈其迹, 而方寸湛然, 固以玄對山水.

주해| ㅇ理詠(이영)-《세설음석(世說音釋)》 권7에는 '유언발영(猶言發詠)'이라고 되어 있다.

ㅇ函道(함도)-복도, 계단. 상하 2층으로 되어 있는 복도.

ㅇ老子(노자)-늙은이. 자칭으로 늙은이임을 말한 것이다.

ㅇ風範(풍범)-위의(威儀). 사람의 훌륭한 모습. 유량(庾亮)은 평소 단정하고 엄격한 태도를 취했는데 이 경우에는 약간 다르다.

ㅇ丘壑(구학)-〈품조편(品藻篇)〉 17 참조.

ㅇ任(임)-원본(袁本)에는 '재(在)'로 되어 있다.

ㅇ蠖屈(확굴)-《역경(易經)》 〈계사전(繫辭傳)〉 하(下)에 '척확지굴(尺蠖之屈) 이구신야(以求信也)'란 구절이 있다. 척확은 자벌레로서, '자벌레가 몸을 구부리는 것은 펴기 위함이다'란 뜻이다.

25. 왕경예(王敬豫 : 王恬)는 미모의 주인공이었다. 아버지 왕공(王公 : 王導)에게 문안을 여쭈러 가자 왕공은 그 어깨를 두드리면서 말했다. "애야, 아쉽게도 재능을 따라갈 수가 없구나." 또 (어떤 사람이) 이런 말도 했었다고 했다. "경예는 모든 것이 왕공과 똑같이 닮았다."(1)

원문| **王敬豫有美形. 問訊王公, 撫其肩曰, 阿奴恨才不稱. 又云, 敬豫事事似王公.**(1)

(1) 《어림(語林)》에 이런 이야기가 있다. '사공(謝公 : 謝安)이 말했다.

"젊었을 때 궁중에서 승상(丞相 : 王導)과 만나면 맑은 바람이 몸 주변에서 불어오는 것 같았다."'

語林曰, 謝公云, 小時在殿廷, 會見丞相, 便覺淸風來拂人.

주해 ㅇ王公(왕공)－원본(袁本)에는 왕공(王公) 아래에 다시 '왕공(王公)' 두 글자가 있다.

26. 왕우군(王右軍 : 王羲之)은 두홍치(杜弘治 : 杜乂)를 보고 감탄하여 말했다. "얼굴은 기름이 엉겨있는 것 같고 눈은 칠(漆)로 점찍은 것 같다. 이는 신선계의 사람이다."(1) 당시 사람으로서 왕장사(王長史 : 王濛)의 용모를 칭찬하는 사람이 있었다. 채공(蔡公 : 蔡謨)이 말했다. "아쉽구나, 그 사람들은 두홍치를 보지 못했음이야."

원문 王右軍見杜弘治, 歎曰, 面如凝脂, 眼如點漆. 此神仙中人.(1) 時人有稱王長史形者, 蔡公曰, 恨諸人不見杜弘治耳.

(1) 《강좌명사전(江左名士傳)》에 이런 이야기가 있다. '영화연간(永和年間 : 345~356)에 유진장(劉眞長 : 劉惔)과 사인조(謝仁祖 : 謝尙)가 함께 서진(西晋)의 인물을 평가했을 때 어떤 사람이 말했다. "두홍치(杜弘治)는 유달리 청초하고 고상하여 후진(後進)들 가운데 우수했었다. 또 그의 얼굴은 기름이 엉겨있는 것 같았고 눈은 칠(漆)로 점찍은 것 같았으며 거의 위개(衛玠)에 비유할 수 있었다.'

江左名士傳曰, 永和中, 劉眞長, 謝仁祖共商略中朝人士. 或曰, 杜弘治淸標令上, 爲後來之美. 又面如凝脂, 眼如點漆. 粗可得方諸衛玠.

주해 ㅇ凝脂(응지)－《시경(詩經)》〈위풍(衛風)〉'석인(碩人)'에 '부여

응지(膚如凝脂)', 즉 '살갗은 엉긴 기름처럼 아름답다'란 말이 있는데 이는 하얗고 윤기가 나는 피부를 비유한 말이다.

ㅇ點漆(점칠)－칠을 한 것처럼 눈동자가 까맣게 반짝이는 것.

ㅇ杜弘治淸標令上(두홍치청표령상)－〈상예편(賞譽篇)〉 71 참조.

27. 유윤(劉尹 : 劉惔)이 환공(桓公 : 桓溫)을 평하여 말했다. "귀밑머리는 거꾸로 치솟아 있어서 고슴도치의 털과 같고 눈썹은 자석영(紫石英)처럼 날카롭게 모가 나있으니 실로 손중모(孫仲謀 : 孫權)나 사마선왕(司馬宣王 : 司馬懿)과 같은 부류의 인물이다."(1)

원문| **劉尹道桓公, 鬢如反猬皮, 眉如紫石稜. 自是孫仲謀·司馬宣王一流人.**(1)

(1) 송(宋) 명제(明帝)의 《문장지(文章志)》에 이런 이야기가 있다. '환온(桓溫)은 온교(溫嶠)에게 끔찍이 인정을 받았기 때문에 이름을 온(溫)이라고 했다.'
《오지(吳志)》에 이런 이야기가 있다. '손권(孫權)의 자는 중모(仲謀)이고 손책(孫策)의 동생이다. 한(漢)나라 사자(使者)인 유완(劉琬)이 어떤 사람에게 말했다. "내가 손씨(孫氏)네 형제들을 보건대 모두 재주가 많고 명민한데 누구나 천수(天授)의 복을 누릴 수는 없소. 오직 가운데 동생인 효렴(孝廉 : 孫權)만은 용모도 당당하고 골상(骨相)도 비범하여 군주의 표상이 있소이다."'
《진양추(晋陽秋)》에는 이런 이야기가 있다. '선왕(宣王 : 司馬懿)은 천성적으로 풍격이 뛰어나고 영웅의 지략을 갖추고 있었다.'
宋明帝文章志曰, 溫爲溫嶠所賞, 故名溫.
吳志曰, 孫權字仲謀, 策弟也. 漢使者劉琬語人曰, 吾觀孫氏兄弟, 雖並有才秀明達, 皆祿祚不終. 唯中弟孝廉, 形貌魁偉, 骨

體不恒，有大貴之表.
晉陽秋曰，宣王天姿傑邁，有英雄之略.

주해 | ㅇ猬(위)－위(蝟)와 같음. 고슴도치.
ㅇ紫石稜(자석릉)－자석영(紫石英). 보라색의 날카로운 모서리가 있는 돌로서 농주(隴州)에서 생산된다고 한다.
ㅇ名溫(명온)－《진서(晋書)》 권98 〈환온전(桓溫傳)〉에는 '환온의 자는 원자(元子), 선성태수(宣城太守) 환이(桓彝)의 아들이다. 태어난 다음 아직 1년이 안되었을 때 태원(太原)의 온교(溫嶠)가 아이를 보고 말했다. "이 아이는 기골(奇骨)이 있으니 시험삼아 울려보오." 그 소리를 듣고 다시 말했다. "참으로 영물(英物)이오." 환이는 온교로부터 칭찬을 받으지라 마침내 이름을 온(溫)이라 했다'라고 되어 있다.
ㅇ孝廉(효렴)－손권은 효렴과(孝廉科)에 천거되었었다. 《삼국지(三國志)》 권47 〈오주전(吳主傳)〉에는 '때에 손권의 나이 15세, 양선(陽羨)의 장(長)이었다. 군(郡)에 효렴으로 찰(察)했고, 주(州)에서 무재(茂才)에 천거했다'라고 되어 있다.
ㅇ祿祚(녹조)－하늘에서 받는 복.
ㅇ大貴(대귀)－군주(君主)의 자리.

28. 왕경륜(王敬倫 : 王劭)은 풍모가 아버지 왕도(王導)와 비슷했다. 시중(侍中)이 되어 환공(桓公 : 桓溫)이 작위(爵位)를 높이 받게 되었을 때, 정장을 하고 정문으로 입궐했다. 환공은 그것을 바라보고 있다가 말했다. "저 사람은 한다하는 봉황(鳳凰)의 깃털을 지니고 있어."(1)

원문 | **王敬倫風姿似父. 作侍中，加授桓公，公服從大門入. 桓公望之曰，大奴固自有鳳毛.**(1)

(1) 대노(大奴)는 왕소(王劭)를 가리킴이다. 앞에서 나왔다.

《중흥서(中興書)》에 이런 이야기가 있다. '왕소(王劭)는 용모가 뛰어나고 위의(威儀)를 갖추고 있었다.'

大奴, 王劭也. 已見.

中興書曰, 劭美姿容, 持儀也.

주해 | ㅇ侍中(시중)－천자를 옆에서 섬기며 정무(政務) 고문을 담당하는 벼슬.

ㅇ已見(이견)－〈아량편(雅量篇)〉 26.

ㅇ儀(의)－원본(袁本)은 '의조(儀操)'로 적고 있다.

29. 임공(林公 : 支遁)은 왕장사(王長史 : 王濛)를 평하여 말했다. "옷깃을 여미고 오는 품이 어쩌면 저다지도 헌걸차고 빼어날까?"(1)

원문 | **林公道王長史, 斂衿作一來, 何其軒軒韶擧.**(1)

(1) 《어림(語林)》에 이런 이야기가 있다. '왕중조(王仲祖 : 王濛)는 용모가 수려했는데 언제나 거울에 자기 맵시를 비춰보곤 말했다. "왕문개(王文開 : 王訥)는 어찌하여 이처럼 잘생긴 아들을 낳았단 말인가?" 당시 사람들은 이것을 "달(達)"이라고 하였다.'

語林曰, 王仲祖有好儀形, 每覽鏡自照, 曰, 王文開那生如馨兒. 時人謂之達也.

주해 | ㅇ語林(어림)－송본(宋本)은 '서림(書林)'으로 적고 있다. 여기서는 원본(袁本)에 근거했다.

ㅇ王仲祖(왕중조)－송본은 '오중조(吾仲祖)'로 적고 있다. 여기서는 원본(袁本)에 따라 바로잡았다.

ㅇ如馨(여형)－당시의 구어(口語)로서 '여차(如此)'와 같다. 형(馨)은 어조사.

ㅇ達(달)－세속에 사로잡히지 않고 마음대로 행동하는 것.

30. 당시 사람들은 왕우군(王右軍 : 王羲之)을 평하여 말했다. "표일(飄逸)하기 떠다니는 구름과 같고, 교연(矯然)하기 놀란 용과 같다."

원문| **時人目王右軍, 飄如遊雲, 矯若驚龍.**

주해| ㅇ飄如遊雲(표여유운), 矯若驚龍(교약경룡)－《진서(晋書)》 권80의 〈왕희지전(王羲之傳)〉에는 '논자칭기필세(論者稱其筆勢), 이위표약부운(以爲飄若浮雲), 교약경룡(矯若驚龍)'이라고 되어 있으며 왕희지의 필세(筆勢)를 평한 말로 되어 있다.

ㅇ矯(교)－강하다. 경쾌하게 일어서는 모양.

ㅇ驚龍(경룡)－당장 놀라게 하려는 용.

31. 왕장사(王長史 : 王濛)가 어느 때 병이 들어, 친소(親疎)에 관계없이 아무도 들어오지 못하게 했다. 임공(林公 : 支遁)이 찾아오자 문지기가 당황하여 안에 고했다. "이상한 분이 한분 와계십니다. 아뢰지 않을 수가 없어서 아뢰었습니다." 왕장사는 웃으며 말했다. "그것은 틀림없이 임공(林公)이다."(1)

원문| **王長史嘗病, 親疎不通. 林公來, 守門人遽啓之曰, 一異人在門, 不敢不啓. 王笑曰, 此必林公.**(1)

(1) 생각하건대 《어림(語林)》에 이런 이야기가 있다. '사람들이 어느 때 완광록(阮光祿 : 阮裕)을 데리고 함께 임공(林公 : 支遁)을 방문코자 했다. 완유가 말했다. "그의 말을 듣고 싶기는 한데 그의

얼굴을 보고 싶지는 않아." 이 말에 의하면 임공의 용모가 분명 보통사람보다 추했을 것임에 틀림없다.'

按語林曰, 諸人嘗要阮光祿共詣林公. 阮曰, 欲聞其言, 惡見其面. 此則林公之形, 信當醜異.

32. 사인조(謝仁祖 : 謝尙)에게 비교된다는 것은 그다지 명예로운 일이 아니라고 말하는 사람이 있었다. 환대사마(桓大司馬 : 桓溫)가 말했다. "그대들은 그렇게 함부로 평하지 말게. 인조(仁祖 : 謝尙)가 북쪽 창가에 서서 무릎으로 비파를 받치고 있을 때는 자연스럽게 하늘 위의 선인(仙人)과 같다는 생각이 든다네."(1)

원문 | **或以方謝仁祖不乃重者. 桓大司馬曰, 諸君莫輕道, 仁祖企脚北窗下彈琵琶, 故自有天際眞人想.**(1)

(1) 《진양추(晋陽秋)》에 이런 이야기가 있다. '사상(謝尙)은 음악에 뛰어났었다.'

《배자(裵子)》에 이런 이야기가 있다. '승상(丞相 : 王導)이 일찍이 말했다. "견석(堅石)이 서서 무릎으로 비파를 받치고 있으면 이 세상 사람 같지가 않았다." 견석은 사상(謝尙)의 어렸을 때 이름이다.'

晋陽秋曰, 尙善音樂.

裵子曰, 丞相嘗曰, 堅石挈脚枕琵琶, 有天際想. 堅石, 尙小名.

주해 | ㅇ方(방) - 양용씨(楊勇氏)의 《세설신어교전(世說新語校箋)》에서는 노문초(盧文弨)의 설을 인용하여 '방(謗 : 비방하다)'의 뜻이라고 했다. 그렇다면 '사상(謝尙)을 비방하여 대단한 인물이 아니라고 한 자가 있었다'란 의미가 된다.

ㅇ企脚(기각)·挈脚(설각)－미상(未詳).《세설전본(世說箋本)》에는 '기(企)는 다리를 드는 것, 설(挈)은 현지(懸持)이다. 초촬(鈔撮)은 바닥에 책상다리로 앉아있는 것을 말한다'라고 했다.
ㅇ枕(침)－전본(箋本) 주(注)에는 '임야(臨也)'로 되어 있다.

33. 왕장사(王長史 : 王濛)는 중서랑(中書郎)이었을 때, 경화(敬和 : 王洽)에게로 갔다.[(1)] 그때 눈이 내려 쌓여 있어서 왕장사는 문 밖에서 수레를 내려 걸어서 상서성(尙書省)으로 들어갔다. 경화는 멀리서 그것을 바라보며 감탄하여 말했다. "이는 인간계의 사람이 아니로다."

원문| 王長史爲中書郎, 往敬和許.[(1)] 爾時積雪. 長史從門外下車, 步入尚書省. 敬和遙望, 歎曰, 此不復似世中人.

(1) 경화(敬和)는 왕흡(王洽)을 말함이다. 앞에서 나왔다.
敬和王洽. 已見.

주해| ㅇ已見(이견)－〈상예편(賞譽篇)〉 114.

34. 간문제(簡文帝 : 司馬昱)가 상왕(相王)으로 있을 때 사공(謝公 : 謝安)과 함께 환선무(桓宣武 : 桓溫)에게 갔다. 왕순(王珣)이 먼저 와있었다. 환선무가 왕순에게 말했다. "그대는 일찍이 상왕을 뵙고 싶다고 했으니 장막 안에 들어가서 뵙도록 하게." 두 명의 손님이 나간 다음 환선무가 왕순에게 말했다. "정작 어떠하던가?" 왕순이 말했다. "상왕은 재상으로서 본디 그 깊고 조용한 모습이 신군(神君)과 같으십니다.[(1)] 그러나 공(公 : 桓溫)께서도 역시 만인이 우러르는 분

이십니다. 그렇지 않다면 복야(僕射 : 謝安)가 어찌 자진하여 공에게 몸을 맡길 수 있었겠습니까?"(2)

원문 簡文作相王時, 與謝公共詣桓宣武. 王珣先在內, 桓語王, 卿嘗欲見相王, 可住帳裏. 二客旣去, 桓謂王曰, 定何如. 王曰, 相王作輔, 自湛若神君.(1) 公亦萬夫之望. 不然, 僕射何得自沒.(2)

(1) 《속진양추(續晉陽秋)》에 이런 이야기가 있다. '간문제(簡文帝)는 풍모가 아름답고 행동거지가 조용했으며 침착했다.'
續晉陽秋曰, 帝美風姿, 擧止安詳.

(2) 복야(僕射)는 사안(謝安)이다.
僕射, 謝安.

주해 ㅇ相王(상왕)－왕(王)으로 있으면서 재상(宰相)을 겸한 자에 대한 호칭. 《진서(晉書)》 권9 〈간문제기(簡文帝紀)〉에 태화(太和) 원년(366), 회계왕(會稽王)으로 호(號)한 간문제가 승상으로 나아갔다는 기사가 보인다. 간문제를 상왕(相王)이라고 칭한 예는 〈문학편(文學篇)〉 51 주(注)에도 있다.

ㅇ自(자)－원본(袁本)에는 '자연(自然)'이라고 되어 있는데 여기서는 송본(宋本)을 따랐다.

ㅇ萬夫之望(만부지망)－천하 만민으로부터 추앙받는 사람. 《역경(易經)》 〈계사전(繫辭傳)〉 하(下)에 '군자는 미묘한 것을 알고 드러난 것을 알며, 유한 것을 알고 강한 것을 아니, 여러 사람들의 희망이다(君子知微知彰知柔知剛, 萬夫之望)'라고 되어 있다.

ㅇ不然(불연)－송본(宋本)에는 '부지(不知)'로 되어 있는데 통하지 않는다. 원본(袁本)에 따라 '불연'으로 바로잡았다.

ㅇ沒(몰)－사안(謝安)은 자주 부름을 받았으나 관직에 나가지 않다가,

나이 40여세가 되어 동생 사만(謝萬)이 물러난 다음 처음으로 사관(仕官)할 뜻을 가지고 환온(桓溫)의 사마(司馬)가 되었다(《晋書》 권79 〈謝安傳〉).

ㅇ安詳(안상)－용모·태도가 안정되고 침착한 것. 원본(袁本)에는 '단상(端詳)'으로 적고 있다.

35. 해서공(海西公 : 司馬奕)이 아직 제위(帝位)에 있을 때 제공(諸公)이 입궐할 때면 언제나 아직 조당(朝堂)이 어두웠다. 회계왕(會稽王 : 司馬昱)이 입궐하자 아침 노을이 떠오르는 것처럼 하늘이 환해졌다.

원문| **海西時, 諸公每朝, 朝堂猶暗. 唯會稽王來, 軒軒如朝霞擧.**

주해| ㅇ海西(해서)－태화(太和) 6년(371), 사마혁(司馬奕)은 당시의 권력자였던 환온(桓溫)에 의해 제위(帝位)에서 폐위되어 해서공(海西公)으로 강등되었고 그 대신 사마욱(司馬昱 : 會稽王·簡文帝)이 제위에 올랐다.

36. 사거기(謝車騎 : 謝玄)가 사공(謝公 : 謝安)을 평하여 말했다. "한가하게 노닐 때에도 큰 소리로 노래부르는 일이 없지 않지만, 조용하게 앉아서 코를 매만지면서 주변을 둘러보며 읊조려도, 자연히 산수(山水) 사이에 기거하는 풍모가 있다."

원문| **謝車騎道謝公, 遊肆復無乃高唱, 但恭坐捻鼻顧睞, 便自有寢處山澤閒儀.**

주해 | ㅇ捻鼻(염비)－사안(謝安)이 잘했던 낙하서생영(洛下書生詠)을 가리키는 것이리라. 〈아량편(雅量篇)〉 29에 인용한, 송(宋)나라 명제(明帝)의 《문장지(文章志)》 참조.

37. 사공(謝公 : 謝安)이 말했다. "임공(林公 : 支遁)의 두 눈을 보니 그 눈동자가 새카맣게 빛이 난다." 손흥공(孫興公 : 孫綽)은 임공을 보고 평했다. "위엄이 있고 고매한 기상이 나타나 있다."

원문 | **謝公云, 見林公雙眼, 黯黯明黑. 孫興公見林公, 稜稜露其爽.**

주해 | ㅇ明(명)－눈동자. 《예기(禮記)》〈단궁(檀弓)〉 상(上)의 정현(鄭玄) 주(注)에 '명(明)은 목정(目精)이다'라고 했다.

38. 유장인(庾長仁 : 庾統)은 동생들과 오(吳) 땅에 가던 도중, 역정(驛亭)에서 묵어 가려고 했다. 동생들이 먼저 들어가 보니 상민(常民)들이 방에 가득한데 누구 한사람 자리를 비켜주려 하지 않았다. 유장인은 "내가 한번 들어가보고 오겠다."라며 지팡이를 짚은 채 한 아이를 데리고 문을 들어섰다. 그러자 먼저 와있던 손님들은 그 당당한 풍채를 보더니 모두 물러갔다.(1)

원문 | **庾長仁與諸弟入吳, 欲住亭中宿. 諸弟先上, 見羣小滿屋, 都無相避意. 長仁曰, 我試觀之. 乃策杖將一小兒, 始入門, 諸客望其神姿, 一時退匿.**(1)

(1) 장인(長仁)은 앞에서 나왔다. 일설에는 유량(庾亮)의 이야기라고 한다.

長仁已見. 一說是庾亮.

주해| ㅇ亭(정)－여행객들을 위해 도중에 설치해 놓았던 공설(公設) 여관.

ㅇ已見(이견)－〈상예편(賞譽篇)〉 89.

39. 어떤 사람이 뛰어난 왕공(王恭)의 모습을 보고 감탄하여 말했다. "봄버들처럼 윤기가 나며 빛나도다."

원문| 有人歎王恭形茂者, 云, 濯濯如春月柳.

주해| ㅇ濯濯(탁탁)－윤기가 나며 생생하게 빛나는 모양. 《시경(詩經)》〈대아(大雅)〉 '숭고(崧高)'에 '구응탁탁(鉤膺濯濯)'이라는 구절이 있고 그 모전(毛傳)에 '탁탁(濯濯)은 광명(光明)이다'라고 했다. 〈상예편(賞譽篇)〉 153의 주해 참조.

자 신
自 新

………

제15

1. 주처(周處)는 젊었을 때 성질이 너무 난폭해서 향리(鄕里) 사람들의 두통거리였다.[(1)] 또 의흥(義興)의 강에는 교룡(蛟龍)이 있었고, 산속에는 방황하는[(2)] 호랑이가 있어서 모두 백성들에게 위해(危害)를 가하고 있었다. 의흥 사람들은 이것들을 삼횡(三橫)이라고 했는데 그 중에서도 주처의 해가 제일 심했다. 어떤 사람이 주처에게 호랑이를 죽이고 교룡의 목을 베어 달라고 부탁했는데 실은 삼횡 가운데 하나만 남게 하도록 할 셈이었던 것이다. 주처는 곧 호랑이를 잡아죽이고 다시 강으로 뛰어들어 교룡과 싸웠다. 교룡이 부침(浮沈)하면서 수십 리를 흘러갔는데 주처는 이것과 함께 사흘 동안 밤낮을 같이 있었다. 고향 사람들은 이제 주처가 죽었을 것으로 생각하고 서로 축하했다. 주처는 마침내 교룡을 죽이고 물속에서 나왔다. 그리고 고향 사람들이 서로 기뻐했다는 이야기를 듣고서는 비로소 자신이 그들에게 미움을 사고 있음을 알게 되었고 행동을 고쳐야겠음을 깨달았다.[(3)] 그리하여 오(吳) 땅으로 건너가 육씨(陸氏) 형제를 찾아갔다. 평원(平原 : 陸機)은 부재중이었으나 마침 청하(淸河 : 陸雲)를 만났다. 그는 자세한 사정을 이야기했다. "나는 나 자신의 행동을 고치기를 원하

고 있습니다만 이미 나이도 많고 하여 결국에는 안될 것으로 생각합니다." 청하가 말했다. "고인(古人)도 아침에 도(道)를 들으면 저녁에 죽어도 좋다고 했소이다. 하물며 당신의 앞길은 양양하오. 그리고 사람은 뜻이 서지 못하는 것을 걱정할 뿐이지, 어찌 명성이 세상에 나타나지 않는 것을 한탄할 필요가 있겠소이까?" 그래서 주처는 행동을 고치기에 힘썼는데 마침내 충신(忠臣) 효자(孝子)가 되었다.(4)

원문 **周處年少時, 兇彊俠氣, 爲鄕里所患.(1) 又義興水中有蛟, 山中有邅跡(2)虎, 並皆暴犯百姓. 義興人謂爲三橫, 而處尤劇. 或說處殺虎斬蛟. 實冀三橫唯餘其一. 處卽刺殺虎, 又入水擊蛟. 蛟或浮或沒, 行數十里, 處與之俱, 經三日三夜. 鄕里皆謂已死, 更相慶. 竟殺蛟而出, 聞里人相慶, 始知爲人情所患, 有自改意.(3) 乃入吳尋二陸. 平原不在, 正見淸河, 具以情告, 幷云, 欲自修改, 而年已蹉跎, 終無所成. 淸河曰, 古人貴朝聞夕死. 況君前途尙可. 且人患志之不立, 亦何憂令名不彰邪. 處遂自改勵, 終爲忠臣孝子.(4)**

(1) 《주처별전(周處別傳)》에 이런 이야기가 있다. '주처의 자는 자은(子隱)이고 오군(吳郡) 양선(陽羨) 사람이며 아버지 주방(周魴)은 오나라 파양태수(鄱陽太守)였다. 주처는 어렸을 때 아버지를 여의고 수신하지 아니했다.'
《진양추(晋陽秋)》에 이런 이야기가 있다. '주처는 경솔 망동하여 그 행위가 악함으로써 주군(州郡) 사람들에게 미움을 받았다.'
處別傳曰, 處字子隱, 吳郡陽羨人. 父魴, 吳鄱陽太守. 處少孤, 不治細行.
晋陽秋曰, 處輕果薄行, 州郡所棄.

(2) 일설에 '백액(白額)'으로 되어 있다.

一作白額.

(3) 공씨(孔氏)의 《지괴(志怪)》에 이런 이야기가 있다. '의흥(義興)에 다리를 다친 호랑이가 있고 계저(溪渚)의 장교(長橋)에 창교(蒼蛟)가 있어서 함께 사람을 잡아먹었다. 그 역내(域內)에 주(周)와 합치어 당시 군중삼해(郡中三害)라고 칭해졌다.' 주(周)란 곧 주처(周處)를 가리킴이다.

孔氏志怪曰, 義興有邪足虎, 溪渚長橋有蒼蛟, 並大噉人. 郭西周, 時謂郡中三害. 周卽處也.

(4) 《진양추(晋陽秋)》에 이런 이야기가 있다. '주처는 진(晋)나라에서 벼슬하여 어사중승(御史中丞)이 되었는데 많은 관리들을 탄핵(彈劾)했다. 저인(氐人)인 제만년(齊萬年)이 반란하자 주처에게 명하여 제만년을 격퇴케 했다. 복파장군(伏波將軍) 손수(孫秀)는 주처의 어머니가 연로(年老)하다는 점을 들어 상소했는데 주처가 말했다. "충효(忠孝)의 도(道)가 이제 양립(兩立)할 수 있겠소이까?" 그리고 나아가 싸워서 수급(首級) 1만을 취했는데 활은 부서지고 화살이 동이 나고 말았다. 좌우의 사람들이 퇴각하기를 권했으나 주처는 "지금이야말로 내 목숨을 바칠 때이다."라며 싸우다가 끝내는 죽었다.'

晉陽秋曰, 處仕晉, 爲御史中丞, 多所彈糾. 氐人齊萬年反, 乃令處距萬年. 伏波孫秀欲表處母老, 處曰, 忠孝之道, 何當得兩全. 乃進戰, 斬首萬計, 弦絶矢盡. 左右勸退, 處曰, 此是吾授命之日. 遂戰而沒.

주해 | ㅇ自新(자신)-스스로 행동을 뉘우치고 행동을 근신하는 것.《사기(史記)》〈진시황본기(秦始皇本紀)〉에 '개득자신(皆得自新) 갱절수행(更節修行) 각신기신(各愼其身)'이라고 했다.

ㅇ義興水中(의흥수중) — 송본(宋本)은 '의흥중수중(義興中水中)'으로 되어 있는데 여기서는 원본(袁本)에 따랐다.

ㅇ蛟(교) — 용(龍)의 일종으로서 4개의 다리가 있고, 흔히 홍수를 불러일으킨다고 한다.

ㅇ邅跡虎(전적호) — 전(邅)은 에워싸다, 돌아다니다란 뜻이 있으며 '전적호'란 주변을 방황하는 호랑이다. 일설에는 사람의 발자국을 따라다니는 호랑이라고도 한다.

ㅇ三橫(삼횡) — 세 가지의 횡포(橫暴)한 것.

ㅇ尋二陸(심이륙) — 주처(周處)가 육기(陸機 : 261～303), 육운(陸雲 : 262～303) 형제를 방문한 것은 그가 오(吳)나라 동한령(東漢令)·무난독(無難督)이 된 오나라 천기연간(天紀年間 : 277～280) 이전의 일이다(《三國志》 권60 〈周魴傳〉). 주처의 생몰년(生沒年)은 육기작(陸機作)인 '진평서장군효후주처비(晋平西將軍孝侯周處碑)'(《陸平原集》 권1 수록)에 의하면 서진(西晋) 혜제(惠帝) 원강(元康) 9년(299), 여행 도중 62세로 죽었다고 되어 있다. 그러나 이 비석에는 육기가 죽은 이후의 일까지 기록되어 있으므로 그가 쓴 것으로 보기 어렵다. 최근 강소성 의흥현(宜興縣)에서 주처의 묘가 발굴되었고 그곳에서 원강(元康) 7년(297)에 죽었다고 하는 비석이 출토되었으며 이것은 《진서(晋書)》 〈혜제기(惠帝紀)〉의 기록과 일치되므로 주처의 몰년(沒年)은 원강 7년임을 알 수 있다. 그런데 가령 주처가 이 해에 62세로 죽었다고 하면, 그가 육운과 만난 것은 그의 나이 42～45세, 육운의 나이 13～16세 이전의 일이 되며 연령으로 볼 때 《세설(世說)》에서와 같은 이야기를 진짜 했을 것이냐는 의문이 생긴다.

ㅇ蹉跎(차타) — 시기를 놓치는 것.

ㅇ朝聞夕死(조문석사) — 《논어(論語)》 〈이인편(里仁篇)〉의 '조문도(朝聞道) 석사가의(夕死可矣)'의 구절.

ㅇ孔氏志怪(공씨지괴) — 《수서(隋書)》 〈경적지(經籍志)〉에, '지괴 4 권(志怪四卷), 공씨찬(孔氏撰)'이라고 되어 있다.

ㅇ邪足虎(사족호) — 교전(校箋)에 《지괴(志怪)》를 인용하여 전행부진모(邅行不進貌)라고 되어 있다.

ㅇ御史中丞(어사중승)－비리를 검찰(檢察)하는 어사대(御史臺)의 차관.

ㅇ氐人齊萬年反(저인제만년반)－저인이란 티베트계(系)의 민족으로서, 제만년은 혜제(惠帝) 원강(元康) 7년(297)에 섬서성(陝西省) 지방에서 반란을 일으켰다. 이에 대하여 건위장군(建威將軍) 주처(周處)와 진위장군(振威將軍) 노파(盧播)가 진압하러 나섰는데 총수(總帥)인 양왕(梁王) 사마융(司馬肜)은, 일찍이 주처가 어사중승이었을 때 자기의 위법에 대하여 규탄했던 원한이 있었던 터라, 주처에게 겨우 5천 명의 군사를 내주고 선봉에 서도록 했는데 그로 인하여 주처는 육맥(六陌 : 섬서성 乾縣)에서 진몰(陣沒)했다(《晋書》 권58 〈周處傳〉).

2. 대연(戴淵)은 젊었을 때 유협(遊俠)에 빠져 행위가 바르지 못했다. 언제나 강회(江淮) 사이에서 나그네 상인들을 습격하여 약탈을 일삼고 있었다. 육기(陸機)가 휴가를 마치고 고향에서 낙양(洛陽)으로 가던 중 짐이 매우 많았다. 대연은 젊은 사람들을 시키어 이것을 약탈케 했다. 대연은 강가에 있는 의자에 앉아서 좌우의 사람들을 지휘하고 있었는데 그 방법이 모두 뛰어났다. 또 대연은 풍채가 아주 좋아서 이런 비겁한 짓을 하기는 했지만 그 인품에는 보통사람과 다른 점이 있었다. 육기가 배의 옥상(屋上)에서, 멀리 있는 그에게 소리쳤다. "그대는 그토록 재주가 뛰어난데 어찌하여 강도짓 따위를 하는 게야?" 그러자 대연은 눈물을 흘리며 검을 집어던지고 육기에게 귀순했다. 그가 하는 말에는 매우 격한 면이 있었는데 육기는 마침내 그를 중용하고 교제했으며 문장으로 써서 그를 천거했다.(1) 동진(東晋)의 시대가 된 다음 벼슬하여 정서장군(征西將軍)이 되었다.

| 원문 | 戴淵少時, 遊俠不治行檢. 嘗在江, 淮間, 攻掠商旅. 陸機赴假還洛, 輜重甚盛. 淵使少年掠劫. 淵在岸上, 據胡牀, 指麾左右, 皆得其宜. 淵旣神姿峯穎, 雖處鄙事, 神氣猶異. 機

於船屋上遙謂之曰, 卿才如此, 亦復作劫邪. 淵便泣涕, 投劍歸機. 辭厲非常. 機彌重之, 定交, 作筆薦焉.(1) 過江, 仕至征西將軍.

(1) 우예(虞預)의 《진서(晋書)》에 이런 이야기가 있다. '육기(陸機)는 대연(戴淵)을 조왕(趙王) 사마윤(司馬倫)에게 추천하며 말했다. "대저 번약(繁弱)의 활도 수레에 오른 연후에야 높은 성벽의 공로가 드러나며, 하나의 대나무도 (다른 대나무와) 배열이 된 다음에야 신(神)을 강림하게 하는 곡을 이룰 수 있다고 합니다. 살펴보건대 처사(處士) 대연은 지조를 연마하고 품행을 세워, 맑은 우물의 깨끗함이 있으며 빈궁함에 편안하고 지조를 즐기기에 속진(俗塵)을 연모함이 없습니다. 진실로 동남지방의 숨겨진 보물이며 조정의 귀한 옥돌입니다. 만약 사통팔달의 대로(大路)에 몸을 의탁한다면 반드시 준마(駿馬)와 함께 길을 갈 수 있을 것이며, 조정에서 본질을 빛낸다면 반드시 보옥과 함께 길을 갈 수 있을 것이며, 조정에서 본질을 빛낸다면 반드시 보옥과 함께 광채를 드리울 수 있을 것입니다. 무릇 메마른 언덕에 사는 사람들은 주옥(珠玉)을 옮기는 데 과감하고, 윤택한 산에 사는 사람들은 보옥(寶玉)을 바치는 데 적극적입니다. 대저 명암이 드러나게 되면 보통 식견을 지닌 사람도 분간할 수가 있습니다." 사마윤은 곧 대연을 초청했다.'
虞預晉書曰, 機薦淵於趙王倫曰, 蓋聞繁弱登御, 然後高墉之功顯. 孤竹在肆, 然後降神之曲成. 伏見處士戴淵, 砥節立行, 有井渫之潔. 安窮樂志, 無風塵之慕. 誠東南之遺寶, 朝廷之貴璞也. 若得寄跡康衢, 必能結軌驥騄. 耀質廊廟, 必能垂光璵璠. 夫枯岸之民, 果於輸珠, 潤山之客, 列於貢玉. 蓋明暗呈形, 則庸識所甄也. 倫卽辟淵.

주해 | ㅇ筆(필)-문장(文章)이란 의미. 문(文 : 韻文)에 대하여 산문

(散文)을 필(筆)이라고 한다.

ㅇ繁弱登御(번약등어) – 번약(繁弱)은 번약(蕃弱)으로도 기록하며, 하후씨(夏后氏)가 사용했다고 전해지는 옛날의 양궁(良弓). 어(御)는 수레.

ㅇ高墉之功(고용지공) – 고용(高墉)은 높은 담장. 《역경(易經)》 해괘(解卦)에 '공용이사준우고용지상(公用以射隼于高墉之上) 획지무불리(獲之無不利)'라고 되어 있다.

ㅇ孤竹在肆(고죽재사) – 고죽(孤竹)은 독생(獨生)한 대나무. 《주례(周禮)》〈대사악(大司樂)〉에 '고죽지관(孤竹之管), 운화지금슬(雲和之琴瑟)'이라고 되어 있다. 《문선(文選)》 장협(帳協)의 〈칠명(七命)〉에 '고죽을 불어 운화를 모은다'라고 되어 있으며 이주한(李周翰)의 주(注)에 '고죽은 관(管 : 竹笛)이다'라고 있다. 사(肆)는 열(列). 대나무를 늘어놓아 생간(笙竿)하는 것.

ㅇ井渫(정설) – 깨끗한 우물의 물. 청결한 것의 비유. 《역경(易經)》〈정괘(井卦)〉에 '정설불식(井渫不食)'이라고 있다. 맑은 우물물을 떠다가 쓰지 않는 것을 말하며, 재주가 있더라도 세상에 쓰임받지 못함을 비유한다.

ㅇ康衢(강구) – 강(康)은 오방(五方). 구(衢)는 사방(四方)에 통하는 것. 대로(大路).

ㅇ驥騄(기록) – 준마(駿馬)를 가리킨다.

ㅇ璵璠(유번) – 미옥(美玉)의 이름.

ㅇ枯岸之民(고안지민), 潤山之客(윤산지객) – 《대대례기(大戴禮記)》 권8〈권학편(勸學篇)〉에 '옥(玉)이 산에 있으면 나무에 윤택이 나고, 연못이 구슬을 생산하면 가장자리가 마르지 않는다'라고 했는데 여기서 말하는 '고안(枯岸)', '윤산(潤山)'도 이것에 근거한다.

ㅇ列(열) – 열(烈)과 통한다.

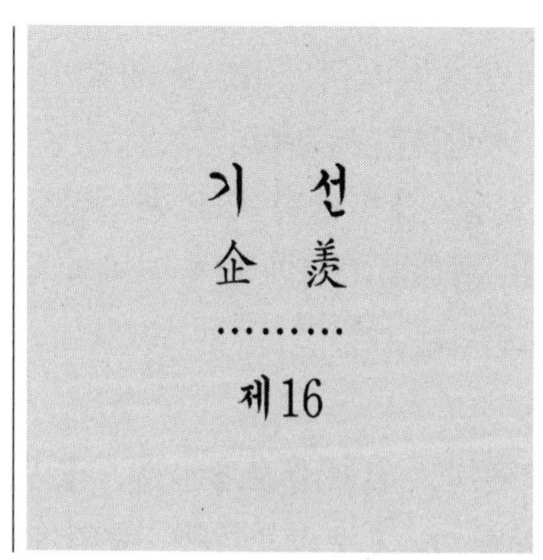

기선 企羨 제16

1. 왕승상(王丞相 : 王導)이 사공(司空)에 임명되었을 때, 환정위(桓廷尉 : 桓彝)는 머리를 두 개의 상투로 묶고 갈포(葛布) 치마를 걸친(당시에는 남자도 치마를 입었다) 다음 지팡이를 짚고 길가에서 그의 모습을 바라보며 감탄했다. "사람들은 아룡(阿龍 : 王導)을 빼어난 인물이라고들 하는데 과연 아룡은 훌륭하군."(1) 그리고 자기도 모르는 사이에 대부(臺府)의 문까지 따라갔다.

원문| **王丞相拜司空, 桓廷尉作兩髻, 葛裙策杖, 路邊窺之, 歎曰, 人言阿龍超, 阿龍故自超.(1) 不覺至臺門.**

(1) 아룡(阿龍)은 승상(丞相 : 王導)의 어렸을 때 자(字)이다.
阿龍, 丞相小字.

주해| ㅇ企羨(기선)－남의 훌륭한 점을 선망(羨望)하는 것. 기(企)는 발돋움하고 바라본다는 의미.
ㅇ臺門(대문)－어사대(御史臺)의 문. 사공(司空)은 어사대의 장관.

2. 왕승상(王丞相 : 王導)은 강남으로 건너왔을 때, 스스로 말했다. "옛날 낙수(洛水) 가에서 이따금 배성공(裵成公 : 裵頠)과 완천리(阮千里 : 阮瞻) 등 제현(諸賢)들과 도(道)를 논했던 적이 있었지." 양만(羊曼)은 말했다. "사람들은 이전부터 그 일로 당신을 인정해주고 있소이다. 이제 또 새삼스럽게 말할 필요가 없잖소." 왕도가 말했다. "나도 새삼스럽다는 생각을 하지만 단지 그때의 일을 되돌아보고 싶소이다만 그게 잘 안되는구려."(1)

| 원문 | **王丞相過江, 自說昔在洛水邊, 數與裴成公·阮千里諸賢共談道. 羊曼曰, 人久以此許卿, 何須復爾. 王曰, 亦不言我須此, 但欲爾時不可得耳.**(1)

(1) 욕(欲)을 어떤 책에는 탄(歎)으로 적기도 했다.

欲, 一作歎.

| 주해 | ㅇ談道(담도)－이른바 청담(淸談)을 하는 것. 서진(西晋) 때 배위(裵頠)와 완첨(阮瞻)은 왕연(王衍)·왕융(王戎)·악광(樂廣) 등 명사들과 함께 담론을 많이 펼쳤다. 배위는 명리론(名理論)에 뛰어났는데 당시 '언담(言談)의 임수(林藪)'라고 했다. 완첨은 완함(阮咸)의 아들로서 '삼어(三語)의 연(掾)'으로 알려졌다.

3. 왕우군(王右軍 : 王羲之)은 사람들이 자신의 〈난정집서(蘭亭集序)〉를 〈금곡시서(金谷詩序)〉에 비유하며, 또 자기 자신을 석숭(石崇)에 필적하는 자로 꼽아주었으므로 매우 기뻐했다.(1)

| 원문 | **王右軍得人以蘭亭集序方金谷詩序, 又以己敵石崇, 甚有欣色.**(1)

(1) 왕희지(王羲之)의 〈임하서(臨河叙)〉에 이런 내용이 있다. '영화(永和) 9년, 계축세(癸丑歲) 3월 초, 회계군(會稽郡) 산음현(山陰縣)의 난정(蘭亭)에서 회합하였는데 그것은 계제사(禊祭祀)를 지내기 위해서이다. 명사들은 차례로 도착했으며 노인도 젊은이도 모두 모여들었다. 이 땅에는 높은 산, 험준한 봉우리도 있으며 무성한 숲과 기다란 대나무도 있고, 또 맑은 흐름과 소용돌이치는 여울물이 좌우로 감돌았다. 이 물을 끌어서 굽이진 물길에 술잔을 띄우고 차례대로 줄지어 앉았다. 이날은 하늘이 맑고 대기가 쾌청하며 봄바람이 화창하여, 눈을 즐겁게 하고 생각을 치달리게 하니 진실로 즐길 만하였다. 비록 관현악기의 성대함은 없지만 한잔 술에 시 한 수를 읊조리니 또한 그윽한 마음을 활짝 펼치기에 충분했다. 그리하여 이때 모인 사람들을 차례대로 기록하고 그 술회한 바를 기록했다. 우장군사마(右將軍司馬)인 태원(太原)의 손승공(孫丞公 : 孫統) 등 26인은 왼쪽과 같이 시를 지었고, 전(前) 여요령(餘姚令)인 회계(會稽)의 사승(謝勝) 등 15명은 시를 짓지 못하여 각각 벌주 세 말씩이 주어졌다.'

王羲之臨河敍曰, 永和九年, 歲在癸丑, 莫春之初, 會于會稽山陰之蘭亭, 脩禊事也. 羣賢畢至, 少長咸集. 此地有崇山峻嶺, 茂林脩竹. 又有清流激湍, 映帶左右. 引以爲流觴曲水, 列坐其次. 是日也, 天朗氣清, 惠風和暢, 娛目騁懷, 信可樂也. 雖無絲竹管絃之盛, 一觴一詠, 亦足以暢敍幽情矣. 故列序時人, 錄其所述. 右將軍司馬太原孫公等二十六人, 賦詩如左. 前餘姚令會稽謝勝等十五人不能賦詩, 罰酒各三斗.

주해 | ㅇ蘭亭集序(난정집서)－동진(東晋)의 영화(永和) 9년(353), 회계(會稽)의 난정에서 열린 곡수연(曲水宴)에서 만들어진 시집(詩集)의 서문(序文). 유주(劉注)에는 〈임하서(臨河叙)〉로 인용되어 있는데 그밖에도 〈난정수계서(蘭亭脩禊序)〉 〈곡수서(曲水序)〉 〈난정기(蘭亭記)〉

등등 여러 별칭이 있다. 유주(劉注)에서 인용한 〈임하서〉에는 절략(節略)이 있다.

ㅇ金谷詩序(금곡시서)－서진(西晋)의 석숭(石崇)이 그 별장인 금곡원(金谷園)에서 성대한 연회를 열고 그때 만들어진 시집(詩集)에 석숭 자신이 서문을 썼다. 〈품조편(品藻篇)〉 57 참조.

ㅇ歲在癸丑(세재계축)－세성(歲星)이 계축(癸丑) 방각(方角)에 깃든 것을 가리킴이다.

ㅇ曲水(곡수)－냇물을 끌어서 만든 구곡(九曲)의 흐름. 사람들은 이 곡수 양쪽에 나란히 앉아, 강 위에서 흘러오는 술잔을 들고 술을 마시면서 시를 짓는다. 시를 짓지 못하는 사람에게는 벌주가 주어진다. 곡수의 유래에 대해서는 《진서(晋書)》 권51 〈속석전(束晳傳)〉 참조.

ㅇ孫公(손공)－손통(孫統), 자(字)는 승공(承公)을 가리킨다(《晋書》 권56 〈孫統傳〉). 원본(袁本)에는 '손승공(孫丞公)'으로 적고 있다.

4. 왕사주(王司州 : 王胡之)는 유공(庾公 : 庾亮)의 기실참군(記室參軍)이 되었다. 그후 유공은 또 은호(殷浩)를 불러 장사(長史)로 삼았다. 은호가 갓 왔을 때, 유공은 왕호지를 사자(使者)로 도읍에 보내려고 했다. 왕호지는 눌러있고 싶다며 이렇게 말했다. "저는 성덕(盛德)이 있는 분을 만난 일이 드뭅니다. 연원(淵源 : 殷浩)님이 막 도착했으니 죄송합니다만 얼마동안 함께 있도록 해주십시오."

원문| 王司州先爲庾公記室參軍. 後取殷浩爲長史. 始到, 庾公欲遣王使下都. 王自啓求住曰, 下官希見盛德. 淵源始至, 猶貪與少日周旋.

주해| ㅇ下都(하도)－유량(庾亮)은 이때 정서장군(征西將軍)으로 무창(武昌)에 있었다. 따라서 '왕호지를 사자(使者)로 도읍에 내려보내고자 했다'로 읽을 수도 있지만 〈용지편(容止篇)〉 19에는 '하도(下都)'로 읽

지 않으면 안되겠기에 두 글자를 '도(都)'의 뜻으로 풀었다. 한편 도읍은 건강(建康)을 가리킨다.

ㅇ啓(계)－상장(上長)에게 올리는 편지.

5. 치가빈(郗嘉賓 : 郗超)은 사람들이 자기를 부견(符堅)에 비교해 주었으므로 크게 기뻐했다.

원문| 郗嘉賓得人以己比符堅, 大喜.

주해| ㅇ符堅(부견)－전진(前秦)의 선양제(宣陽帝). 383년, 전진의 왕 부견은 스스로 군사를 이끌고 수춘(壽春)으로 쳐들어갔고 비수(肥水)에서 동진(東晋)의 대군과 싸워 이를 격파했다. 진왕조(晋王朝)에서 보면 적군(賊軍)의 왕이지만 오호(五胡)의 여러 나라에서 유교(儒敎)를 바탕으로 덕치정치(德治政治)를 하는 명군(名君)으로 당시 널리 알려졌었다. 《진서(晋書)》 권113 〈부견전(符堅傳)〉에는 '성지효(性至孝), 박학다재예(博學多才藝), 유경제대지(有經濟大志)'라 하여 그 재능이 높았음이 기록되어 있으며, 또 즉위한 후의 정치행위에 대해서도 다음과 같은 기록이 있다. '자영가지란(自永嘉之亂), 상서무문(庠序無聞). 급견지참(及堅之僭), 파류심유학(頗留心儒學), 왕맹정제풍속(王猛整齊風俗), 정리칭거(政理稱擧), 학교점흥(學校漸興), 관롱청안(關隴淸晏), 백성풍악(百姓豐樂) 운운' 부견의 어떤 장점을 특별히 비교했는지는 불분명한데 〈상예편(賞譽篇)〉 126, 〈품조편(品藻篇)〉 82 등으로 보아 젊었을 때부터 부견은 발군의 재능이 있었다는 것일까?

6. 맹창(孟昶)이 아직 출세하기 전, 그의 집은 경구(京口)에 있었다[(1)] 어느 때 왕공(王恭)이 높은 여(輿)를 타고 학창구(鶴氅裘)를 입고 있는 것을 보았다. 때마침 눈이 약간 내렸는데 맹창은 울타리 틈

으로 엿보다가 감탄하며 말했다. "이 사람이야말로 진짜 신선계의 사람이다."

원문| 孟昶未達時, 家在京口.[(1)] 嘗見王恭乘高輿, 被鶴氅裘. 于時微雪, 昶於籬間窺之, 歎曰, 此眞神仙中人也.

(1) 《진안제기(晋安帝紀)》에 이런 이야기가 있다. '맹창(孟昶)의 자는 언달(彦達)이고 평창(平昌) 사람이며, 아버지 맹복(孟馥)은 중호군(中護軍)이었다. 맹창은 긍지가 대단하고 의기(意氣)와 기량(器量)이 있어서 젊었을 때 왕공(王恭)의 인정을 받았다. 환현(桓玄) 토벌의 공적이 있어서 단양윤(丹陽尹)이 되었다. 노순(盧循)이 도읍에 쳐들어오자 맹창은 사건이 해결되지 못할 것으로 보고 음독하고 죽었다.'

晉安帝紀曰, 昶字彦達, 平昌人. 父馥, 中護軍. 昶矜嚴有志局. 少爲王恭所知. 豫義旗之勳, 遷丹陽尹. 盧循下, 昶慮事不濟, 仰藥而死.

주해| ㅇ鶴氅裘(학창구)－학의 날개로 만든 웃옷.

ㅇ中護軍(중호군)－중앙군을 통솔하는 장군. 가문이 좋은 자는 호군장군(護軍將軍)의 칭호가 주어지는데 그렇지 않은 사람은 중호군(中護軍)이라 칭한다.

ㅇ義旗之勳(의기지훈)－안제(安帝) 원흥(元興) 3년(404), 제위(帝位)를 찬탈한 환현(桓玄)을 유유(劉裕)가 의병을 일으키어 토벌한 것을 가리킨다. 이때 맹창(孟昶)은 유유의 장사(長史)가 되었는데 그때의 공로에 의해 단양윤(丹陽尹)이 되었다(《全晋文》 권141).

ㅇ丹陽尹(단양윤)－동진(東晋)의 국도장관(國都長官).

ㅇ盧循下(노순하)－노순은 동진 말에 종교단체를 이끌고 반란을 일으켰던 손은(孫恩)의 매부(妹夫)로서, 손은이 죽은 다음 교단을 통솔하며 동진에 대적했는데 두 차례에 걸쳐 도읍 건강(建康)을 위협했다. 의희

(義熙) 6년(410)에 도읍을 공격했을 때는 유의(劉毅)가 이끄는 왕사(王師)를 격파했다. 당시 상서좌복야(尙書左僕射)였던 맹창은 불안한 나머지 자살했다(《晋書》 권10 〈安帝紀〉). 한편 노순의 난은 그후 유유에 의해 진압되었다.

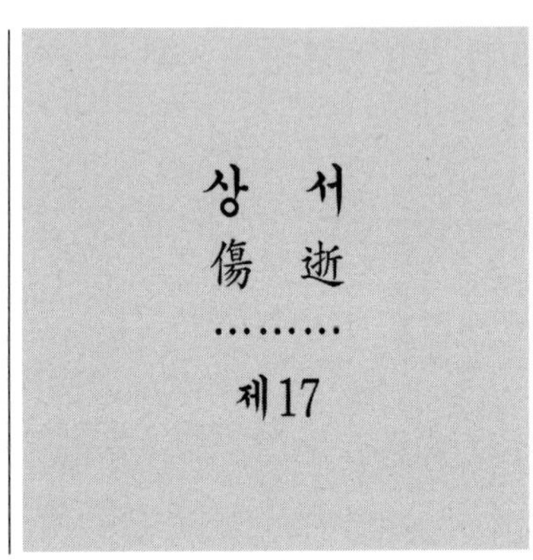

1. 왕중선(王仲宣 : 王粲)은 나귀 울음소리를 좋아했는데,(1) 그를 매장할 때, 장례식에 참석했던 문제(文帝 : 曹丕)는 친구들을 돌아보며 말했다. "왕중선은 나귀 울음소리를 좋아했었소. 어떻소? 우리 모두 한 번 그 소리를 내어 들려주도록 합시다!" 조문객들은 모두 나귀 울음소리를 한마디씩 흉내냈다.(2)

원문| 王仲宣好驢鳴.(1) 旣葬, 文帝臨其喪, 顧語同遊曰, 王好驢鳴, 可各作一聲以送之. 赴客皆一作驢鳴.(2)

(1) 《위지(魏志)》에 이런 이야기가 있다. '왕찬(王粲)의 자는 중선(仲宣)이며 산양(山陽) 고평(高平) 사람이다. 증조부 왕공(王龔), 아버지 왕창(王暢)은 모두 한(漢)나라 삼공(三公)이었다. 왕찬은 장안에 올라가 채옹(蔡邕)을 만났다. 채옹은 왕찬을 훌륭한 인물로 인정하고, 신발을 거꾸로 신고 나가서 맞아들인 다음 말했다. "이 왕공(王公)의 손자는 이재(異才)가 있는데 나로서는 도저히 따를 수가 없어. 우리집에 있는 책은 모두 그에게 주도록 하리라." 난

을 피하여 형주(荊州)로 가서 유표(劉表)에게 몸을 의지했는데 유표는 왕찬의 풍채가 변변찮고 방달(放達)한 것을 보고 그다지 중시하지 않았다. 태조(太祖 : 曹操)는 그를 데리고 오(吳)나라를 쳤는데 그 도중에서 죽었다.'

魏志曰, 王粲字仲宣, 山陽高平人. 曾祖龔, 父暢, 皆爲漢三公. 粲至長安見蔡邕. 邕奇之, 倒屣迎之, 曰, 此王公孫, 有異才, 吾不及也. 吾家書籍, 盡當與之. 避亂荊州, 依劉表, 以粲貌寢通脫, 不甚重之. 太祖以從征吳, 道中卒.

(2) 생각하건대 대숙란(戴叔鸞 : 戴良)의 어머니는 나귀 울음소리를 좋아하여 대숙란은 언제나 나귀 울음소리를 흉내냄으로써 어머니를 기쁘게 해드렸다. 사람들이 좋아하는 것은 어쩌면 또한 같은 것인가?

按, 戴叔鸞母好驢鳴, 叔鸞每爲驢鳴, 以說其母. 人之所好, 儻亦同之.

주해 | ㅇ傷逝(상서)－죽은 사람을 애도한다는 의미. 이 편에서는 죽은 사람에 대한 애도의 뜻을 모으고 있다.

ㅇ同遊(동유)－여기서는 왕찬(王粲)과 그의 생전에 교유가 있었던 친구·동료들을 가리킨다. 왕찬은 생전에 공융(孔融)·서간(徐幹)·진림(陳琳)·완우(阮瑀)·응창(應瑒)·유정(劉楨) 등과 친하게 교유했었다(《三國志》 권21 〈王粲傳〉).

ㅇ父暢(부창)－송본(宋本)·원본(袁本) 모두 '부창(父暢)'으로 적고 있는데 《삼국지》 권21에는 '조부창(祖父暢)'이라고 되어 있다. 왕찬의 아버지 이름은 '겸(謙)'이며 대장군 하진(何進)의 장사(長史)가 되었다가 죽었다.

ㅇ爲漢三公(위한삼공)－증조부인 왕공(王龔 : 字는 伯宗)은 순제(順帝) 때 태위(大尉)를 지냈고, 조부 왕창(王暢 : 字는 叔茂)은 영제(靈帝) 때 사공(司空)이 되었다(《삼국지》 권21 〈王粲傳〉 注에서 인용한 張璠의 《漢紀》).

- 邕奇之(옹기지)－송본에는 '옹(邕)'자가 없는데 원본(袁本)에 따라 보충했다.
- 倒屣迎之(도사영지)－찾아온 손님을 기쁘게 맞으며 당황하여 신발을 거꾸로 신고 나가는 것을 가리킨다.
- 貌寢(모침)－풍채가 변변찮은 것. 《삼국지》 권21 본전(本傳)의 배송지(裵松之) 주(注)에는 '모습은 그 실재를 말한다'라고 되어 있다.
- 從征吳(종정오)－오(吳)나라를 정벌한 것은 건안(建安) 21년(216)의 일로서 그 이듬해 봄에 왕찬(王粲)은 그 도중에 병에 걸려 죽었다. 41세였다. 조식(曹植)의 〈임중선뢰(任仲宣誄)〉에 의하면 정월 24일에 죽은 것으로 되어 있다.
- 戴叔鸞(대숙란)－《후한서(後漢書)》 권113 〈일민전(逸民傳)〉에는 대숙란(이름은 良)의 전(傳)이 있으며 나귀 소리에 대한 기록이 있다.

2. 왕준충(王濬沖 : 王戎)이 상서령(尙書令)이었을 때, 예복을 입고, 초거(軺車)를 타고, 황공(黃公)의 주막 아래를 지나갔다.(1) 그때 뒤돌아보면서 그 수레에 탄 사람에게 말했다. "지난날 나는 혜숙야(嵇叔夜 : 嵇康)나 완사종(阮嗣宗 : 阮籍)과 함께 이 주막으로 술을 마시러 자주 왔었는데 죽림(竹林)의 놀이에도 그 말석에 끼었었소. 그런데 혜생(嵇生)이 일찍 죽고 완공(阮公)이 세상을 떠난 후에는 나도 결국 세상사에 얽매였지. 지금 생각해보니 지척에 있으면서 마치 먼 산하(山河)처럼 아득하게 되었구려."(2)

원문| **王濬沖爲尚書令, 箸公服, 乘軺車, 經黃公酒壚下過.(1) 顧謂後車客, 吾昔與嵇叔夜阮嗣宗共酣飮於此壚, 竹林之遊亦預其末. 自嵇生夭, 阮公亡以來, 便爲時所羈紲, 今日視此, 雖近邈若山河.(2)**

(1) 위소(韋昭)의 《한서(漢書)》 주(注)에 이런 이야기가 있다. '노(壚)

는 주막이다. 흙을 쌓아 사방을 높이고 화로와 같은 모양이다.'

韋昭漢書注曰, 壚, 酒肆也. 以土爲墮, 四邊高似壚也.

(2) 〈죽림칠현론(竹林七賢論)〉에는 이런 이야기가 있다. '속전(俗傳)에는 이렇게 말하고 있다. 그러나 영천(潁川)의 유원지(庾爰之)가 일찍이 이 일을 백부(伯父)인 문강(文康 : 庾亮)에게 물었던 바 문강이 말했다. "서진(西晋) 때에는 듣지 못했었는데 동진(東晋)이 되어 갑자기 그런 이야기가 나돌았다. 아마도 말하기 좋아하는 자가 만들어 낸 것에 지나지 않을 거야."'

竹林七賢論曰, 俗傳若此. 潁川庾爰之嘗以問其伯文康, 文康云, 中朝所不聞, 江左忽有此論. 蓋好事者爲之耳.

주해 | ㅇ軺車(초거)－한 필의 말이 끄는 경차(輕車)로, 타고 가면서 사방을 바라보며 구경한다.

ㅇ黃公酒壚(황공주로)－〈문학편(文學篇)〉 90의 주해 참조. 황(黃)은 성(姓), 공(公)은 옹(翁)과 같다.

ㅇ墮(타)－타(垜)자의 가차(假借). 쌓아올린 흙이란 의미이다.

3. 손자형(孫子荊 : 孫楚)은 자신에게 재능이 있었으므로 남에게 여간해서 머리를 숙이지 않았는데 단지 왕무자(王武子 : 王濟)에게만은 평소부터 경복(敬服)하고 있었다. 무자가 죽었을 때, 명사들은 모두 조문하러 왔다. 손자형은 늦게서야 왔는데 유체(遺體) 앞에서 통곡했다. 내객들은 모두 눈물을 흘렸다. 곡례가 끝나자 영구대(靈柩臺)를 향하여 말했다. "그대는 언제나 내가 나귀 울음소리 내는 것을 기뻐했으니 이제 내가 그대를 위하여 소리내리다." 그 소리가 진짜 나귀 울음소리와 똑같았으므로 빈객들은 모두 웃었다. 손자형은 머리를 들고 말했다. "그대들은 살아 있으면서 이 사람을 죽게 하다니!"(1)

원문| 孫子荊以有才，少所推服．唯雅敬王武子．武子喪時，名士無不至者．子荊後來，臨尸慟哭．賓客莫不垂涕．哭畢，向靈牀曰，卿常好我作驢鳴．今我爲卿作．體似眞聲．賓客皆笑．孫擧頭曰，使君輩存，令此人死．(1)

(1) 《어림(語林)》에 이런 이야기가 있다. '왕무자(王武子 : 王濟)의 장례식 때 손자형(孫子荊 : 孫楚)이 곡하는 것이 어찌나 슬펐던지 손님들 모두가 눈물을 흘렸다. 이윽고 나귀 울음소리를 내자 손님들은 모두 웃었다. 손자형은 그것을 보고 말했다. "당신들이 죽지 않고 왕무자가 죽다니……." 손님들은 모두 화를 냈다.'
語林曰，王武子葬，孫子荊哭之甚悲，賓客莫不垂涕．旣作驢鳴，賓客皆笑．孫聞之曰，諸君不死，而令王武子死乎．賓客皆怒．

주해| ㅇ靈牀(영상)－영구대(靈柩臺). 영구를 안치하는 대.
ㅇ體似眞聲(체사진성)－《진서(晋書)》 권42 〈왕제전(王濟傳)〉에는 '체사성진(體似聲眞)'으로 적고 있다.

4. 왕융(王戎)이 아들 만자(萬子 : 王綏)를 잃었을 때 산간(山簡)이 위로하러 가보니 왕융은 슬픔을 견디지 못하는 모습이었다. 산간이 "아직 품속의 어린것인데 어찌 그토록 슬퍼하시오?"라고 하자 왕융이 대답했다. "성인(聖人)은 정(情)에 사로잡히지 않고, 제일 하류(下流)인 사람은 정에까지 미치지 못하오. 정이 모이는 것은 실로 우리들에게 있소이다."(1) 산간은 그 말에 감복하여 다시 그를 위해서 통곡했다.(2)

원문| 王戎喪兒萬子，山簡往省之，王悲不自勝．簡曰，孩抱中物，何至於此．王曰，聖人忘情，最下不及情．情之所鍾，正

在我輩.[(1)] **簡服其言, 更爲之慟.**[(2)]

(1) 왕은(王隱)의 《진서(晋書)》에 이런 이야기가 있다. '왕융(王戎)의 아들인 왕수(王綏)는 배돈(裵遁)의 딸을 맞아 장가들었다. 왕수가 일찍 죽었기 때문에 왕융은 너무 슬퍼했다. 그래서 다른 사람이 배돈의 딸을 아내로 맞이하는 것을 허락하지 않았다. 그 결과 그 딸이 늙어갈 때까지 아무도 취하려 하지 않았다.'

王隱晉書曰, 戎子綏, 欲取裵遁女. 綏旣早亡, 戎過傷痛, 不許人求之, 遂至老無敢取者.

(2) 일설에는 왕이보(王夷甫 : 王衍)가 아들을 잃었고, 산간(山簡)이 조문하러 왔을 때의 이야기라고 한다.

一說是王夷甫喪子, 山簡弔之.

주해 | ㅇ孩抱中物(해포중물)－아직 품안에 안고 있을 정도의 어린아이란 뜻. 단 〈상예편(賞譽篇)〉 29에서 인용한 《진제공찬(晋諸公贊)》의 '나이 19세에 졸(卒)하다'라고 했는데, '해포중물'이란 말은 맞지 않는다. 그러기에 유주(劉注)에 그와 같은 일설도 생겨난 것이리라.

ㅇ裵遁(배돈)－《진서》 권35 〈배해전(裵楷傳)〉에, '(배해의 작은형인) 배강(裵康)의 아들 배돈(裵盾)은 어렸을 때 현위(顯位)가 역력하더니 영가중(永嘉中)에 서주자사(徐州刺史)가 되었다'라고 되어 있다.

ㅇ一說(일설)－《진서(晋書)》 권43 〈왕연전(王衍傳)〉에서도 왕연이 아들을 잃었고 산간(山簡)이 조문하러 왔을 때의 이야기라고 기록했다.

5. 어떤 사람이 화장여(和長輿 : 和嶠)의 죽음을 곡하며 말했다. "천장(千丈)이나 높이 치솟은 소나무가 쓰러진 것 같구나!"

원문 | 有人哭和長輿曰, 峨峨若千丈松崩.

주해 ㅇ峨峨(아아)－높이 치솟은 모양.《문선(文選)》권8 사마상여(司馬相如)의 〈상림부(上林賦)〉에 '구준(九峻)은 절알(巀嶭), 남산(南山)은 아아(峨峨)로다'라고 되어 있으며 그 여상(呂尙)의 주(注)는 '절알(巀嶭), 아아(峨峨)는 고준(高峻)의 모습'이라고 되어 있다.

6. 위세마(衛洗馬 : 衛玠)는 영가(永嘉) 6년(312)에 세상을 떠났다. 사곤(謝鯤)은 이를 통곡하여 길 가는 사람들을 감동케 했다.(1) 함화연간(咸和年間 : 326~334)에 승상인 왕공(王公 : 王導)은 명령을 내렸다. '위세마는 이장(移葬)해야 하오. 이 사람은 풍아한 선비로서 천하 사람들로부터 추앙받았었소. 소박한 제사를 지내고 옛 정의(情誼)를 돈독히 하는 것이 옳소이다.'(2)

원문 **衛洗馬以永嘉六年喪. 謝鯤哭之, 感動路人.(1) 咸和中, 丞相王公教曰, 衛洗馬當改葬. 此君風流名士, 海內所瞻. 可脩薄祭, 以敦舊好.(2)**

(1)《영가류인명(永嘉流人名)》에 이런 이야기가 있다. '위개(衛玠)는 영가(永嘉) 6년 6월 20일에 죽었고 남창성내(南昌城內) 허징군(許徵君)의 묘지 동쪽에 장사지냈다. 위개가 죽자 사유여(謝幼輿 : 謝鯤)는 무창(武昌)에서 애곡하며 슬픔에 견디지 못하는 것 같았다. 어떤 사람이 "당신은 무엇을 근심하여 그토록 슬퍼하십니까?"라고 물었다. 대답하기를 "동량(棟梁)이 부러졌소이다. 어찌 슬퍼하지 않을 수 있겠소이까?"라고 하였다.'

永嘉流人名曰, 玠以六年六月二十日亡, 葬南昌城許徵墓東. 玠之薨, 謝幼輿發哀於武昌, 感慟不自勝. 人問, 子何恤而致哀如是. 答曰, 棟梁折矣. 何得不哀.

(2)《위개별전(衛玠別傳)》에 이런 이야기가 있다. '위개는 함화연간

(咸和年間)에 강녕(江寧)에 이장(移葬)했다. 승상인 왕공(王公 : 王導)이 명령을 내렸다. "세마(洗馬 : 衛玠)는 당시 이장을 해야 했었소. 그 사람은 풍아한 선비로서 천하의 인망을 모았었소. 삼생(三牲)의 제사를 지내고 옛날의 정의를 돈독히 하는 게 옳겠소."'

玠別傳曰, 玠咸和中改遷於江寧. 丞相王公敎曰, 洗馬明當改葬. 此君風流名士, 海內民望. 可脩三牲之祭, 以敦舊好.

주해 | ㅇ敎(교)-제후(諸侯)가 내리는 명령서. 나중에는 대신(大臣)이 내리는 명령서를 가리키게 되었다.

ㅇ許徵(허징)-《전본(箋本)》 두주(頭注)에 '징(徵)자 아래 군(君)자가 빠졌다'라고 되어 있다. 후한(後漢)의 허소(許劭), 자(字)는 자장(子將)을 가리킨다. 인물평(人物平)에 뛰어났던 것으로 알려져 있다. 처음에는 관직에 나아갔으나 사퇴하고 나중에는 불러도 나아가지 아니했다. 손책(孫策)이 오(吳) 땅을 평정했을 때 예장(豫章 : 강서성 南昌)으로 도망갔다가 죽었다(《後漢書》 권68 〈許劭傳〉). 《태평환우기(大平寰宇記)》 권106 홍주남창현조(洪州南昌縣條)에는 '허자장(許子將)의 묘는 주(州)의 남쪽 3리(里), 현(縣)의 남쪽 6리에 있다'라고 되어 있다.

ㅇ棟梁(동량)-집의 기둥과 들보에 비교하여 국가의 중요한 인물.

ㅇ改遷(개천)-원본(袁本)에는 '고천(故遷)'으로 적고 있다. 《진서(晋書)》 권36 〈위개전(衛玠傳)〉에 '무덤을 강녕(江寧)으로 옮기다'라고 되어 있다.

ㅇ三牲(삼생)-소·양·돼지 등 세 종류의 희생. 《상서(尙書)》 〈미자편(微子篇)〉에 '공전(孔傳)에 우양시(牛羊豕)를 생(牲)이라고 한다'라고 되어 있다.

7. 고언선(顧彦先 : 顧榮)은 평소 금(琴)을 좋아했다. (그의) 장례 때 집안 식구들은 금(琴)을 언제나 영구대(靈柩臺) 위에 놓아두었다. 장계응(張季鷹 : 張翰)이 가서 곡을 했는데 슬픔을 참지 못하여 영구

대로 뚜벅뚜벅 걸어가 금을 타기 시작했다. 몇 곡을 타고 나자 금을 어루만지면서 말했다. "고언선이여! 다소나마 금을 감상하시었는가?" 그런 다음 크게 통곡하더니 상주의 손도 만져보지 않은 채 돌아가 버렸다.

원문| 顧彦先平生好琴. 及喪, 家人常以琴置靈牀上. 張季鷹往哭之, 不勝其慟. 遂徑上牀鼓琴, 作數曲竟, 撫琴曰, 顧彦先頗復賞此不. 因又大慟, 遂不執孝子手而出.

주해| ㅇ哭(곡)—사람의 죽음을 슬퍼하여 소리를 높여 우는 예(禮). ㅇ孝子(효자)—여기서는 상주(喪主)를 뜻한다.

8. 유량(庾亮)의 아들[庾會]은 소준(蘇峻)의 난을 당하여 죽음을 당했다. 제갈도명(諸葛道明 : 諸葛恢)의 딸은 유량의 며느리였다. 과부가 되자 (제갈도명은) 개가시키고자 하여[(1)] 유량에게 편지를 써서 이 사실을 알리려고 했다. 유량은 말했다. "딸이 아직 젊었으니 당연한 처사입니다. 죽은 자식을 생각하니 마치 지금 당장에 죽은 것 같은 생각이 듭니다."

원문| 庾亮兒遭蘇峻難遇害. 諸葛道明女爲庾兒婦. 旣寡, 將改適.[(1)] 與亮書及之. 亮答曰, 賢女尙少. 故其宜也. 感念亡兒, 若在初沒.

(1) 유량(庾亮)의 아들 유회(庾會)와 유회의 처인 문표(文彪)는 함께 이미 앞에서 나왔다.
亮子會, 會妻父彪, 並已見上.

주해| ㅇ遭蘇峻難遇害(조소준난우해)—〈아량편(雅量篇)〉 17에서 인용

한《유씨보(庾氏譜)》에는 '나이 19세인 함화(咸和) 6년(331) 해를 당하다'라고 되어 있다.

- 將改適(장개적)－〈방정편(方正篇)〉 25에 강반(江虨 : 字는 思玄)에게 재가했음을 기록하고 있다.
- 妻父彪(처부표)－송본(宋本)·원본(袁本) 모두 '부표(父彪)'로 적고 있는데 〈방정편〉 25에서 인용한《유씨보》에 '유량자회(庾亮子會), 취회녀(娶恢女), 명문표(名文彪)'라고 되어 있는 것에 따랐다. 부(父)는 문(文)의 잘못이다.

9. 유문강(庾文康 : 庾亮)이 죽었을 때 하양주(何揚州 : 何充)는 장례식에 참가하여 말했다. "옥수(玉樹)를 흙속에 묻고 말다니 인간의 정으로 어찌 견딜 수 있겠는가?"(1)

원문| **庾文康亡, 何揚州臨葬云, 埋玉樹箸土中, 使人情何能已已.**(1)

(1)《수신기(搜神記)》에 이런 이야기가 있다. '처음에 유량(庾亮)이 병에 걸렸을 때 방사(方士)인 대양(戴洋)이 말했다. "옛날 소준(蘇峻)의 난 때에 공(公)은 백석(白石)의 사당에서 수레에 매인 소를 제물로 바치겠노라고 했습니다. 그런데 지금까지 희생을 바치지 않으셨습니다. 그러므로 귀신이 공(公)의 생명을 뺏고자 하는 것입니다. 구원받을 수 없습니다." 과연 그 다음해에 유량은 죽었다.'

《영귀지(靈鬼志)》의 〈요징(謠徵)〉에서 말했다. '문강(文康 : 庾亮)이 처음으로 무창(武昌)에 진을 치기 위해 석두성(石頭城)을 출발했을 때 안벽(岸壁)의 구경꾼들이 노래하며 말했다. "유공(庾公)이 무창으로 갈 때는 훨훨 나는 새와 같도다. 유공이 양주(揚

州)로 돌아올 때는 백마(白馬)가 영구(靈柩)를 끌고 온다." 혹은 이렇게 노래 불렀다고도 한다. "유공이 처음에 갈 때는 펄펄 날아 갔는데, 유공이 양주로 돌아올 때는 영구차가 끌고 온다." 그후 조정에서는 그를 여러번 불렀으나 도읍에 들어가지 않고 그 땅에서 마침내 죽었다. 도읍으로 운구하여 그를 장사지냈다.'

搜神記曰, 初庾亮病, 術士戴洋曰, 昔蘇峻事, 公於白石祠中, 許賽車下牛. 從來未解. 爲此鬼所考, 不可救也. 明年, 亮果亡. 靈鬼志謠徵曰, 文康初鎭武昌, 出石頭, 百姓看者, 於岸歌曰, 庾公上武昌, 翩翩如飛鳥. 庾公還揚州, 白馬牽旒旐. 又曰, 庾公初上時, 翩翩如飛鵶. 庾公還揚州, 白馬牽旐車. 後連徵不入, 尋薨. 下都葬焉.

주해 | ㅇ戴洋(대양)－진(晋)나라 장성(長城) 사람. 자는 국류(國流). 풍각(風角)·도술(道術)·점후(占候)·복수(卜數)에 뛰어났었다(《晋書》 권95).

ㅇ賽(새)－소원성취되게 해달라며 예물을 바치는 것.

ㅇ解(해)－해(解)는 새(賽). 산 제물을 바치는 것.

ㅇ考(고)－고(拷)와 같다. 뺏는다는 의미.

ㅇ翩翩(편편)－잘하는 것. 득의(得意)로 삼는 것.

ㅇ揚州(양주)－도읍 건강(建康 : 오늘날의 南京)은 당시 양주 단양군(丹陽郡)에 속해 있었다.

ㅇ旒旐(유조)－기(旗). 구(柩)에 앞서서 가는 기.

ㅇ飛鵶(비아)－아(鵶)는 아(鴉)와 같다. 날아가는 까마귀.

ㅇ旐車(조차)－영구차.

10. 왕장사(王長史 : 王濛)는 병이 위독해져서 등잔 아래에 누워 있었는데 주미(麈尾)를 돌리며 그것을 바라보다가 탄식하며 말했다. "이 정도의 사람이 40을 넘기지 못하다니." 세상을 떠나자 유윤(劉

尹 : 劉惔)은 입관(入棺)하는 것을 보다가 무소뿔 자루가 달린 주미를 관 속에 넣고 통곡하던 끝에 실신했다.(1)

원문 **王長史病篤. 寢臥燈下, 轉麈尾視之, 歎曰, 如此人, 曾不得四十. 及亡, 劉尹臨殯, 以犀柄麈尾箸柩中, 因慟絶.(1)**

(1) 《왕몽별전(王濛別傳)》에 이런 이야기가 있다. '왕몽은 영화(永和) 연간(345~356) 초에 죽었다. 나이 39세였다. 패국(沛國)의 유담(劉惔)은 왕몽과 매우 친하게 사귀었다. 왕몽이 세상을 떠나자 유담은 그의 죽음을 매우 통탄했다. 형제의 정이라 하더라도 그보다 더할 수가 없었다.'

濛別傳曰, 濛以永和初卒, 年三十九. 沛國劉惔與濛至交, 及卒, 惔深悼之. 雖友于之愛, 不能過也.

주해 ㅇ如此人(여차인)－왕몽은 유담과 함께 간문제(簡文帝 : 司馬昱)의 담객(談客)으로 알려진 동진(東晋)의 명사들이다. 주미(麈尾)는 청담할 때 사용하는 것이며(앞에서 나왔다), 이 왕몽의 술회도 청담과 관련된 것으로 보아야 할 것이다. 또 왕몽은 언제나 '유군(劉君)이 나를 아는 것은 내가 자신을 아는 것보다 낫다'라고 했다는 것이다(《晋書》 권93 〈王濛傳〉). 유담이 주미를 관 속에 넣은 것도, 왕몽의 진짜 지기(知己)다운 행위일 것으로 생각된다. 주미는 〈언어편(言語篇)〉 52의 주해 참조.

ㅇ友于(우우)－이 말은 '우우형제(友于兄弟)'(《書經》 君陳 等)의 아래쪽 두 글자를 생략한, 이른바 헐후사(歇後辭)이며 '형제'란 뜻.

11. 지도림(支道林 : 支遁)은 법건(法虔)을 잃고 나자 정신이 쇠해지고 그 인품도 풍취를 잃어가고 있었다.(1) (그는) 언제나 사람들에게 말하는 것이었다. "옛날 장석(匠石)은 영인(郢人)이 죽자 도끼를 손

에 들지 않았고,[(2)] 백아(伯牙)는 종자기(鍾子期)가 죽자 금(琴)의 현(絃)을 끊어 버렸다고 하오.[(3)] 내가 당해보니 그 옛날 사람들의 마음이 이해되거니와 실로 꾸며낸 말이 아님을 알겠소이다. 마음을 같이 하는 친구가 이제 세상에 있지 아니하여 말을 해도 이해해주는 자가 없으니 마음속이 답답하게 쌓이기만 하여 나는 이제 끝장이외다." 그 후 1년이 지나서 지도림은 세상을 떠나고 말았다.

원문| 支道林喪法虔之後, 精神實喪, 風味轉墜.[(1)] 常謂人曰, 昔匠石廢斤於郢人,[(2)] 牙生輟弦於鍾子.[(3)] 推己外求, 良不虛也. 冥契旣逝, 發言莫賞, 中心蘊結. 余其亡矣. 却後一年, 支遂殞.

(1) 《지둔전(支遁傳)》에 이런 이야기가 있다. '법건(法虔)은 도림(道林 : 支遁)과 동학(同學)이다. 명민하고 의리에 통했는데 지둔은 그를 매우 중시했었다.'
支遁傳曰, 法虔, 道林同學也. 儁朗有理義, 遁甚重之.

(2) 《장자(莊子)》에는 이런 이야기가 있다. '영(郢) 땅 사람이 하얀 흙을 코 끝에 파리 날개만큼 칠하고 장석(匠石)에게 도끼질을 하여 떼어내도록 했다. 백토는 완전히 떨어졌는데 코에는 상처 하나 나지 않았으며 영 땅 사람은 안색도 바꾸지 않은 채 서 있었다.'
莊子曰, 郢人堊漫其鼻端若蠅翼, 使匠石運斤斲之. 堊盡而鼻不傷, 郢人立不失容.

(3) 《한시외전(韓詩外傳)》에 이런 이야기가 있다. '백아(伯牙)가 금(琴)을 연주했고 종자기(鍾子期)가 그것을 들었다. 금을 연주함에 있어 백아의 뜻이 태산(太山)에 있으면 종자기는 "멋진 연주로다. 그 소리는 높아서 태산과 같도다."라고 말했다. 잠시 후 백아의

뜻이 흐르는 물에 있으면 종자기는 말했다. "멋진 연주로다. 그 소리는 막힘없이 흐르는 물과 같도다." 종자기가 죽자 백아는 금을 부수고 현(絃)을 끊었으며 여생동안 두번 다시 금을 뜯는 일이 없었다. 이제 이 세상에는 금을 연주해 들려줄 만한 사람이 없다고 생각했기 때문이다.'

韓詩外傳曰, 伯牙鼓琴, 鍾子期聽之. 方鼓琴, 志在太山. 子期曰, 善哉乎, 鼓琴. 巍巍乎若太山. 莫景之閒, 志在汭水. 子期曰, 善哉乎, 鼓琴. 洋洋乎若汭水. 鍾子期死, 伯牙擗琴絶絃, 終身不復鼓之. 以爲在者無足爲之鼓琴也.

주해| ㅇ霣喪(운상)－쇠잔해지는 것. 운(霣)은 운(隕)과 뜻이 같다.
ㅇ冥契(명계)－암암리에 서로 양해하는 친구.
ㅇ莊子(장자)－〈서무귀편(徐無鬼篇)〉.
ㅇ郢人(영인)－영(郢)은 춘추시대 초(楚)나라의 도읍.
ㅇ漫(만)－칠하다. 만(墁)의 가차(假借).
ㅇ韓詩外傳(한시외전)－권9. 단 현행 원본에서는 '막경지간(莫景之閒)'이 없는 등 문자의 이동(異同)이 상당히 있다.
ㅇ莫景之閒(막경지간)－황혼 때란 의미로도 풀 수 있으나《세설신어보색해(世說新語補索解)》에 '잠시란 말과 같다'라고 되어 있는 것에 따랐다.

12. 치가빈(郗嘉賓 : 郗超)이 죽자 좌우 사람들은 아버지인 치공(郗公 : 郗愔)에게, "작은나리께서 돌아가셨습니다."라고 아뢰었다. 치공은 그 말을 들었으나 슬퍼하는 기색도 없이 좌우 사람에게 말했다. "입관(入棺)할 때는 알려다오." (그때가 되자) 치공은 입관식에 참석하여 한차례 통곡하더니 기절할 것 같았다.[(1)]

원문| **郗嘉賓喪, 左右白郗公, 郎喪. 旣聞, 不悲. 因語左右,**

殯時可道. 公往臨殯, 一慟幾絶.(1)

(1) 《중흥서(中興書)》에 이런 이야기가 있다. '치초(郗超)는 42세로, 아버지 치음(郗愔)에 앞서 세상을 떠났다. 치초가 일찍이 사귀던 친구들은 모두 당시의 준수(俊秀)들이었다. 치초가 죽었을 때 신분의 상하에 관계없이 뇌문(誄文)을 지은 사람이 40여 명이나 되었다.'
《속진양추(續晋陽秋)》에는 이런 이야기가 있다. '치초 일파는 환온(桓溫)을 추대하여 모반(謀反)의 우두머리로 삼았다. 아버지 치음(郗愔)은 진왕실(晋王室)에 충성을 다하고 있었으므로 치초는 아버지에게 이런 사실을 알리지 아니했다. 치초는 죽게 되자 아주 작은 문갑을 꺼내더니 문생(門生)에게 주면서 말했다. "원래는 이것을 불태워 버리려고 했었는데 아버님께서는 연세가 높으시어 틀림없이 너무 슬퍼하시다가 쓰러지실 것이다. 내가 죽은 다음 만약 아버지께서 침식을 잃으시는 일이 생기거든 이 문갑을 보여드려라." 치음은 그후 과연 그 아들의 죽음을 슬퍼하고 통곡하다가 병이 되었는데 문생은 치초가 시킨대로 하였다. 그것은 환온과 주고받은 밀서(密書)였다. 치음은 그것을 보더니 크게 노했다. "그런 놈은 좀더 빨리 죽었어야 해!" 그후로 두번 다시 호곡하지 아니했다.'
中興書曰, 超年四十二, 先愔卒. 超所交友, 皆一時俊乂, 及死之日, 貴賤爲誄者四十餘人.
續晉陽秋曰, 超黨戴桓氏, 爲其謀主, 以父愔忠於王室, 不令知之. 將亡, 出一小書箱付門生, 云, 本欲焚此, 恐官年尊, 必以傷慇爲斃. 我亡後, 若大損眠食, 則呈此箱. 愔後果慟悼成疾, 門生乃如超旨, 則與桓溫往反密計. 愔見, 卽大怒曰, 小子死恨晩. 後不復哭.

주해 | ㅇ郗嘉賓喪(치가빈상)－태원(太元) 2년(377) 12월, 임해태수(臨

海太守) 치초(郗超)는 죽었다(《通鑑》 권104 〈晋紀〉 26).

ㅇ超黨戴桓氏云云(초당대환씨운운)－치초는 일찍이 진왕실(晋王室)을 찬탈하려는 뜻이 있었다. 환온(桓溫)을 추대했고 그 참모가 되었다. 《진서》 권67 〈치초전〉에는 '환온이 불궤를 꾀하여 패왕(霸王)의 기틀을 세우고자 했다. 치초가 이를 위해 모의했다'라고 되어 있다. 한편 아버지 치음(郗愔)은 어디까지나 진왕실을 받들고자 하고 있었다(中卷 〈捷悟篇〉 6 참조).

ㅇ官(관)－아버지를 가리킴이다. 《진서》 권67 〈치초전〉에는 '공(公)'으로 적고 있다. 아들이 아버지를 부를 때 '관(官)'이라고 한 일이 있었다.

ㅇ年尊(연존)－연장(年長)이란 의미.

ㅇ後不復哭(후불부곡)－모반하려던 일이 있었음을 알고 노하여 두번 다시 곡을 하려고 하지 않았다. 치초는 이렇게 함으로써 아버지가 자기 죽음을 슬퍼하여 기절하는 일을 면하도록 했던 것이다.

13. 대공(戴公 : 戴逵)은 임법사(林法師 : 支遁)의 묘(墓)[1]를 보고 말했다. "그 훌륭한 말은 아직도 귀에 남아 있는데 묘지의 나무는 벌써 무성하구나. 신묘하신 현리(玄理)가 면면히 이어져 명수(命數)와 함께 사라지지 않기를 바랄 뿐이로다."[2]

▌원문▏ 戴公見林法師墓,[1] 曰, 德音未遠, 而拱木已積, 冀神理緜緜, 不與氣運俱盡耳.[2]

(1) 《지둔전(支遁傳)》에 이런 이야기가 있다. '지둔은 태화(太和) 원년(元年 : 361) 섬현(剡縣)의 석성산(石城山)에서 죽었으며 그 땅에 장사지냈다.'

支遁傳曰, 遁太和元年終于剡之石城山, 因葬焉.

(2) 왕순(王珣)의 〈법사묘하시(法師墓下詩)〉의 서(序)에 이런 이야기

가 있다. '나는 영강(寧康) 2년(374), 수레를 채비케 하여 섬현(剡縣)의 석성산(石城山)으로 갔다. 이곳은 바로 지둔(支遁)의 묘지이다. 높직한 봉분은 무성한 초목으로 울창하고 무덤은 숙망(宿莽)으로 변했다. 남기신 자취는 아직 사라지지 않았는데 그분은 이미 멀리 떠나셨다. 지난날을 떠올리니 만져지는 것마다 슬픔이 담겨 있다.' 당시 지둔이 현인(賢人)들에게 아낌을 받았던 것이 이와 같았다.

王珣法師墓下詩序曰, 余以寧康二年, 命駕之剡石城山, 卽法師之丘也. 高墳鬱爲荒楚, 丘隴化爲宿莽. 遺迹未滅, 而其人已遠. 感想平昔, 觸物悽懷. 其爲時賢所惜如此.

주해 | ㅇ拱木(공목)－한아름이나 되는 큰 나무.

ㅇ緜緜(면면)－길게 이어져 끊이지 않는 모양.

ㅇ氣運(기운)－운명. 수명(壽命). '불여기운구진(不與氣運俱盡)'이란 그 교리(敎理)가 영구히 전해져서 지둔(支遁)의 수명(壽命)과 함께 연관되기를 권한다는 의미이다.

ㅇ荒楚(황초)－초목이 무성한 것.

ㅇ宿莽(숙망)－겨울에도 마르지 않는 풀.

14. 왕자경(王子敬 : 王獻之)은 양수(羊綏)와 사이가 좋았다. 양수는 순수하여 가식이 없고 자질구레한 일에 구애받지 아니하는 성품의 사나이였는데 중서랑(中書郞)이 되었다가 젊은 나이에 세상을 떠났다.(1) 왕자경은 슬퍼 애통하며 동정(東亭 : 王珣)에게 말했다. "그 사람이야말로 국가에 있어 애석하게 생각해야 할 인물이었소."

원문 | **王子敬與羊綏善. 綏清淳簡貴, 爲中書郞, 少亡.(1) 王深相痛悼, 語東亭云, 是國家可惜人.**

(1) 양수(羊綏)는 앞에서 나왔다.

綏已見.

주해 ㅇ已見(이견) - 〈방정편(方正篇)〉 60.

15. 왕동정(王東亭 : 王珣)과 사공(謝公 : 謝安)은 사이가 나빴다.(1) 왕동정은 동쪽[會稽]에 있다가 사공이 죽었다는 말을 듣고는 곧장 도성으로 나와 자경(子敬 : 王獻之)을 찾아가서 "사공을 조문하러 가고 싶소."라고 말했다. 자경은 막 침상에 들었었는데 그 말을 듣자 깜짝 놀라며 몸을 일으키고 말했다. "그것이야말로 법호(法護) 그대가 하기를 바라던 바요."(2) 그래서 왕동정은 곡례(哭禮)를 하러 갔다. 독수(督帥) 도약(刀約)은 그가 들어가는 것을 막으며 말했다. "우리 나리께서는 생전에 이런 손님을 만나지 않으시었소!" 왕동정은 한마디 말도 없이 뚜벅뚜벅 걸어가더니 몹시 애통하게 곡읍하고 말비(末婢 : 謝琰)의 손도 잡지 않은 채 돌아갔다.(3)

원문 王東亭與謝公交惡.(1) 王在東聞謝喪, 便出都詣子敬道, 欲哭謝公. 子敬始臥, 聞其言, 便驚起曰, 所望於法護.(2) 王於是往哭. 督帥刀約不聽前, 曰, 官平生在時, 不見此客. 王亦不與語, 直前哭, 甚慟. 不執末婢手而退.(3)

(1) 《중흥서(中興書)》에 이런 이야기가 있다. '왕순(王珣) 형제는 모두 사씨(謝氏)에게 장가들었는데 사이가 안좋아서 이혼했다. 태부(太傅 : 謝安)는 왕순과 인척관계를 끊은 데다가 동생인 왕민(王珉)의 처 역시 이혼시켰으므로 양가(兩家)는 마침내 원수지간이 되었다.'

中興書曰, 珣兄弟皆壻謝氏, 以猜嫌離婚. 太傅旣與珣絶婚, 又

離妻, 由是二族遂成仇釁.

(2) 법호(法護)는 왕순(王珣)의 어렸을 때 자(字)이다.

法護, 珣小字.

(3) 말비(末婢)는 사염(謝琰)의 어렸을 때 자(字)이다. 사염의 자는 원도(瑗度)로, 사안(謝安)의 막내아들이다. 명랑·솔직하고 도량이 컸는데 손은(孫恩)에게 죽음을 당했다. 시중(侍中)·사공(司空)이 추증되었다.

末婢, 謝琰小字. 琰字瑗度, 安少子. 開率有大度, 爲孫恩所害. 贈侍中司空.

주해 ㅇ子敬(자경)－왕헌지(王獻之)와 왕순(王珣)은, 같은 낭야(琅邪) 임기(臨沂)의 왕씨(王氏)들이며 왕헌지는 왕순의 족제(族弟)이다.

ㅇ督帥(독수)－사공(謝公)의 속리(屬吏). 여기서는 사공의 장례를 집례하고 있다.

ㅇ官(관)－존칭. 여기서는 자신이 모시던 장관이었던 사안을 가리켜서 한 말. 〈상서편(傷逝篇)〉 12 주해 참조.

ㅇ不執手(부집수)－조문할 때 상주(喪主)의 손을 잡는 것이 예의이다.

ㅇ又離妻(우리처)－송본(宋本)·원본(袁本) 모두 '우리처(又離妻)'로 적고 있는데 《진서(晋書)》 권65 〈왕순전(王珣傳)〉에 '태부안기여순절혼(太傅安旣與珣絶婚), 우리민처(又離珉妻)……'라고 되어 있는 것에 따라 번역했다.

ㅇ爲孫恩所害(위손은소해)－손은(孫恩)을 토벌하려고 했던 사염(謝琰)은 부하인 장하도독(帳下都督) 장맹(張猛)에게 말 위에서 참살(斬殺)당했다(《晋書》 권79 〈謝琰傳〉).

16. 왕자유(王子猷 : 王徽之)와 자경(子敬 : 王獻之)은 모두 병이 무거워지더니 동생 자경이 먼저 죽었다.[1] 왕자유는 좌우 사람에게 물

었다. "어찌하여 그의 소식이 뚝 끊어졌단 말이오? 아마도 그가 죽었나 보오." 이런 말을 하면서도 그는 조금도 슬퍼하지 않고 곧바로 수레를 준비시켜 문상을 하러 갔는데 거기서도 전혀 곡읍을 하지 않았다. 자경은 평소부터 금(琴)을 좋아했었다. 자유는 방으로 뚜벅뚜벅 걸어 들어가더니 영구대(靈柩臺) 위에 앉아 자경의 금을 들고 탔는데 현(絃)의 음률이 맞지 않았다. 그래서 금을 집어던지면서 말했다. "자경이여! 사람도 금도 모두 죽었구나!" 그리고 통곡을 하다가 잠시 기절했는데 한 달쯤 후에 그 역시 죽고 말았다.(2)

원문| 王子猷·子敬俱病篤, 而子敬先亡.(1) 子猷問左右, 何以都不聞消息. 此已喪矣. 語時了不悲, 便索輿來奔喪, 都不哭. 子敬素好琴. 便徑入, 坐靈牀上, 取子敬琴彈. 弦旣不調. 擲地云, 子敬, 人琴俱亡. 因慟絶良久, 月餘亦卒.(2)

(1) 왕헌지(王獻之)는 태원(泰元) 13년(388)에 세상을 떠났다. 나이는 45세 ―.
獻之以泰元十三年卒. 年四十五.

(2) 《유명록(幽明錄)》에는 이런 이야기가 있다. '태원연간(泰元年間)에 먼 곳에서 한 법사(法師)가 찾아왔다. 그 출신지는 알 수 없다. 그는 말했다. "사람의 수명이 끝나려고 할 때 만약 살아있는 자로서 기꺼이 죽음을 대신할 자가 있다면 그 죽을 사람을 살릴 수 있다. 만약 사람을 강요하여 대신해주기를 구한다면 그것은 잠깐동안의 연장밖에 할 수 없다." 이 이야기를 들은 사람들은 모두 엉터리라며 괴이하게 생각했다. 왕자유(王子猷 : 王徽之)와 자경(子敬 : 王獻之) 형제는 특히 사이가 좋았다. 자경이 병에 걸리어 위독해졌을 때 자유가 이 법사에게 물었다. "내 재능은 동생에 미치지 못하고 벼슬도 이미 막혔으니, 나의 남은 생명으로 내 동생을

꼭 구해주었으면 좋겠소." 법사가 말했다. "대저 산 사람이 죽을 사람을 대신하는 데는 자기 수명에 여유가 있어야 비로소 죽을 사람의 수명을 이을 수가 있는 것입니다. 지금 아우님의 수명은 끝나려 하고 있고, 군후(君侯)의 생명도 다 끝나려 하고 있습니다. 어찌 대신할 수 있겠습니까?" 자유도 일찍이 등에 종기를 앓고 있었으며 자경의 병이 위중해졌을 때도 왕래를 하지 못했다. 자경이 죽었다는 말을 듣자 가슴을 두드리며 슬피 울었고 말 한마디 못하더니 등창이 곧 터지고 말았다. 이렇게 볼 때 법사의 말은 진실이었던 것이다.'

幽明錄曰, 泰元中, 有一師從遠來, 莫知所出. 云, 人命應終, 有生樂代者, 則死者可生. 若逼人求代, 亦復不過少時. 人聞此, 咸怪其虛誕. 王子猷·子敬兄弟, 特相和睦. 子敬疾屬纊, 子猷謂之曰, 吾才不如弟, 位亦通塞, 請以餘年代弟. 師曰, 夫生代死者, 以己年限有餘, 得以足亡者耳. 今賢弟命旣應終, 君侯算亦當盡. 復何所代. 子猷先有背疾, 子敬疾篤, 恆禁來往. 聞亡, 便撫心悲惋, 都不得一聲, 背卽潰裂. 推師之言, 信而有實.

주해 | ㅇ靈牀(영상)－본편(本篇) 3·7 참조.

ㅇ子敬(자경)－원본(袁本)에는 '자경(子敬)' 두 글자가 겹쳐 있다.

ㅇ屬纊(속광)－광(纊)은 새솜. 죽어가는 사람의 입에 이 새솜을 물리고 호흡의 유무를 조사하는 것을 가리킨다. 《의례(儀禮)》〈사상례(士喪禮)〉라든가 《예기(禮記)》〈상대기(喪大記)〉에 보인다.

ㅇ算(산)－명수(命數). 수명(壽命)을 가리킨다.

17. 효무제(孝武帝 : 司馬曜)의 장례식 날 밤, 왕효백(王孝伯 : 王恭)은 도읍에 들어가 곡을 하고 그 동생들에게 말했다. "서까래는 아직 새것인데 벌써 서리(黍離)의 슬픔이 닥쳐왔구나."[(1)]

원문| 孝武山陵夕, 王孝伯入臨, 告其諸弟曰, 雖榱桷惟新, 便自有黍離之哀.(1)

(1) 《중흥서(中興書)》에 이런 이야기가 있다. '열종(烈宗 : 孝武帝)이 죽자 회계왕(會稽王) 사마도자(司馬道子)가 정치를 장악하고 왕국보(王國寶)를 총애하여 중요한 직무를 맡겼다. 왕공(王恭)은 도읍에 들어갔다가 이런 탄식을 한 것이다.'
中興書曰, 烈宗喪, 會稽王道子執政, 寵幸王國寶, 委以機任. 王恭入赴山陵, 故有此嘆.

주해| ㅇ山陵(산릉)－능묘(陵墓). 여기서는 천자(天子)가 능묘에 장사 지내진 것을 가리킨다. 《수경주(水經注)》 권19 위수조(渭水條)에는 '진(秦)에서는 천자의 묘를 산(山)이라 했고, 한(漢)은 능(陵)이라고 했다. 고로 합쳐서 산릉(山陵)이라고 한다'라 했다.

ㅇ入臨(입림)－임(臨)은 임곡(臨哭)·임조(臨吊)의 뜻. 당시 왕공(王恭)은 도독연청기유병서주진릉제군사(都督兗靑冀幽幷徐州晋陵諸軍事) 보국장군(輔國將軍), 연청이주자사(兗靑二州刺史), 가절(假節)로서 경구(京口)에 진을 치고 있었다(《晋書》 권84 〈王恭傳〉).

ㅇ榱桷(최각)－서까래란 뜻. 국가의 주석(柱石)이 되는 인물을 가리켜서 하는 말.

ㅇ黍離之哀(서리지애)－망국(亡國)의 슬픔. 서리(黍離)는 《시경(詩經)》 〈왕풍(王風)〉의 편명. 그 모서(毛序)에 의하면 주(周)나라 대부(大夫)가 지금은 기장밭이 되어 버린 주나라 궁궐터를 바라보면서 복받치는 슬픔을 노래한 것이라고 했다. 여기서는 유주(劉注)에서 인용한 《중흥서》의 기록과 같이 회계왕 사마도자가 왕국보를 신임한 결과 동진(東晋) 왕조 붕괴의 위기를 초래하게 됨을 가리키고 있다.

18. 양부(羊孚)는 31세로 죽었다. 환현(桓玄)이 양흔(羊欣)에게 서

찰을 보내어 말했다. "그대의 재종형(再從兄)을 나는 마음속으로 의지하고 있었는데 돌연 병으로 돌아가시었소이다.[(1)] '나를 끊으셨다'란 탄식을 어찌 말로 할 수 있겠소이까?"[(2)]

| 원문 | 羊孚年三十一卒. 桓玄與羊欣書曰, 賢從情所信寄, 暴疾而殞.[(1)] 祝予之歎, 如何可言.[(2)]

(1) 양부(羊孚)는 앞에서 나왔다.
《송서(宋書)》에 이런 이야기가 있다. '양흔(羊欣)의 자는 경원(敬元)이며 태산(太山) 남성(南城) 사람이다. 젊었을 때부터 조용하고 절조가 바르며 남과 경쟁할 마음이 없었다. 용모가 아름답고 농담을 잘했으며 초서와 예서를 잘 썼다.'
《양씨보(羊氏譜)》에 이런 말이 있다. '양부(羊孚)는 양흔(羊欣)의 재종형이다.'
孚已見.
宋書曰, 欣字敬元, 太山南城人. 少懷靜默, 秉操無競. 美姿容, 善笑言, 長於草隸.
羊氏譜曰, 孚卽欣從祖.

(2) 《공양전(公羊傳)》에 이런 이야기가 있다. '안연(顏淵)이 죽자 공자(孔子)가 말했다. "아아, 하늘이 나를 망치려고 하는구나." 자로(子路)가 죽자 공자가 말했다. "아아, 하늘이 내 목숨을 끊으려고 한다." 하휴(何休)의 주(注)에 이런 말이 있다. "축(祝)이란 목숨을 끊는 것이다. 하늘이 공자를 망치려고 하는 것이다."'
公羊傳曰, 顏淵死, 子曰, 噫, 天喪予. 子路亡, 子曰, 噫, 天祝予. 何休曰, 祝者, 斷也. 天將亡夫子耳.

| 주해 | ㅇ年三十一卒(연삼십일졸) - 〈언어편(言語篇)〉 104에서 인용한 《양

씨보(羊氏譜)》에서는 '나이 41세에 죽다'라고 되어 있다.

- 賢從(현종)－남의 종형제(從兄弟)를 공손히 부르는 말. 왕조(汪藻)의 《양씨보》에 의하면 양부(羊孚)는 양흔(羊欣)의 재종형(再從兄)이다.
- 從祖(종조)－종조에서 태어난 형제 항렬, 즉 종형제간이란 뜻이다.
- 公羊傳(공양전)－《춘추(春秋)》〈공양전〉 애공(哀公) 14년 공소(孔疏)에 '축(祝)은 단(斷)이다라고 주를 단 것은 하늘이 자기의 도덕을 축오(祝惡)하는 것을 말함이다. 역시 단절(斷絕)의 뜻이다'라고 되어 있다.

19. 환현(桓玄)이 제위(帝位)를 찬탈코자 했을 때, 변국(卞鞠 : 卞範之)에게 말했다.(1) "옛날 양자도(羊子道 : 羊孚)는 언제나 내가 이런 생각을 해서는 안되도록 말렸었어. 이제 심복인 양부를 잃었고, 또 고굉(股肱)인 색원(索元)도 잃었다구.(2) 그러니 무모하게 이런 당돌한 일을 함에 있어 하늘의 뜻을 헤아릴 필요가 있겠는가?"

원문| **桓玄當篡位, 語卞鞠云,(1) 昔羊子道恆禁吾此意. 今腹心喪羊孚, 爪牙失索元.(2) 而忽忽作此詆突, 詎允天心.**

(1) 변범(卞範)은 앞에서 나왔다.
卞範已見.

(2) 《색씨보(索氏譜)》에 이런 이야기가 있다. '색원(索元)의 자는 천보(天保)이고 돈황(燉煌) 사람이며 아버지 색서(索緖)는 산기상시(散騎常侍)이다. 색원은 정로장군(征虜將軍)・역양태수(歷陽太守)를 역임했다.'
《유명록(幽明錄)》에는 이런 이야기가 있다. '색원은 역양에 있으면서 병이 무거워졌을 때 서역(西域)의 모씨(某氏)란 소녀가 와서, 자기는 신(神)이 이 세상에 보내어 당신을 문병토록 했는데 그 병을 고쳐주겠노라고 약속했다. 색원은 강직한 성격이었으므로 요망스런 말을 하여 사람을 미혹케 한다며 그녀를 붙잡아서 옥에 가두고 시중에서 처형했다. 소녀는 죽기 전에 말했다. "앞으로 17일이 지나면 반드시 색원에게 그 죄를 깨닫게 하리라." 그날이 되자 색원은 과연 죽었다.'

索氏譜曰, 元字天保, 燉煌人. 父緖, 散騎常侍. 元歷征虜將軍, 歷陽太守.

幽明錄曰, 元在歷陽, 疾病, 西界一年少女子, 姓某, 自言爲神所降, 來與元相聞, 許爲治護. 元性剛直, 以爲妖惑, 收以付獄, 戮之於市中. 女臨死曰, 却後十七日, 當令索元知其罪. 如期, 元果亡.

주해 | ㅇ爪牙(조아)－발톱[爪]이든 이[牙]든 모두 군주를 지키고 돕는 고굉지신(股肱之臣). 《시경(詩經)》 〈소아(小雅)〉 '기보(祈父)'에 '기보님, 나는 왕의 발톱과 이입니다(祈父, 予王之爪牙)'라고 되어 있다.

ㅇ詆突(저돌)－저돌(抵突)과 같다.

ㅇ卞範已見(변범이견)－이견(已見)이라고 되어 있는데 실은 뒤에 나오는 〈총례편(寵禮篇)〉 6에 보인다.

ㅇ疾病(질병)－《논어(論語)》 〈술이편(述而篇)〉에 '자질병(子疾病)'이라고 되어 있으며 양(梁) 황간(皇侃)의 의소(義疏)에 '질(疾)이 심한 것을 병(病)이라고 한다. 공자(孔子)의 질(疾)이 심한 것이다'라고 했다(《論語集解義疏》 권4).

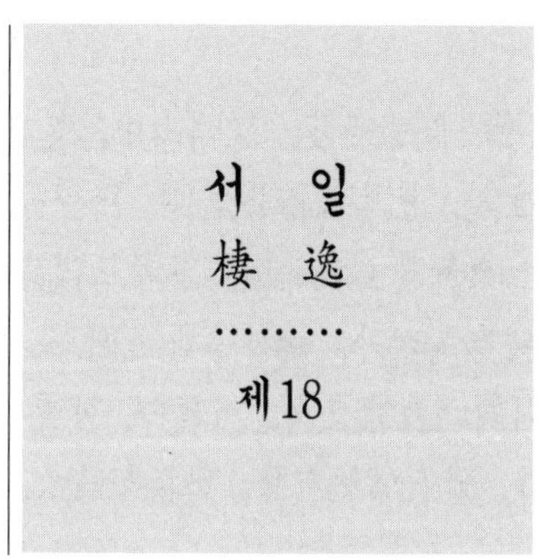

서일 棲逸 제18

1. 완보병(阮步兵 : 阮籍)이 휘파람을 부는 소리는 수백 보 멀리까지 들렸다. 소문산(蘇門山) 속에 홀연히 선인(仙人)이 나타났는데 나무꾼들은 모두 그 이야기를 전했다. 완적이 가보니 그 사람은 바위 옆에서 무릎을 끌어안고 있는 것이었다.

완적은 산마루에 올라갔고 그에게로 다가가서 다리를 쭉 뻗고 앉아 마주 대하였다. 완적은 고래(古來)의 사적(事蹟)을 논하면서, 위로는 황제(黃帝) · 신농(神農)의 현묘하고 심오한 도(道)를 개진하고, 아래로는 하은주(夏殷周) 삼대(三代)의 융성한 덕의 훌륭함을 고찰하여 그에게 물었는데 그는 머리를 높이 들고 앉은 채 대답을 하지 않았다. 다시 유위(有爲)의 가르침과 정신을 집중하고 기(氣)를 운용하는 선술(仙術)에 대하여 피력하면서 그를 살펴보았으나, 그는 여전히 이전처럼 한곳만 응시할 뿐 눈길조차 주지 않았다. 그래서 완적이 그를 향하여 길게 휘파람을 불었더니 한참 후에야 그가 비로소 웃으며 말했다. “다시 한번 불어보시오.” 완적은 다시 휘파람을 불었다. 마음껏 휘파람을 불고 나서 흥이 다하자 물러나와 산의 중간쯤 내려왔을 때 위에서 ‘휴우!’하는 소리가 들려왔는데 그것은 마치 여러 악기가 합주

하는 것처럼 숲과 계곡에 울려퍼졌다. 돌아다보니 다름아닌 방금 전의 그 사람이 불고 있는 것이었다.[1]

원문| 阮步兵嘯, 聞數百步. 蘇門山中, 忽有眞人, 樵伐者咸共傳說. 阮籍往觀, 見其人擁膝巖側. 籍登嶺就之, 箕踞相對. 籍商略終古, 上陳黃農玄寂之道, 下考三代盛德之美, 以問之, 仡然不應. 復敍有爲之外, 棲神導氣之術, 以觀之, 彼猶如前, 凝矚不轉. 籍因對之長嘯良久. 乃笑曰, 可更作. 籍復長嘯, 意盡, 退還半嶺許, 聞上啾然有聲. 如數部鼓吹, 林谷傳響. 顧看, 迺向人嘯也.[1]

(1) 《위씨춘추(魏氏春秋)》에 이런 이야기가 있다. '완적은 항상 마음 닿는 대로 수레를 몰았는데 (이미 나있는) 도로로는 가지를 않고, 수레 자취가 끊어진 곳에서 문득 목놓아 울고 돌아오곤 하였다. 한번은 소문산(蘇門山)에 갔는데 이름도 알 수 없는 은자(隱者)가 있었고, 대나무 열매 몇 곡(斛)과 절굿공이와 절구만 있다고 하는 것이었다. 완적은 그 말을 듣고는 그를 찾아가서 태고무위(太古無爲)의 도(道)를 논하고 삼황오제(三皇五帝)의 가르침에 대해서 논했는데 그 소문선생은 초연한 채 쳐다보지도 않는 것이었다. 그래서 완적은 큰 소리로 길게 휘파람을 불었는데 그 소리가 높고 낭랑하게 울려퍼졌다. 소문선생은 그제서야 빙그레 웃었다. 완적이 산을 내려간 뒤에, 소문선생이 숨을 몰아 크게 휘파람을 불었는데 마치 봉황(鳳凰)의 울음소리와 같았다. 완적은 평소 음악에 조예가 있었으므로 소문선생의 논리를 빌어, 자신의 감회를 노래에 실었다. 그 노래에 이르기를 "해는 부주산(不周山) 서쪽으로 지고, 달은 단연(丹淵) 속에서 뜨네. 태양이 어두워져 보이지 않으면 달이 대신 떠올라 빛이 나네. 높이 빛이 남은 잠시뿐 어둠이 다시 깊어지네. 부귀란 잠깐 사이에 변하는 것, 빈천인들

어찌 그 끝나는 바가 없으리요."라고 하였다.'

《죽림칠현론(竹林七賢論)》에 이런 이야기가 있다. '완적은 돌아오자 마침내 〈대인선생론(大人先生論)〉을 지었다. 그 말하는 바는 가슴속에 있는 본의(本意)이며 그 대의(大意)는 대인선생이 그 자신과는 다르다는 것이었다. 그가 길게 휘파람을 불어 서로 화답한 것을 보면 또한 "눈으로 보기만 하여도 도(道)가 통한다"라는 경우와 가깝다.'

魏氏春秋曰, 阮籍常率意獨駕, 不由徑路, 車跡所窮, 輒慟哭而反. 嘗遊蘇門山, 有隱者莫知姓名, 有竹實數斛杵臼而已. 籍聞而從之, 談太古無爲之道, 論五帝三皇之義, 蘇門先生翛然曾不眄之. 籍乃嘐然長嘯, 韻響寥亮. 蘇門先生乃逌爾而笑. 籍旣降, 先生喟然高嘯, 有如鳳音. 籍素知音, 乃假蘇門先生之論, 以寄所懷. 其歌曰, 日沒不周西, 月出丹淵中, 陽精晦不見, 陰光代爲雄, 亭亭在須臾, 厭厭將復隆, 富貴俯仰閒, 貧賤何必終.

竹林七賢論曰, 籍歸, 遂著大人先生論. 所言皆胸懷閒本趣, 大意謂先生與己不異也. 觀其長嘯相和, 亦近乎目擊道存矣.

주해 | ㅇ棲逸(서일)－세속을 피하여 숨어사는 것. 세속을 떠나 은서(隱棲)하는 사람들의 기사를 모은 편(篇)이다.

ㅇ嘯(소)－입을 오므리고 소리를 내는 것. 휘파람의 일종으로 신선술(神仙術)의 하나이다.

ㅇ蘇門山(소문산)－하남성 휘현(輝縣) 서북쪽에 있다.

ㅇ眞人(진인)－신인(神人), 또는 선인(仙人). 《진서(晋書)》 권49 〈완적전(阮籍傳)〉에는 '완적이 일찍이 소문산에서 손등(孫登)을 만났고 고래(古來)의 서신도기술(栖神道氣術)을 말했는데 손등은 그것에 전혀 응하지 않았다. 그래서 완적이 길게 휘파람을 불며 물러나 내려오는데 산 중턱쯤 내려오자 소리가 나는데 듣자하니 난봉(鸞鳳)의 소리가 암곡(巖谷)에 울려퍼졌다. 그것은 손등이 부는 휘파람 소리였다'라 하여 진인이 손등임을 나타내고 있다. 같은 권(卷) 94 〈손등전〉에도 의양산(宜

陽山) 속에 살고 있는 손등에게 문제(文帝 : 司馬昭)의 명을 받은 완적이 찾아갔는데 회답을 받지 못했다는 기사(記事)가 있다.

ㅇ箕踞(기거)－두 다리를 뻗고 앉는 것.

ㅇ商略(상략)－토론하는 것.

ㅇ黃農(황농)－황제헌원씨(黃帝軒轅氏)와 신농씨(神農氏). 전설상의 옛 제왕들로서 후세에 도가(道家)의 조상이 되었다.

ㅇ三代(삼대)－하은주(夏殷周)를 가리킨다.

ㅇ仡然(흘연)－머리를 치켜든 모양.

ㅇ有爲之外(유위지외)－유위(有爲)는 인위(人爲). 인위적인 도덕을 가리킴. 유위지교는 무위(無爲)와 같고 예교(禮敎)를 초월한 세계를 말한다. 한편 원본(袁本)에서는 '유위지교(有爲之敎)'로 적고 있다.

ㅇ棲神導氣(서신도기)－서신(棲神)이란 도가(道家)에서 행하는 수련의 한 가지로 마음을 하나로 하고 신(神)에게 집중하는 것. 도기(導氣)는 도인(導引)과 같으며 대기(大氣)를 체내에 흡인하여 심기(心氣)를 부드럽게 하는 도가의 양생법(養生法).

ㅇ噌然(추연)－자의(字義)는 미상(未詳). 휘파람 소리를 나타내는 의성어로 추정된다. 또는 소리가 유장(悠長)한 상태라고도 한다.

ㅇ五帝(오제)－여러 가지 설이 있어서 일정치 않으나 《사기(史記)》〈오제본기(五帝本紀)〉에는 황제(黃帝)·제전욱(帝顓頊)·제곡(帝嚳)·제요(帝堯)·제순(帝舜)을 들고 있다.

ㅇ三皇(삼황)－삼황 역시 여러 설이 있어서 일정하지 않은데 공안국(孔安國)의 〈상서서(商書序)〉에는 복희(伏犧)·신농(神農)·황제(黃帝)를 들고 있다. 한편 원본(袁本)에는 '삼왕(三王)'으로 적고 있다.

ㅇ翛然(소연)－송본(宋本)에서는 흡(翕)으로 적고 있는데 여기서는 원본(袁本)을 따랐다. 초탈하여 유유자적하는 모양.

ㅇ嘐(교)－목소리라든가 소리가 큰 것.

ㅇ逌爾(유이)－가볍게 웃는 모양.

ㅇ喟然(위연)－크게 숨을 쉬는 것.

ㅇ不周(부주)－부주산(不周山). 곤륜산(崑崙山) 서북쪽에 있다고 하는 전설상의 산.

ㅇ丹淵(단연)－완적은 〈영회시(詠懷詩 : 其23)〉에서도 '목욕하는 단연(丹淵) 속, 초요(炤燿)하도다. 해와 달의 빛이여'라는 구절을 사용하고 있으며, 달이 뜨는 곳을 가리키는 것 같다. 혹은 《전본(箋本)》에서 말하는 것처럼 감연(甘淵)의 잘못일까? 감연은 일륜(日輪)의 어자(御者)인 희화(羲和)의 딸이 목욕하는 곳(《山海經》 〈大荒南經〉).

ㅇ亭亭(정정)－높은 모양.

ㅇ厭厭(염염)－희미하고 어두운 것.

ㅇ目擊道存(목격도존)－보기만 하여도 도(道)를 체득하고 있다는 것을 알 수 있어서 이야기를 나눌 필요가 없다.

2. 혜강(嵇康)이 급군(汲郡)의 산속에서 노닐 때, 도사(道士)인 손등(孫登)과 만나, 마침내 그와 함께 교유했다. 혜강이 떠나려 할 때 손등이 말했다. "당신은 재능은 뛰어나지만 보신(保身)의 도(道)는 충분하지 아니하오."(1)

원문| **嵇康遊於汲郡山中, 遇道士孫登, 遂與之遊. 康臨去, 登曰, 君才則高矣, 保身之道不足.**(1)

(1) 《혜강집(嵇康集)》 서(序)에 이런 이야기가 있다. '손등(孫登)이란 사람은 어느 곳 사람인지 모른다. 집도 없었으며 급군(汲郡)의 북산 토굴 속에서 살고 있었다. 여름에는 풀을 얽어서 옷을 만들고 겨울에는 머리를 풀어서 몸을 덮었다. 즐겨 《역경(易經)》을 읽었고 일현금(一弦琴)을 탔는데 만나는 사람은 모두 그와 친했고 좋아했다.'

《위씨춘추(魏氏春秋)》에 이런 이야기가 있다. '손등은 성품에 희노(喜怒)의 감정이 없었다. 어떤 사람이 그를 강물에 빠뜨렸다가 건져내서 살펴보았더니 손등은 크게 웃는 것이었다. 때때로 인간세상에 출입했는데, 들렀던 집에서 입을 것과 먹을 것을 차려 주

면 조금도 사양하지 않았다. 그러나 떠날 때면 모두 내버려두고 갔다.'

《문사전(文士傳)》에는 이런 이야기가 있다. '가평(嘉平) 연간(年間 : 249~254)에 급현(汲縣) 사람들이 함께 산속으로 들어갔다가 한 사람을 만났는데 그가 사는 곳은 백 길이나 되는 절벽이고 빽빽한 숲이 울창했다. 그런데 그 사람은 뛰어난 통찰력의 소유자였다. 그 스스로 "성은 손(孫)이고 이름은 등(登)이며 자(字)는 공화(公和)요."라고 말했다. 혜강(嵇康)은 그 말을 듣고는 그를 따라 3년 동안 살았다. 혜강은 그의 생각하는 바를 물었으나 끝내 대답해주지 아니했다. 그러나 그의 심모원려(深謀遠慮)한 사고방식이 실로 절묘한지라 혜강은 언제나 크게 감탄했었다. 헤어지게 되었을 때 혜강이 말했다. "선생님, 마지막으로 뭔가 한말씀 해주십시오." 그러자 손등은 말했다. "그대는 불을 알고 있을 것이외다. 불이란 것은 원래 빛을 갖추고 있는데 그 빛을 사용하지 않는다면 그것으로 그만이지요. 만약 사용한다면 그 빛의 사용법이 중요하외다. 사람은 태어나면서 재능을 갖추고 있는데 그 재능을 사용하지 않는다면 그것으로 그만이지요. 그러나 만약 사용한다면 그 재능의 사용방법이 중요하외다. 따라서 빛을 사용하는 데는 땔나무가 소중하며, 그럴 때 비로소 그 빛남을 유지하게 되고, 재능을 사용하는 데는 식견을 갖추는 일이 소중하며, 그럴 때 비로소 수명을 보존할 수 있는 것이외다. 그대는 재능은 풍부한데 식견이 모자라오. 지금 이 세상에서 무사히 지내기가 어려울 것이외다. 결코 많은 것을 얻으려고 해서는 안될 것이오." 혜강은 그 충고를 실행할 수가 없었다. 여안(呂安)의 사건을 만나자 옥중에서 시를 지어 스스로를 책망했다. "옛날로는 유하혜(柳下惠)에게 부끄럽고 지금으로는 손등에게 부끄럽도다."라고.'

왕은(王隱)의 《진서(晉書)》에 이런 이야기가 있다. '손등은 완적(阮籍)이 만난 적이 있는 인물이다. 혜강은 제자의 예를 다하며 그에게서 배웠다. 위진(魏晋) 교체기에는 거취에 있어서 혐의가 생겨나기 쉬웠고, 신분이 귀한 자나 천한 자나 모두 목숨을 잃었기 때문에 손등이 침묵했던 것이리라.'

康集序曰, 孫登者, 不知何許人. 無家, 於汲郡北山土窟住. 夏則編草爲裳, 冬則披髮自覆. 好讀易, 鼓一弦琴, 見者皆親樂之. 魏氏春秋曰, 登性無喜怒. 或沒諸水, 出而觀之, 登復大笑. 時時出入人間, 所經家設衣食者, 一無所辭. 去皆捨去.

文士傳曰, 嘉平中, 汲縣民共入山中, 見一人. 所居縣巖百仞, 叢林鬱茂. 而神明甚察. 自云, 孫姓登名, 字公和. 康聞, 乃從遊三年. 問其所圖, 終不答. 然神謀所存良妙, 康每薾然歎息. 將別, 謂曰, 先生竟無言乎. 登乃曰, 子識火乎. 生而有光, 而不用其光. 果然在於用光. 人生有才, 而不用其才. 果然在於用才. 故用光在乎得薪, 所以保其曜. 用才在乎識物, 所以全其年. 今子才多識寡, 難乎免於今之世矣. 子無多求. 康不能用. 及遭呂安事, 在獄爲詩自責云, 昔慙下惠, 今愧孫登.

王隱晉書曰, 孫登, 卽阮籍所見者也. 嵇康執弟子禮而師焉. 魏晉去就, 易生嫌疑, 貴賤並沒. 故登或默也.

주해 | ㅇ何許人(하허인)－《진서(晋書)》 권94 〈손등전(孫登傳)〉에서는 급군(汲郡) 공(共) 땅 사람이라고 했다.

ㅇ出而觀之(출이관지)－《진서》 〈손등전〉에 '성무에노(性無恚怒), 인혹투제수중(人或投諸水中), 욕관기노(欲觀其怒), 등기출(登旣出), 편대소(便大笑)'라고 되어 있다.

ㅇ呂安事(여안사)－여안(呂安)의 형인 여손(呂巽)이 여안의 아내와 간통하고 그의 동생을 무고하여 붙잡혀가게 하였다. 그래서 여안은 그것이 허위임을, 친구인 혜강(嵇康)으로 하여금 증언토록 하고자 했는데 도리어 종회(鍾會)의 책모로 혜강까지 문죄(問罪)받게 된 사건(〈雅量篇〉 2 劉注 참조).

ㅇ詩(시)－〈유분시(幽憤詩)〉를 가리키며 《문선(文選)》 권23에 수록되어

있다.

ㅇ下惠(하혜)－유하혜(柳下惠). 성(姓)은 전(展), 이름은 획(獲), 자(字)는 자금(子禽). 노(魯)나라 사사(士師 : 죄인을 다루는 벼슬)가 되었는데 그 정직함 때문에 세 번씩 벼슬에서 쫓겨났으면서도 목숨을 유지할 수 있었다(《論語》〈微子篇〉). 《맹자(孟子)》〈만장장구(萬章章句)〉 하(下)에 '유하혜는 성(聖)의 화(和)한 자이다'라고 되어 있다.

3. 산공(山公 : 山濤)은 이부직(吏部職)을 떠나려 할 때 혜강(嵇康)을 천거코자 했다. 혜강은 산공에게 서찰을 써 보내어 절교할 것을 고했다.(1)

원문| **山公將去選曹, 欲擧嵇康. 康與書告絶.(1)**

(1) 《혜강별전(嵇康別傳)》에 이런 이야기가 있다. '산거원(山巨源 : 山濤)은 이부랑(吏部郎)이었는데 산기상시(散騎常侍)로 옮기게 되었을 때 그 후임으로 혜강을 천거했다. 혜강은 이를 사양하는 한편, 이에 더하여 산공과 절교하였다. 산공이 일개 관직으로 자기 마음을 사려고 한 것이 아님을 어찌 몰랐으리요. 단지 불굴의 절개를 나타내어 자기를 천거하는 사람의 입을 막고자 했던 것일 뿐이리라. 그래서 산도에게 스스로 서찰을 쓰되, "세속을 견디지 못하며, 은(殷)나라 탕왕(湯王)과 주(周)나라 무왕(武王)의 방법을 인정할 수 없으며 경멸하는 바요."라고 했던 것이다. 대장군(大將軍 : 司馬昭)은 이 말을 듣고 혜강을 미워했다.'

康別傳曰, 山巨源爲吏部郎, 遷散騎常侍, 擧康. 康辭之, 幷與山絶. 豈不識山之不以一官遇己情邪. 亦欲標不屈之節, 以杜擧者之口耳. 乃答濤書, 自說不堪流俗, 而非薄湯武. 大將軍聞而惡之.

주해| ㅇ選曹(선조)－선조랑(選曹郎). 관리를 선발하는 일을 관장하는

벼슬. 이부(吏部)의 관원을 가리킨다.

ㅇ非薄湯武(비박탕무)－《문선(文選)》 권43 〈혜강집(嵇康集)〉 권2에 수록되어 있는 〈산거원(山巨源)에게 준 절교서〉에는 '매비탕무이박주공(每非湯武而薄周孔)'이라고 되어 있다.

ㅇ大將軍聞而惡之(대장군문이오지)－위무제(魏武帝 : 曹操)의 손자인 목왕(穆王)의 말. 즉 장락정주(長樂亭主)에게 장가들었던 혜강은 원래부터 사마씨(司馬氏)들이 기피했던 터이지만, 그 당시 혜강은 왕숙(王肅), 황보밀(皇甫謐) 등이 사마씨의 제위(帝位) 찬탈을, 탕왕·무왕·공자(孔子)의 말을 인용해가면서 정당화하려던 것에 반대했다. 그로 인하여 한층 더 사마씨들에게 미움을 사게 된 것이다(兪正燮 《癸巳存稿》 권7 〈書文選幽憤詩後〉 참조).

4. 이흠(李廞)은 무증(茂曾 : 李重)의 다섯째 아들로 행동이 청정(淸正)하고 절개가 높은 사람이었는데 어렸을 적부터 병약하여 결혼이나 사관(仕官)을 하고자 하지 않았다. 집은 임해(臨海)에 있었으며 형인 시중(侍中 : 李武)의 묘지 옆에 살고 있었다. 명성이 높아졌으므로 왕승상(王丞相 : 王導)은 그를 불러 예우코자 생각하고 특별히 승상부의 속관에 임명했다. 이흠은 사령장을 손에 들더니 웃으면서 말했다. "무홍(茂弘 : 王導)이란 자는, 이 따위 시시한 관작을 나에게 주려고 하다니!"[(1)]

원문| 李廞是茂曾第五子, 淸貞有遠操, 而少羸病, 不肯婚宦. 居在臨海, 住兄侍中墓下. 旣有高名, 王丞相欲招禮之, 故辟爲府掾. 廞得牋命, 笑曰, 茂弘乃復以一爵假人.[(1)]

(1) 《문자지(文字志)》에 이런 이야기가 있다. '이흠(李廞)의 자는 종자(宗子)이고 강하(江夏) 종무(鍾武) 사람이다. 조부인 이강(李康)은 진주자사(秦州刺史), 아버지 이중(李重)은 평양태수(平陽

太守)였으며 대대로 명망이 있었다. 이흠은 학문을 좋아했고 초서와 예서도 잘 썼으며 형인 이식(李式)과 명성을 같이했다. 걷지 못하는 병에 걸리어 걸을 수도 없고 앉을 수도 없어서 언제나 누워서 지냈지만 계속해서 금(琴)을 타고 책을 읽었다. 하간왕(河間王 : 司馬顒)은 태위연(太尉掾)의 속관으로 그를 부르려고 했으나 병 때문에 부임하지 않았다. 나중에 난을 피하여, 형을 따라 강남으로 건너왔을 때, 사도(司徒) 왕도(王導)가 다시 그를 불렀는데 이흠은 말했다. "무홍(茂弘 : 王導)이란 자는 이런 시시한 관직을 나에게 주려고 하다니!" 영화연간(永和年間 : 345~356)에 세상을 떠났다. 이흠은 일찍이 2부(府 : 太尉府·丞相府)의 초징을 받았기 때문에 이공부(李公府)로 불렸다. 이식(李式)의 자는 경칙(景則)이며 이흠의 장형이다. 사려가 깊고 학자로서 은둔을 좋아했으며 평담하고 소박하다는 칭송을 받았다. 강남으로 건너온 뒤 임해태수(臨海太守)와 시중(侍中)으로 누천(累遷)되었다. 54세에 죽었다.'

文字志曰, 廞字宗子, 江夏鍾武人. 祖康, 秦州刺史. 父重, 平陽太守. 世有名望. 廞好學, 善草隸, 與兄式齊名. 躄疾不能行坐, 常仰臥, 彈琴, 讀誦不輟. 河閒王辟大尉掾, 以疾不赴. 後避難隨兄南渡, 司徒王導復辟之. 廞曰, 茂弘乃復以一爵加人. 永和中卒. 廞嘗爲二府辟, 故號李公府也. 式字景則, 廞長兄也. 思理儒隱, 有平素之譽. 渡江累遷臨海太守, 侍中. 年五十四而卒.

주해 | ㅇ第五子(제오자)-《태평어람(太平御覽)》 권386에서 인용한 《세설(世說)》에는 '제육자(第六子)'로 적고 있다.
ㅇ臨海(임해)-절강성 임해현(臨海縣).

5. 하표기(何驃騎 : 何充)의 동생[何準]은 고상한 마음을 지니고

있어서 세상을 피했는데 형인 하표기가 그에게 벼슬할 것을 권유하자 이렇게 대답했다. "다섯째라는 제 이름이 어찌 표기만 못하겠습니까?"(1)

원문| **何驃騎弟, 以高情避世, 而驃騎勸之令仕. 答曰, 予弟五之名, 何必減驃騎.**(1)

(1) 《중흥서(中興書)》에 이런 이야기가 있다. '하준(何準)의 자는 유도(幼道)이고 여강(廬江) 잠(灊) 땅 사람이며 표기장군 하충(何充)의 다섯째 아들이다. 평소부터 고상한 경지를 좋아하여 부름을 받아도 벼슬하지 아니했다. 하충은 재상의 지위에 오르고 그 권세는 군주를 능가할 정도였는데 동생인 하준은 보잘것없는 집에서 제멋대로 살며 속사(俗事)에 관여치 아니했다. 당시 명덕(名德)이 있는 자는 모두 그를 칭송하였다. 나이 47세에 세상을 떠났다. 딸이 있었는데 목제(穆帝 : 司馬聃)의 황후가 되었다. 광록대부(光祿大夫)가 추증되었으나 그의 아들 하회(何恢)는 사양하고 받지 않았다.'

中興書曰, 何準字幼道, 廬江灊人, 驃騎將軍充第五弟也. 雅好高尚, 徵聘一無所就. 充位居宰相, 權傾人主, 而準散帶衡門, 不及世事. 于時名德皆稱之. 年四十七卒. 有女, 爲穆帝皇后. 贈光祿大夫, 子恢讓不受.

주해| ○弟五(제오)－제오(第五)와 같다.

○散帶衡門(산대형문)－형문은 누추한 집으로 보통 은거자의 거처를 가리킨다. 산대(散帶)는 속대(束帶)의 반대말. 즉 관대(官帶)를 띠지 않은, 다시 말해서 벼슬을 하지 않았다는 뜻이다.

○穆帝皇后(목제황후)－목장하황후(穆章何皇后). 휘(諱)는 법예(法倪)를 가리킴이다. 원흥(元興) 3년(407), 66세로 세상을 떠났으며 《진서(晋

書)》 권32에 본전(本傳)이 있다.

ㅇ贈光祿大夫(증광록대부) 子恢讓不受(자회양불수)－《진서(晋書)》 권93 〈하준전(何準傳 : 外戚傳)〉에서는 이 부분의 사적에 관하여 '금자광록대부(金紫光祿大夫)가 추증되었으며 진흥현후(晋興縣侯)에 봉해졌건만 아들인 하담(何惔)은 아버지의 고결한 소행을 감안하여 이를 사양하고 받지 않았다'라고 기록하고 있다. 《진서》에서는 '회(恢)'를 '담(惔)'으로 적었다.

6. 완광록(阮光祿 : 阮裕)은 동산(東山)에 살면서 한적하게 일삼는 바가 없었으며 항상 마음속으로 만족했다.(1) 어떤 사람이 왕우군(王右軍 : 王羲之)에게 물었더니 왕우군이 대답했다. "그분은 총애와 굴욕을 두려워하지 않는 경지에 접근했다고 할 수 있으리라.(2) 옛날에 세상을 피하여 은거한 사람〔莊遵〕이라 하더라도 어찌 그분보다 더 낫겠는가?"(3)

| 원문 | **阮光祿在東山, 蕭然無事, 常內足於懷.(1) 有人以問王右軍. 右軍曰, 此君近不驚寵辱.(2) 雖古之沈冥, 何以過此.(3)**

(1) 《완유별전(阮裕別傳)》에 이런 이야기가 있다. '완유는 회계(會稽) 섬산(剡山)에 살면서 유유히 은둔의 뜻을 펴고 있었다.'
阮裕別傳曰, 裕居會稽剡山, 志存肥遁.

(2) 《노자(老子)》에 이런 이야기가 있다. '총애와 굴욕을 두려운 듯 대하다. 그것을 얻어도 두렵고 잃어도 두렵다.'
老子曰, 寵辱若驚. 得之若驚, 失之若驚.

(3) 《양자(楊子)》에는 이런 이야기가 있다. '촉군(蜀郡)의 장씨(莊氏 : 莊遵)는 침명(沈冥)했다.' 이궤(李軌)의 주(注)에 말했다. '침

명(沈冥)이란 청정무위(淸靜無爲)함이다. 숨어서 흔적을 남기지 않는 모양이다.'

楊子曰, 蜀莊沈冥. 李軌注曰, 沈冥, 猶玄寂. 泯然無迹之貌.

주해| ㅇ肥遁(비둔)-《역경(易經)》 둔괘(遯卦)의 효사(爻辭)에 '비둔무불리(肥遯無不利)'라고 되어 있다. 둔(遯)은 둔(遁)과 같다. 여유작작하며 은둔하는 것.

ㅇ老子(노자)-제13장.

ㅇ楊子(양자)-양웅(楊雄)의 《법언(法言)》〈문명편(問明篇)〉.

ㅇ蜀莊(촉장)-한(漢)나라 촉군(蜀郡) 사람인 장준(莊遵). 자(字)는 군평(君平)이다. 《한서(漢書)》 권72에 전(傳)이 있는데 명제(明帝)의 휘(諱)를 피하여 장(莊)을 엄(嚴)으로 고쳤다. 성도(成都)에 살면서 복서(卜筮)를 직업으로 삼고 살아갔는데 날마다 몇 사람을 점쳐주고 백전(百錢)을 벌면 먹을 것이 족하다며 가게문을 닫고 《노자(老子)》를 읽었다고 한다. 후일 양웅의 스승이 되었다.

7. 공거기(孔車騎 : 孔愉)는 젊었을 때부터 은둔할 뜻을 가졌었는데 40세가 지나서야 겨우 안동장군(安東將軍 : 元帝 司馬睿)의 부름에 응했다. 아직 벼슬하지 않았을 때, 그는 언제나 혼자서 노래를 부르며 자기 자신을 훈계했다. 그는 자신을 공랑(孔郞)이라고 칭하면서 명산을 유람했다.(1) 사람들은 그가 도술을 가지고 있다고 생각했는데 그의 생전에 사당을 세웠다. 지금도 공랑묘(孔郞廟)가 남아 있다.

원문| **孔車騎少有嘉遁意. 年四十餘, 始應安東命. 未仕宦時, 常獨寢, 歌自箴誨. 自稱孔郞, 遊散山石.(1) 百姓謂有道術, 爲生立廟. 今猶有孔郞廟.**

(1) 《공유별전(孔愉別傳)》에 이런 이야기가 있다. '영가(永嘉)의 대란

(大亂) 때 공유는 임해(臨海)의 산속에 들어갔으며 영달(榮達)을 구하지 않았다. 중종(中宗 : 元帝)은 그를 참군(參軍)에 명했다.'
孔愉別傳曰, 永嘉大亂, 愉入臨海山中, 不求聞達. 中宗命爲參軍.

주해 | ㅇ嘉遁意(가둔의)－가둔(嘉遁)은 가둔(嘉遯)과 같다. 올바른 도(道)를 시키면서 은둔하는 것. 《주역(周易)》 둔괘(遯卦)☰☶(☰는 乾, ☶은 艮)의 구오(九五) 효사(爻辭)에 '구오(九五), 가둔(嘉遯) 정길(貞吉)'이라고 되어 있으며 그 상전(象傳)에는 '가둔(嘉遯)·정길(貞吉)이란 뜻은 바르게 하는 것을 가리킨다'라고 되어 있다. 가(嘉)는 미(美)이다. 도(道)에 따라 피해 있는 것으로서 올바른 은둔을 가리킨다. 뜻이 바르면 그 은둔도 옳다.

8. 남양(南陽)의 유인지(劉驎之)는 고매하고 진솔하며 역사에 통하고 있었는데 양기산(陽岐山)에 은서(隱棲)하고 있었다. 그 무렵 부견(符堅)이 장강(長江)에 진출했다. 형주자사(荊州刺史)였던 환충(桓沖)은 국가대계를 위해 진력하고자 하여, 그를 초치하고 장사(長史)에 임명하기 위해 사자로 하여금 배를 타고 맞이하러 가게 했는데 많은 선물을 가지고 가게 하였다. 유인지는 명을 받아들이어 곧 배에 올랐는데 선물은 일체 받지 아니하고 길을 가면서 빈민들에게 나누어 주었는데, 상명(上明)에 도착할 무렵에는 거의 남은 게 없었다. 환충과는 딱 한번 만났을 뿐이고 쓸모없는 이야기만 나눈 다음 유유히 돌아왔다. 오랫동안 양기산에 있으면서 언제나 마을 사람들과 의식(衣食)의 유무를 함께했다. 그가 궁핍할 때에는 마을 사람들도 그것을 알고 후하게 대접해 주었다. 이렇게 하여 향리(鄕里) 사람들에게 신뢰를 받았었다.(1)

원문 | 南陽劉驎之, 高率善史傳, 隱於陽岐. 于時符堅臨江.

荊州刺史桓沖將盡訏謨之益, 徵爲長史, 遣人船往迎, 贈貺甚厚. 驎之聞命, 便升舟, 悉不受所餉, 緣道以乞窮乏, 比至上明亦盡. 一見沖, 因陳無用, 翛然而退. 居陽岐積年, 衣食有無, 常與村人共. 値己匱乏, 村人亦知之, 甚厚. 爲鄉閭所安.(1)

(1) 등찬(鄧粲)의 《진기(晋紀)》에 이런 이야기가 있다. '유인지(劉驎之)의 자는 자기(子驥)이고 남양(南陽) 안중(安衆) 사람이다. 젊었을 때부터 질박함을 숭상했고 겸허했으며 욕심이 없었다. 산수 간에서 노는 것을 좋아했으며 늘 은둔할 뜻을 가지고 있었다. 어느 때 환충(桓沖)이 그의 집에 왔다. 유인지는 마침 뽕을 따고 있었는데 환충에게 말했다. "나리께서 친히 오셨으니 우선 부친에게로 가시지요." 그래서 환충은 우선 그의 아버지에게로 갔다. 부친이 유인지를 부르고 나서야 돌아와 허름한 옷을 털고 환충과 이야기를 나누었다. 부친이 유인지에게 직접 탁주와 안주거리를 차려와서 손님을 대접하라고 하자, 환충이 부하에게 명하여 그를 대신하게 했더니 부친은 사양하며 말하는 것이었다. "관리(官吏)를 부린다면 그것은 이 야(野)에 있는 사람의 본의가 아닙니다." 환충은 감개하면서 (이야기를 하다) 저녁 늦게서야 헤어져 돌아갔다. 그래서 장사(長史)가 되어 달라고 청했으나 유인지는 사양했다. 양기산에서 살았는데 길가에서 아주 가까웠으며 왕래하는 사람들은 반드시 그 집에서 머물렀다. 유인지는 손수 접대했는데 선물 따위는 받지 아니했다. 그의 집에서 백리(百里)나 떨어져 있는 곳에 병든 노파가 혼자 살고 있었는데 거의 죽게 되었을 때 (그녀는) 사람들에게 말했다. "유장사(劉長史)만 와준다면 나를 틀림없이 장사지내줄 것이오." 유인지는 손수 찾아가서 (그녀를) 문병했으며 (그녀가) 죽자 관(棺)을 마련하여 장사지내주었다. 그의 인정 베풀기가 이와 같았다. 천수(天壽)를 누리고 세상을 떠났다.'

鄧粲晉紀曰, 驎之字子驥, 南陽安衆人. 少尚質素, 虛退寡欲. 好遊山澤閒, 志存遁逸. 桓沖嘗至其家. 驎之方條桑, 謂沖, 使君旣枉駕光臨, 宜先詣家君. 沖遂詣其父. 父命驎之, 然後乃還, 拂裋褐與沖言. 父使驎之自持濁酒葅菜供賓. 沖敕人代之. 父辭曰, 若使官人, 則非野人之意也. 沖爲慨然, 至昏乃退. 因請爲長史, 固辭. 居陽岐, 去道斥近, 人士往來, 必投其家. 驎之身自供給, 贈致無所就. 去家百里, 有孤嫗疾, 將死, 謂人曰, 只有劉長史當埋我耳. 驎之身往候之, 値終, 爲治棺殯. 其仁愛皆如此. 以壽卒.

주해 | ㅇ陽岐(양기) — 양기산(陽岐山). 호북성 석수현(石首縣) 서쪽에 있다.

ㅇ符堅臨江(부견임강) — 부견은 전진(前秦)의 부견이다. 383년에 양양(襄陽)에 쳐들어왔다.

ㅇ訏謨之益(우모지익) — 우모는 대모(大謀)란 의미. 《시경(詩經)》〈대아(大雅)〉 '억(抑)'에 '우모정명(訏謨定命)'이라고 되어 있으며, 모전(毛傳)에 '우(訏)는 대(大), 모(謨)는 모(謀)이다'라고 되어 있다. '우모지익(訏謨之益)'이란 크게 도모하여 국가를 위해 힘쓰는 것이다.

ㅇ翛然(소연) — 유연하여 사물에 구애받지 않는 모양. 〈서일편(棲逸篇)〉의 주해 참조.

ㅇ上明(상명) — 호북성에 있는 지명. 당시 환충(桓沖)은 양양(襄陽)에서 물러나 이 땅에 주둔하고 있었다.

ㅇ村人亦知之(촌인역지지) — 원본(袁本)에는 '지지(知之)'를 '여지(如之)'로 적고 있다. 어찌되었든 하문(下文) '심후(甚厚)'의 이어지는 방법이 분명치가 않아서 어쩌면 오기(誤記)가 있는 것처럼 생각된다.

ㅇ條桑(조상) — 뽕잎을 따다. 《시경》〈빈풍(豳風)〉 '칠월(七月)'에 '잠월조상(蠶月條桑)'이라고 되어 있으며, 정전(鄭箋)에 '이를 가지에서 떨어뜨리고 그 잎을 채취하는 것이다'라고 되어 있다.

ㅇ葅菜(조채) — 조(葅)는 저(菹)와 같고 김치, 보잘것없는 안주를 가리

킨다.

ㅇ去道斥近(거도척근)－《세설전본(世說箋本)》에는 '거도재근(去道在近)'이라고 되어 있으며 그 쪽이 이해하기 쉽다. 혹은 《세설초촬(世說鈔撮)》에서 설명하는 것과 같이 《진서(晉書)》 권94 〈유인지전(劉驎之傳)〉에 '재관도지측(在官道之側)'이라고 되어 있는 점으로 볼 때 '척(斥)'자는 '재(在)'가 맞을는지도 모른다.

9. 남양(南陽)의 적도연(翟道淵 : 翟湯)과 여남(汝南)의 주자남(周子南 : 周邵)은 젊었을 때부터 친구 사이로 심양(尋陽)에 은서(隱棲)하고 있었다. 그런데 유태위(庾太尉 : 庾亮)가 당세의 급한 일로 주자남에게 설득하자 주자남은 마침내 사관(仕官)을 하고 말았다. 그러나 적도연은 점점 더 뜻을 지켰다. 그후 주자남이 적도연을 방문했으나 적도연은 입을 열려고 하지 않았다.(1)

원문｜ 南陽翟道淵, 與汝南周子南少相友, 共隱於尋陽. 庾太尉說周以當世之務, 周遂仕. 翟秉志彌固. 其後周詣翟, 翟不與語.(1)

(1) 《진양추(晉陽秋)》에 이런 이야기가 있다. '적탕(翟湯)의 자는 도연(道淵)이고 남양(南陽) 사람이며 한(漢)나라 적방진(翟方進)의 후예이다. 성실하고 가식이 없었으며 예의를 지키고 염결(廉潔)하여 남들이 내놓는 선물은 일체 받지 아니했다. 세상이 문란해져서 도적이 많이 나타났는데 적탕의 명성과 덕망을 듣고는 아무도 감히 침범하려고 하지 않았다.'

《심양기(尋陽記)》에는 이런 이야기가 있다. '처음에 유량(庾亮)이 강주자사(江州刺史)로 부임해 왔을 때 적탕(翟湯)의 평판을 듣고는 예복을 정제하고 그를 방문했다. 유량의 인사는 아주 정중했는데 적탕은 말했다. "사군(使君)께서는 다만 말라버린 나무처럼 쓸모가 없는 나를 경모하여 찾아오셨습니다그려." 유량은 그의 뛰어난 언론을 칭송하며 상서하여 그를 천거하였다. 적탕은 국자박사(國子博士)로 부름을 받았지만 부임하지 않았다. 주부(主簿)인 장현(張玄)이 말했다. "이분은 와룡(臥龍)으로서 움직이게 할 수가 없습니다." 사관을 하지 않은 채 집에서 죽었다.'

晉陽秋曰, 翟湯字道淵, 南陽人, 漢方進之後也. 篤行任素, 義讓廉潔, 饋贈一無所受. 値亂多寇, 聞湯名德, 皆不敢犯.

尋陽記曰, 初庾亮臨江州, 聞翟湯之風, 束帶躡屐而詣焉, 亮禮甚恭, 湯曰, 使君直敬其枯木朽株耳. 亮稱其能言, 表薦之. 湯徵國子博士, 不赴. 主簿張玄曰, 此君臥龍, 不可動也. 終於家.

주해 | ㅇ庾太尉說周云云(유태위설주운운) - 〈우회편(尤悔篇)〉 10 참조.

ㅇ方進(방진) - 적방진(翟方進)을 가리킨다. 전한(前漢) 상채(上蔡) 사람으로 자는 자위(子威)이다. 장안(長安)에서 박사(博士)로부터 《춘추(春秋)》를 배웠으며 성제(成帝) 때 승상이 되었고 고릉후(高陵侯)에 봉해졌다(《漢書》 권84 〈翟方進傳〉).

ㅇ躡屐(섭극) - 극(屐)은 나막신 종류. 〈간오편(簡傲篇)〉 15에 보이는 것처럼 극(屐)을 신는 것이 이(履)를 신는 것에 비하여 경만(輕慢)하게 보냈다 하니 섭극(躡屐)은 섭리(躡履)로 적었어야 했을까?

ㅇ枯木朽株(고목휴주) - 세간의 평판뿐이지 실제로는 보잘것없는 사람의 비유. 《사기(史記)》 권83 〈추양전(鄒陽傳)〉에 '고유인선담(故有人先談), 즉이고목휴주(則以枯木朽株), 수공이불망(樹功而不忘). 즉 누군가가 사전에 소문을 내놓으면 고목이나 썩은 등걸을 바치더라도 공로가 있다며 잊지 아니한다'라고 되어 있다.

ㅇ國子博士(국자박사) - 대학 교수. 서진(西晋) 무제(武帝) 함녕(咸寧) 4년(278)에 처음으로 국자박사 각 1명, 조교(助教) 4명을 두되 이행청순(履行淸淳), 전의(典儀)에 통명(通明)한 사람에서 뽑아 임용하였다(《晋書》 권24 〈職官志〉).

10. 맹만년(孟萬年 : 孟嘉)과 동생인 소고(少孤 : 孟陋)는 무창(武昌)의 양신현(陽新縣)에 살고 있었다. 맹만년은 벼슬길에 나아가서 당시 명성을 떨치고 있었는데 소고는 아직 나가지 않았으며 경사(京師) 사람들은 그를 만나고 싶어했다. 그래서 사자(使者)를 보내어 형의 병세가 무겁다고 소고에게 알렸다. 소고는 서둘러 도읍에 올라왔는데 이것을 본 당시의 명사들은 감동하며 그를 존경하지 않는 사람이 없었다. 그리고 "소고가 이러하니 맹만년은 죽어도 상관없겠다."고 말하는 것이었다.(1)

원문| **孟萬年及弟少孤, 居武昌陽新縣. 萬年遊宦, 有盛名當世. 少孤未嘗出. 京邑人士思欲見之, 乃遣信報少孤云, 兄病篤. 狼狽至都. 時賢見之者, 莫不嗟重. 因相謂曰, 少孤如此, 萬年可死.**(1)

(1) 원굉(袁宏)의 〈맹처사명(孟處士銘)〉에 이런 이야기가 있다. '맹처사의 이름은 누(陋)이고, 자는 소고(少孤), 무창(武昌) 양신(陽新) 사람이다. 오(吳)나라 사공(司空) 맹종(孟宗)의 후예이다. 젊었을 때부터 옛것을 사모하고 허름한 의식(衣食)에 만족하며 띠풀집에 은거하면서 세속 것을 끊고 살았는데 친척들은 모두 그의 효성을 흠모했다. 대장군(大將軍 : 桓溫)은 회계왕(會稽王 : 司馬昱, 후일의 簡文帝)에게 명하여 그를 불러내고자 했으나 칭병(稱病)하고 나아가지 아니했다. 상왕(相王 : 司馬昱) 부(府)에서는 여러 해 동안 공석(空席)으로 두었는데 맹누는 태연하게 마음을 괴롭히는 일이 없는 듯 끝내 뜻을 굽히지 않았다. 당시 사람들은 그를 가리켜 얻기 힘든 인물이라며 감탄했다.'
袁宏孟處士銘曰, 處士名陋, 字少孤, 武昌陽新人. 吳司空孟宗後也. 少而希古, 布衣蔬食, 棲遲蓬蓽之下, 絶人間之事, 親族慕其孝. 大將軍命會稽王辟之, 稱疾不至. 相府歷年虛位, 而澹

然無悶, 卒不降志. 時人奇之.

주해 ㅇ武昌陽新人(무창양신인)―《진서(晋書)》 권94 〈맹누전(孟陋傳 : 隱逸〉에도 '무창인(武昌人)'이라고 되어 있는데 형인 〈맹가전(孟嘉傳 : 권98)〉에는 '강하(江夏) 맹인(鄳人)'으로 되어 있다.

ㅇ孟宗後也(맹종후야)―송본(宋本)은 '자종(子宗)'으로 적고 있는데 원본(袁本)에 의해 바로잡았다. 《진서》 본전에 의하면 맹종의 증손이라고 한다. 한편 형인 맹가는 환온(桓溫)의 장사(長史)가 되었다(《晋書》 〈孟陋傳〉).

ㅇ棲遲(서지)―물러나 숨어서 태평하게 지내는 것. 《시경(詩經)》 〈진풍(陳風)〉 '형문(衡門)'에 '형문 아래에서 서지(棲遲)하다'라고 했다.

ㅇ蓬蓽(봉필)―봉(蓬)은 쑥, 필(蓽)은 가시나무. 빈한한 집의 표현이다. 봉호필문(蓬戶蓽門).

ㅇ人間之事(인간지사)―송본(宋本)은 '인호지사(人好之事)'로 적고 있는데 여기서는 원본(袁本)에 따랐다.

11. 강승연(康僧淵)이 예장(豫章)에 왔을 때 성곽으로부터 수십 리 떨어진 곳에 정사(精舍)를 세웠다. 연이은 산을 따라 큰 강이 흐르고 방림(芳林)이 넓직한 정원으로 이어지며 청류가 집을 감돌며 소리내어 흐르고 있었다. 그 산에서 한가히 거하여 연구 강습을 하면서 불리삼매(佛理三昧)에 빠졌다. 유공(庾公 : 庾亮) 등의 사람들은 이따금 그를 찾아왔는데 그의 평상시의 동작·담론을 보건대 그 풍류는 더욱 훌륭한 면이 있었다. 더구나 그 경지에 있어 즐거이 만족하고 있었으므로 명성은 한층 더 높아졌다. 후에는 견딜 수가 없어서 그곳에서 나왔다.(1)

원문 康僧淵在豫章, 去郭數十里, 立精舍. 傍連嶺, 帶長川, 芳林列於軒庭, 清流激於堂宇. 乃閑居研講, 希心理味. 庾公諸

人多往看之, 觀其運用吐納, 風流轉佳. 加處之怡然, 亦有以自得, 聲名乃興. 後不堪, 遂出.[(1)]

(1) 강승연(康僧淵)은 앞에서 나왔다.
僧淵已見.

주해 | ㅇ精舍(정사) - 《고승전(高僧傳)》 권4 〈강승연전(康僧淵傳)〉에는 '후에 예장(豫章)의 산에 있으면서 절을 세웠다'라고 되어 있다.
ㅇ加處之(가처지) - 원본(袁本)에는 '가이처지(加已處之)'라고 되어 있다.
ㅇ遂出(수출) - 《고승전》 권4 〈강승연전〉에는 '후일 절에서 죽다'라고 되어 있어서 본문과 다소 다르다.
ㅇ已見(이견) - 〈문학편(文學篇)〉 47.

12. 대안도(戴安道 : 戴逵)는 동산(東山)에서 절조를 높이 지키고 있었는데[(1)] 그의 형[戴逯]은 무공을 세우고 싶다는 생각을 하였다.[(2)] 사태부(謝太傅 : 謝安)가 말했다. "그대들 형제의 마음은 어찌 그렇게도 다르오?" 대록(戴逯)이 대답했다. "저는 '그 근심을 견디지 못하고' 동생은 '그 즐거움을 고치지 않기' 때문입니다."

원문 | **戴安道旣厲操東山.**[(1)] **而其兄欲建式遏之功.**[(2)] **謝太傅曰, 卿兄弟志業, 何其太殊. 戴曰, 下官不堪其憂, 家弟不改其樂.**

(1) 《속진양추(續晋陽秋)》에 이런 이야기가 있다. '대규(戴逵)는 시세에 등을 돌리고 금서(琴書)를 즐겼으며 회계(會稽)의 섬산(剡山)에 은거하고 있었다. 국자박사(國子博士)로 불렀지만 나아가지 아니했다.'

續晉陽秋曰, 逵不樂當世, 以琴書自娛, 隱會稽剡山. 國子博士徵, 不就.

(2) 《대씨보(戴氏譜)》에 이런 이야기가 있다. '대록(戴逯)의 자는 안구(安丘)이고 초국(譙國) 사람이다. 조부인 대석(戴碩)과 아버지 대수(戴綏)는 모두 명성과 지위가 있었다. 대록은 무용(武勇)으로 이름이 알려지고 그 공에 의해 광릉후(廣陵侯)에 봉해졌으며 벼슬을 하여 대사농(大司農)에 이르렀다.'

戴氏譜曰, 逯字安丘, 譙國人. 祖碩, 父綏, 有名位. 逯以武勇顯, 有功, 封廣陵侯, 仕至大司農.

주해 | ㅇ式遏(식알)－《시경(詩經)》〈대아(大雅)〉 '민로(民勞)' 시에 '식알구학(式謁寇虐) 잠불외명(潛不畏明)'이라고 되어 있으며 그 정전(鄭箋)에 '식(式)은 용(用), 알(謁)은 지(止)이다'라고 되어 있다. 난(亂)을 멎게 한다는 뜻으로 쓰인다.

ㅇ不堪其憂(불감기우) 不改其樂(불개기락)－이 말은 《논어(論語)》〈옹야편(雍也篇)〉에 '자왈(子曰), 현재회야(賢哉回也) 일단사(一簞食) 일표음(一瓢飲) 재누항(在陋巷) 인불감기우(人不堪其憂) 회야불개기락(回也不改其樂) 현재회야(賢哉回也)'라고 있는 것을 인용한 것이다.

ㅇ逯(녹)－《진서(晋書)》 권79 〈사현전(謝玄傳)〉에는 《세설(世說)》의 이 이야기가 인용되어 있는데 '녹(逯 : 遯과 같다)'자로 적고 있다. 또 '처사규(處士逵)의 동생'이라고 되어 있으며 《세설》 본문의 '기형(其兄)'과는 다르게 되어 있다.

ㅇ有功(유공)－《진서》〈사현전〉의 기록이라든가 《자치통감(資治通鑑)》 권104의 기록에 의하면 패군태수(沛郡太守)가 되어 팽성(彭城)을 지켰던 대록(戴逯 : 단, 두 책 모두 逯으로 적고 있다)은 전진(前秦)의 군사가 쳐들어왔을 때, 구원하러 왔던 연주자사(兗州刺史) 사현(謝玄)에게로 도망쳤다. 대록이 무공을 세운 것은 이듬해(383)의 비수지전(肥水之戰)에서 사현을 따라 전진의 부견(符堅)을 격파했을 때의 일일 것으로 생각된다.

ㅇ廣陵侯(광릉후)－《진서》〈사현전〉에는 '광신후(廣信侯)'로 적고 있다.

13. 허현도(許玄度 : 許詢)는 영흥(永興) 남쪽 깊숙한 동혈(洞穴) 속에서 은거하고 있었는데 언제나 사방 제후들에게서 선물이 답지했다. 어떤 사람이 허현도에게 말했다. "그 옛날 기산(箕山) 사람은 그렇게 하지 않았던 것으로 듣고 있습니다." 허현도는 대답했다. "대광주리에 담거나 풀잎에 싸서 보내는 선물 따위는 천하라고 하는 보물의 선물에 비한다면 아주 시시한 것이지요."(1)

▌원문｜ 許玄度隱在永興南幽穴中, 每致四方諸侯之遺. 或謂許曰, 嘗聞箕山人, 似不爾耳. 許曰, 筐篚苞苴, 故當輕於天下之寶耳.(1)

(1) 정현(鄭玄)의 《예기(禮記)》 주(注)에 이런 이야기가 있다. '포저(苞苴)는 고기를 싼 것이다. 갈대로 싸거나 띠풀로 싼다.' 여기서는 허유(許由)에게 요제(堯帝)가 천하를 선양해 주고자 했었다, 그것에 비한다면 대바구니 속에 넣은 선물 따위는 아무것도 아니잖느냐고 말한 것이다.
鄭玄禮記注云, 苞苴, 裹肉也. 或以葦, 或以茅. 此言許由尚致堯帝之讓, 筐篚之遺, 豈非輕邪.

▌주해｜ ㅇ遺(유)－선물.
ㅇ箕山人(기산인)－허유(許由)를 가리킨다. 요제(堯帝)가 허유에게 천하를 선양코자 했는데 허유는 사양하고 기산(箕山 : 하남성 登封縣 동남쪽)에 들어가 숨어살았다. 이런 전설은 《장자(莊子)》〈소요유편(逍遙遊篇)〉〈양왕편(讓王篇)〉, 《사기(史記)》〈백이열전(伯夷列傳)〉 등에 보인다.
ㅇ筐篚(광비)－대나무로 엮은 바구니. 방형(方形)을 광(筐), 원형(圓形)을 비(篚)라고 한다.

ㅇ鄭玄禮記注(정현예기주)－《예기(禮記)》〈곡례(曲禮)〉 상(上).

14. 범선(范宣)은 아직 관청 문을 지나간 적이 없었다. 한강백(韓康伯 : 韓伯)은 그와 함께 수레를 탄 채, 그대로 군의 관아로 들어갔는데 범선은 수레 뒤쪽으로 뛰어내렸다.(1)

원문| 范宣未嘗入公門, 韓康伯與同載, 遂誘俱入郡, 范便於車後趨下.(1)

(1) 《속진양추(續晉陽秋)》에 이런 이야기가 있다. '범선(范宣)은 젊었을 때부터 은둔을 숭상했는데 예장(豫章)에 살면서 자신의 몸을 청결하게 가졌다.'
續晉陽秋曰, 宣少尚隱遁, 家于豫章, 以淸潔自立.

주해| ㅇ於車後趨下(어거후추하)－수레는 뒤쪽에서 타고 앞쪽으로 내리는 것이 보통인데 여기서는 당황하여 수레 뒤쪽으로 뛰어내린 것을 가리킨다.

15. 치초(郗超)는 고상한 마음을 지니고 은서(隱棲)하려는 사람이 있다는 말을 들으면 백만의 자금을 마련해주고 집도 지어주었다. 섬현(剡縣)에서 대공(戴公 : 戴逵)을 위해 집을 지어주었는데 매우 정교하고 깔끔했다. 대규는 처음에 그 집으로 돌아오자 곧 친구에게 서찰을 보내어 이렇게 말했다. "요즈음 섬현에 있는데 마치 관사(官舍)에 있는 것 같네." 치초는 부약(傅約)을 위해서도 백만의 자금을 준비했는데 부약의 은둔에 차질이 생기어 주지 못하고 말았다.(1)

원문| 郗超每聞欲高尚隱退者, 輒爲辨百萬資, 幷爲造立居

宇. 在剡爲戴公起宅, 甚精整. 戴始往舊居, 與所親書曰, 近至剡, 如官舍. 郗爲傅約亦辨百萬資. 傅隱事差互, 故不果遺.[1]

(1) 약(約)이란 부경(傅瓊)의 어렸을 때 자(字)이다.

約, 瓊小字.

주해| ㅇ始往舊居(시왕구거)－송본(宋本)·원본(袁本) 모두 이렇게 되어 있는데 번역하기가 어렵다. 《예문유취(藝文類聚)》 권36, 《태평어람(太平御覽)》 권510에서 인용한 《세설(世說)》에는 '시왕거(始往居)'라 하여 '처음 그 집에 살면서'라고 되어 있다.

ㅇ如官舍(여관사)－《예문유취》 권36, 《태평어람》 권510에서 인용한 《세설》에는 '여입관사(如入官舍)'로 되어 있다.

16. 허연(許掾 : 許詢)은 산수간에서 즐겨 놀았는데 몸도 산을 오르기에 적합했다. 당시 사람들은 말했다. "허연은 단지 명승지를 사랑하는 마음만 있는 게 아니라, 진실로 명승지를 돌아다니는 도구도 가지고 있다."

원문| 許掾好遊山水. 而體便登陟. 時人云, 許非徒有勝情, 實有濟勝之具.

17. 치상서(郗尙書 : 郗恢)는 사거사(謝居士 : 謝敷)와 사이가 좋았는데 언제나 칭송하며 말했다. "사경서(謝慶緖 : 謝敷)는 남들보다 식견이 두드러지는 것이 아니지만 마음을 번거롭게 하는 것은 모두 없앨 수 있다."[1]

원문| 郗尙書與謝居士善, 常稱, 謝慶緖識見雖不絶人, 可以

累心處都盡.(1)

(1) 상서(尙書)란 치회(郗恢)이다. 따로 나온다.

단도란(檀道鸞)의 《속진양추(續晋陽秋)》에 이런 이야기가 있다. '사부(謝敷)의 자는 경서(慶緖)이고 회계(會稽) 사람이며 불교를 믿고 있었다. 처음 태평산(太平山)에 들어가 10여년 간 정진 수도하면서 동료들을 인도하여 교화시키는 데 게으르지 않았다. 어머니가 연로한 탓에 남산(南山)의 약야(若邪)로 돌아갔다. 내사(內史) 치음(郗愔)이 그를 추천하는 상소문을 올리어 박사(博士)로 초청되었지만 나아가지 아니했다. 어느 때 달이 소미성(少微星)을 침범한 적이 있었다. 소미성은 일명 처사성(處士星)이라고도 하는데 점을 쳐보니 "처사(處士)가 죽을 것이다."란 것이었다. 당시 오(吳) 땅의 대규(戴逵)는 회계의 섬(剡) 땅에 살았는데 재예(才藝)에 뛰어나고, 귀족·권세가들과 노닐었다. 또 사부와 서로 이름을 앞다투고 있었으므로 당시 사람들은 그가 죽는 게 아닌가 하여 걱정했었다. 그런데 갑자기 사부가 죽었으므로 회계(會稽 : 越)의 인사들은 오 땅 사람들을 비웃었다. "오 땅의 고사(高士 : 戴逵)는 비록 죽고자 해도 죽지 못하는가 보다."라고 했던 것이다.'

尙書, 郗恢也. 別見.

檀道鸞續晋陽秋曰, 謝敷字慶緖, 會稽人. 崇信釋氏. 初入太平山中十餘年, 以長齋供養爲業, 招引同事, 化納不倦. 以母老, 還南山若邪中. 內史郗愔表薦之, 徵博士, 不就. 初, 月犯少微星, 一名處士星. 占云, 以處士當之. 時戴逵居剡, 旣美才藝, 而交遊貴盛, 先敷著名, 時人憂之. 俄而敷死, 會稽人士以嘲吳人云, 吳中高士, 便是求死不得.

주해 | ㅇ別見(별견)－〈임탄편(任誕篇)〉 39.

ㅇ長齋(장재)－오랜 기간 정진 수도하는 것.

ㅇ戴逵(대규)－자(字)는 안도(安道). 초국(譙國 : 吳) 사람. 후에 회계(會稽) 섬현(剡縣)에 옮겨가서 살았다(《晋書》 권94 本傳). 대규가 귀족·권세가들과 교유한 것은 〈아량편(雅量篇)〉 34에서 인용한 《진안제기(晋安帝紀)》 참조.

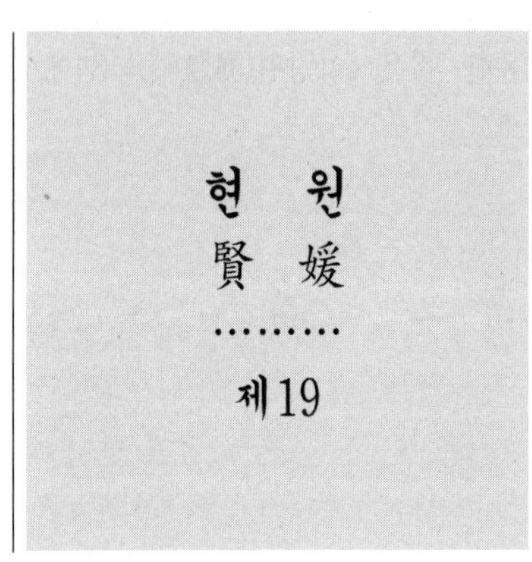

1. 진영(陳嬰)은 동양(東陽) 사람이다. 젊었을 때부터 덕행을 길러, 향리 사람들 사이에 명성이 높았다. 진말(秦末)의 대란(大亂) 때, 동양 사람들은 진영을 맹주(盟主)로 추대코자 했는데 그 어머니가 말했다. "안된다. 내가 너의 집에 시집왔을 때부터, 그리고 젊어서부터 줄곧 가난하게 살아왔었다. 갑자기 부자가 되는 것은 상서롭지 못하니라. 군사를 이끌고 다른 사람에게 소속되는 편이 좋을 것이다. 만약 일이 성취된다면 다소라도 그 이익을 받을 수 있을 것이고, 만약 실패하더라도 그 화(禍)는 다른 사람이 받게 될 것이니라."(1)

원문| 陳嬰者, 東陽人. 少脩德行, 著稱鄕黨. 秦末大亂, 東陽人欲奉嬰爲主, 母曰, 不可. 自我爲汝家婦, 少見貧賤. 一旦富貴, 不祥. 不如以兵屬人. 事成, 少受其利. 不成, 禍有所歸.(1)

(1) 《사기(史記)》에 이런 이야기가 있다. '진영(陳嬰)은 원래 동양현(東陽縣)의 속관(屬官)으로서 평소부터 현(縣) 안에서 신망을 얻

어 장자(長者)로 추앙되었다. 동양 사람들은 그를 우두머리로 삼고자 하여 진영에게 청했다. 진영의 어머니는 이를 말렸다. 그래서 군사를 이끌고 항량(項梁)에게로 갔는데 항량은 진영을 상주국(上柱國)으로 삼았다.'

史記曰, 嬰故東陽令史, 居縣, 素信, 爲長者. 東陽人欲立長, 乃請嬰. 嬰母諫之. 乃以兵屬項梁, 梁以嬰爲上柱國.

주해| ㅇ賢媛(현원)－현명한 여성들의 일화를 모은 편(篇)이다.

ㅇ東陽(동양)－안휘성 천장현(天長縣) 서북쪽 일대.

ㅇ史記(사기)－《사기》 권7 〈항우본기(項羽本紀)〉.

ㅇ上柱國(상주국)－전국시대(戰國時代) 초(楚)나라의 관명(官名)으로 적군을 격파하고 적장을 죽이는 공을 세운 사람에게 주어졌다. 후대에도 후위(後魏)·후주(後周)·수(隋)나라 등을 통하여, 공훈이 있는 사람에게 주어졌던 벼슬로서 당(唐)·송(宋) 때에도 그 관명이 이어졌다.

2. 한(漢) 원제(元帝 : 劉奭)에게는 궁녀가 많았으므로 화공(畵工)에게 그 모습을 그리게 하되, 부르고 싶은 자가 있으면 언제나 그 그림을 펼쳐보고 불러들였다. 보통 궁녀들은 모두 화공에게 뇌물을 바쳤는데 왕명군(王明君)은 생김새가 워낙 예뻤으므로 그런 짓을 하여 황제의 은총을 받고자 하지 아니했다. 그래서 화공은 그 모습을 추하게 그렸다. 후에 흉노(匈奴)가 화친을 하기 위해 내조(來朝)하고, 한나라 천자에게 미녀를 달라고 청하자, 원제(元帝)는 왕명군을 보내기로 하였다. 그리고 불러 보고는 이를 애석하게 여겼으나 이미 그 이름이 흉노에게도 알려진 터라 변경하고 싶지 아니하여 그대로 내주기로 했던 것이다.(1)

원문| **漢元帝宮人旣多. 乃令畵工圖之, 欲有呼者, 輒披圖**

召之. 其中常者. 皆行貨賂. 王明君姿容甚麗, 志不苟求. 工遂毁爲其狀. 後匈奴來和, 求美女於漢帝. 帝以明君充行. 旣召見而惜之. 但名字已去, 不欲中改. 於是遂行.(1)

(1) 《한서(漢書)》 〈흉노전(匈奴傳)〉에 이런 이야기가 있다. '경녕(竟寧) 원년(기원전 33) 호한야선우(呼韓邪單于)가 내조하고 스스로 천자의 사위가 되겠다며 친교를 맺자고 청했다. 그래서 원제는 후궁 중 양갓집 딸인 왕장(王嬙), 자(字)는 명군(明君)을 주기로 하였다. 선우는 기뻐하며 변경을 지키겠다는 상서(上書)를 올렸다.' 문영(文穎)은 말했다. '소군(昭君 : 明君)은 원래 촉군(蜀郡) 자귀(秭歸) 사람이다.'
《금조(琴操)》에 이런 이야기가 있다. '왕소군(王昭君)은 제국(齊國) 왕양(王穰)의 딸이다. 나이 17세로 그 용모가 무척 예쁘고 절개가 굳기로 나라 안에 알려졌었다. 부귀한 집안에서 그녀를 며느리로 삼고자 했으나 왕양은 모두 거절하고 한(漢) 원제(元帝)에게 바쳤다. 황제가 즉시로 총애하지 않았기 때문에 왕소군은 오랫동안 원한을 품었고 노해 있었다. 때마침 선우(單于)가 사자(使者)를 보내왔을 때 원제가 궁녀들을 단장시키고 불러내자 사자는 그 중 한 사람을 달라고 청했다. 그래서 황제는 궁녀들에게 말했다. "선우에게로 가고 싶은 사람은 일어나라." 그러자 소군이 탄식하며 자리를 넘어 나아와서 섰다. 그것을 보고 황제는 매우 놀랐다. 이때 사자도 보고 있었으므로 안 보낼 수 없어서 선우에게 보내기로 하였다. 선우는 크게 기뻐하여 갖가지 진귀한 물건을 바쳤다. 왕소군에게는 아들이 있었으며 세위(世違)라고 하였다. 선우가 죽자 세위가 그 뒤를 이었다. 호족(胡族)의 땅에서는 아비가 죽으면 (아들이) 어머니를 아내로 맞는다. 왕소군은 세위에게 물었다. "너는 한인(漢人)이 되겠느냐? 호인(胡人)이 되겠느냐?" 세위는 대답했다. "나는 호인이기를 원합니다." 그래서 왕소군은 약을 마시

고 자살했다.'

석계륜(石季倫 : 石崇)은 말했다. '소(昭)란 글자는 문제(文帝 : 司馬昭)의 휘(諱)를 피하기 위해 명(明)으로 고쳤다.'

漢書匈奴傳曰, 竟寧元年, 呼韓邪單于來朝, 自言願壻漢氏以自親, 元帝以後宮良家子王嬙字明君賜之. 單于懽喜, 上書願保塞. 文穎曰, 昭君本蜀郡秭歸人也.

琴操曰, 王昭君者, 齊國王穰女也. 年十七, 儀形絶麗, 以節聞國中. 長者求之者, 王皆不許, 乃獻漢元帝. 帝造次不能別房帷, 昭君恚怒久. 會單于遣使, 帝令宮人裝出, 使者請一女. 帝乃謂宮中曰, 欲至單于者起. 昭君喟然越席而起. 帝視之, 大驚悔. 是時, 使者並見, 不得止, 乃賜單于. 單于大悅, 獻諸珍物, 昭君有子曰世違. 單于死, 世違繼立. 凡爲胡者, 父死妻母. 昭君問世違曰, 汝爲漢也, 爲胡也. 世違曰, 欲爲胡耳. 昭君乃呑藥自殺.

石季倫曰, 昭以觸文帝諱, 故改爲明.

주해 | ㅇ漢書匈奴傳(한서흉노전)－권94 하(下).

ㅇ王嬙(왕장)－장(嬙)자는 '장(檣)'(《漢書》 권9 〈元帝紀〉)이다. '장(牆)'(《漢書》 〈匈奴傳〉)으로도 쓴다.

ㅇ文穎曰(문영왈)…… －이 주(注)는 《한서》 통행본(通行本)에 의하면 〈원제기(元帝紀)〉 조(條)에 보인다.

ㅇ別房帷(별방유)－'별방(別房)'과 같으며 첩으로 삼는 것.

ㅇ恚怒久(에노구)－원본(袁本)에는 에노지(恚怒之)로 적고 있다.

ㅇ昭君有子曰世違(소군유자왈세위)…… －《한서》 〈흉노전〉 하(下)에 의하면 왕소군(王昭君)은 호한야선우(呼韓邪單于)에게 출가하여 1남(一男 : 伊屠智牙師)을 낳았는데 호한야가 죽은 다음 뒤를 이은 전처의 장남(長男 : 雕陶莫皐)에게 재가하여 2녀를 낳았다고 한다. 《서경잡기(西京雜記)》 권2의 왕소군 일화는 《세설(世說)》 본문과 거의 같은데 원제(元帝)의 사건 구명에 의해 모연수(毛延壽) 등 화공(畫工)이 모두

기시(棄市)되었다는 후일담이 덧붙여져 있다. 또 《세설》이나 《서경잡기》에 의하면 왕소군은 화공에게 뇌물을 주지 않아서 추하게 그려졌다고 하는데 《한서》는 이런 경위를 전혀 기록하지 않았으며, 《후한서(後漢書)》 〈남흉노전(南匈奴傳)〉이나 《금조(琴操 : 卷下 怨曠思惟歌條)》에도 이 이야기는 기록되어 있지 않다. 오히려 《후한서》와 《금조》에는 원제가 오랫동안 무관심했으므로 왕소군이 자진하여 선우에게로 시집갔다는 줄거리로 되어 있다. 다시 덧붙인다면 유주(劉注)에서 인용한 《금조》의 독자적 줄거리는 절개를 지키어 자살하는 점도, 재가할 상대가 자기 자식임을 기피하기 위한 점에 있었을 것으로 생각된다. 이처럼 왕소군의 애화(哀話)는 《한서》 이래 여러 가지 윤색이 가해져서 절개를 지키는 비극적 여성상으로 차츰 형성되어가는 것이다. 또 이 왕소군 이야기는 이윽고 시인(詩人)의 감흥을 북돋우는 중요한 제재(題材)의 하나가 되었고 석숭(石崇)의 〈왕명군사(王明君詞)〉는 그 이른 시기의 것이다. 《구당서(舊唐書)》 〈음악지(音樂志)〉 2에는 '한인(漢人)은 그토록 멀리 시집보내는 것을 가련하게 여기어 이 노래를 만들었다. 진(晋)나라 석숭의 기생 녹주(綠珠)는 춤을 잘 추었는데 이 곡을 가지고 배웠으며 스스로 새 노래를 만들었다'라고 기록되어 있다. 육조(六朝)에서 당대(唐代)에 걸쳐 '왕소군(王昭君)' '명군사(明君詞)' '소군탄(昭君歎)' 등의 악부제(樂府題)로 심약(沈約) · 이백(李白) · 백거이(白居易) · 이상은(李商隱) 등의 작품이 탄생했으며, 원(元)나라 마치원(馬致遠)의 〈한궁추(漢宮秋)〉 등 문학의 애절(哀切)한 제재(題材)로 자주 등장했다.

○石季倫曰(석계륜왈)－석계륜(石季倫 : 石崇)의 〈왕명군사(王明君詞)〉 서(序)(《文選》 권27 등 수록).

3. 한(漢) 성제(成帝 : 前漢 제12대 劉驁)는 조비연(趙飛燕)을 총애했었다. 조비연이 반첩여(班婕妤)가 저주한다며 참언을 했으므로 반첩여를 조사해보았던 바 다음과 같이 말하는 것이었다. "저는 '사생(死生)은 명(命)에 있고, 부귀는 하늘에 달려 있다'고 들었습니다. 선행(善行)을 하여도 복을 받지 못하는데 사악한 짓을 하고 무엇을 바

라겠습니까? 만약 귀신이 알고 있다면 간사하고 입에 발린 호소는 받아두지 않을 것이며, 만약 귀신이 모르고 있다면 호소한들 무슨 이득이 있겠습니까? 따라서 물론 저는 그런 짓을 하지 않았습니다."(1)

원문| **漢成帝幸趙飛燕. 飛燕讒班婕妤祝詛. 於是考問, 辭曰, 妾聞死生有命, 富貴在天. 脩善尙不蒙福, 爲邪欲以何望. 若鬼神有知, 不受邪佞之訴. 若其無知, 訴之何益, 故不爲也.**(1)

(1) 《한서(漢書)》〈외척전(外戚傳)〉에 이런 이야기가 있다. '성제(成帝)의 조황후(趙皇后)는 본디 장안궁(長安宮)의 궁녀였다. 태어났을 때 부모가 거두지 아니했으나 3일이 지나도 죽지 아니하므로 비로소 양육하였다. 성장하여 하양공주(河陽公主 : 成帝의 누나) 집에서 일하며 가무(歌舞)를 배웠고 비연(飛燕)으로 불렸다. 성제가 미행했다가 공주의 집에 갔을 때 조비연을 보고 마음에 들었으므로 불러들이어 후궁에 두고 크게 총애하더니 황후로 세웠다. 반첩여(班婕妤)는 안문(鴈門) 사람이다. 성제가 제위(帝位)에 오르고 얼마 안되었을 때 선발되어 후궁에 들어갔는데 크게 총애를 받아 첩여의 자리에 세워졌다. 성제가 뒤뜰에서 놀 때, 같은 연(輦)에 태워주려고 했었는데 반첩여는 이를 사양했다. 조비연이 허황후(許皇后)와 반첩여를 참언했을 때 반첩여는 정리(情理)에 맞는 대답을 했으므로 성제는 그녀를 어여삐 여기어 황금 백근을 하사했다. 조비연은 교만하고 질투심이 강했으므로 반첩여는 신변의 위험을 느끼고 장신궁(長信宮)에서 태후(太后 : 11대 元帝의 황후인 王氏)를 봉양하고 싶다고 아뢰었다. 성제가 붕어하자 반첩여는 원릉(園陵)에서 봉사하라는 명을 받았으며, 죽은 후에는 원릉 안에 장사지내졌다.'

漢書外戚傳曰, 成帝趙皇后, 本長安宮人. 初生, 父母不擧, 三日不死, 乃收養之. 及壯, 屬河陽主家, 學歌舞, 號曰飛燕. 帝微

行過主, 見而悅之, 召入宮, 大得幸, 立爲后. 班婕妤者, 鴈門人. 成帝初, 選入宮, 大得幸, 立爲婕妤. 帝遊後庭, 嘗欲與同輦, 婕妤辭之. 趙飛燕譖許皇后及婕妤, 婕妤對有辭致, 上憐之, 賜黃金百斤. 飛燕嬌妬, 婕妤恐見危, 中求供養太后於長信宮. 帝崩, 婕妤充奉園陵. 薨葬園中.

주해 | ㅇ讒班婕妤祝詛(참반첩여축저)－《한서(漢書)》에 의하면 홍가(鴻嘉) 3년(기원전 18)의 일이다.

ㅇ死生有命(사생유명), 富貴在天(부귀재천)－《논어(論語)》〈안연편(顔淵篇)〉에 있는 말이다.

ㅇ漢書(한서) 外戚傳(외척전)－권97 하(下).

ㅇ本長安宮人(본장안궁인)－궁인(宮人)은 여러 궁성(宮省)의 관비(官婢). 《한서》〈외척전〉의 안사고(顔師古) 주(注)에 '원래 궁인으로서 양아주(陽阿主) 집에 하사하다. 성중시사(省中侍使)의 관비를 궁인이라 부른다. 천자액정중(天子掖庭中)에 있었던 일로 이 일은 《한구의(漢舊儀)》에 보인다. 장안(長安)이라고 한 것은 감천(甘泉) 등의 여러 궁성(宮省)과 다르다'라고 되어 있다. 단 《한구의》의 해당 개소(箇所)에는 '궁인(宮人)'이 아니라 '환인(宦人)'으로 되어 있다.

ㅇ河陽主家(하양주가)－《한서》에서는 '양아(陽阿)'로 적고 있으며 안사고의 주(注)에 이렇게 풀이하고 있다. '양아는 평원(平原)의 현(縣)이다. 지금 속서(俗書)에는 아(阿)자를 하(河)로 적고 있고 또 혹은 하양(河陽)이라고 했다. 모두 후인(後人)의 망개(妄改)일 뿐이다.'

ㅇ中求(중구)－'중(中)'자는 《한서》에는 없으니 어쩌면 연자(衍字)일까? 여기서는 번역하지 않았다. 《세설전본(世說箋本)》 두주(頭注)에서는 '중(中)은 상(傷)이다'라고 했는데 그럴 경우 '위중(危中)해질 것을 두려워하다 운운'이 된다. 또 양용씨(楊勇氏)의 《교전(校箋)》에서는 '중(中)'을 '신(申)'자로 고쳤다.

ㅇ園陵(원릉)－어릉(御陵). 즉 천자의 능침(陵寢)이다.

4. 위(魏) 무제(武帝 : 曹操)가 붕어했을 때 그 아들인 문제(文帝 : 曹丕)는 무제의 궁녀들을 모두 자기 것으로 삼고 옆에서 시중들게 하였다. 문제의 병이 위중해졌을 때 어머니인 변후(卞后)가 문병하러 갔다. 태후(太后 : 卞后)가 방에 들어가 보자 당직하는 시녀들이 모두 지난날 선제(先帝)가 총애하던 자들이었다. 태후가 "언제 이곳으로 왔는고?"라고 묻자 궁녀들은 대답하였다. "바로 (선제의) 혼백을 부를 때 왔습니다." 그래서 태후는 더이상 들어가지 않고 탄식하며 말했다. "개나 쥐도 네가 먹다 남긴 것은 먹지 않을 것이야. 그런즉 죽는 것도 당연하다." 그리고 태후는 문제의 국상 때도 끝내 곡읍(哭泣)을 하려 하지 않았다.(1)

원문| **魏武帝崩, 文帝悉取武帝宮人自侍. 及帝病困, 卞后出看疾. 太后入户, 見直侍並是昔日所愛幸者. 太后問, 何時來邪. 云, 正伏魄時過. 因不復前, 而歎曰, 狗鼠不食汝餘. 死故應爾. 至山陵, 亦竟不臨.(1)**

(1) 《위서(魏書)》에 이런 이야기가 있다. '무선변황후(武宣卞皇后)는 낭야(琅邪) 개양(開陽) 사람이다. 후한(後漢) 연희(延熹) 3년(160)에 제군(齊郡) 백정(白亭)에서 태어났는데 황기(黃氣)가 며칠동안 방안에 머물렀다. 아버지 경후(敬侯 : 卞遠)는 이상히 여기어 점사(占師) 왕월(王越)에게 물었다. 왕월이 말했다. "이것은 길상(吉祥)입니다." 20세 때 초(譙) 땅에서 태조(太祖 : 魏 武帝 曹操)의 부름을 받았다. 검약(儉約)한 인품으로서 화려한 것을 좋아하지 않았으며, 어머니로서의 모범이 되었고 훌륭한 덕을 지니고 있었다.'
魏書曰, 武宣卞皇后, 琅邪開陽人. 以漢延熹三年生齊郡白亭, 有黃氣滿室移日. 父敬侯怪之, 以問卜者王越. 越曰, 此吉祥也.

年二十, 太祖納於譙. 性約儉, 不尚華麗, 有母儀德行.

주해| ㅇ伏魄(복백)－사람이 죽은 날, 시신에 의복을 걸어놓고 초혼(招魂)하는 것. 복백(復魄)과 같다. 복(伏)는 복(復)과 음(音)이 통한다. 《의례(儀禮)》〈사상례(士喪禮)〉의 정주(鄭注)에 '복(復)이란 유사(有司)가 초혼하고 백(魄)을 돌려보내는 것이다'라고 했다. 여기서는 무제(武帝)가 붕어한 것을 가리킨다.

ㅇ狗鼠不食汝餘(구서불식여여)－인도(人道)에 벗어나는 자가 먹나 남긴 것은 개나 쥐도 안 먹는다는 뜻. 《한서(漢書)》 권98 〈원후전(元后傳)〉에 원후가 왕망(王莽)을 위해 국새(國璽)를 훔친 신하를 욕하여, "너희 집안의 부자(父子) 종족은 한왕실의 힘을 입어 부귀를 누리기 누세대……. 그렇건만 보응하는 바가 없더니……그 나라를 탈취하고 입은 은혜를 돌아보지 않는도다. 이런 자는 개·돼지도 그 먹던 것을 먹지 않으리라."고 하였다는 기록이 있다.

ㅇ山陵(산릉)－천자의 국상(國喪)을 가리킨다. 〈상서편(傷逝篇)〉 17의 주해 참조.

ㅇ臨(임)－상을 당했을 때 관(棺)을 붙잡고 곡을 하는 예(禮).

ㅇ王越(왕월)－《삼국지(三國志)》 권5 〈후비전(后妃傳)〉의 배송지(裵松之) 주(注)에서 인용한 《위서(魏書)》에는 복자(卜者)의 이름을 왕단(王旦)으로 적었다.

5. 조모(趙母 : 趙姬)가 딸을 시집보냈다. 딸이 집을 떠날 때 말했다. "삼가 좋은 일을 하지 말거라." 딸은 말했다. "좋은 일을 하지 않으면, 나쁜 일을 하라는 것입니까?" 어머니는 말했다. "좋은 일도 해서는 안되거늘 하물며 나쁜 일을 해서야 쓰겠느냐?"(1)

원문| 趙母嫁女. 女臨去, 敕之曰, 愼勿爲好. 女曰, 不爲好, 可爲惡邪. 母曰, 好尚不可爲, 其況惡乎.(1)

(1) 《열녀전(列女傳)》에 이런 이야기가 있다. '조희(趙姬)는 동향령

(桐鄕令)인 동군(東郡) 우위(虞韙)의 아내로서 영천(潁川) 조씨의 딸이다. 명민하고 박학했다. 우위가 죽자 대황제(大皇帝 : 孫權)는 그 문재(文才)를 존숭하여 불러서 궁중에 들였다. 황제가 손수 공손연(公孫淵)을 치려고 했을 때 조희가 상소하여 이를 간했다. 《열녀전》의 주해(注解)를 썼는데 조모주(趙母注)로 불렸다. 수십만 언(言)을 적었고 적오(赤烏) 6년(243)에 죽었다.'

《회남자(淮南子)》에 이런 이야기가 있다. '딸을 시집보내는 사람이 있었는데 그 딸에게 교훈하며 말했다. "네가 좋은 일을 하면 선(善)한 일을 하려고 사람들이 너를 미워할 것이다." 딸이 대답했다. "그럼 나쁜 일을 해야 합니까?" "좋은 일조차도 해서는 안 되거늘 하물며 나쁜 일일까 보냐." 경헌양황후(景獻羊皇后)가 말했다. "이 말은 비속하기는 하지만 세상 사람들이 교훈으로 삼아야 할 말이다."'

列女傳曰, 趙姬者, 桐鄕令東郡虞韙妻, 潁川趙氏女也. 才敏多覽. 韙旣沒, 文皇帝敬其文才, 詔入宮省. 上欲自征公孫淵, 姬上疏以諫. 作列女傳解, 號趙母注. 賦數十萬言. 赤烏六年卒. 淮南子曰, 人有嫁其女而敎之者, 曰, 爾爲善, 善人疾之. 對曰, 然則當爲不善乎. 曰, 善尙不可爲, 而況不善乎. 景獻羊皇后曰, 此言雖鄙, 可以命世人.

주해 | ㅇ列女傳(열녀전) — 황보밀(皇甫謐)의 《열녀전》일까? 《수서(隋書)》〈경적지(經籍志)〉에는 유향(劉向) 찬(撰) 《열녀전》, 조모주(趙母注) 《열녀전》, 고씨(高氏) 찬 《열녀전》 및 황보밀 찬 《열녀전》, 기모수(綦毋邃) 찬 《열녀전》 등이 있다. 조모가 주석한 《열녀전》이란 유향이 찬한 《열녀전》일까?

ㅇ文皇帝(문황제) — 송본(宋本)·원본(袁本)의 글은 크게 잘못되었다. 대황제(大皇帝)는 손권(孫權)의 시호이다.

ㅇ赤烏(적오) — 오(吳)나라 손권의 연호.

ㅇ淮南子(회남자) — 〈설산훈(說山訓)〉.

ㅇ景獻羊皇后(경헌양황후)－진(晋)나라 세종(世宗) 경제(景帝 : 司馬師)의 황후. 태산(泰山) 남성(南城) 사람. 《진서(晋書)》 권31에 전(傳)이 있다.

6. 허윤(許允)의 처는 완위위(阮衛尉 : 阮共)의 딸이며 덕여(德如 : 阮侃)의 여동생[(1)]으로서 매우 추했다. 혼례가 끝났건만 허윤은 방에 들어가고 싶은 생각이 전혀 없었으므로 집안 사람들은 크게 걱정했다. 때마침 허윤을 찾아온 손님이 있었다. 아내는 하녀를 시켜 보고 오라고 했더니 돌아와서 "환랑(桓郎)입니다."라고 말했다. 환랑이란 환범(桓範)이다.[(2)] 그러자 아내가 말했다. "걱정할 것 없다. 환랑이라면 틀림없이 방에 들어가라고 권해 줄 것이다." 환랑은 과연 허윤에게 말하는 것이었다. "완가(阮家)에서 추한 아가씨를 자네에게 시집보낸 데는 무언가 생각이 있을 것이야. 자네는 그 점을 깊이 생각하도록 하게나." 그래서 허윤은 마음을 돌리어 방에 들어갔지만, 아내를 보자 즉시 나가려고 하였다. 아내는 남편이 그대로 나가 버리면 두번 다시 방안에 들어올 리 없을 것으로 생각하고 얼른 옷소매를 잡으며 붙잡았다. 그러자 허윤이 말했다. "아내 된 자에게는 네 가지의 덕이 있다던데 당신은 그 중 몇 가지나 갖추고 있소?"[(3)] 아내가 말했다. "저에게 부족한 것은 4덕 중 부용(婦容)뿐입니다. 그런데 남편 된 자에게는 백행(百行)이 있다고 들었습니다만 당신께서는 몇 가지나 가지고 계신가요?" 허윤이 "모두 갖추고 있소이다."라고 말하자 아내가 말했다. "본디 백행에서는 덕을 으뜸으로 칩니다. 당신께서는 색(色)을 좋아하실 뿐 덕을 좋아하지 않으십니다. 어찌 모든 것을 다 갖추고 계시다고 하겠습니까?" 허윤은 부끄러운 기색을 띠었고 그 이후로 아내를 경중(敬重)히 여기게 되었다.

원문| 許允婦, 是阮衛尉女, 德如妹.[(1)] 奇醜. 交禮竟, 允無復入理, 家人深以爲憂. 會允有客至. 婦令婢視之, 還答曰, 是

桓郎. 桓郎者, 桓範也.[2] 婦云, 無憂, 桓必勸入. 桓果語許云, 阮家旣嫁醜女與卿, 故當有意. 卿宜察之. 許便回入內, 旣見婦, 卽欲出. 婦料其此出, 無復入理, 便捉裾停之. 許因謂曰, 婦有四德, 卿有其幾.[3] 婦曰, 新婦所乏唯容爾. 然士有百行, 君有幾. 許云, 皆備. 婦曰, 夫百行以德爲首. 君好色不好德. 何謂皆備. 允有慚色, 遂相敬重.

(1) 《위략(魏略)》에 이런 말이 있다. '허윤(許允)의 자는 사종(士宗)이고 고양(高陽) 사람이다. 젊었을 때 청하(淸河)의 최찬(崔贊)과 함께 그 이름을 기주(冀州)에 날리더니 벼슬을 하여 영군장군(領軍將軍)에 이르렀다.'

《진류지명(陳留志名)》에 이런 이야기가 있다. '완공(阮共)의 자는 백언(伯彦)이고 위씨(尉氏) 사람이다. 순진하고 도(道)를 지키면서 겸양하게 행동했다. 위(魏)나라에서 벼슬하여 위위경(衛尉卿)에 이르렀다. 막내아들인 완간(阮侃)은 자가 덕여(德如)이며 훌륭한 재능을 지녔고 철리(哲理)에 밝았다. 풍모가 온아하고 고상했으며 혜강(嵆康)과 친구 사이였다. 벼슬은 하내태수(河內太守)에 이르렀다.'

魏略曰, 允字士宗, 高陽人. 少與淸河崔贊, 俱發名於冀州. 仕至領軍將軍.

陳留志名曰, 阮共字伯彦, 尉氏人. 淸眞守道, 動以禮讓. 仕魏, 至衛尉卿. 少子侃, 字德如, 有俊才, 而飭以名理. 風儀雅潤, 與嵆康爲友. 仕至河內太守.

(2) 《위략(魏略)》에 이런 이야기가 있다. '환범(桓範)의 자는 윤명(允明)이고 패군(沛郡) 사람이다. 벼슬하여 대사농(大司農)에 이르렀으며 선왕(宣王 : 司馬懿)에 의해 주살(誅殺)당했다.'

魏略曰, 範字允明, 沛郡人. 仕至大司農, 爲宣王所誅.

(3) 《주례(周禮)》에 '구빈(九嬪)은 부인이 배워야 하는 규범을 관장하고, 구어(九御)에게 부덕(婦德)·부언(婦言)·부용(婦容)·부공(婦功)을 가르친다'라고 되어 있으며, 정현(鄭玄)의 주(注)에 말했다. '부덕이란 정순(貞順)함을 말하고, 부언은 말씨를 말하고, 부용이란 예쁜 용모를 말하고, 부공은 베짜는 일을 말한다.'

周禮, 九嬪掌婦學之法, 以教九御. 婦德·婦言·婦容·婦功. 鄭注曰, 德謂貞順, 言謂辭令, 容謂婉娩, 功謂絲枲.

주해 | ㅇ士有百行(사유백행) - 《시경(詩經)》 〈위풍(衛風)〉 '맹(氓)'의 정전(鄭箋)에 '선비에게는 백행이 있는데 그 공과(功過)를 가지고 상제(相除)할 수 있다'라고 되어 있다. 백행이란 여러 가지의 행동이란 뜻.

ㅇ君好色不好德(군호색불호덕) - 《논어(論語)》 〈자한편(子罕篇)〉에 있는 말을 근거로 한 말이다.

ㅇ爲宣王所誅(위선왕소주) - 사마의(司馬懿)는 249년 조상(曹爽)을 토벌하기 위해 군사를 일으켰는데, 환범(桓範)은 이때 하안(何晏)과 함께 조상 등과 한패거리라 하여 주살당했음.

ㅇ周禮(주례) - 권7 천관(天官)의 총재치관지직(冢宰治官之職)의 조문(條文).

ㅇ九嬪(구빈)·九御(구어) - 천자를 봉시(奉侍)하는 여관(女官).

7. 허윤(許允)은 이부랑(吏部郞)이 되자 자기 향리 사람들을 많이 등용하였다. 위(魏) 명제(明帝 : 曹叡)는 호분(虎賁)을 보내어 허윤을 체포했다. 그의 아내가 나오더니 허윤에게 경계하여 말했다. "현명한 군주는 이치로는 설복할 수 있습니다만 인정으로 호소하기는 어렵습니다." 허윤이 도착하자 명제가 그를 조사했다. 그래서 허윤은 이렇게 대답했다. "〔공자님도〕 네가 아는 사람을 기용하라고 했습니다. 제 향리 사람들은 제가 잘 알고 있는 사람들입니다. 폐하께서는 신이 임명

한 자들이 그 직책에 맞는지 아닌지를 조사해 주십시오. 만약 그 직책에 맞지 않는다면 신은 그 죄를 받겠습니다." 조사해보니 그 관직은 모두 잘 어울리는 자들을 썼으므로 그 죄를 용서해 주었다. 그리고 허윤의 의복이 낡아서 해졌으므로 새 의복을 하사했다. 처음에 허윤이 체포되자 그 집안 사람 모두가 울며 법석을 떨었으나 신부인 완씨(阮氏)는 침착하게 "걱정할 것 없습니다. 곧 돌아오게 될 것입니다."라 했고 조로 죽을 쑤어놓고 기다리어 얼마 안되어 허윤이 돌아왔다.(1)

원문| **許允爲吏部郞, 多用其鄕里. 魏明帝遣虎賁收之. 其婦出誡允曰, 明主可以理奪, 難以情求. 旣至, 帝覈問之, 允對曰, 擧爾所知. 臣之鄕人, 臣所知也. 陛下檢校爲稱職與不. 若不稱職, 臣受其罪. 旣檢校, 皆官得其人. 於是乃釋. 允衣服敗壞, 詔賜新衣. 初, 允被收, 擧家號哭. 阮新婦自若云, 勿憂, 尋還. 作粟粥待. 頃之, 允至.(1)**

(1) 《위씨춘추(魏氏春秋)》에 이런 이야기가 있다. '일찍이 허윤(許允)이 이부랑(吏部郞)이었을 때 군수(郡守)를 선발하여 이동시키었다. 명제(明帝 : 曹叡)는 그 임용이 서열을 무시했다 하여 허윤에게 죄를 물으려고 하였다. 허윤의 아내인 완씨(阮氏)가 맨발로 달려나가서 말했다. "현명한 군주는 도리를 내세워서 설득할 수는 있어도 인정으로 설득할 수는 없습니다." 허윤은 고개를 끄덕이면서 조정에 들어갔다. 황제가 화를 내며 허윤을 힐문하자 허윤은 대답했다. "모군(某郡)의 태수는 비록 임기가 다 차지 않았습니다만 (신임 태수의 임명) 문서가 먼저 도착했으니 (전임 태수의 임기) 연한은 뒤이고 (신임 태수의 임명) 일한(日限)은 먼저였습니다." 황제는 나아가서 그 문서를 친히 읽어보고 의심을 풀었다. 그래서 물러나갔는데 허윤의 의복이 해진 것을 보고는 "청리(淸

吏)이다."라고 말했다.'

魏氏春秋曰, 初, 允爲吏部, 選遷郡守. 明帝疑其所用非次, 將加其罪. 允妻阮氏跣出, 謂曰, 明主可以理奪, 不可以情求. 允領之而入. 帝怒詰之, 允對曰, 某郡太守雖限滿, 文書先至, 年限在後, 日限在前. 帝前取事視之, 乃釋然. 遣出, 望其衣敗, 曰, 淸吏也.

주해 | ㅇ虎賁(호분)－호분랑(虎賁郞). 천자가 출입할 때 그 앞뒤에서 경호하는 근위관(近衛官).

ㅇ擧爾所知(거이소지)－《논어(論語)》〈자로편(子路篇)〉에 있는 말. 계씨(季氏)의 재(宰)가 된 중궁(仲弓 : 冉雍)이 현인(賢人)의 등용방법을 물었을 때, 공자(孔子)는, "네가 잘 아는 현명한 사람을 먼저 등용하라. 그러면 네가 모르는 현명한 사람을 남들이 내버려 두지 않고 추천할 것이다."라고 대답했다.

ㅇ某郡太守雖限滿(모군태수수한만)…… －이곳의 문의(文義)는 불명(不明). 《색해(索解)》에 '한(限)자 밑에 미(未)자가 빠졌다. 말하고자 하는 것은 연한이 아직 차지 않았으면 비록 문서가 먼저 이르러도 등용하기 어렵다. 문서의 일한(日限)이 연한(年限) 앞에 있어야 한다'라고 되어 있으며 여기서는 일단 그것에 근거하여 번역했지만 명확성은 결여되었다. 또 《북당서초(北堂書鈔)》 권60 허윤청리(許允淸吏) 항(項)에서 인용한 《위씨춘추(魏氏春秋)》에는 '연한재후(年限在後)' 다음에 '모수수후(某守雖後)'의 4글자가 더해있다. 어찌되었든 이 부분에는 탈오착란(脫誤錯亂)이 있는 것으로 생각된다.

ㅇ取事(취사)－《세설(世說)》 각본(各本) 및 《삼국지(三國志)》 권9 〈하후현전(夏侯玄傳)〉이라든가 《북당서초》 권60에서 인용한 《위씨춘추》는 모두 '취사(取事)'로 적고 있는데 《색해》에 '사(事), 있을 때 작서(作書)하다. 즉 문서(文書)이다'라고 되어 있는 것에 따라 번역했다.

8. 허윤(許允)이 진(晋) 경왕(景王 : 司馬師)에게 주살(誅殺)당할

때, 문하생이 달려와서 그 일을 부인에게 고하자, 부인은 마침 베를 짜고 있다가 안색 하나 변하지 않은 채 말했다. "일찍부터 이렇게 될 줄 알고 있었소이다."(1) 문하생이 아이를 숨기려고 하자 부인은 말했다. "아이들은 걱정없소이다." 후에 묘소(墓所)에 옮겨 살고 있을 때, 경왕(景王)은 종회(鍾會)를 보내어 그들을 살펴보게 했는데 "만약 그들의 재능이나 인품이 아비의 재능과 인품에 미치거든 마땅히 잡아들이라."고 명했다. 그래서 아이들은 어머니와 상의했다. 어머니가 말했다. "너희는 훌륭하기는 하다만 재능은 충분하다고 말할 수 없다. 흉금을 터놓고 있는 그대로를 이야기하면 결코 걱정할 필요가 없다. 모름지기 너무 슬퍼하지 말고 종회가 곡을 끝내거든 너희도 곧 끝내라. 또 조정의 일 등을 너무 지나치게 묻지 말아라." 아이들은 그 말에 따랐다. 종회는 돌아가서 사실대로 보고했다. 그래서 죄를 면하게 되었다.(2)

▌원문 | 許允爲晉景王所誅, 門生走入告其婦. 婦正在機中, 神色不變曰, 蚤知爾耳.(1) 門人欲藏其兒. 婦曰, 無豫諸兒事. 後徙居墓所, 景王遣鍾會看之. 若才流及父, 當收. 兒以咨母. 母曰, 汝等雖佳, 才具不多. 率胸懷與語, 便無所憂. 不須極哀, 會止便止. 又可少問朝事. 兒從之. 會反, 以狀對, 卒免.(2)

(1) 《위지(魏志)》에 이런 이야기가 있다. '처음에 영군장군(領軍將軍 : 許允)은 하후현(夏侯玄)·이풍(李豐) 등과 친밀했었다. 조칙(詔勅)을 뒤로 한 자가 있었는데 하후현을 대장군으로 삼고 허윤을 태위(太尉)로 삼아 (두 사람이) 함께 상서(尙書)의 직무를 맡는다고 써놓았다. 얼마 후 날이 아직 밝지 않았을 때 어떤 사람이 말을 타고 와서 조칙을 허윤의 문지기에게 건네주고, "조칙이오." 라고 말하더니 곧 달리어 돌아갔다. 허윤은 그것을 불속에 집어던지어 불태우고 경왕에게 보여주지는 아니했다.'

《위략(魏略)》에 이런 이야기가 있다. '이듬해 이풍(李豊)이 체포당하자 허윤은 대장군(大將軍 : 景王)을 면회하려고 출발했다. 그러나 문밖에 나섰다가 허윤은 우물쭈물 망설였고 도중에서 집으로 돌아와 예복을 벗었다. 대장군은 이 말을 듣자 이상히 생각하여 말했다. "내가 이풍을 체포했다고 해서 사대부인 자가 어찌하여 당황하는고?" 때마침 진북장군(鎭北將軍) 유정(劉靜)이 죽었으므로 그 대신 허윤을 임명코자 했다. 대장군은 허윤에게 편지를 써서 말했다. "진북장군은 비록 큰 직무는 아니지만 한 지방을 맡아서 다스릴 수는 있소. 생각해보니 그대가 화고(華鼓)를 울리며 붉은 깃발을 앞세우고 고향을 지나간다면 이는 이른바 '비단옷을 입고 대낮에 지나가는 것'과 같소이다." 때마침 허윤이 이전에 조정 주방의 돈과 양곡을 자기 마음대로 배우와 속관들에게 주었다며, 어떤 관리가 호소하였다. 그래서 그는 죄에 연루되었고 죽음은 면했지만 변경에 유배되었는데 가는 도중에 죽었다.'

《위씨춘추(魏氏春秋)》에 이런 이야기가 있다. '허윤은 진북장군이 되자 기뻐하며 아내에게 말했다. "나는 이제 화를 면하게 되었소이다." 아내가 말했다. "재앙은 지금부터 내립니다. 어찌 피할 수 있겠습니까?"'

《진제공찬(晋諸公贊)》에는 이런 이야기가 있다. '허윤은 올곧은 성품이었기 때문에 문제(文帝 : 司馬昭)하고는 사이가 안좋았으며 마침내 붙잡히어 죽음을 당하였다.'

《부인집(婦人集)》에는 아내인 완씨(阮氏)가 허윤에게 준 편지가 실려 있으며 허윤이 입은 재앙의 원인을 말하고 있다. 그 말은 지극히 비통한데 장문(長文)이므로 여기서는 인용하지 않는다.

魏志曰, 初, 領軍與夏侯玄·李豊親善. 有詐作尺一詔書, 以玄爲大將軍, 允爲太尉, 共錄尚書事. 無何, 有人天未明, 乘馬以詔版付允門吏曰, 有詔. 因便驅走. 允投書燒之, 不以關呈景王. 魏略曰, 明年, 李豊被收, 允欲往見大將軍. 已出門, 允回遑不

定, 中道還取袴. 大將軍聞而怪之曰, 我自收李豊, 士大夫何爲忽忽乎. 會鎭北將軍劉靜卒, 以允代靜. 大將軍與允書曰, 鎭北雖少事, 而都典一方. 念足下震華鼓, 建朱節, 歷本州. 此所謂著繡晝行也. 會有司奏允前擅以廚錢穀, 乞諸俳及其官屬. 減死徙邊, 道死.

魏氏春秋曰, 允之爲鎭北, 喜謂其妻曰, 吾知免矣. 妻曰, 禍見於此, 何免之有.

晉諸公贊曰, 允有正情, 與文帝不平, 遂幽殺之.

婦人集載阮氏與允書, 陳允禍患所起. 辭甚酸愴, 文多不錄.

(2) 《세어(世語)》에 이런 이야기가 있다. '허윤에게는 두 아들이 있었다. 허기(許奇)의 자는 자태(子太)이고, 허맹(許猛)의 자는 자표(子豹)이다. 모두 정치에 재주가 있었다.'

《진제공찬(晉諸公贊)》에는 이런 이야기가 있다. '허기(許奇)는 태시연간(泰始年間)에 태상(太常)의 승(丞)이 되었다. 세조(世祖 : 司馬炎)가 일찍이 조묘(祖廟)에 제사지내고자 했을 때, 허기도 그 제사에 관여할 것인데 조정에서는 그가 죄를 지은 가문의 출신이라 하여 가까이 오지 못하게 했고, 그를 전출하여 장사(長史)로 삼았다. 세조는 조서(詔書)를 내리어, 아비인 허윤이 일찍이 명망이 높았음을 말하고, 또 허기의 재능을 칭찬했으며 그를 발탁하여 상서사부랑(尙書祠部郎)을 삼았다. 허맹은 예학(禮學)에 조예가 깊었고 박학했으며, 그 위에 재능과 식견을 갖추고 있었으며 유주자사(幽州刺史)가 되었다.'

世語曰, 允二子. 奇字子太, 猛字子豹. 並有治理.

晉諸公贊曰, 奇, 泰始中爲太常丞. 世祖嘗祠廟, 奇應行事, 朝廷以奇受害之門, 不令接近, 出爲長史. 世祖下詔述允宿望, 又稱奇才, 擢爲尙書祠部郎. 猛禮學儒博, 加有才識, 爲幽州刺史.

주해 | ㅇ可少問朝事(가소문조사)－여기서는 《세설강의(世說講義)》의 설에 따랐다. 한편 《삼국지(三國志)》 권9에서 인용한 《위씨춘추(魏氏春秋)》에는 '소(少)'를 '다소(多少)'로 적고 있다. 그것에 의하면 어느 정도 조정의 이야기를 듣고, 그것에 의해 사마씨(司馬氏)에 대한 원한이 없다는 것을 나타낸다는 뜻이다.

ㅇ魏志(위지)－《삼국지》 권9 〈하후현전(夏侯玄傳)〉.

ㅇ有詐作尺一詔書(유사작척일조서)－《삼국지》 동전(同傳)에는 이 위에 '선시(先是)'의 두 글자가 있다. 척일(尺一)은 조칙(詔勅)을 쓰는 판(板). 길이 1척 1촌.

ㅇ無何(무하), 有人天未明(유인천미명)－《삼국지》에는 '유하인천미명(有何人天未明)'으로 적고 있다.

ㅇ關呈(관정)－관(關)은 백(白)이다. 말한다는 뜻. 《삼국지》에는 '관(關)'을 '개(開)'로 적고 있다.

ㅇ乞(걸)－거성(去聲)으로서 주다란 의미.

ㅇ回遑不定(회황부정)－회황(回遑)은 회황(徊徨)과 같다. 우물쭈물하며 망설이는 것. 한편 '부정(不定)'은 송본(宋本)에 '부주(不走)'로 적고 있다.

ㅇ朱節(주절)－절(節)은 깃발. 군명(君命)을 받은 자가 다른 나라에 사신(使臣)으로 갈 때 군주로부터 받는 것.

ㅇ本州(본주)－태어난 고향. 한편 허윤은 고양(高陽) 사람이다.

ㅇ著繡晝行(착수주행)－비단옷을 걸치고 대낮에 걷는 것. 이른바 금의환향(錦衣還鄕)이다. 한편 《사기(史記)》 권7 〈항우본기(項羽本紀)〉에는 '부귀해진 다음 고향에 돌아가지 못하는 것은 비단옷을 걸치고 밤길을 가는 것과 같다. 누가 이를 알겠는가?'라고 한 항우의 말이 보인다. 이 경우는 애써 성공을 하더라도 고향에 돌아가지 못하여 사람들에게 알려지지 않는다는 의미이다.

ㅇ正情(정정)－송본(宋本)에는 '왕정(王情)으로 되어 있다.

ㅇ婦人集(부인집)－《수서(隋書)》 〈경적지(經籍志)〉에는 《부인집》 20권을 저록(著錄)하고 있으며 그 원주(原注)에는 '양(梁)나라에 《부인집》 30권이 있다. 은순찬(殷淳撰)'이라고 되어 있다. 또 《부인집》 11

권이 있었으나 없어졌다고 기록하고 있다.

9. 왕공연(王公淵 : 王廣)은 제갈탄(諸葛誕)의 딸에게 장가들었다. 방에 들어가서 처음으로 이야기를 나눌 때 왕공연이 아내에게 말했다. "당신의 얼굴은 품위가 없소. 아버지 공휴(公休 : 제갈탄)님을 조금도 닮지 않았구려?" 아내가 대답했다. "대장부이면서 아버님인 언운(彥雲 : 王陵)님을 닮지 못하셨건만 여인의 몸에서 영걸(英傑)을 닮으라고 하십니까?"(1)

원문| 王公淵娶諸葛誕女. 入室, 言語始交, 王謂婦曰, 新婦神色卑下. 殊不似公休. 婦曰, 大丈夫不能彷佛彥雲. 而令婦人比蹤英傑.(1)

(1) 《위씨춘추(魏氏春秋)》에 이런 이야기가 있다. '왕광(王廣)의 자는 공연(公淵)이고 왕릉(王陵)의 아들이다. 기량과 재지(才智)가 있어서 당시에 명성이 높았다. 부하(傅嘏) 등과 재성(才性)의 이동(異同)을 논했는데 세상에 전해진다.'
《위지(魏志)》에는 이런 이야기가 있다. '왕광은 뜻이 높고 학문·덕행이 있었다. 아버지 왕릉(王陵)이 주살(誅殺)당할 때 같이 죽음을 당했다.'
내가 생각하기에 왕광은 명사인데 어찌 부인의 부친을 가지고 농담을 하였겠는가? 이 말은 잘못이다.
魏氏春秋曰, 王廣字公淵, 王陵子也. 有風量才學, 名重當世. 與傅嘏等論才性同異. 行於世.
魏志曰, 廣有志尚學行. 陵誅, 幷死.
臣謂王廣名士, 豈以妻父爲戲, 此言非也.

주해| ㅇ王陵(왕릉)-《삼국지(三國志)》 권28의 본전(本傳)에는 '능

(陵)'을 '능(凌)'으로 적고 있다.

- 與傅嘏等論才性同異(여부하등론재성동이)－〈문학편(文學篇)〉 5의 유주(劉注)에서 인용한 《위지(魏志)》 참조.
- 魏志(위지)－권28 〈왕릉전(王凌傳)〉.
- 陵誅(능주)－왕릉(王凌)은 영호우(令狐愚) 등과 함께 제왕(齊王) 조방(曹芳)을 폐하고 초왕(楚王) 조표(曹彪)를 세우려 했으나 가평(嘉平) 3년(251) 사마의(司馬懿)가 알게 되었고, 도읍으로 호송되던 도중 약을 마시고 죽었다. 이 모의에 관계되었던 자들은 삼족(三族)이 모두 처형되었다고 한다. 〈방정편(方正篇)〉 4의 유주(劉注) 참조.
- 臣謂(신위)－《세설전본(世說箋本)》의 두주(頭注)에 '왕(王 : 世懋)은 말했다…… 이는 유효표(劉孝標)의 말이 아닌 것이다'라고 한 것처럼 유효표의 말이나 체제와는 다르다. 아마도 다른 주석가(注釋家)의 교주(校注)가 잔존(殘存)한 것이리라.

10. 왕경(王經)은 젊었을 때 빈곤했는데 벼슬하여 2천 석(石)의 태수(太守)가 되었다. 어머니는 그에게 말하기를, "너는 원래 가난한 집안 출신이야. 그런데 벼슬을 하여 2천 석을 받는 태수가 되었어. 이제 만족해야 해."라고 했는데 왕경은 그 말에 따르지 않고 상서(尙書)가 되어 위(魏)나라를 돕고, 진(晋)나라에 충성하지 않았다가 붙잡히는 몸이 되었다. 왕경은 울면서 어머니에게 작별을 고했다. "어머님의 훈계에 따르지 않았다가 오늘과 같은 처지가 되었습니다." 어머니는 조금도 슬픈 표정을 보이지 않으며 왕경에게 말했다. "아들로서는 효도를 하고 신하로서는 충성을 했어. 효도하고 충성했으면서 어찌하여 내 말에 따르지 않았다고 하는고?"(1)

원문| 王經少貧苦, 仕至二千石. 母語之曰, 汝本寒家子. 仕至二千石, 此可以止乎. 經不能用. 爲尙書助魏, 不忠於晉, 被收. 涕泣辭母曰, 不從母敎, 以至今日. 母都無慽容, 語之曰,

爲子則孝, 爲臣則忠. 有孝有忠, 何負吾邪.(1)

(1) 《세어(世語)》에 이런 이야기가 있다. '왕경(王經)의 자는 언위(彦偉)이며 청하(淸河) 사람이다. 고귀향공(高貴鄕公 : 曹髦)이 거병(擧兵)했을 때 왕침(王沈)·왕업(王業) 등은 문왕(文王 : 司馬昭)에게 달려가 사태를 고했다. 왕경은 절의를 지키어 문왕에게로 가지 않고 왕침·왕업 등에 의하여 문왕과 뜻을 통하고자 했었다. 후에 왕경 및 그의 어머니는 주살(誅殺)당하였다.'
《진제공찬(晋諸公贊)》에는 이런 이야기가 있다. '왕침(王沈)·왕업(王業) 등이 문왕(文王)에게로 달려가고자 했을 때, 왕경(王經)을 불렀으나 왕경은 듣지 아니하고 "너희들은 가라"고 말했다.'
《한진춘추(漢晋春秋)》에 이런 이야기가 있다. '처음에 조모(曹髦)가 스스로 사마소(司馬昭)를 토벌하려고 했을 때 왕경(王經)은 간하면서 말했다. "옛날 노(魯)나라 소공(昭公)은 계손씨(季孫氏)의 전횡(專橫)에 견디다 못한 끝에 토벌에 나갔다가 실패하여 천하의 웃음거리가 되었습니다. 지금 권력이 오랫동안 사마씨(司馬氏)의 문중으로 돌아가 있습니다. 조정 안팎에서 모두 사마씨에게 목숨을 바치고 있으니, 순역(順逆)의 이치를 염두에 두지 않은 것이 어제 오늘의 일이 아닙니다. 더구나 병영(兵營)에 사람이 없고 무기라고는 촌철(寸鐵)도 없는즉 폐하께서는 대체 무엇으로 싸우시려는 것입니까? 그리고 일단 거병을 하시면, 근심거리를 제거하시려다가 도리어 상처만 깊어지게 하는 게 아니겠습니까?" 조모는 받아들이지 아니했다. 그후 왕경은 주살당하였고 그 어머니도 죽음을 당했다. 왕경은 죽음에 임하여 눈물을 흘리면서 어머니에게 사죄했다. 어머니는 안색조차 변하지 않은 채 웃으면서 말했다. "사람은 언젠가는 죽는 법이다. 전에 너를 나무랐던 것은 제대로 죽을 곳을 얻지 못한 점을 걱정했었던 거야. 이런 일로 너와 함께 죽게 되었으니 무슨 원한이 있겠느냐."'

간보(干寶)의 《진기(晋紀)》에 이런 이야기가 있다. '왕경(王經)은 위조(魏朝)에 대하여 절의를 지키었고, 우리 진(晋)나라에 충성스럽지 못했다. 그러므로 그를 주살했다.'

생각하건대 부창(傅暢)의 《진제공찬(晋諸公贊)》, 간보(干寶)의 《진기(晋紀)》의 기록에서는 왕경이 위(魏)나라에 실로 충성스러웠다고 했다. 하지만 《세어(世語)》에서는 왕경이 정직했다고 하면서도 왕침(王沈)·왕업(王業) 등에 의하여 문왕(文王)과 뜻을 통하려고 했었다고 기록하고 있다. 이 무슨 모순이란 말인가? 따라서 부창·간보, 두 사람의 말이 실로 진실하다고 해야 할 것이다.

世語曰, 經字彦偉, 淸河人. 高貴鄕公之難, 王沈, 王業馳告文王, 經以正直不出. 因沈·業申意, 後誅經及其母.

晉諸公贊曰, 沈·業將出, 呼經不從, 曰, 吾子行矣.

漢晉春秋曰, 初, 曹髦將自討司馬昭, 經諫曰, 昔魯昭不忍季氏, 敗走失國, 爲天下笑. 今權在其門久矣, 朝廷四方, 皆爲之致死, 不顧逆順之理, 非一日也. 且宿衛空闕, 寸刃無有, 陛下何所資用. 而一旦如此, 無乃欲除疾而更深之邪. 髦不聽. 後殺經, 幷及其母. 將死, 垂泣謝母. 母顔色不變, 笑而謂曰, 人誰不死. 往所以止汝者, 恐不得其所也. 以此幷命, 何恨之有.

干寶晉紀曰, 經正直, 不忠於我, 故誅之.

案, 傅暢·干寶所記, 則是經實忠貞於魏. 而世語旣謂其正直, 復云因沈·業申意, 何其相反乎. 故二家之言深得之.

주해 | ㅇ二千石(이천석)－군(郡) 태수(太守)의 녹고(綠高).

ㅇ高貴鄕公之難(고귀향공지난)－위(魏)나라 제4대 천자인 폐제(廢帝 : 高貴鄕公) 조모(曹髦)는 감로(甘露) 5년(260) 사마소(司馬昭)가 상공(相公)·진공(晋公)이 되어 정권을 마음대로 휘두르는 것을 저지하고자 거병했다가 실패하여, 중호군(中護軍) 하충(何充)의 부하 성제(成濟)에 의해 자살(刺殺)당했다. 〈방정편(方正篇)〉 8 참조.

ㅇ魯昭不忍季氏(노소불인계씨)－노(魯) 소공(昭公)은 국정을 마음대로 휘두르던 계손씨(季孫氏)를 토벌하려다가 실패하고(《左傳》 昭公 25년) 국외로 도망하여 유랑하다가 죽었다.

ㅇ笑而謂曰(소이위왈)－소자(笑字)가 송본(宋本)에서는 곡(哭)자로 적고 있으나 원본(袁本) 및 《삼국지(三國志)》 권9 〈하후상전(夏侯尙傳)〉의 배주(裵注)에서 인용한 《한진춘추(漢晋春秋)》를 따랐다.

11. 산공(山公 : 山濤)은 혜강(嵇康)·완적(阮籍)과 한번 만났을 뿐으로, 금란지교(金蘭之交)를 맺었다. 산공의 부인인 한씨(韓氏)는 남편과 두 사람의 교제가 보통이 아닌 것을 깨닫고 산공에게 물었다. 공이 대답했다. "내가 지금 친구로 사귈 가치가 있는 사람은 오직 이 두 사람뿐이오." 부인이 말했다. "희부기(僖負羈)의 아내도 자기 자신의 눈으로 호언(狐偃)과 조최(趙衰)를 잘 관찰했었습니다. 저도 그 두분의 모습을 살펴보고 싶습니다만 괜찮겠습니까?" 후일 두 사람이 찾아왔다. 부인은 산공에게 권하여 두 사람을 묵어가게 하고 술과 안주를 마련했다. 밤이 된 다음 문구멍을 뚫고 엿보기 시작한 그녀는 아침이 되도록 돌아갈 것을 잊었다. 산공이 방에 들어와서 물었다. "두 사람은 어떠했소?" 부인이 대답했다. "당신은 재능(才能)면에서는 도저히 그 두분을 따르실 수 없습니다. 식견과 도량으로 사귀십시오." 산공이 말했다. "그들도 언제나 내 도량이 뛰어나다고 말하고 있소이다."(1)

▌원문| 山公與嵇阮一面, 契若金蘭. 山妻韓氏, 覺公與二人異於常交, 問公. 公曰, 我當年可以爲友者, 唯此二生耳. 妻曰, 負羈之妻, 亦親觀狐趙. 意欲窺之, 可乎. 他日二人來. 妻勸公止之宿, 具酒肉, 夜穿墉以視之, 達旦忘反. 公入曰, 二人何如. 妻曰, 君才殊不如. 正當以識度相友耳. 公曰, 伊輩亦常以我度

爲勝.(1)

(1) 《진양추(晋陽秋)》에 이런 이야기가 있다. '산도(山濤)는 마음이 넓고 도량이 컸는데, 마음은 세속 밖에서 노닐되 시세에 역행치 아니하고 처세해 나갔다. 일찍이 완적(阮籍)·혜강(嵇康) 등과 망언지교(忘言之交)를 맺고 있었다. 사람들이 세상에서 괴로움을 당할 때도 산도만큼은 호연(浩然)한 태도를 유지하고 있었다.'

왕은(王隱)의 《진서(晋書)》에 이런 이야기가 있다. '한씨(韓氏)에게는 재능과 식견이 있었다. 산도가 아직 벼슬하지 않았을 무렵, 그녀를 놀리며 말했다. "궁핍함을 참아내시오. 나는 머지않아 삼공(三公)의 자리에 오르려니와 당신은 삼공의 부인감이 될는지 어떨는지?"'

晋陽秋曰, 濤雅量恢達, 度量弘遠, 心存事外, 而與時俯仰. 嘗與阮籍, 嵇康諸人箸忘言之契. 至於羣子屯蹇於世, 濤獨保浩然之度.

王隱晋書曰, 韓氏有才識, 濤未仕時, 戱之曰, 忍寒, 我當作三公, 不知卿堪爲夫人不耳.

주해| ㅇ金蘭(금란)—마음을 같이하는, 굳건한 교제. 《역경(易經)》〈계사전(繫辭傳)〉 상(上)에 '두 사람이 마음을 같이하면 그 예리함은 금(金)도 자르고, 같은 마음의 말은 그 냄새가 난초와 같다'고 한 말이 있다.

ㅇ當年(당년)—지금. 현재.

ㅇ負羈之妻(부기지처)—《좌전(左傳)》 희공(僖公) 23년조에 '진(晋)나라 공자(公子) 중이(重耳 : 후의 文公)가 제국(諸國)을 방랑할 무렵 조(曹)나라에 가니 조공(曹公)이 무례한 짓을 하였다. 조나라 신하인 희부기(僖負羈)의 아내는 중이와 함께 다니는 종자(從者)들의 모습을 몰래 엿보고 그들이 뛰어난 인물들임을 알아차렸다. 그리고 남편에게 "그 종자들이 중이를 도와 진(晋)나라로 돌아가면, 진나라는 제후들을 통합시

킬 수 있을 것입니다. 그때 지난날 무례한 행위를 감행했던 자들을 토벌한다면 조나라는 제일 먼저 멸망당할 것입니다. 당신은 조공과 다르다는 점을 중이에게 보여주도록 하십시오."라고 권했다'고 하는 유명한 이야기가 있다.

- 雅量(아량)—원본(袁本)에는 '아소(雅素)'로 적고 있다.
- 忘言之契(망언지계)—친구끼리 뜻이 썩 잘 맞아서 의사소통을 하는 데 말이 필요치 않은 것.
- 屯蹇(둔건)—고민. 괴로워하는 것. 둔(屯)도 건(蹇)도 모두 역(易)의 괘(卦) 이름.

12. 왕혼(王渾)의 아내인 종씨(鍾氏)는 현숙한 딸을 낳았다.(1) 무자(武子 : 王濟)는 이 여동생을 위해 좋은 배필감을 구하려고 했는데 아직 찾아내지 못했다. 군인의 아들이면서 뛰어난 재능이 있는 사람이 있었으므로 여동생을 그의 아내로 주려는 생각에서 어머니에게 이야기했다.(2) 그러자 어머니가 말했다. "진실로 재능이 있다면 그 가문 같은 것은 상관이 없다. 그러나 어쨌든 나와 만나게 했으면 좋겠다." 그래서 무자는 이 군인의 아들을 보잘것없는 여러 사람 속에 섞어놓고, 어머니로 하여금 휘장 안에서 보도록 하였다. 그런 다음에 어머니가 무자에게 말했다. "이러저러한 옷을 입고 있던 자가, 네가 점찍고 있는 자가 아니더냐?" 무자는 대답했다. "그렇습니다." 어머니가 말했다. "그 사람의 재능은 발군이더라. 그러나 가문이 비천해 가지고는 장수할 수 없으니 그렇게 되면 재능을 충분히 발휘할 수도 없지. 이 사람의 관상을 보니 틀림없이 단명(短命)하겠어. 결혼시켜서는 안되겠다." 무자는 어머니 말에 따랐다. 군인의 아들은 과연 몇 해 후에 죽고 말았다.

원문| 王渾妻鍾氏, 生女令淑.(1) 武子爲妹求簡美對而未得.

有兵家子, 有儁才. 欲以妹妻之, 乃白母.[(2)] 曰, 誠是才者, 其地可遺. 然要令我見. 武子乃令兵兒與群小雜處, 使母帷中察之. 旣而母謂武子曰, 如此衣形者, 是汝所擬者非邪. 武子曰, 是也. 母曰, 此才足以拔萃. 然地寒. 不有長年, 不得申其才用. 觀其形骨必不壽. 不可與婚. 武子從之. 兵兒數年果亡.

(1) 우예(虞預)의 《진서(晋書)》에 이런 이야기가 있다. '왕혼(王渾)의 자는 현충(玄沖)이고 태원(太原) 진양(晋陽) 사람이며 위(魏)나라 사도(司徒)인 왕창(王昶)의 아들이다. 벼슬하여 사도(司徒)에 이르렀다.'

虞預晉書曰, 渾字玄沖, 太原晉陽人, 魏司徒昶子. 仕至司徒.

(2) 《왕씨보(王氏譜)》에 이런 이야기가 있다. '종부인(鍾夫人)의 이름은 염지(琰之)이고 태부(太傅) 종요(鍾繇)의 손녀이다.'

王氏譜曰, 鍾夫人名琰之, 太傅繇之孫.

주해 | ㅇ武子(무자)－왕제(王濟). 왕혼(王渾)의 아들. 《진서(晋書)》 권42에 전(傳)이 있다.

ㅇ繇之孫(요지손)－《진서》 권96 〈왕혼처종씨전(王渾妻鍾氏傳)〉에는 '왕혼의 처인 종씨의 자(字)는 염(琰)이고 영천(潁川) 사람이다. 위(魏)나라 태부(太傅)인 종요의 증손이다'라고 되어 있다.

13. 가충(賈充)의 전처(前妻)는 이풍(李豊)의 딸이다. 이풍이 주살당하자 이혼당하여 변경으로 쫓겨났다.[(1)] 후에 은사가 있어 되돌아올 수 있었는데 가충은 이미 곽배(郭配)의 딸에게 장가들고 있었다.[(2)] 그래서 무제(武帝 : 司馬炎)는 가충에게 좌우 양부인(兩夫人)을 두도록 허락했으나 이씨는 별거하며 밖에서 살았고 가충네 집 근처에는 오려

고 하지 않았다.[(3)] 곽씨가 가충에게 이씨를 찾아보고 싶다는 말을 하자 가충이 말했다. "그 여인은 대가 세고 재주가 넘치어, 당신은 가지 않는 편이 좋을 것이오."[(4)] 그래서 곽씨는 성장(盛裝)하여 위의를 갖추고 여러 시녀를 거느리고 갔다. 이윽고 그 집에 도착하여 대문을 지나 들어가니 이씨가 서 있다가 맞아주었다. 곽씨는 자기도 모르는 사이에 발길을 멈추고 무릎을 꿇으면서 재배를 하였다. 돌아온 다음 이 사실을 가충에게 이야기하니 가충이 말하는 것이었다. "그러기에 내가 당신에게 뭐라고 합디까?"[(5)]

원문| **賈充前婦, 是李豐女. 豐被誅, 離婚徙邊.[(1)] 後遇赦得還, 充先已取郭配女.[(2)] 武帝特聽置左右夫人, 李氏別住外, 不肯還充舍.[(3)] 郭氏語充, 欲就省李. 充曰, 彼剛介有才氣, 卿往不如不去.[(4)] 郭氏於是盛威儀, 多將侍婢. 旣至入戶, 李氏起迎. 郭不覺脚自屈, 因跪再拜. 旣反語充. 充曰, 語卿道何物.[(5)]**

(1) 《부인집(婦人集)》에 이런 이야기가 있다. '가충(賈充)의 아내인 이씨(李氏)는 이름이 완(婉)이고 자가 숙문(淑文)이다. 이풍(李豐)이 주살당하자 낙랑(樂浪)으로 유배당했다.'
婦人集曰, 充妻李氏, 名婉, 字淑文. 豐誅, 徙樂浪.

(2) 《가씨보(賈氏譜)》에는 이런 이야기가 있다. '곽씨(郭氏)의 이름은 왕황(王璜), 즉 광선군(廣宣君)이다.'
賈氏譜曰, 郭氏名王璜, 卽廣宣君也.

(3) 《진제공찬(晋諸公贊)》에 이런 이야기가 있다. '세조(世祖 : 司馬炎)가 즉위하자 이씨(李氏)는 용서받고 돌아왔다. 제헌왕(齊獻王 : 司馬攸)의 비(妃)는 아버지 가충에게 곽씨(郭氏)와 헤어지고, 다시 생모인 이씨를 맞아들여야겠다고 생각했다. 그러나 가충은

허락하지 않고 이씨를 위해 집을 지어주었다. 그리고 왕래하지는 않았다. 가충의 어머니 유씨(柳氏)가 숨을 거두려고 했을 때, 가충이 남기고 싶은 말이 없으시냐고 묻자 유씨가 말했다. "내가 너에게 이부인(李夫人)을 맞아들이라고 했는데 너는 그것조차 받아들이지 아니했어. 그밖의 말은 문제되지도 않는다." '

晉諸公贊曰, 世祖踐阼, 李氏赦還. 而齊獻王妃, 欲令充遣郭氏, 更納其母. 充不許, 爲李氏築宅, 而不往來. 充母柳氏將亡, 充問所欲言者. 柳曰, 我敎汝迎李新婦, 尙不肯, 安問他事.

(4) 《가충별전(賈充別傳)》에는 이런 이야기가 있다. '이씨는 현숙한 품성과 뛰어난 재능을 갖추고 있었다.'

充別傳曰, 李氏有淑性令才也.

(5) 생각하건대 《진제공찬(晋諸公贊)》에는 '세조(世祖 : 司馬炎)는 이풍(李豊)이 진왕실(晋王室)에 대하여 죄를 지었고, 또 곽씨(郭氏)는 태자비(太子妃)의 어머니였는데, 그렇다고 해서 이씨를 이혼시킬 수도 없었기에, 조칙(詔勅)을 내리어 처단하고 이씨도 왕래하지 못하도록 했다'고 말했는데 왕은(王隱)의 《진서(晋書)》에서는 또, '가충은 이미 이씨와 이혼하고 성양태수(城陽太守) 곽배(郭配)의 딸, 이름은 괴(槐)에게 새장가를 들었다. 이씨의 금고(禁錮)가 풀리자 황제는 가충에게 조서(詔書)를 내리어 좌우 양부인(兩夫人)을 두게 하였다. 가충의 어머니 유씨(柳氏) 역시 가충에게 이씨를 맞아들이라고 하였다. 그러나 곽괴(郭槐)는 노하여 팔을 걷어붙이고 가충에게 따졌다. "당신이 율령(律令)을 정하여 건국의 대업을 돕는 공적을 세우게 된 것은 내 덕입니다. 이씨를 어찌 나와 동등하게 대하려는 것입니까?" 그래서 가충은 영년리(永年里)에 집을 지어 이씨를 살게 하였다. 곽괴는 얼마 후 그 사실을 알게 되자, 가충이 외출을 하면 사람을 보내어 가충의 행선지를

조사하도록 하였다. 조서가 내려져서 가충이 좌우 양부인을 둘 수 있도록 허락되었는데 가충은 조서에 답하여 그처럼 성대한 예우는 감당할 수 없다며 겸양했다'고 말하고 있다. 《진제공찬(晋諸公贊)》에서는 세조(世祖)가 조서를 내리어 이씨를 돌아오지 못하게 했다고 하였는데 왕은(王隱)의 《진서(晋書)》 및 《가충별전(賈充別傳)》에서는 모두 조서를 내리어 가충에게 좌우 양부인을 두도록 윤허했으나 가충은 곽씨를 두려워하여 감히 이씨를 맞아들이려고 하지 않았다고 했다. 이 세 자료의 설은 모두 같지 않으니 어느 것이 옳은지 모르겠다. 그런데 이씨가 돌아가지 않은 것에는 또 다른 이유가 있을 것인데 《세설(世說)》에서 이씨가 스스로 돌아가지 않으려고 했다란 것은 잘못이다. 또 곽괴는 억세고 모진 성격인데 어찌 이씨를 찾아가서 그녀에게 재배를 했겠는가? 모두가 거짓이다.

案, 晋諸公贊曰, 世祖以李豊得罪晋室, 又郭氏是太子妃母, 無離絶之理, 乃下詔敕斷, 不得往還. 而王隱晋書亦云, 充旣與李絶婚, 更取城陽太守郭配女, 名槐. 李禁錮解. 詔充置左右夫人. 充母柳亦敕充迎李. 槐怒, 攘臂責充曰, 刊定律令, 爲佐命之功, 我有其分. 李那得與我並. 充乃架屋永年里中以安李. 槐晩乃知, 充出, 輒使人尋充. 詔許充置左右夫人, 充答詔, 以謙讓不敢當盛禮. 晋贊旣云, 世祖下詔不遣李還. 而王隱晋書及充別傳並言, 詔聽置立左右夫人. 充憚郭氏, 不敢迎李. 三家之說並不同, 未詳熟是. 然李氏不還, 別有餘故, 而世說云自不肯還, 謬矣. 且郭槐彊很, 豈能就李而爲之拜乎. 皆爲虛也.

주해 | ㅇ豊被誅(풍피주)－이풍(李豊)이 하후현(夏侯玄)·허충(許充) 등과 함께 사마사(司馬師 : 景王)를 폐하려고 책모했는데 그것이 발각되어 주살당하게 된 것을 가리킨다.

ㅇ剛介(강개)－대가 세고 굳게 지키는 것을 말함이다.

ㅇ王璜(왕황)－원본(袁本)은 '옥황(玉璜)'으로 적고 있다.

ㅇ廣宣君(광선군)－《진서(晋書)》 권40 〈가충전(賈充傳)〉에 의하면 곽괴(郭槐)는 광성군(廣城君) 혹은 의성군(宜城君)으로 불렸고 시호가 선(宣)으로 되어 있다. 또 《태평어람(太平御覽)》 권202에 반악(潘岳)의 '의성선군뢰(宜城宣君誄)'란 구절이 있는 것으로 볼 때, 이런 것들을 참고하면 광선군(廣宣君)이란 광성선군(廣城宣君)을 약(略)한 것일까?

ㅇ齊獻王妃(제헌왕비)－가충(賈充)과 이씨(李氏) 사이에 태어난 포(褒 : 일명 荃)를 가리킴이다. 단 다음 장(章)의 유주(劉注)에서 인용한 《진제공찬(晋諸公贊)》에서는 '합(合)'으로 되어 있다.

ㅇ攘臂(양비)－팔을 걷어붙이고 힘쓰는 것.

ㅇ刊定律令(간정율령)－서진(西晋)의 문제(文帝 : 司馬昭)가 진왕(晋王)일 때, 전대(前代)의 율령이 번잡하므로 가충에게 명하여 정충(鄭沖)·순의(荀顗)·순욱(荀勗)·양호(羊祜) 등 14명과 함께 율령을 개정했다(《晋書》 권30 〈刑法志〉).

14. 가충(賈充)의 아내 이씨(李氏 : 李婉)는 《여훈(女訓)》을 지었는데 세간에서 널리 읽혔다. 이씨의 딸은 제헌왕(齊獻王 : 司馬攸)의 비(妃)가 되었고, 곽씨(郭氏 : 郭槐)의 딸은 혜제(惠帝 : 司馬衷)의 황후가 되었다. 가충이 죽자 이씨·곽씨의 딸들은 각각 자기 생모를 가충과 합장(合葬)시키려고 했는데 해를 넘기도록 결정이 나지 않았다. 가황후(곽씨의 딸)가 폐위되자 이씨를 합장하기로 결정되었다.[1]

원문| 賈充妻李氏作女訓行於世. 李氏女, 齊獻王妃. 郭氏女, 惠帝后. 充卒, 李·郭女各欲令其母合葬, 經年不決. 賈后廢, 李氏乃祔葬遂定.[1]

(1) 《진제공찬(晋諸公贊)》에 이런 이야기가 있다. '이씨(李氏 : 李婉)는 재능과 덕행이 있었고 세상에서 〈이부인훈(李夫人訓)〉이라고 칭했다. 그가 낳은 딸인 합(合)도 총명했는데 그가 바로 제헌왕

(齊獻王)의 비(妃)이다.'

《부인집(婦人集)》에는 이런 이야기가 있다. '이씨는 낙랑(樂浪)으로 귀양갔었는데 두 딸에게 《전식(典式)》 8편을 남겼다.'

왕은(王隱)의 《진서(晋書)》에 이런 말이 있다. '가황후(賈皇后)의 자는 남풍(南風)인데 조왕(趙王) 사마윤(司馬倫)에게 주살당했다.'

晉諸公贊曰, 李氏有才德, 世稱李夫人訓者. 生女合, 亦才明, 卽齊王妃.

婦人集曰, 李氏至樂浪, 遣二女典式八篇.

王隱晉書曰, 賈后字南風, 爲趙王所誅.

주해 | ㅇ齊獻王(제헌왕)-사마유(司馬攸). 사마소(司馬昭 : 文帝)의 둘째 아들로, 큰형 사마염(司馬炎 : 武帝)의 아들인 혜제(惠帝 : 司馬衷)와 제위(帝位) 계승을 다투었다.

ㅇ李郭女各欲令其母合葬(이곽여각욕령기모합장)-《진서(晋書)》 권40 〈가충전(賈充傳)〉에는 '이씨의 두 딸, 그 어머니를 합장코자 했으나 가후(賈后)가 이를 허락하지 않았다. 가후가 폐위되자 이씨의 합장이 가능했다'라고 되어 있다.

ㅇ生女合(생녀합)-《진서》 권40 〈가충전〉에는 '가충의 전처(前妻) 이씨, 숙미(淑美)하고 재행(才行)이 있었다. 두 딸 포(褒)와 유(裕)를 낳다. 포는 일명 전(荃), 유는 일명 준(濬)…… 전(荃)은 제왕유(齊王攸)의 비(妃)가 되었다……'라고 되어 있으며 '합(合)'이란 이름은 보이지 않는다.

ㅇ典式八篇(전식팔편)-《초학기(初學記)》 권4 인일(人日)의 항(項)에 《형초세시기(荊楚歲時記)》의 '화승(華勝 : 여성의 머리 장식품)을 만들어 서로 주다'를 인용하고 그 주(注)에 '진대(晋代)부터 생기다. 가충이부인(賈充李夫人)의 전계(典戒)에 보인다'라고 했다.

ㅇ爲趙王所誅(위조왕소주)-혜제(惠帝)의 영강(永康) 원년(元年 : 300)에 후위(后位)를 폐하고 죽였다.

15. 왕여남(王汝南 : 王湛)은 젊었을 때, 결혼할 상대가 없었다. 그

는 스스로 학보(郝普)의 딸에게 장가들고 싶다고 말했다.[(1)] 아버지인 사공(司空 : 王昶)은 그가 어리석기 때문에 틀림없이 혼처(婚處)가 없을 것이라고 생각한 끝에 그의 청을 따라 곧 허락하였다.[(2)] 결혼을 한 연후에 보니 훌륭한 자태와 현숙한 품덕을 지니고 있었다. 동해(東海 : 王承)를 낳아 마침내 왕씨 일족 등에서 어머니의 모범이 되었다. 어떤 사람이 여남에게 물었다. “어떻게 그녀를 알아보았소?” 그가 대답했다. “일찍이 그녀가 우물에서 물긷는 것을 보았는데, 행동거지가 법도를 잃지 않았고, 함부로 두리번거리는 일이 없었기에 이로써 그녀를 알아보았지요.”[(3)]

원문 王汝南少無婚, 自求郝普女.[(1)] 司空以其癡, 會無婚處, 任其意, 便許之.[(2)] 旣婚, 果有令姿淑德. 生東海, 遂爲王氏母儀. 或問汝南, 何以知之. 曰, 嘗見井上取水, 擧動容止不失常, 未嘗忤觀. 以此知之.[(3)]

(1) 《학씨보(郝氏譜)》에 이런 이야기가 있다. ‘학보(郝普)의 자는 도광(道匡)이고 태원(太原) 양성(襄城) 사람이다. 벼슬하여 낙양태수(洛陽太守)에 이르렀다.’

郝氏譜曰, 普字道匡, 太原襄城人. 仕至洛陽太守.

(2) 《위씨지(魏氏志)》에 이런 이야기가 있다. ‘왕창(王昶)의 자는 문서(文舒)이며 벼슬을 하여 사공(司空)에 이르렀다.’

魏氏志曰, 王昶字文舒, 仕至司空.

(3) 《여남별전(汝南別傳)》에는 이런 말이 있다. ‘양성(襄城)의 학중장(郝仲將)은 가문이 매우 미천하여 혼인을 할 만한 상대가 아니었으나, 여남이 일찍이 그녀를 보고 곧바로 혼인하기를 청했다. 그녀는 과연 명랑하고 고매하여 어머니로서의 모범이 되었는데 일

족(一族) 중 으뜸이었다. 그의 통찰력 높은 식견과 여유있는 마음이 모두 이와 같았다.'

汝南別傳曰, 襄城郝仲將, 門至孤陋, 非其所偶也. 君嘗見其女, 便求聘焉. 果高朗英邁, 母儀冠族. 其通識餘裕皆此類.

주해 | ㅇ忤觀(오관)－《전본(箋本)》 두주(頭注)에는 '방황회시(彷徨回視 : 두리번거리어)하여 시선을 고정시키지 못하는 것'이라고 되어 있다.
ㅇ魏氏志(위씨지)－'씨(氏)'자는 연자(衍字)일까? 《삼국지(三國志)》 권27.

16. 왕사도(王司徒 : 王渾)의 아내는 종씨(鍾氏 : 鍾琰)의 딸이자 태부(太傅 : 鍾繇)의 증손녀인데[(1)] 역시 뛰어난 재주와 덕을 갖추고 있었다.[(2)] 종부인(鍾夫人)과 학부인(郝夫人 : 王渾의 동생인 王湛의 아내)은 동서간인데 평소에 서로 친했고 존경했다. 종부인은 가문이 높다고 해서 학부인을 깔보지 않았고, 학부인도 가문이 비천하다고 하여 종부인에게 굽히는 일이 없었다. 동해(東海 : 王湛의 아들인 王承)의 집에서는 학부인의 법도를 본받았으며, 경릉(京陵 : 王渾)의 집에서는 종부인의 예법을 모범으로 삼았다.

원문 | **王司徒婦, 鍾氏女, 太傅曾孫.[(1)] 亦有俊才女德.[(2)] 鍾·郝爲娣姒. 雅相親重. 鍾不以貴陵郝, 郝亦不以賤下鍾. 東海家內. 則郝夫人之法, 京陵家內, 範鍾夫人之禮.**

(1) 《왕씨보(王氏譜)》에 이런 이야기가 있다. '종부인(鍾夫人)은 황문시랑(黃門侍郎) 종염(鍾琰)의 딸이다.'

王氏譜曰, 夫人, 黃門侍郎鍾琰女.

(2) 《부인집(婦人集)》에는 이런 이야기가 있다. '종부인은 문재(文才)가 있었는데 그 시(詩)·부(賦)·송(頌)·뇌(誄)는 세상에서 읽혀

졌다.'

婦人集曰, 夫人有文才, 其詩賦頌誄行於世.

주해| ㅇ娣姒(제사)－'사(姒)'는 자(姊), '제(娣)'는 매(妹)로서 같은 어머니에게서 태어난 자매(姊妹), 또는 동서간. 여기서는 동서간이란 의미.

ㅇ鍾琰女(종염녀)－《진서(晋書)》 권96 〈열녀전(列女傳 : 王渾妻鍾氏)〉에는 '황문시랑(黃門侍郎) 종휘(鍾徽)'의 딸로 적고 있는데 왕혼(王渾)의 처 종씨(鍾氏)의 별명을 염(琰)이라고 했다. 한편 〈현원편(賢媛篇)〉 12의 유주(劉注)에서 인용한 《왕씨보(王氏譜)》에는 종부인(鍾夫人)의 이름을 염지(琰之)로 적고 있다.

ㅇ其詩賦頌誄行於世(기시부송뢰행어세)－《수서(隋書)》 〈경적지(經籍志)〉 4의 원주(原注)에는 양(梁)에 《부인진사도왕혼처종부인집(婦人晋司徒王渾妻鍾夫人集)》 5권이 있었다고 기록했는데 오늘날 〈가사부(遐思賦)〉 〈앵부(鶯賦)〉 등의 일문(逸文)이 다소 전해오고 있다.

17. 이평양(李平陽 : 李重)은 진주자사(秦州刺史 : 李秉)의 아들이다.(1) 중원(中原)의 명사(名士)로서 당시 왕이보(王夷甫 : 王衍)에 비유되고 있었다. 손수(孫秀)가 권세를 잡고자 했을 때 사람들은 모두 말했다. "악령(樂令 : 樂廣)은 인망이 있으므로 죽일 수 없다. 이중(李重)보다도 못한 자는 또한 죽일 필요가 없다."(2) 마침내 이중을 협박하여 자살하게 했다. 처음에 이중이 집에 있는데 어떤 사람이 문으로 달려들어와 상투 속에서 서찰을 꺼내어 이중에게 보여주었다. 이중은 그것을 읽더니 안색을 바꾸며 안으로 들어가 딸에게 보여주었다. 딸은 단지 "앗!" 소리를 질렀을 뿐이었다. 그런데 이중은 딸의 마음을 알아차리고 방에서 나오자 자살했다.(3) 이 딸은 매우 총명했으므로 이중은 언제나 딸에게 일을 자문했었다.

원문| 李平陽, 秦州子.(1) 中夏名士, 于時以比王夷甫. 孫秀

初欲立威權, 咸云, 樂令民望, 不可殺. 減李重者, 又不足殺.(2) 遂逼重自裁. 初, 重在家, 有人走從門入, 出髻中疏示重. 重看之色動. 入內示其女, 女直叫絕. 了其意, 出則自裁.(3) 此女甚高明, 重每咨焉.

(1) 이중(李重)은 앞에서 나왔다.

《영가류인명(永嘉流人名)》에는 이런 이야기가 있다. '이강(李康)의 자는 현주(玄冑)이며 강하(江夏) 사람이다. 위(魏)나라 진주자사(秦州刺史)를 지냈다.'

李重已見.

永嘉流人名曰, 康字玄冑, 江夏人. 魏秦州刺史.

(2) 《진제공찬(晋諸公贊)》에 이런 이야기가 있다. '손수(孫秀)의 자는 준충(俊忠)이며 낭야(琅邪) 사람이다. 처음에 조왕(趙王) 사마윤(司馬倫)이 낭야왕에 봉해졌을 때 손수는 가까이에서 모시는 소리(小吏)였다. 사마윤은 자주 손수에게 문서를 작성케 하였는데 그의 문재(文才)가 사마윤의 마음에 들었다. 사마윤이 조왕에 봉해지자 손수는 호적을 옮겨 조(趙) 땅 사람이 되었다. 사마윤은 그를 시랑(侍郎)으로 등용하고 신임했다.'

《진양추(晋陽秋)》에는 이런 이야기가 있다. 사마윤이 제위(帝位)를 찬탈한 뒤, 손수는 중서령(中書令)이 되었는데 모든 일이 손수에 의하여 결정되었다. 제왕(齊王 : 司馬冏)에 의해 주살당했다.'

晋諸公贊曰, 孫秀字俊忠, 琅邪人. 初, 趙王倫封琅邪, 秀給爲近職小吏. 倫數使秀作書疏, 文才稱倫意. 倫封趙, 秀徙戶爲趙人, 用爲侍郎, 信任之.

晋陽秋曰, 倫簒位, 秀爲中書令, 事皆決於秀. 爲齊王所誅.

(3) 생각하건대 제서(諸書)에 모두 '이중(李重)은 조왕 사마윤이 난을

일으키려는 것을 알고 병이 들었는데 치료하지 않았다가 마침내 죽음에 이르렀다'고 한다. 그런데도 《세설(世說)》이 자살했다고 한 것은 큰 잘못이다. 그 위에 사마윤과 손수는 흉포하여 걸핏하면 사람을 죽여서 권위를 세우고자 했으니, 드러내놓고 죽인 것이 자명한 일일 것인데, 어찌 협박하여 자살토록 했겠는가?

案, 諸書皆云, 重知趙王倫作亂, 有疾不治, 遂以致卒. 而此書乃言自裁, 甚乖謬. 且倫·秀兇虐, 動加誅夷, 欲立威權, 自當顯戮, 何爲逼令自裁.

주해 | ㅇ李平陽(이평양)－이중(李重)은 평양태수(平陽太守)가 되었으므로 이렇게 부른다.

ㅇ民望(민망)－송본(宋本)은 '씨망(氏望)'으로 적고 있는데 원본(袁本)에 의해 고쳤다.

ㅇ李重已見(이중이견)－〈품조편(品藻篇)〉 46.

ㅇ康字玄胄(강자현주)－《삼국지》 권18 〈이통전(李通傳)〉에서 인용한 왕은(王隱)의 《진서(晋書)》에는 이강(李康)을 이병(李秉)으로 적고 있다. 〈덕행편(德行篇)〉 15 주해 참조.

ㅇ諸書皆云(제서개운)－송본(宋本)에는 '제(諸)'자가 없다. 원본(袁本)에 따라 보충했다.

ㅇ有疾不治(유질불치)－〈품조편〉 46에서 인용한 《진제공찬(晋諸公贊)》에서도 '조왕위상국(趙王爲相國), 취중위좌사마(取重爲左司馬), 중이윤장찬(重以倫將簒), 사질불취(辭疾不就), 돈유지(敦喩之). 중불복자치(重不復自治), 지어독심(至於篤甚). 부예수배(扶曳受拜), 수일졸(數日卒)'이라고 했다.

18. 주준(周浚)이 안동장군(安東將軍)이었을 때 사냥을 나갔다가 소나기를 만나 여남(汝南)의 이씨(李氏) 집에 들어갔다. 이씨 집은 유복했는데 때마침 (집안에) 남자가 없었다. 낙수(絡秀)라는 이름의

딸이 있었는데 밖에 귀한 손님이 왔다는 말을 듣자, 여종 한 명과 함께 안에서 돼지·양고기 등을 요리하여 수십명분의 식사를 만들었다. 일마다 주도면밀하게 처리했는데 더구나 사람의 소리조차 들리지 아니했다. 주준이 살며시 엿보자 대단히 예쁜 아가씨가 혼자 있을 뿐이었다. 그래서 주준은 첩으로 맞아들이고 싶다고 청했다. 아버지와 오빠는 승낙하지 않았다. 낙수가 말했다. "가문이 쇠락해 있는데 어찌 여자 하나를 아끼십니까? 만약 귀족과 인척관계가 된다면 장차 어쩌면 큰 이익이 있을지도 모를 일입니다." 아버지와 오빠는 그녀의 말에 따랐다.(1) 그리고 백인(伯仁 : 周顗) 형제를 낳았다. 낙수는 백인 등에게 말했다. "내가 절조를 굽히어 너희 집에 첩으로 들어왔던 것은 친정 집안을 위하려는 마음이 있었기 때문이다.(2) 너희가 만약 내 친정 집안을 친척으로 여기지 않는다면 나는 여생(餘生)을 아까워할 필요가 없다." 백인 등은 모두 이 말에 따랐다. 그 때문에 이씨가 살아있는 동안에는 공공연하게 대등한 관계를 유지했다.

원문| 周浚作安東時, 行獵, 値暴雨, 過汝南李氏, 李氏富足而男子不在. 有女名絡秀, 聞外有貴人, 與一婢於內宰猪羊, 作數十人飮食, 事事精辦, 不聞有人聲. 密覘之, 獨見一女子, 狀貌非常. 浚因求爲妾. 父兄不許. 絡秀曰, 門戶殄瘁. 何惜一女. 若連姻貴族, 將來或大益. 父兄從之.(1) 遂生伯仁兄弟. 絡秀語伯仁等, 我所以屈節爲汝家作妾, 門戶計耳.(2) 汝若不與吾家作親親者, 吾亦不惜餘年. 伯仁等悉從命. 由此李氏在世, 得方幅齒遇.

(1) 《팔왕고사(八王故事)》에 이런 이야기가 있다. '주준(周浚)의 자는 개림(開林)이며 여남(汝南) 안성(安城) 사람이다. 젊었을 때부터 그 재주있다는 소문이 자자했었다. 태강(太康) 초년(初年)에 오

(吳) 땅을 평정하고 어사중승(御史中丞)에서 양주자사(揚州刺史)가 되었다. 원강(元康) 초년, 안동장군이 더해졌다.'

八王故事曰, 浚字開林, 汝南安城人. 少有才名. 太康初, 平吳, 自御史中丞出爲揚州刺史. 元康初, 加安東將軍.

(2) 생각하건대 《주씨보(周氏譜)》에는 '주준(周浚)은 같은 군(郡)의 이백종(李伯宗)의 딸을 아내로 맞았다'고 되어 있다. 여기서 첩이라고 한 것은 터무니없는 일이다.

案周氏譜, 浚取同郡李伯宗女. 此云爲妾, 妄耳.

주해 | ㅇ殄瘁(진췌)－원래는 아파서 지친 것. 지쳐서 괴로운 것 등의 의미. 《시경(詩經)》〈대아(大雅)〉'첨앙(瞻卬)'에 '어진 사람 없으니 온 나라가 고난에 허덕이네(人之云亡, 邦國殄瘁)'라고 했으며 모전(毛傳)에 '진(殄)은 진(盡), 췌(瘁)는 병(病)이다'라 했다. 여기서는 한 가문이 쇠락했음을 가리키고 있다.

ㅇ伯仁兄弟(백인형제)－《진서》 권96의 〈이씨전(李氏傳)〉에는 '마침내 의(顗)와 숭(嵩)·모(謨)를 낳다'라고 했다.

ㅇ方幅(방폭)－공연히란 뜻. 진(晋)·송(宋) 당시의 방언이라고 한다.

ㅇ齒遇(치우)－동렬(同列)로 대우하다.

ㅇ安城(안성)－송본(宋本)·원본(袁本), 모두 '안성(安城)'으로 적고 있는데 《진서》 권61 〈주준전(周浚傳)〉에는 '안성(安成)'으로 적었고, 《진서》 권14 〈지리지(地理志)〉 상(上)에도 예주(豫州) 여남군(汝南郡)의 현(縣)으로 '안성현(安成縣)'을 들고 있다.

19. 도공(陶公 : 陶侃)은 젊었을 때부터 큰 뜻을 가지고 있었다. 집안은 몹시 가난했는데 어머니 잠씨(湛氏)와 같이 살고 있었다. 동향인 범규(范逵)는 일찍부터 이름이 알려져 있었는데 효렴(孝廉)으로 천거되어 가는 길에[1] 도간의 집에 묵었다. 그때 며칠동안 얼음이 얼

고 눈이 내렸는데 도간의 집에는 아무것도 없었으나 범규의 시종과 말[馬]은 매우 많았다. 도간의 어머니 잠씨가 도간에게 말했다. "너는 나가서 어떻게든 손님을 붙잡고 있거라. 내가 어떻게 해보마." 잠씨의 머리칼은 땅에 닿을 만큼 길었는데 그것을 잘라서 두개의 가발(假髮)을 만들었다.(2) 그리고 그것을 팔아서 몇 곡(斛)의 쌀을 샀다. 또 집의 여러 기둥을 잘라서 모두 반으로 쪼개어 땔감을 만들었으며, 모든 짚자리를 길게 썰어서 말먹이를 만들었다. 저녁때가 되자 마침내 훌륭한 식사를 마련했는데 시종들까지 모두 부족함이 없었다. 범규는 이미 도간의 재능과 언변에 감탄했고, 또한 그의 후의에 몹시 고맙게 생각했다. 다음날 아침에 출발했는데 도간은 계속 뒤따라가며 배웅한 것이 거의 백 리나 되었다. 범규는 말했다. "길이 너무 멀어졌는데 그대는 어서 돌아가오." 그래도 도간은 돌아가지 아니했다. 범규가 또 말했다. "그대는 어서 돌아가오. 낙양(洛陽)에 도착하면 반드시 그대를 위해 잘 말해 주리다." 그제서야 도간은 겨우 돌아갔다. 범규는 낙양에 도착하자 도간을 양탁(羊晫)·고영(顧榮) 등에게 천거했으므로 도간은 크게 명성을 얻었다.(3)

원문| 陶公少有大志. 家酷貧, 與母湛氏同居. 同郡范逵素知名. 擧孝廉,(1) 投侃宿. 于時氷雪積日. 侃室如懸磬, 而逵馬僕甚多. 侃母湛氏語侃曰, 汝但出外留客, 吾自爲計. 湛頭髮委地, 下爲二髲,(2) 賣得數斛米. 斫諸屋柱, 悉割半爲薪, 剉諸薦以爲馬草, 日夕遂設精食, 從者皆無所乏, 逵旣歎其才辯, 又深愧其厚意. 明旦去, 侃追送不已. 且百里許. 逵曰, 路已遠, 君宜還. 侃猶不返. 逵曰, 卿可去矣, 至洛陽, 當相爲美談. 侃迺返. 逵及洛, 遂稱之於羊晫, 顧榮諸人, 大獲美譽.(3)

(1) 범규(范逵)는 미상.

逵未詳.

(2) 어떤 책에는 '체(髢)'라고도 했다.

一作髢.

(3) 《진양추(晋陽秋)》에 이런 이야기가 있다. '도간(陶侃)의 아버지인 도단(陶丹)은 신간(新淦)의 잠씨(湛氏) 딸에게 장가들어 도간을 낳았다. 잠씨는 겸허하고 신중했으며 재주가 많았다. 도씨가 가난하여 실을 잣고 길쌈을 하여 도간을 위해 돈을 만들어 주어, 자기보다 우수한 사람과 교제하도록 했다. 도간은 젊었을 때 심양(尋陽)의 관리가 되었다. 파양(鄱陽)의 효렴인 범규(范逵)가 일찍이 도간의 집에 묵었을 때다. 때마침 눈이 많이 내렸는데 도간네 집에는 말먹이도 없었다. 어머니 잠씨는 깔고 자는 가마니를 썰어서 (말먹이로) 주었다. 또 은밀히 자기 머리칼을 잘라서 그것을 팔아가지고 대접했다. 범규는 이 말을 듣고 탄식했다. 범규가 출발하자 도간이 배웅하러 나갔다. 범규가 말했다. "사관(仕官)하고 싶소?" 도간이 말했다. "군(郡)에서 사관하고 싶습니다." 범규는 말했다. "그렇다면 내가 꼭 이야기해 보리다." 여강(廬江)을 지날 때 태수(太守)인 장기(張夔)에게 도간을 추천했다. 장기는 도간을 불러 관리로 명하고 다시 도간을 효렴으로 천거했는데 낭중(郎中)이 되었다. 예장(豫章)의 고영(顧榮)은 어느 때 양탁(羊晫)을 책망하며 말했다. "그대는 어찌하여 신분이 낮은 자와 같은 수레에 타는 게요?" 양탁은 말했다. "그 사람은 신분은 낮지만 훌륭한 인물입니다."'

왕은(王隱)의 《진서(晋書)》에 이런 이야기가 있다. '도간의 어머니는 머리를 잘라서 손님을 대접했다. 이 말을 들은 사람들은 모두 감탄하며 말했다. "그런 어머니가 아니면 그런 아들을 둘 수 없다." 그래서 도간을 장기(張夔)에게 추천했다. 양탁도 추천장을 썼다. 양탁은 후에 십군중정(十郡中正)이 되었으며 도간을 세워 파양(鄱陽)의 소중정(小中正)으로 삼았는데, 도간은 비로소 상품(上品)이 될 수 있었다.'

晉陽秋曰, 侃父丹, 娶新淦湛氏女, 生侃. 湛虔恭有智算. 以陶氏貧賤, 紡績以資給侃, 使交結勝己. 侃少爲尋陽吏. 鄱陽孝廉范逵嘗過侃宿, 時大雪, 侃家無草, 湛徹所臥薦剉給. 陰截髮, 賣以供調. 逵聞之歎息. 逵去, 侃追送之. 逵曰, 豈欲仕乎. 侃曰, 有仕郡意. 逵曰, 當相談致. 過廬江, 向太守張夔稱之. 召補吏, 擧孝廉, 除郎中. 時豫章顧榮或責羊晫曰, 君奈何與小人同輿. 晫曰, 此寒俊也.

王隱晉書曰, 侃母旣截髮供客. 聞者歎曰, 非此母, 不生此子. 乃進之於張夔. 羊晫亦簡之. 後晫爲十郡中正, 擧侃爲鄱陽小中正, 始得上品也.

주해 | ㅇ室如懸罄(실여현경)－실내에 아무것도 없는 것. 경(罄)은 타악기. 이 말은 《좌전(左傳)》 희공(僖公) 26년조에 보이는데 그 복건주(服虔注)에는 '언실옥개발철최연(言室屋皆發撤榱椽), 유여현경(有如懸磬)'이라 했고, 또 《국어(國語)》 권4 〈노어(魯語)〉 상(上)의 위소(韋昭) 주(注)에는 '현경(懸磬), 위노부장공허여현경(謂魯府藏空虛如懸磬)'이라고 했다.

ㅇ髲(피)－가발.

ㅇ羊晫(양탁)－《진서(晋書)》 권66 〈도간전(陶侃傳)〉에는 양탁(楊晫)으로 적고 있다.

ㅇ召補吏(소보리)－《진서》 권66 〈도간전〉에는 '기소위독우(夔召爲督郵), 영종양령(領樅陽令)'이라고 하였다.

ㅇ十郡中正(십군중정)－송본(宋本)·원본(袁本) 모두 십군중정(十郡中正)으로 적고 있다. 《세설전본(世說箋本)》에서는 '본군중정(本郡中正)'으로 고치고 있다. 본(本) 쪽이 맞을 것 같다.

ㅇ中正(중정)－관명(官名). 위(魏)나라 이후 주군(州郡)에 두어졌으며, 인

재의 등용, 관리(官吏) 후보자의 향품(鄕品) 재정(裁定)을 관장했다. 진(晋)나라 선제(宣帝 : 司馬懿)는 새롭게 대중정(大中正)을 두었으므로 대소중정(大小中正)의 구별이 생겨났다.

ㅇ上品(상품) — '상품(上品)에 한문(寒門) 없고, 하품(下品)에 세족(勢族) 없다'(《晋書》 권45 〈劉毅傳〉)고 하는 상품을 가리키는 것이다. 향품일(鄕品一), 2품(品)을 가리킨다. 중정은 군소중정(郡小中正)까지 모두 향품 2품 이상이 된다. 또 이 향품은 관리가 될 때, 기가(起家)의 관(官)을 규제하여 향품의 수(數)에 4를 더한 수의 관품(官品)의 벼슬에 기가할 수 있다. 즉 향품이 2품 이상이면 제6품관 이상으로 기가하게 된다.

20. 도공(陶公 : 陶侃)은 젊었을 때, 어량(魚梁)을 관리하는 관원으로 있었다. 어느 때 젓갈 한 단지를 어머니에게 보내드렸다. 어머니는 젓갈을 봉해서 심부름 온 사람에게 들려주고 답장을 써서 도간을 질책하여 말했다. "너는 관리이면서 관물(官物)을 보내주었다. 이롭지 않을 뿐 아니라 나의 근심만 더해줄 뿐이다."(1)

원문| **陶公少時, 作魚梁吏. 嘗以坩鮓餉母, 母封鮓付使, 反書責侃曰, 汝爲吏, 以官物見餉. 非唯不益, 乃增吾憂也.**(1)

(1) 《도간별전(陶侃別傳)》에 이런 이야기가 있다. '어머니 잠씨(湛氏)는 현명했고 법도를 지니고 있었다. 도간은 무창태수(武昌太守)로 재직하던 중, 부하직원들과 조용히 술을 마시는 경우 언제나 음주에 절도를 지켰다. 어떤 사람이 조금만 더 마시자고 했던 바 도간은 잠시 슬픈 표정을 짓다가 말했다. "옛날 젊었을 때 술로 인하여 실수한 적이 있으며 부모로부터 제약을 받은 적이 있기 때문에 감히 한도를 넘을 수 없소." 도간이 모친상을 당하여 시묘(侍

墓)살이를 하고 있을 때, 난데없이 두 손님이 조문하러 와서 곡례(哭禮)도 하지 않은 채 돌아가는데 그 예복이 매우 선명했다. (도간은) 보통사람이 아니란 것을 알고 사람을 보내어 뒤쫓게 하며 살펴보도록 하였다. 그러자 두 마리의 학(鶴)이 춤을 추며 하늘로 날아가는 것을 보았을 뿐이다.'

《유명록(幽明錄)》에는 이런 이야기가 있다. '도공(陶公)은 심양(尋陽)의 서남쪽에 있는 어량장(魚梁場)에서 고기를 잡고 있었다. 그리고 스스로 그 못[池]을 학문(鶴門)이라고 이름지었다.'

생각하건대 오(吳) 땅의 사도(司徒) 맹종(孟宗)이 뇌지(雷池)의 관리를 맡은 관원이었을 때 젓갈을 어머니에게 보냈던 바, 어머니는 받지 않았다고 했으니 (이것은) 도간의 이야기가 아니다. 아마도 맹종의 이야기를 가지고 이 이야기를 지어낸 것이리라.

侃別傳曰, 母湛氏, 賢明有法訓. 侃在武昌, 與佐吏從容飮燕, 常有飮限. 或勸猶可少進, 侃悽然良久曰, 昔年少, 曾有酒失, 二親見約, 故不敢踰限. 及侃丁母憂, 在墓下, 忽有二客來弔. 不哭而退. 儀服鮮異, 知非常人, 遣隨視之. 但見雙鶴沖天而去.

幽明錄曰, 陶公在尋陽西南一塞取魚. 自謂其池曰鶴門.

按, 吳司徒孟宗爲雷池監, 以鮓餉母, 母不受, 非侃也. 疑後人因孟假爲此說.

주해 | ㅇ坩鮓(감자)-항아리에 담근 젓갈. 감(坩)은 토기(土器). 자(鮓)는 《석명(釋名)》 석음식(釋飮食)에 의하면 '자(鮓)는 저(菹)이다. 염미(鹽米)를 물고기에 뿌려서 저를 만들고 익혀 먹는다'라고 했다(《釋名疏証》). 한편 원본(袁本)에서는 자(鮓)를 자(鮺)로 적고 있다.

ㅇ塞(새)-어량(魚梁)을 뜻한다.

21. 환선무(桓宣武 : 桓溫)는 촉(蜀) 땅을 평정한 다음 이세(李勢)

의 누이동생을 첩으로 맞아들이고 매우 총애하여 언제나 서재 뒷방에 있도록 하였다. 아내인 공주(公主)는 (이 사실을) 처음에는 몰랐는데 이미 듣고 나서는 수십 명의 시녀들과 시퍼런 칼을 빼들고 쳐들어갔다.(1) 그때 마침 이씨(李氏)는 머리를 빗고 있었는데 머리카락이 치렁치렁 땅바닥에 끌리고 백옥 같은 피부가 반짝이는데 조금도 동요하는 빛이 없었다. 그리고 천천히 말했다. "나라가 무너지고 집안이 망하여 아무 생각 없이 이 지경에 이르고 말았습니다. 오늘 만약 죽음을 당한다면 그것이야말로 원하던 바입니다." 공주는 부끄러워하면서 물러갔다.(2)

원문| 桓宣武平蜀, 以李勢妹爲妾, 甚有寵, 常箸齋後. 主始不知, 旣聞, 與數十婢拔白刃襲之.(1) 正値李梳頭, 髮委藉地, 膚色玉曜, 不爲動容. 徐曰, 國破家亡, 無心至此. 今日若能見殺, 乃是本懷. 主慙而退.(2)

(1) 《속진양추(續晋陽秋)》에 이런 이야기가 있다. '환온(桓溫)은 명제(明帝 : 司馬紹)의 딸인 남강장공주(南康長公主)를 아내로 맞이했다.'
續晋陽秋曰, 溫尚明帝女南康長公主.

(2) 《투기(妬記)》에는 이런 이야기가 있다. '환온은 촉(蜀) 땅을 평정하고 이세(李勢)의 딸을 첩으로 맞아들였다. 남강군주(南康君主)는 투기가 몹시 심했는데 처음에는 이 사실을 몰랐었다. 후일 이 사실을 알게 되자 칼을 빼들고 이씨에게로 가서 이씨를 베어 죽이려고 하였다. 그런데 바라보니 이씨는 창가에서 머리를 빗고 있는데 그 모습은 단려(端麗)하였다. 천천히 머리를 묶고 나더니 손을 공손히 모으며 군주를 향하였다. 그 안색은 여유가 있고 단정했으며 하는 말은 매우 처량했다. 그래서 군주는 칼을 앞에 던지

고 나아가 그녀를 얼싸안으며 말했다. "아자(阿子)여! 내가 그대를 보아도 아름다운데 하물며 우리 늙은이야 오죽하겠는고!" 그리고 두 사람은 사이가 좋아졌다.'

妬記曰, 溫平蜀, 以李勢女爲妾. 郡主兇妬. 不卽知之. 後知, 乃拔刃往李所, 因欲斫之. 見李在窓梳頭, 姿貌端麗, 徐徐結髮, 斂手向主. 神色閑正, 辭甚悽惋. 主於是擲刀前抱之曰, 阿子, 我見汝亦憐, 何況老奴. 遂善之.

주해 | ㅇ桓宣武平蜀(환선무평촉)－동진(東晋) 영화(永和) 3년(347), 환온은 촉 땅에 근거를 두고 성한(成漢 : 後蜀)을 세우고 있던 이세(李勢)를 토벌했다. 《진서(晋書)》 권120·121의 기록에 시조(始祖) 경제(景帝) 이특(李特) 이하 7대인 이세에 이르기까지 이씨(李氏)의 전(傳)이 있다. 〈식감편(識鑒篇)〉 20 참조.

ㅇ李勢(이세)－성한(成漢)의 말제(末帝). 자는 자인(子仁), 이수(李壽)의 장남. 교린황음(驕吝荒淫)하여 나랏일을 근심하지 않다가 환온에게 토벌당하여 성한을 멸망시켰다. 진(晋)나라에 복종한 다음 귀의후(歸義侯)에 봉해졌고 승평(升平) 4년(360)에 건강(建康)에서 죽었다(《晋書》 권121과 〈識鑒篇〉 20, 〈豪爽篇〉 8 참조).

ㅇ南康長公主(남강장공주)－장공주(長公主)는 천자의 자매(姊妹), 또는 특별히 공주를 존경하여 칭하는 말이다. 남강장공주는 명제(明帝 : 司馬紹)의 장녀로서, 유후(庾后)가 낳은 딸이며 성제(成帝)의 자매인데 처음에는 수안현(遂安縣)에 봉해졌었다(《太平御覽》 권152에서 인용한 《晋中興書》).

ㅇ妬記(투기)－《수서(隋書)》 〈경적지(經籍志)〉에 '투기이권(妬記二卷), 우통지찬(虞通之撰)'이라고 수록되어 있다.

ㅇ郡主(군주)－군공주(郡公主). 공주 가운데 군(郡)에 봉해진 사람을 군공주라고 한다.

ㅇ斂手(염수)－황공하여 삼가는 모습.

ㅇ阿子(아자)－친애하는 정을 담아 부르는 말.

22. 유옥대(庾玉臺 : 庾友)는 유희(庾希)의 동생이다. 유희가 주살(誅殺)당하자 유옥대도 죽이려고 하였다.(1) 유옥대의 며느리는 환선무(桓宣武 : 桓溫)의 동생 환활(桓豁)의 딸이었다.(2) 맨발로 환온에게 달려 들어가려고 하자 문지기가 막으며 들여보내지 않았다. 그래서 소리를 지르며 호통을 쳤다. "무례한 놈! 내 백부댁 문에 나를 들이지 않을 셈이냐!" 그대로 밀치고 들어가서 통곡하며 호소했다. "유옥대는 언제나 다른 사람에게 의지하며, 다리가 세 치나 짧은데 어찌 모반을 할 수 있겠습니까?" 환선무는 웃으면서 말했다. "조카사위 때문에 허둥대며 달려왔구나." 그리고 유옥대 일문(一門)을 용서했다.(3)

| 원문 | 庾玉臺, 希之弟也. 希誅. 將戮玉臺.(1) 玉臺子婦, 宣武弟桓豁女也.(2) 徒跣求進, 閽禁不內. 女厲聲曰, 是何小人, 我伯父門, 不聽我前. 因突入, 號泣請曰, 庾玉臺常因人, 脚短三寸. 當復能作賊不. 宣武笑曰, 壻故自急, 遂原玉臺一門.(3)

(1) 유희(庾希)는 앞에 나왔다. 옥대(玉臺)는 유우(庾友)의 어렸을 때 자(字)이다.

《유씨보(庾氏譜)》에 이런 이야기가 있다. '유우의 자는 혜언(惠彦)이며 사공(司空) 유빙(庾冰)의 셋째 아들이다. 중서랑(中書郎)・동양태수(東陽太守)를 역임했다.'

希已見. 玉臺, 庾友小字.

庾氏譜曰, 友字惠彦, 司空冰第三子. 歷中書郎・東陽太守.

(2) 《유씨보》에 이런 이야기가 있다. '유우의 자는 홍지(弘之)이며, 그 장남 유선(庾宣)은 선무(宣武 : 桓溫)의 동생인 환활(桓豁)의 딸인 자(字)는 여유(女幼)를 맞아 장가들었다.'

庾氏譜曰, 友字弘之, 長子宣, 娶宣武弟桓豁之女, 字女幼.

(3) 《중흥서(中興書)》에는 이런 이야기가 있다. '환온은 유희의 동생 유천(庾倩)을 죽였는데 유희는 이 재난을 듣고 도망쳤다. 유희의 동생 유우는 죽음을 당할 뻔했는데 큰며느리가 환씨(桓氏)네 딸이었기 때문에 환온에게 용서를 빌었고, 그로 인하여 죄를 면제받을 수 있었다.'

中興書曰, 桓溫殺庾希弟倩, 希聞難而逃. 希弟友當伏誅, 子婦桓氏女, 請溫, 得宥.

주해| ㅇ希誅(희주)－동진(東晋)의 함안원년(咸安元年 : 371), 환온(桓溫)은 사마혁(司馬奕 : 廢帝 海西公)의 제위(帝位)를 폐하고 사마욱(司馬昱 : 簡文帝)을 세웠는데 유희는 이 일에 저항하다가 죽음을 당했다. 유희의 아버지 유빙(庾冰)에게는 일곱 명의 아들이 있었는데 장남이 유희이고, 그 아래로 습(襲)·우(友)·온(蘊)·천(倩)·막(邈)·유(柔) 등이다.

ㅇ已見(이견)－〈아량편(雅量篇)〉 26.

23. 사공(謝公 : 謝安)의 부인은 시녀들을 휘장으로 둘러쳐 놓고, 사공 앞에서 가무(歌舞)를 펼치도록 하였다. 태부(太傅 : 謝安)에게 잠깐 보여준 다음 곧 휘장을 내렸다. 태부가 다시 한 번 열어 달라고 청하자 부인이 말했다. "당신의 성덕(盛德)을 해치게 될 것입니다."(1)

원문| **謝公夫人幃諸婢, 使在前作伎. 使太傅暫見, 便下幃. 太傅索更開, 夫人云, 恐傷盛德.**(1)

(1) 유부인(劉夫人 : 謝安의 부인)은 앞에서 나왔다.

劉夫人已見.

주해 | ㅇ已見(이견)-〈덕행편(德行篇)〉 36.

24. 환거기(桓車騎 : 桓冲)는 새옷 입는 것을 싫어했다. 목욕이 끝난 다음, 부인이 일부러 새옷을 보내어 입도록 했다.(1) 환거기는 크게 노하여 당장 가져가라고 명했다. 부인은 다시 한번 그것을 가져가게 하면서 말을 전하도록 하였다. "옷이 새것일 때가 없으면 어찌 헌옷이 되겠습니까?" 환거기는 크게 웃으면서 그것을 입었다.

원문 | **桓車騎不好箸新衣. 浴後, 婦故送新衣與.(1) 車騎大怒, 催使持去. 婦更持還, 傳語云, 衣不經新, 何由而故. 桓公大笑, 箸之.**

(1) 《환씨보(桓氏譜)》에 이런 이야기가 있다. '환충(桓冲)은 낭야(瑯邪) 왕염(王恬)의 딸, 자(字)는 여종(女宗)을 아내로 맞았다.'
桓氏譜曰, 冲娶瑯邪王恬女, 字女宗.

주해 | ㅇ王恬女(왕염녀), 字女宗(자여종)-송본(宋本)은 '왕염안자녀야(王恬安字女也)'로 적고 있는데 원본(袁本)에 따라 고쳤다.

25. 왕우군(王右軍 : 王羲之)의 아내인 치부인(郗夫人)은 사공(司空 : 郗愔)과 중랑(中郎 : 郗曇) 두 동생에게 말했다.(1) "왕씨(王氏) 집안에서는 사씨(謝氏)네 두 분이 오면 옷상자를 뒤집고, 신발을 거꾸로 신고 당황하며 맞아들이는데(2) 너희가 오면 태평한 표정들이야. 이제 너희는 번거롭게 왕래하지 말거라."

원문 | **王右軍郗夫人. 謂二弟司空, 中郎曰,(1) 王家見二謝,**

傾筐倒屣,(2) 見女輩來, 平平爾. 汝可無煩復往.

(1) 사공(司空)이란 치음(郗愔)이다. 앞에 나왔다.

《치담별전(郗曇別傳)》에 이런 이야기가 있다. '치담의 자는 중연(重淵)이고 치감(郗鑒)의 막내아들이다. 성품이 성실하고 온화하며 침착한 사람이었다. 단양윤(丹陽尹), 북중랑장(北中郎將), 서주(徐州)·연주(兗州) 두 주의 자사(刺史)에 누천(累遷)되었다.'

司空, 愔. 已見.

郗曇別傳曰, 曇字重淵, 鑒少子. 性韻方質, 和正沈簡. 累遷丹陽尹, 北中郎將, 徐·兗二州刺史.

(2) 이사(二謝)란 사안(謝安)과 사만(謝萬)이다.

二謝, 安, 萬.

주해 | ㅇ傾筐倒屣(경광도사)－원본(袁本)에는 '경광도기(傾筐倒庋)'로 되어 있다. 기(庋)는 음식을 올려놓는 선반인데, 있는 음식 모두를 내다가 대접한다는 의미가 된다. 여기서는 송본(宋本)에 따라 '도사(倒屣)'로, 즉 당황하며 환영한다는 의미로 번역했다.

ㅇ已見(이견)－〈품조편(品藻篇)〉 29.

ㅇ重淵(중연)－원본(袁本)에는 '중희(重熙)'로 적고 있으며 《진서(晋書)》 권67 〈치담전(郗曇傳)〉에도 '중희(重熙)'로 적고 있다.

26. 왕응지(王凝之)의 아내인 사부인(謝夫人 : 謝道韞)은 왕씨에게 시집갔었는데 왕응지를 매우 경멸하였다. 사씨 집에 돌아왔는데 심기가 매우 나빴다. 태부(太傅 : 謝安)가 그녀를 위로하며 말했다. "왕랑(王郎 : 왕응지)은 일소(逸少 : 王羲之)의 아들로서 인품도 나쁘지 않다. 너는 어찌하여 그렇게 편치 않느냐?" 대답하기를 "우리 사씨네

일문(一門)에는 숙부에 아대(阿大)·중랑(中郎)님이 계시고, 종형제로는 사봉호(謝封胡)·사알말(謝遏末)님 등이 있습니다.(1) 이 세상에 왕랑과 같은 사람이 있으리라고는 생각도 못했습니다."라고 했다.

원문 王凝之謝夫人旣往王氏, 大薄凝之. 旣還謝家, 意大不悅. 太傅慰釋之曰, 王郎, 逸少之子, 人身亦不惡. 汝何以恨迺爾. 答曰, 一門叔父, 則有阿大, 中郎. 羣從兄弟, 則有封胡, 遏末.(1) 不意天壤之中, 乃有王郎.

(1) 봉호(封胡)는 사소(謝韶)의 어렸을 때 자(字)이고, 알말(遏末)은 사연(謝淵)의 어렸을 때 자이다. 사소의 자는 목도(穆度)로 사만(謝萬)의 아들이고 거기장군(車騎將軍)의 사마(司馬)를 지냈다. 사연의 자는 숙도(叔度)이고 사혁(謝奕)의 둘째 아들로서 의흥태수(義興太守)를 지냈다. 당시 사람들은 사씨 문중에서 가장 뛰어난 사람이라고 평했다. 어떤 사람은 말했다. 봉(封), 호(胡), 알(遏), 말(末)이라고도 하는데 봉(封)은 사랑(謝朗), 알(遏)은 사현(謝玄), 말(末)은 사소(謝韶), 낭(朗)은 현연(玄淵)이라고 했다. 또는 호(胡)는 사연(謝淵)이고, 알(遏)은 사현(謝玄), 말(末)은 사소(謝韶)를 가리키는 것이라고 했다.
封胡, 謝韶小字. 遏末, 謝淵小字. 韶字穆度, 萬子, 車騎司馬. 淵字叔度, 奕第二子, 義興太守. 時人稱其尤彦秀者. 或曰封, 胡, 遏, 末. 封謂朗, 遏謂玄, 末謂韶, 朗玄淵. 一作胡謂淵, 遏謂玄, 末謂韶也.

주해 ㅇ謝夫人(사부인)－사도온(謝道韞 : 〈言語篇〉 71 참조). 《진서(晋書)》 권96 〈열녀전(列女傳)〉에 전(傳)이 있다.
ㅇ阿大(아대), 中郎(중랑)－미상. 사안(謝安)과 사만(謝萬)일까? 왕조(汪藻)의 《진국양하사씨보(陳國陽夏謝氏譜)》 말미에는 아대중랑(阿大中

郎)을 사만이라고 했다.

○ 朗玄淵(낭현연)－송본(宋本)·원본(袁本) 모두 '낭현연(朗玄淵)'으로 적고 있는데 뜻이 안 통한다. 《진서》 권96 〈왕응지처사씨전(王凝之妻謝氏傳)〉에는 '봉위사소(封謂謝韶), 호위사랑(胡謂謝朗), 갈위사현(羯謂謝玄), 말위사천(末謂謝川), 개소자야(皆小字也)'라고 되어 있으며 또 《진서》 권79 〈사만전(謝萬傳)〉에는 '자소(子韶), 자목도(字穆度), 소유명(少有名). 시사씨우언수자(時謝氏尤彦秀者), 칭봉(称封), 호(胡), 갈(羯), 말(末). 봉위소(封謂韶), 호위랑(胡謂朗), 갈위현(羯謂玄), 말위천(末謂川), 개기소자야(皆其小字也). 소(韶), 낭(朗), 천병조졸(川並早卒). 유현이공명종(惟玄以功名終)'이라고 되어 있다. 왕조의 《진국양하사씨보》에는 각각 '연혁자(淵奕子), 자숙도(字叔度), 소자말(小字末)', '현혁(玄奕)의 자(子), 자유도(字幼度), 소자알(小字遏)', '낭거(朗據)의 자(子), 자장도(字長度), 소자호아(小字胡兒)' '소만(韶萬)의 자(子), 자목도(字穆度), 소자봉(小字封)'이라고 되어 있다. 이설(異說)이 많고 이름과 어렸을 때의 자(字)가 부정확하여 단정하기 어렵다. 여기서는 유주(劉注)의 설에 따랐다.

○ 奕第二子(혁제이자)－송본(宋本)은 혁제이자(奕第二字)로 적고 있다. 원본(袁本)은 제이자(第二子). 원본에 따랐다.

27. 한강백(韓康伯 : 韓伯)의 어머니가 망가진 낡은 궤상(几床)에 몸을 기대고 있었다. 변국(卞鞠)이 낡은 궤상을 보고 그것을 바꾸려고 하였다.(1) 그러자 한강백의 어머니가 말했다. "내가 만약 이것에 기대고 있지 않았더라면 네가 어찌 골동품을 볼 수 있었겠느냐?"

원문| **韓康伯母, 隱古几毀壞. 卞鞠見几惡, 欲易之.(1) 答曰, 我若不隱此, 汝何以得見古物.**

(1) 변국(卞鞠)은 변범지(卞範之)이다. 한강백(韓康伯)의 어머니의 외

손자이다.

鞠, 卞範之, 韓母之外孫也.

주해| ○几(궤)－궤상(几床).

28. 왕강주(王江州 : 王凝之)의 부인(夫人 : 謝道蘊)이 사알(謝遏 : 謝玄)에게 말했다. "너는 어찌하여 조금도 진보되지 않는 게냐?[1] 속된 일에 마음이 번거로워서이냐? 아니면 타고난 재능에 한계가 있어서이냐?"

원문| **王江州夫人語謝遏曰, 汝何以都不復進,[1] 爲是塵務經心, 天分有限.**

(1) 왕강주(王江州)의 부인은 사현(謝玄)의 누이동생이다.

夫人, 玄之妹.

주해| ○爲是塵務經心(위시진무경심), 天分有限(천분유한)－《진서(晋書)》 권96 〈열녀전(列女傳)〉에는 '위진무경심(爲塵務經心), 위천부유한야(爲天分有限邪)'로 되어 있다.

○妹(매)－본편(本篇) 30에서는 사현(謝玄)의 누나로 되어 있는데 여기서 질책하는 것을 보더라도 누나라고 하는 편이 맞는 것 같다.

29. 치가빈(郗嘉賓 : 郗超)이 세상을 떠났다. 부인의 형제들은 누이동생(치초의 부인)을 불러오려고 했으나 그녀는 아무리 해도 돌아갈 것을 승낙하지 않으면서[1] 이렇게 말했다. "비록 이 세상에서 치가빈 님과 함께 살 수 없다 하더라도 죽은 후에 같은 구덩이 속에서 묻히

고 싶습니다."(2)

원문| 郗嘉賓喪. 婦兄弟欲迎妹還, 終不肯歸.(1) 曰, 生縱不得與郗郎同室, 死寧不同穴.(2)

(1) 《치씨보(郗氏譜)》에 이런 이야기가 있다. '치초(郗超)는 여남(汝南) 주민(周閔)의 딸, 이름은 마두(馬頭)를 아내로 맞았다.'
郗氏譜曰, 超娶汝南周閔女, 名馬頭.

(2) 《모시(毛詩)》에는 이런 말이 있다. '살아서는 집을 달리해도, 죽어서는 구덩이를 같이하네.' 정현(鄭玄)의 주(注)에 말했다. '구덩이란 무덤 속을 말한다.'
毛詩曰, 穀則異室, 死則同穴. 鄭玄注曰, 穴, 謂壙中墟也.

주해| ㅇ婦兄弟(부형제)－《진서(晋書)》〈주민전(周閔傳)〉에는 '아들이 없고 동생 주이(周頤)의 장남인 임(琳)으로 후사를 삼다'라고 되어 있으며 형제는 없는 것으로 되어 있다. 또 《태평어람(太平御覽)》 권517에서 인용한 《세설(世說)》에는 '부제욕영기자환(婦弟欲迎其姊還)'이라고 되어 있어서 동생이 누나를 불러오려고 한 것이 된다. 어느 것이나 모두 본문의 기록과는 다소 차이가 있다.

ㅇ周閔(주민)－주의(周顗)의 아들. 자는 자건(子騫). 시호는 열(烈). 벼슬은 비서감(秘書監).

ㅇ毛詩(모시)－《시경(詩經)》〈왕풍(王風)〉 '대거(大車)'.

ㅇ壙中墟(광중허)－광(壙)은 묘 구덩이. 한편 정현(鄭玄)의 주(注)에는 '혈(穴) 위총광중야(謂塚壙中也)'라 했다. '광중허(壙中墟)'는 '광허중(壙墟中)' 혹은 '허광중(墟壙中)'의 잘못일까.

30. 사알(謝遏 : 謝玄)은 그의 누나[謝道蘊]를 매우 존중했으며, 장

현(張玄)은 언제나 자기 누이동생을 칭찬하면서 이에 대항시키고자 했다. 제니(濟尼)란 자가 있었는데 장씨·사씨 등 두 집에 출입하고 있었다. 어떤 사람이 두 여인의 우열에 대하여 묻자 이렇게 대답했다. "왕부인(王夫人 : 謝道蘊)은 정신이 시원시원한즉 죽림(竹林)의 제현(諸賢)과 같은 기풍이 있습니다. 고씨(顧氏)댁 부인(夫人 : 張玄의 누이동생)은 그 맑은 마음이 옥처럼 빛나기 때문에 당연히 규방의 수재이지요."

원문| **謝過絶重其姊, 張玄常稱其妹, 欲以敵之. 有濟尼者, 並遊張謝二家. 人問其優劣, 答曰, 王夫人神情散朗, 故有林下風氣. 顧家婦淸心玉映, 自是閨房之秀.**

주해| ㅇ林下風氣(임하풍기)－예를 들자면 죽림칠현(竹林七賢)과 같은 기풍이 있다는 뜻이다.

31. 상서(尙書)인 왕혜(王惠)는 어느 때 왕우군(王右軍 : 王羲之)의 부인(夫人 : 郗氏)[1]을 만나서 "눈과 귀에 불편함을 느끼지 않으십니까?"라고 물었다.[2] 부인이 대답했다. "머리는 희어지고 이는 빠졌소이다만 그것은 육신에 관계되는 일이외다. 눈이나 귀는 정신과 관계되는 일이니 어찌 남들과 차이가 있으리이까."

원문| **王尙書惠, 嘗看王右軍夫人,[1] 問, 眼耳未覺惡不.[2] 答曰, 髮白齒落, 屬乎形骸. 至於眼耳, 關於神明. 那可便與人隔.**

(1) 《송서(宋書)》에 이런 이야기가 있다. '왕혜(王惠)의 자는 영명(令明)이며 낭야(琅邪) 사람이다. 이부상서(吏部尙書)가 되었으며 태상경(太常卿)에 추증되었다.'

宋書曰, 惠字令明, 琅邪人. 歷吏部尚書, 贈太常卿.

(2) 《부인집(婦人集)》에 실려있는 〈사표(謝表)〉에 이런 이야기가 있다. '나는 나이가 90에 육신만 살아있사옵니다. 바라옵건대 긍휼히 여기시어 부양해 주시오소서.'

婦人集載謝表曰, 妾年九十, 孤骸獨存. 願蒙哀矜, 賜其鞠養.

주해 | ㅇ王尙書惠(왕상서혜)－왕혜(王惠)는 왕도(王導)의 손자이다. ㅇ婦人集(부인집)－〈현원편(賢媛篇)〉 8의 주해 참조.

32. 한강백(韓康伯 : 韓伯)의 어머니 은씨(殷氏)는 손자인 한회지(韓繪之)를 따라 형양(衡陽)에 갔다가[1] 합려주(闔廬洲)에서 환남군(桓南郡 : 桓玄)과 만났다. 변국(卞鞠)은 은씨의 외손자인데 그때 인사를 하러 왔다. 은씨가 변국에게 말했다. "나는 제때에 죽지 못해서 그 어린것을 부자(父子) 2대(代 : 桓溫 · 桓玄)가 역적질하는 것을 보았다." 형양에 몇 년간 머무르는 동안 한회지는 환경진(桓景眞 : 桓亮)의 난을 당하여 죽었다.[2] 은씨는 그 시신을 어루만지면서 통곡하고 말했다. "네 아버지[韓伯]가 옛날 예장태수(豫章太守)를 그만두었을 때는 중앙에서 부르는 사령(辭令)이 아침에 도착하자 저녁때 곧 출발했었다. 너는 군태수를 그만둔 지 몇 해가 지났어도 이런 일 저런 일로 움직이지 못하다가 마침내 재난을 당하고 말았구나. 더이상 무슨 말을 하겠느냐."

원문 | **韓康伯母殷, 隨孫繪之之衡陽,[1] 於闔廬洲中逢桓南郡. 卞鞠是其外孫. 時來問訊. 謂鞠曰, 我不死, 見此豎二世作賊. 在衡陽數年, 繪之遇桓景眞之難也.[2] 殷撫尸哭曰, 汝父昔罷豫章, 徵書朝至夕發. 汝去郡邑 數年, 爲物不得動, 遂及於**

難. 夫復何言.

(1) 《한씨보(韓氏譜)》에 이런 이야기가 있다. '한회지(韓繪之)의 자는 계륜(季倫)이며 아버지 한강백(韓康伯)은 태상경(太常卿)이 되었다. 한회지는 벼슬하여 형양태수(衡陽太守)에 이르렀다.'
韓氏譜曰, 繪之字季倫. 父康伯, 太常卿. 繪之仕至衡陽太守.

(2) 《속진양추(續晋陽秋)》에는 이런 이야기가 있다. '환량(桓亮)의 자는 경진(景眞)이며 대사마(大司馬) 환온(桓溫)의 손자이다. 아버지인 환제(桓濟)는 급사중(給事中)이었다. 숙부인 환현(桓玄)이 반역을 했다가 주살당하자 환량은 장사(長沙)에 군세(軍勢)를 모으고 스스로 상주자사(湘州刺史)라고 칭하면서 태재(太宰) 견공(甄恭), 전(前) 형양태수(衡陽太守) 한회지 등 10여 명을 죽였다. 유의(劉毅)의 부하 군인인 곽진(郭珍)에 의해 참살당했다.'
續晉陽秋曰, 桓亮字景眞, 大司馬溫之孫. 父濟, 給事中. 叔父玄, 簒逆見誅. 亮聚衆於長沙, 自號湘州刺史. 殺太宰甄恭, 衡陽前太守韓繪之等十餘人. 爲劉毅軍人郭珍斬之.

주해| ㅇ繪之(회지)-《진서(晋書)》 권75 〈한백전(韓伯傳)〉에는 '회(璯)'로 적고 있다. 여기서는 대본에 따랐다.

ㅇ徵書(징서)-사람을 부를 때 보내는 문서. 여기서는 궁안에서 보내는 전임명령서(轉任命令書)일 것이다.

ㅇ卞鞠(변국)-같은 편 27 참조. 환현(桓玄)의 부하로 활약했고 환현을 위해 선조(禪詔)를 작성했던 인물. 《진서》 권99에 전(傳)이 있다.

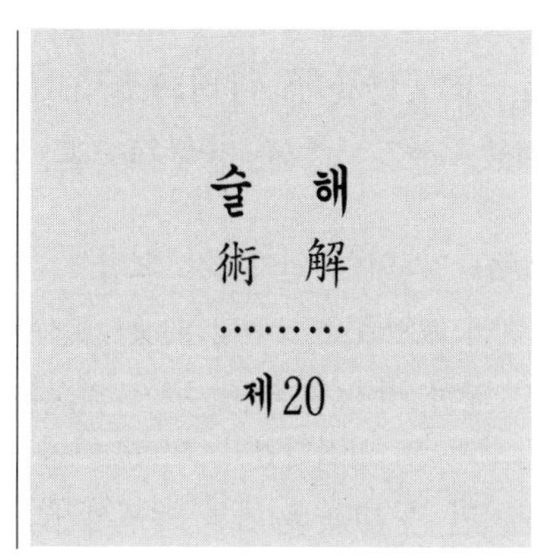

술해 術解 제20

1. 순욱(荀勗)은 음악을 잘 이해하여 당시 사람들은 그를 '암해(闇解)'라고 평했다. 그래서 율려(律呂)를 조절하고 아악(雅樂)을 바로잡았다. 정월의 의식에 조정에서 음악을 연주할 때마다 스스로 궁상(宮商)을 조정했는데 운율(韻律)에 맞지 않는 것이 없었다. 완함(阮咸)도 뛰어난 음악 감상가로서 당시 사람들은 그를 '신해(神解)'라고 평했다. 공적(公的)인 회합에서 음악이 연주될 때마다, 내심 그 음악은 조화가 되지 않는다고 생각했었는데 그것에 대하여 아무 말도 안했으므로 순욱은 마음속으로 그것을 미워하다가 마침내 완함을 시평태수(始平太守)로 전출시키고 말았다. 그후에 한 농부가 밭을 갈다가 주대(周代)의 옥척(玉尺)을 발견했는데 이것이야말로 천하의 표준으로 삼아야 할 율척(律尺)이었다. 순욱은 시험삼아 자기가 조율했던 종고(鐘鼓)·금석(金石)·사죽(絲竹)의 악기들을 조사해보았는데 모두 기장 한 알갱이만큼 짧다는 것을 알아차렸다. 그리하여 비로소 완함의 뛰어난 감식력(鑑識力)에 탄복했다.(1)

원문| 荀勗善解音聲, 時論謂之闇解. 遂調律呂, 正雅樂. 每

至正會, 殿庭作樂, 自調宮商, 無不諧韻. 阮咸妙賞. 時謂神解. 每公會作樂, 而心謂之不調, 旣無一言直. 勗意忌之, 遂出阮爲始平太守. 後有一田父耕於野, 得周時玉尺. 便是天下正尺. 荀試以校己所治鐘鼓·金石·絲竹, 皆覺短一黍. 於是伏阮神識.[1]

(1) 《진후략(晋後略)》에 이런 이야기가 있다. '종률(鐘律)의 악기는 주대(周代) 말에 없어졌다가 전한(前漢) 성제(成帝 : 劉驁)·애제(哀帝 : 劉欣) 무렵 유자(儒者)가 다시 이것을 정비했는데 후한(後漢) 말이 되자 또 망실되었다. 위(魏)나라 왕실(王室)이 협률도위(協律都尉)인 두기(杜夔)에게 복원시키라고 했는데 이것을 전례(典禮)에서 찾아내지 못하고, 다만 당시의 사죽(絲竹)·관현(管絃)의 음악과 당시의 율척(律尺)에만 의지하여 정해 놓은 것에 지나지 않았으므로 예제(禮制)에 매우 어긋났었다. 그래서 진(晋)나라 세조(世祖 : 司馬炎)는 중서감(中書監)인 순욱(荀勗)에게 명하여 옛 예제에 따른 종률(鐘律)을 정하게 하였다. 율관(律管)을 주조한 다음 널리 옛날의 악기를 모집했던 바 주대(周代)의 음률을 재는 옥척(玉尺) 몇 개가 입수되어, 이것과 비교해보니 이동(異同)이 없었다. 또 여러 군(郡)의 관소 창고에도, 혹은 한시대(漢時代)의 옛날 종이 남아 있었다. 악률(樂律)에 의거하여 조사해보았는데 모두 두드려보지 않아도 들어맞았으며 소리의 울림이 음률에 부합하여 또한 마치 그것들과 동시에 만들어진 것 같았다.' 《진제공찬(晋諸公贊)》에는 이런 이야기가 있다. '종률(鐘律)이 완성되자 산기시랑(散騎侍郎) 완함(阮咸)이 말했다. "순욱이 작성한 종률은 음이 높다. 음이 높으면 슬퍼진다. 본디 망국의 음악이, 슬픈 생각이 깊은 것은 그 백성이 괴로워하기 때문이라고 한다. 지금의 성률(聲律)은 아악(雅樂)으로 적합하지 아니하다. 덕정(德政)이 행해져서 평화로운 세상의 음악은 아니란 생각이 든다. 이것은 틀림없이 옛날과 오늘날의 음률의 길이가 다르기 때문일 것

이다. 더구나 오늘날의 종경(鐘磬)은 위나라의 두기(杜夔)가 만든 것으로서 순욱이 만든 율(律)하고는 음(音)이 맞지 않는다. 두기가 만든 것이 그 음조(音調)가 유창하고 우아하다. 그러나 오랫동안 두기가 만든 것을, 알 수 없었기 때문에 오늘날의 사람이 이것을 만듦에 있어 그것을 고칠 정도에까지는 이르지 못했던 것이다." 순욱은 자신감이 강한 성격이었으므로, 사건에 연루시키어 완함을 시평태수(始平太守)로 좌천시켰는데 완함은 그곳에서 병사(病死)했다. 그후 땅속에서 옛날의 동척(銅尺)을 발견했는데 순욱이 만든 그 당시의 율척과 비교해 보았더니 4푼이나 짧았다. 그때서야 비로소 완함은 역시 음악을 깊이 이해하고 있었음이 밝혀졌다. 그러나 그것을 바로잡을 수 있는 자가 없었다.'

간보(干寶)의 《진기(晋紀)》에 이런 이야기가 있다. '순욱은 처음으로 정덕대상(正德大象)의 무곡(舞曲)을 만들었는데 이것을 위나라 두기가 정한 율려(律呂)로 태악(太樂)의 본운(本韻)과 비교해 보았더니 조화를 이루지 못했다. 후한으로부터 위나라에 이르기까지 율려의 길이는 옛날의 그것보다 4푼이 길었는데, 두기는 그것에 근거했기 때문에 운이 안 맞았던 것이다. 《주례(周禮)》에서 곡식을 담아서 도량(度量)을 측정하던 방법에 의거하여 옛날의 기구를 재보았더니 원래의 그릇에 새겨져 있는 치수와 부합되었으므로 이것을 규격으로 삼아 교묘(郊廟)의 제사에 사용하였다.'

晉後略曰, 鐘律之器, 自周之末廢, 而漢成·哀之間, 諸儒修而治之, 至後漢末, 復隳矣. 魏氏使協律知音者杜夔造之, 不能考之典禮, 徒依于時絲管之聲, 時之尺寸而制之, 甚乖失禮度. 於是世祖命中書監荀勗依典制, 定鐘律. 旣鑄律之管, 募求古器, 得周時玉律數枚, 比之不差. 又諸郡舍倉庫, 或有漢時故鐘, 以律命之, 皆不叩而應, 聲音韻合, 又若俱成.

晉諸公贊曰, 律成, 散騎侍郎阮咸, 謂勗所造聲高, 高則悲. 夫亡國之音哀以思, 其民困. 今聲不合雅, 懼非德政中和之音, 必

是古今尺有長短所致. 然今鐘磬, 是魏時杜夔所造, 不與勗律相應, 音聲舒雅, 而久不知夔所造, 時人爲之, 不足改易. 勗性自矜, 乃因事左遷咸爲始平太守, 而病卒. 後得地中古銅尺, 校度勗今尺, 短四分. 方明咸果解音, 然無能正者.

干寶晉紀曰, 荀勗始造正德大象之舞, 以魏杜夔所制律呂, 校太樂本音不和. 後漢至魏, 尺長於古四分有餘, 而夔據之, 是以失韻. 乃依周禮積粟以起度量, 以度古器, 符於本銘, 遂以爲式, 用之郊廟.

주해 | ㅇ術解(술해)－술(術)이란 방술(方術)·술수(術數)로서 천문역수(天文曆數)·복서(卜筮)·점후(占候)·의료(醫療)·상택(相宅) 등의 기술을 가리키며, 이런 술수를 터득한 인물의 일화를 모아놓았다.

ㅇ闇解(암해)－마음속에 자연히 음악의 정교함을 터득하고 있는 것.

ㅇ律呂(율려)－성음(聲音)의 기준을 바르게 하는 죽관(竹管). 장단이 다른 음양 각각 6개의 죽관의 음조에 의해 청탁고저(淸濁高低)를 정했다. 《한서(漢書)》 권21 〈율력지(律曆志)〉에 '율십유이(律十有二), 양육위율(陽六爲律), 음육위려(陰六爲呂)'라고 되어 있다.

ㅇ宮商(궁상)－음악의 음계(音階 : 宮·商·角·徵·羽)의 기본음이란 뜻으로서, 널리 음률·음악을 가리키기도 한다.

ㅇ神解(신해)－입신(入神)·신묘(神妙)의 이해.

ㅇ公會(공회)－공증(公曾)의 잘못일까? 공증은 순욱(荀勗)의 자(字)이다.

ㅇ金石(금석)－종과 경(磬) 등의 악기.

ㅇ絲竹(사죽)－금슬(琴瑟)·소관(簫管) 등 현악기와 관악기.

ㅇ短一黍(단일서)－중국에서는 예로부터 한 알의 흑서(黑黍)의 중간 크기인 것을 길이의 최소단위[1分]로 썼다.

ㅇ修而治之(수이치지)－송본(宋本)에는 치(治)를 야(冶)로 적고 있다.

ㅇ協律知音(협률지음)－협률도위(協律都尉)일까? 두기(杜夔)는 협률도위였다(《삼국지》 권29 〈方技傳〉).

ㅇ亡國之音哀以思(망국지음애이사), 其民困(기민곤)－《모시(毛詩)》 대서(大序)에 있는 말.

ㅇ太樂本音(태악본음)－본음(本音)은 팔음(八音)의 잘못일까? 태악(太樂)은 관명(官名), 춘관대사악(春官大司樂). 악관(樂官)의 장(長)으로서 악무(樂舞)를 공경대부(公卿大夫)의 자제에게 가르쳤다.

2. 순욱(荀勗)이 어느 때 진(晋) 무제(武帝 : 司馬炎)의 잔칫자리에서 죽순을 먹고 밥을 먹었다. 그때 동석했던 사람들에게 말했다. "이것은 오랫동안 사용했던 나무를 때서 만든 것이오!" 동석자들은 이 말을 믿지 않았고 은밀히 사람을 시켜 알아보게 했던 바, 과연 오래된 수레바퀴 나무를 때고 있었다.

원문| 荀勗嘗在晉武帝坐上, 食筍進飯, 謂在坐人曰, 此是勞薪炊也. 坐者未之信. 密遣問之, 實用故車脚.

주해| ㅇ故車脚(고차각)－고(故)는 고(古), 차각(車脚)은 수레바퀴를 가리킨다.

3. 어떤 사람이 양호(羊祜) 아버지의 묘지를 보고 점을 치더니, 후일 반드시 천명(天命)을 받아 천자(天子)가 될 자가 나올 것이라고 했다. 양호는 그 말이 싫어서 묘지 뒷부분을 파내어 그 운세를 제거했다. 점쟁이는 그것을 보고 즉석에서 말했다. "그래도 아직 팔이 부러진 삼공(三公)이 나올 것이다." 얼마 후 양호는 말에서 떨어져 팔이 부러졌는데 벼슬은 과연 삼공(三公)에 이르렀다.[1]

원문| 人有相羊祜父墓, 後應出受命君. 祜惡其言, 遂掘斷墓後, 以壞其勢. 相者立視之, 曰, 猶應出折臂三公. 俄而祜墜馬折臂, 位果至公.[1]

(1) 《유명록(幽明錄)》에 이런 이야기가 있다. '양호(羊祜)는 말을 교묘하게 잘 탔다. 아들이 하나 있어, 5, 6세쯤 되었는데 행동이 올바르고 잘생겨서 귀여웠다. 묘지를 파헤친 후 곧 그 아들이 죽었다. 당시 양호는 양양도독(襄陽都督)이었는데 말을 타다가 떨어져서 팔이 부러졌다. 당시의 명사들은 모두 그의 충성심에 감탄했다.'

幽明錄曰, 羊祜工騎乘. 有一兒五六歲, 端明可喜. 掘墓之後, 兒卽亡. 羊時爲襄陽都督, 因盤馬落地, 遂折臂. 于時士林, 咸歎其忠誠.

주해 | ㅇ羊祜父墓(양호부묘)－《진서(晋書)》 권34 〈양호전(羊祜傳)〉에는 '호조묘소(祜祖墓所)', 즉 양호의 할아버지 묘소로 되어 있다.

ㅇ受命君(수명군)－하늘의 명을 받아 천하의 왕이 된다. 양호가 그 말을 싫어했던 것은 자기가 섬기고 있는 진(晋)나라를 뒤엎고 천하의 왕으로 칭하는 자가 자기 가문에서 나오는 것을 걱정했기 때문이다.

ㅇ位果至公(위과지공)－정남대장군(征南大將軍)·남성후(南城侯)였던 양호는 죽은 뒤에 시중(侍中)·태부(太傅)에 추증되었다(《晋書》 권34 〈羊祜傳〉). 태부는 삼공(三公)의 하나이다.

ㅇ咸歎其忠誠(함탄기충성)－묘를 훼손함으로써 아들을 잃었고, 스스로 수명(受命)의 임금이 나올 것을 미연에 방지한 것을 충성심의 발로라고 보았던 것이다.

4. 왕무자(王武子 : 王濟)는 말[馬]의 성질을 깊이 이해하고 있었다. 일찍이 연전(連錢) 무늬가 든 말다래(말의 안장 양쪽에 늘어뜨린 가죽 흙받이)를 한 말을 탔는데, 강 앞에 서서 아무리 기다려도 [말은] 건너려고 하지 않았다. 왕무자는 말했다. "이것은 틀림없이 말다래가 더럽혀지는 게 아쉬워서 이러는 걸 게다." 사람에게 시키어 그 말다래를 떼도록 하자 말은 곧 강을 건넜다.[(1)]

원문 **王武子善解馬性. 嘗乘一馬, 箸連錢障泥. 前有水, 終日不肯渡. 王云, 此必是惜障泥. 使人解去, 便徑渡.**[(1)]

(1) 《어림(語林)》에 이런 이야기가 있다. '왕무자(王武子 : 王濟)는 선천적으로 말을 좋아했고 또 말 감별을 잘했다. 그래서 두예(杜預)는 말했다. "왕무자에게는 마벽(馬癖)이 있고 화장여(和長輿 : 和嶠)에게는 전벽(錢癖)이 있다." 무제(武帝 : 司馬炎)가 두예에게 물었다. "그대에게는 어떤 버릇이 있는고?" 대답했다. "저에게는 좌전벽(左傳癖)이 있습니다."'

語林曰, 武子性愛馬, 亦甚別之. 故杜預道, 王武子有馬癖, 和長輿有錢癖. 武帝問預, 卿有何癖. 對曰, 臣有左傳癖.

주해 ㅇ連錢障泥(연전장니)－장니는 말다래. 즉 연전(連錢 : 연결된 동전) 모양의 무늬로 된 비단 말다래.

ㅇ癖(벽)－마니아란 의미. 즉 광(狂)이란 뜻이다.

ㅇ左傳癖(좌전벽)－두예(杜預)는 《춘추좌씨경전집해(春秋左氏經傳集解)》를 저술했다.

5. 진술(陳述)은 대장군(大將軍 : 王敦)의 연(掾)이 되어 매우 경애받았다. 그가 죽자 곽박(郭璞)은 가서 몹시 슬프게 곡을 한 다음, 죽은 자를 부르면서 말했다. "사조(嗣祖 : 陳述)여, 이렇게 된 것이 도리어 행복한 것인지도 모르겠군." 얼마 후 대장군이 반란을 일으키어 그의 말대로 되었다.[(1)]

원문 **陳述爲大將軍掾, 甚見愛重. 及亡, 郭璞往哭之甚哀. 乃呼曰, 嗣祖, 焉知非福. 俄而大將軍作亂, 如其所言.**[(1)]

(1) 《진씨보(陳氏譜)》에 이런 이야기가 있다. '진술(陳述)의 자는 사

조(嗣祖)이며 영천(潁川) 허창(許昌) 사람이다. 훌륭한 명성이 있었다.'

陳氏譜曰, 述字嗣祖, 潁川許昌人. 有美名.

주해 | ㅇ郭璞(곽박)－《진서(晋書)》 권72 〈곽박전(郭璞傳)〉에 의하면 이때 곽박은 왕돈(王敦)의 기실참군(記室參軍)이었다. 한편 곽박은 오행(五行)·천문(天文)·복서(卜筮)의 술(術)에 정통했다.

6. 진(晋) 명제(明帝 : 司馬紹)는 묘자리를 점칠 줄 알았다. 곽박(郭璞)이 어떤 사람을 매장한다는 말을 듣고는 황제는 평복 차림으로 찾아가 보았다. 그리고 그 주인에게 물었다. "어찌하여 용각(龍角)의 자리에 매장하는 게요? 이렇게 하면 일족이 멸망당하게 될 것이외다." 주인이 대답했다. "곽박선생이 말했습니다. '이곳은 용이(龍耳)의 자리인즉 여기에 묻으면 3년 안에 천자께서 오실 것'이라고요." "그것은 천자가 나오겠다는 말인가요?" "천자가 나온다는 게 아닙니다. 천자께서 찾아오신다는 의미일 뿐입니다."(1)

원문 | 晋明帝解占塚宅. 聞郭璞爲人葬, 帝微服往看, 因問主人, 何以葬龍角. 此法當滅族. 主人曰, 郭云, 此葬龍耳. 不出三年, 當致天子. 帝問, 爲是出天子邪. 答曰, 非出天子, 能致天子問耳.(1)

(1) 《청오자상총서(青烏子相冢書)》에는 이런 이야기가 있다. '용각(龍角) 자리에 장사지내면 갑자기 부귀하게 되었다가 그후에 일족이 멸망당할 것이다.'

青烏子相冢書曰, 葬龍之角, 暴富貴, 後當滅門.

주해 | ㅇ龍角(용각)·龍耳(용이)－《오잡조(五雜組)》 권6에 '장지(葬地)

는 대저 생기(生氣)를 주(主)로 삼는다. 그러므로 이를 용(龍)이라고 한다'고 되어 있다.

ㅇ青烏子相冢書(청오자상총서)－송본(宋本)은 '청오자(青烏子)' 원본(袁本)은 '청조자(青鳥子)'로 되어 있다. 한(漢)나라 청오자찬(青烏子撰) 《장경(葬經 : 青烏先生의)》 1권이 지금 《진체비서(津逮秘書)》와 《학진토원(學津討原)》 등에 수록되어 있다.

7. 곽경순(郭景純 : 郭璞)은 강남으로 옮겨왔고 기양(暨陽)에서 살았다. 어머니의 묘지가 강가에서 백 보(步)도 떨어져 있지 않았다. 당시 사람들은 강과 너무 가깝지 않으냐고 말했는데 곽경순은 이렇게 말하는 것이었다. "장차 틀림없이 육지가 될 것이오."(1) 현재는 모래가 불어나서 묘지로부터 수십 리나 되는 곳까지 펼쳐졌으며 모두 뽕밭이 되어 있다. 그의 시(詩)에서 말했다. '북악(北岳)은 뾰족뾰족, 대해(大海)는 펼쳐졌는데 여기에 연이어 있는 세 개의 묘지는 어머니와 형제들 것이로다.'

원문| **郭景純過江, 居于暨陽. 墓去水不盈百步. 時人以爲近水. 景純曰, 將當爲陸.(1) 今沙漲, 去墓數十里皆爲桑田. 其詩曰, 北阜烈烈, 巨海混混, 壘壘三墳, 唯母與昆.**

(1) 《곽박별전(郭璞別傳)》에 이런 이야기가 있다. '곽박은 어렸을 때부터 경학(經學)을 좋아하며 복서(卜筮)에 통했었다. 영가연간(永嘉年間)에 천하가 어지럽게 되었을 때 곽박은 서죽(筮竹)을 팽개치고 한탄하면서 말했다. "천하 사람들이 이적(夷狄)과 동류(同類)가 될 것 같다." 그리고 친하게 지내던 집안 10여가(家)와 함께 남쪽으로 갔고 강남 기양(暨陽)에서 살았다.'

璞別傳曰, 璞少好經術, 明解卜筮. 永嘉中, 海內將亂, 璞投策歎曰, 黔黎將同異類矣. 便結親暱十餘家, 南渡江, 居于暨陽.

주해| ㅇ曁陽(기양)－진(晋)나라 때 설치한 현명(縣名). 강소성 강음현(江陰縣) 동쪽에 있었다고 한다.

ㅇ墓(묘)－송본(宋本)·원본(袁本) 모두 '묘(墓)'로 적고 있는데 《태평어람(太平御覽)》 권558에서 인용한 《세설(世說)》에는 '모망안묘(母亡安墓)'로 되어 있으며 《진서(晋書)》 권72 〈곽박전(郭璞傳)〉에도 '박(璞), 어머니 때문에 걱정이 되어 벼슬을 내놓고 장지를 기양에서 점치다'라고 되어 있으므로 이를 보충하여 어머니 묘소로 번역했다.

ㅇ烈烈(열렬)－산이 높이 솟아있는 모습.

ㅇ壘壘(누루)－묘지 등이 연이어 많은 모양.

ㅇ昆(곤)－자의(字義)로는 형(兄). 여기서는 형제로 번역했는데 곽박의 형제에 대해서는 미상(未詳).

ㅇ策(책)－점칠 때 사용하는 시초(蓍草). 서죽류(筮竹類).

ㅇ黔黎(검려)－백성.

8. 왕승상(王丞相 : 王導)은 곽박(郭璞)에게 괘(卦)를 짚어보게 하였다. 괘가 나오자 곽박이 침통한 표정을 지으며 말했다. "공(公)께서는 벼락을 맞으시겠습니다." 왕승상이 물었다. "없애는 방법이 없겠는가?" 곽박이 말했다. "수레를 준비하여 서쪽으로 몇 리쯤 가면 그곳에 측백나무가 한 그루 있을 것입니다. 그것을 공(公)의 키만큼 잘라다가 침상의 늘 주무시는 곳에 두면 재앙을 없앨 수 있습니다." 왕승상이 그 말대로 하자, 며칠이 지난 후 과연 벼락이 떨어지고 측백나무가 산산조각이 났다. 가족 중 젊은이들 모두가 그에게 "경하드립니다."라고 말했다.(1) 대장군(大將軍 : 王敦)이 말했다. "그대는 죄를 이 나무에게 떠넘겼구려."

원문| **王丞相令郭璞試作一卦. 卦成, 郭意色甚惡. 云, 公有震厄. 王問, 有可消伏理不. 郭曰, 命駕西出數里, 得一柏樹. 截斷如公長, 置牀上常寢處, 災可消矣. 王從其語. 數日中, 果**

震, 柏粉碎. 子弟皆稱慶.[(1)] 大將軍云, 君乃復委罪於樹木.

(1) 왕은(王隱)의 《진서(晋書)》에 이런 이야기가 있다. '곽박(郭璞)은 재앙을 떨쳐버리어 화(禍)를 없애고, 재앙을 구제하여 좋은 상황으로 만들었으므로 당시 사람들은 모두 경방(京房)과 관로(管輅)도 그에게 미치지 못한다고 말했다.'

王隱晉書曰, 璞消災轉禍, 扶厄擇勝. 時人咸言京・管不及.

주해 | ㅇ震厄(진액)－진(震 : ☳)은 진동(震動)・뇌(雷)의 괘(卦). 《역경(易經)》 진괘(震卦)의 상전(象傳)에는 '빈번하게 벼락 치는 것이 진(震)이다. 군자는 이로써 두려워하고 수성(修省)한다'라고 되어 있다. 여기서는 낙뢰(落雷)의 재액을 가리킨다.

ㅇ君乃復委罪云云(군내복위죄운운)－재액을 남에게 떠넘기면 그 몸은 재액을 면할 수 있다고 하는 사고방식은 고대로부터 있어 왔다. 《사기(史記)》 권40 〈초세가(楚世家)〉 소왕(昭王) 27년조에도 그런 이야기가 보인다. 초나라 소왕이 군중(軍中)에서 병에 걸렸을 때 빨간 구름이 새처럼 태양을 품고 난다는 재액의 징조가 나타나자, 소왕은 그 까닭을 태사(太史)에게 물었는데, 태사는 그것은 왕을 해치코자 하는 것인데 그 해를 장상(將相)들에게 떠넘길 수 있다고 했다. 장상들은 태사의 말을 듣고 몸을 바치겠다며 신(神)에게 기도하고자 했는데 소왕은, 장상들이야말로 자신의 한쪽 팔이라며 화(禍)를 전화시킨다 해도 그 화가 자신에게서 떠나지 않을 것이라며 허락하지 아니했다고 한다.

ㅇ京(경)－경방(京房). 한(漢)나라 사람. 초연수(焦延壽)에게서 역학(易學)을 배웠고, 《경씨역전(京氏易傳)》을 저술했다. 본성(本姓)은 이(李)였는데 음률(音律)의 이치를 터득한 다음 스스로 경씨(京氏)라 칭했다고 한다. 《한서(漢書)》 권75에 전(傳)이 있다. 또 〈규잠편(規箴篇)〉 2 참조.

ㅇ管(관)－관로(管輅). 위(魏)나라 평원(平原) 사람. 점서(占筮)의 명인으로서 자(字)는 공명(公明)이다. 《삼국지(三國志)》 권29에 전(傳)이 있다. 〈규잠편〉 6과 그 유주(劉注)에서 인용한 《관로별전(管輅別傳)》을

참조할 것.

9. 환공(桓公 : 桓溫)의 부하에 술 감별을 잘하는 주부(主簿)가 있었다. 술이 있으면 언제나 그에게 먼저 맛을 보도록 하였다. 그는 좋은 술인 경우 '청주(青州)의 종사(從事)'라 했고, 나쁜 술인 경우 '평원(平原)의 독우(督郵)'라고 말했다. 청주에는 제군(齊郡)이 있고, 평원에는 격현(鬲縣)이 있다. 종사란 (술이) 배꼽[臍 : 齊]에까지 도달하는 것을 말하고, 독우는 (술이) 횡격막[膈 : 鬲]에서 멈추는 것을 가리키는 것이다.

원문| 桓公有主簿善別酒. 有酒輒令先嘗. 好者謂青州從事, 惡者謂平原督郵. 青州有齊郡, 平原有鬲縣. 從事言到臍, 督郵言在鬲上住.

주해| ㅇ主簿(주부)－장부에 관한 일을 관장하는 속관.

ㅇ青州從事(청주종사)－청주자사(青州刺史)의 속료(屬僚). 종사란 별가종사사(別駕從事史), 치중종사사(治中從事史), 부종사(部從事)의 총칭. 청주는 오늘날의 산동성(山東省) 일대를 가리킨다.

ㅇ平原督郵(평원독우)－독우는 군(郡)의 속료 중 하나로서 속현(屬縣)을 감독하는 임무를 띤다. 평원은 오늘날의 산동성 평원현 근방에 두었던 군(郡). 독우는 종사보다 질록(秩祿)이 낮은 관원이기도 하다.

ㅇ齊郡(제군)·鬲縣(격현)－제(齊)는 제(臍)에, 격(鬲)은 격(膈)과 통하며, 좋은 술은 배꼽[臍]에까지 도달하고, 나쁜 술은 횡격막 부근에서 멈추고 마는 것을 지명(地名)을 들어 말한 것이다.

10. 치음(郗愔)은 도교(道敎)를 독실하게 열심히 믿었다. 어느 때 배탈이 났는데 어떤 의원(醫員)도 고치지를 못했다. 우법개(于法開)

가 유명하다는 말을 듣고 그를 불러오게 하였다. 우법개는 오자마자 곧 맥을 짚어보고 말했다. "군후(君侯)께서 앓고 있는 병은 바로 정진(精進)을 너무 지나치게 해서 생긴 것입니다." 그리고 탕약 한 제를 지어서 그에게 주었다. 그것을 복용했더니 곧바로 설사가 나왔고, 주먹 크기만한 종이 뭉치가 몇 개 나왔다. 그것을 펴보니 이전에 삼켰던 도교의 부적들이었다.(1)

원문| 郗愔信道甚精勤. 常患腹內惡, 諸醫不可療. 聞于法開有名, 往迎之. 旣來, 便脈云, 君侯所患, 正是精進太過所致耳. 合一劑湯與之. 一服, 卽大下, 去數段許紙如拳大. 剖看, 乃先所服符也.(1)

(1) 《진서(晉書)》에 이런 이야기가 있다. '우법개(于法開)는 의술이 뛰어났었다. 한번은 출타했다가 해가 저물어 어떤 집에 묵게 되었는데 그집 주인의 아내가 산고(產苦)를 치르는 중이었다. 그런데 며칠이 지나도 해산을 못하고 있는 것이었다. 우법개가 말했다. "이것은 쉽게 치료할 수 있소." 그리고 살진 양 한 마리를 잡아가지고 그 저민 고기 10여 점을 먹인 다음 침을 놓으니, 곧 아기를 낳았는데 양 기름기에 싸여 있었다. 그 의술의 정묘함이 이와 같았다.'

晉書曰, 法開善醫術. 嘗行, 暮投, 主人妻產, 而兒積日不墮. 法開曰, 此易治耳. 殺一肥羊, 食十餘臠而針之. 須臾兒下, 羊膋裹兒出. 其精妙如此.

주해| ㅇ符(부)-도교에서는 정진(精進)의 한 가지 방법으로 부적을 먹었다.

ㅇ法開善醫術(법개선의술)-《양고승전(梁高僧傳)》 권4에 우법개는 의술에 묘통(妙通)했다는 기록이 있다. 사안(謝安)・왕탄지(王坦之) 등과 교

유가 있었으며 당시 지둔(支遁)과 명성을 다투었다(〈文學篇〉 45조).
ㅇ臠(연)－칼로 저미어 부드럽게 한 고기.
ㅇ膋(요)－뱃가죽 안쪽에 낀 기름기.

11. 은중군(殷中軍 : 殷浩)은 경맥(經脈)을 보는 데 정통했으나 중년이 되자 완전히 중단하였다. 평소 늘 부리던 하인이 돌연 머리를 조아리며 피를 흘리므로 은호가 그 까닭을 묻자 그는 말했다. "필사적인 소원이 있습니다만 도저히 말씀드릴 수가 없습니다." 은호가 다시 여러 가지로 질문하자 잠시 후에 그는 말했다. "저의 어머니는 이제 곧 백 살이 됩니다만 오랫동안 병으로 앓고 있습니다. 만약 나리께서 한번 진맥을 해주신다면 틀림없이 살아날 수 있을 것입니다. 그렇게 되기만 한다면 저는 죽어도 한이 없겠습니다." 은호는 그의 깊은 효성에 감동되어 환자를 데려오게 하였고 진맥한 다음 약을 지어주었다. 그 약을 한번 달여서 먹으니 병은 금방 치유되었다. 은호는 그후 경방 진료법을 기록한 책을 모두 불태워 버렸다.

원문| 殷中軍妙解經脈, 中年都廢. 有常所給使, 忽叩頭流血. 浩問其故, 云, 有死事, 終不可說. 詰問良久, 乃云, 小人母, 年垂百歲, 抱疾來久. 若蒙官一脈, 便有活理. 訖就屠戮無恨. 浩感其至性, 遂令舁來, 爲診脈處方. 始服一劑湯, 便愈. 於是悉焚經方.

주해| ㅇ經脈(경맥)－경락(經絡)·혈맥(血脈)이란 의미. 《영추경(靈樞經)》〈본장편(本藏篇)〉에 '경맥은 혈기(血氣)를 통하게 하여 음양을 영위토록 하고, 근골(筋骨)을 촉촉하게 하여 관절에 좋도록 한다'라고 되어 있다.
ㅇ官(관)－〈상서편(傷逝篇)〉 12 주해 참조.

ㅇ經方(경방)－《한서(漢書)》〈예문지(藝文志)〉 방기략(方技略)에는 《오장육부비십이병방(五藏六府痺十二病方)》 30권을 비롯하여 경방(經方) 11가(家), 274권의 책이 저록되었고 모두 약제 치료법을 기록하고 있다. 지금은 그 대부분이 전해오지 않는다.

교 예
巧 藝
……….
제21

1. 탄기(彈棊)는 위(魏)나라 궁궐 안에서 화장품 상자를 사용한 놀이에서 시작되었다.(1) 문제(文帝 : 曹丕)는 특별히 이 놀이를 잘했는데 수건 모서리로 바둑알을 튕기면 맞추지 못하는 게 없었다. 어떤 손님이 스스로 그 놀이를 잘한다고 하자 황제가 시켰는데 그 손님은 갈포(葛布) 두건을 쓰고 그 모서리로, 머리를 숙인 채로 바둑알을 튕겼다. 그런데 그 정묘함이 문제보다 나았다.(2)

원문| **彈棊始自魏宮內 用妝奩戲.(1) 文帝於此戲特妙. 用手巾角拂之, 無不中. 有客自云能. 帝使爲之, 客箸葛巾, 角低頭拂棊, 妙踰於帝.(2)**

(1) 부현(傅玄)의 〈탄기부서(彈棊賦敍)〉에 이런 이야기가 있다. '한(漢)나라 성제(成帝 : 劉驁)가 축국(蹴鞠)을 좋아했는데 유향(劉向)은 이 놀이가 몸을 피로하게 하고, 힘을 소모시키므로 천자가 할 것이 못된다며 그 체제를 바탕으로 하여 탄기를 만들었다. 이제 그 하는 방법을 보니 축국과 같다.' 생각하건대 부현의 이 말

에 의하면 탄기 놀이는 그 유래가 오래되었다. 또 〈양기전(梁冀傳)〉에도 '양기는 탄기, 격오(格五)를 잘했다'고 했다. 따라서 여기에 위(魏)나라 때 시작되었다고 한 것은 잘못이다.

傅玄彈棊賦敍曰, 漢成帝好蹴踘. 劉向以謂勞人體, 竭人力, 非至尊所宜御. 乃因其體, 作彈棊. 今觀其道, 蹴踘道也. 按, 玄此言, 則彈棊之戲, 其來久矣. 且梁冀傳云, 冀善彈棊格五. 而此云起魏世, 謬矣.

(2) 《전론(典論)》의 문제(文帝 : 曹丕) 자서(自敍)에 이런 이야기가 있다. '유희에 대하여 나는 그다지 좋아하지 않았지만 단지 탄기만큼은 거의 그 정묘함을 터득했고, 젊었을 때 그 부(賦)를 지은 일이 있다. 옛날, 도읍에 고수(高手) 두 사람이 있었는데 합향후(合鄕侯) 동방세안(東方世安)과 장공자(張公子)이다. 나는 언제나 그들과 대국할 수 없는 것을 유감스럽게 생각했다.'

《박물지(博物志)》에는 이런 이야기가 있다. '문제(文帝)는 탄기에 재주가 있었으며, 수건 모서리를 사용하여 튕길 수가 있었다. 당시 어떤 서생(書生)이 있었는데 그는 머리를 숙인 채, 쓰고 있는 갈포(葛布) 두건 모서리로 바둑알을 튕길 수 있었다.'

典論帝自敍曰, 戲弄之事, 少所喜, 唯彈棊略盡其妙. 少時嘗爲之賦. 昔京師少工有二焉, 合鄉侯東方世安·張公子. 常恨不得與之對也.

博物志曰, 帝善彈棊, 能用手巾角. 時有一書生, 又能低頭以所冠葛巾角撇棊也.

주해 | ㅇ巧藝(교예)-'예(藝)'에 교묘하다는 의미이다. '예(藝)'란, 옛날에는 '육예(六藝 : 禮·樂·射·御·書·數)'를 가리키는 말이었는데 육조(六朝)로부터 당(唐)나라에 걸쳐서는 주로 금기서화(琴棊書畵) 등 문아(文雅)한 놀이를 의미하는 말이 되었고 예술이란 의식에 눈을 떠간다. 이것은 당시의 귀족생활을 배경으로 한 박학다예(博學多藝)를 존

중하는 시대사조(時代思潮)와 밀접한 관계가 있으며, 회화(繪畵)의 고개지(顧愷 之), 글씨의 왕희지(王羲之)·왕헌지(王獻之) 부자 등, 오늘날 이른바 예술사(藝術史)의 조상으로 추앙받는 사람들이 출현했다. 《세설신어》의 이 〈교예편〉에는 그들 기예에 정묘한 사람들의 이야기를 모아놓고 있는데 고개지에 관한 것을 제일 많이 수록하고 있다.

ㅇ彈棊(탄기)—바둑알을 튕기는 유희의 이름. 두 사람이 돌로 만든 철형(凸型)의 단에 마주앉아서 흑과 백의 바둑알을 각각 6개씩 사용하되 서로 손가락으로 튕기며 노는 놀이이다. 상대방의 바둑알에 맞으면 그 바둑알을 들어내고 맞지 않으면 상대방에게 잡히는데 빨리 떨어지는 편이 패한다.

ㅇ妝奩(장렴)—화장도구를 넣어두는 상자류. '장렴(粧奩)'과 같다. 송본(宋本)에는 '장(妝)'을 '상(牀)'으로 적고 있다. 《태평어람(太平御覽)》 권755에서 인용한 〈탄기경후서(彈棊經後序)〉에 의하면 후한말(後漢末), 조조(曹操)가 정치의 실권을 잡자 박혁(博奕) 도구를 궁중에 놓아둘 수 없게 되었다. 그래서 궁녀들은 탄기를 흉내내어 장렴(粧奩) 위에서 비녀와 빗 등을 사용하여 놀았다고 한다(단 이 說은 彈棊의 발생을 魏나라 시대에 두지 않는다).

ㅇ角低頭(각저두)—《세설전본(世說箋本)》의 두주(頭注)에는 이 세 글자 위에 탈자(脫字)가 있는 게 아닌가 의심하고 저(著)는 용(用)으로 써야 한다는 혹설(或說)도 들고 있다.

ㅇ梁冀傳(양기전)—《후한서(後漢書)》 권64.

ㅇ格五(격오)—주사위의 하나. 《후한서(後漢書)》 〈양기전〉의 이현(李賢) 주(注)에서 인용한 포굉(鮑宏)의 《새경(簺.經)》에는 '새유사채(簺.有四采), 새(簺)·백(白)·승(乘)·오시야(五是也). 지오즉격(至五卽格), 부득행(不得行), 고위지격오(故謂之格五)'라고 되어 있는데 그 방법의 상세한 점은 미상.

ㅇ爲之賦(위지부)—《예문유취(藝文類聚)》 권74 교예부(巧藝部)에는 위(魏)나라 문제(文帝)의 〈탄기부(彈棊賦)〉를 싣고 있다.

ㅇ少工(소공)—송본(宋本)·원본(袁本) 모두 '소공(少工)'으로 적고 있는데 《태평광기(太平廣記)》 권228에서 인용한 《세설(世說)》에는 '묘공(妙

工)'으로 적고 있으며 여기서는 그것에 근거하여 번역했다. 또 《삼국지(三國志)》 권2 〈문제기(文帝紀)〉에서 인용한 《전론(典論)》 〈제자서(帝自叙)〉에서는 '선공(先工)'으로 적고 있다.

ㅇ合鄕侯東方世安(합향후동방세안)·張公子(장공자)-《삼국지》 〈문제기〉에서 인용한 《전론》 〈제자서(帝自叙)〉에는 '석경사선공유마합향후(昔京師先工有馬合鄕侯)·동방안세(東方安世)·장공자(張公子). 상한부득여피수자가대(常恨不得與彼數子者對)'라고 되어 있는데 '피수자자(彼數子者)'란 말로 볼 때 세 사람인 것 같으며, 또 이름의 글자도 다소 차이가 있다.

ㅇ博物志(박물지)-송본(宋本)에는 '지(志)'를 '기(記)'로 적고 있는데 《삼국지》 〈문제기(文帝紀)〉의 배주(裵注)에 같은 글이 인용되어 있고, 《박물지(博物志 : 張華 著)》로 적고 있으므로 원본(袁本)에 따라 '지(志)'로 번역했다.

2. 능운대(陵雲臺)의 누관(樓觀)은 정교하게 만들어졌다. 사전에 수많은 목재의 경중(輕重)을 재고, 그것을 근거로 건축했기 때문에 조금도 어긋남이 없었다. 능운대는 굉장히 높았으므로 항상 바람에 흔들렸지만 결코 무너질 염려는 없었다. 위(魏) 명제(明帝 : 曹叡)가 능운대에 올라갔을 때 그 형세가 위험함을 두려워하여 따로 큰 목재로 받치게 했더니 누관이 무너져 버렸다. 논자(論者)들은 경중의 힘이 한쪽으로 쏠렸기 때문이라고 했다.[(1)]

원문| **陵雲臺樓觀精巧. 先稱平衆木輕重, 然後造構, 乃無錙銖相負. 揭臺雖高峻, 常隨風搖動, 而終無傾倒之理. 魏明帝登臺, 懼其勢危, 別以大材扶持之, 樓便頹壞. 論者謂輕重力偏故也.**[(1)]

(1) 《낙양궁전부(洛陽宮殿簿)》에 이런 이야기가 있다. '능운대(陵雲

臺)는 위쪽 벽이 13장(丈) 사방으로서 높이 9척(尺), 누(樓)는 4장(丈) 사방으로서 높이 5장(丈), 기둥은 지면(地面)으로부터 13장(丈) 5척(尺) 7촌(寸) 5푼(分)의 높이이다.'

洛陽宮殿簿曰, 陵雲臺, 上壁方十三丈, 高九尺. 樓方四丈, 高五丈. 棟去地十三丈五尺七寸五分也.

주해| ㅇ陵雲臺(능운대)－위(魏) 문제(文帝) 황초(黃初) 2년, 선양문(宣陽門) 안에 지은 누대(樓臺). 중권(中卷) 〈규잠편(規箴篇)〉 7에도 보인다.

ㅇ錙銖(치주)－1량(兩)의 24분의 1을 주(銖)라 하는데 치(錙)는 6주(銖). 모두 무게의 단위인데 아주 작은 단위이다.

3. 위중장(韋仲將 : 韋誕)은 글씨를 아주 잘 썼다. 위(魏) 명제(明帝 : 曹叡)가 궁전을 지었을 때, 편액을 달고자 하여 위중장에게 사닥다리에 올라가 글씨를 쓰게 하였다. 위중장이 내려오자 머리털과 구레나룻이 하얗게 세어 있었다. 그는 자손들에게 경계하기를 두번 다시 글씨를 배우지 못하게 했다.(1)

원문| **韋仲將能書. 魏明帝起殿, 欲安榜, 使仲將登梯題之. 旣下, 頭鬢皓然. 因敕兒孫勿復學書.**(1)

(1) 《문장서록(文章敍錄)》에 이런 이야기가 있다. '위탄(韋誕)의 자는 중장(仲將)이고 경조(京兆) 두릉(杜陵) 사람이며 태복경(太僕卿) 위단(韋端)의 아들이다. 문장과 학문에 뛰어났으며 글을 잘 지었다. 광록대부(光祿大夫)가 되어 졸(卒)했다.'

위항(衛恒)의 《사체서세(四體書勢)》에 이런 이야기가 있다. '위탄(韋誕)은 해서(楷書)를 잘 썼는데 위나라 궁전에는 위탄이 뜬 편액이 많았다. 명제(明帝 : 曹叡)가 능소관(陵霄觀)을 세웠을 때 실수하여 먼저 편액을 걸고 못질을 했다. 그래서 위탄을 바구니에 태우고 도르래를 사용하여 밧줄로 끌어올리어 편액을 쓰게 했다. 편액은 지상 25장(丈)이나 되었으므로 위탄은 매우 두려워했다. 그래서 자손들에게 경계하여 이 해서 필법을 그만두라고 했으며 이것을 가훈(家訓)으로 삼았다.'

文章敍錄曰, 韋誕字仲將, 京兆杜陵人. 太僕端子. 有文學, 善屬辭. 以光祿大夫卒.

衛恆四體書勢曰, 誕善楷書, 魏宮觀多誕所題. 明帝立陵霄觀, 誤先釘榜. 乃籠盛誕, 轆轤長絙引上, 使就題之. 去地二十五丈, 誕甚危懼. 乃戒子孫絕此楷法, 箸之家令.

주해 | ㅇ安榜(안방)－'안(安)'은 안치(安置)란 의미. '방(榜)'은 편액.
ㅇ四體書勢(사체서세)－책 이름. 《수서(隋書)》〈경적지(經籍志)〉에 '사체서세 1권, 진장수교위위항찬(晋長水校尉衛恒撰)'이라고 되어 있다.

4. 종회(鍾會)는 순제북(荀濟北 : 荀勗)의 외당숙(外堂叔)이었는데 두 사람은 사이가 안좋았다. 순욱은 백만금이나 가는 보검(寶劍)을 가지고 있었는데 언제나 어머니 종부인(鍾夫人)에게 맡겨두고 있었다.(1) 종회는 글씨를 잘 썼으므로 순욱의 필적을 흉내내어 순욱의 어머니에게 편지를 써보내어 그 보검을 훔쳤고, 돌려주지 아니했다.(2) 순욱은 종회의 소행인 줄 알았지만 되돌려 받을 길이 없어서 복수할 방법을 생각했다. 그후 종회 형제[鍾會와 鍾毓]가 천만금을 들여서 저택을 지었다. 완성되자 굉장히 멋진 건축물이 되었는데 아직 들어가 살지는 않았다. 순욱은 그림을 썩 잘 그렸으므로 몰래 들어가 종회가 지은 새 건물의 문간방에 그의 아버지 태부(太傅 : 鍾繇)의 초상을 그렸다. 의상과 용모가 살아 있을 때 그대로였다. 종회 형제는 문

에 들어서자마자 몹시 슬퍼했는데 새집은 그대로 폐가(廢家)가 되고 말았다.(3)

원문 鍾會是荀濟北從舅, 二人情好不協. 荀有寶劍, 可直百萬. 常在母鍾夫人許.(1) 會善書, 學荀手跡, 作書與母取劍, 仍竊去不還.(2) 荀勗知是鍾, 而無由得也. 思所以報之. 後鍾兄弟以千萬起一宅. 始成, 甚精麗, 未得移住. 荀極善畫. 乃潛往畫鍾門堂, 作太傅形象. 衣冠狀貌如平生. 二鍾入門, 便大感動, 宅遂空廢.(3)

(1) 공씨(孔氏)의 《지괴(志怪)》에 이런 이야기가 있다. '순욱(荀勗)은 보검(寶劍)을 아내에게 맡겨두었다.'
孔氏志怪曰, 勗以寶劍付妻.

(2) 《세어(世語)》에는 이런 이야기가 있다. '종회(鍾會)는 남의 서체를 흉내내는 데 교묘했다. 촉(蜀)을 칠 때 검각(劍閣)에서 등애(鄧艾)의 장표(章表)가 오는 것을 기다렸다가 그 말을 생략하고 대부분을 스스로 자랑하는 말로 바꾸어 매우 오만한 글로 만들었다. 등애는 이 때문에 체포되었다.'
世語曰, 會善學人書, 伐蜀之役, 於劍閣要鄧艾章表, 皆約其言, 令詞旨倨傲, 多自矜伐. 艾由此被收也.

(3) 공씨의 《지괴(志怪)》에는 또 이런 말이 있다. '당시 사람들은 순욱이 종회에게 복수한 것은 잃은 것의 수십 배나 된다'고 말했다. 종회와 순욱이, 글씨와 그림을 교묘하게 쓰고 그리는 것은 교묘함의 극치였다.'
孔氏志怪曰, 于時咸謂勗之報會, 過于所失數十倍. 彼此書畫, 巧妙之極.

주해 ㅇ從舅(종구)-어머니의 종부형제를 가리킨다. 단,《진서(晋書)》 권39의 〈순욱전(荀勗傳)〉에 의하면 '순욱은 종회의 종생(從甥)'이며 종생이란 자매(姉妹)의 아들이다. 즉 종회는 순욱의 어머니의 형제에 해당한다.

ㅇ孔氏志怪(공씨지괴)-〈자신편(自新篇)〉 1의 주해 참조.

ㅇ伐蜀之役(벌촉지역)-촉장(蜀將) 강유(姜維)가 국경 주변을 자주 위협하자 위(魏)나라 사마소(司馬昭 : 文王)는 촉을 토벌할 기회를 엿보고 있었는데 원제(元帝 : 曹奐)의 경원(景元) 4년(263) 가을, 등애와 종회 등을 파견하여 촉을 토벌케 했다. 등애와 종회는 잇달아 촉의 도읍 성도(成都)에 쳐들어갔다. 촉제(蜀帝)인 유선(劉禪)은 등애에게 항복했다. 두 사람은 이 촉을 평정한 공으로, 등애는 태위(太尉)에, 종회는 사도(司徒)에 각각 승진하였다. 한편 은밀히 위(魏) 왕조에 모반의 뜻을 품고 있던 종회는 전횡(專橫)의 기미를 보이기 시작한 등애를 모반할 기색이 있다고 밀고함과 동시에 검각(劍閣)에서 기다리다가, 등애가 위 왕조에 올리는 장표(章表)를 가로채고 그 내용을 모두 고치어, 기고만장한 말투로 만들었다. 이렇게 하여 위 왕조에서는 조서(詔書)를 내리어 함거(檻車 : 호송차)로 등애를 실어오게 하였다. 그후 종회는 거리낄 것이 없게 되자 마침내 모반을 일으켰다(《三國志》 권28 〈종회전〉, 《資治通鑑》 권78 등).

ㅇ皆約其言(개약기언)-《삼국지》 권28 〈종회전〉의 배주(裵注)에서 인용한 《세어(世語)》에는 '모두 그 말을 바꾸다'라고 되어 있다.

5. 양장화(羊長和 : 羊忱)는 박학하고 글씨를 잘 썼으며,(1) 기사(騎射)에 뛰어났고 위기(圍棊)를 잘했다. 양씨(羊氏)네 사람들로서 그후 글씨를 잘 쓰는 사람은 많이 나왔는데, 기사(騎射)나 박혁(博奕), 기타 제예(諸藝)에서 그에 미치는 자는 없었다.

원문 羊長和博學工書.(1) 能騎射, 善圍棊. 諸羊後多知書, 而射奕餘藝莫逮.

(1) 《문자지(文字志)》에 이런 이야기가 있다. '양침(羊忱)은 원래 초서(草書)를 잘 썼는데, 또 행서와 예서도 잘 써서 당시에 평판이 있었다.'

文字志曰, 忱性能草書, 亦善行隸, 有稱於一時.

6. 내안도(戴安道 : 戴逵)는 범선(范宣)에게서 배웠다.[1] 범선이 하는 것을 보고, 범선이 책을 읽으면 자기도 책을 읽고, 범선이 책을 베끼면 자기도 책을 베꼈다. 그는 유독 그림을 좋아했다. 범선은 그것을 무용한 것이라며 이런 것을 하는 데 마음을 번거롭게 해서는 안된다고 생각했다. 대안도는 그래서 남도부(南都賦)의 그림을 그렸던 바 범선은 다시 보게 되었다. 그는 크게 감탄하면서 이것은 유익한 것이라고 생각했으며 비로소 그림을 중시하게 되었다.

원문| **戴安道就范宣學.[1] 視范所爲, 范讀書亦讀書, 范抄書亦抄書. 唯獨好畫. 范以爲無用, 不宜勞思於此. 戴乃畫南都賦圖, 范看畢, 咨嗟甚, 以爲有益, 始重畫.**

(1) 《중흥서(中興書)》에 이런 이야기가 있다. '대규(戴逵)는 천리길을 멀다 하지 않고 예장(豫章)에 가서 범선(范宣)을 찾았다. 범선은 대규를 보자 크게 감동하고 형의 딸을 그의 아내로 주었다.'

中興書曰, 逵不遠千里往豫章詣范宣. 宣見逵, 異之, 以兄女妻焉.

주해| ○南都賦圖(남도부도)－후한(後漢)의 장형(張衡)에게 〈남도부〉가 있다. 형주(荊州) 남양군(南陽郡)은 광무제(光武帝)의 고향이므로 도(都)가 두어졌다. 그 정청(政廳)이 있는 완(宛)은 낙양(洛陽)에서 본다면 남쪽에 위치했으므로 남도(南都)라고 불렀다. 이 부(賦)는 《문선

(文選)》 권4에 수록되어 있다.

7. 사태부(謝太傅 : 謝安)가 말했다. "고장강(顧長康 : 顧愷之)의 그림은 이 세상에 사람이 있은 이후로 없었던 것이다."[(1)]

원문| **謝太傅云, 顧長康畫, 有蒼生來所無.**[(1)]

(1) 《속진양추(續晋陽秋)》에 이런 이야기가 있다. '고개지(顧愷之)는 특히 그림을 좋아했는데 당시에는 어깨를 나란히 할 사람이 없을 정도로 뛰어났다. 일찍이 한 상자의 그림을 환현(桓玄)에게 맡겨 두었는데 그 그림들은 모두 절묘한 것들로서 무척이나 아끼던 것들이었다. 그 상자는 모두 앞면을 풀로 봉인하고 표시를 해두었었다. 그래서 환현은 상자 뒤쪽을 열고 그림을 꺼낸 다음 예전대로 뒤처리를 해서 고개지에게 돌려주었다. 고개지는 봉인해 두었던 것은 그대로인데 그림은 완전히 사라진 것을 확인하고 얼른 이렇게 말했다. "절묘한 그림은 영력(靈力)을 나타내어 우화(羽化)해서 날아가는 법이야. 그것은 마치 사람이 등선(登仙)하는 것과 같은 것이로다."'
續晋陽秋曰, 愷之尤好丹靑, 妙絶於時. 曾以一廚畫寄桓玄, 皆其絶者, 深所珍惜. 悉糊題其前. 桓乃發廚後取之, 好加理, 復愷之. 見封題如初, 而畫竝不存, 直云, 妙畫通靈, 變化而去. 如人之登仙矣.

주해| ㅇ廚(주)-궤. 상자.

8. 대안도(戴安道 : 戴逵)는 중년 무렵, 행상(行像)의 그림을 그렸

는데 실로 정묘했었다. 유도계(庾道季 : 庾龢)는 이것을 보고 대안도에게 말했다. "(行像에 깃들인) 정신이 너무 세속적이오. 이것은 그대의 속념(俗念)이 아직 남아 있기 때문이오." 대안도는 말했다. "옛날의 무광(務光)만이 그대의 이런 말을 듣지 않고 넘어갈 수 있을 게요."(1)

원문| **戴安道中年畫行像甚精妙. 庾道季看之, 語戴云, 神明太俗, 由卿世情未盡. 戴云, 唯務光當免卿此語耳.**(1)

(1) 《열선전(列仙傳)》에 이런 이야기가 있다. '무광(務光)은 하(夏)나라 시대 사람이다. 귀의 길이가 7치나 되었으며, 즐겨 금(琴)을 타고, 창포와 부추의 뿌리를 복용했다. 은(殷)나라 탕왕(湯王)이 하나라 걸왕(桀王)을 토벌하려고 했을 때, 무광에게 이 일을 상담했다. 무광은 말했다. "그것은 내가 관여할 일이 아닙니다." 탕왕이 "이윤(伊尹)은 이 싸움에서 어떠할고?"라고 묻자 무광이 대답했다. "인내심이 강하여 치욕을 참아내긴 하지만 그밖의 것은 모릅니다." 탕왕은 천하를 평정하면 무광에게 물려주려고 했다. 무광은 말했다. "도(道)가 행해지지 않는 세상에서는 그 땅에 발도 들여놓지 않는다고 들었습니다. 하물며 나 같은 자에게 천하를 물려주시다니요." 그리고 돌을 짊어지고 노수(盧水)에 몸을 던지어 죽었다.'
列仙傳曰, 務光, 夏時人也. 耳長七寸, 好鼓琴, 服菖蒲韭根. 湯將伐桀, 謀於光. 光曰, 非吾事也. 湯曰, 伊尹何如. 務光曰, 彊力忍詬, 不知其它. 湯克天下, 讓於光. 光曰, 吾聞無道之世, 不踐其土. 況讓我乎. 負石自沈於盧水.

주해| ㅇ行像(행상)—석가탄신일인 음력 4월 8일, 장식을 한 수레에 불상(佛像)을 싣고 시내를 돌아다니는 행렬. 관불(灌佛)과 함께 석가탄

신의 기념행사로 꼽힌다. 《고승법현전(高僧法顯傳)》〈우전국(于闐國)〉조에 상세히 나와 있다. 《법원주림(法苑珠林)》 권16에는 '규우조행상오구(逵又造行像五軀), 적려십년(積慮十年), 상구재와관사(像舊在瓦官寺)'라고 적혀 있다.

ㅇ列仙傳(열선전)－권상(卷上).

ㅇ彊力(강력)－《한서(漢書)》 권61 안사고(顔師古)의 주(注)에 '일에 견인(堅忍)한 것을 가리킨다'라고 되어 있다.

ㅇ忍詬(인후)－후(詬)는 치(恥)란 의미. 부끄러움을 잘 참아내는 것. 여기서는 군주를 시해(弑害)하는 일도 태연하게 해낼 수 있는 것을 암시하는 것이리라.

ㅇ盧水(노수)－《열선전(列仙傳)》 권상(卷上)에는 '요수(蓼水)'로 되어 있다.

9. 고장강(顧長康 : 顧愷之)은 배숙칙(裵叔則 : 裵楷)을 그릴 때 볼에 세 개의 털을 덧그렸다. 어떤 사람이 그 이유를 묻자 고개지는 대답했다. "배해는 준수 활달하고 식견이 있소. 이것이 그 식견을 나타내는 것이외다." 그림을 보는 사람이 자세히 살펴보니, 과연 그 덧그린 세 개의 털에 정신이 생생하게 살아있는 것 같아서 그것을 그려 넣지 않았을 때보다 훨씬 낫다고 느껴졌다.(1)

원문| 顧長康畫裴叔則, 頰上益三毛. 人問其故, 顧曰, 裴楷儁朗有識具. 正此是其識具. 看畫者尋之, 定覺益三毛如有神明, 殊勝未安時.(1)

(1) 고개지(顧愷之)는 옛날의 현인(賢人)을 차례로 그렸고, 어느 것이나 찬(贊)을 써넣었다.
愷之歷畫古賢, 皆爲之贊也.

10. 왕중랑(王中郎 : 王坦之)은 바둑을 '좌은(坐隱)'이라 했고, 지공(支公 : 支遁)은 '수담(手談)'이라고 했다.(1)

원문| **王中郎以圍棊是坐隱, 支公以圍棊爲手談.(1)**

(1) 《박물지(博物志)》에 이런 이야기가 있다. '요(堯)는 바둑을 만들어서 아들인 단주(丹朱)를 가르쳤다.'
《어림(語林)》에는 이런 이야기가 있다. '왕탄지(王坦之)는 바둑을 손에 의한 청담(淸談)이라 했고, 친상중(親喪中)에도 상제(祥祭)를 지낸 후에는 손님이 오면 공공연하게 바둑을 두면서 즐겼다.'
博物志曰, 堯作圍棊, 以敎丹朱.
語林曰, 王以圍棊爲手談, 故其在哀制中, 祥後客來, 方幅會戲.

주해| ㅇ坐隱(좌은)－앉아있는 채로 하는 은둔.
ㅇ手談(수담)－손으로 나누는 청담(淸談).
ㅇ祥(상)－망인(亡人)의 영(靈)을 사당에 모시는 제사. 13개월째를 소상(小祥), 25개월째를 대상(大祥)이라고 하며 제사를 지낸다(자세한 것은 《儀禮》 〈士虞禮〉에 보인다).
ㅇ方幅(방폭)－공공연하게란 의미. 〈현원편(賢媛篇)〉 18의 주해 참조.

11. 고장강(顧長康 : 顧愷之)은 즐겨 사람들의 모습을 그렸다.(1) 은형주(殷荊州 : 殷仲堪)를 그리려고 하자 은중감이 말했다. "나는 모습이 안좋으니 수고하지 마시오." 고개지가 말했다. "공(公)께서는 눈 때문에 그렇게 말씀하시는 겁니다.(2) 다만 눈동자를 확실하게 그리고 비백(飛白)의 화법(畫法)으로 그 위를 칠하여 뜬구름이 태양을 가리듯 하겠습니다."(3)

원문| **顧長康好寫起人形.(1) 欲圖殷荊州, 殷曰, 我形惡, 不**

煩耳. 顧曰, 明府正爲眼爾.(2) 但明點童子, 飛白拂其上, 使如輕雲之蔽日.(3)

(1) 《속진양추(續晋陽秋)》에 이런 이야기가 있다. '고개지(顧愷之)는 그림을 절묘하게 그렸다.'
續晋陽秋曰, 愷之圖寫特妙.

(2) 중감(仲堪)은 애꾸눈이었기 때문이다.
仲堪眇目故也.

(3) 일(日)을 어떤 곳에는 월(月)로 적고 있다.
日, 一作月.

주해 | ㅇ童子(동자)－동(童)은 동(瞳)의 가차(假借).
ㅇ飛白(비백)－서체(書體)의 이름. 후한(後漢)의 채옹(蔡邕)이 창시한 수법으로서 필적(筆跡)을 비로 쓴 것처럼 스치게 하는 서법이다.
ㅇ日(일), 一作月(일작월)－《예문유취(藝文類聚)》 권74 교예부(巧藝部), 화(畫)에 인용한 《세설(世說)》에는 월(月)로 적고 있다.
ㅇ愷之(개지)－송본(宋本)에는 지(之) 자가 없다.

12. 고장강(顧長康 : 顧愷之)은 사유여(謝幼輿 : 謝鯤)가 암석(巖石) 사이에 있는 것을 그렸다. 어떤 사람이 그 까닭을 묻자 고개지는 대답했다. "사곤은 '한 언덕에서 은거하고 한 골짜기에서 낚시하는 것은 남보다 낫다'고 말한 바 있소. 그런즉 이 사람은 언덕과 골짜기 속에 두는 게 마땅하오."

원문 | 顧長康畫謝幼輿, 在巖石裏. 人問其所以, 顧曰, 謝云, 一丘一壑, 自謂過之. 此子宜置丘壑中.

주해 | ㅇ一丘一壑(일구일학)－한 개의 언덕과 한 개의 골짜기더라도 만족하기만 하면 즐길 수 있다는 뜻으로서, 몸을 속세 밖에 두고 풍류를 즐기는 것. 《한서(漢書)》 권100 서전(叙傳) 상(上)에도 이와 비슷한 말이 있고, 또 〈품조편(品藻篇)〉 17에 사곤이 자신을 유량(庾亮)에 비유하면서 '일구일학(一丘一壑), 자위과지(自謂過之)'라고 말한 기사가 보인다. 〈품조편〉 17의 주해 참조.

13. 고장강(顧長康 : 顧愷之)은 사람을 그려놓고 몇 년 동안이나 눈동자를 그려 넣지 않은 일이 있었다. 어떤 사람이 그 까닭을 묻자 고개지는 대답했다. "자태의 미추(美醜)는 본디 그림의 진수(眞髓)와는 관계가 없소. 정신을 전해주고 그 진영(眞影)을 그려내는 것은 실로 이 속에 있는 것이라오."

원문 | **顧長康畫人, 或數年不點目精. 人問其故. 顧曰, 四體妍蚩, 本無關於妙處. 傳神寫照, 正在阿堵中.**

주해 | ㅇ阿堵(아도)－육조시대(六朝時代)의 속어(俗語). 아(阿)는 발어사(發語辭)이고 도(堵)는 '이것'이란 뜻이다. 〈문학편(文學篇)〉 23과 〈규잠편(規箴篇)〉 9, 〈아량편(雅量篇)〉 29의 유주(劉注) 등에도 보인다.

14. 고장강(顧長康 : 顧愷之)이 그림에 대해서 말했다. "혜강(嵇康)의 시(詩) 중, '손은 오현(五絃)의 금(琴)을 쳐서 울린다'라는 구절은 그리기가 쉬운데, '눈은 북쪽으로 돌아가는 기러기를 보낸다'란 구절은 그리기가 어렵다."

원문 | **顧長康道畫, 手揮五絃易, 目送歸鴻難.**

주해 | ㅇ手揮五絃(수휘오현), 目送歸鴻(목송귀홍)－위(魏)나라 혜강의 〈증수재입군(贈秀才入軍)〉 시(詩 : 其四)의 2구. 《문선(文選)》 권24에 수록되어 있다. 전시(全詩)는 다음과 같다. '식도란포(息徒蘭圃), 말마화산(秣馬華山). 유반평고(流磻平皐), 수륜장천(垂綸長川). 목송귀홍(目送歸鴻), 수휘오현(手揮五絃). 부앙자득(俯仰自得), 유심태현(游心太玄). 가피조수(嘉彼釣叟), 득어망전(得魚忘筌). 영인서의(郢人逝矣), 수여진언(誰與盡言).'

총 례
寵 禮
………
제22

1. 원제(元帝 : 司馬睿)는 원단(元旦)의 의식 때 왕승상(王丞相 : 王導)을 이끌어 옥좌(玉座)에 오르도록 했다. 왕공(王公 : 왕도)은 한사코 사양했으나 중종(中宗 : 司馬睿)은 더욱 세게 잡아끌었다. 왕공이 말했다. "만약 태양이 만물과 똑같이 빛난다면 어찌 신하가 우러러볼 수 있겠습니까?"(1)

원문| **元帝正會, 引王丞相登御牀. 王公固辭. 中宗引之彌苦. 王公曰, 使太陽與萬物同暉, 臣下何以瞻仰.(1)**

(1) 《중흥서(中興書)》에 이런 이야기가 있다. '원제(元帝)는 천자(天子)의 자리에 앉자 백관이 늘어서 있는 가운데 왕도(王導)에게 명하여 어좌(御座)에 오르라고 하였다. 왕도가 극구 사양했으므로 겨우 그쳤다.'
中興書曰, 元帝登尊號, 百官陪位, 詔王導升御坐, 固辭, 然後止.

주해| ○寵禮(총례)－총애예우(寵愛禮遇)의 뜻. 천자(天子)라든가 권

력자에게 총애를 받았다든가 예우받은 사람들의 이야기를 모으고 있다.
o正會(정회)－원정(元正)의 가회(嘉會)란 뜻으로서 음력 정월 초하루날 행해지던 조회(朝會) 의식을 가리킨다. 정회의 예(禮)는 한대(漢代)에 정해졌는데 진(晋) 무제(武帝)에 의해 대폭적으로 개정되었다. 상세한 것은 《진서(晋書)》 권21 〈예지(禮志)〉 하(下) 참조.

2. 환선무(桓宣武 : 桓溫)가 일찍이 막료를 불러 숙직을 시키려고 했을 때 원굉(袁宏) · 복도(伏滔)가 차례로 도착했다. 관소(官所)에서 점호를 했더니 관소에 또 한 사람의 원(袁)이라는 참군(參軍)이 있어서, 언백(彦伯 : 袁宏)이 의아하여 전령을 다시 한번 보내어 확인토록 했다. 전령은 말했다. "참군이란 원복(袁伏)의 원씨(袁氏)인데 무얼 의아해 하십니까?"

원문| 桓宣武嘗請參佐入宿. 袁宏, 伏滔相次而至. 涖名府中, 復有袁參軍. 彦伯疑焉, 令傳敎更質. 傳敎曰, 參軍是袁伏之袁. 復何所疑.

주해| o涖名(이명)－이(涖)는 임(臨)하다란 뜻. 부중(府中)에서 이름을 부르는 것.
o傳敎(전교)－전교는 군(郡)의 관리. 교령(敎令)을 선전하는 자.
o袁伏(원복)－《진서(晋書)》 권92 〈원굉전(袁宏傳)〉에 '(원굉은) 복도(伏滔)와 마찬가지로 환온의 부(府)에 있었으며 부중에서 부를 때는 원복(袁伏)이라고 했다'라 되어 있다.

3. 왕순(王珣)과 치초(郗超)는 모두 뛰어난 재능을 가지고 있었으며 대사마(大司馬) 환온(桓溫)의 인정을 받아 발탁되었다. 왕순은 주

부(主簿), 치초는 기실참군(記室參軍)이 되었다. 치초는 수염이 많았고 왕순은 키가 작았다. 그 때문에 당시 형주(荊州)의 사람들은 말했다. "수염 참군과 땅딸보 주부는 공(公)을 기쁘게 하기도 하고, 공을 노하게 하기도 한다."(1)

원문 | **王珣, 郗超竝有奇才, 爲大司馬所眷拔, 珣爲主簿, 超爲記室參軍. 超爲人多髯, 珣狀短小. 于時荊州爲之語曰, 髯參軍, 短主簿, 能令公喜, 能令公怒.**(1)

(1) 《속진양추(續晋陽秋)》에 이런 이야기가 있다. '치초(郗超)는 뛰어난 재능이 있었으며, 왕순(王珣)은 기량(器量)과 인망(人望)이 있었다. 두 사람 모두 환온(桓溫)에게 총애와 예우를 받았다.'
續晉陽秋曰, 超有才能, 珣有器望. 竝爲溫所暱.

주해 | ㅇ多髯(다염)－'염(髯)'은 구레나룻을 뜻한다. 원본(袁本)에는 '다수(多須)'로, 《예문유취(藝文類聚)》 권19 《세설(世說)》에는 '다수(多鬚)'로 적고 있다. '수(須)'는 '수(鬚)'와 같으며 턱수염이란 의미이다.

ㅇ狀(장)－송본(宋本)에는 '행장(行狀)'으로 적고 있으나 뜻이 안 통한다. 원본(袁本)에 따라 '행(行)'을 생략했다. 한편 앞에서 인용한 《세설》에는 '형장(形狀)'으로 적고 있다.

ㅇ語曰(어왈)－앞에서 인용한 《세설》에는 '가왈(歌曰)'로 적고 있다. 이 구는 '부(簿)'와 '노(怒)'로 운(韻)을 밟고 있다.

4. 허현도(許玄度 : 許詢)가 1개월 정도 도읍에 체재하고 있을 때 유윤(劉尹 : 劉惔)은 하루도 찾아오지 않는 날이 없었다. 그리고 유윤은 탄식하며 말했다. "당신께서 잠시라도 도읍을 떠나지 않으신다면 나는 직무를 소홀히 하는 경박한 경윤(京尹)이 되고 말 것이오."(1)

원문 許玄度停都一月, 劉尹無日不往. 乃歎曰, 卿復少時不去, 我成輕薄京尹.[1]

(1) 《어림(語林)》에는 이런 이야기가 있다. '허현도(許玄度)가 도읍에 올라갔을 때 유진장(劉眞長 : 劉惔)은 9일 동안 11번이나 그를 방문했다. 그리고 말했다. "당신께서 도읍을 떠나지 않으시면 나를 박덕한 경윤(京尹)으로 만들고 맙니다."

語林曰, 玄度出都, 眞長九日十一詣之, 曰, 卿尙不去, 使我成薄德二千石.

주해 ㅇ輕薄(경박)-《색해(索解)》에는 '이직사황폐고야(以職事荒廢故也)'라고 되어 있다.

ㅇ京尹(경윤)-윤(尹)는 국도(國都)의 장관. 유윤(劉尹)은 단양(丹陽)의 윤(尹)이었다. 단양군은 당시의 도읍인 건강(建康)을 포함한 오늘날의 강소성 일대의 지역.

ㅇ二千石(이천석)-이것은 경조윤(京兆尹)을 가리킨다. 2천석의 관(官)에 대해서는 〈품조편(品藻篇)〉 8의 주해 참조.

5. 효무제(孝武帝 : 司馬曜)가 서당(西堂)에서 조회를 열었을 때, 복도(伏滔)도 그 자리에 참석했었다. 그는 집에 돌아와 수레에서 내리자마자 아들을 불러놓고[1] 말했다. "1백 명이나 모인 성대한 회합에서 천자께서는 옥좌에 앉으시자 다른 이야기는 하지 않으시고 맨 먼저 복도는 어디에 있는가라고 물으시었다. 이런 영예는 이만저만 얻기 어려운 게 아니다. 아비된 사람이 이러하니 어떠냐?"

원문 孝武在西堂會, 伏滔預坐. 還下車呼其兒,[1] 語之曰, 百人高會, 臨坐, 未得他語, 先問伏滔何在, 在此不. 此故未易

得. 爲人作父如此, 何如.

(1) 아들이란 곧 복계(伏系)이다.
구연지(丘淵之)의 《문장록(文章錄)》에 이런 이야기가 있다. '복계(伏系)의 자는 경로(敬魯)이며 벼슬하여 광록대부(光祿大夫)에 이르렀다.'
兒, 卽系也.
丘淵之文章錄曰, 系字敬魯, 仕至光祿大夫.

6. 변범지(卞範之)가 단양윤(丹陽尹)이었을 때 양부(羊孚)는 남주(南州)에서 얼마동안 도읍으로 돌아오자 변범지를 찾아가서 말했다. "나는 병이 발작되면 가만히 앉아 있을 수 없습니다." 변범지는 곧 침상의 휘장을 열어놓고 이부자리를 폈다. 양부는 대형 침상 위에 올라가 이불을 덮더니 베개를 달라고 말했다. 변범지는 앉은 자리를 침상 쪽으로 돌리고 아침부터 저녁때까지 꾸준히 지켜보고 있었다. 양부가 돌아가려고 하자 변범지가 말했다. "나는 철리(哲理)의 제1인자로서 그대에게 기대하고 있네. 그대는 내 기대에 어긋나지 않도록 하게."(1)

원문| 卞範之爲丹陽尹. 羊孚南州暫還, 往卞許, 云, 下官疾動不堪坐. 卞便開帳拂褥. 羊徑上大牀, 入被須枕. 卞廻坐傾睞, 移晨達暮. 羊去, 卞語曰, 我以第一理期卿. 卿莫負我.(1)

(1) 구연지(丘淵之)의 《문장록(文章錄)》에 이런 이야기가 있다. '변범지(卞範之)의 자는 경조(敬祖)이며 제음(濟陰) 원구(寃句) 사람이다. 할아버지 변외(卞嵬)는 하비태수(下邳太守), 아버지 변순

(卞循)은 상서랑(尙書郞)이었다. 환현(桓玄)이 보정(輔政)할 때 변범지는 단양윤(丹陽尹)으로 옮겼다. 환현이 패하자 변범지도 주살(誅殺)당했다.'

丘淵之文章錄曰, 範之字敬祖, 濟陰冤句人. 祖裒, 下邳太守. 父循, 尙書郞. 桓玄輔政, 範之遷丹陽尹. 玄敗, 伏誅.

주해 | ㅇ往卞許(왕변허)－〈문학편(文學篇)〉 104에는 동하(東下)하여 도읍을 제압하고자 했던 환현(桓玄)이, 양부(羊孚)의 문재(文才)를 중히 여기어 기실참군(記室參軍)으로 세웠다는 이야기가 보이고, 그 죽음을 애석하게 여겼다는 이야기가 〈상서편(傷逝篇)〉 18에 보인다. 변범지(卞範之)도 환현이 보정(輔政)할 때에 단양윤(丹陽尹)이 되었는데 두 사람은 똑같이 환현의 일당에 관여했었던 것이리라.

ㅇ南州(남주)－고숙(姑熟)을 가리킨다. 〈언어편(言語篇)〉 37 참조.

ㅇ傾睞(경래)－내(睞)는 '보다'는 뜻. 송본(宋本)은 '내(睞)'로 적고 있는데 여기서는 원본(袁本)에 따랐다.

ㅇ以第一理期卿(이제일리기경)－양부가 청담(淸談)에 뛰어났었다는 것은 〈문학편〉 62에 보이는데 거기서는 '양부는 원래 이의(理義)를 잘했다'고 기록하고 있다.

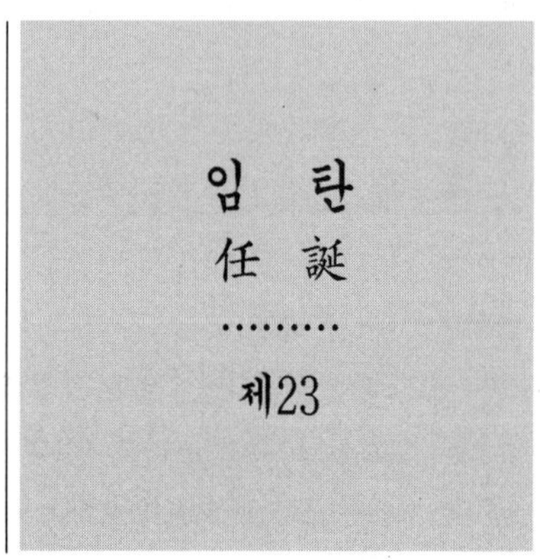

1. 진류(陳留)의 완적(阮籍), 초국(譙國)의 혜강(嵇康), 하내(河內)의 산도(山濤) 등 세 사람은 나이가 모두 엇비슷한데 혜강이 그 중 연소하여 다른 두 사람을 따르고 있었다. 그들의 교제에 끼었던 사람은 패국(沛國)의 유령(劉伶), 진류(陳留)의 완함(阮咸), 하내(河內)의 상수(向秀), 낭야(琅邪)의 왕융(王戎)이었다. 7명은 언제나 죽림(竹林)에 모여 마음껏 즐기며 술을 마셨다. 그래서 세상에서는 이들을 죽림칠현(竹林七賢)이라고 했다.(1)

원문| **陳留阮籍, 譙國嵇康, 河內山濤, 三人年皆相比, 康年少亞之. 預此契者, 沛國劉伶, 陳留阮咸, 河內向秀, 琅邪王戎. 七人常集于竹林之下, 肆意酣暢. 故世謂竹林七賢.**(1)

(1) 《진양추(晋陽秋)》에 이런 이야기가 있다. '당시 그들의 명성은 사해(四海) 안에 들렸으며, 오늘날에 이르기까지 퍼져 있다.'
晋陽秋曰, 于時風譽扇于海內, 至于今詠之.

주해| ㅇ任誕(임탄)—임달방탄(任達放誕)한 것. 세속적인 예법 따위에

는 구애받지 아니하며 자기네 멋대로 살아가는 것을 가리킨다.

ㅇ三人年皆相比(삼인연개상비)－세 사람의 생몰년(生歿年)은 다음과 같다. 산도(山濤)는 건안(建安) 10년(205)에서 태강(太康) 4년(283)까지 79세. 완적(阮籍)은 건안 15년(210)부터 경원(景元) 4년(263)까지 54세. 혜강(嵇康)은 황초(黃初) 4년(223)부터 경원 3년(262)까지 40세.

ㅇ竹林七賢(죽림칠현)－남경(南京) 교외의 '서선교동진묘전벽화(西善橋東晉墓磚壁畫)'에는 '죽림팔현도(竹林八賢圖)'가 있는데 이상의 7명에 영계기(榮啓期)를 더 그려넣었다.

ㅇ扇(선)－평판이 퍼지는 것.

2. 완적(阮籍)은 어머니 상을 당했으면서도 진(晋) 문왕(文王 : 司馬昭)이 베푼 잔칫자리에서 술을 마시고 고기를 먹었다. 사예교위(司隸校尉)인 하증(何曾)도 그 자리에 있었는데(1) 이렇게 말했다. "전하께서는 지금 효(孝)로써 천하를 다스리고 계십니다. 하온대 완적은 무거운 친상을 당하고 있으면서 공공연하게 전하의 연석에서 술을 마시고 고기를 먹고 있습니다. 바라옵건대 그를 사해(四海) 밖으로 추방하시어 풍교(風敎)를 바로잡으시옵소서." 문왕이 말했다. "사종(嗣宗 : 阮籍)은 저렇게 쇠약해졌소. 그대는 함께 슬퍼하지 않다니, 어찌된 일이오? 그리고 병이 들었을 때 술을 마시고 고기를 먹는 것은 원래 상례(喪禮)에 따르는 일이외다." 완적은 계속해서 먹고 마시며 태연한 표정이었다.(2)

| 원문 | 阮籍遭母喪, 在晉文王坐進酒肉. 司隸何曾亦在坐,(1) 曰, 明公方以孝治天下, 而阮籍以重喪, 顯於公坐飮酒食肉. 宜流之海外, 以正風敎. 文王曰, 嗣宗毁頓如此. 君不能共憂之, 何謂. 且有疾而飮酒食肉, 固喪禮也. 籍飮噉不輟, 神色自若.(2)

(1) 《진제공찬(晋諸公贊)》에 이런 이야기가 있다. '하증(何曾)의 자는

영고(穎考)이고 진군(陳郡) 양하(陽夏) 사람이며 아버지인 하기(何夔)는 위(魏)나라 태복(太僕)이었다. 하증은 고아(高雅)한 인물로 칭송받았으며 더구나 인정이 많았고 효도를 했으며 사예교위(司隷校尉)로 누천(累遷)되었다. 마음 씀씀이가 매우 엄정하여 조정에서는 그를 꺼렸다. 진(晋)나라에 벼슬하여 태재(太宰)에까지 이르렀다.'

晉諸公贊曰, 何曾字穎考, 陳郡陽夏人. 父夔, 魏太僕. 曾以高雅稱, 加性仁孝, 累遷司隷校尉. 用心甚正, 朝廷憚之. 仕晉至太宰.

(2) 간보(干寶)의 《진기(晋紀)》에는 이런 이야기가 있다. '하증은 어느 때 완적(阮籍)에게 말했다. "그대는 제멋대로 행동하여 풍속을 문란케 만드는 사람이오. 이제 충실한 현인(賢人)이 정권을 잡고, 명(名)과 실(實)을 맞도록 고찰하고 계시오. 그런즉 그대와 같은 자들이 어찌 오래 붙어있을 수가 있겠소?" 하증은 또 태조(太祖 : 司馬昭)에게 이 일을 아뢰었으나 완적은 계속 먹고 마시기를 그치지 아니했다. 그러므로 위(魏)나라 진(晋)나라 사이에, 머리도 묶지 아니한 채 세상에서 교만하게 행동하며 삶이나 죽음도 돌아보지 아니하는 인물들이 있었고 그것이 도리어 예의를 행하는 자라고 생각했던 것은 완적 때문이었다.'

《위씨춘추(魏氏春秋)》에는 이런 이야기가 있다. '완적은 선천적으로 지극한 효자였다. 복상(服喪)할 때 통상적인 예(禮)에는 따르지 않았지만 야위어서 거의 목숨을 잃을 정도였다. 그러나 예속(禮俗)의 선비인 하증(何曾) 등은 원수처럼 미워했다. 대장군(大將軍) 사마소(司馬昭)는 사물에 구애받지 않는 그의 큰 기량을 사랑하여 죽이고자 하지는 않았다.'

干寶晉紀曰, 何曾嘗謂阮籍曰, 卿恣情任性, 敗俗之人也. 今忠賢執政, 綜核名實, 若卿之徒, 何可長也. 復言之於太祖, 籍飮啖不輟. 故魏晉之閒, 有被髮夷傲之事, 背死忘生之人, 反謂行

禮者, 籍爲之也.

魏氏春秋曰, 籍性至孝, 居喪, 雖不率常禮, 而毁幾滅性. 然爲文俗之士何曾等深所讎疾. 大將軍司馬昭愛其通偉, 而不加害也.

주해 | ㅇ喪禮(상례)－부모상 때는 탈상할 때까지 고기와 술을 먹지 않는 것이 일반적인 상례인데, 병이 들었을 때는 고기와 술 먹는 것이 허용되었다. 《예기(禮記)》 〈상대기편(喪大記篇)〉에는 '질병이 있을 때는 고기를 먹고 술을 마실 수 있다'라고 되어 있다.

ㅇ陳郡(진군)－《진서(晋書)》 권33 〈하증전(何曾傳)〉에는 '진국(陳國)'으로 되어 있다.

ㅇ司隷校尉(사예교위)－국도(國都)를 중심으로 한 각 군의 비위를 관장하고 다스리는 행정감찰관.

ㅇ太宰(태재)－태사(太師)와 같다. 진(晋)나라 경제(景帝 : 司馬師)의 휘(諱)를 피하여 태재라고 하게 되었다. 태부(太傅)·태보(太保)와 함께 주대(周代)의 삼공(三公) 중 하나인데 육조시대에는 때에 따라서 당시의 삼공(三公 : 太尉·司徒·司空)보다 윗자리에, 대개는 증관(贈官)으로 두어졌다. 관품(官品)은 일품(一品).

ㅇ夷傲(이오)－이(夷)도 오(傲)도 오만한 것.

ㅇ毁幾滅性(훼기멸성)－훼(毁)는 쇠약, 멸성(滅性)은 생명을 떨구는 것. 부모상을 당하여 너무 슬퍼한 나머지 쇠약해져서 거의 목숨을 잃게 된다는 뜻이다. 이것은 유가(儒家)의 상례(喪禮)로 볼 때 분명히 지나치다는 것이다. 《예기(禮記)》 〈상복사제(喪服四制)〉에 '3일만에 음식을 먹고, 3개월만에 목욕을 하며, 1년이 지나면 연복(練服)해도 성명(性命)을 멸하지 않는 것은 죽음을 가지고 삶을 해치지 않기 위해서이다'라고 되어 있다. 이것은 부모상을 당하면 그 슬픔은 한도가 없겠지만 너무 슬퍼하다가는 도리어 몸을 상하는데, 그렇게 되면 불효라는 데에 근거를 두고 있다.

3. 유령(劉伶)은 숙취로 인하여 매우 목이 말라서 아내에게 술을

달라고 청했다. 아내는 술을 버리고 술그릇을 부숴버리더니 울면서 하소연했다. "나리의 주량은 도를 넘고 있습니다. 섭생(攝生)의 도에서 벗어나고 있습니다. 제발 끊으시라구요." 유령이 말했다. "좋소. 내 힘으로는 끊을 수가 없으니 신(神)에게 기도하고 끊겠노라고 맹세하리다. 그러니 어서 제주(祭酒)와 고기를 마련해주오." 아내는 "알겠습니다."라고 말한 다음, 술과 고기를 신전(神前)에 바쳐놓고 유령에게 어서 맹세하라고 했다. 유령은 무릎을 꿇고 기도했다. "하늘은 이 세상에 유령을 태어나게 하시고 음주(飮酒)로 이름이 나게 하셨습니다. 한번 마시면 한 섬이요, 해장하는 데는 다섯 말이라.[(1)] 아내의 잔소리 따위를 들을 리 있겠습니까?" 그리고 술을 끌어다가 고기와 함께 먹고 완전히 취해 버렸다.[(2)]

원문| **劉伶病酒渴甚, 從婦求酒. 婦捐酒毁器, 涕泣諫曰, 君飮太過. 非攝生之道. 必宜斷之. 伶曰, 甚善. 我不能自禁, 唯當祝鬼神自誓斷之耳. 便可具酒肉. 婦曰, 敬聞命. 供酒肉於神前, 請伶祝誓. 伶跪而祝曰, 天生劉伶, 以酒爲名. 一飮一斛, 五斗解酲.[(1)] 婦人之言, 愼不可聽. 便引酒進肉, 隗然已醉矣.[(2)]**

(1) 《시경(詩經)》 〈모공주(毛公注)〉에 '숙취(宿醉)를 정(酲)이라고 한다'라 했다.

毛公注曰, 酒病曰酲.

(2) 《죽림칠현론(竹林七賢論)》에 보인다.

見竹林七賢論.

주해| ㅇ祝曰(축왈)－영(伶)·명(名)·정(酲)·청(聽)은 압운(押韻).
ㅇ隗然(외연)－외(隗)는 괴(塊)와 통하며 독처(獨處)하는 모습. 일설에는

외(隗)는 외(𩲡)의 가차(假借)로서 매우 취한 모습(《世說解捃拾》).

ㅇ毛公注(모공주)-《시경(詩經)》〈소아(小雅)〉'절남산(節南山)'의 '우심여정(憂心如酲)'의 모전(毛傳). 단 현행본에는 '병주왈정(病酒曰酲)'이라고 되어 있다.

4. 유공영(劉公榮 : 劉昶)은 남과 술을 마실 때, 비천한 신분인 사람하고도 상관없이 함께 마셨다. 어떤 사람이 이를 나무라자 이렇게 대답했다. "나 이상인 사람하고도 마셔야 하고, 나 이하인 사람하고도 마셔야 하며, 나와 같은 동료하고도 역시 마셔야 하네." 그리하여 온종일 같이 마시고 취해 있었다.(1)

원문| **劉公榮與人飮酒, 雜穢非類. 人或譏之. 答曰, 勝公榮者, 不可不與飮. 不如公榮者, 亦不可不與飮. 是公榮輩者, 又不可不與飮. 故終日共飮而醉.**(1)

(1) 《유씨보(劉氏譜)》에 이런 이야기가 있다. '유창(劉昶)의 자는 공영(公榮)이며 패국(沛國) 사람이다.'
《진양추(晋陽秋)》에는 이런 이야기가 있다. '유창은 활달한 사람으로서 벼슬하여 연주자사(兗州刺史)에 이르렀다.'
劉氏譜曰, 昶字公榮, 沛國人.
晋陽秋曰, 昶爲人通達, 仕至兗州刺史.

주해| ㅇ非類(비류)-신분이 다르다. 천한 사람.

ㅇ答曰云云(답왈운운)-〈간오편(簡傲篇)〉 2에도 똑같은 말이 보인다.

5. 보병교위(步兵校尉)의 자리가 비어 있었다. 그 관소(官所)의 주

방에 수백 곡(斛)의 술이 저장되어 있었다. 완적(阮籍)은 자진하여 보병교위가 되었다.[(1)]

원문| 步兵校尉缺. 廚中有貯酒數百斛. 阮籍乃求爲步兵校尉.[(1)]

(1) 《문사전(文士傳)》에 이런 이야기가 있다. '완적(阮籍)은 방탄(放誕)하고 세상에 대하여 오만한 마음이 있었으며 벼슬하기를 원치 아니했다. 진(晋)나라 문제(文帝 : 司馬昭)는 완적을 사랑하여 언제나 담소(談笑)하며 그가 하고 싶어하는 대로 맡겨두고 정해진 관직을 주어 다그치는 일이 없었다. 완적은 어느 때 조용히 말했다. "옛날의 어느 때 동평군(東平郡)으로 놀러갔었습니다만 그곳의 풍토가 마음에 들었습니다. 바라옵건대 동평태수로 가게 해주십시오." 문제는 기꺼이 그의 뜻에 따랐다. 완적은 곧 나귀를 타고 동평군으로 향했다. 그는 관소의 모든 담장을 헐어내어 관소의 안과 밖이 서로 잘 보이게 했다. 그런 연후에 정령(政令)이 공정하고 평안하게 시행되었다. 10일 남짓하여 다시 나귀를 타고 떠났다. 그후 보병교위(步兵校尉)의 관소 주방에 3백 석(石)의 술이 있다는 말을 듣고는 기꺼이 보병교위가 되고 싶다고 말했다. 그리고 관소에 들어가자 유령(劉伶)과 실컷 술을 마셨다.'

《죽림칠현론(竹林七賢論)》에는 또 이런 이야기가 있다. '완적(阮籍)과 유령(劉伶)은 함께 보병교위의 주방에서 술을 마시고 함께 취하여 죽고 말았다.'

이 이야기는 호사가가 한 말이다. 완적은 경원연간(景元年間)에 죽었고, 유령은 태시연간(太始年間)에도 아직 건재했었다.

文士傳曰, 籍放誕有傲世情, 不樂仕宦. 晉文帝親愛籍, 恆與談戲, 任其所欲, 不迫以職事. 籍常從容曰, 平生曾遊東平, 樂其土風, 願得爲東平太守. 文帝說, 從其意. 籍便騎驢徑到郡, 皆壞府舍諸壁障, 使內外相望, 然後敎令淸寧. 十餘日, 便復騎驢

去. 後聞步兵廚中有酒三百石, 忻然求爲校尉. 於是入府舍, 與劉伶酣飮.

竹林七賢論又云, 籍與伶共飮步兵廚中, 竝醉而死.

此好事者爲之言. 籍景元中卒, 而劉伶太始中猶在.

주해 ㅇ步兵校尉(보병교위)－상림원(上林苑) 문에 주둔하는 장병을 관장하는 장관(《通典》 권34, 職官 16 武散官).

ㅇ籍景元中卒(적경원중졸)－완적(阮籍)은 경원(景元) 4년(263) 겨울에 54세로 졸했다(《晋書》 권49 〈완적전〉).

ㅇ劉伶太始中猶在(유령태시중유재)－《진서》 권49 〈유령전(劉伶傳)〉에 의하면 '태시초(泰始初), 대책성언무위지화(對策盛言無爲之化). 시배개이고제득조(時輩皆以高第得調), 영독이무용파(伶獨以無用罷). 경이수종(竟以壽終)'이라고 되어 있으며, 유령(劉伶)이 태시연간(泰始年間 : 265~274)에는 아직 살아있었다. 태시(太始)는 태시(泰始)와 같다. 조(調)는 임용(任用)이란 뜻.

6. 유령(劉伶)은 언제나 마음껏 술을 마시고 분방(奔放)하게 행동했는데 때로는 옷을 벗고 나체가 되어 집에 돌아왔다. 사람들이 그것을 보고 비난하면 유령은 말했다. "나는 천지(天地)를 주거(住居)로 삼고, 내 집을 속옷으로 삼고 있소. 제군은 어찌하여 내 속옷 안에 들어와 있는 게요?"(1)

원문 劉伶嘗縱酒放達. 或脫衣裸形在屋中. 人見譏之. 伶曰, 我以天地爲棟宇, 屋室爲幝衣. 諸君何爲入我幝中.(1)

(1) 등찬(鄧粲)의 《진기(晋紀)》에 이런 이야기가 있다. '어떤 손님들이 유령(劉伶)의 집을 찾아갔는데 유령은 마침 벌거벗은 채로 나

갔다. 유령이 웃으면서 말했다. "나는 천지(天地)를 주거(住居)로 삼고 내 집을 속옷으로 삼고 있소. 그대들이야말로 내 속옷 안에 들어온 셈이거늘 무엇이 잘못이란 말이오?" 그가 자기 마음대로 행동하는 것이 이와 같았다.'
鄧粲晉紀曰, 客有詣伶, 値其裸袒. 伶笑曰, 吾以天地爲宅舍, 以屋宇爲幝衣. 諸君自不當入我幝中, 又何惡乎. 其自任若是.

7. 완적(阮籍)의 형수가 어느 때, 친정에 가려고 했다. 완적은 그녀를 만나 직접 작별 인사를 했다. 어떤 사람이 이 일을 비난하자[(1)] 완적은 말하는 것이었다. "예(禮) 따위는 나와 같은 사람을 위해 만들어진 것이 아니오."

| 원문 | **阮籍嫂嘗還家. 籍見與別. 或譏之.[(1)] 籍曰, 禮豈爲我輩設也.**

(1) 〈곡례(曲禮)〉에 '형수와 시동생은 인사를 나누지 아니한다'라고 되어 있다. 그래서 이 일을 비난했던 것이다.
曲禮, 嫂叔不通問. 故譏之.

| 주해 | ㅇ籍見與別(적견여별) - 《진서(晋書)》 권49 〈완적전(阮籍傳)〉의 글에는 '적상견여별(籍相見與別)'이라고 되어 있다.
ㅇ曲禮(곡례) - 《예기(禮記)》 〈곡례(曲禮)〉 상(上). 정현(鄭玄)의 주(注)에 '통문(通問)이란 상칭사(相稱謝)하는 것을 말함'이라고 되어 있다.

8. 완공(阮公 : 阮籍)네 이웃집의 부인은 미녀였는데 주막에서 술을 팔았다. 완적과 왕안풍(王安豊 : 王戎)은 언제나 그 부인에게서 술을

마셨는데 완적은 취하면 그대로 그 부인 옆에서 자곤 하였다. 그녀의 남편은 그를 의심했지만 잘 살펴보고는 결국 딴 마음이 없다는 것을 알았다.(1)

원문| 阮公鄰家婦有美色. 當壚酤酒. 阮與王安豊常從婦飮酒, 阮醉, 便眠其婦側. 夫始殊疑之, 伺察終無他意.(1)

(1) 왕은(王隱)의 《진서(晉書)》에는 이런 이야기가 있다. '완적(阮籍)의 이웃집 딸은 재지(才智)와 용색(容色)이 모두 뛰어났는데 미혼인 채로 죽고 말았다. 완적과는 서로 친하지도 않았고 생전에 면식(面識)도 없었는데 찾아가서 호곡하고, 매우 슬퍼하다가 돌아왔다. 그의 방달(放達)하고 예법에 구애받지 않는 것이 모두 이와 같았다.'
王隱晉書曰, 籍鄰家處子有才色, 未嫁而卒. 籍與無親, 生不相識, 往哭, 盡哀而去. 其達而無檢, 皆此類也.

주해| ㅇ當壚(당로)-노(壚)는 흙을 쌓아서 사방을 높게 만들고 술단지를 올려놓은 다음 술을 파는 곳. '당려'란 그곳에서 술을 팔고 있는 것.

9. 완적(阮籍)은 어머니를 장사지내는 데 살진 돼지 한 마리를 삶아서, 술을 두 말 마셨다. 그리고 영결(永訣)에 임하여 단지 이렇게 말했다. "끝장이다." 한마디 말을 하고 곡을 하더니 피를 토하고 한참 동안 혼절한 것처럼 꼼짝 않고 있었다.(1)

원문| 阮籍當葬母, 蒸一肥豚, 飮酒二斗, 然後臨訣, 直言, 窮矣. 都得一號, 因吐血, 廢頓良久.(1)

(1) 등찬(鄧粲)의 《진기(晋紀)》에 이런 이야기가 있다. '완적(阮籍)은 어머니가 돌아가려고 할 때 의연하게 바둑을 두고 있었다. 상대방이 그만두자고 해도 완적은 듣지 않으며 그와 승부를 냈다. 그 바둑이 끝나자 술을 세 말 마시고 소리 높이어 한 번 곡을 했다. 그리고 피를 몇 되 토하더니 한참동안 혼절한 것처럼 꼼짝도 하지 않았다.'
鄧粲晉紀曰, 籍母將死, 與人圍棊如故. 對者求止, 籍不肯, 留與決賭. 旣而飮酒三斗, 擧聲一號, 嘔血數升, 廢頓久之.

10. 완중용(阮仲容 : 阮咸)[1]과 완보병(阮步兵 : 阮籍)은 길 남쪽에 살고, 다른 완씨(阮氏)들은 길 북쪽에 살고 있었다. 북쪽의 완씨들은 모두 부유했고, 길 남쪽의 완씨는 빈한했다. 7월 7일에 북쪽의 완씨들은 모두 (햇볕에) 옷들을 말렸는데 아름다운 비단옷들뿐이었다. 완중용은 커다란 베 바지를 장대에 꿰어 안마당에 널었다. 어떤 사람이 이상하게 여기자 (완중용)은 웃으면서 말했다. "세상 풍습을 안 따를 수도 없어서 그냥 이렇게 해본 것이오."[2]

원문| **阮仲容,**[1] **步兵居道南, 諸阮居道北. 北阮皆富, 南阮貧. 七月七日, 北阮盛曬衣, 皆紗羅錦綺. 仲容以竿挂大布犢鼻褌於中庭. 人或怪之, 答曰, 未能免俗, 聊復爾耳.**[2]

(1) 완함(阮咸)이다.
咸也.

(2) 《죽림칠현론(竹林七賢論)》에 이런 이야기가 있다. '완씨(阮氏) 일족은 선대(先代)에 모두 유학(儒學)을 하던 선비로서 집안을 잘 꾸려나갔는데 다만 완함(阮咸)네 집안만큼은 노장(老莊)의 도(道)

에 따라 세상일을 도외시한 채, 술을 즐기어 빈한했다. 옛날 풍습으로는 7월 7일에 햇볕에 옷을 말렸다. 다른 완씨(阮氏)네서는 모두 비단옷들이 번쩍번쩍 빛나고 있었다. 완함은 당시 아직 소년이었는데 기다란 장대에 속옷을 매달아 세웠다.'

竹林七賢論曰, 諸阮前世皆儒學, 善居室. 唯咸一家尙道棄事, 好酒而貧. 舊俗, 七月七日, 法當曬衣. 諸阮庭中, 爛然錦綺. 咸時總角, 乃竪長竿, 掛犢鼻幝也.

주해| ㅇ阮仲容(완중용)·步兵(보병)－중용(仲容 : 阮咸)은 보병(步兵 : 阮籍)의 조카(형의 아들)이다.

ㅇ善居室(선거실)－《논어(論語)》〈자로편(子路篇)〉에 나오는 말이다.

11. 완보병(阮步兵 : 阮籍)[(1)]이 모친상(母親喪)을 당했을 때 배영공(裵令公 : 裵楷)[(2)]이 조문하러 왔다. 그때 완적은 취하여 머리를 산발하고 평상에 앉아 있었는데 다리를 쭉 뻗고 있는 채 곡도 하지 않았다. 배영공은 도착하자 깔아놓은 자리 위에서 곡을 하고 조문을 마치자 곧바로 자리를 떴다. 어떤 사람이 배영공에게 물었다. "조상이란 것은 주인이 곡을 한 다음에야 비로소 조객이 조문의 예(禮)를 갖추는 것이외다. 완적이 곡도 하지 않았는데 당신은 어찌하여 호곡의 예를 한 것이오?" 배영공이 말했다. "완적은 세속을 초월한 사람이므로 예법을 존숭하지 않소이다. 그러나 나는 세속 안에 있는 사람이므로 예의범절을 스스로 지켜야 하오." 당시의 사람들은 양쪽 모두 잘한 일이라며 감탄했다.[(3)]

원문| **阮步兵[(1)]喪母, 裴令公[(2)]往弔之. 阮方醉, 散髮坐牀, 箕踞不哭. 裴至. 下席於地哭, 弔唁畢, 便去. 或問裴, 凡弔, 主人哭, 客乃爲禮. 阮旣不哭, 君何爲哭. 裴曰, 阮方外之人. 故**

不崇禮制. 我輩俗中人. 故以儀軌自居. 時人歎爲兩得其中.(3)

(1) 완적(阮籍)이다.
籍也.

(2) 배해(裵楷)이다.
楷也.

(3) 《명사전(名士傳)》에 이런 이야기가 있다. '완적(阮籍)은 친상(親喪)을 당했을 때 세상의 예법에 따르지 않았다. 배해(裵楷)가 조상하러 왔을 때, 마침 완적은 술에 취해 있었다. 그는 머리를 풀어 산발하고 다리를 쭈욱 뻗고 앉아서 방약무인의 상태였다. 배해는 곡을 하며 슬퍼한 다음 나가면서 전혀 이상하다는 기색이 없었다. 입장이 다르다는 것을 알고 태연하기가 이와 같았다.'
대규(戴逵)는 이 일을 평하여 다음과 같이 말했다. '배공(裵公)의 조상은 행위를 (남의) 눈에 띄지 않게 하여 자신의 방법을 지키고자 한 것이다. 도리를 제대로 깨달은 것이며, 예(禮)를 잘 지켜낸 것이다.'
名士傳曰, 阮籍喪親, 不率常禮. 裴楷往弔之, 遇籍方醉, 散髮箕踞, 傍若無人. 楷哭泣盡哀而退, 了無異色. 其安同異如此. 戴逵論之曰, 若裴公之致弔, 欲冥外以護內. 有達意也. 有弘防也.

주해 | ㅇ弔唁(조언)-조문하는 말을 하는 것. 언(唁)은 언(唁)과 마찬가지로 불행한 일을 당한 사람을 위로하는 것. 굳이 분별한다면 조(弔)는 죽은 사람의 영혼을 위로하는 것이고, 언(唁)은 슬픔을 당한 사람, 즉 살아있는 사람을 위로하는 것이다.
ㅇ方外(방외)-세상의 예교(禮敎)를 초월한 세계. 《장자(莊子)》〈대종사편(大宗師篇)〉에 '공자(孔子)가 말했다. 그는 방외(方外)에서 노는 자

이며, 구(丘 : 공자)는 방내(方內)에서 노는 자이다'라고 되어 있다.

ㅇ致弔(치조)－원본(袁本)에는 '제조(制弔)'로 되어 있다.

ㅇ冥外(명외)·護內(호내)－《세설전본(世說箋本)》 두주(頭註)에 '명외(冥外), 불여타경(不與它競), 호내(護內), 수기호례야(守己護禮也)'라고 되어 있다.

12. 완가(阮家) 사람들은 모두 술을 잘 마셨다. 완중용(阮仲容 : 阮咸)이 일족의 거처에 가서 연회를 벌일 때면 보통 술잔으로 술을 따르는 게 아니라, 커다란 용기에 술을 담아놓고 빙 둘러앉아 서로 맞대고 잔뜩 마셨다. 그때 돼지떼가 무리지어 술을 마시러 왔는데 얼른 맞아들이어 함께 술을 마셨다.

| 원문 | 諸阮皆能飮酒. 仲容至宗人閒共集, 不復用常盃斟酌, 以大甕盛酒, 圍坐, 相向大酌. 時有羣豬來飮. 直接去上, 便共飮之.

13. 완혼(阮渾)은 성장하자, 풍격(風格)과 기질이 아버지 완적(阮籍)과 비슷했는데, 마찬가지로 방달(放達)한 사람이 되고 싶어했다. 보병(步兵 : 阮籍)은 말했다. "중용(仲容 : 阮咸)이 이미 그 무리에 들어갔으니 너까지 그러지는 말아라."(1)

| 원문 | 阮渾長成, 風氣韻度似父. 亦欲作達. 步兵曰, 仲容已預之, 卿不得復爾.(1)

(1) 《죽림칠현론(竹林七賢論)》에 이런 이야기가 있다. '완적(阮籍)이

아들 완혼(阮渾)을 말렸던 것은 완혼이 아직 완적 자신의 방달(放達)함을 모르고 있을 것으로 생각했기 때문이었으리라. 후에 완함(阮咸)의 형의 아들인 완간(阮簡)이 또한 방달하다고 자임했었다. 아버지가 세상을 떠났을 때 (장례를 치르고) 돌아오던 중 큰 눈을 만나 매우 추웠으므로 준의현령(浚儀縣令)에게로 갔다. 현령은 마침 다른 손님들을 위해 잔치를 벌이고 있었는데 완간도 함께 먹고 마셨다. 그 때문에 명교상(名教上) 문죄(問罪)당하여 30 수년 동안이나 벼슬길이 막히고 말았다. 당시 죽림제현(竹林諸賢)에 대한 평판이 높기는 했었지만 예교(禮教)에 대해서는 역시 엄격했다. 원강연간(元康年間 : 291~299년)에 이르러 마침내 그 방탕함이 예(禮)를 넘기에 이르렀다. 악광(樂廣)이 이 일을 비난하여 말했다. "명교(名教) 가운데서도 스스로 즐길 경지가 있다. 어찌 그렇게까지 할 필요가 있겠는가?" 이 악령(樂令 : 樂廣)의 말에 논리가 있다. 생각하건대 그들은 노장(老莊)의 심오한 심경(心境)이 아니라 그저 멋대로 구는 것을 좋다고 한 것뿐이다.'

竹林七賢論曰, 籍之抑渾, 蓋以渾未識己之所以爲達也. 後咸兄子簡, 亦以曠達自居. 父喪, 行遇大雪寒凍, 遂詣浚儀令. 令爲他賓設黍臛, 簡食之. 以致清議, 廢頓幾三十年. 是時竹林諸賢之風雖高, 而禮教尚峻. 迨元康中, 遂至放蕩越禮. 樂廣譏之曰, 名教中自有樂地. 何至於此. 樂令之言有旨哉. 謂彼非玄心, 徒利其縱恣而已.

주해 | ㅇ長成(장성)-성장이란 의미. 또 〈상예편(賞譽篇)〉 29의 유주(劉注)에 《세어(世語)》를 인용하여 완혼(阮渾)의 자(字)는 장성(長成)이라고 되어 있고, 《진서(晋書)》 권49에도 '완혼의 자(字)는 장성(長成)'이라고 했으므로 위에 자(字)라는 한 글자가 결락된 것으로도 생각이 된다.

ㅇ黍臛(서확)-서(黍)는 석되들이의 술그릇. 확(臛)은 고깃국이다.

ㅇ清議(청의)-사인간(士人間)의 올바른 의론. 이것에 근거하여 관료인

사인(士人)이 처벌되었다. 남조(南朝)에서는 사인이 명교(名教)를 무시하거나 불효(不孝), 내란(內亂 : 친족간의 不倫) 등의 행위가 있으면 청의에 의해 공직에서 추방당하는 청의금고지과(淸議禁錮之科)라고 하는 벌칙이 있었다. 완간(阮簡)이 청의에 걸리게 된 것은 상중(喪中)에 먹어서는 안되는 술과 고기를 예에 어긋나도록 먹었기 때문이다.

ㅇ廢頓(폐돈)—관직에서 쫓겨나고 복직의 길이 막힌 금고(禁錮)를 가리킨다.

ㅇ名教云云(명교운운)—이 악광(樂廣)의 말은 〈덕행편(德行篇)〉 23에도 보인다. 명교란 명분의 가르침이란 의미로서, 육조시대(六朝時代)에는 노장(老莊) 자연에 대립하는 것인데 실제로는 유교(儒教) 도덕을 가리키는 말이었다.

14. 배성공(裵成公 : 裵頠)의 아내는 왕융(王戎)의 딸이다. 왕융은 아침 일찍이 배위네 집을 방문했는데 통보도 하지 않은 채 그대로 올라갔다. 배위는 침상 남쪽으로 내려오고 딸은 침상 북쪽으로 내려와서 각각 왕융에게 주객간의 인사를 나누었는데 조금도 어색한 기색이 없었다.(1)

원문| **裴成公婦, 王戎女. 王戎晨往裴許, 不通徑前. 裴從牀南下, 女從北下, 相對作賓主, 了無異色.**(1)

(1) 《배씨가전(裵氏家傳)》에 이런 이야기가 있다. '배위(裵頠)는 왕융(王戎)의 장녀를 아내로 맞았다.'

裴氏家傳曰, 頠取戎長女.

15. 완중용(阮仲容 : 阮咸)은 이전부터, 고모네의 선비족(鮮卑族) 하녀를 총애했었다. 어머니 상을 치르고 있을 때 고모가 먼 곳으로

이사가게 되었다. 처음에 "하녀는 틀림없이 이곳에 남겨둔다."고 말했었는데 출발한 다음에 보니 역시 데리고 갔다. 완중용은 손님의 나귀를 빌리자 상복을 입은 채 스스로 뒤쫓아가서 하녀를 함께 태워가지고 돌아왔다. 그리고 말했다. "내 씨를 끊을 수야 없지. 이 여인이 요집(遙集 : 阮孚)의 어머니이다."(1)

원문| **阮仲容先幸姑家鮮卑婢. 及居母喪, 姑當遠移. 初云, 當留婢. 旣發, 定將去. 仲容借客驢, 箸重服自追之. 累騎而返. 曰, 人種不可失. 卽遙集之母也.**(1)

(1) 《죽림칠현론(竹林七賢論)》에 이런 이야기가 있다. '완함(阮咸)이 상중에 하녀를 뒤쫓아갔으므로 세간의 여론이 분분했다. 그래서 완함은 위(魏)나라 말기부터 시골에 묻혀 지내다가 진(晋)나라 함녕연간(咸寧年間 : 275~279년)에 이르러서야 겨우 벼슬길에 나갔다.'
《완부별전(阮孚別傳)》에는 이런 이야기가 있다. '완함이 고모에게 편지를 보내어 말했다. "호비(胡婢)가 마침내 호아(胡兒)를 낳았습니다." 고모가 답장에 말했다. "〈노영광전부(魯靈光殿賦)〉에, '호인(胡人)은 기둥 높은 곳에 모여 있네'라고 하였으니 자(字)를 요집(遙集)이라고 하는 게 좋겠군." 그래서 완부의 자를 요집이라고 했다.'
竹林七賢論曰, 咸旣追婢, 於是世議紛然. 自魏末沈淪閭巷, 逮晉咸寧中始登王途.
阮孚別傳曰, 咸與姑書曰, 胡婢遂生胡兒. 姑答書曰, 魯靈光殿賦曰, 胡人遙集於上楹. 可字曰遙集也. 故孚字遙集.

주해| ㅇ重服(중복)－친상(親喪)에 입는 상복.
ㅇ靈光殿賦(영광전부)－후한(後漢) 왕연수(王延壽) 작(作). 《문선(文選)》

권11에 수록되어 있다. '호인요집어상영(胡人遙集於上楹), 엄아기이상대(儼雅跽而相對)'라고 되어 있으며 기둥 위쪽에 호인의 모습이 새겨져 있다.

16. 임개(任愷)는 권세를 잃은 다음에는 몸을 신중하여 가지려고 하지 않았다. 어떤 사람이 화교(和嶠)에게 물었다. "그대는 어찌하여 원부(元裒 : 任愷)가 몸을 망치는 것을 방관하며 구해주려고 하지 않는 게요?" 화교가 대답했다. "원부는 낙양(洛陽)의 북하문(北夏門)과 같소이다. 자연히 소리내며 무너지려고 하는데, 이미 나무 한 개로는 지탱할 수 있는 게 아니지요."(1)

| 원문 | **任愷旣失權勢, 不復自檢括. 或謂和嶠曰, 卿何以坐視元裒敗而不救. 和曰, 元裒如北夏門. 拉攞自欲壞. 非一木所能支.**(1)

(1) 《진제공찬(晋諸公贊)》에 이런 이야기가 있다. '임개(任愷)의 자는 원부(元裒)이며 낙안(樂安) 박창(博昌) 사람이다. 훌륭한 식견과 치국(治國)의 재능을 지니고 있어서 조정의 정치는 크고 작고 간에 그에게서 나왔다. 가충(賈充)과 사이가 안 좋았으므로 가충은 임개를 천거하여 이부(吏部)의 직책을 맡도록 하고, 다른 한편으로 임개가 천자의 식기(食器)를 사용한다고 상소케 했다. 임개는 이 일로 인하여 면직되었는데 세조(世祖 : 司馬炎)는 마침내 그를 멀리하게 되었다.'

晋諸公贊曰, 愷字元裒, 樂安博昌人. 有雅識國幹, 萬機大小多綜之. 與賈充不平, 充乃啓愷掌吏部, 又使有司奏愷用御食器, 坐免官, 世祖情遂薄焉.

| 주해 | ㅇ和嶠(화교)－《진서(晋書)》 권45 〈임개전(任愷傳)〉에 의하면 임개는 화교(和嶠)·유순(庾純)·장화(張華)·온옹(溫顒)·상수(向秀)

등과 친하고, 가충(賈充)은 양요(楊珧)・왕순(王恂)・화이(華廙) 등과 친했는데 서로 붕당을 만들어 싸웠다.

ㅇ北夏門(북하문)－낙양(洛陽)의 북문인 대하문(大夏門)일 것이다. 《진서(晋書)》 권14 〈지리지(地理志)〉 상(上)의 하남군(河南郡) 낙양(洛陽) 원주(原注)에는 '북에 대하(大夏)・광막(廣莫)의 두 문(門)이 있다'고 하였다. 또 《낙양가람기(洛陽伽藍記)》의 서(序)에도, '북쪽에 두 문이 있다. 서두(西頭)를 대하문이라고 한다. 한(漢)나라 때는 하문(夏門)이라 했고, 위진(魏晋) 때는 대하문이라고 했다'라고 되어 있다. 《수경주(水經注)》 권16 곡수(穀水) 조에 의하면 대하문에는 위명제(魏明帝)가 만든 높이 1백척의 3층 누(樓)가 있었다고 한다. ㅇ拉攞(납라)－납(拉)은 최절(摧折), 나(攞)는 찢어진다는 뜻. 여기서는 소리를 내며 무너져 떨어지는 것을 가리킨다.

ㅇ元裒(원부)－《진서(晋書)》 〈임개전(任愷傳)〉에는 부(裒)를 '포(褒)로 적고 있다.

ㅇ充乃啓愷掌吏部(충내계개장리부)－《진서》 〈임개전〉에 의하면 가충(賈充)은 시중(侍中)인 임개에게 눌리어 오랫동안 조정 정사를 잡을 수가 없었다. 그래서 가충은 임개를 천자로부터 멀어지게 하기 위하여 이부에 추천했다는 것이다. 임개는 시중에서 이부상서(吏部尙書)로 옮겼고, 천자를 알현할 기회가 점차 적어졌다.

ㅇ有司(유사)－《진서》 〈임개전〉에 의하면 가충은 상서우복야(尙書右僕射) 고양왕(高陽王) 사마규(司馬珪)를 시키어 임개를 상소케 했다고 한다.

ㅇ御食器(어식기)－《진서》 〈임개전〉에 의하면 이것은 임개의 부인인 제장공주(齊長公主 : 魏明帝의 딸)가 하사받았던 식기였다고 한다.

17. 유도진(劉道眞 : 劉寶)은 젊었을 때 언제나 들판의 못에서 물고기를 잡았는데 노래와 휘파람의 명수여서 듣는 사람 모두가 발걸음을 멈추고 머뭇거렸다. 한 노파가 있었는데 그가 보통 사람이 아니라는 것을 알았고, 그의 노래와 휘파람을 좋아하던 끝에 돼지를 잡아

서 요리하여 그로 하여금 먹게 하였다. 유도진은 돼지를 다 먹고 나서도 사례를 하지 않았다. 노파는 아직 부족한 것으로 생각하고 또 돼지 한 마리를 잡아 주었던 바 이번에는 반쯤 먹고 반은 남기어 돌려주는 것이었다. 그후 이부랑(吏部郞)이 되었는데 그 노파의 아들이 하급 관원이었으므로 유도진은 발탁하여 써주었다. 아들은 그 까닭을 알지 못하다가 어머니에게 물으니 어머니는 사정을 이야기해 주었다. 그래서 아들이 쇠고기와 술을 가지고 유도진을 찾았는데 유도진은 이렇게 말하는 것이었다. "돌아가게, 돌아가! 이 이상은 이제 갚을 게 없네."(1)

원문| 劉道眞少時, 常漁草澤. 善歌嘯, 聞者莫不留連. 有一老嫗, 識其非常人, 甚樂其歌嘯, 乃殺豚進之. 道眞食豚盡, 了不謝. 嫗見不飽, 又進一豚, 食半餘半, 迺還之. 後爲吏部郞, 嫗兒爲小令史. 道眞超用之. 不知所由. 問母, 母告之. 於是齎牛酒詣道眞, 道眞曰, 去, 去, 無可復用相報.(1)

(1) 유보(劉寶)는 앞에서 이미 나왔다.
劉寶已見.

주해| ㅇ已見(이견)－〈덕행편(德行篇)〉 22.

18. 완선자(阮宣子 : 阮脩)는 바깥을 걸을 때면 언제나 백전(百錢)을 지팡이 끝에 매달고 다녔고, 술집에 가면 혼자서 마음껏 술을 즐겼다. 비록 당대의 권세가라 하더라도 찾아가려고 하지 않았다.(1)

원문| 阮宣子常步行, 以百錢挂杖頭, 至酒店, 便獨酣暢. 雖當世貴盛, 不肯詣也.(1)

(1) 《명사전(名士傳)》에 이런 이야기가 있다. '완수(阮脩)는 대범하고 분방했다.'

名士傳曰, 脩性簡任.

19. 산계륜(山季倫 : 山簡)이 형주자사(荊州刺史)로 있을 때, 이따금 외출하여 마음껏 술을 마셨다. 사람들이 그 일로 인하여 노래를 지어 말했다. "산공(山公 : 山簡)이 이따금 취하면 곧바로 고양지(高陽池)에 간다네. 날이 저물어서야 수레에 거꾸로 누운 채 실리어 돌아오는데 고주망태가 되어 아무것도 모른다네. 다시 준마를 타고 백두건(白頭巾) 거꾸로 쓴 채, 손을 들어 갈강(葛彊)에게 묻는다. 그대 고향인 병주(幷州)의 사나이와 비하여 어떠한가?" 고양지는 양양(襄陽)에 있으며, 갈강은 그가 아끼는 부장(部將)으로서 병주 사람이다.(1)

▌원문│ 山季倫爲荊州, 時出酣暢. 人爲之歌曰, 山公時一醉, 徑造高陽池. 日莫倒載歸, 茗艼無所知. 復能乘駿馬, 倒箸白接籬. 擧手問葛彊, 何如幷州兒. 高陽池在襄陽, 彊是其愛將, 幷州人也.(1)

(1) 《양양기(襄陽記)》에 이런 이야기가 있다. '후한(後漢)의 시중(侍中) 습욱(習郁)은 현산(峴山) 남쪽에 범려(范蠡)의 양어법에 따라 물고기 연못을 만들었다. 연못 주변에는 높직한 둑을 쌓았고 대나무와 개오동나무를 심었으며 연꽃·마름·가시연이 수면(水面)을 덮고 있어서 유연(遊宴)의 명소였다. 산간은 이 물고기 연못에 갈 때마다 언제나 반드시 대취하여 돌아오곤 했는데 "이것은 내 고양지이다."라고 말했다. 양양의 아이들이 이렇게 노래했

던 것이다.'

襄陽記曰, 漢侍中習郁於峴山南, 依范蠡養魚法作魚池. 池邊有高隄, 種竹及長楸, 芙蓉菱芡覆水, 是遊燕名處也. 山簡每臨此池, 未嘗不大醉而還, 曰, 此是我高陽池也. 襄陽小兒歌之.

주해 | ㅇ高陽池(고양지)－호북성 양양현에 있는 습가(習家)의 연못. 산간(山簡)이 역이기(酈食其)의 고양주도(高陽酒徒) 고사(故事)에 근거하여 이름붙인 연못이다. 《사기(史記)》 권97 〈역이기육가열전(酈食其陸賈列傳)〉에 의하면 역이기가 유자(儒者)를 싫어하는 고조(高祖)에게 알현을 청했을 때 스스로 '저는 고양의 주도(酒徒)이지 유인(儒人)이 아닙니다'라고 했다는 것이다. 또 《진서(晋書)》 권43 〈산간전(山簡傳)〉에는 '간우유졸세(簡優游卒歲). 유주시탐(唯酒是耽). 제습씨(諸習氏), 형토호족(荊土豪族), 유가원지(有佳園池). 간매출희유(簡每出嬉遊), 다지지상(多之池上), 치주첩취(置酒輒醉), 명지왈고양지(名之曰高陽池)'라 하여 고양지 명명(命名)의 경위가 적혀 있다.

ㅇ倒載(도재)－《세설음석(世說音釋)》에 〈고금주(古今黈)〉를 인용하여 '도재(倒載), 도신차중야(倒身車中也). 언도즉도와(言倒則倒臥), 언재즉기차가지(言載則其車可知). 도재래귀(倒載來歸), 기이부능기준마야(旣而復能騎駿馬也). 개시귀시(蓋始歸時), 이명정지고(以茗艼之故), 도와차중(倒臥車中)'이라고 되어 있다.

ㅇ茗艼(명정)－명정(酩酊)과 같다.

ㅇ白接籬(백접리)－하얀 두건(頭巾). 이백(李白)의 〈양양가(襄陽歌)〉에도 이 산간의 고사(故事)를 읊은 '낙일욕몰현산서(落日欲沒峴山西), 도착접리화하미(倒著接䍦花下迷)'란 구(句)가 있다. 이(籬)와 이(䍦)는 통한다.

ㅇ幷州兒(병주아)－고래로 병주(幷州 : 산서성)의 사나이는 말을 잘 탄다고 했다.

ㅇ習郁(습욱)－송본(宋本)은 습랑(習郎)이라고 했는데 여기서는 원본(袁本)을 따랐다.

20. 장계응(張季鷹 : 張翰)은 제멋대로 행동하면서 그 무엇에도 구애받지 않았다. 당시 사람들은 그를 '강동(江東)의 보병(步兵 : 阮籍)'이라고 불렀다. 어떤 사람이 그에게 말했다. "그대가 이 세상을 마음 내키는 대로 살아가는 것은 좋지만 죽은 후의 명성을 생각해본 적은 없소?" 장계응이 대답했다. "죽은 후에 명성이 남는 것보다 지금 한 잔의 술이 좋소이다."(1)

원문| 張季鷹縱任不拘. 時人號爲江東步兵. 或謂之曰, 卿乃可縱適一時, 不爲身後名邪. 答曰, 使我有身後名, 不如卽時一盃酒.(1)

(1) 《문사전(文士傳)》에 이런 이야기가 있다. '장한(張翰)은 마음 내키는 대로 사는 등 당세(當世)에 욕심이 없었다. 당시 사람들은 그 방달(放達)함을 존중했다.'
文士傳曰, 翰任性自適, 無求當世. 時人貴其曠達.

21. 필무세(畢茂世 : 畢卓)가 말했다. "한쪽 손에 게 집게발을 들고, 한쪽 손에 술잔을 들고, 술 연못 속에서 헤엄을 친다면 한평생을 만족스럽게 끝낼 수 있겠도다."(1)

원문| 畢茂世云, 一手持蟹螯, 一手持酒盃, 拍浮酒池中, 便足了一生.(1)

(1) 《진중흥서(晋中興書)》에 이런 말이 있다. '필탁(畢卓)의 자는 무세(茂世)이며 신채(新蔡) 사람이다. 젊었을 때부터 도도하고 방달(放達)하여 호무보지(胡毋輔之)의 인정을 받았다. 태흥(太興 :

318~321년) 말년에 이부랑(吏部郎)이 되었는데 언제나 술을 마시고 직무유기를 했다. 이웃 관사(官舍)의 관원이 술을 빚었는데 그 술이 익었을 무렵 필탁은 술에 취하여 밤중에 그 술항아리가 있는 곳에 가서 몰래 그것을 마셨다. 주인은 도둑인 줄 알고 붙잡아 묶었는데 그것이 이부랑이란 것을 알고는 풀어주었다. 필탁은 주인을 이끌고 항아리 옆에서 술판을 벌였는데 완전히 취한 다음 돌아갔다. 온교(溫嶠)는 평소부터 필탁을 아꼈는데, 불러다가 평남장군(平南將軍)의 장사(長史)로 삼았으나 죽고 말았다.'

晉中興書曰, 畢卓字茂世, 新蔡人. 少傲達, 爲胡毋輔之所知. 太興末, 爲吏部郞, 嘗飮酒廢職. 比舍郞釀酒熟, 卓因醉, 夜至其甕閒取飮之. 主者謂是盜, 執而縛之, 知爲吏部也, 釋之. 卓遂引主人讌甕側, 取醉而去. 溫嶠素知愛卓, 請爲平南長史, 卒.

주해 | ㅇ畢茂世云(필무세운)－필탁(畢卓)의 이 말은《진서(晋書)》권49의 본전(本傳)에서는 '술 수백 곡(斛)을 가득 실은 배를 얻고, 사시(四時)의 감미(甘味)를 양두(兩頭)에 놓고, 오른손으로는 술잔을 들고 왼손으로는 게 발을 들고 배 안에서 박부(拍浮)하면 일평생을 보내는데 족하다'라고 되어 있다.

ㅇ拍浮(박부)－물을 두드리고 물에 뜨는 것.

ㅇ主者(주자)－술항아리를 관장하는 사람.

ㅇ平南長史(평남장사)－온교(溫嶠)는 함화연간(咸和年間) 초, 응첨(應詹)을 대신하여 강주자사(江州刺史)·지절(持節)·도독(都督)·평남장군이 되었으며《晋書》권67), 필탁은 그 부하(府下)에서 장사(長史)가 되었다.

ㅇ卒(졸)－《진서》권49 본전(本傳)에는 '관(官)에서 졸(卒)하다'라고 되어 있다.

22. 하사공(賀司空 : 賀循)은 태손사인(太孫舍人)으로 부임하기 위하여 낙양(洛陽)에 가던 도중 오(吳) 땅 창문(昌門)을 지나갔는데 배

안에서 금(琴)을 뜯고 있었다. 장계응(張季鷹 : 張翰)은 그때까지 면식이 없었는데 그 전부터 금창정(金昌亭)에 와있으면서 아주 맑은 금 소리를 듣고 배에 옮겨 타 하사공에게 접근하여 함께 담소하다가 크게 의기투합했다. 그리고 하사공에게 물었다. “그대는 어디로 가는 길이시오?” 하사공이 대답했다. “낙양으로 부임하러 가기 위해 마침 이렇게 여행을 계속하고 있습니다.” 장계응이 말했다. “나도 북경(北京 : 洛陽)에 볼일이 있소이다.” 그래서 그길로 그냥 동승한 채 하사공과 함께 출발했다. 집에도 알리지 않았으므로 집사람들은 그후에 듣고서야 비로소 알았다.

원문| **賀司空入洛赴命, 爲太孫舍人, 經吳昌門, 在船中彈琴. 張季鷹本不相識, 先在金昌亭, 聞弦甚淸, 下船就賀, 因共話, 便大相知說. 問賀, 卿欲何之. 賀曰, 入洛赴命, 正爾進路. 張曰, 吾亦有事北京. 因路寄載, 便與賀同發, 初不告家. 家追問迺知.**

주해| ㅇ太孫舍人(태손사인)－태손(太孫)은 황손(皇孫). 여기서는 진(晋)나라 경제(景帝)의 장자인 사마휼(司馬遹)을 가리킨다(《箋本》). 한편 《진서(晋書)》 권68 〈하순전(賀循傳)〉에는 ‘태자사인(太子舍人)’으로 적고 있다. 태손사인은 황태손의 속관으로서 직장(職掌)은 태자사인과 같으며 문서주기(文書奏記)를 관장한다.

ㅇ昌門(창문)－문 이름. 창문(閶門)과 같다. 소주(蘇州) 서북쪽의 성문.

ㅇ金昌亭(금창정)－정자 이름. 금창정(金閶亭)과 같음. 창문(閶門) 안에 있다.

ㅇ話(화)－원본(袁本)에는 ‘어(語)’로 적고 있다. 《진서》 권92 〈장한전(張翰傳)〉에는 ‘언담(言譚)’으로 적고 있다.

23. 조거기(祖車騎 : 祖逖)는 강남으로 건너갔을 때 공사간(公私間)

에 질소했는데 신변의 물품도 좋은 것이 없었다. 왕도(王導)와 유량(庾亮) 등 제공(諸公)이 함께 조거기에게 가서 문득 보니 갖옷과 핫옷이 겹겹이 쌓여 있고 진귀한 장식물이 즐비하게 늘어져 있었다. 제공이 이상하게 여기어 물어보았더니 조거기는 말했다. "어제 밤에 또 남당(南塘)을 한차례 다녀왔소." 당시 조거기는 늘 장사(壯士)들로 하여금 북을 치면서 나아가 약탈을 하게 했는데 담당 관리도 (그 일을) 용인해 주면서 죄를 묻지 아니했다.(1)

원문| **祖車騎過江時, 公私儉薄, 無好服玩. 王庾諸公共就祖, 忽見裘袍重疊, 珍飾盈列. 諸公怪問之. 祖曰, 昨夜復南塘一出. 祖于時恆自使健兒鼓行劫鈔. 在事之人, 亦容而不問.**(1)

(1) 《진양추(晋陽秋)》에 이런 이야기가 있다. '조적(祖逖)은 성격이 융통성이 있고 대범하여 자질구레한 예절에 구속받지 아니했다. 또한 따르는 자들은 대부분 거칠고 사나운 장사(壯士)들이었는데 조적은 그들을 모두 자제처럼 대우했다. 영가연간(永嘉年間 : 307~313년)에 유민(流民)이 만 명을 헤아리고 양주(揚州) 땅에는 기근이 들었다. 조적의 식객(食客)들은 약탈을 자행했으나 조적은 그들을 언제나 보호하여 온전하게 지켜주었다. 세상 논자(論者)들은 이로 인하여 그를 폄하했기 때문에 (조적은) 오랫동안 전임되지 못하였다.'

晋陽秋曰, 逖性通濟, 不拘小節. 又賓從多是桀黠勇士, 逖待之皆如子弟. 永嘉中, 流民以萬數, 揚土大饑. 賓客攻剽, 逖輒擁護全衛, 談者以此少之, 故久不得調.

주해| ㅇ南塘(남당)－동진(東晋)의 도읍인 건강(建康 : 오늘날의 南京)을 흐르는 진회하(秦淮河) 남쪽 제방. 《자치통감(資治通鑑)》 권115 진기(晋紀) 37의 호삼성(胡三省) 주(注)에는 '남당은 진회(秦淮)의 남안

(南岸)이다'라고 되어 있다. 〈정사편(政事篇)〉 23 참조. 《세설전본(世說箋本)》의 두주(頭注)에는 '남당은 무릇 겁도(劫盜)가 있는 곳이다. 고로 조적의 말과 같다'라고 되어 있다.

- 鼓行(고행)－북을 치면서 가다. 《후한서(後漢書)》 〈순욱전(荀彧傳)〉의 이현(李賢) 주(注)에는 '고행(鼓行)은 북을 치며 가는 것을 말하는데 두려워하는 바가 없음을 가리키는 것이다'라고 했다.
- 劫鈔(겁초)－'겁탈'과 같으며 협박해서 뺏는다는 의미.
- 桀黠(걸힐)－교활한 폭력자. 《한서(漢書)》 권69 〈조충국전(趙充國傳)〉 안사고(顔師古) 주(注)에 '걸(桀)은 견(堅)이다. 순종하지 않는 것을 가리킨다. 힐(黠)은 악(惡)이다. 악견(惡堅)을 의미한다'라고 되어 있다. 《진서》 권62 〈조적전(祖逖傳)〉에는 '폭걸(暴桀)의 용사(勇士)'라고 했다.
- 不得調(부득조)－'조(調)'는 '선(選)'이란 의미. 인재를 뽑아서 관직에 임명하는 것. 여기서는 관직의 전천(轉遷)을 가리킨다. 《한서》 권50 〈장석지전(張釋之傳)〉에는 '10년, 조(調)할 기회를 얻지 못하다'라고 되어 있으며 그 안사고 주에 '조(調)'는 '선(選)이다'라고 되어 있다.

24. 홍려경(鴻臚卿)인 공군(孔群)은 술을 좋아했다. 왕승상(王丞相 : 王導)이 고했다. "그대는 어찌하여 언제나 술만 마시는 게요? 술집 항아리를 덮고 있는 천을 보구려. 날로 달로 썩어가지 않습니까?" 공군은 대답했다. "그게 아닙니다. 술 지게미를 보십시오. 오히려 오래 가지 않습니까?" 공군은 일찍이 친구에게 편지를 써보냈다. "금년에는 차조 7백 곡(斛)의 수확을 했는데 술을 빚기에는 아직도 모자라는 것 같네."(1)

원문 鴻臚卿孔羣好飮酒. 王丞相語云, 卿何爲恆飮酒. 不見酒家覆瓿布, 日月糜爛. 羣曰, 不爾, 不見糟肉, 乃更堪久. 羣嘗書與親舊, 今年田得七百斛秫米, 不了麴糱事.(1)

(1) 공군(孔群)은 이미 나왔다.

輩已見上.

주해 | ㅇ鴻臚卿(홍려경)－외국에서 바치는 조공(朝貢)을 관장하는 홍려시(鴻臚寺)의 장관. 구경(九卿)의 하나.
ㅇ瓿(부)－술 항아리.
ㅇ秫米(출미)－차조. 찰기가 있는 조.
ㅇ不了麴糵事(불료국얼사)－국얼(麴糵)은 누룩. 술을 빚다란 뜻.
ㅇ已見上(이견상)－〈방정편(方正篇)〉 36.

25. 어떤 사람이 주복야(周僕射 : 周顗)가 친구와 농담이나 하고 난잡하게 굴면서 절제함이 없다고 비난했다.(1) 주복야가 말했다. "나는 만리의 장강(長江)과 같다. 어찌 천리마다 한 번씩 굽이치지 않을 수 있겠는가?"

원문 | **有人譏周僕射與親友言戲, 穢雜無檢節.(1) 周曰, 吾若萬里長江. 何能不千里一曲.**

(1) 등찬(鄧粲)의 《진기(晋紀)》에 이런 이야기가 있다. '왕도(王導)는 주의(周顗)와 조정 신하들과 함께 상서(尙書)인 기첨(紀瞻)의 집으로 그의 가기(歌伎)를 보러 갔다. 기첨에게는 애첩(愛妾)이 있었는데 새 곡(曲)을 잘 불렀다. 주의는 사람들 속에서 그 애첩과 사귀어보려고 추태를 부렸는데 부끄러워하는 기색조차 없었다. 관리가 주의의 관직을 파면시켜야 한다고 상주했지만 (천자는) 조서(詔書)를 내리어 그를 특별히 용서해 주었다.'
鄧粲晋紀曰, 王導與周顗及朝士, 詣尚書紀瞻觀伎. 瞻有愛妾, 能爲新聲, 顗於衆中欲通其妾, 露其醜穢, 顔無怍色. 有司奏免顗官, 詔特原之.

26. 온태진(溫太眞 : 溫嶠)은 아직 지위가 낮았을 때, 자주 양주(揚州) 진회(秦淮)의 상인들과 노름을 했는데 언제나 이기지 못했다. 어느 때 한 번은 도박에서 큰돈을 걸었는데 졌기 때문에 돌아갈 수 없게 되었다. 유량(庾亮)과 사이가 좋았으므로 배 안에서 큰 소리로 유량을 부르며 말했다. "여보게, 나를 좀 빼내주게!" 유량은 곧 그 돈을 물어주었으므로 겨우 돌아갈 수 있었다. 이런 경험이 자주 있었다.(1)

원문| **溫太眞位未高時, 屢與揚州淮中估客樗蒱, 與輒不競. 嘗一過, 大輸物, 戲屈, 無因得反. 與庾亮善, 於舫中大喚亮曰, 卿可贖我. 庾卽送直, 然後得還. 經此數四.**(1)

(1) 《중흥서(中興書)》에 이런 이야기가 있다. '온교(溫嶠)는 준수·활달하다는 말을 들었는데 사소한 예절에 구애받지 받았다.'
中興書曰, 嶠有儁朗之目, 而不拘細行.

주해| ㅇ樗蒱(저포)－도박의 일종. 〈임탄편(任誕篇)〉 34 참조.
ㅇ不競(불경)－떨치지 못하는 것. 《좌전(左傳)》 양공(襄公) 18년조에 '남풍불경(南風不競), 다사성(多死聲), 초필무공(楚必無功)'이라고 되어 있다. 〈방정편(方正篇)〉 59 참조.
ㅇ一過(일과)－《세설음석(世說音釋)》에 '1회이다'라고 되어 있다.
ㅇ戲屈(희굴)－승부가 안되는 것.
ㅇ目(목)－품평(品評)이란 뜻.

27. 온공(溫公 : 溫嶠)은 함부로 말하기를 좋아했으며, 변령(卞令 : 卞壼)은 예법(禮法)을 자처했다.(1) 유공(庾公 : 庾亮)의 집에 갔을 때 서로 격렬히 공격했는데 온공이 저속하고 더러운 말을 입에 담았으나, 유공은 천천히 말했다. "태진(太眞 : 溫嶠)은 하루 종일 저속한 말을

하지 않는다."[2]

▌원문｜ 溫公喜慢語, 卞令禮法自居.[1] 至庾公許, 大相剖擊. 溫發口鄙穢. 庾公徐曰, 太眞終日無鄙言.[2]

(1) 《변호별전(卞壺別傳)》에 이런 이야기가 있다. '변호가 위엄을 띠고 조정에 서있으면 백관은 몹시 어려워했으며, 귀족 자제들도 삼가지 않는 자가 없었다.'
卞壺別傳曰, 壺正色立朝, 百寮嚴憚, 貴遊子弟, 莫不祗肅.

(2) 그 방달(放達)함을 중히 여긴 것이다.
重其達也.

▌주해｜ ㅇ慢語(만어)－남을 업신여기어 함부로 말하는 것.
ㅇ無鄙言(무비언)－온교(溫嶠)는 순진한 마음을 잃지 않았으므로 그의 말에는 비루함이 없었다.

28. 주백인(周伯仁 : 周顗)은 사람 됨됨이가 온아중후(溫雅重厚)하여 난세에 대처하는 길을 깊이 알고 있었다. 강남으로 건너간 이후 오랜 세월동안 언제나 술을 많이 마셨는데 어떤 때는 사흘이 지나도 술이 깨지 않았다. 그래서 당시 사람들은 그를 '삼일복야(三日僕射)'라고 불렀다.[1]

▌원문｜ 周伯仁風德雅重, 深達危亂, 過江積年, 恆大飮酒, 嘗經三日不醒. 時人謂之三日僕射.[1]

(1) 《진양추(晋陽秋)》에 이런 이야기가 있다. '처음에 주의(周顗)는 아

정(雅正)한 덕망으로 천하에 성명(盛名)을 얻었으나 나중에는 술로 인하여 자주 실수를 했다. 유량(庾亮)은 말했다. "주후(周侯)의 만년(晩年)은 봉덕(鳳德)이 쇠해진 것이라고 해야 할 것이다."'

《어림(語林)》에는 이런 말이 있다. '주백인(周伯仁)은 실제로 누나의 상(喪)을 당했을 때 사흘동안 계속 취해 있었고, 고모의 상을 당했을 때는 이틀동안 계속 취해 있어서 그 가문의 성망(聲望)을 크게 손상시키었다. 술에 취하면 언제나 친구들이 모여서 그의 시중을 들어주었다.'

晉陽秋曰, 初, 顗以雅望, 獲海內盛名, 後屢以酒失. 庾亮曰, 周侯末年, 可謂鳳德之衰也.

語林曰, 伯仁正有姉喪三日醉, 姑喪二日醉, 大損資望. 每醉, 諸公常共屯守.

주해| ㅇ嘗經三日不醒云云(상경삼일불성운운)－《진서(晉書)》 권69 〈주의전(周顗傳)〉에는 '위복야(爲僕射), 약무성일(略無醒日), 시인호위삼일복야(時人號爲三日僕射)'라고 되어 있다. 또 《예문유취(藝文類聚)》 권48, 《태평어람(太平御覽)》 권211·497에서 인용한 《세설(世說)》에는 '상경삼일성(嘗經三日醒)'이라고 되어 있다.

ㅇ鳳德(봉덕)－훌륭한 덕. 《논어(論語)》 〈미자편(微子篇)〉에 초(楚)나라 접여(接輿)가 공자(孔子)를 조롱한 노래라며 '봉황새야, 봉황새야. 어찌 그렇게도 쇠해졌느냐?(鳳兮鳳兮, 何德之衰)'라 했다.

ㅇ伯仁正有姉喪云云(백인정유자상운운)－《태평어람(太平御覽)》 권497에서 인용한 《어림(語林)》에는 '주백인과강항취(周伯仁過江恒醉), 지유자상삼일성(止有姉喪三日醒), 고상삼일성야(姑喪三日醒也)'라고 되어 있다.

29. 위군장(衛君長 : 衛永)이 온공(溫公 : 溫嶠)의 장사(長史)가 되자, 온공은 그가 마음에 들었다. 온공은 수시로 술과 육포를 들고 위

군장에게로 가서 다리를 쭉 뻗고 앉아, 하루 종일 마주 대했는데 위 군장이 온공의 집을 찾아갔을 때도 역시 그러했다.[(1)]

원문 | **衛君長爲溫公長史, 溫公甚善之. 每率爾提酒脯就衛, 箕踞相對彌日. 衛往溫許, 亦爾.**[(1)]

(1) 위영(衛永)은 앞에서 나왔다.

衛永已見.

주해 | ㅇ彌日(미일)－종일이란 의미. 〈상예편(賞譽篇)〉 9 주해 참조. ㅇ已見(이견)－〈상예편〉 107.

30. 소준(蘇峻)의 난(亂) 때 유씨(庾氏) 일족은 뿔뿔이 도망갔다. 이때 유빙(庾冰)은 오군태수(吳郡太守)였는데 단신으로 도망했다. 주민들도 관원들도 모두 도망쳤는데 군(郡)의 한 병사가 작은 배에 유빙을 태우고 전당강(錢塘江) 하구(河口)로 나와 대나무 거적으로 그를 싸서 숨겼다. 그 무렵 소준은 현상금을 걸고 유빙을 찾았는데, 가는 곳마다 명하여 매우 엄하게 수색하도록 했다. 그 병사는 배를 시장(市場)이 서는 모래섬에 배를 대고 술을 마신 다음 취해서 돌아와, 노를 휘둘러 자기 배를 가리키며 말했다. "어디서 유오군(庾吳郡 : 庾冰)을 찾는 게야? 이 안에 있는데……" 유빙은 매우 두려워했으나 꼼짝도 하지 않고 있었다. 수색하는 관리는 배가 작고 물건을 싣는 장소도 좁았으므로 그 병사가 술에 취하여 하는 소리라고 생각했으며 전혀 의심하지 아니했다. 이렇게 해서 그 병사는 스스로 절강(浙江)을 지나갔고, 유빙은 산음현(山陰縣) 위가(魏家)에 몸을 의지하여 목숨을 건졌다.[(1)] 그후 사건이 평정되자 유빙은 병사의 은혜를 갚고자, 그의 소원을 들어주기로 하였다. 병사는 말했다. "저는 천민 출신인

즉 고귀한 신분이 되려는 생각은 없습니다. 젊었을 때부터 천한 일을 하느라고 고달파서 술을 마음껏 마시지 못했음을 유감으로 생각하고 있습니다. 만약 술이 충분히 있고 그렇게 여생을 끝낼 수만 있다면 그 이상 더 바랄 것이 없겠습니다." 유빙은 그를 위해 큰집을 지어 주고 노비를 사주었으며 집안에는 백 곡(斛)의 술을 채워주어 그의 생애를 끝내게 해주었다. 당시 사람들은 그 병사가 지혜로울 뿐만 아니라 인생에도 날관(達觀)했다고 생각했다.

원문| 蘇峻亂, 諸庾逃散. 庾冰時爲吳郡. 單身奔亡, 民吏皆去. 唯郡卒獨以小船載冰出錢塘口, 蘧篨覆之. 時峻賞募覓冰, 屬所在搜檢甚急. 卒捨船市渚, 因飮酒醉還, 舞棹向船曰, 何處覓庾吳郡, 此中便是. 冰大惶怖, 然不敢動. 監司見船小裝狹, 謂卒狂醉, 都不復疑. 自送過淛江, 寄山陰魏家, 得免.(1) 後事平, 冰欲報卒, 適其所願. 卒曰, 出自廝下, 不願名器. 少苦執鞭, 恆患不得快飮酒. 使其酒足餘年畢矣, 無所復須. 冰爲起大舍, 市奴婢, 使門內有百斛酒, 終其身. 時謂此卒非唯有智, 且亦達生.

(1) 《중흥서(中興書)》에 이런 이야기가 있다. '유빙(庾冰)이 오군태수(吳郡太守)였을 때 소준(蘇峻)이 난을 일으켰고 군사를 보내어 유빙을 치려고 했다. 유빙은 오군을 버리고 회계(會稽)로 도망했다.' **中興書曰, 冰爲吳郡, 蘇峻作逆, 遣軍伐冰. 冰棄郡奔會稽.**

주해| ㅇ蘧篨(거저)－거저(籧篨)와 통한다. 대나무로 엮은 거친 거적.
ㅇ淛江(제강)－'절강(浙江)'과 통한다. 《정자통(正字通)》〈사집(巳集)〉 상(上)에 '절(浙)과 같다'라고 했다. 절강에는 수원(水源)이 세 개 있는데 합류하여 동강(桐江)·부춘강(富春江)으로 이름을 바꾸다가 오군(吳郡)

전당현(錢塘縣)으로 들어오면 전당강으로 불리며 항주만(杭州灣)으로 흘러간다.

- 山陰(산음)-《진서(晋書)》〈지리지(地理志)〉 하(下) 양주회계군조(揚州會稽郡條)에 산음현이란 이름이 보이며 원주(原注)에 '회계산은 남쪽에 있다'라고 했다.
- 厮下(시하)-미천한 사람. 장작을 패거나 말을 기르는 등의 잡역부를 가리킨다.
- 名器(명기)-명(名)은 작위(爵位), 기(器)는 여복(輿服). 《좌전(左傳)》 성공(成公) 2년조에 보이는 말로서, 두예(杜預)의 주(注)에 '기(器)는 거복(車服), 명(名)은 작호(爵號)'라고 되어 있다. 여복(輿服 : 車服)이란 수레와 관복(冠服)이란 의미. 참고로 《북당서초(北堂書鈔)》 권77에서 인용한 《세설(世說)》에는 명기(名器)를 '명품(名品)'으로 적고 있다.
- 執鞭(집편)-채찍을 들고 말을 제어하는 사람. 전(轉)하여 일반적인 천역(賤役)에 종사하는 사람이란 의미로 사용된다.
- 達生(달생)-인생의 이치에 통달했다는 의미. 《장자(莊子)》에 〈달생편(達生篇)〉이 있다.

31. 은홍교(殷洪喬 : 殷羨)가 예장태수(豫章太守)가 되었다.(1) 부임할 때 도성 사람들이 그에게 백통 가량의 편지를 바쳤다. 은홍교는 석두(石頭)에까지 오자 (그 편지들을) 모두 물속에 버리더니 기도하면서 말했다. "가라앉는 것은 가라앉고 뜰 것은 떠라. 은홍교는 (편지를 전하는) 배달부가 되지는 않으련다."

원문| **殷洪喬作豫章郡.(1) 臨去, 都下人因附百許函書. 旣至石頭, 悉擲水中, 因祝曰, 沈者自沈, 浮者自浮. 殷洪喬不能作致書郵.**

(1) 《은씨보(殷氏譜)》에 이런 이야기가 있다. '은선(殷羨)의 자는 홍

교(洪喬)이고 진군(陳郡) 사람이며, 아버지 은식(殷識)은 진동장군(鎭東將軍)의 사마(司馬)였다. 은선은 벼슬하여 예장태수(豫章太守)에 이르렀다.'

殷氏譜曰, 羨字洪喬, 陳郡人. 父識, 鎭東司馬. 羨仕至豫章太守.

주해 | ㅇ百許函書(백허함서)-1백 개 남짓의 상자에 담겨져 있는 편지. ㅇ石頭(석두) 《독시방여기요(讀史方輿紀要)》 권48에, '석두역(石頭驛)은 남창(南昌) 장강문(章江門) 밖 10리에 있다. 석두저(石頭渚)가 있는데 역시 투서저(投書渚)라고 한다. 즉 은선(殷羨)이 투서한 곳이다'라고 되어 있다.

32. 왕장사(王長史 : 王濛)와 사인조(謝仁祖 : 謝尙)가 모두 왕공(王公 : 王導)의 연(掾)이 되었다.(1) 왕장사가 말했다. "사연(謝掾 : 謝尙)은 진귀한 춤을 출 수 있습니다." 사연은 즉시 일어나서 춤을 추었는데 그 풍정은 실로 여유로웠다.(2) 왕공은 찬찬히 바라보다가 손님에게 말했다. "왕안풍(王安豊 : 王戎)을 생각나게 하는구려."(3)

원문 | **王長史, 謝仁祖同爲王公掾.(1) 長史云, 謝掾能作異舞. 謝便起舞, 神意甚暇.(2) 王公熟視, 謂客曰, 使人思安豊.(3)**

(1) 《왕몽별전(王濛別傳)》에 이런 이야기가 있다. '승상인 왕도(王導)는 당시의 명인현사(名人賢士)들을 초대하여 진실(晋室)의 중흥을 돕게 하려고 했다. 사자(使者)가 가는 곳에서는 반드시 훌륭한 인재를 불러모았다. 왕몽(王濛)을 불러내어 연(掾)으로 삼았다.'

王濛別傳曰, 丞相王導辟名士時賢, 協贊中興. 旌命所加, 必延俊乂. 辟濛爲掾.

(2) 《진양추(晋陽秋)》에는 이런 이야기가 있다. '사상(謝尙)은 방달(放達)한 인품이었으며 음악에 뛰어났다.'
《어림(語林)》에 이런 이야기가 있다. '사진서(謝鎭西 : 謝尙)는 술을 마신 다음 쟁반과 방석이 놓여있는 자리에서, 낙양의 저자에서 추는 구욕무(鴝鵒舞)를 추었는데 썩 잘 추었다.'
晋陽秋曰, 尙性通任, 善音樂.
語林曰, 謝鎭西酒後, 於槃案閒, 爲洛市肆上鴝鵒舞, 甚佳.

(3) 왕융(王戎)은 방달(放達)한 인물이었는데 사상(謝尙)은 그와 비슷했다.
戎性通任, 尙類之.

주해 | ㅇ神意(신의)－정신. 여기서는 훌륭한 마음이 태도나 표정에 나타나는 것.
ㅇ旌命(정명)－현사(賢士)를 초빙하는 사자(使者). 《문선(文選)》 권53 육기(陸機)의 '변망론(辨亡論)' 상(上)에 '정명교어도항(旌命交於塗巷)'이라고 되어 있다.
ㅇ鴝鵒舞(구욕무)－무악(舞樂)의 이름. 구욕(鴝鵒)은 구욕(鸜鵒)이라고도 쓰며 새 이름이다. 검은색 날개에 하얀 점이 있고 사람의 말을 흉내낸다고 한다. 구관조(九官鳥) 종류.

33. 왕몽(王濛)과 유담(劉惔)이 함께 항남(杭南)에 있을 때 환자야(桓子野 : 桓伊)네 집에서 주연(酒宴)이 열렸다.(1) 사진서(謝鎭西 : 謝尙)는 숙부인 상서(尙書 : 謝裒)의 산소에 갔다가 돌아왔는데 매장한 지 사흘째로 반곡지례(反哭之禮)를 하고자 했다. 왕몽 등은 그러한 그를 맞이하고자 하여 처음에 사자(使者)를 보냈는데 얼른 받아들이지 아니했다. 그래도 이미 수레를 멈추고 있었다. 다시 초청을 하자

수레를 돌리어 찾아왔다. 사람들은 문밖에서 맞으며 손을 잡아 수레에서 내리게 했다. 겨우 두건만 벗었을 뿐 주연을 절반 정도 즐기다가 그제서야 상복을 벗지 않았다는 것을 알아차리게 되었다.(2)

| 원문 | 王劉共在杭南, 酣宴於桓子野家.(1) 謝鎭西往尙書墓還, 葬後三日反哭. 諸人欲要之, 初遣一信, 猶未許. 然已停車. 重要, 便回駕. 諸人門外迎之, 把臂便下. 裁得脫幘箸帽, 酣宴半坐, 乃覺未脫衰.(2)

(1) 환이(桓伊)는 앞에서 나왔다.
伊已見.

(2) 상서(尙書)는 사부(謝裒)이며 사상(謝尙)의 숙부이다. 앞에서 나왔다.
송명제(宋明帝)의 《문장지(文章志)》에 이런 이야기가 있다. '사상(謝尙)은 경솔한 성격으로서 사소한 일에 구애받지 않았다. 형의 장례식을 마치고 그 묘소에서 돌아오는데 왕몽(王濛) · 유담(劉惔)이 함께 신정(新亭)에서 놀고 있었다. 왕몽은 사상을 초청하고 싶은 생각에서 우선 유담에게 물었다. "생각하건대 인조(仁祖 : 謝尙)는 틀림없이 거절하지 않을 것 같소." 유담이 말했다. "인조의 성격으로 볼 때 틀림없이 올 것 같소." 그래서 사자(使者)를 보내어 초청했다. 처음에 사상은 사양했지만 이미 집에 돌아갈 생각이 없었다. 다시 청하자 곧바로 수레를 돌리어 돌아왔다. 그 경솔한 모양이 이와 같았다.'
尙書, 謝裒. 尙叔也. 已見.
宋明帝文章志曰, 尙性輕率, 不拘細行. 兄葬後, 往墓還, 王濛, 劉惔共遊新亭, 濛欲招尙, 先以問惔曰, 計仁祖正當不爲異同耳. 惔曰, 仁祖韻中自應來. 乃遣要之. 尙初辭, 然已無歸意, 及再請, 卽迴軒焉. 其率如此.

주해 | ㅇ杭南(항남)－항(杭)·항(桁)은 항(航)과 통하는데 항남은 항남(桁南 : 烏衣巷)일까? 오의항(烏衣巷)은 건강(建康)의 주작항(朱雀航) 남쪽이다. 왕가(王家)와 사가(謝家)를 위시하여 유력한 귀족들의 저택이 많던 곳이다.

ㅇ反哭(반곡)－묘소에 매장한 다음 정침(正寢)에서 곡을 하는 예(禮). 《좌전(左傳)》 은공(隱公) 3년조에 '침(寢)에 반곡한다'는 용례가 있으며 그 두주(杜注)에 '이미 장사지낸 날 중에 묘에서 돌아와 정칙에서 제사지낸다'라고 했다.

ㅇ幘(책)－두건.

ㅇ衰(최)－상복(喪服) 이름. 최(縗)와 같다.

ㅇ伊已見(이이견)－〈방정편(方正篇)〉 55.

ㅇ尙書已見(상서이견)－〈방정편〉 25. 그 주(注)에서 인용한 《영가류인명(永嘉流人名)》에 의하면 '부력시중(裒歷侍中), 이부상서(吏部尙書), 오국내사(吳國內史)'라고 되어 있다. 사부(謝裒)는 사안(謝安)의 아버지이며 사상(謝尙)의 숙부이다. 송명제(宋明帝)의 《문장지(文章志)》에 형의 장례라고 했는데 그것은 의문스럽다.

ㅇ新亭(신정)－강소성(江蘇省) 강녕현(江寧縣) 남쪽(〈言語篇〉 31 참조).

ㅇ先以(선이)－송본(宋本)에서는 '선이(先已)'로 적고 있다.

ㅇ及再請(급재청)－급(及)자를 송본(宋本)에선 '내(乃)'로 적고 있다. 원본(袁本)을 따랐다.

34. 환선무(桓宣武 : 桓溫)는 젊었을 때 집안이 빈곤했다. 노름을 하다가 크게 져서 빚을 갚으라는 채권자의 독촉이 매우 급했다. 환선무는 어떻게든 위기에서 벗어날 길이 없을까 궁리를 했지만 어찌해야 좋을는지 알 수가 없었다. 진군(陳郡)의 원탐(袁耽)은 호탕하고 다재다능한 사람이었다.(1) 환선무는 원탐에게 도움을 청하고 싶었지만 당시 원탐이 상중(喪中)에 있었기 때문에 주저할까봐 걱정하면서

도 시험삼아 그에게 이 이야기를 꺼냈다. (원탐은) 그자리에서 당장에 허락했으며 조금도 꺼리는 기색이 없었다. (원탐은) 옷을 갈아입더니 상모(喪帽)를 품속에 넣고 환온을 따라가서 채권자와 도박을 했다. 원탐은 평소 기예의 명성이 높았기 때문에 채권자와 도박판에 나서면서 말했다. "당신은 원언도(袁彦道 : 袁耽)의 흉내는 내지 못할 것이오." 그리고 도박을 했는데 첫 번에는 10만 전(錢)을 걸었으나 금방 백만 전으로 올라갔다. 원탐은 패를 집어던지며 소리 질렀는데 마치 주변에 아무도 없는 것처럼 행동했다. 그리고 상모를 꺼내어 상대방에게 집어던지며 말했다. "어떻소? 이제는 내가 원언도란 것을 알겠소?"(2)

원문| 桓宣武少家貧. 戲大輸, 債主敦求甚切. 思自振之方, 莫知所出. 陳郡袁耽, 俊邁多能.(1) 宣武欲求救於耽, 耽時居艱, 恐致疑. 試以告焉, 應聲便許, 略無嫌恪. 遂變服懷布帽隨溫去, 與債主戲. 耽素有藝名, 債主就局曰, 汝故當不辦作袁彦道邪. 遂其戲, 十萬一擲, 直上數百萬. 投馬絶叫, 傍若無人. 探布帽擲對人曰, 汝竟識袁彦道不.(2)

(1) 《원씨가전(袁氏家傳)》에 이런 이야기가 있다. '원탐(袁耽)의 자는 언도(彦道)이고 진군(陳郡) 양하(陽夏) 사람이며 위(魏)나라 중랑령(中郎令) 원환(袁渙)의 증손이다. 건장하고 활달했으며 풍격(風格)이 고매했다. 젊었을 때부터 호탕하여 구애받지 아니하고 남다른 재능이 있어서 많은 선비들이 그를 따랐다. 벼슬은 사도종사중랑(司徒從事中郎)에 이르렀다.'
袁氏家傳曰, 耽字彦道, 陳郡陽夏人, 魏中郎令渙曾孫也. 魁梧爽朗, 高風振邁. 少倜儻不羈, 有異才, 士人多歸之. 仕至司徒從事中郎.

(2) 《곽자(郭子)》에는 이런 이야기가 있다. '환공(桓公 : 桓溫)이 저포(樗蒱) 노름을 하다가 수백 곡(斛)의 쌀을 잃고 원탐(袁耽)에게 구원을 청하자 원탐은 상중(喪中)에 있었지만 즉석에서 대답했다. "그거 좋지! 내가 귀채(貴采)를 만들어 낼 테니 당신은 그저 소리만 크게 지르시오!"라고 했다. 그리고 즉시 상복을 벗더니 함께 문을 나섰는데 (가던 도중) 머리에 상모(喪帽)를 쓰고 있다는 것을 알아차리자 (그것을) 벗고 작은 모자를 썼다. 이미 도박이 시작되자 원탐은 기세를 몰아 소리지르며 팔을 걷어붙였는데, 던졌다 하면 반드시 노(盧)나 치(雉)였다. 두 사람이 함께 소리를 지르는 사이에 상대방은 순식간에 수백만 전을 잃게 되었다.'

郭子曰, 桓公樗蒱, 失數百斛米, 求救於袁耽, 耽在艱中, 便云, 大快. 我必作采, 卿但大喚. 卽脫其衰, 共出門去. 覺頭上有布帽, 擲去, 箸小帽. 旣戲, 袁形勢呼袒, 擲必盧雉. 二人齊叫, 敵家頃刻失數百萬也.

주해 | ㅇ致疑(치의) – 망설이는 것.

ㅇ布帽(포모) – 상중(喪中)에 쓰는 삼베 모자.

ㅇ汝故當不辦作袁彥道邪(여고당불판작원언도야) – 《진서(晋書)》 권83 〈원탐전(袁耽傳)〉에는 '탐소유예명(耽素有藝名), 채자문지이불상식(債者聞之而不相識)'이란 기록이 있다. 즉 채권자는 눈앞에 있는 사람이 그 원탐이란 것을 모르고 있었던 것이다. 판(辦)은 변(辨)과 통하며 능(能)이란 뜻.

ㅇ馬(마) – 도박을 할 때 사용하던 기구로 자세한 것은 미상. 오늘날의 윷놀이를 할 때 사용하는 말과 비슷한 용도로 쓰였을 것으로 추정한다.

ㅇ魏中郎令(위중랑령) – 《진서》 권83 〈원괴전(袁瓌傳)〉에서는 위(魏)의 낭중령(郎中令)으로 적고 있는데 관직명으로는 이 표기가 맞는다.

ㅇ倜儻(척당) – 남에게 구애받지 않는 모양.

ㅇ樗蒱(저포) – 한(漢)나라에서 육조(六朝)에 걸쳐 유행했던 도박으로 놀이방법은 후세의 주사위놀이와 비슷한 점이 있다. 상세한 것은 불명.

ㅇ作采(작채)－주사위의 좋은 눈을 만들어 내는 것. 채(采)는 오늘날의 정육면체인 주사위와 달리 가늘고 긴 할저상(割箸狀)의 것으로서 노(盧)·백(白)·치(雉)·우(牛 : 또는 犢) 등의 이름이 붙은 왕채(王采 : 주사위의 좋은 눈. 王은 貴란 의미)와 개(開)·새(塞)·탑(塔)·독(禿)·궐(橛)·효(梟)란 이름이 붙는 운채(畎采 : 주사위의 나쁜 눈, 畎은 賤이란 의미)가 있다. 던진 그 채(采)의 조합(組合)으로 점수의 다과가 정해진다.

ㅇ盧雉(노치)－모두 왕채(王采)의 눈으로서 《오목경(五木經)》에 의하면 노(盧)는 16, 치(雉)는 14로 점수가 제일 많은 눈이다.

35. 왕광록(王光祿 : 王蘊)이 말했다. "술은 정말로 사람들을 고원한 마음으로 이끌어준다."(1)

원문 | **王光祿云, 酒正使人人自遠.**(1)

(1) 광록(光祿)은 왕온(王蘊)이다.
《속진양추(續晉陽秋)》에 이런 이야기가 있다. '왕온(王蘊)은 평소부터 술을 좋아했는데 만년에는 특히 심하여, 회계(會稽)에 살게 된 다음부터는 취하지 않는 날이 거의 없었다.'
光祿, 王蘊也.
續晉陽秋曰, 蘊素嗜酒, 末年尤甚, 及在會稽, 略少醒日.

주해 | ㅇ光祿(광록)－좌광록대부(左光祿大夫). 왕온(王蘊)은 사후(死後) 광록대부·개부의동삼사(開府儀同三司)가 추증되었다.

ㅇ及在會稽(급재회계)－왕온은 회계내사(會稽內史)가 되었다.

ㅇ略少醒日(약소성일)－《진서(晉書)》 권93 〈왕온전〉에는 이 말 다음에 '그래도 화간(和簡)으로 백성들의 기뻐하는 바가 되었다'라고 되어 있다.

36. 유윤(劉尹 : 劉惔)이 말했다. "손승공(孫承公 : 孫統)은 이상한 사람이야. 매번 어느 곳을 갔다 하면 며칠 동안이고 구경을 하며 즐겼고, 어떤 때는 절반 정도 돌아왔다가 다시 돌아가곤 했어."(1)

원문| 劉尹云, 孫承公狂士. 每至一處, 賞翫累日, 或廻至半路却返.(1)

(1) 《중흥서(中興書)》에 이런 이야기가 있다. '손승공(孫承公 : 孫統)은 젊었을 때부터 자유분방하며 사물에 구애받지 아니했다. 회계(會稽)에 살았는데 선천적으로 산수를 좋아했다. 자청하여 은현(鄞縣)의 현령이 되었는데 번거로운 업무를 잊은 채 마음 내키는 대로 노닐었다. 경치 좋은 산천은 유람하지 않은 곳이 없었다.'
中興書曰, 承公少誕任不羈, 家於會稽, 性好山水. 及求鄞縣, 遺心細務, 縱意游肆. 名阜勝川, 靡不歷覽.

37. 원언도(袁彥道 : 袁耽)에게는 두 명의 누이가 있었다. 한 명은 은연원(殷淵源 : 殷浩)에게 시집가고, 한 명은 사인조(謝仁祖 : 謝尙)에게 시집갔다.(1) 원언도가 환선무(桓宣武 : 桓溫)에게 말했다. "그대에게 시집보낼 여동생이 한 명 없는 게 유감스럽소."

원문| 袁彥道有二妹. 一適殷淵源, 一適謝仁祖.(1) 語桓宣武云, 恨不更有一人配卿.

(1) 《원씨보(袁氏譜)》에 이런 이야기가 있다. '원탐(袁耽)의 큰누이는 여황(女皇)이라고 했는데 은호(殷浩)에게 시집갔다. 작은누이는 여정(女正)이라고 했는데 사상(謝尙)에게 시집갔다.'
袁氏譜曰, 耽大妹名女皇, 適殷浩. 小妹名女正, 適謝尙.

주해 | ㅇ女正(여정) - 송본(宋本)에는 '여재(女在)'로 되어 있는데 원본(袁本)에 따랐다.

38. 환거기(桓車騎 : 桓沖)가 형주(荊州)에 있을 때, 장현(張玄)은 시중(侍中)이었는데 명을 받고 강릉(江陵)에 가던 도중, 양기촌(陽岐村)을 지나갔다.(1) 돌연 한 사나이가 나타났는데 대광주리에 반쯤 생선을 담아 가지고 곧장 배로 다가오면서 말했다. "생선이 있기에 이곳을 빌어서 회를 좀 쳐달라고 왔습니다." 그래서 장현은 배를 매어 놓고 그 이름을 물었더니 유유민(劉遺民 : 劉驎之)이라고 했다.(2) 장현은 일찍부터 그 이름을 듣고 있던 터라 크게 환대했다. 유인지는 장현이 도읍에서 사자의 자격으로 온다는 것을 알고 있었으므로 사안(謝安), 왕문도(王文度 : 王坦之)는 모두 잘 있냐고 물었다. 장현은 이야기를 많이 나누고 싶은 생각이었으나 유인지는 오래 있을 생각이 전혀 없는 듯 회를 다 먹자 곧 떠나려고 하였다. "아까, 이 생선을 손에 넣은 다음, 당신의 배에는 틀림없이 회를 치는 도구가 있을 것 같기에 왔던 것이오." 그리고 그냥 떠났다. 장현은 곧 뒤따라서 유인지의 집에 갔다. 술을 내왔는데 술맛이 좋지 않았다. 장현은 상대방을 훌륭한 사람이라고 생각했으므로 하는 수 없이 그 술을 마셨다. 그렇게 마주 앉아서 마시기 시작했는데 유인지가 먼저 일어나며 말했다. "지금 억새를 베고 있던 중이라 오래 지체할 수가 없소이다." 장현도 그 이상 붙잡을 수가 없었다.

원문 | 桓車騎在荊州, 張玄爲侍中, 使至江陵, 路經陽岐村.(1) 俄見一人. 持半小籠生魚, 徑來造船. 云, 有魚, 欲寄作鱠. 張乃維舟而納之. 問其姓字, 稱是劉遺民.(2) 張素聞其名, 大相忻待. 劉旣知張銜命, 問謝安, 王文度竝佳不. 張甚欲話言, 劉了

無停意, 旣進鱠, 便去, 云, 向得此魚, 觀君船上當有鱠具, 是故來耳. 於是便去. 張乃追至劉家. 爲設酒, 殊不淸旨. 張高其人, 不得已而飮之. 方共對飮, 劉便先起, 云, 今正伐荻, 不宜久廢. 張亦無以留之.

(1) 양기촌(陽岐村)은 장강(長江)에 임해 있는데 형주(荊州)에서 떨어져 있기 2백리이다.
村臨江, 去荊州二百里.

(2) 《중흥서(中興書)》에 이런 이야기가 있다. '유인지(劉驎之)의 또 다른 자는 유민(遺民)이다.' 앞에서 나왔다.
中興書曰, 劉驎之, 一字遺民. 已見.

주해 | ㅇ已見(이견)－〈서일편(棲逸篇)〉 8 참조.

39. 왕자유(王子猷 : 王徽之)가 치옹주(郗雍州 : 郗恢)를 찾아갔다.[(1)] 치옹주는 안에 있었다. 왕자유는 고운 모직 담요가 있는 것을 보고 말했다. "아걸(阿乞 : 郗恢)이 어찌 이런 것을 손에 넣었을까?"[(2)] 좌우 사람에게 일러 그것을 자기 집에 가져가도록 했다. 치옹주가 나와서 찾자, 왕자유가 말했다. "방금 전에 힘센 장사가 그것을 들쳐메고 달아났네."[(3)] 치옹주는 불쾌한 기색조차 보이지 않았다.

원문 | 王子猷詣郗雍州.[(1)] 雍州在內. 見有㲮㲣云, 阿乞那得此物.[(2)] 令左右送還家. 郗出覓之, 王曰, 向有大力者負之而趨.[(3)] 郗無忤色.

(1) 《중흥서(中興書)》에 이런 이야기가 있다. '치회(郗恢)의 자는 도

윤(道胤)이며 고평(高平) 사람이다. 아버지 치담(郗曇)은 북중랑장(北中郎將)이었다. 치회는 신장이 8척(尺)으로 수염이 멋지고 당당하여 풍격이 있었다. 열종(烈宗 : 孝武帝 司馬曜)은 그를 중시하며 훌륭한 제후(諸侯)가 될 인물이라고 생각했다. 태자좌위솔(太子左衛率)에서 옹주자사(雍州刺史)로 발탁되었다.'

中興書曰, 郗恢字道胤, 高平人. 父曇, 北中郎將. 恢長八尺, 美鬚髥, 風神魁梧. 烈宗器之, 以爲蕃伯之望. 自太子左率, 擢爲雍州刺史.

(2) 아걸(阿乞)은 치회의 어렸을 때 자(字)이다.

阿乞, 恢小字.

(3) 《장자(莊子)》에는 이런 이야기가 있다. '무릇 배를 골짜기에 감춰두고, 그물을 연못에 감춰두면 그것으로 충분하리라고 생각할 것이다. 그러나 힘센 장사가 그것을 짊어지고 달아나는 경우도 있다. 어리석은 사람에게는 그런 도리가 이해되지 않는 것이다.'

莊子曰, 夫藏舟於壑, 藏山於澤, 謂之固矣. 然有大力者負之而走. 昧者不知也.

주해 | ㅇ毾㲪(탑등) - 탑(毾)은 탑(毾)으로도 쓰며 탑(毾)의 위자(譌字)이다. 탑등(毾㲪)은 모직(毛織)의 깔개. 《후한서(後漢書)》 〈서역전(西域傳)〉 주(注)에서 인용한 《비창(埤蒼)》에 '모석(毛席)이다'라고 되어 있다.

ㅇ蕃伯(번백) - 천자(天子)의 번병(藩屛)이 되는 제후(諸侯)를 가리킨다.

ㅇ太子左率(태자좌솔) - 태자좌위솔(太子左衛率). 태자의 호위 경비를 맡는 벼슬. 진(晋)나라 시대 무제(武帝 : 司馬炎) 때 중위군(中衛軍)을 두었고 태시(泰始) 5년(269), 좌우로 나누어 각각 1군(軍)을 영(領)했다. 《진서(晋書)》 권67 〈치회전(郗恢傳)〉에는 '태자우위솔(太子右衛率)을 영(領)하다'라고 되어 있다.

ㅇ莊子(장자)－〈대종사편(大宗師篇)〉. 현행 텍스트에서는 '대력자(大力者)'를 '연이야반유력자(然而夜半有力者)'라고 적고 있다.
ㅇ山(산)－산(汕)과 같으며 물고기를 잡는 기구. 통발.

40. 사안(謝安)은 처음 도읍(都邑 : 建康)에 나왔을 때 노름을 하다가 수레와 소를 잃었는데 지팡이를 짚고 걸어서 돌아갔다. 도중에 유윤(劉尹 : 劉惔)을 만났는데 (유윤이) 말했다. "안석(安石)도 해낼 수가 있었소이다." 그리고 사안은 유윤의 수레에 같이 타고 돌아왔다.

원문| **謝安始出西, 戲失車牛, 便杖策步歸. 道逢劉尹, 語曰, 安石將無傷. 謝乃同載而歸.**

주해| ㅇ出西(출서)－사안(謝安)은 40세가 지나기까지 동쪽의 회계산(會稽山)에서 은서하고 있었는데 환온(桓溫)의 부름을 받고, 도읍인 건강(建康)에 나왔다. 〈상예편(賞譽篇)〉 101에서 인용한 《속진양추(續晋陽秋)》를 참조.
ㅇ劉尹(유윤)－유담(劉惔). 사안의 부인은 유담의 여동생이다. 즉 유담은 사안의 처남이다.
ㅇ將無(장무)－〈덕행편(德行篇)〉 19의 주해 참조.

41. 양양(襄陽)의 나우(羅友)는 큰 인물의 풍격이 있었다. 그러나 젊었을 때, 많은 사람들은 그를 바보라고 생각했다. 어느 때 남의 제사지내는 것을 살피다가 먹을 것을 얻어먹으려고 했는데 너무 일찍 갔기 때문에 문이 아직 열려 있지 아니했다. 주인이 영신(迎神)하러 나왔다가 이런 시간에 어찌하여 여기 와있느냐고 묻자 나우는 대답했다. "댁에서 제사를 지낸다는 말을 듣고 한끼 밥이라도 얻어먹을까 했습니다." 그리고 그대로 문 쪽에 몸을 숨기고 있다가 새벽녘이 되

어 음식을 얻어먹자 곧바로 떠났는데 조금도 부끄러워하는 기색이 없었다. 나우는 태어나면서부터 기억력이 뛰어났다. 환선무(桓宣武 : 桓溫)를 따라 촉(蜀) 땅을 평정했을 때, 촉의 성문(城門)과 누각 등을 살피러 돌아다녔는데, 성벽 안팎의 도로의 광협(廣狹), 심어져 있는 과수(果樹)와 대나무의 수량을 모조리 암기했다. 그후 환선무가 표주(漂洲)에서 간문제(簡文帝 : 司馬昱)와 회합할 때 나우도 그 자리에 참석하여 촉 땅에 관한 이야기를 했다. 환선무가 기억해내지 못하는 것이 있으면 나우가 그 이름을 열거했는데 조금도 잘못이나 빠뜨리는 것이 없었다. 환선무가 촉 땅의 성궐(城闕)을 기록한 장부와 대조해 보니 모두가 그의 말대로였으므로 그자리에 있던 사람은 모두가 감탄했다. 그래서 사공(謝公 : 謝安)은 말했다. "나우는 위양원(魏陽元 : 魏舒)만 못하지 않다." 그후 광주자사(廣州刺史)가 되어 임지로 향할 때 형주자사(荊州刺史)인 환활(桓豁)이 저녁때 와서 묵어가라고 했다. 그러자 나우는 대답했다. "나는 이미 선약이 있습니다. 그곳 주인은 빈한한 데도 아마도 술과 안주를 장만하느라고 비용이 좀 들었을 것입니다. 우리 두 사람은 옛정이 있는 사이인즉 날을 잡아서 찾아가겠습니다." 정서(征西 : 桓豁)는 은밀히 사람을 보내어 그를 살펴보게 하였다. 저녁때가 되자 나우는 형주문하서좌(荊州門下書佐)의 집에 갔고 그곳에서 즐겼는데 그 모습이 현달(顯達)한 집안에 있는 것과 다름이 없었다. 익주(益州)에 있을 때 아이에게 말하기를, "나에게는 5백 명분의 식기(食器)가 있다."라고 하여 가족 모두를 놀라게 했다. 그것은 종래 청빈했던 그에게 갑자기 그런 물건이 생겼을 리 없었기 때문이었다. 과연 그것은 250벌의 찬합이었다.[(1)]

원문| 襄陽羅友有大韻. 少時多謂之癡. 嘗伺人祠, 欲乞食. 往太蚤, 門未開. 主人迎神出見, 問以非時, 何得在此. 答曰, 聞卿祠, 欲乞一頓食耳. 遂隱門側, 至曉, 得食便退, 了無怍

容. 爲人有記功. 從桓宣武平蜀, 按行蜀城闕觀宇, 内外道陌廣狹, 植種果竹多少, 皆默記之. 後宣武漂洲與簡文集, 友亦預焉, 共道蜀中事. 亦有所遺忘, 友皆名列, 曾無錯漏. 宣武驗以蜀城闕簿, 皆如其言. 坐者歎服. 謝公云, 羅友詎減魏陽元. 後爲廣州刺史, 當之鎭, 刺史桓豁語令莫來宿. 答曰, 民已有前期. 主人貧, 或有酒饌之費. 見與甚有舊. 請別日奉命. 征西密遣人察之. 至夕, 乃往荊州門下書佐家, 處之怡然, 不異勝達. 在益州語兒云, 我有五百人食器. 家中大驚. 其由來清, 而忽有此物. 定是二百五十沓烏樏.(1)

(1) 《진양추(晋陽秋)》에 이런 이야기가 있다. '나우(羅友)의 자는 택인(宅仁)이며 양양(襄陽) 사람이다. 젊었을 때 학문을 좋아했는데 절제력이 없었다. 원래 술을 좋아하여 초대하는 곳이 있으면 상대방이 선비이든 서민이든 상관하지 않았다. 또 남의 집 제사지내는 것을 살폈다가 가서 남은 음식을 얻어먹었는데 군영(軍營)이나 술집에서 걸식하는 것조차 부끄러워하지 않았다. 환온(桓溫)이 군영을 지나가다가 그를 나무라며 말했다. "너무나 품위가 없군! 먹을 게 필요하면 어찌하여 나에게 와서 말하지 않고 이런 곳을 찾아오는 게야?" 그러자 나우는 도도한 태도로 말하는 것이었다. "공(公)에게로 가서 먹을 것을 얻을 경우, 오늘은 얻을 수 있지만 내일은 얻지 못할 것입니다." 환온은 그 말에 크게 웃었다. 나우는 처음에 형주자사(荊州刺史)를 섬기다가 후에 환온의 관소에 있었다. 집안이 가난하여 녹을 청했던 것인데 환온은 나우를 재학(才學)이 있다 하여 대우를 해주기는 하면서도 그 방종한 성격은 백성을 다스릴 기량(器量)이 아니라며, 그를 인정은 하면서도 치민관(治民官)으로는 임용을 하지 않았다. 후에 같은 관소에 있던 사람으로 군태수(郡太守)에 발탁된 자가 있었다. 환온은 송별연을

열었는데 나우가 제일 늦게 참석했다. 그 까닭을 묻자 나우가 대답했다. “저는 천성이 술을 좋아하고 음식을 탐냅니다. 어제 통지를 받고는 아침 일찍이 집에서 나왔습니다. 그런데 오는 도중 한 유령을 만났으며 심한 모욕을 당했습니다. 유령은 저에게 나는 당신이 군태수가 된 사람들을 송별하는 것만 보았소. 어찌하여 다른 사람들이 군태수가 된 당신을 송별하는 것을 보여주지 못하는 게요라고 하는 것이었습니다. 저는 처음에는 두려워했습니다만 나중에는 부끄러워져서 집으로 돌아가 이 문제를 풀어보려다가 그만 저도 모르는 사이에 늦게서야 도착하는 죄를 저지르고 말았습니다.” 환온은 그의 재치있는 이야기에 웃기는 했지만 마음속은 편치 못했다. 후에 나우는 양양태수(襄陽太守)가 되었다가 광주(廣州)·익주(益州) 두 주의 자사(刺史)로 누천(累遷)되었다. 나우는 임지에서 큰 기강만 세우고 사소한 일은 천착하지 않았으므로 관리와 백성들이 매우 좋아했다. 익주에서 죽었다.'

晉陽秋曰, 友字宅仁, 襄陽人. 少好學, 不持節檢. 性嗜酒, 當其所遇, 不擇士庶. 又好伺人祠, 往乞餘食, 雖復營署壚肆, 不以爲羞. 桓過營, 責之云, 君太不逮, 須食, 何不就身求. 乃至於此. 友傲然不屑, 答曰, 就公乞食, 今乃可得, 明日已復無. 溫大笑之. 始仕荊州, 後在溫府, 以家貧乞祿, 溫雖以才學遇之, 而謂其誕肆, 非治民才, 許而不用. 後同府人有得郡者. 溫爲席起別, 友至尤晩. 問之, 友答曰, 民性飮道嗜味. 昨奉敎旨, 乃是首旦出門. 於中路逢一鬼, 大見揶揄. 云, 我只見汝送人作郡, 何以不見人送汝作郡. 民始　終慚, 回還以解, 不覺成淹緩之罪. 溫雖笑其滑稽, 而心頗愧焉. 後而爲襄陽太守, 累遷廣, 益二州刺史. 在藩擧其宏綱, 不存小察, 甚爲吏民所安說. 薨於益州.

주해 | ㅇ平蜀(평촉)－환온(桓溫)이 촉(蜀) 땅을 평정한 것은 동진(東

晋) 목제(穆帝) 영화(永和) 3년(347)의 일이다.

- 漂洲(표주)－표주란 지명은 동진시대에는 눈에 띄지 않는데 아마도 건강(建康) 동남쪽을 흐르는 율수(溧水) 가장자리에 위치한 율주(溧洲)를 가리키는 것이리라. 율(溧)은 열(洌)로 적기도 한다(《資治通鑑》 권112 〈晋紀〉 34의 胡三省 注).
- 魏陽元(위양원)－위서(魏舒). 서진(西晋) 사람으로 사도(司徒)까지 되었다. 《진서》 권41에 본전(本傳)이 있다.
- 門下書佐(문하서좌)－주(州) 속료(屬僚) 중 하나로, 주부(主簿) 밑에서 서무(庶務)를 담당했다.
- 沓(답)－기물(器物)을 헤아리는 양사(量詞).
- 烏樏(오류)－오(烏)는 검은색. 유(樏)는 찬합. 한 개가 2인분이 되는 도시락 상자일까?
- 宅仁(택인)－송본(宋本)은 '타인(它仁)'으로 적고 있는데 원본(袁本)에 따라 고쳤다.
- 壚肆(노사)－노(壚)는 술독을 놓아두기 위해 흙을 쌓아올린 곳. 사(肆)는 상점. 즉 술집, 주막을 뜻함.
- 過營(과영)－원본(袁本)은 온상(溫常)으로 적고 있다.
- 不逮(불체)－위의(威儀)를 잃어 체통이 안서는 것. 《시경(詩經)》 패풍(邶風) '백주(柏舟)'에, '위의체체(威儀棣棣) 불가선야(不可選也)'라고 되어 있으며 모전(毛傳)에 '체체(棣棣)란 넉넉히 한습(閑習)하는 것'이라고 되어 있다. 체체는 위의가 뛰어난 것이다.
- 溫大笑之(온대소지)－송본(宋本)에서는 온(溫)을 나(羅)로 적고 있는데 문맥상 원본(袁本)을 따라 온(溫)으로 고쳤다.
- 飮道(음도)－송본(宋本)·원본(袁本) 모두 '음도'로 적고 있는데 문맥상 도(道)는 주(酒)로 써야 할 것이다. 여기서는 주(酒)로 풀이했다.
- 解(해)－풀어보다.
- 益州(익주)－송본(宋本)은 익박(益泊)으로 적고 있는데 원본(袁本)에 따라 고쳤다.

42. 환자야(桓子野 : 桓尹)는 훌륭한 노래를 들을 적마다 "아아!"라

고 외치곤 했다. 사공(謝公 : 謝安)이 이것을 듣고 말했다. "자야(子野)는 한결같이 깊은 정을 지닌 사람이라고 해야 할 것이다."

원문 | 桓子野每聞淸歌, 輒喚奈何. 謝公聞之曰, 子野可謂一往有深情.

주해 | ㅇ桓子野(환자야)－자야(子野)는 환윤(桓尹)의 어렸을 때 자(字). 〈방정편(方正篇)〉 55 주(注)에서 인용한 《속진양추(續晋陽秋)》에는 '성률(聲律)을 잘했었다'라고 되어 있으며, 또 《진서(晋書)》 권81 〈환윤전〉에도 '음악을 잘하고 한때 묘함을 다하여 강좌(江左)에서 제일이었다'라고 했는데, 특히 피리를 잘 불었노라고 되어 있다. 본편 49 참조.

ㅇ淸歌(청가)－청가는 기악(器樂)의 반주 없이 혼자서 노래를 부른다는 뜻도 있으나, 여기서는 목소리가 맑아서 뛰어난 노래란 뜻일 것이다.

ㅇ奈何(내하)－감탄사. 찬미나 비탄의 감정을 표현할 때 모두 사용한다. 《고금악록(古今樂錄)》에 '내하(奈何) 곡조지유음(曲調之遺音)'이라는 기록이 있다. 즉, 한 사람이 선창을 하면 나머지 사람들이 화답하는 소리를 가리킨다.

43. 장담(張湛)은 서재 앞에 소나무와 잣나무 심기를 좋아했다.(1) 원산송(袁山松)은 출입할 때마다 좌우 사람들에게 기꺼이 만가(挽歌)를 부르게 하였다.(2) 당시 사람들은 말했다. "장담은 집 밑에 시체를 늘어놓고, 원산송은 길 위에서 운구(運柩)하고 있다."(3)

원문 | 張湛好於齋前種松柏.(1) 時袁山松出遊, 每好令左右作挽歌.(2) 時人謂, 張屋下陳尸, 袁道上行殯.(3)

(1) 《진동궁관명(晋東宮官名)》에 이런 이야기가 있다. '장담(張湛)의

자는 처도(處度)로 고평(高平) 사람이다.'

《장씨보(張氏譜)》에는 이런 이야기가 있다. '장담의 조부인 장억(張嶷)은 정원랑(正員郞), 아버지 장광(張曠)은 진군장군(鎭軍將軍)의 사마(司馬)를 지냈고, 장담은 중서랑(中書郞)에 이르렀다.'

晉東宮官名曰, 湛字處度, 高平人.

張氏譜曰, 湛祖嶷, 正員郞. 父曠, 鎭軍司馬. 湛仕至中書郞.

(2) 원산송(袁山松)은 따로 나온다.

《속진양추(續晉陽秋)》에 이런 이야기가 있다. '원산송은 음악에 뛰어났다. 북방 사람의 옛노래 중에 〈행로난(行路難)〉이라는 곡이 있는데 그 가사가 자못 절박했다. 원산송은 그 곡을 좋아하여 그 문구를 다듬고, 그 가락을 완곡하게 하였다. 매번 주흥(酒興)이 오를 때면 뒤이어 이 노래를 부르곤 했는데 듣는 이들은 모두 눈물을 흘렸다. 처음에 양담(羊曇)은 가창에 뛰어났고 환이(桓伊)는 만가(挽歌)에 능했으며, 원산송은 〈행로난〉으로 그 대열에 끼었는데 당시 사람들은 삼절(三絶)이라고 했다.' 지금 본문에서 말하는 만가(挽歌)는 미상이다.

山松別見.

續晉陽秋曰, 袁山松善音樂. 北人舊歌有行路難曲, 辭頗疎質, 山松好之. 乃爲文其章句, 婉其節制, 每因酒酣, 從而歌之. 聽者莫不流涕. 初, 羊曇善唱樂, 桓伊能挽歌, 及山松以行路難繼之, 時人謂之三絶. 今云挽歌, 未詳.

(3) 배계(裵啓)의 《어림(語林)》에 이런 이야기가 있다. '장담은 서재 앞에 소나무 심기를 좋아했으며 구욕조(鴝鵒鳥) 기르기를 좋아했다. 원산송(袁山松)은 나들이 할 때 시종들에게 만가(挽歌) 부르게 하기를 좋아했다. 그래서 당시 사람들은 그렇게 말했던 것이다.'

裴啓語林曰, 張湛好於齋前種松, 養鴝鵒. 袁山松出遊, 好令左

右作挽歌. 時人云云.

주해 ○松柏(송백) - 항상 능묘(陵墓)에 있는 나무들이다. 그러므로 '시신을 늘어놓았다'라고 말했던 것이다.

○挽歌(만가) - 운구(運柩)할 때에 부르는 노래. 본편 45 주해를 참조할 것.

○殯(빈) - 시신을 염하는 것. 빈구(殯柩)는 시신을 염해서 넣은 관(棺)을 가리킨다.

○別見(별견) - 〈배조편(排調篇)〉 60.

○行路難(행로난) - 악부잡곡가사(樂府雜曲歌辭)의 하나. 곽무천(郭茂倩)은 《악부시집(樂府詩集)》 권70 〈잡곡가사(雜曲歌辭)〉 행로난(行路難)에서 〈악부해제(樂府解題)〉를 인용하여 '행로난(行路難), 비언세로간난(備言世路艱難), 급리별비상지의(及離別悲傷之意), 다이군불견위수(多以君不見爲首), 안(按) 〈진무별전(陳武別傳)〉 왈(曰), 무상목양(武常牧羊), 제가목수유지가요자(諸家牧豎有知歌謠者), 무수학(武遂學), 행로난(行路難), 즉소기역원의(則所起亦遠矣)'라고 했다. 참고로 현존하는 행로난 중 가장 오래된 의고시(擬古詩)는 송(宋)나라 포조(鮑照)의 〈의행로난(擬行路難)〉 18수임.

○從(종) - 《진서》 권83의 본전(本傳)에는 '종(縱)'으로 적고 있다.

○鴝鵒(구욕) - 찌르레기과의 새로, 구관조(九官鳥)의 일종. 〈임탄편(任誕篇)〉 32의 주해 참조. 한편 이 구욕조는 북방 이적(夷狄)의 새로서 이 새가 중국에 날아오면 군신(君臣) 사이에 불길한 이변이 일어날 조짐이라고 하였다(《漢書》 권27 〈五行志〉).

44. 나우(羅友)가 형주자사(荊州刺史 : 桓溫)의 종사(從事)로 있을 때, 환선무(桓宣武 : 桓溫)가 왕거기(王車騎 : 王洽)를 위해 송별연을 열었다.(1) 나우는 자진하여 앞에 나아가 앉았다가 잠시 후 나가려고 하였다. 환선무가 말했다. "그대는 무언가 상담하려고 하는 것 같았는데 어찌하여 그냥 돌아가는고?" 나우가 대답했다. "저는 흰양의 고기가 맛있다는 말을 들었는데 태어난 후로 지금까지 한번도 먹어볼 기

회가 없었습니다. 그래서 실례를 무릅쓰고 앞쪽으로 나왔던 것입니다. 별다르게 상담할 일이 있었던 것이 아닙니다. 이제 배불리 먹었습니다. 이 이상 더 머물 필요가 없습니다." 그는 조금도 부끄러워하는 모습이 없었다.

원문| **羅友作荊州從事. 桓宣武爲王車騎集別.(1) 友進坐, 良久辭出. 宣武曰, 卿向欲咨事. 何以便去. 答曰, 友聞白羊肉美, 一生未曾得喫. 故冒求前耳. 無事可咨. 今已飽, 不復須駐. 了無慙色.**

(1) 거기(車騎)는 왕흡(王洽)을 가리킴이다. 따로 나온다.
車騎, 王洽, 別見.

주해| ㅇ集別(집별)—연집송별(宴集送別)의 뜻.
ㅇ別見(별견)—〈상예편(賞譽篇)〉 114.

45. 장린(張驎 : 張湛)은 술을 마시고 나서 만가(挽歌)를 불렀는데 그것은 매우 처량하고 구슬펐다. 환거기(桓車騎 : 桓冲)가 말했다. "그대는 전횡(田橫)의 제자도 아니면서 어찌 그토록 빠르게 절묘한 경지에까지 이르렀는고?"(1)

원문| **張驎酒後挽歌甚悽苦. 桓車騎曰, 卿非田橫門人, 何乃頓爾至致.(1)**

(1) 인(驎)은 장담(張湛)의 어렸을 때 자(字)이다.
초자(譙子)의 《법훈(法訓)》에 이런 이야기가 있다. '상중(喪中)에 노래부르는 자가 있었는데 어떤 사람이 말했다. "그는 상중에 음악을 연주했는데 그것은 안되는 일이지요?" 초자가 대답했다. "《서경(書經)》에 온 세상이 음곡(音曲)을 중지했다라고 되어 있네. 어찌 상중에 음악을 연주할 수 있으리요." "지금의 장례식에 만가(挽歌)가 있는 것은 왜일까요?" 초자가 대답했다. "나는 이런 말을 듣고 있네. 고제(高帝 : 漢 高祖 劉邦)가 제(齊)나라 전횡(田横)을 불렀던바, 전횡은 시향정(尸鄕亭)까지 와서는 스스로 목을 찔렀네. 전횡의 종자(從者)는 그 시신을 지고 고조의 궁궐에까지 왔는데 소리내어 곡을 할 수는 없었기에, 슬픈 나머지 노래를 지어서 슬픔을 담았다는 것이야. 그것은 특별히 그때만의 일이야. 《예기(禮記)》에 '이웃집에서 상을 당하면 절구질할 때 방아타령을 부르지 않는다'라 했고, 또 '운구(運柩)하는 사람은 그 입에 재갈을 문다'라고 했네. 누가 상중에 음악을 연주한단 말인가?"'

생각하건대 《장자(莊子)》에 '운구 노래[紼謳]가 생겨난 까닭은 반드시 힘을 덜고자[斥苦] 함이었다'라고 했으며 사마표(司馬彪)의 주(注)에서 '불(紼)은 운구할 때 쓰는 밧줄을 말한다. 척(斥)은 완화시킨다는 뜻이다. 고(苦)는 힘을 쓴다는 뜻이다. 밧줄을 끌 때 노래를 부르는 것은 사람마다 힘을 씀이 같지 않기 때문에 그것을 다 그치기 위함이다'라고 하였다. 《춘추좌씨전(春秋左氏傳)》에도 이르기를 '노(魯)나라 애공(哀公)이 오(吳)나라와 동맹하여 제(齊)나라를 토벌할 때 그 장수 공손하(公孫夏)가 우빈(虞殯)을 노래하라고 명했다'고 했으며, 두예(杜預)의 주(注)에서 '우빈은 장송곡이니 필사의 결의를 보인 것이다'라고 하였고, 《사기(史記)》〈강후세가(絳侯世家)〉에서도 이르기를 '주발(周勃)은 퉁소를 불며 장례식에서 음악을 연주했다'라고 하였다. 그런즉 만가의 유래는 오래되었으며 전횡에게서 처음 시작된 것은 아니다. 그러나 초자도 《예기》의 문장을 인용하여 자못 분명한 근거가 있으니 나 같은 고루한 자가 상세하게 알 수 있는 바가 아니다. 의심이 나는 것은 의심나는 대로 전하여 박통(博通)한 학자를 기다리라고 했다.

驎, 張湛小字也.

譙子法訓云, 有喪而歌者. 或曰, 彼爲樂喪也, 有不可乎. 譙子曰, 書云, 四海遏密八音. 何樂喪之有. 曰, 今喪有挽歌者, 何以哉. 譙子曰, 周聞之, 蓋高帝召齊田橫, 至于尸鄕亭, 自刎奉首. 從者挽至於宮, 不敢哭, 而不勝哀, 故爲歌以寄哀音. 彼則一時之爲也. 鄰有喪, 舂不相. 引挽人銜枚. 孰樂喪者邪.

按, 莊子曰, 紼謳所生, 必於斥苦. 司馬彪注曰, 紼, 引柩索也. 斥, 疏緩也. 苦, 用力也. 引紼所以有謳歌者, 爲人有用力不齊. 故促急之也. 春秋左氏傳曰, 魯哀公會吳伐齊. 其將公孫夏命歌虞殯. 杜預曰, 虞殯, 送葬歌. 示必死也. 史記絳侯世家曰, 周勃以吹簫樂喪. 然則挽歌之來久矣. 非始起於田橫也. 然譙氏引禮之文, 頗有明據. 非固陋者所能詳聞. 疑以傳疑, 以俟通博.

주해 | ㅇ譙子(초자)－이름은 주(周), 자(字)는 윤남(允南). 삼국시대 파서(巴西) 서충국(西充國) 사람. 건흥연간(建興年間)에 촉(蜀)나라 제갈량(諸葛亮)의 부름을 받아 권학종사(勸學從事)가 되었으며 후에 광록대부(光祿大夫)에 이르렀다. 양장정후(陽場亭侯)에 봉해졌었는데 진(晋)나라에 접어들어서는 벼슬을 하지 않았다. 저서에 《법훈(法訓)》 외에 《오경론(五經論)》《고사고서(古史考書)》 등이 있었다(《三國志》 권42). 집안이 빈궁한 것을 개의치 않고 침식을 잊어가면서 학문에 힘을 썼으며 홀로 흔연하게 처신했었는데 그런 태도가 〈초주독소(譙周獨笑)〉란 제목으로 《몽구(蒙求)》에 실려 있다.

ㅇ四海遏密八音(사해알밀팔음)－《서경(書經)》 순전(舜典)에 있는 말. 요제(堯帝)가 죽은 후 3년 동안 만이융적(蠻夷戎狄)까지도 음악을 연주하지 않았다는 것. 공전(孔傳)에 '알(遏)은 절(絶), 밀(密)은 정(靜)이다. 팔음(八音)은 금(金)·석(石)·사(絲)·죽(竹)·포(匏)·토(土)·혁(革)·목(木). 사이(四夷)도 음악을 끊고 3년이 지나면 즉 화하(華夏)도 알도다'라고 되어 있다.

- 隣有喪(인유상), 舂不相(용불상)－《예기(禮記)》〈곡례상(曲禮上)〉과 〈단궁상(檀弓上)〉에 보이는 말. 〈곡례〉의 정주(鄭注)에 '상위송오성(相謂送杵聲)'이라고 되어 있다.
- 引挽人銜枚(인만인함매)－매(枚)는 입에 재갈을 물리어 말을 하지 못하게 하는 것. 《예기》〈잡기(雜記)〉 하(下)에 '승정구(升正柩), 제후집발오백인(諸侯執綍五百人), 사발개함매(四綍皆銜枚)', 즉 '매장하기에 앞서 관(棺)을 사당으로 올리어 바르게 안치하는 데는, 제후인 경우 관 네 귀퉁이에서 동아줄을 끄는 자가 5백 명, 모두에게 재갈을 물린다'라고 되어 있다.
- 莊子(장자)－현행 《장자》에는 이 이야기가 없다.
- 春秋左氏傳(춘추좌씨전)－애공(哀公) 11년조.
- 史記絳侯世家(사기강후세가)－권59. '(周勃은) 항상 남을 위해 퉁소를 불며 상사(喪事)에 임했다'라고 되어 있다.

46. 왕자유(王子猷 : 王徽之)는 어느 때 남의 빈집에서 기거한 적이 있었는데 곧바로 대나무를 심게 하였다. 어떤 사람이 물었다. "잠시 살겠다면서 굳이 그런 일을 할 필요가 있겠습니까?" 왕자유는 잠시 휘파람을 불다가 대나무를 똑바로 가리키면서 말했다. "단 하루인들 저분없이 어찌 살 수 있으리요."(1)

▌원문│ 王子猷嘗暫寄人空宅住, 便令種竹. 或問, 暫住何煩爾. 王嘯詠良久, 直指竹曰, 何可一日無此君.(1)

(1) 《중흥서(中興書)》에 이런 이야기가 있다. '왕휘지(王徽之)는 초연하여 사물에 구애되지 않았으며, 방일한 사람의 행위를 흉내내고자 하여 음악과 여색에 빠지곤 했는데 그 도가 지나쳤다. 당시 사람들은 그의 재능을 우러렀으나 그 행위는 멸시하였다.'

中興書曰, 徽之卓犖不羈, 欲爲傲達, 放肆聲色頗過度. 時人欽

其才, 穢其行也.

주해| ㅇ嘯(소)－휘파람 부는 것이라고도 하고, 길게 소리를 내어 노래 부르는 것이라고도 풀이한다. 〈서일편(棲逸篇)〉 1의 주해를 참조할 것.
ㅇ此君(차군)－이 고사(故事)에서 대나무를 차군(此君)이라고 칭하게 되었다.

47. 왕자유(王子猷 : 王徽之)가 산음(山陰)에 살고 있을 때, 한밤중에 큰 눈이 내렸다. 잠이 깨어 방문을 열고 술을 가져오게 했는데 사방은 온통 은세계였다. 그는 일어나서 사면을 두리번거리며 좌사(左思)의 〈초은시(招隱詩)〉를 읊었는데,(1) 문득 대안도(戴安道 : 戴逵)가 떠올랐다. 당시 대안도는 섬(剡) 땅에 살고 있었다. 그는 곧 밤중에 작은 배를 타고 그가 있는 곳으로 향했는데, 하룻밤 동안 가서 겨우 도착했다. 문에까지 오자 안에는 들어가지 않고 그냥 돌아왔다. 어떤 사람이 그 이유를 묻자 왕자유는 말했다. "나는 그저 흥에 겨워서 왔소이다. 흥이 다했은즉 돌아가는 것이고요. 대안도를 꼭 만나야 할 일은 없소이다."

원문| 王子猷居山陰, 夜大雪. 眠覺, 開室, 命酌酒, 四望皎然. 因起彷徨, 詠左思招隱詩.(1) 忽憶戴安道. 時戴在剡. 卽便夜乘小船就之, 經宿方至. 造門不前而返. 人問其故, 王曰, 吾本乘興而行, 興盡而返, 何必見戴.

(1) 《중흥서(中興書)》에는 이런 이야기가 있다. '왕휘지(王徽之)는 마음 내키는 대로 방일하게 굴었는데 벼슬을 내놓고 동쪽으로 가 산음현(山陰縣)에서 살았다.'
좌사(左思)의 〈초은시(招隱詩)〉에서는 이렇게 읊었다. '지팡이 짚고 은사(隱士)를 찾아나서니, 황량한 길은 예나 지금이나 가로질러 있네. 바위 동굴에는 번듯한 동굴도 집도 없는데, 언덕에서는 금(琴) 소리 울리누나. 흰눈은 산등성이에 쌓여 있고, 붉은 꽃은 햇볕 드는 숲에서 빛나네.'

中興書曰, 徽之任性放達, 棄官東歸, 居山陰也.

左詩曰, 杖策招隱士, 荒塗橫古今. 巖穴無結構, 丘中有鳴琴. 白雪停陰岡, 丹葩曜陽林.

주해| ㅇ山陰(산음)－본편(本篇) 30의 주해를 참조할 것.

ㅇ招隱詩(초은시)－《문선(文選)》 권22에 수록되어 있다. 좌태충(左太沖 : 左思) 작.

ㅇ剡(섬)－섬산(剡山). 《여지기승(輿地紀勝)》 권10에는 '섬계(剡溪)는 승현(嵊縣) 남쪽 150보(步)에 있다. 왕자유(王子猷)가 섬계에 있을 때 눈 속을 작은 배에 몸을 싣고 대안도(戴安道)를 찾아갔다. 오늘날의 사람들은 그래서 대계(戴溪)라 하고 또 설계(雪溪)란 이름으로 부른다'라고 되어 있다. 〈서일편(棲逸篇)〉 12 참조.

ㅇ棄官東歸(기관동귀)－《진서(晉書)》 권80 〈왕휘지전(王徽之傳)〉에는 '그후 황문시랑(黃門侍郎)이 되었는데 벼슬을 버리고 동쪽으로 갔다'라고 되어 있다.

ㅇ荒塗橫古今(황도횡고금)－한(漢)나라 동중서(董仲舒)의 〈사불우부(士不遇賦)〉의 '황량한 길 걷기 어려움을 두려워한다'를 응용한 구절일까?

ㅇ白雪(백설)－《문선(文選)》에는 '백운(白雲)'으로 적고 있다.

48. 왕위군(王衛軍 : 王薈)이 말했다. "술은 실로 사람을 가경(佳境)으로 유인해 준다."(1)

원문| **王衛軍云, 酒正自引人著勝地.**(1)

(1) 왕회(王薈)는 앞에서 나왔다.

王薈已見.

주해 ㅇ已見(이견) - 〈아량편(雅量篇)〉 26.

49. 왕자유(王子猷)는 도읍으로 나왔는데 아직 선착장 근방에 (배를 정박시켜 놓고) 있었다. 이전부터 환자야(桓子野 : 桓伊)가 피리의 명인이란 말을 듣고 있었는데[1] 만나본 적은 없었다. 때마침 환자야가 강가를 지나갔고, 왕자유는 배 안에 있었는데 손님 중에 환자야를 아는 사람이 있었고, "저 사람이 환자야입니다."라고 말했다. 왕자유는 곧 사람을 보내어 인사하게 했다. "당신은 피리의 명인이라고 들었습니다. 원컨대 나를 위해 한 곡조 불어주지 않으렵니까?" 환자야는 당시에 이미 높은 신분이었는데 일찍부터 왕자유의 이름을 들었던 터라 곧 돌아섰고 수레에서 내려 의자에 앉더니 세 곡조를 불었다. 피리 불기가 끝나자 그대로 수레를 타고 가 버렸는데 주객간에 한마디 말도 나누지 아니했다.

원문 **王子猷出都, 尙在渚下. 舊聞桓子野善吹笛,[1] 而不相識. 遇桓於岸上過, 王在船中. 客有識之者云, 是桓子野. 王便令人與相聞云, 聞君善吹笛. 試爲我一奏. 桓時已貴顯, 素聞王名. 卽便迴下車, 踞胡牀, 爲作三調. 弄畢, 便上車去. 客主不交一言.**

(1) 《속진양추(續晉陽秋)》에는 이런 이야기가 있다. '좌장군(左將軍) 환이(桓伊)는 음악에 뛰어났었다. 효무(孝武 : 司馬曜)의 연석(宴席)에서 사안(謝安)이 시좌(侍坐)하고 있을 때, 황제가 피리를 불라고 명했다. 환이는 싫어하는 기색없이 한 곡조를 불더니 피리를 내려놓고 말했다. "저는 아쟁을 타는 것은 피리 부는 것에 따르지

못합니다. 그러나 원래 노래와 피리로 박자를 맞출 수는 있습니다. 저에게 피리를 곧잘 부는 하인이 있는데 잠시 그와 합주를 하여 들려드리고 싶습니다." 황제는 그의 분방함과 솔직함이 마음에 들어 하인을 부르라며 허락해주었다. 하인이 와서 피리를 불자, 환이는 아쟁을 옆에서 타며 원시(怨詩)를 노래 부름으로써 황제에게 간(諫)했다.'

續晉陽秋曰, 左將軍桓伊善音樂. 孝武飮燕, 謝安侍坐, 帝命伊吹笛. 伊神色無忤, 旣吹一弄, 乃放笛云, 臣於箏乃不如笛. 然自足以韻合歌管. 臣有一奴, 善吹笛, 且相便串, 請進之. 帝賞其放率, 聽召奴. 奴旣至, 吹笛, 伊撫箏而歌怨詩, 因以爲諫也.

주해 | ㅇ尙在渚下(상재저하)－《진서(晋書)》 권81 〈환이전(桓伊傳)〉에서는 이 이야기를 싣고 '왕휘지(王徽之)는 부름을 받고 경사(京師)에 갔고 배를 청계(靑溪) 쪽에 정박시켰다'라고 적고 있다. 청계는 도읍 건강(建康)의 동남쪽을 흘러 진회(秦淮)로 들어가는 강.

ㅇ三調(삼조)－청(淸)·평(平)·측(側) 등 세 가지 곡조.

ㅇ怨詩(원시)－《진서(晋書)》 권81 본전(本傳)에 의하면 '위군기불역(爲君旣不易), 위신양독난(爲臣良獨難), 충신사불현(忠信事不顯), 내유견의환(乃有見疑患), 주단좌문무(周旦佐文武), 금릉공불간(金縢功不刊), 추심보왕정(推心輔王政), 이숙반유언(二叔反流言)'이라는 조식(曹植)의 〈원가행(怨歌行)〉을 불렀다고 한다. 이때 사안(謝安)의 사위 왕국보(王國寶)가 자신을 억압하는 사안을 미워하여 사안과 효무제(孝武帝) 사이를 이간했는데 이 시는 그런 상황을 암암리에 풍자하여 사리에 밝지 못한 효무제에게 간언하고자 한 것이다. 이 시를 들은 사안은 눈물을 흘리면서 감격했고, 효무제는 자신의 불찰을 부끄러워했다고 한다.

50. 환남군(桓南郡 : 桓玄)은 부름을 받아 태자세마(太子洗馬)가 되었는데[(1)] 배를 적저(荻渚)에 정박시키고 있었다. 왕대(王大 : 王忱)

는 오석산(五石散)을 복용한 다음이라 다소 취해 있었는데 환남군을 만나러 갔다. 환남군은 술을 내놓았는데 왕대는 찬술을 마실 수가 없었다. 그래서 좌우에 명하여 "술을 데워오라."고 계속 말했다. 그러자 환현은 눈물을 흘리면서 울먹였다. 왕대가 곧 돌아가려고 하자 환현은 수건으로 눈물을 닦으면서 왕대에게 말했다. "우리집의 가휘(家諱)를 범한 것뿐이며 당신과는 상관없소이다."(2) 왕대는 감탄하며 말했다. "영보(靈寶)는 방달(放達)한 사람이로다."(3)

원문| **桓南郡被召作太子洗馬,(1) 船泊荻渚. 王大服散後已小醉, 往看桓. 桓爲設酒, 不能冷飮, 頻語左右, 令溫酒來. 桓乃流涕嗚咽. 王便欲去. 桓以手巾掩淚, 因謂王曰, 犯我家諱, 何預卿事.(2) 王歎曰, 靈寶故自達.(3)**

(1) 《환현별전(桓玄別傳)》에 이런 이야기가 있다. '환현이 처음으로 태자세마(太子洗馬)에 배명되었을 당시, 조정에서는 그의 아버지 환온(桓溫)에게 모반의 형적이 있으므로 환현을 낮은 관직에 머무르도록 했다.'

玄別傳曰, 玄初拜太子洗馬, 時朝廷以溫有不臣之迹, 故抑玄爲素官.

(2) 《진안제기(晉安帝紀)》에는 이런 이야기가 있다. '환현은 남보다 애락지정(哀樂之情)이 많았다. 그 기쁨과 슬픔이 복받칠 때마다 언제나 울먹였다.'

晉安帝紀曰, 玄哀樂過人, 每歡戚之發, 未嘗不至嗚咽.

(3) 영보(靈寶)는 환현의 어렸을 때 자(字)이다.

《이원(異苑)》에 이런 이야기가 있다. '환현이 태어났을 때 햇빛이 방안에 비쳤다. 점을 잘 치는 사람이 말했다. "이 아이는 태어나면서 이상한 빛을 가지고 있습니다. 자(字)를 위천인(爲天人)이라고 짓는 게 좋겠습니다." 아버지 선무(宣武 : 桓溫)는 그것이 석자였으므로 싫어했다. 점쟁이는 또 신령보(神靈寶)가 좋겠다고 말했는데 역시 석자였다. 아버지는 더이상 묻기가 난처하여 신(神)자 한 자를 떼내고 영보(靈寶)로 지었다.'

《어림(語林)》에는 이런 이야기가 있다. '환현은 아버지가 돌아가신 날을 지키지 아니하고, 다만 돌아가신 시각만을 지켰다. 그 방달하고 사물에 구애받지 않음이 모두 이와 같았다.'

靈寶, 玄小字也.

異苑曰, 玄生而有光照室. 善占者云, 此兒生有奇耀. 宜字爲天人. 宣武嫌其三文. 復言爲神靈寶, 猶復用三. 旣難重前卻, 減神一字, 名曰靈寶.

語林曰, 玄不立忌日, 止立忌時. 其達而不拘, 皆此類.

주해 | ㅇ太子洗馬(태자세마)－한대(漢代) 동궁직(東宮職)의 관명(官名). 태자가 외출할 때에는 그 선도(先導)를 하였다. 진대(晋代) 이후에는 고쳐서 도적(圖籍)을 관장케 하였다.

ㅇ不能冷飮(불능랭음)－오석산(五石散)을 복용한 다음에는 반드시 옷을 얇게 입고 걸어다녀야 하며 찬 음식을 먹거나 찬물로 몸을 씻는다. 단, 술만은 데워서 먹어야 했다(魯迅의 〈魏晋 氣風 및 文章과 약과 술의 관계〉). 〈덕행편(德行篇)〉 41의 주해 참조.

ㅇ家諱(가휘)－집안에서 꺼리는 일. 여기서는 아버지 환온(桓溫)의 휘(諱)를 가리키는 것이다. 즉 왕침(王忱)이 '온주래(溫酒來)'라고 말한 온(溫)이 아버지의 휘를 범한 것이 된다. 당시에는 부모가 죽은 다음 그 생전의 이름을 기휘하여 절대로 부르지 않았으며, 또 듣는 것도 피했다. 만약 어떤 사람이 이 휘를 입에 올리면 죽은 아버지를 생각하는 정(情)으로 눈물을 흘리는 것이 그 무렵의 풍습이었다. 《안씨가훈(顔氏家訓)》 〈풍조편(風操篇)〉 속에 그런 내용이 자세하게 기록되어 있다.

ㅇ不臣(불신)－반역한 신하.

ㅇ素官(소관)－권세가 있는 요직이 아닌 관직. 《세설음석(世說音釋)》에는 '언비권요(言非權要)'로 기록하고 있다.
ㅇ生而有光(생이유광)－《진서(晋書)》 권97 〈환현전(桓玄傳)〉에는 '기모마씨(其母馬氏), 상여동배(嘗與同輩), 야좌어월하(夜坐於月下), 견유성추동분수중(見流星墜銅盆水中), 홀여이촌화주(忽如二寸火珠), 경연명정(冏然明淨). 경이표접취(競以瓢接取), 마씨득이탄지(馬氏得而呑之). 약유감(若有感), 수유신(遂有娠). 급생현(及生玄), 유광조실(有光照室). 점자기지(占者奇之). 고소명왈영보(故小名曰靈寶)'라고 되어 있다.

51. 왕효백(王孝伯 : 王恭)이 왕대(王大 : 王忱)에게 물었다. "완적(阮籍)은 사마상여(司馬相如)와 비교할 때 어떻습니까?" 왕대가 말했다. "완적은 가슴속에 응어리진 것이 있었지. 그러기에 술을 마시어 그것을 씻었던 거야."(1)

원문| **王孝伯問王大, 阮籍何如司馬相如. 王大曰, 阮籍胸中壘塊, 故須酒澆之.**(1)

(1) 완적은 모든 점이 사마상여와 비슷했는데, 술을 마시는 것만이 달랐음을 가리키고 있다.
言阮皆同相如, 而飮酒異耳.

주해| ㅇ壘塊(누괴)－여러 개의 돌이 거듭 쌓여져 있는 것을 가리키는 말. 여기서는 불평불만이 가슴속에 응어리져 있는 것을 가리킨다.
ㅇ阮皆同相如(완개동상여)－완적과 사마상여는 모두 방달(放達)한 선비였다. 참고로 사마상여에게는 〈대인부(大人賦)〉가 있고, 완적에게는 〈대인선생전(大人先生傳)〉이 있다.

52. 왕불대(王佛大 : 王忱)가 탄식하며 말했다. "사흘동안 술을 마시지 않으면 아무래도 몸과 마음이 서로 분리되어 있는 느낌이 든다."(1)

| 원문 | 王佛大歎言, 三日不飮酒, 覺形神不復相親.(1)

(1) 《진안제기(晉安帝紀)》에 이런 이야기가 있다. '왕침(王忱)은 젊었을 때부터 활달하기를 원했으며 술을 좋아했다. 형주(荊州)에 있을 때는 아주 심하여 한번 마시면 며칠동안 깨지 않는 일도 있었다. 그 때문에 마침내는 죽었다.'

송명제(宋明帝)의 《문장지(文章志)》에는 이런 이야기가 있다. '왕침은 술을 좋아했는데 취하면 며칠동안 스스로 상돈(上頓)이라고 불렀다. 세상에서 모주망태를 상돈이라고 부르는 것은 왕침에게서 유래하는 것이다.'

晉安帝紀曰, 忱少慕達, 好酒. 在荊州轉甚, 一飮或至連日不醒. 遂以此死.

宋明帝文章志曰, 忱嗜酒, 醉輒經日, 自號上頓. 世喭以大飮爲上頓, 起自忱也.

| 주해 | ㅇ佛大(불대)－송본(宋本)은 불태(佛太). 원본(袁本)은 불대(佛大). 〈덕행편(德行篇)〉 44 유주(劉注)에서는 송본·원본 모두 '왕침(王忱)의 소자(小字)가 불대(佛大)'라고 적고 있는데 여기서는 원본에 따랐다.

ㅇ在荊州轉甚(재형주전심)－《진서(晉書)》 권75 〈왕침전(王忱傳)〉에는 왕침이 태원연간(太元年間)에 형주자사(荊州刺史)·도독형익녕삼주군사(都督荊益寧三州軍事)·건무장군(建武將軍)·가절(假節)이 되었는데 '방주탄절(放酒誕節)' 했다고 기록하고 있는데 한편으로는 '형주에 진을 침에 이르러 위풍이 숙연했고, 특히 물화(物和)를 얻었다'라고 되어 있다.

53. 왕효백(王孝伯 : 王恭)이 말했다. "명사는 반드시 특별한 재능이 필요한 것은 아니다. 단, 언제나 여가가 있어서 술을 통음(痛飮)하고 《초사(楚辭)》를 숙독(熟讀)할 수만 있다면 명사라고 할 수 있다."

▌원문│ 王孝伯言, 名士不必須奇才. 但使常得無事, 痛飮酒, 孰讀離騷, 便可稱名士.

▌주해│ ㅇ離騷(이소)－《초사(楚辭)》를 가리킨다. 〈호상편(豪爽篇)〉 12의 주해를 참조할 것.

54. 왕장사(王長史 : 王廞)는 모산(茅山)에 올라가 크게 통곡하며 말했다. "낭야(琅邪)의 왕백여(王伯輿 : 王廞)는 결국 정(情) 때문에 죽는구나."(1)

▌원문│ 王長史登茅山, 大慟哭曰, 琅邪王伯輿, 終當爲情死.(1)

(1) 《왕씨보(王氏譜)》에 이런 이야기가 있다. '왕흠(王廞)의 자는 백여(伯輿)이고 낭야(琅邪) 사람이다. 아버지 왕회(王薈)는 위장군(衛將軍), 왕흠은 사도장사(司徒長史)를 역임했다.'
주지(周祇)의 《융안기(隆安記)》에는 이런 이야기가 있다. '처음에 왕공(王恭)은 의병을 일으키고자 하여 삼오지방(三吳地方)을 자기 편으로 끌어들이려고 꾀한 끝에 상중(喪中)에 있는 왕흠을 발탁해서 오국내사(吳國內史)로 삼았다. 왕국보(王國寶)가 죽고 말았기 때문에 왕공은 군사를 철수시키고 왕흠에게 다시 복상(服喪)시키려고 하였다. 왕흠은 크게 노하여 즉일로 오도(吳都 : 建康)에 근거지를 두고 왕공에게 반기를 들었다. 왕공은 사마(司馬)인 유뢰지(劉牢之)에게 왕흠을 토벌토록 했다. 왕흠은 패했고 소재를

알 수 없게 되었다.'

王氏譜曰, 廞字伯輿, 琅邪人. 父薈, 衛將軍. 廞歷司徒長史.

周祗隆安記曰, 初, 王恭將唱義, 使喩三吳, 廞居喪, 拔以爲吳國內史. 國寶旣死, 恭罷兵, 令廞反喪服. 廞大怒, 卽日據吳都以叛. 恭使司馬劉牢之討廞. 廞敗, 不知所在.

주해 | ㅇ茅山(모산)－건강(建康 : 南京) 가까이에 있는 도교(道敎)의 영산(靈山). 구곡산(句曲山)이라고도 한다.

ㅇ爲情死(위정사)－《세설해군습(世說解捃拾)》에는 '정사(情死), 초왈(鈔曰), 유언분사야(猶言憤死也)'라고 되어 있다. 왕백여(王伯輿 : 王廞)는 왕공(王恭)에 대하여 죽을 각오로 싸우고자 했던 것이다.

ㅇ司徒長史(사도장사)－《진서(晋書)》 권65 〈왕회전(王薈傳)〉에는 '자흠(子廞), 역태자중서자(歷太子中庶子), 사도좌장사(司徒左長史)'라고 되어 있다. 즉 사도좌장사로 적고 있는 것이다.

ㅇ王恭將唱義(왕공장창의)－왕공은 회계왕(會稽王) 사마도자(司馬道子) 및 왕국보(王國寶) 등이 권세를 마음대로 휘두르는 것을 미워하던 끝에 상소하여 왕국보 등을 토벌코자 했다. 이때 왕공은 우선 오(吳) 땅에서 어머니의 복상(服喪)을 하던 왕흠을 오국내사(吳國內史)로 명하여 군사를 일으키도록 하였다. 사마도자는 하는 수 없이 왕국보에게 죄를 물어 죽였다. 〈규잠편(規箴篇)〉 26에서 인용한 《진안제기(晋安帝紀)》《왕국보별전(王國寶別傳)》 참조.

ㅇ三吳(삼오)－오흥(吳興) · 오군(吳郡) · 회계(會稽).

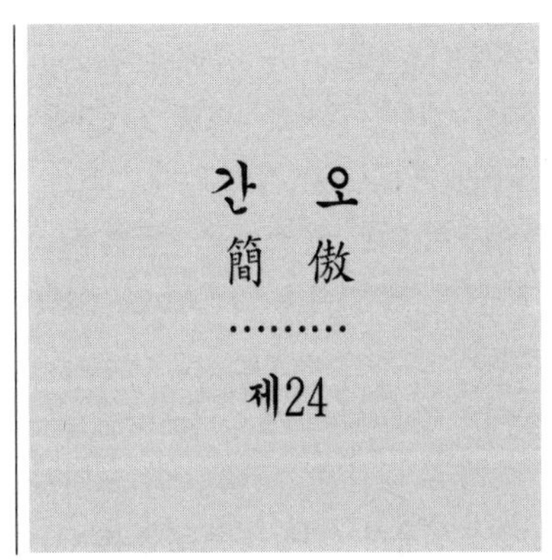

1. 진(晋) 문왕(文王 : 司馬昭)은 공적과 인덕(人德)이 뛰어나서 그 좌석은 위엄에 넘치는 고로 마치 왕자(王者)와 같았다.(1) 다만 완적(阮籍)만은 그 자리에 있더라도 다리를 쭉 뻗고 앉아 있으면서 휘파람을 불고 멋대로 술에 취하면서도 태연자약했다.

원문| **晉文王功德盛大, 坐席嚴敬, 擬於王者.(1) 唯阮籍在坐, 箕踞嘯歌, 酣放自若.**

(1) 《한진춘추(漢晋春秋)》에 이런 이야기가 있다. '문왕(文王 : 司馬昭)이 왕으로 작위(爵位)가 승진되자 사도(司徒)인 하증(何曾)과 조신(朝臣)들 모두가 예(禮)를 다했지만 오직 왕상(王祥)만은 길게 읍할 뿐 배례(拜禮)하지 않았다.'
漢晉春秋曰, 文王進爵爲王, 司徒何曾與朝臣皆盡禮, 唯王祥長揖不拜.

주해| ㅇ簡傲(간오)－남을 경멸하고 스스로 오만하다는 뜻. 이 편(篇)은 세속의 권위라든가 예교(禮敎)·관습 등을 무시하고 방달불기(放達

不羈)하게 행동한 사람들의 이야기를 싣고 있다. 앞의 〈임탄편(任誕篇)〉과 통하는 점이 있다.

ㅇ嘯歌(소가) – 〈서일편(棲逸篇)〉 1의 주해를 참조할 것.

ㅇ酣放自若(감방자약) – 《태평어람(太平御覽)》 권392에서 인용한 《세설(世說)》은 '감음자약(酣飮自若)'으로 적고 있다.

ㅇ進爵爲王(진작위왕) – 위(魏) 원제(元帝 : 曹奐)의 함희(咸熙) 원년(元年 : 264) 3월, 진공(晋公) 사마소(司馬昭)는 진왕(晋王)으로 올랐고 20개 군을 영유하였다.

ㅇ長揖不拜(장읍불배) – 장읍(長揖)은 손을 앞에 모으고 먼저 위로 올렸다가 다음에는 아래로 내리는 예(禮). 이 이야기는 《삼국지(三國志)》 권4 배주(裵注)에서 인용한 《한진춘추(漢晋春秋)》에 더 자세히 기록되어 있으며, 그 다음에 문왕(文王)은 왕상(王祥)에 대하여 '오늘부터 그대가 대하는 예(禮)의 정도를 알게 되었다'라고 말했다는 기록이 있다.

2. 왕융(王戎)이 아직 20세쯤 되었을 무렵에 완적(阮籍)을 방문했다. 그 자리에 유공영(劉公榮 : 劉昶)도 같이 있었다. 완적이 왕융에게 말했다. "마침 좋은 술 두 말이 있으니 그대와 함께 마셔야겠네. 저 공영이란 사나이는 끼어주지 말고." 두 사람은 잔을 주고받으며 술을 마셨는데 유공영은 한 잔도 받지 못했다. 그러면서도 대화와 담소는 세 명이 함께 했으며 변함이 없었다. 어떤 사람이 이 일에 대하여 묻자 완적이 대답했다. "유공영 이상인 사람과는 함께 술을 마셔야 하지. 유공영 이하인 자와도 함께 술을 마시지 않으면 안돼. 단, 유공영과는 함께 술을 마시지 않아도 돼."[(1)]

| 원문 | 王戎弱冠詣阮籍. 時劉公榮在坐. 阮謂王曰, 偶有二斗美酒, 當與君共飮. 彼公榮者無預焉. 二人交觴酬酢, 公榮遂不得一桮. 而言語談戲, 三人無異. 或有問之者. 阮答曰, 勝公榮者, 不得不與飮酒. 不如公榮者, 不可不與飮酒. 唯公榮, 可不

與飮酒.(1)

(1) 《진양추(晋陽秋)》에 이런 이야기가 있다. '왕융(王戎)은 15세 때 아버지 왕혼(王渾)를 따라 상서랑(尙書郞)의 관사(官舍)에 있었다. 완적은 왕융을 볼 때마다 좋아했는데 왕혼에게 가면 잠시동안만 머무르다가 왕융에게 가서 오래 머물렀다. 그리고 완적은 왕혼에게 말했다. "준충(濬冲 : 王戎)이 고생하기는 당신과 비교가 안되오." 왕융이 어느 때 완적이 있는 곳에 가서 함께 술을 마셨는데 그 자리에는 유창(劉昶)도 있었건만 함께 들지 않았다. 그러나 유창은 조금도 원망하는 눈치가 없었다. 한참 후에 왕융이 "저 사람은 누구입니까?"라고 묻자 완적은 "유공영(劉公榮 : 劉昶)이야." 라고 대답했다. 왕융이 말했다. "유공영 이상인 사람과는 함께 술을 마셔야 하고, 유공영 이하인 자라도 함께 술을 마셔야 하지만 오직 유공영하고는 함께 술을 마시지 않아도 되지요." '

《죽림칠현론(竹林七賢論)》에 이런 이야기가 있다. '이전에 완적이 왕융의 아버지인 왕혼(王渾)과 함께 상서랑(尙書郞)이었을 때, 그는 왕혼에게 갈 때마다 자리에 편히 앉기도 전에 말했다. "당신과 이야기하는 것보다 아융(阿戎 : 王戎)과 이야기 하는 편이 낫소이다." 그리고 왕융에게로 갔고 언제나 해가 져서야 돌아왔다. 완적은 왕융보다 20세나 연장이었는데 서로 친하게 지내는 것이 마치 동년배와 같았다. 유공영(劉公榮 : 劉昶)은 통달한 선비였으며 술을 몹시 좋아했다. 완적과 왕융이 온종일 술을 마시는데 유공영은 한 잔도 받을 수가 없었는데 (그래도) 세 사람은 모두 즐거운 듯했다. 왕융이 세상에서 존경받았던 것은 모두 이와 같았다.'

晋陽秋曰, 戎年十五, 隨父渾在郞舍. 阮籍見而說焉, 每適渾俄頃, 輒在戎室久之. 乃謂渾, 濬沖清尙, 非卿倫也. 戎嘗詣籍共飮, 而劉昶在坐不與焉. 昶無恨色. 旣而, 戎問籍曰, 彼爲誰也. 曰, 劉公榮也. 濬沖曰, 勝公榮故與酒, 不如公榮不可不與酒.

唯公榮者, 可不與酒.
竹林七賢論曰, 初, 籍與戎父渾俱爲尚書郎, 每造渾, 坐未安, 輒曰, 與卿語, 不如與阿戎語. 就戎, 必日夕而返. 籍長戎二十歲, 相得如時輩. 劉公榮通士, 性尤好酒. 籍與戎醻酢終日, 而公榮不蒙一桮, 三人各自得也. 戎爲物論所先, 皆此類.

주해 | ㅇ二斗美酒(이두미주)－《진서(晋書)》 권43 〈왕융전(王戎傳)〉에는 '완적은 술이 적다며 유창(劉昶)에게 주지 않았다'라고 되어 있다.
ㅇ阮答曰(완답왈)－거의 같은 말이 〈임탄편(任誕篇)〉 4에는 유공영(劉公榮) 자신이 한 말이라며 기록되어 있다.

3. 종사계(鍾士季 : 鍾會)는 재지(才智)와 이론에 정통했었다. 혜강(嵇康)과는 아직 면식이 없었는데, 당시의 준수한 사람들을 초청하여 함께 혜강을 찾아갔다. 그때 혜강은 큰 나무 밑에서 대장장이 일을 하고 있었는데 상자기(向子期 : 向秀)가 조수가 되어 풀무질을 하고 있었다. 혜강은 망치질을 쉬지 않았는데 마치 옆에 사람이 없는 양 행동했는데 한참동안 말 한마디도 하지 않았다. 종회가 일어서서 돌아가려고 하자 혜강이 말했다. "무엇을 들었기에 찾아오시었소? 무엇을 보았기에 돌아가시려는 게요?" 종회는 말했다. "들을 것을 듣고 왔다가, 볼 것을 보고 돌아가는 게요."(1)

원문 | 鍾士季精有才理. 先不識嵇康. 鍾要于時賢儁之士, 俱往尋康. 康方大樹下鍛, 向子期爲佐鼓排. 康揚槌不輟, 傍若無人, 移時不交一言. 鍾起去. 康曰, 何所聞而來, 何所見而去. 鍾曰, 聞所聞而來, 見所見而去.(1)

(1) 《문사전(文士傳)》에 이런 이야기가 있다. '혜강(嵇康)은 원래 손

재주가 뛰어났는데 대장장이 일을 잘했다. 집에는 무성한 버드나무가 있었는데 물을 끌어들이어 버드나무 둘레를 흐르게 하여 여름에도 매우 시원했다. 혜강은 늘 그 아래에서 한가롭게 지내며 직접 대장장이 일을 하곤 했다. 비록 가난했지만 사람들이 대장장이 일을 부탁해와도 혜강은 돈을 받지 않았다. 단 친척이나 친구들이 닭과 술을 가지고 찾아오면 함께 먹고 마시면서 청담(淸談)만 나누곤 하였다.'

《위씨춘추(魏氏春秋)》에는 이런 이야기가 있다. '종회(鍾會)는 대장군 형제[司馬師·司馬昭]와 친하게 지냈는데 혜강의 명성을 듣고 그를 찾아갔다. 종회는 귀공자로서 재능이 뛰어나 총애를 받았는데 살진 말을 타고, 가벼운 갖옷을 입곤 했는데 따르는 사람이 구름처럼 많았다. 그 당시 혜강은 두 다리를 쭉 뻗고 앉아서 대장장이 일을 하고 있었다. 종회가 왔는데도 혜강은 인사를 하려고 하지 않았다. 종회는 이 일로 깊은 원한을 품었다. 그후 여안(呂安)의 사건 때, 마침내 혜강을 참언했다.'

文士傳曰, 康性絶巧, 能鍛鐵. 家有盛柳樹, 乃激水以圜之. 夏天甚清涼, 恆居其下傲戲, 乃身自鍛. 家雖貧, 有人就鍛者, 康不受直. 唯親舊以雞酒往, 與共飮噉, 清言而已.

魏氏春秋曰, 鍾會爲大將軍兄弟所暱. 聞康名而造焉. 會名公子, 以才能貴幸, 乘肥衣輕, 賓從如雲. 康方箕踞而鍛. 會至不爲之禮, 會深銜之. 後因呂安事, 而遂譖康焉.

주해 | ㅇ鼓排(고배)－풀무질을 한다는 의미. 배(排)는 불을 피우는 풀무를 가리킨다. 고(鼓)는 불을 피우는 것.

ㅇ就鍛(취단)－원본(袁本)은 취(就)를 '설(說)'로 적고 있다.

ㅇ乘肥衣輕(승비의경)－살진 말을 타고, 가벼운 갖옷을 입는다는 의미로, 부귀한 사람의 호강스런 외출을 가리킨다. 《논어(論語)》〈옹야편(雍也篇)〉에, '공자가 말했다. 자화는 제나라로 갈 때 살진 말을 타고 가볍고 값진 갖옷을 입었다더라(子曰, 赤之適齊也, 乘肥馬衣輕裘)'라고 했다.

- ㅇ箕踞(기거)－두 다리를 쭉 뻗고 앉는 것. 그 모양이 키〔箕〕와 비슷하다고 하여 이렇게 말한다. 예의에 어긋나게 앉는 법.
- ㅇ呂安事(여안사)－여안(呂安)의 형인 여손(呂巽 : 呂遜이라고도 쓴다)은 여안의 아내 서씨(徐氏)와 밀통했는데 그 일이 사람들에게 알려지는 것을 두려워하여, 역으로 여안을 참소하여 변두리 땅으로 추방토록 하는 상소를 올린 사건. 이때 혜강(嵇康)은 친구인 여안을 위해 그의 무실을 변명했는데 이 사건에 연좌되어 투옥되었다. 참고로 여손은 종회(鍾會)로부터 총애를 받았던 인물이다. 《삼국지(三國志)》 권21 〈왕찬전(王粲傳)〉의 배주(裵注)에서 인용한 《위씨춘추(魏氏春秋)》 〈아량편(雅量篇)〉 2의 유주(劉注)에서 인용한 《진양추(晋陽秋)》·《문사전(文士傳)》, 상수(向秀)의 〈사구부(思舊賦)〉《문선(文選)》 권16에 수록된 이선(李善) 주(注)에서 인용한 간보(干寶)의 《진기(晋紀)》 등을 참조할 것.
- ㅇ譖康(참강)－《진서(晋書)》 권49 〈혜강전(嵇康傳)〉에 종회(鍾會)의 참언을 기록하고 있으며, 또 〈아량편〉 2의 유주(劉注)에서 인용한 《문사전》에도 종회의 참언이 기록되어 있다.

4. 혜강(嵇康)과 여안(呂安)은 사이가 좋았다. 언제나 상대방의 일을 생각하면 천리를 멀다 않고 수레를 달리어 만나러 갔다.(1) 여안이 나중에 찾아왔는데 혜강은 마침 부재중이었다. 형인 혜희(嵇喜)가 문 앞에 나가 맞아들이려고 했으나 들어오지 않고(2) 문 위에 봉(鳳)자를 써놓더니 돌아갔다. 혜희는 그 의미를 알아차리지 못한 채, 기뻐하고 있었다. 이 봉(鳳)자를 적어놓은 것은 범조(凡鳥)란 의미였다.(3)

▌원문| 嵇康與呂安善. 每一相思, 千里命駕.(1) 安後來, 値康不在. 喜出戶延之, 不入,(2) 題門上作鳳字而去. 喜不覺, 猶以爲欣. 故作鳳字, 凡鳥也.(3)

(1) 《진양추(晋陽秋)》에 이런 이야기가 있다. '여안(呂安)의 자는 중

제(仲悌)이고 동평(東平) 사람이며 기주자사(冀州刺史)인 여초(呂招)의 둘째 아들이다. 뜻이 크고 도량이 넓어서 초속(超俗)의 기가 있었다.'

간보(干寶)의 《진기(晋紀)》에는 이런 이야기가 있다. '그 무렵 여안은 혜강(嵇康)과 교제를 했는데 상대방이 생각나면 곧바로 수레를 준비시키어 만나러 갔다.'

晉陽秋曰, 安字仲悌, 東平人. 冀州刺史招之第二子. 志量開曠, 有拔俗風氣.

干寶晋紀曰, 初, 安之交康也, 其相思則率爾命駕.

(2) 《진백관명(晋百官名)》에 이런 이야기가 있다. '혜희(嵇喜)의 자는 공목(公穆)으로, 양주자사(揚州刺史)를 역임했다. 혜강의 형이다. 완적(阮籍)이 상을 당했을 때 조문을 하러 갔다. 완적은 청안(青眼)과 백안(白眼)을 할 수가 있었는데 범속(凡俗)한 선비를 만나면 백안으로 대응했다. 혜희가 가자 완적은 곡도 하지 않은 채 백안으로 대했다. 혜희는 기분이 상하여 돌아왔다. 혜강은 그 말을 듣자 술과 거문고를 들고 완적에게로 갔는데 그후로 두 사람은 사이가 좋아졌다.'

간보(干寶)의 《진기(晋紀)》에 이런 이야기가 있다. '여안은 전에 혜강과 교제했었다. 어느 때 혜강을 찾아갔는데 집에 없었다. 혜강의 형인 혜희는 자리를 닦아놓고 맞으려고 했으나 여안은 모르는 체하며 홀로 수레 안 좌석에 앉아 있었다. 혜강의 어머니가 주식(酒食)을 준비했지만 여안은 혜강의 아들을 불러 함께 이야기를 나누다가 잠시 후 돌아갔다. 여안이 귀현(貴顯)을 가볍게 대하는 것이 이와 같았다.'

晋百官名曰, 嵇喜字公穆, 歷揚州刺史. 康兄也. 阮籍遭喪, 往弔之. 籍能爲青白眼, 見凡俗之士, 以白眼對之. 及喜往, 籍不哭, 見其白眼. 喜不懌而退. 康聞之, 乃齎酒挾琴而造之, 遂相

與善.

干寶晉紀曰, 安嘗從康. 或遇其行, 康兄喜拭席而待之, 弗顧, 獨坐車中. 康母就設酒食, 求康兒共語戲, 良久則去. 其輕貴如此.

(3) 허신(許愼)의 《설문해자(說文解字)》에는 이런 이야기가 있다. '봉(鳳)은 신조(神鳥)이다. 조(鳥)는 의미요소이고, 범(凡)은 발음요소이다.'

許愼說文曰, 鳳, 神鳥也. 從鳥, 凡聲.

주해 | ㅇ招(초)－송본(宋本)·원본(袁本) 모두 초(招)로 적고 있는데 《삼국지(三國志)》 권21 〈왕찬전(王粲傳)〉 주(注), 《문선(文選)》 권16 〈사구부(思舊賦)〉 이선(李善) 주(注)에서 인용한 《위씨춘추(魏氏春秋)》에서는 소(昭)로 적고 있다.

ㅇ聞(문)－송본(宋本)은 간(間)으로 적고 있는데 원본(袁本)을 따랐다.

ㅇ輕貴如此(경귀여차)－《세설신어보색해(世說新語補索解)》에서는 '그 사람을 가벼이 보고, 그 사람을 귀하게 보는 것이 이와 같았다'라고 해석했으며 또 《세설전본(世說箋本)》에서는 귀(貴)를 희(喜)로 고치고 있다.

ㅇ說文(설문)－《설문해자(說文解字)》 권7.

5. 육사형(陸士衡 : 陸機)이 처음으로 낙양(洛陽)에 왔을 때, 장공(張公 : 張華)에게, 자신이 앞으로 인사하러 가야 할 곳을 물었다. 유도진(劉道眞 : 劉寶)은 그 중 한 사람이었다. 육사형이 찾아가자 유도진은 아직 복상(服喪)중이었다. 유도진은 원래 술을 좋아했는데 인사가 끝나자 다른 것에 대해서는 묻지 아니하고, 오직 이렇게 물었다. "동오(東吳)에는 목이 긴 호로박이 생산된다던데, 그대는 그 씨를 가지고 왔는고?" 육형제(陸兄弟 : 陸機와 陸雲)는 매우 실망하고 찾아온 것을 후회했다.

| 원문 | 陸士衡初入洛，咨張公所宜詣．劉道眞是其一．陸旣往，劉尙在哀制中．性嗜酒．禮畢，初無它言，唯問，東吳有長柄壺盧，卿得種來不．陸兄弟殊失望，乃悔往．

| 주해 | ㅇ壺盧(호로)－호로(葫蘆)와 같다. 호리병박. 술 그릇으로 사용한다.

6. 왕평자(王平子 : 王澄)는 도읍을 떠나 형주자사(荊州刺史)로 부임하게 되었다.(1) 왕태위(王太尉 : 王衍)와 당시 명사들이 전송하러 나와서 길이 메어질 정도였다. 그때 뜰에는 큰 나무가 있었고 그 위에 까치집이 있었다. 왕평자는 옷과 두건을 벗더니 곧바로 나무에 올라가 까치 새끼를 잡으려고 했는데 속옷이 나뭇가지에 걸리자 얼른 그것을 벗어버렸다. 그리고 까치 새끼를 잡아가지고 내려와서 놀았는데 태연하여 다른 사람에 대해서는 조금도 신경을 쓰지 않는 것 같았다.(2)

| 원문 | 王平子出爲荊州.(1) 王太尉及時賢送者傾路．時庭中有大樹，上有鵲巢．平子脫衣巾，徑上樹取鵲子，涼衣拘閡樹枝，便復脫去．得鵲子還，下弄，神色自若，傍若無人.(2)

(1) 《진양추(晉陽秋)》에 이런 이야기가 있다. '혜제(惠帝 : 司馬衷) 때 태위(太尉)인 왕이보(王夷甫 : 王衍)는 인사담당 관원에게 청하여 동생 왕징(王澄)을 형주자사(荊州刺史)에, 사촌동생 왕돈(王敦)을 청주자사(靑州刺史)에 임명토록 하였다. 왕징과 왕돈은 함께 태위 왕연에게 가서 부임 인사를 했는데 태위가 말했다. "지금 진(晉)나라 왕실은 쇠해지고 있다. 그래서 너희를 제(齊)·초(楚) 땅에 보내려는 거야. 밖으로는 패업(覇業)을 세우고, 안으로는 왕실을 구해내도록 너희에게 기대를 거는 바이다."'

晉陽秋曰, 惠帝時, 太尉王夷甫言於選者, 以弟澄爲荊州刺史, 從弟敦爲青州刺史. 澄, 敦俱詣太尉辭. 太尉謂曰, 今王室將卑, 故使弟等居齊, 楚之地, 外可以建覇業, 内足以匡帝室, 所望於二弟也.

(2) 등찬(鄧粲)의 《진기(晉紀)》에는 이런 이야기가 있다. '왕징은 제멋대로 행동하며 사물에 구애받지 않았는데 당시 사람들은 그를 방달(放達)하다고 했다.'

鄧粲晉紀曰, 澄放蕩不拘, 時謂之達.

주해| ㅇ涼衣(양의)—홑겹의 속옷. 양삼(涼衫). 양자(揚子)의 《방언(方言)》 권4에 '약단위지곤(礿襢謂之裩)'이란 구절이 있고 이것에 대한 곽박(郭璞)의 주(注)에 '금우호위양의야(今又呼爲涼衣也)'라고 했음.

ㅇ拘閡(구애)—걸리는 것. 구(拘)는 걸리어 멈추게 하는 것. 애(閡)는 막히다란 의미이다.

ㅇ言於選者(언어선자)—《진서(晉書)》 권43 〈왕연전(王衍傳)〉에 의하면 왕연은 동해왕(東海王) 사마월(司馬越)을 설득하여 왕징(王澄)·왕돈(王敦)을 각각 형주자사(荊州刺史)·청주자사(青州刺史)로 삼게 했다고 한다.

ㅇ齊楚(제초)—청주(青州)는 제(齊), 형주(荊州)는 초(楚)에 해당한다.

7. 고좌도인(高坐道人 : 帛尸黎密多羅)은 승상(丞相 : 王導)의 자리에서는 항상 그 옆에 누워 있었는데 변령(卞令 : 卞壼)을 보면 숙연하게 자세를 바로잡으며 말하였다. "저 사람은 예법을 따르는 사람이야."(1)

원문| 高坐道人於丞相坐, 恆偃臥其側, 見卞令, 肅然改容

云, 彼是禮法人.[1]

(1) 《고좌전(高坐傳)》에 이런 이야기가 있다. '왕공(王公 : 王導)은 어느 때, 화상(和尙 : 高坐道人)에게 갔을 때 화상은 허리띠를 풀고 드러누워 있었는데 그 깊이 깨달은 말이 아주 미묘한 경지에 도달해 있었다. 상서령(尙書令)인 변망지(卞望之 : 卞壼)를 보자마자 옷깃을 바로잡으며 용모를 단정하게 하였다. 당시 사람들은 (어떤 경우에도) 모두 적당한 바를 얻었다며 감탄했다.'
高坐傳曰, 王公曾詣和上, 和上解帶偃伏, 悟言神解. 見尙書令卞望之, 便斂衿飾容. 時歎皆得其所.

주해 | ㅇ高坐道人(고좌도인)－〈언어편(言語篇)〉 39에는 '고좌도인(高座道人)'으로 적고 있다. 그의 사적에 대해서는 〈언어편〉 39에서 인용한 《고좌별전(高座別傳)》에 자세히 나와 있다.
ㅇ彼是禮法人(피시예법인)－〈임탄편(任誕篇)〉 27에서는 '변령예법자거(卞令禮法自居)'로 적고 있다.
ㅇ悟言(오언)－깨달음을 얻은 말.

8. 환선무(桓宣武 : 桓溫)가 서주자사(徐州刺史)로 있었을 때 사혁(謝奕)은 진릉태수(晋陵太守)였다.[1] 두 사람은 그때까지 담박한 관계만 있었을 뿐 특별한 관계는 아니었다. 환선무가 형주자사(荊州刺史)로 옮기게 되어 서쪽으로 가려고 했을 무렵 환선무의 사혁에 대한 정의는 대단히 두터워졌다. 사혁은 별로 이상하다는 생각을 하지 않았다. 그러나 오직 동생인 사호자(謝虎子 : 謝據)의 아내인 왕씨(王氏)만은 그 신의를 깨달았으며[2] 언제나 이렇게 말했다. "환형주(桓荊州) 나리의 마음 씀씀이는 심상치가 않으십니다. 틀림없이 진릉(晋陵 : 謝奕) 나리를 데리고 서쪽으로 가실 겁니다." 얼마 후 환온은 사

혁을 발탁하여 사마(司馬)로 삼았다. 사혁은 형주에 가서도 여전히 신분의 차이를 벗어나는 교제를 계속했다. 환온의 자리에 같이 있으면서도 두건을 들어올리어 젖힌 채 유유히 노래를 부르는 등 평상시와 변함이 없었다. 환선무는 언제나 '내 방외(方外)의 사마(司馬)'라고 불렀다. 마침내는 술로 인하여 조석(朝夕)으로 인사하는 것까지도 무시하게 되었다. 환선무가 그를 놓아두고 안방에 들어가려고 하면 사혁도 그 뒤를 따라갔다. 그후 사혁이 술에 취하면 환온은 아내인 공주(公主)의 처소로 피난했다. 공주가 말했다. "당신에게 그 미치광이 사마가 없었더라면 내가 어찌 당신을 볼 수 있었겠습니까?"

원문| 桓宣武作徐州, 時謝奕爲晉陵.(1) 先粗經虛懷, 而乃無異常. 及桓遷荊州, 將西之間, 意氣甚篤. 奕弗之疑. 唯謝虎子婦王悟其旨,(2) 每曰, 桓荊州用意殊異, 必與晉陵俱西矣. 俄而引奕爲司馬. 奕旣上, 猶推布衣交. 在溫坐, 岸幘嘯詠, 無異常日. 宣武每曰, 我方外司馬. 遂因酒, 轉無朝夕禮. 桓舍入內, 奕輒復隨去. 後至奕醉, 溫往主許避之. 主曰, 君無狂司馬, 我何由得相見.

(1) 《중흥서(中興書)》에 이런 이야기가 있다. '사혁(謝奕)은 이부랑(吏部郎)으로 있다가 진릉태수(晉陵太守)로 나갔다.'
中興書曰, 奕自吏部郎, 出爲晉陵太守.

(2) 호자(虎子)는 사거(謝據)의 어렸을 때 자이며, 사혁(謝奕)의 동생이다. 그 아내 왕씨(王氏)는 앞에서 나왔다.
虎子, 謝據小字, 奕弟也. 其妻王氏, 已見.

주해| ㅇ婦王悟其旨(부왕오기지)－왕(王)은 사랑(謝朗)의 어머니인 왕

부인(王夫人). 태원(太原)의 왕도(王韜)의 딸로서 이름은 수(綏). 사안(謝安)의 형인 사거(謝據)에게 시집갔다. 〈문학편(文學篇)〉 39에 보인다. '기지(其旨)'란 환온(桓溫)이 반란을 기도했었던 것.

ㅇ岸幘(안책)－두건을 위로 올리어 머리가 드러나게 하는 것. 예법을 무시하는 것을 가리킨다.

ㅇ嘯詠(소영)－큰 소리로 노래를 부르는 것, 한편 《진서(晋書)》 79 〈사혁전(謝奕傳)〉에서는 '소영(笑詠)'으로 적고 있다. 〈서일편(棲逸篇)〉 1의 주해를 참조할 것.

ㅇ方外司馬(방외사마)－예법에 얽매이지 않는 사마(司馬). 사마는 장군이나 도독(都督)의 속관. 공부(公府)나 군부(軍府)의 막료로서 장사(長史) 다음의 직위이며 군사(軍事)를 통제한다.

ㅇ朝夕禮(조석례)－《진서》 권79 〈사혁전〉에는 '조정례(朝廷禮)'로 적고 있다.

ㅇ主(주)－공주(公主). 환온은 명제(明帝)의 딸 남강장공주(南康長公主)에게 장가들었다.

ㅇ我何由得相見(아하유득상견)－환온은 명제의 딸인 남강장공주를 정실(正室)로 맞아들였는데 그후 촉(蜀) 땅을 평정하자 이세(李勢)의 여동생을 첩으로 맞아서 별채에 두었다. 공주가 그 말을 듣고 칼을 빼든 다음 첩을 찾아갔었다는 일화는 〈현원편(賢媛篇)〉 21에 보인다. 본문 중 공주의 말은 당시의 환온이 취하고 있었던 그런 나날의 일들을 비아냥댄 것이다.

ㅇ已見(이견)－〈문학편〉 39.

9. 사만(謝萬)은 형(兄 : 謝安) 앞에서 일어나더니, 변기(便器)를 찾으려고 하였다. 이때 완사광(阮思曠 : 阮裕)이 그 자리에 있다가 말했다. "신출내기 집안은 독실하기는 하지만 예의를 알지 못하는군."

▌원문▏ 謝萬在兄前, 欲起索便器. 于時阮思曠在坐曰, 新出門戶, 篤而無禮.

주해 | ㅇ新出門戶(신출문호)－진군(陳郡)의 사씨(謝氏)는 서진(西晋)의 국자좨주(國子祭酒)가 된 사형(謝衡) 이래, 사곤(謝鯤)·사상(謝尙)을 거쳐 문벌을 이루더니, 동진시대(東晋時代)에 사안(謝安)·사혁(謝奕) 등이 나타나서 이윽고 왕사(王謝)로 병칭되는 육조(六朝) 제일류의 문벌이 되었다. 그러나 서진시대까지는 그다지 알려지지 않은 가문이었는데 비하여 완유(阮裕)가 속한 진류의 완씨(阮氏)는 후한(後漢) 이후의 명문가였다.

10. 사중랑(謝中郎 : 謝萬)은 왕남전(王藍田 : 王述)의 사위이다.(1) 어느 때 하얀 두건을 쓰고 여(輿)에 탄 채로 양주자사(揚州刺史)의 정청(政廳)에까지 들어가자 왕남전을 보고 대담하게 말했다. "사람들이 군후(君侯)에게 바보라고 말하던데 군후께서는 정말로 바보이십니까?" 왕남전이 대답했다. "그런 평론이 없는 것은 아니지만, 나는 만성현(晩成型)이야."(2)

원문 | **謝中郎是王藍田女壻.(1) 嘗箸白綸巾, 肩輿徑至揚州聽事, 見王直言曰, 人言君侯癡. 君侯信自癡. 藍田曰, 非無此論. 但晩令耳.(2)**

(1) 《사씨보(謝氏譜)》에 이런 이야기가 있다. '사만(謝萬)은 태원(太原) 왕술(王述)의 딸, 이름이 전(荃)을 맞아 장가들었다.'
謝氏譜曰, 萬取太原王述女, 名荃.

(2) 《왕술별전(王述別傳)》에는 이런 이야기가 있다. '왕술은 젊었을 때, 홀로 도(道)를 닦으면서 물러나 고요히 지냈기 때문에 사람들이 일찍이 알아보지 못했다.' 그래서 '늦게 훌륭해지다', 즉 만성형(晩成型)이라고 말했던 것이다.

述別傳曰, 述少眞獨退靜, 人未嘗知. 故有晩令之言.

주해 ㅇ白綸巾(백륜건)－풍류객이 쓰는 두건. 윤건(綸巾)은 청사(靑絲)로 만든 두건으로, 제갈량(諸葛亮)이 썼던 데서 알려지게 되었다.
ㅇ肩輿(견여)－두 사람이 어깨에 메는 가마. 평견여(平肩輿)라고도 한다.
ㅇ癡(치)－왕술(王述)이 바보스럽게 보였다는 것은 〈상예편(賞譽篇)〉 62에도 보인다.
ㅇ晩令(만령)－만년(晩年)에 점차 잘 되어간다는 뜻이리라. 〈상예편〉 62에도 '왕남전위인만성(王藍田爲人晩成)'이라고 되어 있다. 한편 《진서(晋書)》 권79 〈사만전(謝萬傳)〉에서는 '만합(晩合)'이라고 적고 있다.

11. 왕자유(王子猷 : 王徽之)가 환거기(桓車騎 : 桓沖)의 기병참군(騎兵參軍)이 되었다. 환거기가 물었다. "그대는 어느 부서에 있는고?" 왕자유가 대답했다. "어떤 부서인지 모릅니다. 이따금 말을 끌고 오는 것을 보았으니까 말을 취급하는 곳일 듯합니다."(1) 환거기가 또 물었다. "관소(官所)에 말은 몇 마리 있는고?" 왕자유는 대답했다. " '말에 대해서는 묻지 않는다'고 했습니다. 어찌 그 수를 알 수 있겠습니까?"(2) 또 물었다. "요즈음 말은 몇 마리나 죽었는고?" 대답했다. " '아직 삶에 대하여 알지 못하는데 어찌 죽음을 알 수 있으리요'입니다."(3)

원문 **王子猷作桓車騎騎兵參軍. 桓問曰, 卿何署. 答曰, 不知何署. 時見牽馬來, 似是馬曹.(1) 桓又問, 官有幾馬. 答曰, 不問馬, 何由知其數.(2) 又問, 馬比死多少. 答曰, 未知生, 焉知死.(3)**

(1) 《중흥서(中興書)》에 이런 이야기가 있다. '환충(桓沖)은 왕휘지(王徽之)를 발탁하여 참군(參軍)으로 삼았다. 왕휘지는 머리를 풀어 헤치고 허리띠를 푼 채로, 관소(官所)의 일을 하지 않았다.'

中興書曰, 桓沖引徽之爲參軍. 蓬首散帶, 不綜知其府事.

(2) 《논어(論語)》에 이런 말이 있다. '마구간에 불이 나서 탔다. 공자(孔子)가 퇴청하여 "사람이 상했느냐?"고 물었으나 말에 대해서는 묻지 않았다.' 주(注)에 사람을 귀하게 여기고 가축을 천하게 여겼기 때문에 묻지 않은 것이라고 하였다.

論語曰, 廐焚. 孔子退朝曰, 傷人乎. 不問馬. 注, 貴人賤畜, 故不問也.

(3) 《논어》에는 또 이런 말이 있다. '자로(子路)가 죽음에 대해서 물었다. 공자가 말했다. "삶에 대해서도 잘 모르는데 어찌 죽음에 대해서 알겠느냐."' 마융(馬融)의 주(注)에 이렇게 말했다. "죽음에 대해서는 알기 어렵고, 말해보았자 무익하기 때문에 대답을 하지 않은 것이다."

論語曰, 子路問死. 孔子曰, 未知生, 焉知死. 馬融注曰, 死事難明, 語之無益, 故不答.

주해 | ㅇ騎兵參軍(기병참군)－숱한 무인(武人)들이 임명되었던 관직인데, 요직이긴 하지만 청관(淸官)은 아니었다.

ㅇ桓沖(환충)－환온(桓溫)의 동생. 거기장군(車騎將軍)이었다.

12. 사공(謝公 : 謝安)은 일찍이 동생 사만(謝萬)과 함께 서쪽으로 가는 길에 오군(吳郡)을 지나게 되었는데 아만(阿萬 : 사만)이 함께 왕염(王恬)의 집을 방문하고 싶어했다.[(1)] 태부(太傅 : 사안)는 말했다. "아무래도 그는 틀림없이 너를 상대해주지 않을 것이다. 너는 그렇지 않을 것으로 생각하겠다만……." 사만은 그래도 한사코 졸랐는데 태부도 자기 생각을 굽히지 아니했다. 그래서 사만은 혼자서 갔다. 잠시

앉아 있노라니 왕염이 문안으로 들어왔다. 사만은 크게 기뻐하며 자기를 후하게 대해 줄 것으로 생각했다. 한참 지난 다음 왕염은 머리를 감고, 산발한 머리로 나오더니 자리에 앉지도 않은 채 호상(胡牀)에 앉아, 뜰에서 머리를 말리는 것이었다. 그 표정은 매우 오만하여 상대해주려는 기색이 없었다. 그래서 사만은 돌아와 배에 이르기도 전에 먼저 태부에게 소리쳤다. 그러자 사안이 "아리(阿螭 : 왕염)가 상대해주지 않았지."(2)

원문| **謝公嘗與謝萬共出，西過吳郡．阿萬欲相與共萃王恬許．(1) 太傅云，恐伊不必酬，汝意不足爾．萬猶苦要．太傅堅不回．萬乃獨往，坐少時，王便入門內．謝殊有欣色，以爲厚待己．良久，乃沐頭散髮而出，亦不坐．仍據胡牀，在中庭曬頭．神氣傲邁，了無相酬對意．謝於是乃還．未至船，逆呼太傅．安曰，阿螭不作爾．(2)**

(1) 왕염(王恬)은 앞에 나왔다. 이때 오군태수(吳郡太守)였다.
恬已見．時爲吳郡太守．

(2) 왕염(王恬)의 어렸을 때 자(字)가 이호(螭虎)이다.
王恬，小字螭虎．

주해| ㅇ王便入門內(왕편입문내)－문내(門內)를 송본(宋本)은 문내(問內)로 적고 있다. 여기서는 원본(袁本)에 따랐다. 《진서(晋書)》 권65 〈왕염전(王恬傳)〉에는 '이미 조금 앉아 있다가 왕염이 안으로 들어갔다'고 하였다.
ㅇ逆呼太傅安曰阿螭云云(역호태부안왈아리운운)－송본(宋本)에는 안(安)자가 겹쳐져 있다.
ㅇ阿螭不作爾(아리부작이)－아리가 응대하지 않았더냐는 의미.

ㅇ恬已見(염이견)－〈덕행편(德行篇)〉 29.

13. 왕자유(王子猷 : 王徽之)가 환거기(桓車騎 : 桓沖)의 기병참군(騎兵參軍)이 되었다. 환충이 왕휘지에게 말했다. "그대는 관청에 있은 지 오래되었으니 이제는 잘 해나갈 수 있게 되었을 것이야." 왕휘지는 그 말에는 대답하려는 생각이 없다는 듯 위쪽을 물끄러미 바라보며 홀(笏)로 볼을 괴고 말했다. "서산(西山)은 오늘 아침따라 상쾌한 기운이 도는군."

원문| **王子猷作桓車騎參軍. 桓謂王曰, 卿在府久, 比當相料理. 初不答, 直高視, 以手版拄頰云, 西山朝來, 致有爽氣.**

주해| ㅇ料理(요리)－사물을 처리하는 것.
ㅇ手版(수판)－홀(笏).

14. 사만(謝萬)이 북정(北征)했을 때, 언제나 초연하여 소영(嘯詠)하고 장병들을 조금도 위무(慰撫)코자 하지 않았다. 형인 사공(謝公 : 謝安)은 그의 재능을 누구보다 인정해주고 사랑했지만, 틀림없이 전쟁에서 패할 것을 꿰뚫어보고는 같이 가기로 하였다. 그리고 지나가는 말처럼 이야기했다. "너는 총대장이니만큼 이따금 장군들을 불러서 연회를 베풀어 줌으로써 그들의 마음을 기쁘게 해주는 게 좋겠다." 사만은 이 말에 따라 장군들을 불러모았으나 인사 한마디 하는 일이 없었다. 다만 철여의(鐵如意)로 일동을 가리키며 말했다. "제군은 모두가 강졸(强卒)이다!" 이 말을 들은 장군들은 매우 분노했다. (한편) 사공은 은총과 신임을 깊이 심어주기 위해 대장(隊長)과 장군 이하 모든 사람들에게까지 스스로 찾아가서 매우 겸손하게 사과했다.

사만의 원정이 실패로 끝나자 군중(軍中)에서는 그를 죽이려고까지 했었는데 생각을 고치어 말했다. "은사(隱士 : 사안)를 보아서 참자." 그래서 사만은 다행히 죽음을 면할 수가 있었다.(1)

원문| 謝萬北征, 常以嘯詠自高, 未嘗撫慰衆士. 謝公甚器愛萬, 而審其必敗, 乃俱行. 從容謂萬曰, 汝爲元帥, 宜數喚諸將宴會, 以悅衆心. 萬從之, 因召集諸將, 都無所說, 直以如意指四坐云, 諸君皆是勁卒. 諸將甚忿恨之. 謝公欲深箸恩信, 自隊主將帥以下, 無不身造, 厚相遜謝. 及萬事敗, 軍中因欲除之, 復云, 當爲隱士. 故幸而得免.(1)

(1) 사만(謝萬)이 패한 일은 앞에서 나왔다.
萬敗事已見上.

주해| ㅇ北征(북정)－동진(東晋) 목제(穆帝)의 승평(升平) 3년(359), 사만은 조명(詔命)을 받고 연(燕)의 모용준(慕容儁)과 수춘(壽春)에서 싸웠는데 패했다.
ㅇ忿恨(분한)－장수들을 가리켜 졸(卒)이라고 불렀기 때문이다.
ㅇ已見上(이견상)－〈품조편(品藻篇)〉 49.

15. 왕자경(王子敬 : 王獻之) 형제는 치공(郗公 : 郗愔)을 만날 때 신을 신고 안부를 묻는 등, 생질로서의 예를 갖추었다. 그런데 아들인 가빈(嘉賓 : 郗超)이 죽고 나자 모두 높은 굽의 나막신을 끌고 다니는 등 그 태도가 오만했다. 앉았다가 가라고 해도 언제나 모두 말하기를 "바빠서 앉을 틈이 없어요."라고 했다. 형제가 돌아간 다음 치공은 탄식하며 말했다. "가빈(嘉賓)이 죽지 않았더라면 저 놈들이 저러지는 못했을 거야."(1)

원문| 王子敬兄弟見郗公, 躡履問訊, 甚脩外生禮. 及嘉賓死, 皆箸高屐, 儀容輕慢. 命坐, 皆云, 有事, 不暇坐. 旣去, 郗公慨然曰, 使嘉賓不死, 鼠輩敢爾.(1)

(1) 치음(郗愔)의 아들인 치초(郗超)는 명성이 높았으며 특히 환온(桓溫)의 사랑을 받고 있었다. 그리하여 아들 치초 때문에 아버지 치음을 우러렀었던 것이다.
愔子超, 有盛名, 且獲寵於桓溫. 故爲超敬愔.

주해| ㅇ外生(외생)－생질을 가리킨다. 왕헌지(王獻之) 형제의 아버지인 왕희지(王羲之)의 부인은 치부인(郗夫人 : 이름은 璿, 字는 子房)이며 치음(郗愔)은 치부인의 오빠이다. 《진서(晋書)》 권67 〈치초전(郗超傳)〉에는 '심수구생지례(甚修舅甥之禮)'라고 되어 있다. 또 〈아량편(雅量篇)〉 19에는 치음의 아버지 치감(郗鑒)이 왕희지를 사위로 삼은 이야기를 기록하고 있다.

16. 왕자유(王子猷 : 王徽之)가 일찍이 오(吳) 지방을 지나갈 때 어떤 사대부 집에 썩 좋은 대나무가 있는 것을 발견했다. 그 집 주인은 왕자유가 꼭 올 것이라고 생각하고 물을 뿌리고 비질을 하고, 음식을 차려놓은 다음 대청에 앉아서 기다렸다. 왕자유는 견여(肩輿)를 탄 채, 곧바로 대나무가 있는 곳으로 갔고, 거기서 잠시동안 무언가를 음영(吟詠)했다. 주인은 매우 실망했다. 하지만 돌아와서 틀림없이 인사를 할 것으로 생각했는데 그냥 문으로 나가려고 했다. 주인은 도저히 더 참을 수가 없어서 좌우 사람에게 명하여 문을 닫고 나가지 못하게 하였다. 왕자유는 오히려 이 때문에 주인이 마음에 들어 그대로 눌러앉아서 실컷 즐기다가 돌아갔다.

원문| 王子猷嘗行過吳中, 見一士大夫家, 極有好竹. 主已知

子猷當往, 乃灑掃施設, 在聽事坐相待, 王肩輿徑造竹下, 諷嘯良久. 主已失望, 猶冀還當通, 遂直欲出門. 主人大不堪, 便令左右閉門不聽出. 王更以此賞主人, 乃留坐, 盡歡而去.

주해| ㅇ好竹(호죽)—왕휘지(王徽之)가 대나무를 좋아했다는 것은 〈임탄편(任誕篇)〉 46을 참조할 것.

ㅇ肩輿(견여)—본편(本篇) 10 주해를 참조할 것.

ㅇ主已失望(주이실망)—'주(主)'를 송본(宋本)은 '왕(王)'으로 적고 있는데 여기서는 원본(袁本)을 따랐다.

17. 왕자경(王子敬 : 王獻之)이 회계(會稽)에서 오(吳) 땅을 지나갔을 때, 고벽강(顧辟彊)[(1)]이 명원(名園)을 소유하고 있다는 말을 듣고는, 그때까지 주인과 면식이 없었지만 곧장 그 집으로 찾아갔다. 마침 그때 고벽강은 친구를 모아 잔치를 벌이고 있었다. 그런데 왕자경은 정원을 둘러본 다음, 손가락질을 하면서 좋고 나쁘다는 비평을 하는 등 방약무인이었다. 고벽강은 발끈 화가 나서 참지 못하고 말했다. "주인에게 오만한 것은 예의가 아니오. 신분이 높다고 해서 남에게 교만한 것은 도(道)에 어긋나는 일이오. 이 두 가지를 잃은 자는 사람 축에도 끼지 못하는 시골뜨기외다." 그리고 얼른 그의 종자(從者)들을 문밖으로 내쫓았다. 왕자경은 여(輿) 위에서 홀로 사방을 두리번거리고 있는데 아무리 기다려도 종자가 나타나지 않았다. 이윽고 고벽강은 왕자경을 문밖으로 내쫓았는데 왕자경은 흔쾌히 즐거워하며 신경조차 쓰지를 않았다.

원문| 王子敬自會稽經吳, 聞顧辟彊[(1)]有名園, 先不識主人, 徑往其家. 値顧方集賓友酣燕. 而王遊歷旣畢, 指麾好惡, 傍

若無人. 顧勃然不堪曰, 傲主人, 非禮也. 以貴驕人, 非道也. 失此二者, 不足齒人. 傖耳. 便驅其左右出門. 王獨在輿上, 迴轉顧望, 左右移時不至. 然後令送箸門外, 怡然不屑.

(1) 《고씨보(顧氏譜)》에 이런 이야기가 있다. '고벽강(顧辟彊)은 오군(吳郡) 사람이다. 오군의 공조참군(功曹參軍)·평북장군(平北將軍)의 참군(參軍)을 역임했다.'

顧氏譜曰, 辟彊, 吳郡人. 歷郡功曹, 平北參軍.

주해 | ㅇ不足齒人(부족치인) 傖耳(창이) - 《예문유취(藝文類聚)》 권65에서 인용한 《세설(世說)》에는 '부족치지창이(不足齒之傖爾)', 《진서(晋書)》 권80 〈왕헌지전(王獻之傳)〉에는 '부족치지창이(不足齒之傖耳)'라고 되어 있다.

ㅇ傖(창) - 강남(江南) 사람이 북방에서 온 사람을 얕잡아 부르는 호칭. 〈아량편(雅量篇)〉 18의 유주(劉注) 및 주해를 참조할 것.

ㅇ屑(설) - 돌아다보다, 마음에 두다란 의미.

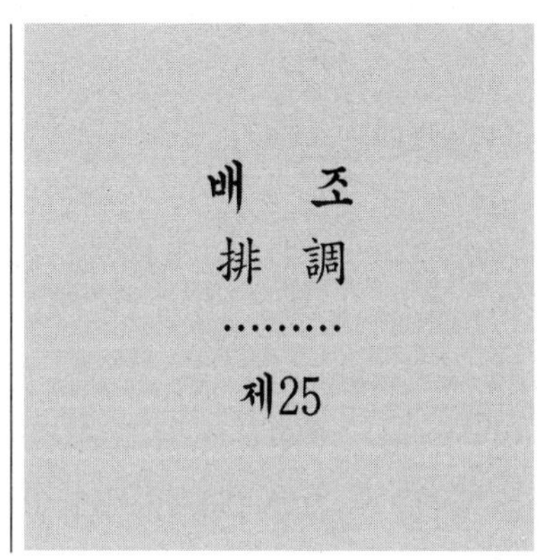

1. 제갈근(諸葛瑾)이 예주자사(豫州刺史)였을 때 별가(別駕)를 조정에 파견하면서(1) 말했다. "내 아들[諸葛恪]은 담론을 썩 잘하니 그대도 그 애와 이야기를 해보는 게 좋을 거야." 별가는 제갈각(諸葛恪)이 있는 곳을 몇 차례나 찾았지만(2) 제갈각은 만나주지 아니했다. 그 후 장보오(張輔吳 : 張昭)의 잔칫자리에서 만났는데(3) 별가가 제갈각을 부르며 말했다. "아이구, 훌륭하신 도련님." 제갈각이 놀리면서 말했다. "예주 땅이 문란하거늘 무슨 훌륭하신 도련님이란 말이오?" 별가가 대꾸했다. "명군현신(明君賢臣)이 있는데 나라가 문란했다는 이야기는 들은 적이 없습니다." 제갈각이 말했다. "옛날, 성천자(聖天子)이신 요제(堯帝)가 위에 계셨어도 그 아래에 사흉(四凶)이 있었잖소." 별가는 대답하였다. "사흉뿐만 아니라 단주(丹朱)도 있었습니다." 그러자 좌석에 있던 사람들은 크게 웃었다.

원문| 諸葛瑾爲豫州, 遣別駕到臺,(1) 語云, 小兒知談, 卿可與語. 連往詣恪,(2) 恪不與相見. 後於張輔吳坐中相遇,(3) 別駕喚恪, 咄咄郎君. 恪因嘲之曰, 豫州亂矣. 何咄咄之有. 答曰,

君明臣賢. 未聞其亂. 恪曰, 昔唐堯在上, 四凶在下. 答曰, 非唯四凶, 亦有丹朱. 於是一坐大笑.

(1) 제갈근(諸葛瑾)은 앞에서 나왔다.

瑾已見.

(2) 《강표전(江表傳)》에 이런 이야기가 있다. '제갈각(諸葛恪)의 자는 원손(元遜)이며 제갈근의 장남이다. 젊었을 때부터 재명(才名)이 있었거니와, 어렸을 때는 총명하고 시문(詩文)에 뛰어났으며 변설은 임기응변을 잘했는데 그와 대응할 자가 없었다. 손권(孫權)은 그를 세상에 뛰어난 인물로 생각하고 제갈근에게 말했다. "남전(藍田)은 미옥(美玉)을 생산한다고 하던데 실로 거짓말이 아니로구려." 오나라에서 벼슬하여 태부(太傅)가 되었는데 손준(孫峻)에게 죽음을 당했다.'

江表傳曰, 恪字元遜, 瑾長子也. 少有才名, 發藻岐嶷, 辯論應機, 莫與爲對, 孫權見而奇之, 謂瑾曰, 藍田生玉, 眞不虛也. 仕吳至太傅, 爲孫峻所害.

(3) 환제(環濟)의 《오기(吳紀)》에 이런 이야기가 있다. '장소(張昭)의 자는 자포(子布)이다. 충정(忠正)하고 재능도 있었으며 도의(道義)도 있었다. 오나라에서 벼슬하여 보오장군(輔吳將軍)이 되었다.'

環濟吳紀曰, 張昭字子布. 忠正有才義. 仕吳, 爲輔吳將軍.

주해 | ㅇ排調(배조)－상대방을 꼼짝 못하도록 하면서 비웃는 것.

ㅇ別駕(별가)－별가종사(別駕從事). 자사(刺史)의 보좌관으로서 자사를 수행하여 주(州)를 순찰하는 관원이다. 자사가 탄 수레가 아닌 다른 수레를 타고 다닌 데서 별가라고 한다(《通典》 권32 職官典·總論州佐).

ㅇ臺(대)－강남(江南)에서는 조정을 가리켜 대(臺)라고 불렀다.

ㅇ咄咄(돌돌)－의외의 일에 놀라서 내는 소리.
ㅇ郎君(낭군)－'한(漢)나라 이래로 문생(門生) 고리(故吏)가 주인의 자제를 칭하여 낭군이라고 한다'(《資治通鑑》 권76 胡三省 注).
ㅇ唐堯(당요)－도당씨(陶唐氏) 요제(堯帝).
ㅇ四凶(사흉)－요임금 때의 악인(惡人) 네 사람. 공공(共工), 환두(驩兜), 삼묘(三苗), 곤(鯀).
ㅇ丹朱(단주)－요임금의 불초했던 아들. 여기서는 은근히 제갈근의 아들인 제갈각을 놀리고 있는 것이다.
ㅇ發藻(발조)－시문(詩文)에 광채를 발하는 것.
ㅇ岐嶷(기억)－기(岐)는 지(知)가 있는 것. 억(嶷)은 식(識)이 있는 것. 《시경(詩經)》 〈대아(大雅)〉 '생민(生民)'에 '기어다니게 되시자 지각과 의식이 뛰어나셨다(誕實匍匐, 克岐克嶷)'라고 되어 있다. 어렸을 때부터 현명하고 뛰어나다.
ㅇ藍田生玉(남전생옥)－남전(藍田)은 섬서성 남전현(藍田縣) 동남쪽에 있는 산. 미옥(美玉)을 산출한다. 여기서는 명문(名門)에서 훌륭한 인물이 나온다는 의미이다. 제갈씨(諸葛氏)는 낭야(琅邪)에서 명문이었다.

2. 진(晋) 문제(文帝 : 司馬昭)는 진건(陳騫), 진태(陳泰)와 수레에 같이 타고 가던 도중 종회(鍾會)가 있는 곳을 지나가면서 함께 타고 가자고 소리쳤으나 그대로 수레를 달리어 갔다. 종회가 밖에 나왔을 때는 이미 저 멀리 가고 있었다. 가까스로 따라잡자 문제가 조소하며 말했다. "남과 동행하기로 약속하고서 어찌하여 꾸물댄 거요? 그대를 기다렸건만 저멀리〔遙遙〕 있으면서 오지 않습디다." 종회가 대답했다. "탁월하게〔矯〕 훌륭하고〔懿〕 진실된〔實〕 자는 보통사람과 무리지을〔羣〕 필요가 있겠습니까?" 문제가 다시 종회에게 물었다. "고요(皐繇)는 어떤 인물이었소?" 종회가 대답했다. "위로는 요순(堯舜)에 미치지 못했고, 아래로는 주공(周公)과 공자(孔子)에 미치지 못했습니다만 그 또한 일대(一代)의 훌륭한 인물이었습니다."(1)

원문| 晉文帝與二陳共車, 過喚鍾會同載, 卽駛車委去. 比出, 已遠. 旣至, 因嘲之曰, 與人期行, 何以遲遲. 望卿遙遙不至. 會答曰, 矯然懿實, 何必同羣. 帝復問會, 皐繇何如人. 答曰, 上下及堯舜, 下不逮周孔, 亦一時之懿士.[(1)]

(1) 이진(二陳)이란 진건(陳騫)과 진태(陳泰)이다. 종회(鍾會)의 아버지 이름이 요(繇)였기 때문에 일부러 '요요(遙遙)'라며 놀렸던 것이다. 또 진건의 아버지 휘(諱)는 교(矯)이고, 문제(文帝)의 아버지 선제(宣帝)의 휘는 의(懿), 진태의 아버지의 휘는 군(群), 조부의 휘는 식(寔 : 實)이다. 그래서 자기도 상대방의 부조(父祖)의 휘를 사용하여 응수했던 것이다.

二陳, 騫與泰也. 會父名繇, 故以遙遙戲之. 騫父矯, 宣帝諱懿, 泰父羣, 祖父寔, 故以此酬之.

주해| ㅇ皐繇(고요)－순(舜)임금의 신하로서 법률과 형벌을 관장했었다.

ㅇ懿士(의사)－이 '의(懿)'는 문제(文帝)의 아버지[司馬懿]의 휘이다. 자기 아버지의 휘를 부른 상대방에 대하여 종회는 두 차례나 그 아버지 휘, 즉 의(懿)를 부르고 있다.

ㅇ以遙遙戲之(이요요희지)－요(遙)는 종회(鍾會)의 아버지 휘(諱)인 요(繇)와 통한다. 부조(父祖)의 이름[諱]을 부르고 듣는 것은 금기였다. 이 풍습에 대해서는 〈임탄편(任誕篇)〉 50의 주해를 참조할 것. 이하 교(矯) · 의(懿) · 식(寔 : 實과 통한다) · 군(群)도 마찬가지임.

3. 종육(鍾毓)은 황문시랑(黃門侍郞)이 되었는데 기지(機智)가 뛰어났었다. 경왕(景王 : 司馬師)의 연회석에서 술을 마시고 있을 때, 그 자리에는 진군(陳群)의 아들인 현백(玄伯 : 陳泰)과 무주(武周)의

아들인 원하(元夏 : 武陔)도 있었는데,(1) 모두들 종육을 놀렸다. 경왕이 말했다. "고요(皐繇)는 어떤 인물이었소?" 대답했다. "옛날의 훌륭한[懿] 사람입니다." 또 돌아보면서 현백과 원하에게 말했다. "군자는 두루[周] 통하되 편파적이 아니지요."(2)

원문| **鍾毓爲黃門郎, 有機警. 在景王坐燕飮. 時陳羣子玄伯, 武周子元夏同在坐,(1) 共嘲毓. 景王曰, 皐繇何如人. 對曰, 古之懿士. 顧謂玄伯, 元夏曰, 君子周而不比, 羣而不黨.(2)**

(1) 《위지(魏志)》에 이런 이야기가 있다. '무주(武周)의 자는 백남(伯南)이며 패국(沛國) 죽읍(竹邑) 사람이다. 벼슬하여 광록대부(光祿大夫)에 이르렀다.'

魏志曰, 武周字伯南, 沛國竹邑人. 仕至光祿大夫.

(2) 《논어(論語)》 공안국(孔安國) 주(注)에 이런 말이 있다. '진심을 다하고 거짓이 없는 것을 주(周)라 하고, 아첨하여 한패가 되는 것을 비(比)라고 한다. 당(黨)이란 돕는 것을 가리킨다. 군자는 모이더라도 사심(私心)을 가지고 서로 돕는 짓은 하지 아니한다.'

孔安國注論語曰, 忠信爲周, 阿黨爲比. 黨, 助也. 君子雖衆, 不相私助.

주해| ㅇ議警(기경)－원본(袁本)·송본(宋本) 모두 '기경(議警)'으로 적고 있으나, 여기서는 《세설전본(世說箋本)》에 따라 '기경(機警)'으로 번역했다.

ㅇ皐繇(고요)－이 고요의 요(繇)는 종육(鍾毓 : 鍾會의 형)의 아버지의 휘(諱)인 '요(繇)'를 범하고 있다. 앞 장(章)의 주해를 참조.

ㅇ懿士(의사)－'의(懿)'는 경왕(景王 : 司馬昭의 형)의 아버지인 사마의(司馬懿)의 휘를 범하고 있다. 아버지 휘를 상대방이 범하자 종육이 복수

한 것이다.

ㅇ周而不比(주이불비) - 《논어(論語)》 〈위정편(爲政篇)〉에 있는 구절. 주(周)는 무해(武陔) 아버지의 휘.

ㅇ群而不黨(군이부당) - 《논어》 〈위령공편(衛靈公篇)〉에 있는 구절. 군(群)은 진태(陳泰) 아버지의 휘. 진건·진태 두 사람이 경왕과 함께 종육을 조롱하자, 두 사람의 아버지 휘를 불러 응수했던 것이다.

4. 혜강(嵇康)·완적(阮籍)·산도(山濤)·유령(劉伶)이 죽림(竹林)에서 한창 술을 마시고 있었다. 왕융(王戎)이 뒤늦게 오자 보병(步兵 : 阮籍)이 말했다. "속물이 또 늦게 와서, 남의 기분을 잡쳐놓는군!"(1) 왕융은 웃으면서 말했다. "그대들의 기분도 잡쳐질 수 있소?"

원문| **嵇阮山劉, 在竹林酣飮. 王戎後往. 步兵曰, 俗物已復來敗人意.(1) 王笑曰, 卿輩意, 亦復可敗邪.**

(1) 《위씨춘추(魏氏春秋)》에 이런 이야기가 있다. '당시 왕융(王戎)은 아직 세속(世俗)에서 벗어나지 못했었다고들 하였다.'

魏氏春秋曰, 時謂王戎未能超俗也.

주해| ㅇ在竹林酣飮(재죽림감음) - 혜강(嵇康)·완적(阮籍)·산도(山濤)·유령(劉伶)·왕융(王戎)은 모두가 이른바 죽림칠현(竹林七賢) 중 한 사람이다. 〈임탄편(任誕篇)〉 1을 참조.

ㅇ亦復可敗邪(역부가패야) - 《진서(晋書)》 권43 〈왕융전(王戎傳)〉에는 '역부이패이(亦復易敗耳)'로 되어 있는데, 이 경우에는 '기분도 쉽게 잡치는군요'라고 풀이된다.

5. 진(晋) 무제(武帝 : 司馬炎)가 손호(孫皓)에게 물었다.(1) "남방

사람들은 즐겨 〈이여가(爾汝歌)〉를 짓는다고 들었는데 한번 지어 보지 않겠소?" 손호는 때마침 술을 들고 있었는데 잔을 들어 황제에게 권하며 말했다. "옛날에는 자네의 이웃이었는데 지금은 자네의 신하가 되었네. 자네에게 술 한잔 바치면서 자네의 만수무강을 축수하네." 무제는 후회하였다.

원문| 晉武帝問孫皓,(1) 聞南人好作爾汝歌. 頗能爲不. 皓正飮酒. 因擧觴勸帝而言曰, 昔與汝爲鄰, 今與汝爲臣. 上汝一桮酒, 令汝壽萬春. 帝悔之.

(1) 《오록(吳錄)》에 이런 이야기가 있다. '손호(孫皓)의 자는 원종(元宗)이고 일명 팽조(彭祖)이며, 오(吳)나라 대황제(大皇帝 : 孫權)의 손자이다. 경제(景帝 : 孫休, 손권의 아들)가 붕어하자 손호가 제위(帝位)를 이어받았다. 오나라가 진나라에게 멸망당하자 귀명후(歸命侯)에 봉해졌다.'

吳錄曰, 皓字元宗, 一名彭祖, 大皇帝孫也. 景帝崩, 皓嗣位. 爲晉所滅, 封歸命侯.

주해| ㅇ爾汝歌(이여가)－'이여(爾汝)'는 '자네' '너' 등, 윗사람이 아랫사람을 친하게 부르는 말. 〈이여가〉는 당시 강남지방에서 유행되던 민가(民歌)에서 '자네'란 말을 넣어서 노래를 만들어 불렀던 것 같다.

ㅇ昔與汝爲鄰(석여여위린)…… －인(鄰)·신(臣)·춘(春)은 압운. '금여여위신(今與汝爲臣)'이란 구절은 《태평어람(太平御覽)》 권118 및 권571에서 인용한 《세설(世說)》에서는 '금위여작신(今爲汝作臣)'으로 되어 있다.

6. 손자형(孫子荊 : 孫楚)은 젊었을 때 은거하고 싶어했다. 왕무자

(王武子 : 王濟)에게 '돌을 베개 삼고 냇물로 양치질하고 싶다(枕石漱流)'라고 할 것을 잘못하여 '돌로 양치질하고 냇물을 베개 삼고 싶다(漱石枕流)'고 말하고 말았다. 왕무자가 말했다. "냇물을 베개 삼고 돌로 양치질을 할 수 있겠소?" 그러자 손자형은 말했다. "냇물을 베개 삼는 것은 귀를 씻기 위함이고,(1) 돌로 양치질하는 것은 치아를 갈고자 함이외다."

원문| **孫子荊年少時欲隱. 語王武子當枕石漱流, 誤曰, 漱石枕流. 王曰, 流可枕, 石可漱乎. 孫曰, 所以枕流, 欲洗其耳.(1) 所以漱石, 欲礪其齒.**

(1) 《일사전(逸士傳)》에 이런 이야기가 있다. '허유(許由)는 요(堯)임금으로부터 천하를 맡아 달라는 말을 들었다가, 친구인 소보(巢父)의 꾸지람을 들었다. 그래서 허유는 청류(淸流)로 가서 귀를 씻고 눈을 닦아내며 말했다. "아까는 탐욕의 말을 들었다가 내 친구를 배반할 뻔했네."'
逸士傳曰, 許由爲堯所讓, 其友巢父責之. 由乃過淸冷水洗耳拭目曰, 向聞貪言, 負吾之友.

주해| ㅇ枕石漱流(침석수류)-산림 속에서 하는 은거생활을 뜻함. 《삼국지(三國志)》 권40 〈촉서(蜀書)〉에 팽양(彭羕)이 태수(太守) 허정(許靖)에게 진복(秦宓)을 추천하면서 '침석수류(枕石漱流) 음영온포(吟詠縕袍)'라는 말을 함.

7. 〈머리가 진자우(秦子羽)를 꾸짖다〉란 글에 말했다.(1) '너는 태원(太原)의 온옹(溫顒), 영천(潁川)의 순우(荀寓)(2), 범양(范陽)의 장화(張華), 사경(士卿)의 유허(劉許)(3), 의양(義陽)의 추담(鄒湛), 하남

(河南)의 정후(鄭詡)[4]에 미치지 못한다. 이 몇 사람은, 어떤 자는 말을 더듬어 음정을 맞추지 못하며, 어떤 자는 허약한 체구에 못생겼고 말이 거의 없으며, 어떤 자는 뽐내듯이 일부러 모습을 잘 꾸미며, 어떤 자는 시끄럽게 떠들면서도 지모(智謀)가 적으며, 어떤 자는 입에 끈끈한 엿을 물고 있는 것 같으며, 어떤 자는 머리가 양념을 빻는 절구에 두건을 씌워놓은 것 같다.[5] 그렇지만 그들은 문장(文章)이 볼만하고 사고(思考)가 면밀하기 때문에, 권문세가에 의지하여 모두 조정에 들었던 것이다.'[6]

원문| **頭責秦子羽云,**[1] **子曾不如太原溫顒, 潁川荀寓,**[2] **范陽張華, 士卿劉許,**[3] **義陽鄒湛, 河南鄭詡.**[4] **此數子者, 或謇吃無宮商, 或尫陋希言語, 或淹伊多姿態, 或讙譁少智諝, 或口如含膠飴, 或頭如巾齏杵,**[5] **而猶以文采可觀, 意思詳序, 攀龍附鳳, 竝登天府.**[6]

(1) 진자우(秦子羽)는 미상(未詳).

子羽未詳.

(2) 온옹(溫顒)은 앞에서 나왔다.

《순씨보(荀氏譜)》에 이런 말이 있다. '순우(荀寓)의 자는 경백(景伯)이고 조부인 순식(荀式)은 태위(太尉), 아버지 순보(荀保)는 어사중승(御史中丞)이었다.'

《세어(世語)》에는 이런 이야기가 있다. '순우는 젊었을 때부터 배해(裵楷)·왕융(王戎)·두묵(杜默)과 함께 이름이 알려져 있었다. 진(晋)나라에서 벼슬하여 상서(尙書)에 이르렀다.'

溫顒已見.

荀氏譜曰, 寓字景伯. 祖式, 太尉. 父保, 御史中丞.

世語曰, 寓少與裴楷, 王戎, 杜默俱有名, 仕晉, 至尙書.

(3) 《진백관명(晋百官名)》에는 이런 말이 있다. '유허(劉許)의 자는 문생(文生)이고 탁록군(涿鹿郡) 사람이다. 아버지인 유방(劉放)은 위(魏)나라 표기장군(驃騎將軍)이었다. 유허는 혜제(惠帝 : 司馬衷) 때 종정경(宗正卿)이 되었다.'
생각하건대 유허와 장화(張華)는 모두 범양(范陽) 사람이다. 그러므로 사경(士卿)이라고 한 것은 중복을 피하기 위하여 한쪽은 관명(官名)을 기록한 것이다. 종정경(宗正卿)은 사경(士卿)이라고도 한다.
晉百官名曰, 劉許字文生, 涿鹿郡人. 父放, 魏驃騎將軍. 許, 惠帝時爲宗正卿.
按, 許與張華同范陽人. 故曰士卿, 互其辭也. 宗正卿, 或曰士卿.

(4) 《진제공찬(晋諸公贊)》에는 이런 이야기가 있다. '추담(鄒湛)의 자는 윤보(潤甫)이며 신야(新野) 사람이다. 문재(文才)로 영달했으며 벼슬하여 시중(侍中)에 이르렀다. 정후(鄭詡)의 자는 사연(思淵)이고 형양(滎陽) 개봉(開封) 사람이다. 위위경(衛尉卿)이 되었다. 조부인 정태(鄭泰)는 양주자사(揚州刺史), 아버지인 정포(鄭褒)는 사공(司空)이었다.'
晉諸公贊曰, 湛字潤甫, 新野人. 以文義達, 仕至侍中. 詡字思淵, 滎陽開封人. 爲衛尉卿. 祖泰, 揚州刺史. 父褒, 司空.

(5) 《문사전(文士傳)》에 이런 말이 있다. '장화는 사람됨됨이가 위의(威儀)가 적었는데 모습을 잘 꾸미었다.' 이 말로 유추해볼 때 '어떤 자는 말을 더듬어 음정을 맞추지 못하며' 이하 여섯 구절은 역시 위의 여섯 사람을 평한 것이다. "입에 끈끈한 엿을 물고 있는 것 같다."고 한 것은 추담(鄒湛)을 가리킨다. 추담은 변설이 매끄럽고 두루 뛰어났는데도 이런 평을 받게 된 것은 잘 모르겠다.

文士傳曰, 華爲人少威儀, 多姿態. 推意此語, 則此六句, 還以目上六人. 而口如含膠飴, 則指鄒湛. 湛辯麗英博, 而有此稱, 未詳.

(6) 《장민집(張敏集)》에 〈머리가 자우(子羽)를 꾸짖다〉란 글이 실려 있으며 거기에서 이렇게 말하고 있다. '내 친구에 진생(秦生)이라고 하는 자가 있으며 내 자부(姉夫)인데 젊었을 때부터 친하게 지냈다. 같은 무렵, 친하게 사귀던 사람에 태원(太原)의 온옹(溫顒), 자는 장인(長仁), 영천(潁川)의 순우(荀寓), 자는 경백(景伯), 범양(范陽)의 장화(張華), 자는 무선(茂先), 사경(士卿)의 유허(劉許), 자는 문생(文生), 남양(南陽)의 추담(鄒湛), 자는 윤보(潤甫), 하남(河南)의 정후(鄭詡), 자는 사연(思淵) 등이 있었다. 그들은 수년 사이에 서로 계속하여 조정에 출사(出仕)했다. 그러나 그대[秦生]는 좁은 골목 안에서 살며, 여러 차례나 자기를 팔려고 했으나 좋은 값을 놓는 사람이 없는지라. 높은 뜻을 지니며 태연자약하게 초조해하지 않기에, 나는 그것을 실로 감탄했다. 또한 되먹지 못하게도 그들은 이미 관직에 있으면서도 옛 친구를 잊지 아니하는 〈별목편(伐木篇 : 《詩經》의 편명)〉의 새 우는 소리를 전혀 내지 아니하고, 왕길(王吉)과 공우(貢禹)의 갓 털던 뜻을 크게 여기었다. 그래서 진생(秦生)의 용모가 훌륭한 것으로 인하여 〈머리가 꾸짖는 글〉을 지어 장난을 치면서 아울러 여섯 사람을 조롱하고자 한다. 비록 (겉으로는) 해학(諧謔) 같지만 실제로는 기탁하는 바가 있는 것이다. 그 글은 다음과 같다.

태시(泰始) 원년(元年 : 265) 머리가 자우(子羽)를 꾸짖어 말했다. "내가 그대에게 붙어서 머리가 된 것은 이미 1만 여일(日)이나 되었다. 천지는 나에게 정신을 내려주고 나에게 육체를 만들어주었다. 나는 그대를 위해 두피(頭皮)에 머리카락을 심고, 코와 귀를 설치하고, 눈썹과 수염을 안치하고, 치아를 박아 넣었으며, 눈동자에서 빛이 나게 하고, 양쪽 광대뼈를 솟아오르게 하였다. 매번 출입하면서 저잣거리를 지날 때마다 왕래하는 사람들은 길을 비켜주고, 앉아 있는 사람은 삼가 예의를 지키었다. 어떤 사람은 군후(君侯)라고 불렀고 어떤 사람은 장군이라고 불렀으며, 두 손을 모아 몸을 숙이고 똑바로 서서 허리를 굽히었다. 이렇게 하는 것은 진실로 나의 용모가 훌륭했기 때문이다. 그대는 관리(官吏)의 관(冠)도 쓰지 않고 금은의 장식물도 차지 않았으며, 여인네들의 비녀를 꽂고 여인네의 모자를 쓰되, 맛있는 음식도 먹지 않고 좁쌀과 푸성귀나 먹으며, 시골구석에 파묻히어 거름을 주느라고 땀범벅이 되면서도 세월이 흘러가건만 도무지 후회조차 하지 않는다. 그대는 나의 용모에 싫증을 내고 나는 그대의 마음가짐을 경멸한다. 이렇게 된 것은 틀림없이 그대의 처신이 잘못되었기 때문이다. 그대는 나를 원수처럼 대하고 나는 그대를 적(敵)과 같이 여기므로 평소에 즐겁지 못하고, 둘 다 근심을 하니 이 얼마나 비참한 일인가! 그대가 남의 보배가 되고자 한다면 당연히 고요(皐陶)·후직(后稷)·무함(巫咸)·이척(伊陟)처럼, 국가를 보호하여 영원히 봉토(封土)를 받아야 할 것이다. 그대가 고상한 명성을 얻고자 한다면 당연히 허유(許由)·자위(子威)·변수(卞隨)·무광(務光)처럼 귀를 씻고 봉록을 피하여 천추(千秋)에 꽃다운 이름을 남겨야 할 것이다. 그대가 유세(遊說)를 하고자 한다면 당연히 진진(陳軫)·괴통(蒯通)·육생(陸生)·등공(鄧公)처럼 화(禍)를 바꾸어 복(福)으로 만들고 언변을 당당하게 해야 할 것이다. 그대가 진취적이고자 한다면 당연히 가생(賈生 : 賈誼)이 스스로 등용되기를 구하고, 종군(終軍)이 남월(南越)에 사신으로 가기를 자청했던 것처럼 예봉(銳鋒)을 갈고 닦아 국사를 맡아야 한다. 그대가 고요하고 담박하게 지내고자 한다면 당연히 노담(老聃 : 老子)이 도(道)를 지키고 장주(莊周)가 스스로 속세를 떠나서 즐겼던 것처럼 마음을 비운 채 욕심을 버리고 뜻은 구름과 해를 뛰어넘어야 할 것이다. 그대가 은둔하고자 한다면 당연히 영계기(榮啓期)가 새끼로 띠를 두르고, 어부(漁父)가 물가에서 놀았던 것처럼 깊은 산속에서 살고 큰 계곡에서 낚싯줄을 드리워야 할 것이다. 이것은 혼자서 자기 자신을 드러내어 이름을 떨친 경우이다. 지금 그대는 위로는 노장(老莊)의 도(道)를 바라지도 않고, 중간으로는 유묵(儒墨)의 도를 바라지도 않은 채, 홀로 비천하게 지내면서 그 어리석은 생각만 지키고 있다. 그대의 마음을 살펴보고 그대의 뜻을 관찰해 보니 물러나도 처사(處士)가 되지 못하고, 나아가도 삼공(三公)을 바랄 수 없으며, 다만 세월만 보내면서 신체를 수고롭게 하고, 보통사람이 좋아하는 것에 익숙해 있으니 이 또한 잘못이 아닌가!"라고 하였다.

그러자 자우는 안색을 바꾸며 깊이 생각에 잠겼다가 대답했다.

"대저 가르쳐주신 바는 삼가 받들겠습니다. 저는 타고난 천성이 매인 것이 많아서 예의의 말씀을 듣지 못했는데 우연히 천행(天幸)을 얻어 당신이 제 몸에 기탁하게 되었습니다. 그러나 지금 나로 하여금 충의를 다하게 하고자 한다면 당연히 오자서(伍子胥)와 굴평(屈平 : 屈原)처럼 되어야 하고, 나에게 신의를 다하도록 하고자 한다면 당연히 몸을 희생하여 이름을 이루어야 하며, 나에게 절개를 지키게 하려고 한다면 당연히 물과 불속으로 뛰어들어 지조를 온전히 해야 합니다. 이 네 가지 일은 사람들이 꺼리는 바이므로 나는 감히 그러한 마음을 먹지 못하겠습니다."

머리는 말했다. "그대가 말하는 바의 법망이란 것은 강건한 덕의 허물이니 (그런 경우는 鮑焦나 介子推처럼) 산에 올라 나무를 끌어안은 채 죽지 아니하면, (卞隨나 務光처럼) 치마를 걷고 강물에 빠져 죽게 된다. 나는 그대에게 성명(性命)을 보양하는 법을 가르쳐 주고, 그대에게 유유자적하는 도를 가르쳐 주고자 한 것인데 그대는 서캐나 이와 같은 마음을 가지고, 나의 조언을 듣지 아니한다. 슬프도다! 다 같이 사람의 몸에 깃들면서도 유독 그대의 머리가 되다니……. 또한 다른 사람들을 헤아리어 그대의 친구들과 비교해 본다면 그대는 태원의 온옹, 영천의 순우, 범양의 장화, 사경의 유허, 남양의 추담, 하남의 정후만 못하다. 이 몇 사람 가운데 어떤 자는 말을 더듬어 음정을 맞추지 못하며, 어떤 자는 허약한 체구에 못생겼고 말이 거의 없으며, 어떤 자는 뽐내듯이 일부러 모습을 잘 꾸미며, 어떤 자는 시끄럽게 떠들면서 지모(智謀)가 모자라며, 어떤 자는 입에 끈끈한 엿을 물고 있는 것 같으며, 어떤 자는 머리가 양념 찧는 절구에 두건을 씌워놓은 것 같다. 그렇지만 그들은 문장(文章)이 볼만하고 사고(思考)가 면밀하기 때문에 권문세가에 의지하여 모두들 조정에 올랐던 것이다.

어떤 사람은 치질(痔疾)을 핥아서 수레를 얻기도 하고, 연못 속으로 잠수하여 진주를 얻기도 하는데, 어찌하여 그대와 같은 자는 단지 입술과 혀를 썩어 문드러지게 하고, 손과 발을 물에 적시지 아니하는가? 다사다난한 세상에 살면서 권모(權謀) 쓰는 것을 부끄러워하는 것은 비유컨대, 연못을 파고들어가 물이 담긴 물동이나 들고 나오는 것과 같은즉 부귀를 구하기는 어렵다.

아! 자우(子羽)여! 그대는 우리 속에 갇힌 곰, 깊은 함정 속에 빠진 호랑이, 바위틈에 있는 굶주린 게, 구멍 속에 있는 쥐와 무엇이 다르리요? 비록 열심히 일에 힘을 쏟더라도 얻는 효과는 매우 보잘것없으니, 구부리고 움츠린 채로 노년에 이르기까지 바라는 바가 없는 것이 마땅하다. 사지가 몸에서 떨어져도 오히려 곤궁하지 않을 수 있으니 천명이 아니겠는가! 어찌 그대와 함께 지낼 수 있으리요.”’

張敏集載頭責子羽文曰, 余友有秦生者, 雖有姊夫之尊, 少而狎焉. 同時好暱, 有太原溫長仁顒, 潁川荀景伯寓, 范陽張茂先華, 士卿劉文生許, 南陽鄒潤甫湛, 河南鄭思淵詡. 數年之中, 繼踵登朝. 而此賢身處陋巷, 屢沽而無善價, 亢志自若, 終不衰墮, 爲之慨然. 又怪諸賢旣已在位, 曾無伐木嚶鳴之聲, 甚違王貢彈冠之意. 故因秦生容貌之盛, 爲頭責之文以戱之, 幷以嘲六子焉. 雖似諧謔, 實有興也. 其文曰, 維泰始元年, 頭責子羽曰, 吾託子爲頭, 萬有餘日矣. 大塊禀我以精, 造我以形, 我爲子植髮膚, 置鼻耳, 安眉須, 插牙齒, 眸子摛光, 雙顴隆起. 每至出入之閒, 遨遊市里, 行者辟易, 坐者竦跽, 或稱君侯, 或言將軍, 捧手傾側, 佇立崎嶇. 如此者, 故我形之足偉也. 子冠冕不戴, 金銀不佩, 釵以當笄, 帢以代幗, 旨味弗嘗, 食栗茹菜, 隈摧園閒, 糞壤汙黑, 歲莫年過, 曾不自悔. 子厭我於形容, 我賤子乎意態, 若此者乎, 必子行己之累也. 子遇我如讎, 我視子如仇, 居常不樂, 兩者俱憂, 何其鄙哉. 子欲爲人寶也, 則當如皐陶, 后稷, 巫咸, 伊陟, 保乂王家, 永見封殖. 子欲爲名高也, 則當如許由, 子威, 卞隨, 務光, 洗耳逃祿, 千歲流芳. 子欲爲遊說也, 則當如陳軫, 蒯通, 陸生, 鄧公, 轉禍爲福, 令辭從容. 子欲爲進趣也, 則當如賈生之求試, 終軍之請使, 砥礪鋒穎, 以幹王事. 子欲爲恬淡也, 則當如老聃之守一, 莊周之自逸, 廓然離欲, 志陵雲日. 子欲爲隱遁也, 則當如榮期之帶索, 漁父之瀺灂, 棲遲神丘, 垂餌巨壑. 此一介之所以顯身成名者也. 今子上不希道德, 中不交儒墨, 塊然窮賤, 守此愚惑. 察子之情, 觀子之志, 退不爲於處士, 進無望於三事, 而徒翫日勞形, 習爲常人之所喜, 不亦過乎. 於是子羽愀然深念而對曰, 凡所教敕, 謹聞命矣. 以受性拘係, 不閑禮義, 設以天幸, 爲子所寄. 今欲使吾爲忠也, 卽當如伍胥, 屈平. 欲使吾爲信也, 則當殺身以成名. 欲使吾爲介節邪, 則當赴水火以全貞. 此四者, 人之所忌, 故吾不敢造意. 頭曰, 子所謂天刑地網, 剛德之尤, 不登山抱木, 則褰裳赴流. 吾欲告爾以養性, 誨爾以優遊, 而以蟣蝨同情, 不聽我謀, 悲哉. 俱寓人體, 而獨爲子頭. 且擬人其倫. 喩子儕偶, 子不如太原溫顒, 潁川荀寓, 范陽張華, 士卿劉許, 南陽鄒湛, 河南鄭詡. 此數子者, 或謇吃無宮商, 或尫陋希言語, 或淹伊多姿態, 或讙譁少智諝, 或口如含膠飴, 或頭如巾齏杵. 而猶文采可觀, 意思詳序, 攀龍附鳳, 竝登天府. 夫舐痔得車, 沈淵得珠. 豈若夫子徒令脣舌腐爛, 手足沾濡哉. 居有事之世, 而恥爲權圖, 譬猶鑿地抱甕, 難以求富. 嗟乎子羽. 何異檻中之熊, 深穽之虎, 石間饑蟹, 竇中之鼠. 事力雖勤, 見功甚苦. 宜其拳局煎蹙, 至老無所希也. 支離其形, 猶能不困, 非命也夫, 豈與夫子同處也.

주해 ㅇ劉許(유허)-송본(宋本)·원본(袁本), 《삼국지(三國志)》 권14 〈유방전(劉放傳)〉의 배주(裵注)에서 인용한 '두책자우(頭責子羽)' 및 《수서(隋書)》〈경적지(經籍志)〉에는 유허(劉許), 《구당서(舊唐書)》〈경적지〉에는 '유우집(劉訏集) 2권'이라 하여 '유우'로 적고 있다.

ㅇ謇吃(건흘)-말을 더듬는 것.

ㅇ尫陋(왕루)-왕(尫)은 등이 구부러진 것. 또는 몸이 허약한 것. 누(陋)는 보기 싫게 생긴 것.

ㅇ淹伊(엄이)-《세설신어보색해(世說新語補索解)》에 '엄이(淹伊)는 꾸미어 잘 보이게 하는 것'이라 하였다.

ㅇ讙譁(훤화)-훤화(喧譁)와 같음. 수다 떠는 것.

ㅇ智諝(지서)-지(智)는 재지(才智), 서(諝)는 모(謀). 지모가 있는 벗을 가리킴.

ㅇ齏杵(제저)-제(齏)는 양념류를 잘게 빻는다는 의미.

ㅇ攀龍附鳳(반룡부봉)-용에 매달리고 봉황을 따르다는 의미에서 훌륭한 인물이라든가 권문귀현(權門貴顯)에 기대어 지위를 높인다는 의미. 《한서(漢書)》 권100에 '반룡부봉(攀龍附鳳), 병승천구(竝乘天衢)'라는 구절이 있음.

ㅇ天府(천부)-조정을 가리키는 말.

ㅇ溫顒已見(온옹이견)-온옹(溫顒)은 이름. 현행본 《세설신어》에는 이곳말고 다른 곳에서는 보이지 않는다.

ㅇ祖式太尉(조식태위), 父保御史中丞(부보어사중승)-《삼국지(三國志)》 권10 〈순욱전(荀彧傳)〉에는 '순욱(荀彧)·자운(子惲), 사후(嗣侯). ……운

제오(惲弟俁), 어사중승(御史中丞)'이라고 되어 있고 그 배주(裵注)에서 인용한 《순씨가전(荀氏家傳)》에는 '오자숙천(俁字叔倩). ……오자우(俁字寓), 자경백(字景伯)'이라고 되어 있다. 그렇다면 조식(祖式)은 조욱(祖彧)으로, 부보(父保)는 부오(父俁)로 썼어야 하지 않을까?

ㅇ宗正卿(종정경)－황족(皇族)의 일을 관장하는 벼슬아치.

ㅇ衛尉卿(위위경)－천자의 문위(門衛). 둔병을 관장하는 벼슬아치(《通典》 권25 職官7).

ㅇ父褒(부포)－《진서(晋書)》 권44 〈정무전(鄭袤傳)〉에 의하면 '정우(鄭詡)의 아버지 이름은 정무(鄭袤)이다'라고 되어 있다.

ㅇ陋巷(누항)－《논어(論語)》 〈옹야편(雍也篇)〉에 있는 말. 좁은 골목을 끼고 있는 곳.

ㅇ善價(선가)－《논어》 〈자한편(子罕篇)〉에 있은 말로서 비싼 값.

ㅇ伐木嚶嚶之聲(벌목앵앵지성)－친구새를 찾아서 우는 새소리. 사람으로서 옛 친구를 잊어서는 안된다는 것을 비유한 말이다. 《시경(詩經)》 〈소아(小雅)〉 '벌목(伐木)'의 시에 '벌목정정(伐木丁丁), 조명앵앵(鳥鳴嚶嚶)…… 앵기명의(嚶其鳴矣), 구기우성(求其友聲)'이라고 되어 있으며 그 모전(毛傳)에 '군자는 비록 높은 지위에 옮기더라도 이로써 그 붕우를 잊지 아니한다'란 구절이 보인다.

ㅇ王貢彈冠之義(왕공탄관지의)－왕(王)은 왕길(王吉), 공(貢)은 공우(貢禹). 모두 전한(前漢) 때 사람이다. 탄관(彈冠)이란 관(冠)의 먼지를 털며 천거되기를 기다리는 것이다. 왕길(王吉 : 字 子陽)·공우(貢禹 : 字 少翁) 두 사람은 깊은 우정으로 맺어진 사이로서 항상 출처진퇴를 함께했으므로 당시 사람들은 '왕양위가 벼슬길에 나아가면 공우는 관의 먼지를 털었다'고 평하고 있다(《漢書》 권72 〈王吉傳〉).

ㅇ大塊禀我以精(대괴품아이정), 造我以形(조아이형)－《장자(莊子)》 〈대종사편(大宗師篇)〉에 '부대괴재(夫大塊載), 아이형(我以形), 노아이생(勞我以生) 운운'이라고 되어 있는 글을 인용한 것. 대괴(大塊)는 천지자연을 가리킴이다.

ㅇ傾側(경측)－경심측석(傾心側席)이란 의미. 마음을 기울이어 현인(賢人)·귀인(貴人)으로 존경하는 것. 여기서는 그 동작을 가리킨다.

○崎嶇(기구)－경측(傾側)과 같은 의미. 몸을 기울이어 절하는 것.

○釵以當笄(차이당계), 帢以代幗(갑이대괵)－차(釵)는 부인의 비녀. 계(笄)는 쌍투꽂이. 남녀가 모두 사용한다. 갑(帢)은 남자의 모자. 괵(幗)은 부인의 머리에 쓰는 꾸미개. '갑이대괵' 네 글자는 '괵이대갑(幗以代帢)'의 잘못일까? 부녀자의 비녀를 꽂고 부녀자가 쓰는 꾸미개를 썼다는 말. 《전본(箋本)》 두주(頭注)에는 '이로써 장부의 기개 없음을 말한 것'이라고 되어 있다.

○隈摧(외최)－속세에서 벗어나 따로 떨어져 있는 것.

○皐陶(고요)－순(舜)임금의 신하. 형법(刑法)을 관장했다.

○后稷(후직)－주(周)나라 시조. 강원(姜嫄)이란 여성이 천제(天帝)의 발자취를 밟고 잉태하여 낳았다고 전해진다. 농사를 관장했다.

○巫咸(무함)－은(殷)나라의 현신(賢臣). 은나라 중종(中宗) 때 무자(巫者)가 되었다고도 한다(《尙書》 君奭, 《楚辭》 〈離騷〉).

○伊陟(이척)－은(殷)나라의 현상(賢相)으로 이윤(伊尹)의 아들임(《尙書》 君奭).

○許由(허유)－요(堯)임금 때의 은자(隱者). 요임금이 천하를 물려주려고 하자 이를 거부하고 기산(箕山)에 들어가 숨었다. 또 구주(九州)의 장(長)이란 벼슬을 내리며 불렀으나 영수(潁水) 가에 가서 더러운 말을 들었다며 귀를 씻었다(《莊子》 〈逍遙遊篇〉, 《史記》 권61 〈伯夷列傳〉 〈正義〉 에서 인용한 皇甫謐의 《高士傳》).

○子臧(자위)－송본(宋本)・원본(袁本) 모두 '자위(子威)'로 적고 있는데 여기서는 《예문유취(藝文類聚)》 권17 인부(人部)의 '두책자우문(頭責子羽文)'에 '자장(子臧)'으로 기록되어 있는 것에 따랐다. 자장은 춘추시대 조(曹)나라 선공(宣公)의 서자(庶子). 공자(公子) 흔(欣) 때 선공이 진(秦)나라와 싸우다가 진중에서 전사하자 공위(公位) 계승 싸움이 일어났고 공자 부추(負芻)는 태자를 죽이고 위(位)를 빼앗아 성공(成公)이 되었다. 제후들은 부추를 체포하고 자장을 세우려고 했으나 자장은 사양하고 송(宋)나라로 도주했다(《左傳》 成公 13, 15년조).

○卞隨(변수)－하(夏)나라의 은자(隱者). 은(殷)나라 탕왕(湯王)이 하나라 걸왕(桀王)을 정벌한 다음 천하를 변수에게 양위코자 했으나 받지

아니하고 물속에 몸을 던져 죽었다(《莊子》〈讓王篇〉, 《呂氏春秋》〈離俗覽〉).

ㅇ務光(무광)－하(夏)나라의 은자(隱者). 탕왕(湯王)은 변수(卞隨)에게 양위하려다가 거절당한 다음 무광에게 양위하려고 했으나 무광 역시 받아들이지 아니했고 물속에 몸을 던졌다(《莊子》〈讓王篇〉〈太宗師篇〉, 《史記》〈伯夷列傳〉, 《呂氏春秋》〈離俗覽〉 등).

ㅇ陳軫(진진)－전국시대 초(楚)나라 사람. 장의(張儀)와 함께 진(秦)나라 혜왕(惠王)을 섬기던 유세객(遊說客)(《史記》 권70).

ㅇ蒯通(괴통)－범양(范陽) 사람. 초(楚)·한(漢)의 흥망 때의 유세객(《漢書》 권45).

ㅇ陸生(육생)－육가(陸賈). 초(楚)나라 사람. 변설에 뛰어났었다. 한고조(漢高祖) 유방(劉邦)의 명을 받아 남월(南越)을 한나라에 복속시켰다(《漢書》 권43).

ㅇ鄧公(등공)－등선(鄧先)이라고도 한다. 기계(奇計)가 많았다. 건원연간(建元年間), 무제(武帝)에 의해 현량(賢良)으로 초치되었다(《史記》 권101).

ㅇ賈生之求試(가생지구시)－가생(賈生)은 가의(賈誼). 낙양(雒陽) 사람이다. 전한(前漢) 문제(文帝) 때 20여 세로 박사가 되었고 자주 헌책(獻策)하여 의식(儀式)·법령(法令)을 기초했다(《史記》 권84).

ㅇ終軍之請使(종군지청사)－종군은 자(字)가 자운(子雲), 제남(濟南) 사람이다. 무제(武帝)에게 발탁되어 알자급사중(謁者給事中)이 되었다. 남월(南越)이 한(漢)나라와 화친하자 남월에 사자로 가서 이를 한나라에 귀속시켰다(《漢書》 권64下).

ㅇ榮期之帶索(영기지대삭)－영기(榮期)는 영계기(榮啓期). 춘추시대의 은자(隱者). 사슴 가죽을 입고 새끼줄로 띠를 매고 살았는데 사람으로 태어나고, 사나이로 태어나고, 장수할 수 있었던 것을 세 가지의 낙으로 삼았다고 한다(《列子》 권1 〈天瑞篇〉).

ㅇ漁父之瀺灂(어부지참작)－어부(漁父)는 고기잡이. 부(父)는 늙은이란 의미이다. 강가에 사는 은자(隱者)로서 각 시대의 갖가지 이야기 속에 등장하고 있다. 《장자》〈어부편(漁父篇)〉, 《초사(楚辭)》〈어부편〉은 특

히 유명하다. 참작(瀺灂)은 물속에 들어갔다 나왔다 하는 것.

- 處士(처사)－벼슬길에 나가지 않고 야(野)에 있는 사람.
- 三事(삼사)－천(天)·지(地)·인(人)의 삼사를 다스리는 사람이란 의미에서 삼공(三公)을 가리킨다. 《상서(尙書)》 〈입정편(立政篇)〉에 '입정(立政), 임인(任人), 준부(準夫), 목(牧), 작삼사(作三事)'라고 되어 있다.
- 拘係(구계)－붙잡히는 것.
- 伍胥(오서)－오원(伍員). 자(字)는 자서(子胥). 춘추시대 초(楚)나라 사람. 초나라 평왕(平王)에게 아버지와 형이 죽음을 당하자 오(吳)나라로 망명, 오왕(吳王)을 도와 초나라를 치고, 평왕의 무덤을 파헤친 다음 그 시체를 매질하였다. 그후 오왕 부차(夫差)에게 죽음을 당하여 장강(長江)에 시체가 버려졌다(《史記》 권66 〈伍子胥列傳〉).
- 屈平(굴평)－굴원(屈原). 전국시대 초(楚)나라 사람. 초나라 회왕(懷王)의 측근이 되어 국사를 보좌했는데 상관대부(上官大夫)에게 참언을 당하여 추방되었다. 자신의 뜻을 《이소(離騷)》에 표현했는데, 이어서 경양왕(頃襄王)으로부터도 배척을 당한 끝에 멱라수(汨羅水)에 몸을 던졌다(《史記》 권84 〈屈原賈生列傳〉).
- 剛德(강덕)－강건한 덕. 기성(氣性)이 강의(剛毅)한 것을 가리킨다.
- 登山抱木(등산포목)－의사(義士)로 이름 높은 포초(鮑焦)·개자추(介子推)의 사적(事績). 포초는 주(周)나라의 은자(隱者). 수양하고 세상을 꾸짖었으며, 나무를 껴안고 죽었다고 한다(《莊子》 〈盜跖篇〉, 《韓詩外傳》 권1, 《風俗通義》 권3). 개자추는 춘추시대 진(晋)나라 문공(文公)의 신하. 문공이 망명생활을 하던 도중 오랫동안 따라다녔는데, 문공이 귀국하여 보위에 오른 다음 개자추에게 은상을 베풀지 않자, 그의 어머니와 함께 면산(緜山)에 숨어 살다가 죽었다고 한다(《左傳》 僖公 24년 조, 《史記》 권39 〈晋世家〉).
- 褰裳赴流(건상부류)－하(夏)나라 은자(隱者)인 변수(卞隨)·무광(務光)의 사적(事績).
- 舐痔得車(지치득거)－《장자(莊子)》 〈열어구편(列御寇篇)〉에 '진왕(秦王)이 병이 들어 의원(醫員)을 부르다. 종기를 째고 고름을 짜내는 자는 수레 1대를 얻고, 치질을 핥는 자는 수레 5대를 얻었다. 나아감에

따라 수레를 얻는 자가 점점 더 많아졌다'라고 되어 있다. 사람들이 하기 싫어하는 더러운 일, 굴욕적인 일도 굳이 함으로써 이익을 얻고자 하는 데 비유하고 있다.

ㅇ沈淵得珠(침연득주)－《장자》 〈열어구편〉에 '하상(河上)에 가난한 사람이 살았는데 부들자리를 짜서 팔아 가지고 생활하였다. 그 아들이 연못 속에서 천금의 값어치가 있는 구슬을 얻었다. 그 아버지가 그의 아들에게 말했다. "돌을 가지고 와서 그 구슬을 깨버려라. 무릇 천금의 구슬은 반드시 천중(千重)의 연못에 있는 여룡(驪龍)의 턱 아래에 있는 법이야. (그런즉 무엇이든 먹어치울 것이다) ……운운"'이라고 되어 있다. 굉장한 위험을 극복하여야 비로소 진짜 보물을 얻을 수 있음을 말함이다.

ㅇ鑿地抱甕(착지포옹)－땅을 우물로 만든 다음, 그 속으로 들어가 물동이에 물을 담아 가지고 나와 채소밭에 물을 준다는 뜻. 즉 수고는 많이 하지만 그 효과는 적음을 뜻한다. 《장자》 〈천지편(天地篇)〉에 있는 내용을 인용한 것이다.

ㅇ拳局煎蹙(권국전축)－권국(拳局)은 권국(拳跼). 즉 구부리거나 웅크리기가 부자유스런 것. 전축(煎蹙)은 구부리거나 웅크리는 것. 역시 자유롭게 할 수 없는 것을 뜻함이다.

ㅇ支離其形云云(지리기형운운)－지리(支離)란 불구(不具). 사지(四肢)가 몸에서 떨어져도 오히려 곤궁하지 않을 수 있다는 의미의 문장이다. 《장자》 〈인간세편(人間世篇)〉에 있는 구절을 인용한 것임.

8. 왕혼(王渾)이 아내인 종씨(鍾氏)와 같이 앉아 있을 때, 아들인 무자(武子 : 王濟)가 뜰을 가로질러 가는 것을 보았다. 왕혼은 싱글벙글하며 아내에게 말했다. "이런 아들을 두었기에 내 마음이 든든하오." 아내는 웃으면서 말했다. "만약 내가 참군(參軍 : 시동생인 王倫)과 부부가 되었더라면 낳은 아들도 물론 저 정도의 아이가 아니었을 것입니다."[(1)]

원문| 王渾與婦鍾氏共坐, 見武子從庭過. 渾欣然謂婦曰, 生

兒如此, 足慰人意. 婦笑曰, 若使新婦得配參軍, 生兒故可不啻如此.(1)

(1) 《왕씨가보(王氏家譜)》에 이런 이야기가 있다. '왕륜(王倫)의 자는 태충(太沖), 사공목후(司空穆侯 : 王昶)의 차남이며, 사도(司徒) 왕혼(王渾)의 동생이다. 순수하고 대범한 인품으로서 노장(老莊)의 학(學)을 귀히 여겼고 세속의 명리에 마음이 움직이는 일이 었었다. 《노자예략(老子例略)》《주기(周紀)》를 지었다. 20여 세에 효렴(孝廉)으로 천거되었는데 취임하지 않았다. 대장군(大將軍)의 참군(參軍)을 역임했고 25세에 졸(卒)했는데 대장군은 그를 위해 눈물을 흘리며 슬퍼했다.'

王氏家譜曰, 倫字太沖, 司空穆侯中子, 司徒渾弟也. 醇粹簡遠, 貴老莊之學, 用心淡如也. 爲老子例略, 周紀. 年二十餘擧孝廉, 不行. 歷大將軍參軍, 二十五卒, 大將軍爲之流涕.

주해 | ○婦鍾氏(부종씨)－〈현원편(賢媛篇)〉 12·16 참조.

○從庭過(종정과)－공자(孔子)의 아들 이(鯉)가 뜰을 종종걸음으로 지나갈 때 공자가 불러세우고 시(詩)와 예(禮)를 배우라고 가르친 이야기(《論語》〈季氏篇〉)를 본뜬 것이리라.

○新婦(신부)－처첩(妻妾)의 자칭.

○倫(윤)－왕륜(王倫)의 형제 이름은 혼(渾)·심(深)·담(湛) 등 모두 삼수 변(氵)이 붙어 있으므로 윤(倫)은 윤(淪)의 잘못일까?

○司空穆侯(사공목후)－아버지 왕창(王昶)은 위(魏)나라 사공(司空)으로서 감로(甘露) 4년(259)에 몰(沒)하였고 목후(穆侯)란 시호가 내려졌다(《三國志》 권27 〈王昶傳〉).

○大將軍(대장군)－형인 왕혼(王渾)은 대장군 조상(曹爽)의 연(掾)으로 부름을 받아 벼슬을 했었다. 이 대장군도 조상일까?

9. 순명학(荀鳴鶴 : 荀隱)과 육사룡(陸士龍 : 陸雲) 등 두 사람은 그때까지 서로 면식이 없었는데 장무선(張茂先 : 張華)이 마련한 자리에서 만났다. 장무선은 두 사람에게 담론을 시키려고 했는데 두 사람은 각각 뛰어난 재능을 가지고 있었으므로 "평범한 말은 사용하지 말라."고 하였다. 육사룡이 손을 들며 말하기를, "구름 사이〔雲間〕의 육사룡입니다."라고 말하자, 순명학이 응답하기를, "태양 아래〔日下〕의 순명학입니다."라고 말했다. 육사룡이 또 말했다. "이미 푸른 구름이 걷히고 흰 꿩이 보이는데도 어찌하여 당신의 활시위를 당기어 화살을 걸치지 않는 것이오?"라고 하자, 순명학이 응답하기를 "원래는 구름 사이의 건장한 용(龍)인 줄 생각했는데 알고보니 산야의 사슴인지라 사냥감은 약하고 활은 강하기 때문에 발사를 늦추었던 것이오."라고 했다. 그러자 장무선은 손뼉을 치면서 크게 웃었다.(1)

원문| **荀鳴鶴, 陸士龍二人未相識, 俱會張茂先坐. 張令共語, 以其竝有大才, 可勿作常語. 陸擧手曰, 雲閒陸士龍. 荀答曰, 日下荀鳴鶴. 陸曰, 旣開青雲覩白雉, 何不張爾弓, 布爾矢. 荀答曰, 本謂雲龍騤騤, 定是山鹿野麋. 獸弱弩彊, 是以發遲. 張乃撫掌大笑.**(1)

(1) 《진백관명(晋百官名)》에는 이런 이야기가 있다. '순은(荀隱)의 자는 명학(鳴鶴), 영천(潁川) 사람이다.'
《순씨가전(荀氏家傳)》에 이런 이야기가 있다. '순은(荀隱)의 조부(祖父)인 순흔(荀昕)은 낙안태수(樂安太守)였고, 아버지 순악(荀岳)은 중서랑(中書郎)이었다. 순은과 육운(陸雲)이 장화(張華)가 마련한 자리에서 이야기를 나누며 서로 응수했을 때, 육운은 연거푸 당했다. 순은의 말은 모두 미려(美麗)했으므로 장공(張公)은 그를 칭찬했다고 한다.' 세상에 이 책이 있다고 해서 찾아보았지만 얻지 못했다. 그는 태자사인(太子舍人)·정위평(廷尉平)을 역임했는데 일찍 죽었다.

晉百官名曰, 荀隱字鳴鶴, 潁川人.

荀氏家傳曰, 隱祖昕, 樂安太守. 父岳, 中書郞. 隱與陸雲在張華坐語, 互相反覆, 陸連受屈. 隱辭皆美麗. 張公稱善, 云. 世有此書, 尋之未得. 歷太子舍人, 廷尉平, 蚤卒.

주해 | ㅇ雲間(운간)–지명(地名)과 '구름 사이의 용(龍)' 등, 두 가지 뜻을 함유한다. 육기(陸機)·육운(陸雲)은 운간 출신이다. 한편 화정(華亭)은 운간의 다른 이름이다.

ㅇ日下(일하)–도읍을 가리킨다.

ㅇ白雉(백치)–서조(瑞鳥).

ㅇ騤騤(규규)–강장(强壯)한 모습.

ㅇ廷尉平(정위평)–관명(官名). 정위(廷尉)의 속관. 정위평(廷尉評)이라고도 한다. 옥송(獄訟)을 관장하며 군국(郡國)의 의옥(疑獄)을 겸심(兼審)한다.

10. 육태위(陸太尉 : 陸玩)가 왕승상(王丞相 : 王導)을 방문하자,(1) 왕공(王公 : 왕도)은 그에게 타락죽을 대접했다. 육태위는 집에 돌아왔는데 병이 났다. 다음날 왕공에게 편지를 보내어 말했다. '어제는 타락죽을 너무 많이 주셔서 밤새도록 고통을 받았습니다. 저는 남쪽 오(吳) 땅의 사람인데 공교롭게도 (북쪽의) 촌놈의 귀신이 될 뻔했습니다.'

원문 | **陸太尉詣王丞相.(1) 王公食以酪. 陸還遂病. 明日, 與王牋云, 昨食酪小過, 通夜委頓. 民雖吳人, 幾爲傖鬼.**

(1) 육완(陸玩)은 앞에서 나왔다.

陸玩已見.

주해 ㅇ委頓(위돈)－몸이 불편하여 고통스러운 것.

ㅇ民雖吳人(민수오인), 幾爲傖鬼(기위창귀)－민(民)은 자칭의 말. 육완은 오군(吳郡) 오(吳) 땅 사람이다. 창귀(傖鬼)의 창(傖)은 〈아량편(雅量篇)〉 18의 유주(劉注)에서 인용한 《진양추(晋陽秋)》에, '오인(吳人), 중주(中州) 사람을 가리켜 창(傖)이라고 한다'라고 되어 있는 것처럼 남방 사람이 북방인을 비웃는 말투이다. 귀(鬼)는 망자(亡者)란 의미. 여기서 창귀라고 한 것은 북방의 음식인 타락죽(소·양 등의 젖을 응고시킨 식품)을 지나치게 많이 먹어서 죽을 뻔했다는 이야기이리라. 단, 이 말에는 토착 남방인과 남도(南渡)한 북방 선비와의 대립문제도 포함되어 있는 것처럼 생각된다. 《진서(晋書)》 권77 〈육완전(陸玩傳)〉에는 이 이야기를 인용하여 '그 권귀(權貴)를 가벼이 보기 이와 같았다'라고 했다. 〈정치편(政治篇)〉 13·방정편(方正篇)〉 24 등을 참조.

ㅇ已見(이견)－〈정치편〉 13.

11. 원제(元帝 : 司馬睿)의 황자(皇子)가 태어나자 군신(群臣) 일동에게 물품을 하사했다. 은홍교(殷洪喬 : 殷羨)가 감사드리며 아뢰었다.(1) "황자 저하의 탄생은 천하가 모두 기뻐하는 바입니다. 신(臣)은 아무런 공훈도 없건만 후한 하사품을 내리시어 황공하오며 외람되이 받겠습니다." 중종(中宗 : 元帝)은 웃으며 말했다. "이 일만큼은 어찌 그대에게 공훈을 세우도록 할 수 있으리까?"

원문 元帝皇子生, 普賜羣臣. 殷洪喬謝曰,(1) 皇子誕育, 普天同慶. 臣無勳焉, 而猥頒厚賚. 中宗笑曰, 此事豈可使卿有勳邪.

(1) 은선(殷羨)은 앞에서 나왔다.
殷羨已見.

주해 ㅇ普天(보천)－넓게 덮여 있는 하늘. 그 아래의 전세계란 의미이다.
ㅇ已見(이견)－〈임탄편(任誕篇)〉 31.

12. 제갈령(諸葛令 : 諸葛恢)과 왕승상(王丞相 : 王導)이 서로 가문의 우열을 다투었다. 왕승상이 말했다. "그럼 왜 갈(葛)·왕(王)이라고 말하지 않고 왕(王)·갈(葛)이라고 말하는 게요?" 그러자 제갈령이 말했다. "비유하자면, 여(驢)·마(馬)라고 하지, 마(馬)·여(驢)라고 하지 않는 것과 같은 것입니다. 그렇다고 해서 나귀가 말보다 우수하지 못한 게 사실입지요."(1)

원문| 諸葛令, 王丞相共爭姓族先後. 王曰, 何不言葛王, 而云王葛. 令曰, 譬言驢馬不言馬驢. 驢寧勝馬邪.(1)

(1) 제갈회(諸葛恢)는 앞에서 나왔다.
諸葛恢已見.

주해| ㅇ王葛(왕갈)－《진서(晋書)》 권77 〈제갈회전(諸葛恢傳)〉에는 이렇게 소개되고 있다. '도(導 : 王導) 일찍이 회(恢 : 諸葛恢)와 농을 하며 족성(族姓)을 다투어 말하기를 "사람들이 왕갈(王葛)이라고 말하지 갈왕(葛王)이라고 말하지는 않소."라고 하자 제갈회가 말했다. "여마(驢馬)라고 하지 마려(馬驢)라 하지 않는데 나귀가 말보다 나아서 그러는 것이 아닙니다."
ㅇ已見(이견)－〈방정편(方正篇)〉 25.

13. 유진장(劉眞長 : 劉惔)이 처음으로 왕승상(王丞相 : 王導)과 만났다. 마침 무더운 여름달이었다. 승상은 배를 탄기반(彈棊盤)에 대면서 말했다. "아이구, 차가워라〔渹〕."(1) 유진장이 나오자 어떤 사람이

물었다. "왕공(王公)과 만나시니 어떠했습니까?" 유진장이 대답했다. "별로 다른 것은 없었는데 다만 오어(吳語)를 사용하는 것만 들었소."[2]

원문| **劉眞長始見王丞相. 時盛暑之月. 丞相以腹熨彈棊局, 曰, 何乃渹.[1] 劉旣出. 人問, 見王公云何. 劉曰, 未見他異, 唯聞作吳語耳.[2]**

(1) 오인(吳人)은 찬 것을 '굉(渹)'이라고 한다.
吳人以冷爲渹.

(2) 《어림(語林)》에 이런 말이 있다. '유진장(劉眞長 : 劉惔)이 말했다. "승상(丞相 : 王導)은 별로 다른 일은 없었소. 다만 오어(吳語)를 했고, 잔기침만 할 뿐이었소이다."'
語林曰, 眞長云, 丞相何奇, 止能作吳語及細唾也.

주해| ㅇ彈棊局(탄기국)－탄기(彈棊)는 〈교예편(巧藝篇)〉 1 참조. 국(局)은 옥돌로 만든 반(盤).

ㅇ吳人以冷爲渹(오인이랭위굉)－《태평어람(太平御覽)》 권21에서는 《세설(世說)》을 인용하고 그 주(注)에 '오인이랭위굉야(吳人以冷爲渹也), 음초경반(音楚敬反)'이라고 되어 있다. 또 같은 책 권371에는 '오인이랭위굉(吳人以冷爲詥), 혹작굉(或作渹), 음여정상근(音與鄭相近)'이라고 되어 있다. 참고로 일설에 '하내굉(何乃渹)' 3자를 '나행(那行 : 何如와 같은 뜻)'이란 의미로 본다(《正字通》 巳集, 渹條).

14. 왕공(王公 : 王導)은 조신(朝臣)들과 함께 술을 마시고 있었는데 유리 그릇을 들고 주백인(周伯仁 : 周顗)에게 말했다. "이 그릇은

속이 텅 비어 있는데도 이것을 보기(寶器)라고 하는 것은 어찌된 까닭이오?"[(1)] 대답했다. "그 그릇은 아름다우며 실로 맑고 투명합니다. 그래서 보물로 여기는 것입지요."

원문| **王公與朝士共飮酒, 擧瑠璃椀謂伯仁曰, 此椀, 腹殊空. 謂之寶器, 何邪.[(1)] 答曰, 此椀英英, 誠爲淸徹, 所以爲寶耳.**

(1) 이는 주의(周顗)의 무능을 놀려준 것이다.
以戱周之無能.

15. 사유여(謝幼輿 : 謝鯤)가 주후(周侯 : 周顗)에게 말했다. "그대는 사(社)의 신목(神木)과 비슷하오. 멀리서 바라보면 높직하게 솟아있어서 푸른 하늘을 스치려니와, 가까이에서 보면 그 뿌리에는 뭇 여우들이 집을 만들고 있으며, 아래엔 온통 오물이 쌓여있구려."[(1)] 주후가 대답했다. "가지가 푸른 하늘을 스치더라도 별로 높다는 생각은 하지 않으며, 뭇 여우들이 아래쪽을 어지럽혀도 별로 더럽다는 생각은 하지 않소이다. 쌓여있는 오물의 더러움은 그대가 가지고 있는 바이니 어찌 스스로 자랑할 필요가 있겠소이까?"

원문| **謝幼輿謂周侯曰, 卿類社樹. 遠望之, 峨峨拂靑天, 就而視之, 其根則羣狐所託, 下聚溷而已.[(1)] 答曰, 枝條拂靑天, 不以爲高. 羣狐亂其下, 不以爲濁. 聚溷之穢, 卿之所保. 何足自稱.**

(1) 주의(周顗)가 난잡한 행동을 하기 좋아했기에 한 말이다.
謂顗好媟瀆故.

주해| ㅇ社(사)-토지신(土地神). 큰 나무를 그 신체(神體)로 삼았다.

ㅇ卿之所保(경지소보)－〈상예편(賞譽篇)〉 97의 유주(劉注)에서 인용한 《강좌명사전(江左名士傳)》과 〈품조편(品藻篇)〉 17의 유주(劉注)에서 인용한 등찬(鄧粲)의 《진기(晋紀)》 등에는 사곤(謝鯤)이 이웃집 아가씨에게 희롱을 걸다가 베틀 북으로 얻어맞고 이[齒]가 두 개 부러졌다는 이야기를 싣고 있다.

ㅇ好媟瀆(호설독)－〈언어편(言語篇)〉 30과 〈상예편〉 56의 유주(劉注)에서 인용한 《진양추(晋陽秋)》에는 주의(周顗)가 정직 준엄하여 당시의 동년배들도 함부로 가까이하지 못했었다고 기록하고 있는데, 〈임탄편(任誕篇)〉 25에서는 '난잡하고 검절(檢節)이 없었다'라고 평하고 있으며, 그 유주에서 인용한 등찬의 《진기》에는 주의가 좌중에서 기첨(紀瞻)의 아내와 밀통하려 했다는 이야기를 싣고 있다.

16. 왕장예(王長豫 : 王悅)는 어렸을 때부터 온순하고 영리했었다. 아버지인 승상(丞相 : 王導)은 그를 익애(溺愛)했는데 언제나 둘이서 바둑을 두었다. 승상이 수를 무르려고 하자 왕장예는 그 손가락을 누르면서 물러주지 아니했다. 승상이 웃으며 말했다. "어떻게 이럴 수가 있느냐? 우리는 서로 피를 나눈 사이가 아니더냐?"(1)

원문| 王長豫幼便和令. 丞相愛恣甚篤, 每共圍棊. 丞相欲擧行, 長豫按指不聽. 丞相笑曰, 詎得爾, 相與似有瓜葛.(1)

(1) 채옹(蔡邕)이 말했다. '과갈(瓜葛)이란 서로 가까운 사이를 말한다.'
蔡邕曰, 瓜葛, 疎親也.

주해| ㅇ擧行(거행)－한번 둔 바둑수를 무르고 다시 두는 것. 여기서 '행(行)'은 바둑알을 바둑판 위에 두는 것을 말한다.

ㅇ瓜葛(과갈)－오이나 칡. 모두 덩굴식물이며 서로 얽혀있기 때문에 친척 관계에 비유된다.

ㅇ蔡邕曰(채옹왈)－과갈(瓜葛)이란 말은 채옹의 《독단(獨斷)》에 나오는데 그 책에서는 '과갈(瓜葛), 소친야(疎親也)'란 말은 보이지 않는다.

17. 명제(明帝 : 司馬紹)가 주백인(周伯仁 : 周顗)에게 물었다. "진장(眞長 : 劉惔)은 어떤 인물이오?" 주백인이 대답했다. "진정 그는 천 근(斤)이나 나가는 거세(去勢)한 소입니다." 왕공(王公 : 王導)은 그 대답을 듣고 웃었다. 그러자 주백인이 말했다. "뿔이 말려있는 암소로 말을 썩 잘 듣는 암소만은 못합니다."[(1)]

원문| **明帝問周伯仁, 眞長何如人. 答曰, 故是千斤犗特. 王公笑其言. 伯仁曰, 不如捲角牸, 有盤辟之好.**[(1)]

(1) 왕도(王導)를 조롱한 것이다.

以戱王也.

주해| ㅇ犗特(개특)－개(犗)는 거세한 소. 특(特)은 수소.

ㅇ牸(자)－암소.

ㅇ盤辟(반벽)－예(禮)에 맞게 행동하는 것. 여기서는 다만 예용(禮容)만 차릴 뿐이란 뜻으로, 왕도의 반듯한 겉모습을 조롱한 것이리라. 반벽(槃辟)과 반벽(盤辟)은 통한다.

18. 왕승상(王丞相 : 王導)은 주백인(周伯仁 : 周顗)의 무릎을 베고 누워있다가 그 배를 가리키며 말했다. "그대의 이 안에는 무엇이 들어 있는고?" 대답했다. "이 안은 비어 있어서 아무것도 없소이다. 그러나 그대들 수백 명을 넣을 수 있지요."

원문| **王丞相枕周伯仁膝, 指其腹曰, 卿此中何所有. 答曰,**

此中空洞無物, 然容卿輩數百人.

주해 | ㅇ容卿輩(용경배)-《진서(晋書)》 권69 〈주의전(周顗傳)〉에는 '족용경배(足容卿輩)……'로 되어 있음.

19. 간보(干寶)가 유진장(劉眞長 : 劉惔)[(1)]에게 자기의 《수신기(搜神記)》에 대해서 이야기했다.[(2)] 유진장이 말했다. "그대는 유령(幽靈) 세계의 동호(董狐)라고 해야겠소."[(3)]

원문 | **干寶向劉眞長[(1)]敍其搜神記.[(2)] 劉曰, 卿可謂鬼之董狐.[(3)]**

(1) 《중흥서(中興書)》에 이런 이야기가 있다. '간보(干寶)의 자는 영승(令升)이며 신채(新蔡) 사람이다. 조부(祖父)인 간정(干正)은 오(吳)나라 분무장군(奮武將軍), 아버지 간영(干瑩)은 단양승(丹陽丞)이었다. 간보는 젊었을 때부터 박학하고 재능과 기량이 뛰어나 이름이 알려졌다. 산기상시(散騎常侍)를 역임했다.'
中興書曰, 寶字令升, 新蔡人. 祖正, 吳奮武將軍. 父瑩, 丹陽丞. 寶少以博學才器著稱, 歷散騎常侍.

(2) 공씨(孔氏)의 《지괴(志怪)》에는 이런 이야기가 있다. '간보의 아버지에게는 애첩(愛妾)이 있었다. 간보의 어머니는 질투가 심했는데 간보의 아버지를 장사지낼 때 그녀를 무덤 구덩이 속에 밀어넣었다. 10년이 지나 어머니가 죽자 아버지 묘를 파묘(破墓)해보니 그 첩이 관(棺) 위에 엎드려 있었다. 가까이 다가가서 조사해보자 아직 체온이 따뜻하고 차츰 숨을 돌리는 것이었다. 업고 집으로 돌아오니 하루가 지나자 의식을 되찾았다. 그녀의 이야기에 의하면 간보의 아버지는 언제나 마실 것과 먹을 것을 가져다 주

었고, 그녀와 함께 잠을 잤는데 그 애정은 살아있을 때와 같았다고 한다. 집안의 길흉사(吉凶事)에 대해서도 이야기했는데 조회해보니 모두 맞았다. 완쾌되어 몇 년 살다가 죽었다. 간보는 그래서 《수신기》를 냈는데 그 속에서 느끼는 바가 있어서 썼다고 말한 것은 바로 이 사건을 가리킴이다.'

孔氏志怪曰, 寶父有嬖人. 寶母至妬, 葬寶父時, 因推箸藏中. 經十年而母喪, 開墓, 其婢伏棺上. 就視猶暖, 漸有氣息. 輿還家, 終日而蘇. 說, 寶父常致飮食, 與之接寢, 恩情如生. 家中吉凶, 輒語之, 校之悉驗. 平復數年後, 方卒. 寶因作搜神記, 中云有所感起是也.

(3) 《춘추전(春秋傳)》에 이런 이야기가 있다. '조천(趙穿)이 진(晋)나라 영공(靈公)을 도원(桃園)에서 공격하여 죽이자 조선자(趙宣子 : 趙盾)는 진나라 국경을 아직 넘기 전에 돌아왔다. 태사(太史)인 동호(董狐)는 "조둔이 그 군(君)을 시(弑)하다."라고 기록했다. 조선자가 "그렇지 않소."라고 말하자 이렇게 대답했다. "당신은 정경(正卿)이면서 망명을 했고, 아직 국경을 넘기 전에 돌아와서는 적인(賊人)들을 토벌하려고 하지 아니했소. 그런즉 당신이 시해하지 않고 누가 시해했단 말이오?" 공자(孔子)가 말했다. "동호는 옛날의 훌륭한 사관(史官)이다. 법대로 기록했고 숨기는 일이 없었다. 조둔은 옛날의 현대부(賢大夫)이다. 법 때문에 기꺼이 악명(惡名)을 받았다."'

春秋傳曰, 趙穿攻晉靈公於桃園. 趙宣子未出境而復. 太史書, 趙盾弑其君. 宣子曰, 不然. 對曰, 子爲正卿, 亡不越境. 反不討賊, 非子而誰. 孔子曰, 董狐, 古之良史也. 書法不隱. 趙盾, 古之賢大夫也. 爲法受惡.

주해 | ㅇ搜神記(수신기)－책 이름. 진(晋)나라 간보(干寶) 찬(撰). 귀

신에 관한 이야기가 많이 실려 있다. 중국 지괴소설(志怪小說)의 대표적인 것.
ㅇ祖正(조정)－《진서(晋書)》 권82 〈간보전(干寶傳)〉에는 '정(正)'을 '통(統)'으로 적고 있다.
ㅇ孔氏志怪(공씨지괴)－《고소설구침(古小說鉤沈)》에는 〈공씨지괴(孔氏志怪) 1권〉이 있다.
ㅇ春秋傳(춘추전)－《좌전(左傳)》 선공(宣公) 2년.

20. 허문사(許文思 : 許琛)가 고화(顧和)를 찾아갔는데 고화는 이미 휘장 속에서 잠을 자고 있었다. 허문사는 도착하자마자 곧바로 침상에 가서 뿔베개를 베고 같이 이야기했다.(1) 한참 뒤에 허문사는 큰 소리로 "자아, 같이 가세."라고 했다. 고화는 좌우에 명하여 옷걸이에서 새옷을 가져오게 하고 몸에 걸치고 있던 것과 바꾸어 입었다. 허문사가 웃으면서 말했다. "자네에게 웬 외출복이 있었는가?"

| 원문 | **許文思往顧和許, 顧先在帳中眠. 許至, 便徑就牀角枕共語.(1) 旣而喚顧共行. 顧乃命左右取杭上新衣, 易己體上所箸. 許笑曰, 卿乃復有行來衣乎.**

(1) 허침(許琛)은 앞에서 나왔다.
許琛已見.

| 주해 | ㅇ許文思(허문사)－유주(劉注)에 의하면 허침(許琛)을 가리킴인데 〈아량편(雅量篇)〉 16의 유주(劉注)에서 인용한 《진백관명(晋百官名)》 및 《허씨보(許氏譜)》에 보이는 허조(許璪), 자는 사문(思文)과 동일인물일 것이다. 이름과 자, 어느 쪽인가 한쪽의 오사(誤寫)일 것으로 생각된다.
ㅇ顧和(고화)－〈아량편〉 22에는 태연하게 이[虱]를 잡고 있는 이야기가

실려 있다.

ㅇ角枕(각침)－뿔베개. 《시경(詩經)》 당풍(唐風) '갈생(葛生)'에 '각침찬혜(角枕粲兮), 금금란혜(錦衾爛兮)'라는 구절이 있다.

ㅇ杭上(항상)－송본(宋本)은 '궤침상(机枕上)'으로 적고 있으며 원본(袁本)은 '항상(杭上)'으로 적고 있다. 항(杭)은 '항(桁)'과 통하는데 그렇다면 옷걸이란 뜻일 게다.

21. 강승연(康僧淵)은 눈이 움푹 패이고 코가 컸다. 왕승상(王丞相 : 王導)은 늘 그것을 조롱했다. 승연이 말했다. "코는 얼굴의 산(1)이요, 눈은 얼굴의 연못입니다. 산은 높지 않으면 영기(靈氣)가 없고, 연못은 깊지 않으면 맑지 못합니다."

원문| **康僧淵目深而鼻高. 王丞相每調之. 僧淵曰, 鼻者面之山,(1) 目者面之淵. 山不高則不靈, 淵不深則不清.**

(1) 《관로별전(管輅別傳)》에 이런 말이 있다. '코는 천중(天中)의 산(山)이다.'
《상서(相書)》에는 이런 이야기가 있다. '코가 있는 곳을 천중(天中)이라고 한다. 코는 산의 모습을 하고 있으므로 산이라 부른다.'
管輅別傳曰, 鼻者, 天中之山.
相書曰, 鼻之所在爲天中. 鼻有山象, 故曰山.

주해| ㅇ康僧淵(강승연)－〈문학편(文學篇)〉 47의 유주(劉注)에는 '승연(僧淵)의 씨족(氏族)에 관해서는 미상이다. 의심스럽기는 호인(胡人)일까?'라고 되어 있는데 《고승전(高僧傳)》 권4 〈강승연전(康僧淵傳)〉에는 '본디 서역인(西域人)'이라고 되어 있으며 어쩌면 서역인의 뚜렷한 윤곽의 얼굴이었던 것 같다.

22. 하차도(何次道 : 何充)는 와관사(瓦官寺)에 가서 아주 열심히 예불(禮佛)을 했다.[(1)] 완사광(阮思曠 : 阮裕)이 그에게 말했다. "그대의 뜻은 우주보다도 크고,[(2)] 용기는 고금을 뛰어넘고 있구려."[(3)] 하차도는 말했다. "그대는 어찌하여 오늘 갑자기 나를 추켜세우는 게요?" 완사광이 말했다. "나는 불과 수천 호(戶)의 군태수(郡太守)가 되게 해달라고 기원을 해도 아직 되지 못하고 있소. 그대는 부처가 되게 해달라고 기원하는 것이니 그 얼마나 큰 뜻이겠소이까?"[(4)]

원문| 何次道往瓦官寺禮拜甚勤.[(1)] 阮思曠語之曰, 卿志大宇宙,[(2)] 勇邁終古.[(3)] 何曰, 卿今日何故忽見推. 阮曰, 我圖數千户郡, 尚不能得. 卿迺圖作佛. 不亦大乎.[(4)]

(1) 하충(何充)은 부처를 숭상하기 매우 경건했다.
充崇釋氏, 甚加敬也.

(2) 《시자(尸子)》에 이런 이야기가 있다. '천지 사방은 우(宇)라 하고, 고왕금래(古往今來)를 주(宙)라 한다.'
尸子曰, 天地四方曰宇, 往古來今曰宙.

(3) 종고(終古)란 왕고(往古)란 의미이다. 《초사(楚辭)》에 이런 이야기가 있다. '나는 이런 종고(終古 : 지난날)를 참을 수가 없다.'
終古, 往古也. 楚辭曰, 吾不能忍此終古也.

(4) 완사광(阮思曠)은 완유(阮裕)이다.
思曠, 裕也.

주해| ㅇ尸子(시자)－책 이름. 《수서(隋書)》〈경적지(經籍志)〉 3에 '시자(尸子) 20권, 목(目) 1권'을 저록(著錄)하고 '양(梁) 19권, 진(秦)의

재상 위앙(衛鞅)의 상객(上客) 시교(尸佼) 찬(撰). 그 9편은 없어지고 위(魏) 황초중(黃初中)으로 이어짐'이라고 기록되어 있다.

ㅇ楚辭(초사)－현행본에서는 〈이소(離騷)〉에 '내가 어찌 차마 이런 세상과 함께 영원히 지낼 수 있으리요(餘焉能忍與此終古)'라고 되어 있는데 그 경우 '종고(終古)'는 미래 영구(永久)란 의미로서 '왕고(往古)'란 의미하고는 맞지 않는다.

23. 유정서(庾征西 : 庾翼)가 대대적으로 호족(胡族 : 後趙)을 토벌하게 되었다. 이미 대오를 정렬했는데 나아가지 아니하고 양양(襄陽)에 주둔하고 있었다.(1) 은예장(殷豫章 : 殷羨)은 편지를 보내고, 부러진 뿔 여의(如意)를 한 개 보내어 그를 조롱하였다.(2) 유정서의 답장에는 이렇게 적혀 있었다. '보내주신 것은 잘 받았습니다. 비록 망가진 것이긴 하지만 그래도 고쳐 쓰려고 합니다.'

원문| **庾征西大擧征胡. 旣成行, 止鎭襄陽.(1) 殷豫章與書, 送一折角如意以調之.(2) 庾答書曰, 得所致. 雖是敗物, 猶欲理而用之.**

(1) 《진양추(晋陽秋)》에 이런 이야기가 있다. '유익(庾翼)은 군사를 이끌고 면수(沔水)에 들어가 군사를 이끌고 북적(北狄 : 後趙)을 치려고 하였다. 그리고 양양(襄陽)까지 왔으나 북적의 세력이 아직도 강성하여 결전을 못한 채로 있었다. 때마침 강제(康帝 : 司馬岳)가 붕어하고 형인 유빙(庾冰)이 죽었으므로 장자인 방지(方之)를 남겨두어 양양을 지키게 하고 자기는 하구(夏口)로 돌아갔다.'

晋陽秋曰, 翼率衆入沔, 將謀伐狄. 旣至襄陽, 狄尚彊, 未可決戰. 會康帝崩, 兄冰薨, 留長子方之守襄陽, 自馳還夏口.

(2) 예장(豫章)은 은선(殷羨)이다.

豫章, 殷羨.

주해 ○大擧征胡(대거정호)－동진(東晋)의 강제(康帝) 건원(建元) 원년(元年 : 343), 유익(庾翼)은 북방 후조(後趙)의 석계룡(石季龍)을 토벌할 것을 조정에 청원했는데 조정의 반대를 무릅쓰고 출병했다(《晋書》 권73 〈庾翼傳〉).

○一折角如意(일절각여의)－한 개의 뿔이 부러진 여의(如意). 여의에는 나무·대나무·철(鐵)·옥(玉)·뼈·뿔 등으로 만든 것이 있다. 원래 도사가 가지고 다니던 도구로서 영지(靈芝)를 본뜨고, 뜻처럼 자유자재로 사용할 수 있다는 데서 이런 이름이 붙여졌다. 여기서 은선(殷羨)이 망가진 여의를 보냈다는 것은 유익이 이끄는 군단이 양양(襄陽) 땅에 머물고 있으면서 뜻과 같이 진공하지 못하는 것을 조롱한 것이리라.

○沔(면)－이것은 면구(沔口)를 가리킴이리라. 면구는 면수(沔水)가 장강(長江)에 흘러들어가는 곳으로 한구(漢口) 근처를 가리킨다.

24. 환대사마(桓大司馬 : 桓溫)는 눈내리는 것을 틈타 사냥을 하려는 생각에서 우선 왕(王 : 王濛)과 유(劉 : 劉惔) 등의 거처에 들렀다. 진장(眞長 : 劉惔)은 그의 군복 차림을 보자 물었다. "이 사람아, 그런 차림으로 무엇을 하자는 겐가?" 환대사마가 대답했다. "내가 만약 이렇게 하지 않으면 그대들은 한가롭게 앉아서 청담(淸談)이나 나눌 수 있겠는가?"(1)

원문 桓大司馬乘雪欲獵, 先過王, 劉諸人許. 眞長見其裝束單急, 問, 老賊欲持此何作. 桓曰, 我若不爲此, 卿輩亦那得坐談.(1)

(1) 《어림(語林)》에 이런 이야기가 있다. '환선무(桓宣武 : 桓溫)가 원

정을 나갔다가 돌아오자, 유윤(劉尹 : 劉惔)은 수십 리나 나가서 그를 마중했다. 환온은 아무 말도 하지 않다가 다만 한마디 했다. "긴 옷을 걸치고 청담(淸談)에 빠질 수 있는 것은 누구 덕택이겠소?" 유윤이 대답했다. "진왕실(晋王室)이 오래 이어져 나가는 것이 어찌 그대의 공적이겠소?"' 두 사람이 한 이야기의 내용은 본문과 다소 다르다. 그러므로 상세하게 이것을 기록해 둔다.

語林曰, 宣武征還, 劉尹數十里迎之. 桓都不語, 直云, 垂長衣, 談淸言, 竟是誰功. 劉答曰, 晉德靈長, 功豈在爾. 二人說小異, 故詳載之.

주해 | ㅇ單急(단급)－단(單)은 가벼운 것, 급(急)은 위급한 상황.
ㅇ我若不爲此(아약불위차)－이처럼 항상 무(武)를 연마해두지 않으면 안 된다.

25. 저계야(褚季野 : 褚裒)가 손성(孫盛)에게 물었다. "그대가 쓰고 있는 왕조사(王朝史)는 언제쯤 완성되는 것이오?" 손성이 대답했다. "오래 전에 완성되었을 것인데 공무에 쫓기다보니 틈이 없어서 오늘까지 끌어오게 된 것입니다." 저계야가 말했다. "옛날 사람은 전술(傳述)하되 창작하지 않는다고 하였소. 어찌 사마천(司馬遷)처럼 꼭 잠실(蠶室) 안에 있어야만 하리이까?"(1)

원문 | **褚季野問孫盛, 卿國史何當成. 孫云, 久應竟, 在公無暇. 故至今日. 褚曰, 古人述而不作. 何必在蠶室中.**(1)

(1) 《한서(漢書)》에 이런 이야기가 있다. '이릉(李陵)이 흉노(匈奴)에게 항복하자 한나라 무제(武帝 : 劉徹)는 격노했다. 태사령(太史令) 사마천(司馬遷)이 이릉의 충성이 많았음을 아뢰어 밝히자, 무

제는 사마천이 이릉을 위해 변호하며 돌아다니는 것으로 생각하고 사마천을 부형(腐刑)에 처하였다. 그래서 사마천은 요순(堯舜)으로부터 무제(武帝)의 획린(獲麟)에 이르기까지의 사건을 책으로 써내어 《사기(史記)》를 지었다. 사마천이 임안(任安)에게 보낸 편지에는 "이릉은 살아있으면서 흉노에게 항복했고, 나 또한 잠실(蠶室) 속에 갇힌 몸이 되었다."라고 되어 있다.' 소림(蘇林)의 주(注)에 말했다. '부형(腐刑)을 할 때는 밀실을 만들고 불을 때어 잠실(蠶室)처럼 한다. 옛날 평음현(平陰縣)에 이 잠실의 옥(獄)이 있었다.'

漢書曰, 李陵降匈奴, 武帝甚怒. 太史令司馬遷盛明陵之忠, 帝以遷爲陵遊說, 下遷腐刑. 乃述唐虞以來, 至于獲麟, 爲史記. 遷與任安書曰, 李陵旣生降, 僕又茸之以蠶室. 蘇林注曰, 腐刑者, 作密室蓄火, 時如蠶室. 舊時平陰有蠶室獄.

주해 | ㅇ國史(국사)－손성(孫盛)이 저술한 왕조사(王朝史)로서 《위씨춘추(魏氏春秋)》와 《진양추(晋陽秋)》 등 2가지 책이 있으며, 《수서(隋書)》 〈경적지(經籍志)〉에는 각각 《위씨춘추 20권》 《진양추 32권》(哀帝에 이르기까지)이 저록되었다.

ㅇ述而不作(술이부작)－《논어(論語)》 〈술이편(述而篇)〉에 '공자가 말했다. "전술(傳述)하되 창작하지 않았다. 옛것을 좋아하고 믿었다(述而不作, 信而好古)." '라는 구절이 보인다.

ㅇ何必在蠶室中(하필재잠실중)－잠실(蠶室)은 부형(腐刑 : 去勢刑)에 처해지는 자가 들어가 있는 뇌옥(牢獄). 누에를 기르는 방처럼 따뜻하게 해주므로 이렇게 말한다. 《후한서(後漢書)》 〈광무제기(光武帝紀)〉 하(下)에 '잠실은 궁형(宮刑)의 옥명(獄名). 궁형을 받는 자는 바람을 피해야 하고 따뜻하게 해주는 방을 만들어 불을 때줌으로써 잠실과 같이 한다. 그래서 이런 이름이 붙었다'라고 되어 있다.

ㅇ李陵(이릉)－전한(前漢)의 무장(武將). 이광(李廣)의 손자. 자(字)는 소경(少卿). 활을 잘 쏘고, 병졸들을 사랑했다. 무제(武帝) 천한(天漢) 2

년(기원전 99) 가을, 이사장군(貳師將軍) 이광리(李廣利)는 흉노(匈奴)를 공격하기 위해 이릉에게 군사 5천 명을 내주고 흉노 군사들을 분산시키려고 했다. 이릉의 군사는 8만 명의 흉노 군단에게 포위당하여 분전하면서 이따금 격파하기도 했으나 식료품이 다 떨어지고 구원군은 오지를 않아서 마침내 흉노에게 항복하고 말았다. 이릉은 선우(單于) 딸을 아내로 맞아 흉노 땅에 있기 20여 년만에 병사(病死)했다.

o 獲麟(획린)－노(魯)나라 애공(哀公) 14년(기원전 481), 서쪽으로 사냥을 나갔다가 기린(麒麟)을 잡았다. 공자(孔子)는 성왕(聖王)의 가서(嘉瑞)인 인수(仁獸), 기린이 이 난세에 출현했다가 잡힌 것에 느낀 바 있어 《춘추(春秋)》를 짓다가 기린이란 구(句)에서 붓을 멈추었다고 한다. 여기서도 그것에 따른 것이겠는데 《한서(漢書)》 권62 〈사마천전(司馬遷傳)〉, 《사기(史記)》 권130 〈태사공자서(太史公自序)〉에는 모두 '졸술도당이래(卒述陶唐以來) 지어인지(至於麟止)'라고 되어 있으며 '획린(獲麟)'이란 말은 보이지 아니한다. '인지(麟止)'란 말은 한(漢)나라 무제가 옹(雍) 땅에서 백린(白麟)을 얻었는데, 사마천이 이때 붓을 멈추었다고 한다. 복건(服虔)은 '무제(武帝), 옹에 이르러 백린을 얻고 돈을 주조하되 인(麟)의 족형(足形)을 만들다. 고로 인지(麟止)라고 한다. 사마천은 《사기》를 짓다가 이에 멈추다. 한편 《춘추》의 획린(獲麟)에서 끝나는 것과 같다'라고 되어 있다(〈太史公自序〉의 《索隱》에서 인용).

o 茸(이)－밀어넣다는 의미(顔師古의 說). 일설에는 '이어지다'란 의미라고 한다(蘇林의 설). 이 설은 모두 《한서》 〈사마천전〉에 보인다. 《문선(文選)》에 실려 있는 〈보임소경서(報任少卿書)〉에는 '이(佴)'로 적고 있다.

o 蘇林(소림)－《삼국지(三國志)》 권21의 배주(裵注)에서 인용한 《위략(魏略)》에는 '소림의 자(字)는 효우(孝友), 박학하여 숱한 고금의 자지(字指)에 통하다. 무릇 제서(諸書)의 전문(傳文) 사이의 위의(危疑), 임개(林皆) 등을 해석하다'라고 되어 있으며 안사고(顔師古)의 〈한서서례(漢書敍例)〉에 의하면 진류(陳留) 외황(外黃) 사람이다.

o 腐刑(부형)－궁형(宮刑 : 去勢刑)을 가리킨다. 《한서》 권5 〈경제기(景帝紀)〉에서 인용한 소림(蘇林)의 주(注)에는 '궁형은 그 벤 자리가 썩어

서 냄새가 난다. 고로 부(腐)라고 한다'라고 되어 있다.

26. 사공(謝公 : 謝安)이 동산(東山)에 있던 무렵 출사(出仕)하라는 조정의 명령이 누차 내려졌으나 움직이려고 하지 않았다. 그후 환선무(桓宣武 : 桓溫)의 사마(司馬)가 되어 출사하게 되었는데 신정(新亭)을 출발할 때 조신(朝臣)들은 모두 전송하러 나왔다. 당시 어사중승(御史中丞)이었던 고령(高靈 : 高崧)도 또한 전송하러 나왔는데 이미 얼마간의 술을 마시고 있었으므로 술기운을 빌어 조롱했다. "그대는 누차 조정의 뜻을 어기고 동산에서 은거하고 있었소. 사람들은 언제나 이렇게 말했다오. '안석(安石 : 謝安)이 나오려고 하지 않으니 천하의 백성들은 어찌하면 좋을꼬?' 그런데 이번에는 백성들이 '그대를 어찌하면 좋을꼬?'라고 하겠소이다." 사안은 웃으면서 아무 대답도 하지 아니했다.(1)

▌원문│ 謝公在東山, 朝命屢降而不動. 後出爲桓宣武司馬, 將發新亭, 朝士咸出瞻送. 高靈時爲中丞, 亦往相祖. 先時, 多少飮酒, 因倚如醉, 戲曰, 卿屢違朝旨, 高臥東山. 諸人每相與言, 安石不肯出, 將如蒼生何. 今亦蒼生將如卿何. 謝笑而不答.(1)

(1) 고령(高靈)은 앞에서 나왔다.
《부인집(婦人集)》에 다음과 같은 기록이 있다. '환현(桓玄)이 왕응지(王凝之)의 아내인 사씨(謝氏)를 방문했다. "태부(太傅 : 謝安)는 동산(東山)에서 20여 년을 살았는데 결국 끝내 은거하지 못하시었으니 어찌된 일입니까?" 사씨가 대답했다. "돌아가신 숙부 태부님은 무용(無用)으로 마음을 삼으시었으며, 세상에서 숨는 것은 나타나시고 나갈 때에 따라서 선택하시었습니다. 그 진퇴(進退)는 동(動)과 정(靜)의 차이일 뿐입니다."'

高靈已見.

婦人集載, 桓玄問王凝之妻謝氏曰, 太傅東山二十餘年, 遂復不終. 其理云何. 謝答曰, 亡叔太傅先正, 以無用爲心, 顯隱爲優劣. 始末正當動靜之異耳.

주해 | ㅇ新亭(신정)－〈언어편(言語篇)〉 31에 보인다.

ㅇ安石不肯出云云(안석불긍출운운)－〈식감편(識鑒篇)〉 18에 은홍(殷洪)에 대하여 '연원불기(淵源不起), 당여창생하(當如蒼生何)'라 하여 똑같은 말이 보인다.

ㅇ已見(이견)－〈언어편(言語篇)〉 82.

ㅇ謝氏(사씨)－사도온(謝道蘊). 사안의 형인 사혁(謝奕)의 딸.

ㅇ先正(선정)－선철(先哲). 과거의 현인.

ㅇ無用(무용)－《장자(莊子)》 〈인간세편(人間世篇)〉에 '사람은 모두 유용(有用)의 용(用)은 알면서도 무용(無用)의 용(用)은 알지 못한다'라고 되어 있다.

27. 처음 사안(謝安)이 동산(東山)에 있으면서 벼슬길에 나가지 않고 있을 때, 그 형제들 중에는 이미 부귀하게 된 자들이 있었으며, 일족(一族)들이 모이면 세간의 이목이 집중되었다. 유부인(劉夫人)이 사안에게 농담삼아 말했다. "대장부라면 낭연히 이와 같아야 하지 않겠습니까?" 사안은 코를 잡고 말했다. "나도 면치 못할까봐 걱정이 되다."

원문 | 初謝安在東山居, 布衣時, 兄弟已有富貴者, 集翕家門, 傾動人物. 劉夫人戱謂安曰, 大丈夫不當如此乎. 謝乃捉鼻曰, 但恐不免耳.

주해 | ㅇ集翕(집흡)－원본(袁本)에서는 '흡집(翕集)'으로 적고 있다.

흡(翕)도 모은다는 의미.

ㅇ劉夫人(유부인)－사안의 부인은 유담(劉惔)의 여동생이다. 〈덕행편(德行篇)〉 36 참조.

ㅇ不免(불면)－면치 못할까봐 걱정된다는 의미. 즉 형제들처럼 부귀해질까봐 걱정이란 뜻. 자신은 원래 부귀에 관심이 없어서 조정의 부름을 누차 사양하고 출사하지 않았는데, 시세의 강요에 못이겨 출사케 될까봐 걱정이 된다는 의미이다.

28. 지도림(支道林 : 支遁)은 사람을 사이에 두고 심공(深公 : 竺法深)에게서 인산(印山)을 사려고 하였다. 심공이 대답했다. "소보(巢父)와 허유(許由)가, 산을 사가지고 은거했다는 이야기는 들은 적이 없소이다."(1)

원문| **支道林因人就深公買印山. 深公答曰, 未聞巢, 由買山而隱.**(1)

(1) 《일사전(逸士傳)》에 이런 이야기가 있다. '소보(巢父)란 요(堯)임금 때의 은자이다. 산에서 살며 세속의 명리(名利)를 구하지 아니했고, 나이가 든 다음에는 나무에 둥지를 짓고 그 위에서 잤다. 그래서 소보(巢父)라고 부른다.'
고일(高逸)의 《사문전(沙門傳)》에는 이런 이야기가 있다. '지둔(支遁)은 심공(深公 : 竺法深)의 말을 듣고 매우 부끄러워했다.'
逸士傳曰, 巢父者, 堯時隱人. 山居, 不營世利, 年老以樹爲巢, 而寢其上, 故號巢父.
高逸沙門傳曰, 遁得深公之言, 慙恧而已.

주해| ㅇ印山(인산)－송본(宋本) · 원본(袁本) 모두 '인산(印山)'으로

적고 있는데 〈언어편(言語篇)〉 76 및 《고승전(高僧傳)》 권4 〈축도잠전(竺道潛傳)〉에는 '앙산(岇山)'으로 적고 있다. 인(印)은 앙(岇)의 착오일까. 앙산은 섬현(剡縣) 동쪽에 있다고 한다.

o由(유) – 허유(許由). 상고시대의 은사(隱士). 요임금이 천하를 양위코자 했을 때 이를 거절하고 기산(箕山)에 숨어살았다. 본편(本篇) 7의 주해 참조.

29. 왕(王 : 王濛)과 유(劉 : 劉惔)는 평소부터 채공(蔡公 : 蔡謨)을 존경하지 않았었다. 두 사람이 어느 때 채공에게 갔다가 잠시 이야기를 나눈 다음, 채공에게 물었다. "공(公)은 스스로 이보(夷甫 : 王衍)와 비교할 때 어떻다고 생각합니까?" 채공이 대답했다. "내가 이보에 미치지 못하오." 왕몽과 유담은 얼굴을 마주보고 웃으며 말했다. "공의 어떤 점이 미치지 못하나요?" 채공이 대답했다. "이보에게는 그대들과 같은 객(客)이 없다는 점이외다."

| 원문 | **王劉每不重蔡公. 二人嘗詣蔡, 語良久, 乃問蔡曰, 公自言何如夷甫. 答曰, 身不如夷甫. 王劉相目而笑曰, 公何處不如. 答曰, 夷甫無君輩客.**

30. 장오흥(張吳興 : 張玄之)은 여덟 살 때 이가 빠졌다.[1] 선배들은 그가 보통 아이가 아니라는 것을 알고 있었기 때문에 일부러 그를 조롱하며 말했다. "네 입속에는 어찌하여 개구멍이 뚫려있는고?" 장오흥이 그 말을 듣자 즉석에서 대답했다. "당신네들을 이 구멍으로 들고나게 하려구요."

| 원문 | **張吳興年八歲虧齒.[1] 先達知其不常, 故戲之曰, 君口中何爲開狗竇. 張應聲答曰, 正使君輩從此中出入.**

(1) 장현지(張玄之)는 앞에서 나왔다.

玄之已見.

주해 | ㅇ不常(불상)–《세설강의(世說講義)》에는 '불범상야(不凡常也)'라고 되어 있다.

ㅇ狗竇(구두)–개구멍. 개가 울타리 등에 구멍을 뚫어놓고 들고나는 구멍. 두(竇)는 구멍이다.

ㅇ使君輩從此中出入(사군배종차중출입)–자기를 조롱한 선배들을 이 구멍으로 들고나게 하는 개 취급을 하여 복수한 것이다.

ㅇ已見(이견)–〈언어편(言語篇)〉 51.

31. 학륭(郝隆)이 7월 7일에 햇볕으로 나가 드러누워 있었는데 어떤 사람이 그 까닭을 물었다. 그가 대답했다. "나는 지금 배 속에 있는 책을 말리고 있소이다."(1)

원문 | **郝隆七月七日, 出日中仰臥. 人問其故. 答曰, 我曬書.**(1)

(1) 《정서요속명(征西寮屬名)》에 이런 이야기가 있다. '학륭(郝隆)의 자는 좌치(佐治), 급군(汲郡) 사람이다. 오(吳)나라에서 벼슬하여 정서대장군(征西大將軍 : 桓溫)의 참군(參軍)에 이르렀다.'

征西寮屬名曰, 隆字佐治, 汲郡人. 仕吳至征西參軍.

주해 | ㅇ七月七日(칠월칠일)–음력 7월 7일에는 책과 옷을 햇볕에 말려서 썩는 것과 해충을 방지하는 풍습이 있었다. 〈임탄편(任誕篇)〉 10의 유주(劉注)에서 인용한 〈죽림칠현론(竹林七賢論)〉에는, '구속(舊俗), 칠월칠일(七月七日), 법당쇄의(法當曬衣)'라고 되어 있고 또 《예문유취(藝文類聚)》 권4, 7월 7일조에 인용한 최식(崔寔)의 《사민월령(四民月令)》에는 '7월 7일 경서(經書)를 볕에 쬐다'라고 되어 있다. 〈임탄편〉

10 참조.

- 㸑書(쇄서) - 《몽구(蒙求)》 학륭쇄서(郝隆㸑書)조에 인용한 《세설(世說)》에 의하면 '배 속의 책을 볕에 쬔다(㸑腹中書也)'로 적고 있다.
- 仕吳(사오) - 양용씨(楊勇氏)는 환온(桓溫)이 정서대장군(征西大將軍)이 된 것은 영화(永和) 2년(《資治通鑑》 권98에 의하면 永和 4년)으로서 오(吳)나라가 멸망하고 나서 66년이나 지났을 때이므로 오나라에 벼슬을 할 수는 없다면서 '오(吳)'는 연자(衍字)일 것으로 의심하고 있다(《世說新語校箋》).

32. 사공(謝公 : 謝安)은 당초 동산(東山)에서 은거(隱居)할 생각이었으나 그후 출사(出仕)하라는 엄한 명령이 몇 번이나 있어서 하는 수 없게 되어, 비로소 환공(桓公 : 桓溫)의 사마(司馬)로 취임하였다. 그 무렵 어떤 사람이 환공에게 약초를 보냈는데, 그 중에 원지(遠志)가 있었다. 환공은 그것을 손에 들고 사안에게 물었다. "이 약초는 또 이름을 소초(小草)라고 한다는데 어찌하여 한 가지 물건에 두 가지 이름이 있는 것이오?"(1) 사안은 즉시 대답을 하지 않았다. 그때 학륭(郝隆)이 동석하고 있다가 얼른 대답했다. "그것은 금방 알 수 있지요. 땅속에 틀어박혀 있을 때는 원지(遠志)라 하고, 세상 밖에 나오면 소초(小草)라고 하는 것입니다." 사안은 매우 부끄러운 표정이었다. 환공은 사안 쪽을 바라보고 웃으면서 말했다. "학참군(郝參軍)이 지금 한 답변은 나쁘지 아니하오. 아주 꼭 들어맞는구려."

원문| 謝公始有東山之志, 後嚴命屢臻, 勢不獲已, 始就桓公司馬. 于時人有餉桓公藥草, 中有遠志. 公取以問謝, 此藥又名小草, 何一物有二稱.(1) 謝未卽答. 時郝隆在坐, 應聲答曰, 此甚易解. 處則爲遠志, 出則爲小草. 謝甚有愧色. 桓公目謝而笑曰, 郝參軍此過乃不惡, 亦極有會.

(1) 《본초(本草)》에 이런 말이 있다. '원지(遠志)는 일명 극완(棘宛), 그 잎을 소초(小草)라 한다.'

本草曰, 遠志, 一名棘宛, 其葉名小草.

주해 | ㅇ遠志(원지)－애기풀. 세초(細草). 영신초(靈神草)라고도 한다. 명(明)나라 이시진(李時珍)의 《본초강목(本草綱目)》 권12 초부(草部)에 '이 약초를 복용하면 능히 지(智)를 익(益)하고 지(志)를 강하게 한다. 고로 원지라고 칭한다'라고 했다.

ㅇ此過(차과)－《세설전본(世說箋本)》은 '역시 자회(這回)라고 한다'고 하였고, 또 《세설음석(世說音釋)》에 '역시 자일단(這一段)이라고 해야 한다'라고 되어 있다. 한편 《태평어람(太平御覽)》 권989가 인용한 세설(世說)에서는 '차통(此通)'으로 적고 있다.

33. 유원객(庾爰客 : 庾爰之)이 손감(孫監 : 孫盛)을 찾아갔더니 마침 외출중이었다. 그 아들인 제장(齊莊 : 孫放)이 밖에 있는 것을 보았는데 아직 어리긴 했지만 영리했다. 시험삼아서 말했다. "손안국(孫安國 : 孫盛)은 어디 있느냐?" 제장이 곧 대답했다. "유치공(庾穉恭 : 庾翼)의 집에요." 유원객이 크게 웃으면서 말했다. "손씨 집안은 흥성(興盛)하도다. 이런 아들이 있었구나." 제장이 또 대답했다. "유씨(庾氏) 집안의 익익(翼翼)만은 못하지요." 제장은 돌아가서 사람들에게 말했다. "물론 내가 이겼습니다. 그 자의 부친 이름을 두 번 불렀으니까요."(1)

원문 | **庾爰客詣孫監, 値行. 見齊莊在外, 尙幼而有神意. 庾試之曰, 孫安國何在. 卽答曰, 庾穉恭家. 庾大笑曰, 諸孫大盛. 有兒如此. 又答曰, 未若諸庾之翼翼. 還語人曰, 我故勝. 得重喚奴父名.**(1)

(1) 《손방별전(孫放別傳)》에 이런 이야기가 있다. '손방 형제는 모두 하나같이 우수했는데 유익(庾翼)의 아들 원객(爰客)과 함께 학생이었다. 원객은 어렸을 적부터 명성이 있었는데 담소(談笑)하던 중에 손방을 조롱했다. "손씨 집안은 이제 흥성(興盛)하도다." 성(盛)은 손방의 아버지인 감군(監君 : 孫盛)의 휘(諱)이다. 손방은 곧 대답했다. "유씨(庾氏) 집안의 익익(翼翼)에는 미치지 못합니다." 손방은 임기응변의 답변으로 승리했는데 당시 사람들은 탄복했다. 사마경왕(司馬景王 : 司馬師), 진군(陳群), 종회(鍾會) 등 명사들이 응수했지만 누르지 못하였다.'

孫放別傳曰, 放兄弟竝秀異, 與庾翼子爰客同爲學生. 爰客少有佳稱, 因談笑嘲放曰, 諸孫於今爲盛. 盛, 監君諱也. 放卽答曰, 未若諸庾之翼翼. 放應機制勝, 時人仰焉. 司馬景王, 陳, 鍾諸賢相酬, 無以踰也.

주해 | ㅇ爰客(원객)－송본(宋本)은 이 조(條)에서 본문·유주(劉注) 모두 '원객(爰客)'으로 적고 있는데 〈식감편(識鑒篇)〉 19에서는 본문에 '원객(園客)', 유주에 '원객(園客)은 원지(爰之)의 어렸을 때 자(字)이다'라고 되어 있어서 일관성이 없다. 여기서는 저본(底本) 그대로 한다. 원본(袁本)에는 본조(本條), 〈식감편〉 19와 함께 '원객(園客)'으로 적었다. 한편 《진서(晋書)》 권73 〈유량전(庾亮傳)〉에는 '제이자(第二子) 원지(爰之)'만 기록되어 있는데 권82 〈손성전(孫盛傳)〉에는 본조(本條)의 일화를 싣고 '유익(庾翼)의 아들 원객(爰客)'으로 적고 있다.

ㅇ孫監(손감)－감(監)은 비서감(秘書監). 비서감이었던 손성(孫盛)을 가리킴이다.

ㅇ大笑(대소)－아이가 상대방에게 지지 않으려고 어른인 양 상대방의 부친을 자(字)로 불렀으므로 웃었던 것이리라.

ㅇ盛(성)－유주(劉注)에 있는 그대로 '성(盛)'은 손방(孫放)의 아버지 손성의 휘(諱)이다.

ㅇ翼翼(익익)－번창한 상태를 가리키는 말. '익(翼)'은 유원지(庾爰之)의

아버지인 유익(庾翼)의 휘(諱)이다.

ㅇ陳鍾(진종)－구체적으로 누구를 가리키는지는 미상(未詳). 여기서는 《세설음석(世說音釋)》의 해석에 따라 '진군(陳群)·종회(鍾會)'로 번역해 놓았다. 〈본편〉 2·3 등에 보이는 인명으로는 진건(陳騫)·진태(陳泰)·종육(鍾毓)·종회(鍾會) 등을 들 수 있겠다.

34. 범현평(范玄平 : 范汪)은 간문제(簡文帝 : 司馬昱)가 마련한 자리에 참석하여 담론을 하다가 지려고 하자, 왕장사(王長史 : 王濛)를 잡아끌면서 말했다. "그대가 나를 좀 도와주게."(1) 왕장사가 말했다. "이건 산을 뽑을 만한 힘으로도 도와줄 수 없는 일이오."(2)

▌원문▏ 范玄平在簡文坐, 談欲屈, 引王長史曰, 卿助我.(1) 王曰, 此非拔山力所能助.(2)

(1) 《범왕별전(范汪別傳)》에 이런 이야기가 있다. '범왕의 자는 현평(玄平)이고 영양(潁陽) 사람이다. 좌장군(左將軍) 범략(范略)의 손자이다. 젊었을 때부터 비범한 뜻이 있었으며 명민하고 박식한 데다가 경적(經籍)을 널리 섭렵하여 당시에 명성을 얻었다. 이부상서(吏部尙書)와 서주(徐州)·연주(兗州)의 자사(刺史)를 역임했다.'

范汪別傳曰, 汪字玄平, 潁陽人. 左將軍略之孫. 少有不常之志, 通敏多識, 博涉經籍, 致譽於時. 歷吏部尙書, 徐, 兗二州刺史.

(2) 《사기(史記)》에 이런 이야기가 있다. '항우(項羽)는 한군(漢軍)에게 포위되었을 때, 밤에 일어나 노래를 불렀다. 힘은 산을 뽑아낼 만하고 기세는 세상을 뒤덮었도다, 때가 불리하니 (사랑하는 말) 추(騅)가 가지를 않네.'

史記曰, 項羽爲漢兵所圍, 夜起歌曰, 力拔山兮氣蓋世, 時不利

兮騅不逝.

▌주해│ ㅇ左將軍略(좌장군략)－《진서(晋書)》 권75 〈범왕전(范汪傳)〉에는 '범왕의 자(字)는 현평(玄平), 옹주자사(雍州刺史) 범구(范晷)의 손자이다'라고 되어 있다.
ㅇ史記(사기)－권7 〈항우본기(項羽本紀)〉.
ㅇ騅(추)－항우의 애마.

35. 학륭(郝隆)이 환공(桓公 : 桓溫)의 남만참군(南蠻參軍)이 되었다. 3월 3일의 모임에서 시(詩)를 짓되 못짓는 자에게는 벌로 술 3두(斗)를 마시도록 하였다. 학륭은 맨처음 짓지 못하여 벌주를 받았는데 다 마시고 나서 붓을 들어 곧바로 한 구를 지었다. '추우(娵隅)는 청지(清池)에서 뛰논다.' 환공이 물었다. "추우란 무엇인고?" 대답했다. "만족(蠻族)은 물고기를 추우라고 합니다." 환공이 말했다. "시를 짓는데 어찌 만어(蠻語)를 사용하는고?" 학륭이 말했다. "먼 곳에까지 와서, 공에게 몸을 의지하여 겨우 만부(蠻府)의 참군직을 얻었습니다. 어찌 만어를 사용하지 않을 수 있겠습니까?"

▌원문│ 郝隆爲桓公南蠻參軍. 三月三日會, 作詩, 不能者罰酒三斗. 隆初以不能受罰. 旣飮, 攬筆便作一句云, 娵隅躍清池. 桓問, 娵隅是何物. 答曰, 蠻名魚爲娵隅. 桓公曰, 作詩何以作蠻語. 隆曰, 千里投公, 始得蠻府參軍. 那得不作蠻語也.

▌주해│ ㅇ爲桓公南蠻參軍(위환공남만참군)－환온(桓溫)은 명제(明帝 : 司馬紹) 때 유익(庾翼)의 추천에 의해 도독형량사주제군사(都督荊梁四州諸軍事)·안서장군(安西將軍)·형주자사(荊州刺史)·영호남만교위(領護南蠻校尉), 가절(假節)이 되었다. 남만참군이란 남만교위의 속관.

ㅇ三月三日會(삼월삼일회)－곡수연(曲水宴)을 가리킨다. 3월 상사일(上巳日)에 1년간의 불상(不祥)을 털어버리기 위해 유수(流水) 가에서 수계(修禊)를 하고, 동시에 주연(酒宴)과 작시(作詩) 놀이를 열었다. 위진(魏晋) 이후에는 3월 3일에 행해지게 되었다.

36. 원양(袁羊 : 袁喬)이 어느 때, 유회(劉恢)를 찾아갔는데 유회는 안방에서 자다가 아직 일어나지 않았었다. 원양은 그래서 시를 한 수 지어 그를 조롱했다. '뿔베개는 채색요에서 아름답고, 비단이불은 긴 자리에서 찬란하네.'(1) 유회는 진(晋) 명제(明帝 : 司馬紹)의 딸을 아내로 맞아 살고 있었다.(2) 공주는 이 시를 보자 불쾌하여 말했다. "원양은 마치 옛날의 미치광이 잔재 같잖습니까?"

원문| 袁羊嘗詣劉恢, 恢在內眼未起. 袁因作詩調之曰, 角枕粲文茵, 錦衾爛長筵.(1) 劉尚晉明帝女.(2) 主見詩, 不平曰, 袁羊, 古之遺狂.

(1) 〈당풍(唐風)〉의 시(詩)에 이런 말이 있다. '진(晋)나라 헌공(獻公)은 전쟁하기 좋아해 백성 중에 죽은 자가 많았다. 그 시(詩)에 이르기를 "뿔베개 아름답고 비단이불 찬란해도, 내 임은 여기 안 계시니 누구와 함께 외로운 밤 지새리."라고 했다. 그래서 원양(袁羊)은 이것에 따라 조롱했던 것이다.'
唐詩曰, 晉獻公好攻戰, 國人多喪. 其詩曰, 角枕粲兮. 錦衾爛兮. 予美亡此, 誰與獨旦. 袁故嘲之.

(2) 《진양추(晉陽秋)》에 이런 이야기가 있다. '유회(劉恢)는 여릉장공주(廬陵長公主), 이름은 남제(南弟)에게 장가들었다.'
晉陽秋曰, 恢尚廬陵長公主, 名南弟.

주해 | ㅇ尙(상)–군주의 딸에게 장가드는 것.

ㅇ古之遺狂(고지유광)–아직도 남겨져 있는 광인(狂人). 《좌전(左傳)》 소공(昭公) 14년조의 '중니(仲尼)가 말했다. 숙향(叔向)은 옛날의 유직(遺直)이다'란 구절을 인용하여 이를 비꼰 것.

ㅇ唐詩(당시)–《시경(詩經)》 당풍(唐風) '갈생(葛生).'

ㅇ晋獻公(진헌공)–《모시(毛詩)》의 소서(小序)에는 '갈생(葛生), 자헌공야(刺獻公也), 호공전(好攻戰), 즉국인다상의(則國人多喪矣)'라고 되어 있다.

37. 은홍원(殷洪遠 : 殷融)이 손흥공(孫興公 : 孫綽)에게 화답한 시(詩)에 이렇게 되어 있었다. '이제 다시 한 곡을 연주하네.' 유진장(劉眞長 : 劉惔)이 그 말이 서투르다고 웃으면서 묻기를, "당신은 어떻게 연주하겠다는 것이오?"라고 하자, 은홍원이 대답했다. "범패(梵唄)의 호음(胡音)으로서 연주할 수 있으니 어찌 조정의 아음(雅音)에 한한단 말이오?"(1)

원문 | **殷洪遠答孫興公詩云, 聊復放一曲. 劉眞長笑其語拙, 問曰, 君欲云那放. 殷曰, 榻臘亦放, 何必其鎗鈴邪.**(1)

(1) 은융(殷融)은 앞에서 나왔다.
殷融已見.

주해 | ㅇ放一曲(방일곡)–방(放)은 방가방곡(放歌放曲)의 의미인가? 혹은 방(倣 : 흉내낸다)으로도 풀이한다.

ㅇ榻臘(탑랍)–《세설신어교전(世說新語校箋)》에서 인용한 요고암(饒固庵)의 설에 의하면 탑랍은 쇄랍(灑臘), 즉 범어(梵語)의 한역(漢譯)으로서 고전범악칠조(古典梵樂七調)의 제5라고 한다. 그리고 그 다음의 '창령(鎗鈴)'이란 말은 아름다운 아음(雅音)을 비유하고 있으며, 이 범

향(梵響)의 호음(胡音)과 상반된다고 한다. 여기서는 이 설을 따른다. 그러나 이 조(條)는 전체가 풀이하기 어려운데 이상과 같이 번역해 둔다.

38. 환공(桓公 : 桓溫)이 해서공(海西公 : 司馬奕)을 폐하고, 간문제(簡文帝 : 司馬昱)를 세웠을 때,(1) 시중(侍中)인 사공(謝公 : 謝安)이 환공을 보고 절하자, 환공은 깜짝 놀라 웃으면서 말했다. "안석(安石 : 謝安), 그대는 지금 무슨 짓을 하고 있는 게요?" 사안이 말했다. "군주가 앞에서 절을 하시는데, 신하가 뒤에서 가만히 서있는 법은 없습지요."

원문| **桓公旣廢海西, 立簡文.(1) 侍中謝公見桓公拜. 桓驚笑曰, 安石, 卿何事至爾. 謝曰, 未有君拜於前, 臣立於後.**

(1) 《진양추(晋陽秋)》에 이런 이야기가 있다. '해서공(海西公)의 휘(諱)는 혁(奕), 자는 연령(延齡), 성제(成帝 : 司馬衍)의 아들이다. 흥녕(興寧) 연간(흥녕 3년, 365년 2월)에 즉위했다. 젊었을 때 환관(宦官)과 같은 질병이 있었으므로 궁녀에게 좌우 사람과 통하게 하여 아들을 낳게 하였다. 대사마(大司馬) 환온(桓溫)은 광릉(廣陵)에서 고숙(姑孰)으로 돌아오던 도중, 도읍(都邑 : 建康)에 머무르며 황태후(皇太后)의 명령을 반포토록 하고, 황제를 폐한 다음 해서공으로 삼았다.'
晋陽秋曰, 海西公, 諱奕, 字延齡, 成帝子也. 興寧中卽位. 少同閹人之疾, 使宮人與左右淫通生子. 大司馬溫自廣陵還姑孰, 過京都, 以皇太后令, 廢帝爲海西公.

주해| ㅇ君拜於前云云(군배어전운운) - 《공양전(公羊傳)》 문공(文公) 13년조에 '주공(周公)은 앞에서 절하고 노공(魯公)은 뒤에서 절했다'는

표현이 있는데, 여기서는 천자(天子)까지도 환공(桓公)을 두려워하며 귀히 여기었는데 신(臣)과 같은 것이 어찌 서있을 수 있겠느냐는 의미.

ㅇ同閹人之疾(동암인지질)－암인(閹人)은 궁형(宮刑)에 처해지고 궁중에서 일하는 자. 양위(陽萎)의 병. 본편 25의 주해 참조.

ㅇ廣陵(광릉)－진(秦)나라 시대에 광릉현(廣陵縣)을 두었고 후한(後漢), 서진(西晋) 때는 모두 광릉군(廣陵郡)을 두었다.

ㅇ姑孰(고숙)－오늘날의 안휘성 당도현(當塗縣).

39. 치중희(郗重熙 : 郗曇)는 사공(謝公 : 謝安)에게 편지를 보내어 왕경인(王敬仁 : 王脩)의 이야기를 했다. '들리는 바에 의하면 한 젊은이가 당신 정(鼎)의 경중(輕重)을 묻고 있소.(1) (齊나라) 환공(桓公)의 덕(德)이 쇠퇴한 것인지, 아니면 후생가외(後生可畏)라고 해야 할 것인지 모르겠소이다.'(2)

▌원문▏ 郗重熙與謝公書, 道王敬仁, 聞一年少懷問鼎.(1) 不知桓公德衰, 爲復後生可畏.(2)

(1) 치담(郗曇), 왕수(王脩)는 앞에서 나왔다.

《사기(史記)》에 이런 말이 있다. '초(楚)나라 장왕(莊王)이 주(周)나라 도읍 교외에서 군진(軍陣)을 치고 무위(武威)를 과시했다. 주나라 정왕(定王)은 왕손만(王孫滿)으로 하여금 초장왕을 맞아서 접대토록 했다. 초장왕은 주나라 정(鼎)의 대소(大小)와 경중에 대해서 물었다. 왕손만은 대답했다. "왕자(王者)의 위광(威光)은 덕에 있는 것이지 정(鼎)에 있는 것이 아닙니다." 초장왕은 말했다. "그대는 과인이 정(鼎)을 가져가고자 하는 것을 저지할 수 없소이다. 초나라의 부러진 극(戟) 끝만으로도 구정(九鼎)을 만들기에 충분하오."'

郗曇, 王脩, 已見.

史記曰, 楚莊王觀兵於周郊. 周定王使王孫滿迎勞楚王. 王問鼎大小輕重. 對曰, 在德不在鼎. 莊王曰, 子無阻九鼎. 楚國折鉤之喙, 足以爲九鼎也.

(2) 《춘추전(春秋傳)》에는 이런 이야기가 있다. '제(齊)나라 환공(桓公)은 초(楚)나라를 정벌하면서 포모(苞茅 : 띠풀)를 바치지 않는 것을 질책하였다.'

《논어(論語)》에 이런 이야기가 있다. '후생(後生)은 두려워해야 한다. 뒤에서 오는 사람이 지금 있는 사람에게 미치지 못한다고 누가 말하리요.' 공안국(孔安國)의 주(注)에 말했다. '후생(後生)이란 젊은 사람이란 의미이다.'

春秋傳曰, 齊桓公伐楚, 責苞茅之不貢.

論語曰, 後生可畏. 焉知來者之不如今. 孔安國曰, 後生, 少年.

주해 | ㅇ聞(문)－송본(宋本)에는 '간(間)'으로 되어 있는데 원본(袁本)에 따랐다.

ㅇ一年少(일년소)－왕경인(王敬仁)을 가리킨다.

ㅇ桓公(환공)－천하의 패자였던 제(齊)나라의 환공(桓公). 여기서는 사안(謝安)을 비유하며, 젊은 왕수(王脩)가 사안을 능가하려 한다는 것을 가리킨다.

ㅇ後生(후생)－송본은 후왕(後王)으로 적고 있는데 여기서는 원본에 따랐다.

ㅇ已見(이견)－치담(郗曇)은 〈현원편(賢媛篇)〉 25, 왕수(王脩)는 〈문학편(文學篇)〉 38에 보인다. 한편 치담은 송본에서는 '치운(郗雲)'으로 적고 있는데 원본을 따랐다.

ㅇ史記(사기)－권40 〈초세가(楚世家)〉.

ㅇ問鼎大小輕重(문정대소경중)－왕실에서 제사지낼 때 사용하는 정(鼎)의 경중(輕重)을 묻다. 천하를 노리는 의도가 있음을 나타냈다. 《좌전

(左傳)》 선공(宣公) 3년조와 《사기(史記)》 〈초세가(楚世家)〉에 보인다.

- 莊王曰(장왕왈)－송본에는 '장손왈(莊孫曰)'로 되어 있는데 원본에 따랐다.
- 九鼎(구정)－우(禹)임금 때 구주(九州 : 중국 全土)에서 바친 황금으로 주조한 정(鼎). 하(夏)나라, 은(殷)나라 이래로 천자(天子)의 보기(寶器).
- 春秋傳(춘추전)－《좌전》 희공(僖公) 4년.
- 苞茅(포모)－띠풀을 다발로 묶어놓은 것. 제사지낼 때 술을 거르는 도구로 사용함.
- 論語(논어)－〈자한편(子罕篇)〉. 한편 언지(焉知)를 송본에는 '정지(正知)'로 적고 있는데 원본에 따랐다.
- 後生少年(후생소년)－현행 《논어집해(論語集解)》에는 '후생(後生), 위년소(謂年少)'로 적고 있다.

40. 장창오(張蒼梧 : 張鎭)는 장빙(張憑)의 조부이다. 어느 때 장빙의 아비에게 이런 말을 했다. "나는 너에게 미치지 못했다." 장빙의 아비는 그 의미를 이해할 수가 없었는데 장창오가 말했다. "너에게는 훌륭한 아들이 있으니 말이다."(1) 그때 장빙은 몇 살밖에 안되었는데 공손히 두 손을 모으고 아뢰었다. "할아버님, 아이의 일로 그 아비를 놀리시면 아니됩니다."

원문| **張蒼梧是張憑之祖. 嘗語憑父曰, 我不如汝. 憑父未解所以. 蒼梧曰, 汝有佳兒.(1) 憑時年數歲, 斂手曰, 阿翁, 詎宜以子戲父.**

(1) 〈장창오비(張蒼梧碑)〉에 이런 내용의 말이 있다. '장군(張君)의 휘(諱)는 진(鎭)이고 자는 의원(義遠)이며 오국(吳國) 오(吳) 땅 사람이다. 마음이 넓고 동정심이 있었으며 대범하면서 올곧은 사람이었다. 태안연간(太安年間 : 302~303년), 창오태수(蒼梧太守)

로 임명되었고 왕함(王含)을 칠 때 공을 세워 홍도현후(興道縣侯)에 봉해졌다.'

張蒼梧碑曰, 君諱鎭, 字義遠, 吳國吳人. 忠恕寬明, 簡正貞粹. 太安中, 除蒼梧太守. 討王含有功, 封興道縣侯.

주해 | ㅇ歛手(염수)-공수(拱手). 두 손을 앞으로 모아 공손하게 서있는 모습.

ㅇ王含(왕함)-왕돈(王敦)의 형. 왕돈이 난을 일으키어 고숙(姑孰)에 진을 치자, 왕함도 이에 동조하여 고숙에 머물렀다. 그후 태녕(太寧) 2년(324) 도읍으로 쳐들어가던 도중, 명제(明帝 : 司馬紹)의 군단에 의해 월성(越城 : 秦淮 남쪽)에서 격파당했다. 〈언어편(言語篇)〉 37 참조.

41. 습착치(習鑿齒)와 손흥공(孫興公 : 孫綽)은 서로 일면식도 없었는데 환공(桓公 : 桓溫)이 마련한 자리에서 서로 만났다. 환공이 손흥공에게 말했다. "습참군(習參軍 : 습착치)과 함께 이야기를 나눠보시오." 손흥공이 말했다. "꿈틀거리는〔蠢爾〕 만형(蠻荊)이 감히 대국(大國)과 맞서려고 하는 게요?" 습착지가 말했다. "험윤(獫狁)을 토벌하여 태원(太原)에 도달했소이다."(1)

원문 | **習鑿齒, 孫興公未相識, 同在桓公坐. 桓語孫, 可與習參軍共語. 孫云, 蠢爾蠻荊, 敢與大邦爲讎. 習云, 薄伐獫狁, 至于太原.**(1)

(1) 〈소아(小雅)〉의 시(詩)이다. 《모시(毛詩)》의 주(注)에 이런 말이 있다. '준(蠢)은 꿈틀거리는 것. 형만(荊蠻)은 형(荊) 땅의 만족(蠻族)이다.' '험윤(獫狁)은 북이(北夷)이다.' 습착치(習鑿齒)는 형주(荊州) 양양(襄陽) 사람이고, 손흥공(孫興公 : 孫綽)은 태원(太

原) 사람이다. 그런 까닭에 시(詩)의 문구(文句)로 상호간에 조롱했던 것이다.

小雅詩也. 毛詩注曰, 蠢, 動也. 荊蠻, 荊之蠻也. 獫狁, 北夷也. 習鑿齒, 襄陽人, 孫興公, 太原人, 故因詩以相戲也.

주해 | ㅇ蠢爾蠻荊(준이만형), 敢與大邦爲讎(감여대방위수)－《시경》〈소아(小雅)〉'채기(采芑)'란 시에 '준이만형(蠢爾蠻荊), 대방위수(大邦爲讎)'라고 되어 있다. 구더기처럼 꿈틀거리는 남방의 만족(蠻族)이 천자의 왕국에 적대시하여 반란을 일으킨 일.

ㅇ薄伐獫狁(부벌험윤)－《시경》〈소아〉'유월(六月)'의 시 중 한 구절.

ㅇ毛詩注曰(모시주왈)－전반인 '형지만야(荊之蠻也)'까지는 '채기'의 조(條) 모전(毛傳 : 단, 현행 모전은 '荊州之蠻也'로 되어 있다), 후반의 '험윤(獫狁), 북이야(北夷也)'는 〈소아〉'채미(采薇)'의 '험윤지고(玁狁之故)'의 구절에 보이는 모전(毛傳) '험윤(玁狁), 북적야(北狄也)'일 것이다. 험윤(獫狁)과 험윤(玁狁)은 같다. 한편 동조(同條)의 정전(鄭箋)은 '북적(北狄)은 오늘날의 흉노(匈奴)이다'라는 주(注)가 있다.

42. 환표노(桓豹奴 : 桓嗣)는 왕단양(王丹陽 : 王混)의 생질인데 얼굴 모습이 그 외숙과 닮았다. 환사(桓嗣)는 그 점을 몹시 못마땅하게 생각했다.(1) 환선무(桓宣武 : 桓溫)가 말했다. "언제나 닮은 것이 아니라 때때로 닮았을 뿐이다. 언제나 닮은 것은 얼굴 모양새이고 때때로 닮은 것은 정신이다." 환사는 더욱 기뻐하지 아니했다.

원문 | **桓豹奴是王丹陽外生, 形似其舅. 桓甚諱之.(1) 宣武云, 不恆相似, 時似耳. 恆似是形, 時似是神. 桓逾不說.**

(1) 표노(豹奴)는 환사(桓嗣)의 어렸을 때 자(字)이다.

《중흥서(中興書)》에 이런 이야기가 있다. '환사(桓嗣)의 자는 공조(恭祖), 거기장군(車騎將軍) 환충(桓沖)의 아들이다. 젊어서부터 명성이 높았다. 벼슬을 하여 강주자사(江州刺史)가 되었다.'
《왕씨보(王氏譜)》에는 이런 이야기가 있다. '왕곤(王混)의 자는 봉정(奉正), 중군장군(中軍將軍) 왕염(王恬)의 아들이다. 벼슬하여 단양윤(丹陽尹)에 이르렀다.'

豹奴, 桓嗣小字.

中興書曰, 嗣字恭祖, 車騎將軍沖子也. 少有淸譽. 仕至江州刺史.

王氏譜曰, 混字奉正, 中軍將軍恬子. 仕至丹陽尹.

주해| ㅇ外生(외생)－생질. 시집간 자매가 낳은 아들. 〈간오편(簡傲篇)〉 15 참조.

ㅇ中軍將軍(중군장군)－송본(宋本)에는 '군(軍)'자가 없다. 여기서는 원본(袁本) 및 《진서(晋書)》 권65 〈왕염전(王恬傳)〉에 의해 보충했다. 한편 중군장군은 천자의 직속하에 있는 근위군단의 지휘관 중 하나.

43. 왕자유(王子猷 : 王徽之)가 사만(謝萬)을 찾아가자 임공(林公 : 支遁)은 이미 그 자리에 있으면서 사람들을 내려다보는 눈빛이 몹시도 도도했다. 왕자유가 말했다. "만약 임공에게 수염과 머리카락이 두루 온전하게 갖춰져 있다면 그 풍모가 틀림없이 지금보다 더 낫겠습니다." 사만이 말했다. "입술과 이는 서로 필요하니까 어느 한쪽이 없어서는 안되겠지만[1] 수염과 머리카락은 정신과 무슨 상관이겠습니까?" 임공은 매우 기분이 나빴다. "이 7척(尺)의 몸을 오늘 그대들 두 사람에게 맡기겠소이다."

원문| **王子猷詣謝萬, 林公先在坐, 瞻矚甚高. 王曰, 若林公鬚髮並全, 神情當復勝此不. 謝曰, 脣齒相須, 不可以偏亡.**[1]

鬚髮何關於神明. 林公意甚惡, 曰, 七尺之軀, 今日委君二賢.

(1) 《춘추전(春秋傳)》에 이런 말이 있다. '입술이 없으면 이가 시리게 된다.'

春秋傳曰, 脣亡齒寒.

주해 | ㅇ瞻矚甚高(첨촉심고)－오만한 태도로 사방을 바라보는 것.
ㅇ若林公云云(약림공운운)－출가한 임공에게는 수염은 있었으나 머리카락이 없었다.
ㅇ春秋傳(춘추전)－《좌전(左傳)》 희공(僖公) 5년, 애공(哀公) 8년, 《공양전(公羊傳)》 희공 2년조 등에 보인다. 관계가 밀접하며 서로 돕는 사이를 비유한다.

44. 치사공(郗司空 : 郗愔)이 북부(北府 : 徐州刺史)를 배명(拜命) 받았을 때,[(1)] 왕황문(王黃門 : 王徽之)이 치사공의 집에 와서 하례(賀禮)하고 말했다. "임기응변의 장재(將才)가 이 사람의 특징은 아니라오." 왕황문은 몇 차례나 반복하며 뇌깔였다. 치창(郗倉 : 郗融)은 형 가빈(嘉賓 : 郗超)에게 말했다. "아버님께서 오늘 임명되셨는데 자유(子猷 : 王徽之)의 말은 실로 불손하군요. 결코 용서할 수 없습니다."[(2)] 가빈이 말했다. "그것은 진수(陳壽)가 제갈량(諸葛亮)을 비평했던 말이다.[(3)] 남이 네 부친을 무후(武侯 : 제갈량)에 비유하고 있는데 무슨 할 말이 있겠는가?"

원문 | **郗司空拜北府,[(1)] 王黃門詣郗門, 拜云, 應變將略, 非其所長. 驟詠之不已. 郗倉謂嘉賓曰, 公今日拜, 子猷言語殊不遜. 深不可容.[(2)] 嘉賓曰, 此是陳壽作諸葛評.[(3)] 人以汝家比武侯, 復何所言.**

(1) 《남서주기(南徐州記)》에 이런 이야기가 있다. '이전에 서주(徐州)의 도독(都督)은 동부(東府)라고 불렀었는데 진조(晋朝)가 남쪽으로 옮겨간 다음 서주자사 왕서(王舒)가 북중랑장(北中郎將)의 벼슬을 겸했다. 북부의 호칭은 여기서부터 시작되었다.'

南徐州記曰, 舊徐州都督以東爲稱. 晉氏南遷, 徐州刺史王舒加北中郎將. 北府之號, 自此起也.

(2) 창(倉)은 치융(郗融)의 어렸을 때 자(字)이다.
《치씨보(郗氏譜)》에 이런 이야기가 있다. '치융의 자는 경산(景山)이고 치음(郗愔)의 둘째아들이다. 낭야왕(琅邪王)의 문학관(文學官)으로 부름을 받았으나 응하지 않았고 젊었을 때 세상을 떠났다.'

倉, 郗融小字也.

郗氏譜曰, 融, 字景山, 愔第二子. 辟琅邪王文學, 不拜而蚤終.

(3) 《촉지(蜀志)》의 진수(陳壽)의 평에 이런 말이 있다. '제갈량(諸葛亮)은 해마다 군사를 움직였는데 공을 세우지 못하였다. 임기응변의 장재(將才)는 그가 득의(得意)로 삼던 바가 아니었으리라.'
왕은(王隱)의 《진서(晋書)》에 이런 말이 있다. '진수(陳壽)의 자는 승조(承祚), 파서(巴西) 안한(安漢) 사람이다. 학문을 좋아했고 저술을 많이 했다. 벼슬하여 중서자(中庶子)에 이르렀다. 처음에 진수의 아버지는 촉한(蜀漢)의 마속(馬謖)의 참군이었는데 제갈량이 마속을 주살할 때 진수의 아버지를 곤형(髡刑)에 처했다. 제갈량의 아들 제갈첨(諸葛瞻) 역시 진수를 가볍게 보았다. 그래서 진수는 《촉지》를 쓸 때 자기의 애증(愛憎)으로 제갈량을 평했던 것이다.'

蜀志陳壽評曰, 亮連年動衆, 而無成功. 蓋應變將略, 非其所長也. 王隱晉書曰, 壽, 字承祚, 巴西安漢人. 好學善著述. 仕至中庶子. 初, 壽父爲馬謖參軍, 諸葛亮誅謖, 髡其父頭. 亮子瞻又輕壽.

故壽撰蜀志, 以愛憎爲評也.

주해 ㅇ拜北部(배북부)–유주(劉注)에 있는 것처럼 서주자사(徐州刺史)로 임명된 것.
ㅇ文學(문학)–문학으로 벼슬길에 나간 막료.
ㅇ蜀志(촉지)–《삼국지(三國志)》 권35 〈제갈량전(諸葛亮傳)〉.
ㅇ中庶子(중서자)–동궁의 서무를 맡은 관원.
ㅇ髡(곤)–머리를 밀어내는 형벌.
ㅇ故壽撰蜀志(고수찬촉지)–송본(宋本)에는 '고수(故壽)' 두 글자가 없다. 원본(袁本)에 따라 보충했다.

45. 왕자유(王子猷 : 王徽之)가 사공(謝公 : 謝安)을 방문했는데 사공이 말했다. "칠언시(七言詩)란 어떤 것이오?"(1) 왕자유가 그 물음에 대답했다. "천리를 달리는 준마처럼 기세가 등등하고, 수중(水中)의 오리처럼 둥둥 떠있는 것과 같소."(2)

원문 **王子猷詣謝公. 謝曰, 云何七言詩.(1) 子猷承問, 答曰, 昂昂若千里之駒, 汎汎若水中之鳧.(2)**

(1) 《동방삭전(東方朔傳)》에 이런 말이 있다. '한(漢)나라 무제(武帝)가 백량대(柏梁臺) 위에서 신하들로 하여금 칠언시를 짓게 하였다.' 칠언시는 이때부터 시작되었다.
東方朔傳曰, 漢武帝在柏梁臺上, 使羣臣作七言詩. 七言詩自此始也.

(2) 《초사(楚辭)》가 출전이다.
出離騷.

주해 ㅇ七言詩(칠언시)–칠언시의 기원에 대해서는 여러 가지 설이 있어서 불분명하다. 진(晋)나라 무렵에는 아직 민요풍의 시체(詩體)로 주목되었고 정체(正體)로는 생각되어지지 아니했었다.

- 昻昻(앙앙)－말이 기세좋게 달리는 모습.
- 汎汎(범범)－물에 떠다니는 모습.
- 鳧(부)－물오리.
- 東方朔傳(동방삭전)－《수서(隋書)》〈경적지(經籍志)〉에 '동방삭전 8권'이라고 기재했다.
- 柏梁臺(백량대)－《예문유취(藝文類聚)》 권56과 《고문원(古文苑)》 권8 등에 무제(武帝)가 짓게 한 시(詩)라고 칭하는 연구(聯句)가 전해지며 백량체(柏梁體)라고 한다. 칠언시의 기원이라고 하는데 믿기 어렵다.
- 離騷(이소)－〈이소경(離騷經)〉이란 의미로 《초사(楚辭)》를 가리킨다. 여기에 인용한 구절은 '복거(卜居)'에 있는 구절임.

46. 왕문도(王文度 : 王坦之)와 범영기(范榮期 : 范啓) 등 두 사람이 간문제(簡文帝 : 司馬昱)의 초청을 받았다. 범영기는 나이는 많았지만 지위가 낮았고, 왕문도는 나이는 적었지만 지위가 높았다. 앞으로 나아가려 할 때 서로 앞서 가라고 양보하다가 잠시 실랑이 끝에 결국 왕문도가 범영기 뒤를 따랐다. 그래서 왕문도가 말하기를 "까부르고 날리고 나니 겨와 쭉정이만 앞에 있네."라고 했다. 그러자 범영기도 말하기를 "씻어내고 골라내고 나니 모래와 조약돌만 뒤에 있네."라고 하였다.(1)

원문| 王文度, 范榮期俱爲簡文所要. 范年大而位小, 王年小而位大. 將前, 更相推在前. 旣移久, 王遂在范後. 王因謂曰, 簸之揚之, 糠秕在前. 范曰, 洮之汰之, 沙礫在後.(1)

(1) 왕탄지(王坦之)·범계(范啓)는 앞에서 나왔다. 일설에 의하면 이 말은 손작(孫綽)과 습착지(習鑿齒)가 한 말이라고 한다.

王坦之, 范啓已見上. 一說是孫綽, 習鑿齒言.

주해 | ㅇ王坦之(왕탄지), 范啓已見上(범계이견상)－왕탄지는 〈언어편(言語篇)〉 72, 범계는 〈문학편(文學篇)〉 86에 각각 보인다.

ㅇ一說是孫綽(일설시손작), 習鑿齒言(습착치언)－《진서(晋書)》 권56 〈손작전(孫綽傳)〉에 의하면 손작과 습착치가 한 이야기로 되어 있다.

47. 유준조(劉遵祖 : 劉爰之)는 젊었을 때 은중군(殷中軍 : 殷浩)의 지우(知遇)를 얻었다. 은중군이 유공(庾公 : 庾亮)에게 그를 칭찬하자 유공이 매우 기뻐하면서 그를 곧바로 막료로 썼다. 유공은 유준조를 만난 다음 그를 1인용 의자에 앉히고 함께 이야기를 나누었는데 그날 유준조는 유공의 뜻에 전혀 따르지 아니했다. 유공은 다소 실망했는데 그래서 유준조를 '양공(羊公)의 학(鶴)'이라고 불렀다. 이전에 양숙자(羊叔子 : 羊祜)에게 춤을 잘 추는 학이 있었는데 한번은 손님에게 자랑하자 손님이 시험삼아 몰아오도록 했더니 학은 날개를 축 늘어뜨린 채 춤을 추려 하지 않았다. 그래서 유준조를 이 학에 비유했던 것이다.(1)

원문 | 劉遵祖少爲殷中軍所知. 稱之於庾公. 庾公甚忻, 便取爲佐. 旣見, 坐之獨榻上與語. 劉爾日殊不稱, 庾小失望, 遂名之爲羊公鶴. 昔羊叔子有鶴善舞, 嘗向客稱之. 客試使驅來, 氃氋而不肯舞. 故稱比之.(1)

(1) 서광(徐廣)의 《진기(晋紀)》에 이런 이야기가 있다. '유원지(劉爰之)의 자는 준조(遵祖)이고 패군(沛郡) 사람이다. 젊었을 때부터 재능과 학식이 있었으며 철리를 담론하는 데 뛰어났다. 중서랑(中書郞)·선성태수(宣城太守)를 역임했다.'

徐廣晉紀曰, 劉爰之字遵祖, 沛郡人. 少有才學, 能言理. 歷中書郞 · 宣城太守.

주해| ㅇ榻(탑)－긴 의자. 걸상.
ㅇ羊叔子有鶴(양숙자유학)－《세설음석(世說音釋)》 권9에서 인용한 《형주기(荊州記)》에 '진(晋)나라 양호(羊祜), 형주(荊州)에 진주했는데 일찍이 강릉(江陵)의 연못 속에서 학을 잡았다. 이에 학을 훈련시키어 빈객들을 즐겁게 해주었다. 여기서 이름을 붙이어 학택(鶴澤)이라고 한다'라 했다.
ㅇ氃氋(동몽)－털이 흐트러지는 모양.

48. 위장제(魏長齊 : 魏顗)는 원래부터 풍격도 도량도 큰 인물이었는데 학문은 뛰어나지 못했다. 처음으로 관직에 나아갈 때 우존(虞存)은 그를 조롱하며 말했다. "그대와 세 가지 법〔法三章〕을 정하겠소. 담론을 하면 사형, 문장을 지으면 체형(體刑), 사람을 품평하면 유죄(有罪)로 하겠소이다." 위장제는 싱글벙글 웃으면서 화내는 모습이 없었다.(1)

원문| **魏長齊雅有體量, 而才學非所經. 初宦當出, 虞存嘲之曰, 與卿約法三章. 談者死, 文筆者刑, 商略抵罪. 魏怡然而笑, 無忤於色.**(1)

(1) 《위씨보(魏氏譜)》에 이런 이야기가 있다. '위의(魏顗)의 자는 장제(長齊)이고 회계(會稽) 사람이다. 조부인 위윤(魏胤)은 벼슬을 하지 않았다. 아버지 위열(魏說)은 대홍려경(大鴻臚卿)이었으며 위의는 벼슬하여 산음령(山陰令)에 이르렀다.'
《한서(漢書)》에 이런 이야기가 있다. '패공(沛公 : 劉邦)이 진(秦)나라 도읍 함양(咸陽)에 입성하자 그곳 장로들을 불러놓고 말했다. "천하는 진나라의 가혹한 법률에 오랫동안 고생을 해왔소이다. 이제 그대들과 3개조의 법률만 정하겠소. 사람을 죽인 자는 사형, 사람을 상처입힌 자와 남의 것을 훔친 자는 죄에 처하겠소이다."' 응소(應劭)의 주(注)에 이런 말이 있다. '저(抵)는 지(至)이다. 단지 이 세 가지의 경우만 죄에 해당한다.'

魏氏譜曰, 顗字長齊, 會稽人. 祖胤, 處士. 父說, 大鴻臚卿. 顗仕至山陰令.

漢書曰, 沛公入咸陽, 召諸父老曰, 天下苦秦苛法久矣. 今與父老約, 法三章耳. 殺人者死, 傷人及盜抵罪. 應劭注曰, 抵, 至也. 但至於罪.

주해| ㅇ大鴻臚卿(대홍려경)－구경(九卿)의 하나. 대홍려의 장관. 궁중에서 조하(朝賀)라든가 경조(慶弔) 의식 및 내조(來朝)한 이민족의 접대를 맡는다.

ㅇ漢書(한서)－권1 〈고제기(高帝紀)〉 상(上).

49. 치가빈(郗嘉賓 : 郗超)은 원호(袁虎 : 袁宏)에게 편지를 보내어 대안도(戴安道 : 戴逵)와 사거사(謝居士 : 謝敷)를 평하여 말했다. "항심(恒心)을 가지고 책임을 지는 기풍을 마땅히 넓혀야[弘] 할 것이오." 원호에게 항심이 없었기 때문에 이런 말로 일부러 분발케 했던 것이다.(1)

원문| **郗嘉賓書與袁虎, 道戴安道, 謝居士云, 恆任之風, 當有所弘耳. 以袁無恆, 故以此激之.**(1)

(1) 원굉(袁宏)·대규(戴逵)·사부(謝敷)는 모두 앞에서 나왔다.

袁戴謝並已見.

주해 | ㅇ謝居士(사거사)－거사(居士)는 재속(在俗)의 불교신자. 사부(謝敷)가 불교신자였던 것은 〈서일편(棲逸篇)〉 17의 유주(劉注)에서 인용한 단도란(檀道鸞)의 《속진양추(續晋陽秋)》에 '석씨(釋氏)를 숭배하고 믿는다'라고 되어 있는 것을 보면 알 수 있다.

ㅇ已見(이견)－원굉(袁宏)은 〈문학편(文學篇)〉 88에, 대규(戴逵)는 〈아량편(雅量篇)〉 34에, 사부(謝敷)는 〈서일편〉 17에 각각 보인다.

50. 범계(范啓)가 치가빈(郗嘉賓 : 郗超)에게 보낸 편지에서 말했다. '자경(子敬 : 王獻之)은 온몸에 넉넉하거나 늘어진 부분이 없어서, 살갗을 벗겨내도 윤기가 없소이다.' 치가빈이 답장을 보냈다. '온몸에 윤기가 없는 것은 어떤 일에나 진실성이 없는 것과 어떠하오?' 범계는 본디 성질이 으스대기 좋아하고 허식이 많았으므로 (치가빈은 이런 말로) 그것을 조롱한 것이다.

원문 | 范啓與郗嘉賓書曰, 子敬擧體無饒縱, 掇皮無餘潤. 郗答曰, 擧體無餘潤, 何如擧體非眞者. 范性矜假多煩, 故嘲之.

주해 | ㅇ掇皮(철피)－〈상예편(賞譽篇)〉 78에 사안(謝安)이 왕술(王述)을 평하여 '철피개진(掇皮皆眞)'이라고 한 말이 보인다.

ㅇ矜假多煩(긍가다번)－긍가(矜假)는 으스대는 것, 다번(多煩)은 번거롭게 꾸밈이 많은 것.

51. 치가(郗家) 형제는 도교(道教)를 신봉하고, 하가(何家) 형제는 불교를 신봉하여 모두 그 재물을 바쳤다. 사중랑(謝中郎 : 謝萬)은 말했다. "치가 형제는 도사에게 아첨하고, 하가 형제는 부처에게 아부한다."(1)

원문| 二郗奉道, 二何奉佛, 皆以財賄. 謝中郎云, 二郗諂於道, 二何佞於佛.[1]

(1) 《중흥서(中興書)》에 이런 이야기가 있다. '치음(郗愔)과 그 동생 치담(郗曇)은 천사도(天師道)를 신봉했다.'
《진양추(晋陽秋)》에는 이런 이야기가 있다. '하충(何充)은 본래부터 불도(佛道)를 좋아하고 불사(佛寺)를 받들어 수축하고 수백 명의 스님을 공양했다. 오랫동안 양주(揚州)에 있으면서 관리와 백성을 징집하여 절을 짓고 수만 금을 기부했다. 그 때문에 원근 각처로부터 비난을 받았다. 하충의 동생 하준(何準)도 또한 불도(佛道)에 정진하여 경(經)을 읽었고 사원을 건축했다.'
中興書曰, 郗愔及弟曇, 奉天師道.
晋陽秋曰, 何充性好佛道, 崇修佛寺, 供給沙門以百數. 久在揚州, 徵役吏民, 功賞萬計, 是以爲遐邇所譏. 充弟準, 亦精勤, 讀佛經, 營治寺廟而已.

주해| ㅇ天師道(천사도)－후한(後漢)의 장도릉(張道陵)에 의해 창시된 도교(道敎)의 일파.
ㅇ久在揚州(구재양주)－하충(何充)은 건원원년(建元元年 : 343) 10월에 중서감(中書監)·도독양예이주제군사(都督揚豫二州諸軍事)·양주자사(揚州刺史)·녹상서사(錄尙書事)가 되었으며 재상의 지위에 올랐다(《晋書》 권7 〈康帝紀〉).
ㅇ讀佛經(독불경)－원본(袁本)에는 '유독불경(唯讀佛經)'으로 적고 있다.
ㅇ營治寺廟而已(영치사묘이이)－원본(袁本)에는 '영치사묘이이의(營治寺廟而已矣)'로 적고 있다.

52. 왕문도(王文度 : 王坦之)가 서주(西州)에서 임법사(林法師 : 支

遁)와 강론할 때, 한(韓 : 韓伯)과 손(孫 : 孫綽) 등이 모두 그 자리에 있었다. 임공(林公 : 지둔)의 논리가 언제나 약간 열세에 몰리려고 하자, 손흥공(孫興公 : 손작)이 말했다. "법사는 오늘 해진 솜옷을 입고 가시나무 속에 있는 것처럼 닿는 곳마다 걸리는군요."

원문| **王文度在西州, 與林法師講, 韓, 孫諸人並在坐. 林公理每欲小屈. 孫興公曰, 法師今日如著弊絮在荊棘中, 觸地挂閡.**

주해| ㅇ西州(서주)－양주자사(揚州刺史)의 치소(治所). 건강(建康)의 서쪽에 있었다.

ㅇ挂閡(괘애)－괘(挂)는 걸리는 것. 애(閡)는 애(礙)와 통하여 밀린다는 뜻.

53. 범영기(范榮期 : 范啓)는 치초(郗超)의 속기(俗氣)가 줄어들지 않는 것을 보고 조롱하며 말했다. "백이(伯夷)·숙제(叔齊)·소보(巢父)·허유(許由)는 한결같이 그 이름을 후세에 전했소이다. 어찌 반드시 정신을 피로하게 하고 신체를 고달프게 하여, (師曠처럼 몸을) 지팡이에 의지하고, (惠子처럼) 책상에 기댈 필요가 있겠소?" 치초가 대답을 하지 않고 있자 한강백(韓康伯 : 韓伯)이 말했다. "어찌하여 포정(庖丁)처럼 허심(虛心)으로 칼을 휘두르지 않는 것이오?"(1)

원문| **范榮期見郗超俗情不淡, 戲之曰, 夷齊巢許, 一詣垂名. 何必勞神苦形, 支策據梧邪. 郗未答. 韓康伯曰, 何不使遊刃皆虛.**(1)

(1) 《장자(莊子)》에 이런 이야기가 있다. '소문(昭文)은 금(琴)을 연주하고, 사광(師曠)은 지팡이에 의지하고, 혜자(惠子)는 책상에 기대었다. 이 세 사람의 지혜는 극에 달하였으며, 모두 훌륭했기 때문에 후세에까지 그 이름이 책에 기록되었던 것이다.' '포정(庖丁)

이 문혜군(文惠君)을 위해 소를 잡아왔는데 3년이 지난 후에는 소의 전체를 보지 않게 되었다. 칼을 사용한 지 19년이나 되었고 잡은 소가 수천 마리였지만 그 칼날은 숫돌로 막 간 것 같았다. 문혜군이 (그 이유를) 묻자 포정이 말했다. "관절에는 틈이 있고 칼날에는 두께가 없습니다. 두께가 없는 칼을 틈이 있는 곳에 넣는 것이기 때문에 텅비어서, 칼을 놀릴 때면 반드시 남은 공간이 있게 되지요."'

莊子曰, 昭文之鼓琴, 師曠之支策, 惠子之據梧. 三子之智幾矣, 皆其盛也. 故載之末年. 庖丁爲文惠君解牛. 三年之後, 未嘗見全牛也. 用刀十九年矣, 所解千牛, 而刀刃若新發於硎. 文惠君問之, 庖丁曰, 彼節者有間, 而刀刃無厚. 以無厚入有間, 恢恢乎其於遊刃, 必有餘地.

주해 | ㅇ夷齊(이제)－백이(伯夷)와 숙제(叔齊). 주(周)나라 무왕(武王)이 은(殷)나라 주왕(紂王)을 치고 천하를 얻었을 때, 주나라 곡식을 먹는 것이 옳지 않다며 수양산(首陽山)에 들어가 숨었고 끝내는 굶어 죽었다.

ㅇ巢許(소허)－소보(巢父)와 허유(許由).

ㅇ何必勞神苦形云云(하필노신고형운운)－송본(宋本)에는 하(何)자가 없다. 원본(袁本)에 따랐다.

ㅇ支策據梧(지책거오)－지(支)는 지(枝)와 같다. 책(策)은 장(杖). 오(梧)는 궤상(几床). 원거(原據)인 《장자(莊子)》 〈제물론(齊物論)〉에서의 해석은 여러 가지로 나뉘는데 여기서는 모두 지력(智力)의 극단을 가리키며 피로곤비한 모습을 일컫는다.

ㅇ莊子(장자)－'소문(昭文)'부터 '말년(末年)'까지가 〈제물론(齊物論)〉, '포정(庖丁)'에서 이하 말미까지가 〈양생주(養生主)〉에 나온다.

ㅇ昭文(소문)－소(昭)는 성(姓), 문(文)은 이름이다. 금(琴)의 명수였다.

ㅇ師曠(사광)－자는 자야(子野). 춘추시대 진(晋)나라 평공(平公)의 악사(樂師). 초(楚)나라가 정(鄭)나라를 침략했을 때 '남풍불경(南風不競),

다사성(多死聲)'이라고 대답하여 초나라가 패할 것을 예언한 이야기(《左傳》 襄公 18년)는 널리 알려져 있다. 〈방정편(方正篇)〉 59 참조.

ㅇ惠子(혜자)－혜시(惠施). 송(宋)나라 사람. 전국시대(戰國時代) 위(魏)나라의 혜왕(惠王)·양왕(襄王)을 섬긴 변론가. 명가(名家)에 속한다.

ㅇ幾矣(기의)－기(幾)는 진(盡)의 뜻.

ㅇ庖丁(포정)－요리사인 정(丁). 정(丁)은 사람 이름.

ㅇ恢恢乎(회회호)－매우 넓은 모양. 텅 비어 있는 모양.

54. 간문제(簡文帝 : 司馬昱)가 대전(大殿) 위에서 걸어가고 있을 때, 왕우군(王右軍 : 王羲之)과 손흥공(孫興公 : 孫綽)이 그 뒤에 있었다. 왕우군은 간문제를 가리키며 손흥공에게 말했다. "저분은 명예욕이 대단한 분이시오." 간문제가 뒤돌아보며 말했다. "세상에는 이가 날카로운 놈도 있어!" 그후 왕광록(王光祿 : 王蘊)이 회계내사(會稽內史)가 되었을 때 사거기(謝車騎 : 謝玄)는 곡아(曲阿)에 나가서 그를 전송했다.(1) 왕효백(王孝伯 : 王恭)도 비서승(秘書丞)을 그만두고 그 자리에 같이 있었다. 사현은 이 일을 언급하다가 왕효백을 보며 말했다. "왕승(王丞 : 왕공)의 이도 날카롭지 못한 것 같구려." 왕효백이 말했다. "날카롭지 못하오. 그러므로 그 효과는 별로 없습니다."

원문 **簡文在殿上行. 右軍與孫興公在後. 右軍指簡文語孫曰, 此噉名客. 簡文顧曰, 天下自有利齒兒. 後王光祿作會稽, 謝車騎出曲阿祖之.(1) 王孝伯罷秘書丞在坐. 謝言及此事, 因視孝伯曰, 王丞齒似不鈍. 王曰, 不鈍, 頗亦驗.**

(1) 왕온(王蘊)·사현(謝玄)은 앞에서 나왔다.

王蘊, 謝玄已見.

주해 ㅇ曲阿(곡아)－호수 이름. 강소성 단양현(丹陽縣).

ㅇ頗亦驗(파역험)－《진서(晋書)》 권84 〈왕공전(王恭傳)〉에는 '공성항직(恭性抗直), 심존절의(深存節義)'라는 기록이 있으며 또 '공(恭)은 항상 색(色)을 바르게 직언했으므로 (司馬) 도자(道子)는 이를 매우 미워했다' 고 되어 있다. 왕공이 비서승 자리에서 쫓겨나게 된 것도 아마 그 독설(毒舌) 때문이었으리라.

ㅇ已見(이견)－왕온(王蘊)은 〈덕행편(德行篇)〉 44. 사현(謝玄)은 〈덕행편〉 41.

55. 사알(謝遏 : 謝玄)이 여름날에 한번은 누워 있었는데, [숙부] 사공(謝公 : 謝安)이 첫새벽에 갑자기 찾아오자 옷 입을 겨를도 없이 맨발로 집밖으로 나가서야 비로소 신발을 신고 인사했다. 사공이 말하길 "너는 가히 '전에는 거만하다가 나중에는 공손하다'고 할 만하다."라고 했다.(1)

▌원문▏ 謝遏夏月嘗仰臥. 謝公淸晨卒來. 不暇著衣. 跣出屋外, 方躡履問訊. 公曰, 汝可謂前倨而後恭.(1)

(1) 《전국책(戰國策)》에 이런 이야기가 있다. '소진(蘇秦)은 진(秦)나라 혜왕(惠王)에게 유세했으나 등용되지 못했다. 검은 담비 갖옷은 해지고 황금 백 근도 다 써 버린 채, 크게 곤궁해져서 돌아갔다. 부모는 그에게 말도 걸지 않았고, 부인은 베틀에서 내려오지도 않았으며, 형수는 식사를 차려 주지도 않았다. (그러나 소진이) 나중에 합종(合縱)의 장(長)이 되어 낙양(洛陽)을 지나갈 때 거마(車馬)와 짐수레가 매우 많자, 소진의 형제·부인·형수는 눈길을 돌리며 감히 쳐다보지 못했다. 소진은 웃으며 형수에게 말했다. "어찌하여 전에는 거만하다가 나중에는 공손한 것이오?" 형수가 사죄하며 말했다. "서방님을 보니 지위가 높고 돈이 많아서지요." 소진은 탄식하며 말했다. "똑같은 한 사람의 몸인데도 부귀

하면 친척도 두려워하지만 빈천하면 깔보니, 하물며 다른 사람임에랴!"'

戰國策曰, 蘇秦說惠王而不見用. 黑貂之裘弊, 黃金百斤盡, 大困而歸. 父母不與言, 妻不爲下機, 嫂不爲炊. 後爲從長, 行過洛陽, 車騎輜重甚衆, 秦之昆弟妻嫂側目不敢視. 秦笑謂其嫂曰, 何先倨而後恭. 嫂謝曰, 見季子位高而金多. 秦歎曰, 一人之身, 富貴則親戚畏懼, 貧賤則輕易之. 而況於他人哉.

주해 | ㅇ戰國策(전국책)－진(秦) 상(上). 혜문군(惠文君) 조(條).

ㅇ蘇秦(소진)－전국시대의 유세가. 처음에는 진(秦)나라 혜왕(惠王)에게 연횡책(連衡策)을 유세했는데 채용되지 않았으므로 이에 발분하여 여상(呂尙)의 《음부(陰符)》를 배웠다. 그후 조왕(趙王)에게 합종책(合縱策)을 유세했다. 그리고 스스로 종약(縱約)의 장(長)이 되어 6개국의 재상을 겸했는데 후일 장의(張儀)의 연횡책에 패하여 암살되었다.

ㅇ從長(종장)－육국(六國 : 燕·齊·楚·韓·魏·趙) 동맹국의 장(長). 진(秦)나라에 대항하기 위해 소진은 합종책을 유세하고 그 장(長)이 되었다. 《사기(史記)》 권69 〈소진전(蘇秦傳)〉에는 '소진이 종약의 장이 되었으며 겸하여 6국의 상(相)이 되었다'라 되어 있다.

ㅇ洛陽(낙양)－소진의 고향. 《사기》 〈소진전〉에는 '동주(東周) 낙양(雒陽) 사람이다'라고 되어 있으며 《정의(正義)》에서 인용한 《전국책》에는 '낙양 승헌리(乘軒里) 사람이다'라고 되어 있다.

ㅇ何先倨而後恭(하선거이후공)－《전국책》의 통행본에는 '수하전거이후비야(嫂何前倨而後卑也)'라고 되어 있으며, 《사기》 〈소진전〉에는 '하전거이후공야(何前倨而後恭也)'로 되어 있다.

ㅇ季子(계자)－소진의 자(字)라고도 하고, 형수가 시동생을 부르는 통칭이라고도 한다.

ㅇ秦歎曰云云(진탄왈운운)－이 부분은 《전국책》 통행본보다도 오히려 《사기》 〈소진전〉의 기록에 가깝다.

56. 고장강(顧長康 : 顧愷之)이 은형주(殷荊州 : 殷仲堪)의 막료로 있을 때 휴가를 청하여 동쪽으로 돌아갔다. 당시의 관례로는 〔막료에게〕 베돛〔帆布〕을 지급하지 않았었다. 그러나 고장강은 한사코 요청하여 결국 얻어 가지고 출발했다. 파총(破冢)에 이르러 폭풍을 만나 베돛이 크게 부서지고 말았다.[1] (고장강이) 은형주에게 서찰을 써서 말했다. '지명이 파총이라 하더니 정말로 무덤을 깨고 나왔습니다. 나그네는 안전하고 베돛은 별 탈 없습니다.'

원문| **顧長康作殷荊州佐, 請假還東. 爾時例不給布颿. 顧苦求之, 乃得發, 至破冢, 遭風大敗.[1] 作牋與殷云, 地名破冢, 眞破冢而出. 行人安穩, 布颿無恙.**

(1) 주지(周祗)의 《융안기(隆安紀)》에 이런 이야기가 있다. '파총(破冢)은 중주(中洲)의 이름, 화용현(華容縣)에 있다.'
周祗隆安紀曰, 破冢, 洲名, 在華容縣.

주해| ㅇ還東(환동)－동(東)은 《세설전본(世說箋本)》에서는 경사(京師)를 가리키는 것이라고 했는데 혹은 고개지(顧愷之)의 고향인 무석(無錫)을 가리키는 것일까?
ㅇ布颿(포범)－범(颿)은 범(帆)과 같다. 《문선(文選)》 권5 〈오도부(吳都賦)〉 이선(李善) 주(注)에 '범자(颿者), 선장야(船帳也)'라고 되어 있다.
ㅇ華容縣(화용현)－호북성의 현(縣) 이름.

57. 부랑(符朗)이 처음 강남으로 넘어왔을 때,[1] 호기심이 강했던 왕자의(王咨議 : 王肅之)가 중원(中原)의 인물과 풍토 산물에 대해 물었는데, 한도 끝도 없었다.[2] 부랑은 크게 귀찮아했다. 이번에는 다시 노비의 값에 대해서 묻자, 부랑이 말했다. "신중하고 성실하며 식

견이 있는 자는 10만 냥이고, 생각도 없이 노비에 대해서 묻는 자는 단지 수천 냥일 뿐이오."

원문| **符朗初過江,(1) 王咨議大好事, 問中國人物及風土所生, 終無極已.(2) 朗大患之. 次復問奴婢貴賤, 朗云, 謹厚有識中者, 乃至十萬. 無意爲奴婢問者, 止數千耳.**

(1) 배경인(裴景仁)의 《진서(秦書)》에 이런 이야기가 있다. '부랑의 자는 원달(元達)이며 부견(符堅)의 종형(從兄)이다. 성품이 호방했으며 머리가 총명했다. 부견은 늘 말하기를 "우리 가문의 천리마이다."라고 하였다. 부견이 모용충(慕容沖)에게 포위당했을 때 부랑은 사현(謝玄)에게 항복하여 원외산기시랑(員外散騎侍郞)이 되었다. 이부랑 왕침(王忱)이 형 왕국보(王國寶)와 거마를 준비하여 함께 그를 방문했다. 스님 축법태(竺法太)가 부랑에게 물었다. "왕이부(王吏部 : 王忱) 형제는 만나 보셨습니까?" 부랑이 말했다. "한 사람은 개 얼굴에 사람 마음을 하고 있는 자이고, 또 한 사람은 사람 얼굴에 개 마음을 하고 있는 자가 아닙니까?" (이렇게 말한 것은) 왕침이 못생겼으나 재능이 있었고, 왕국보는 잘생겼으나 마음이 비뚤어졌기 때문이었다. 부랑은 늘 조정의 관리들과 연회를 벌였는데, 당시 병사들은 모두 타구를 사용했다. 부랑은 그들에게 과시하려고, 시동(侍童)에게 꿇어앉아 입을 벌리게 하여, 침을 뱉으면 받아서 머금고 있다가 뱉어내게 했다. 또한 (부랑은 음식의) 맛을 잘 알고 있었는데, 회계왕(會稽王) 사마도자(司馬道子)가 그를 위해 훌륭한 음식을 차려주고 식사가 끝난 뒤에 물었다. "관중(關中)의 음식은 이것과 비교하여 어떻습니까?" 부랑이 대답했다. "다 좋습니다만, 오직 소금 맛이 덜 밴 것 같습니다." 즉시 요리사에게 물어보았더니, 그의 말대로였다. 또 어떤 사람이 닭을 잡아서 대접했는데 부랑이 말했다. "이 닭은 항상 반(半) 노

천(露天)에서 잠을 잤군요." 그래서 물어보았더니 역시 맞았다. 또 거위구이를 먹으면서 (거위의) 흰 부분과 검은 부분을 알아맞혔는데, 시험삼아 그것을 모두 기록해 보았더니, 조금도 틀림이 없었다. 《부자(符子)》 수십 편을 지었는데, 대개 노장(老莊)의 부류이다. 부랑은 자긍심이 높아서 사람들의 뜻에 거슬렸기 때문에 세상에 용납되지 못했으며, 나중에 사람들이 참소하여 그를 죽이고 말았다.'

裴景仁秦書曰, 朗字元達. 符堅從兄. 性宕放, 神氣爽悟. 堅常曰, 吾家千里駒也. 堅爲慕容沖所圍, 朗降謝玄, 用爲員外散騎侍郎. 吏部郎王忱, 與兄國寶命駕詣之. 沙門法汰問朗曰, 見王吏部兄弟未. 朗曰, 非一狗面人心, 又一人面狗心者是邪. 忱醜而才, 國寶美而狠故也. 朗常與朝士宴, 時賢竝用唾壺. 朗欲夸之, 使小兒跪而開口, 唾而含出. 又善識味. 會稽王道子爲設精饌, 訖問, 關中之食, 孰若於此. 朗曰, 皆好. 唯鹽味小生. 即問宰夫, 如其言. 或人殺雞以食之, 朗曰, 此雞棲, 恆半露. 問之, 亦驗. 又食鵝炙, 知白黑之處. 咸試而記之, 無毫釐之差. 著符子數十篇, 蓋老莊之流也. 朗矜高忤物, 不容於世, 後衆讒而殺之.

(2) 《왕씨보(王氏譜)》에 이런 이야기가 있다. '왕숙지(王肅之)의 자는 유공(幼恭)이며, 우장군(右將軍) 왕희지(王羲之)의 넷째 아들이다. 중서랑(中書郎)과 표기장군(驃騎將軍)의 자의참군(咨議參軍)을 역임했다.'

王氏譜曰, 肅之字幼恭. 右將軍羲之第四子. 歷中書郎, 驃騎咨議.

주해 | ○初過江(초과강)－부랑(符朗)이 사현(謝玄)의 군단에 항복한 것은 태원(太元) 9년(384) 10월의 일이다(《晋書》〈孝武帝紀〉, 《資治通鑑》 권105).

ㅇ中國(중국)－당시 진실(晋室)은 이미 동천(東遷)했었는데 북방 중원(中原)의 땅이 아직도 본국의 땅으로 의식되고 있었던 것이다.
ㅇ識中(식중)－《세설전본(世說箋本)》의 두주(頭注)에 '마음 속에 지식이 있는 사람'이라고 되어 있다.
ㅇ無意爲奴婢問者(무의위노비문자)－《세설강의(世說講義)》 권9에 '안으로 미의식(美意識)이 없고 노비에 대해서 묻기만 하는 자'라고 되어 있다. 그것에 의하면 '사려가 얕고 노비에 대한 것을 묻기나 하는 사람'이란 정도의 의미가 될 것이다.
ㅇ裵景仁秦書(배경인진서)－현행 《수서(隋書)》 〈경적지(經籍志)〉에는 '〈진기(秦記)〉 11권. 송전중장군배경인찬(宋殿中將軍裵景仁撰). 양옹주주부혜명주(梁雍州主簿惠明注)'라고 기록되어 있다.
ㅇ從兄(종형)－《진서》 권114 〈부견재기부부랑전(符堅載記附符朗傳)〉에는 '종형지자야(從兄之子也)'로 기록하고 있다.
ㅇ堅爲慕容沖所圍(견위모용충소위)－《자치통감》 권105에 태원(太元) 9년(384) 9월, 모용충(慕容沖)이 장안(長安)에 있는 부견(符堅)에게 쳐들어왔다고 되어 있다.
ㅇ小生(소생)－생(生)은 맛이 안난다는 의미.
ㅇ衆讒而殺之(중참이살지)－《진서》 〈부랑전〉에는 '왕국보(王國寶)가 참언을 하여 이를 죽이다'라고 되어 있다.

58. 동부(東府)의 객관(客館)은 판잣집이었다. 사경중(謝景重 : 謝重)이 태부(太傅 : 會稽王 司馬道子)를 방문했는데, 당시 빈객들이 (객관에) 가득 있었다. 사경중은 빈객들과 처음부터 한마디도 나누지 않은 채, 다만 위만 쳐다보며 말했다. "회계왕(會稽王 : 사마도자)은 결국 이 집을 서융(西戎)처럼 만들어 놓았군."(1)

| 원문 | **東府客館是版屋. 謝景重詣太傅, 時賓客滿中, 初不交言, 直仰視云, 王乃復西戎其屋.**(1)

(1) 진시(秦詩)의 서(敍)에 이런 말이 있다. '진(秦) 양공(襄公)이 군대를 정비하여 서융(西戎)을 토벌했을 때, 부인이 그 남편을 딱하게 여겨 지었다. 그 시(詩)에는 "당신이 판잣집에 계시니, 내 마음이 산란스러워요."' 모공(毛公 : 毛亨)의 주(注)에 말했다. '서융의 집은 판잣집이다.'

秦詩敍曰, 襄公備其兵甲, 以討西戎. 婦人閔其君子. 故作詩曰, 在其版屋, 亂我心曲. 毛公注曰, 西戎之版屋也.

주해| ㅇ東府(동부)－건강(建康)에 있는 회계왕(會稽王 : 司馬道子)의 관소.

ㅇ版屋(판옥)－판잣집. 서방(西方), 천수(天水)·농서(隴西) 지방은 임목(林木)이 많아서 백성들은 이것으로 집을 짓고 살았다.

ㅇ秦詩敍(진시서)－《시경(詩經)》〈진풍(秦風)〉 소융(小戎)의 서(序).

59. 고장강(顧長康 : 顧愷之)은 사탕수수를 먹을 때, 끝부분부터 먼저 먹었다. 어떤 사람이 그 이유를 물었더니, 고장강은 말했다. "점점 멋진 경지에 이르기 때문이지요."

원문| **顧長康噉甘蔗, 先食尾. 人問所以, 云, 漸至佳境.**

주해| ㅇ先食尾(선식미)－《진서(晋書)》 권92 〈고개지전(顧愷之傳)〉에는 '항자미지본(恒自尾至本)'으로 적고 있다.

ㅇ漸至佳境(점지가경)－《진서》 본전(本傳)은 '점입가경(漸入佳境)'으로 적고 있다.

60. 효무제(孝武帝 : 司馬曜)가 왕순(王珣)에게 사윗감을 찾아 달라고 부탁하면서 말했다. "왕돈(王敦)이나 환온(桓溫) 같은 탁월한 인

물은 이미 다시 얻기 어렵겠지만, 다소 뜻을 얻었다고 해서 다른 사람의 집안일에 관여하길 좋아한다면, 정말 필요한 사람이 아니오. 저 진장(眞長 : 劉惔)이나 자경(子敬 : 王獻之) 같은 사람이라면 가장 좋겠소." 왕순이 사혼(謝混)을 추천했다. 나중에 원산송(袁山松)이 사혼과 혼인관계를 맺으려 하자,[(1)] 왕순이 말했다. "그대는 천자의 요리에 접근하면 안되오."

원문| **孝武屬王珣求女壻, 曰, 王敦, 桓溫, 磊砢之流, 旣不可復得. 且小如意, 亦好豫人家事. 酷非所須. 正如眞長, 子敬比, 最佳. 珣擧謝混. 後袁山松欲擬謝婚.[(1)] 王曰, 卿莫近禁臠.**

(1) 《속진양추(續晉陽秋)》에 이런 이야기가 있다. '원산송(袁山松)은 진군(陳郡) 사람이다. 조부 원교(袁喬)는 익주자사(益州刺史)를 지냈고, 아버지 원방평(袁方平)은 의흥태수(義興太守)를 지냈다. 원산송은 비서감(秘書監)과 오국내사(吳國內史)를 역임했다. 손은(孫恩)이 난을 일으켰을 때 (진압에 나섰다가) 살해당했다. 처음에 효무제가 진릉공주(晉陵公主)를 위해 왕순에게 사윗감을 찾아 달라고 하자, 왕순이 사혼(謝混)을 추천하면서 말했다. "(사혼의) 재능은 진장(眞長)에는 미치지 못하지만, 자경(子敬)보다 못하지는 않습니다." 효무제가 말했다. "그렇다면 충분하오."'
續晉陽秋曰, 山松, 陳郡人. 祖喬, 益州刺史. 父方平, 義興太守. 山松歷秘書監, 吳國內史. 孫恩作亂, 見害. 初, 帝爲晉陵公主訪壻於王珣, 珣擧謝混, 云, 人才不及眞長, 不減子敬. 帝曰, 如此, 便已足矣.

주해| ㅇ磊砢(뇌가)－마음이 넓고 뛰어난 사람을 가리키는 말이다.
ㅇ王敦(왕돈), 桓溫(환온)－왕돈은 무제(武帝)의 딸인 양성공주(襄城公主)를 아내로 맞이하고, 환온은 명제(明帝)의 딸인 남강장공주(南康長

公主)를 아내로 맞이했다.

ㅇ小如意(소여의), 亦好豫人家(역호예인가)－여기서는 왕돈이라든가 환온이 권력을 얻게 된 후에 왕실 찬탈의 야심을 품었던 일을 가리킨다.

ㅇ禁臠(금련)－천자(天子)가 먹는 고급 고기. 《진서(晋書)》 권79 〈사혼전(謝混傳)〉에는, '초(初), 원제시진건업(元帝始鎭建業), 공사군경(公私窘罄), 매득일돈(每得一豘), 이위진선(以爲珍膳). 항상일련우미(項上一臠尤美), 첩이천제(輒以薦帝), 군하미상감식(群下未嘗敢食). 우시호위금련(于時呼爲禁臠), 고순인이위희(故珣因以爲戲)'라고 되어 있다.

ㅇ孫恩作亂(손은작란)－《진서》 권83 〈원산송전(袁山松傳)〉에는 손은이 난을 일으켰는데 원산송이 호독성(滬瀆城)을 지켰다. 성이 함락되어 해(害)를 입었다'라고 되어 있다. 참고로 손은의 난은 〈덕행편(德行篇)〉 45의 유주(劉注)를 참조할 것.

61. 환남군(桓南郡 : 桓玄)이 은형주(殷荊州 : 殷仲堪)와 담론하다가, 함께 끝나 버린 상황을 묘사한 연구(聯句 : 了語)를 짓기로 했다. 고개지(顧愷之)는 말하기를 "불이 벌판을 태우고 불씨조차 남지 않은 것[火燒平原無遺燎]"이라 했고, 환남군은 말하기를 "흰 천으로 관을 묶고 조기(弔旗)를 세우는 것[白布纏棺竪旒旐]"이라 했으며, 은형주는 말하기를 "깊은 연못에 물고기를 놓아주고 나는 새를 풀어 주는 것[投魚深淵放飛鳥]"이라고 했다. 다음으로는 위험한 상황을 묘사한 연구[危語]를 짓기로 했다. 환남군은 말하기를 "창끝으로 쌀을 씻고 칼끝으로 불을 때는 것[矛頭淅米劍頭炊]"이라고 했고, 은형주는 말하기를 "백 살 노인이 고목 가지에 올라가는 것[百歲老翁攀枯枝]"이라고 했으며, 고개지는 말하기를 "우물 위의 도르래에 갓난아이를 뉘어 놓은 것[井上轆轤臥嬰兒]"이라고 했다. 은형주 휘하의 한 참군(參軍)이 그 자리에 있다가 말하기를 "맹인이 애꾸눈의 말을 타고 한밤중에 깊은 연못으로 가는 것[盲人騎瞎馬, 夜半臨深池]"이라고 했더니, 은형주가 말하기를 "으악! 사람을 놀래어 죽이는군!"이라고 했

다. 은중감(殷仲堪)이 애꾸눈이었기 때문이다.[(1)]

원문| 桓南郡與殷荊州語次, 因共作了語. 顧愷之曰, 火燒平原無遺燎, 桓曰, 白布纏棺竪旒旐. 殷曰, 投魚深淵放飛鳥. 次復作危語. 桓曰, 矛頭淅米劍頭炊. 殷曰, 百歲老翁攀枯枝. 顧曰, 井上轆轤臥嬰兒. 殷有一參軍在坐, 云, 盲人騎瞎馬, 夜半臨深池. 殷曰, 咄咄逼人. 仲堪眇目故也.[(1)]

(1) 《중흥서(中興書)》에 이런 이야기가 있다. '은중감의 부친[殷師]이 일찍이 오랫동안 병석에 있을 때, 은중감은 몇 년 동안 옷에서 허리띠를 풀지 않았다. 스스로 탕약을 조제하다가 잘못하여 약 묻은 손으로 눈물을 닦는 바람에 결국 한쪽 눈이 멀고 말았다.'
中興書曰, 仲堪父嘗疾患經時, 仲堪衣不解帶數年. 自分劑湯藥, 誤以藥手拭淚, 遂眇一目.

주해| ㅇ顧愷之(고개지)-《진서(晋書)》 권92 〈고개지전(顧愷之傳)〉에는 '후에 은중감(殷仲堪)의 참군(參軍)이 되었으며 깊이 권접(眷接)하다'라고 되어 있다.
ㅇ了語(요어)-종료(終了)의 뜻을 내용으로 하는 구절을 만들고, 더구나 요자(了字)의 운(韻)으로 구절을 맺는 놀이. 요(燎)·조(旐)·조(鳥)는 요자(了字)와 같은 운이다.
ㅇ危語(위어)-위험한 뜻을 내용으로 하는 구절을 만들되 더구나 위자(危字)의 운으로 구절을 맺는 놀이. 취(炊)·지(枝)·아(兒)·지(池)는 위자(危字)와 같은 운이다.
ㅇ自分劑湯藥(자분제탕약)-《진서》 권84 〈은중감전(殷仲堪傳)〉에는 '스스로 의술(醫術)을 배우고, 그 정묘(精妙)를 얻었다'라고 되어 있다.

62. 환현(桓玄)이 활 쏘러 나갔다. 유참군(劉參軍)과 주참군(周參

軍)이 한 조가 되어 활쏘기 내기를 했는데, 이기기까지 단 한 발만 남겨 놓고 있었다. 유참군이 주참군에게 말했다. "자네가 이 한 발을 명중시키지 못하면, 내가 자네를 때리겠네." 주참군이 대꾸했다. "왜 자네의 매를 맞아야 하는 건가." 유참군이 말했다. "백금(伯禽) 같은 귀한 분도 매맞는 걸 면치 못했는데 하물며 자네임에랴!"(1) 주참군은 못마땅해하는 기색이 전혀 없었다. 환현이 유백란(庾伯鸞 : 庾鴻)에게 말했다.(2) "유참군은 마땅히 착실하게 책을 읽어야 하고, 주참군은 또한 학문에 열중해야 하겠소."

원문| 桓玄出射. 有一劉參軍與周參軍朋賭, 垂成, 唯少一破. 劉謂周曰, 卿此起不破, 我當撻卿. 周曰, 何至受卿撻. 劉曰, 伯禽之貴, 尚不免撻, 而況於卿.(1) 周殊無忤色. 桓語庾伯鸞曰,(2) 劉參軍宜停讀書, 周參軍且勤學問.

(1) 《상서대전(尙書大傳)》에 이런 이야기가 있다. '백금이 숙부 강숙(康叔)과 함께 부친인 주공(周公)을 뵈었는데, 세 번 뵈면서 세 번 모두 매를 맞았다. 강숙이 놀란 기색을 띠며 백금에게 말했다. "상자(商子)라고 하는 현인이 있다. 함께 그를 만나 보자." 그래서 상자를 만나 물었다. 상자가 말했다. "남산의 남쪽에 나무가 있는데 '교(喬)'라고 합니다." 두 사람이 가서 '교'라는 나무를 보았는데, 정말로 높다랗게 위로 뻗어 있었다. 돌아가서 상자에게 알렸더니, 상자는 말했다. " '교'라는 나무는 아비의 도(道)입니다. 남산의 북쪽에 나무가 있는데 '재(梓)'라고 합니다." 두 사람이 다시 가서 '재'라는 나무를 보았는데, 정말로 겸손하게 아래로 숙이고 있었다. 돌아가서 상자에게 알렸더니, 상자는 말했다. " '재'라는 나무는 자식의 도입니다." 두 사람은 다음날 주공을 뵐 때, 문안으로 들어가서는 종종걸음치고, 당(堂)에 올라서는 무릎을 꿇었다. 주공은 그들의 머리를 쓰다듬으면서 칭찬하고 식사를 대접한

뒤 말했다. "너희는 어디서 군자를 만났느냐?"'

《예기(禮記)》에 이런 이야기가 있다. '성왕(成王)에게 잘못이 있으면, 주공은 백금을 매질했다. 이것도 같은 의도이다.'

尙書大傳曰, 伯禽與康叔見周公, 三見而三笞. 康叔有駭色, 謂伯禽曰, 有商子者, 賢人也. 與子見之. 乃見商子而問焉. 商子曰, 南山之陽有木焉, 名喬. 二三子往觀之. 見喬, 實高高然而上. 反以告商子. 商子曰, 喬者, 父道也. 南山之陰有木焉, 名曰梓. 二三子復往觀焉. 見梓, 實晉晉然而俯. 反以告商子. 商子曰, 梓者, 子道也. 二三子, 明日見周公. 入門而趨, 登堂而跪. 周公拂其首, 勞而食之, 曰, 爾安見君子乎.

禮記曰, 成王有罪, 周公則撻伯禽. 亦其義也.

(2) 《진동궁백관명(晉東宮百官名)》에 이런 이야기가 있다. '유홍(庾鴻)의 자는 백란(伯鸞)이며 영천(潁川) 사람이다.'

《유씨보(庾氏譜)》에 이런 이야기가 있다. '유홍의 조부 유의(庾義)는 오국내사(吳國內史)를 지냈고, 부친 유해(庾楷)는 좌위장군(左衛將軍)을 지냈다. 유홍은 벼슬이 보국장군(輔國將軍)의 내사(內史)에 이르렀다.'

晉東宮百官名曰, 庾鴻, 字伯鸞, 潁川人.

庾氏譜曰, 鴻祖義, 吳國內史. 父楷, 左衛將軍. 鴻仕至輔國內史.

주해 | ㅇ此起(차기)-'그 일발(一發)이라고 하는 것과 같다'(《世說箋本》). 〈태치편(汰侈篇)〉 6에도 '무자일기편파적(武子一起便破的)'의 용례가 있다.

ㅇ忤色(오색)-송본(宋本)은 오색(仵色), 원본(袁本)은 오색(忤色)으로 적고 있다. 오(仵)와 오(忤)는 통하며 같이 쓸 수 있다.

ㅇ尙書大傳(상서대전)-《수서(隋書)》〈경적지(經籍志)〉에 정현(鄭玄) 주(注) 3권본이 저록(著錄)되어 있으며 정현의 서목(序目 : 《通德遺書所見錄》 권33에 《玉海》에서 인용한 글을 싣고 있다)에 의하면, 한(漢)나

라 복생(伏生)이 죽은 다음 그에게 배웠던 자가 스승의 설을 편집한 것이라고 한다.

- 晋晋然(진진연) – 《예문유취(藝文類聚)》 권89 목부(木部) 하(下) 재(梓)의 조(條)에 《상서대전(尙書大全)》을 인용하여 '진(晋), 숙모(肅貌)'라고 되어 있다.
- 禮記(예기) – 〈문왕세자편(文王世子篇)〉.
- 成王(성왕) – 문왕(文王)의 아들. 주공(周公)은 성왕에게 문왕의 세자로서의 도를 가르치기 위해, 대신 자기 아들인 백금(伯禽)에게 매질을 했다.
- 左衛將軍(좌위장군) – 《송서(宋書)》 권40 〈백관지(百官志)〉 하(下)에 우위장군(右衛將軍)과 함께 '숙위(宿衛)의 영병(營兵)을 관장한다'라고 되어 있다.

63. 환남군(桓南郡 : 桓溫)이 도요(道曜)와 함께 《노자(老子)》를 강론하고 있을 때, 주부(主簿)로 있던 왕시중(王侍中 : 王禎之)이 그 자리에 있었다. 환남군이 말했다. "왕주부(王主簿)는 자신의 이름을 돌아보고서 의미를 생각해 보시오." 왕시중이 미처 대답하지 못하고 크게 웃자, 환남군은 말했다. "왕사도(王思道 : 왕정지)는 대갓집 자식의 웃음을 잘 웃는군."(1)

| 원문 | **桓南郡與道曜講老子. 王侍中爲主簿在坐. 桓曰, 王主簿可顧名思義. 王未答, 且大笑. 桓曰, 王思道能作大家兒笑.**(1)

(1) 도요(道曜)는 미상이다. 사도(思道)는 왕정지(王禎之)의 어릴 적 자이다. 《노자》는 도(道)를 천명한 책이고, 정지는 자(字)가 사도(思道)이기 때문에 '이름을 돌아보고서 의미를 생각해 보라'고 한 것이다.
道曜, 未詳. 思道, 王禎之小字也. 老子明道, 禎之字思道, 故

曰, 顧名思義.

주해| ㅇ大家兒(대가아)－왕정지(王禎之)는 왕휘지(王徽之)의 아들로서 왕희지(王羲之)의 손자에 해당한다. 명가의 자제라 할 수 있다. 한편 《노자(老子)》 제41장에는 '상사문도(上士聞道), 근이행지(勤而行之). 중사문도(中士聞道), 약존약망(若存若亡). 하사문도(下士聞道), 대소지(大笑之)'라고 되어 있다. 왕정지가 사도(思道)라고 자(字)를 쓰면서도 도(道)를 풀이하지 못하는 하사(下士)라며 조롱하고 있는 것일 게다.

ㅇ王禎之(왕정지)－송본(宋本)·원본(袁本) 어느 것도 '정지(禎之)'로 적고 있는데 〈품조편(品藻篇)〉 86에서는 오히려 송본·원본 모두 '정지(楨之)'로 적고 있다. 또 《진서(晋書)》 권80에도 '왕정지(王楨之)'로 되어 있다.

64. 조광(祖廣)은 걸어다닐 때 항상 머리를 움츠렸다. (조광이) 환남군(桓南郡 : 桓玄)을 방문하여 막 수레에서 내리자, 환남군이 말했다. "하늘이 너무나 맑게 개었는데도, 조참군(祖參軍 : 祖廣)은 마치 비 새는 방에서 나온 것 같군."(1)

원문| **祖廣行恆縮頭. 詣桓南郡, 始下車, 桓曰, 天甚晴朗, 祖參軍如從屋漏中來.**(1)

(1) 《조씨보(祖氏譜)》에 이런 이야기가 있다. '조광의 자는 연도(淵度)이며 범양(范陽) 사람이다. 아버지 조대지(祖臺之)는 광록대부(光祿大夫) 벼슬을 했다. 조광은 벼슬이 호군장군(護軍將軍)의 장사(長史)에 이르렀다.'

祖氏譜曰, 廣字淵度, 范陽人. 父臺之, 光祿大夫. 廣仕至護軍長史.

주해 ㅇ屋漏(옥루)－방의 서북쪽 모퉁이. 남들에게 보여주지 않는 곳. 《시경(詩經)》〈대아(大雅)〉 '억(抑)'에 '그대의 방에 있는 것을 보니 옥루(屋漏)에 부끄러워하지 않도다'라고 되어 있다.

65. 환현(桓玄)은 평소부터 (사촌형제인) 환애(桓崖 : 桓脩)를 경멸했다. 환애는 도성에서 좋은 복숭아나무를 가지고 있었는데, 환현이 계속 찾아가 달라고 했으나, 결국 좋은 것은 얻지 못했다.(1) 환현이 은중문(殷仲文)에게 편지를 써서 (그 일을 가지고 환애를) 비웃으며 말했다. "덕(德)이 훌륭하면 숙신(肅愼)도 호시(楛矢)를 바쳤지만, 그렇지 못하면 울타리 안에 있는 물건도 얻을 수가 없소."(2)

원문 桓玄素輕桓崖. 崖在京下有好桃, 玄連就求之, 遂不得佳者.(1) 玄與殷仲文書, 以爲嗤笑曰, 德之休明, 肅愼貢其楛矢. 如其不爾, 籬壁間物, 亦不可得也.(2)

(1) 애(崖)는 환수(桓脩)의 어릴 때 자이다.
《속진양추(續晋陽秋)》에 이런 이야기가 있다. '환수는 젊었을 때 환현에게 모욕을 당했는데, (환현은) 말끝마다 늘 그를 비웃었다.'
崖, 桓脩小字.
續晋陽秋曰, 脩少爲玄所侮, 於言端常嗤鄙之.

(2) 《국어(國語)》에 이런 이야기가 있다. '중니(仲尼 : 孔子)가 진(陳)나라에 있을 때, 새매가 진후(陳侯)의 정원에 날아와서 죽었는데, 호시(楛矢)가 그것을 관통했으며 돌 화살촉이 1척 8촌이나 되었다. 중니에게 묻자 이렇게 대답했다. "이 새매는 먼 데서 날아왔으며, 이것은 숙신(肅愼)의 화살입니다. 옛날 주(周) 무왕(武王)이 상(商)나라를 토벌했을 때, 구이(九夷)와 백만(百蠻)까지도 길을

뚫어서 각지의 특산물을 바치도록 했습니다. 그래서 숙신씨가 호시를 바친 것입니다. 옛날에는 이성(異姓)에게도 (먼 지역에서 바친) 공물을 나눠줌으로써 귀복(歸服)함을 잊지 않도록 했기 때문에, (이성인) 진(陳)에게도 숙신의 공물을 나눠 준 것입니다. 만약 창고에서 그것을 찾아보면 얻을 수 있을 것입니다." (진후가) 그것을 찾게 하여 살펴보았더니, 황금 상자 속에 옛날 것 그대로 있었다.'

國語曰, 仲尼在陳, 有隼集陳侯之庭而死. 楛矢貫之, 石砮尺有咫. 問於仲尼, 對曰, 隼之來遠矣. 此肅愼之矢也. 昔武王克商, 通道于九夷, 百蠻, 使各以方賄貢. 於是肅愼氏貢楛矢. 古者分異姓之職, 使不忘服也. 故分陳以肅愼之貢. 若求之故府, 其可得. 使求得之, 金櫝如初.

주해 | ㅇ桓崖(환애)－애(崖 : 桓脩), 자(字)는 승조(承祖)이며 초국(譙國) 사람이다. 아버지 환충(桓沖)은 환온(桓溫)의 동생이다. 따라서 환온의 아들인 환현(桓玄)과는 사촌 사이이다. 간문제(簡文帝)의 딸 무창공주(武昌公主)를 맞아들였고 현관(顯官)을 역임했으며 환현의 제위찬탈 후에는 무군대장군(撫軍大將軍)이 되었는데 유유(劉裕)에게 죽음을 당했다(《晋書》 권74 〈桓脩傳〉).

ㅇ德之休明(덕지휴명)－《좌전(左傳)》 선공(宣公) 3년, 정(鼎)의 대소경중(大小輕重)을 묻는 대답에 '덕지휴명(德之休明), 정소(鼎小), 중야(重也)'라고 되어 있다. 휴명(休明)은 훌륭하고 분명하다는 뜻.

ㅇ肅愼(숙신)－동북지방에 살던 이민족의 나라 이름.

ㅇ楛矢(호시)－호(楛)를 화살대로 한 화살. 호(楛)는 줄기가 가시나무와 비슷하여 빨갛다.

ㅇ國語(국어)－〈노어(魯語)〉 하(下).

ㅇ咫(지)－《국어》 위소(韋昭) 주(注)에 '8촌(寸)을 지(咫)라고 한다'라고 되어 있다.

ㅇ分異姓之職(분이성지직)－직(職)은 공(貢). 이 부분이 《국어》 본문에는

'분이성이원방지직공(分異姓以遠方之職貢)'이라고 되어 있으며 그것에 따라 뜻을 보충하여 번역했다.

- 陳(진)－진(陳)은 규성(嬀姓)이고, 주(周)는 희성(姬姓)이어서 서로 성이 같지 아니하다.
- 故府(고부)－위소의 주에 '구부(舊府)이다'라 되어 있다. 옛날부터 있었던 창고를 가리킨다.
- 金櫝(금독)－독(櫝)은 궤(櫃)와 같다. 궤짝·뒤주와 같은 것.
- 如初(여초)－《국어》에는 '여지(如之)'로 되어 있으며 위소의 주에는 '공자(孔子)의 말과 같다'라고 되어 있다.

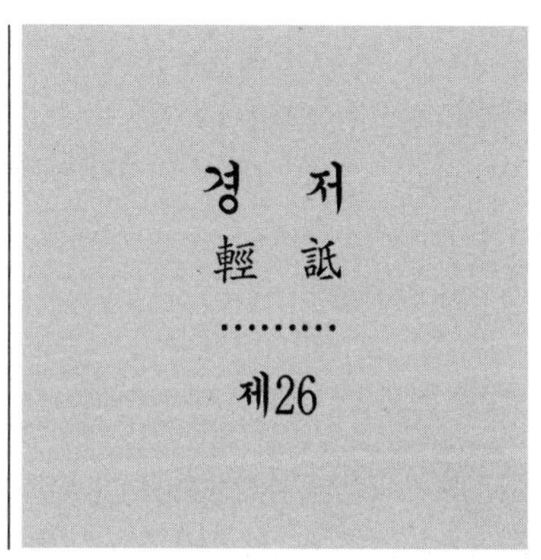
경저 輕詆 제26

1. 왕태위(王太尉 : 王衍)가 아들인 미자(眉子 : 王玄)에게 물었다. "네 숙부[王澄]는 명사인데 어찌하여 존중하지 않느냐?"(1) 미자가 말했다. "종일토록 터무니없는 말만 하는 명사가 어디에 있단 말입니까?"

원문| **王太尉問眉子, 汝叔名士, 何以不相推重.(1) 眉子曰, 何有名士終日妄語.**

(1) 왕미자(王眉子)는 이미 나왔다. 숙부는 왕징(王澄)이다.
眉子已見. 叔, 王澄也.

주해| ㅇ輕詆(경저)－가볍게 경멸하고 헐뜯는다는 뜻이다. 주로 상대방의 결점이나 약점을 잡고서는 그 급소를 찌르는 것을 의미한다.

ㅇ汝叔名士(여숙명사)－왕연(王衍)은 동생인 왕징(王澄)을 중시했는데, 《진서(晋書)》 권43 〈왕징전(王澄傳)〉에도 '연유중명어세(衍有重名於世), 시인허이인륜지감(時人許以人倫之鑒). 우중징급왕돈유애(尤重澄及王敦庾敳), 상위천하인사목왈(嘗爲天下人士目曰), 아평(阿平 : 王澄) 제일

(第一), 자숭(子嵩 : 庾敳) 제이(第二), 처중(處仲 : 王敦) 제삼(第三)'으로 되어 있다. 왕징의 자는 평자(平子). 시호는 헌(憲). 왕징은 청담을 좋아하고 실무를 가벼이 여겼다(《晋書》 권43 〈왕징전〉). 〈품조편(品藻篇)〉 11에서 인용한 《진양추(晋陽秋)》 참조.

ㅇ妄語(망어)－터무니없는 말. 여기서는 왕징이 온종일 현담(玄談)에 빠져 있었던 일을 가리킨다.

ㅇ已見(이견)－〈식감편(識鑒篇)〉 12.

2. 유원규(庾元規 : 庾亮)가 주백인(周伯仁 : 周顗)에게 말했다. "사람들이 모두 당신을 악씨(樂氏)에 견주더군요." 주백인이 말했다. "어떤 악씨요? 악의(樂毅) 말입니까?"(1) 유원규가 대답했다. "그 사람이 아니고 악령(樂令 : 樂廣)이랍니다." 주백인이 말했다. "어찌하여 무염(無鹽)을 곱게 그려서 서자(西子 : 西施)를 범하려 하는가?"(2)

▌원문│ 庾元規語周伯仁, 諸人皆以君方樂. 周曰, 何樂. 謂樂毅邪.(1) 庾曰, 不爾. 樂令耳. 周曰, 何乃刻畫無鹽, 以唐突西子也.(2)

(1) 《사기(史記)》에 이런 이야기가 있다. '악의는 중산(中山) 사람이다. 현능(賢能)하여 연(燕) 소왕(昭王)의 장군이 되어 제후를 이끌고 제(齊)나라를 토벌했으며, 조(趙)나라에서 죽었다.'

史記曰, 樂毅, 中山人. 賢而爲燕昭王將軍, 率諸侯伐齊, 終於趙.

(2) 《열녀전(列女傳)》에 이런 이야기가 있다. '종리용(鍾離舂)은 제(齊)나라 무염(無鹽) 출신의 여자이다. 그 못생김이 (세상에) 둘도 없었는데, 누런 머리카락에 움푹한 눈, 장대한 체격에 굵직한 관절, 들창코에 불거진 목젖, 살찐 목덜미에 성근 머리카락, 굽은 허리에

튀어나온 가슴, 옻칠처럼 까만 피부를 하고 있었다. 나이 30이 되도록 받아 주는 사람이 없어서 시집가려고 직접 나섰지만 데려가는 사람이 없었다. 그래서 스스로 제(齊)나라 선왕(宣王)을 찾아가 후궁(後宮)으로 받아 달라고 청하면서 선왕에게 네 가지 위태로운 일을 진언했더니, 선왕이 (그녀를) 정후(正后)로 삼았다.'
《오월춘추(吳越春秋)》에 이런 이야기가 있다. '월왕(越王) 구천(句踐)이 산속에서 나무하는 여자를 얻어 서시(西施)라고 이름짓고서 오왕(吳王) 부차(夫差)에게 바쳤다.'

列女傳, 鍾離春者, 齊無鹽之女也. 其醜無雙, 黃頭深目, 長壯大節, 鼻昂結喉, 肥項少髮, 折腰出胸, 皮膚若漆. 行年三十, 無所容入, 衒嫁不售. 乃自詣齊宣王, 乞備後宮, 因說王以四殆. 王拜爲正后.

吳越春秋曰, 越王勾踐, 得山中採薪女子, 名曰西施, 獻之吳王.

주해 | ㅇ史記(사기)－권80 〈악의전(樂毅傳)〉.

ㅇ率諸侯伐齊(솔제후벌제)－《사기》〈악의전〉에 의하면 '악의는 이에 조(趙)·초(楚)·한(韓)·위(魏)·연(燕)나라 등 5개국의 군대를 이끌고 제(齊)나라를 토벌하여 이를 제수(濟水) 서쪽에서 격파했다'라고 되어 있다.

ㅇ終於趙(종어조)－연(燕)나라 소왕(昭王)이 죽고 혜왕(惠王)이 즉위하자, 악의는 혜왕으로부터 의심을 받게 되었는데 죽음당할 것을 두려워하여 조(趙)나라에 항복하고 관진(觀津)에 봉해졌다.

ㅇ列女傳(열녀전)－유향(劉向) 찬(撰), 《고(古) 열녀전(列女傳)》 권6 변통(辯通)의 제(齊) 종리춘(鍾離春) 조(條).

ㅇ鍾離春(종리용)－《열녀전》(통행본)에는 용(舂)이 춘(春)으로 되어 있다.

ㅇ黃頭(황두)·長壯(장장)·三十(삼십)－《열녀전》에서는 각각 '구두(臼頭)'·'장지(長指)'·'사십(四十)'으로 적고 있다.

ㅇ四殆(사태)－종리용이 제(齊)나라에 다음과 같은 네 가지의 위험한 일이 있을 것을 진언했다고 한다. (1)밖에서는 진(秦)·초(楚)의 난이 있

을 것이고 안에서는 간신・영신(佞臣) 등의 해(害)가 있다. (2)사치가 심한 나머지 백성들이 피폐해질 것이다. (3)간언의 길이 막힐 것이다. (4)술과 여악(女樂)에 빠져서 내정(內政)・외정(外政) 모두 문란해질 것이다.

ㅇ吳越春秋(오월춘추)－권5 〈구천음모외전(句踐陰謀外傳)〉 제9.

ㅇ山中(산중)－《오월춘추》 권5에 의하면 회계군(會稽郡) 제기현(諸暨縣)의 저라산(苧羅山)을 가리킨다. 참고로 《후한서(後漢書)》 〈군국지(郡國志)〉 4 회계군의 주(注)에서 인용한 《월절서(越絶書)》에 의하면 서시(西施)의 출신지를 제기현이 아닌 여기현(余暨縣)으로 적고 있다.

3. 심공(深公 : 竺法深)이 말했다. "사람들은 유원규(庾元規 : 庾亮)를 명사라고 하지만, (그의) 가슴속엔 가시가 세 말이나 들어 있지."

원문| **深公云, 人謂庾元規名士, 胸中柴棘三斗許.**

4. 유공(庾公 : 庾亮)은 권력이 막중하여 왕공(王公 : 王導)을 압도하기에 충분했다. 유공은 석두(石頭)에 있었고 왕공은 야성(冶城)에 앉아 있었는데, 큰 바람이 불어 먼지를 날리자, 왕공이 부채로 먼지를 털며 말했다. "원규(元規 : 유량)의 먼지가 사람을 더럽히는군!"(1)

원문| **庾公權重, 足傾王公. 庾在石頭, 王在冶城坐, 大風揚塵. 王以扇拂塵曰, 元規塵汚人.**(1)

(1) 생각하건대 왕공은 도량이 크고 원만하게 일을 처리했는데, 유량(庾亮)이 무창(武昌)에 있을 때, (왕공은) 그가 틀림없이 (도성으로) 쳐내려올 것이라는 소문을 전해 들었지만, 왕공이 식견과 도

량으로 그것을 판단함으로써, 세간(世間)의 떠들썩한 소문이 저절로 잠잠해졌다. 어찌 (왕공이 유량을) 의심하여 부채로 먼지를 털어내는 일이 있었겠는가?

왕은(王隱)의 《진서(晋書)》 〈대양전(戴洋傳)〉에는 이런 이야기가 있다. '단양태수(丹陽太守) 왕도(王導)가 대양에게 자신이 7년 동안 앓고 있는 병에 대해 물었다. 대양이 말했다. "군후(君侯)의 명운은 신(申) 방향에 있으며 그곳은 그 땅의 주인입니다. 그러나 신(申) 땅 위에서 야금(冶金)을 하고 있으며 그 불빛이 하늘을 밝히고 있습니다. 이것은 금(金)과 화(火)가 서로를 녹이고 수(水)와 화(火)가 서로를 들볶는 형국이기 때문에 군후의 몸을 해치게 된 것입니다." 그래서 왕도는 야성령(冶城令) 혁손(奕遜)을 불러 진(鎭)을 동쪽으로 옮기게 했는데, 지금의 동야(東冶)가 이곳이다.' 《단양기(丹陽記)》에 이런 이야기가 있다. '단양의 야성(冶城)은 궁성에서 3리 떨어져 있으며, 오(吳)나라 시대에 주조(鑄造)를 하던 곳인데, 오나라가 평정된 뒤에도 여전히 없어지지 않았다.' 《단양기》에서 또 말했다. '손권(孫權)이 야성을 축조했는데, 주조를 하던 곳이다. 이미 석두에 큰 성채를 세웠기에 그 근처에 이 작은 성을 세우는 것이 허용되지 않았으므로, 당연히 현(縣)의 치소(治所)를 (다른 곳으로) 옮기고 성을 비워서 야성을 설치한 것이다. 야성은 금릉(金陵)의 본래 치소였던 것 같다. 한(漢) 고조(高祖) 6년에 천하의 현읍(縣邑)에 성을 축조하라고 명을 내렸으므로, 말릉(秣陵)만 (성이) 없었을 리가 없다.'

按王公雅量通濟, 庾亮之在武昌, 傳其應下, 公以識度裁之, 嚣言自息. 豈或回貳有扇塵之事乎.

王隱晉書戴洋傳曰, 丹陽太守王導, 問洋得病七年. 洋曰, 君侯命在申, 爲土地之主. 而於申上冶, 火光照天. 此爲金火相鑠, 水火相炒, 以故相害. 導呼冶令奕遜, 使啓鎭東徙. 今東冶是也. 丹陽記曰, 丹陽冶城去宮三里, 吳時鼓鑄之所, 吳平猶不廢. 又云, 孫權築冶城, 爲鼓鑄之所. 旣立石頭大塢, 不容近立此小城. 當是徙縣治空城而置冶爾. 冶城, 疑是金陵本治. 漢高六年, 令天下縣邑, 秣陵不應獨無.

주해 | ㅇ冶城(야성)－건강(建康) 서쪽의 땅.

ㅇ回貳(회이)－《세설전본(世說箋本)》 두주(頭注)에는 '회의야(懷疑也)'라고 되어 있다. 회(回)가 위(違)의 뜻(《詩經》 〈大雅〉 '常武' 鄭箋)이라면 위이(違貳)는 두 마음을 품는다는 의미.

ㅇ爲土地之主(위토지지주)－《진서(晋書)》 권95 〈대양전(戴洋傳)〉에는 '금(金)은 토사(土使)의 주(主)이다'라고 되어 있다.

ㅇ金火相爍(금화상삭), 水火相炒(수화상초)－《전본(箋本)》 두주(頭注)에 '신(申)은 서(西)에 있고 오행(五行)으로는 금(金)에 속한다. 금(金)은 수(水)를 낳는데 이제 화(火)를 사용하여 크게 야(冶)한다. 이것이 금(金)·수(水)가 화(火)와 상초삭(相炒爍)하는 것이다'라고 되어 있는 것에 따라 풀이했다.

ㅇ鼓鑄(고주)－풀무로 바람을 보내서 금속을 주조하는 것.

ㅇ徙縣治(사현치)－치(治)가 송본(宋本), 원본(袁本)에는 '야(冶)'로 되어 있는데 뜻이 통하지 않으므로 능영초교본(凌瀛初校本)에 의해 '치(治)'로 고쳤다.

ㅇ令天下縣邑(영천하현읍)－현행의 《한서(漢書)》 〈고제기(高帝紀)〉 6년 동시월조(冬十月條)에는 '영천하현읍성(令天下縣邑城)'이라고 되어 있는 것에 따라 뜻을 보충하여 번역했다.

ㅇ秣陵(말릉)－금릉(金陵 : 建康). 치소(治所)는 자주 옮겼다.

5. 왕우군(王右軍 : 王羲之)은 젊었을 때 몹시 어눌했다. 대장군(大將軍 : 王敦)의 집에 있을 때, 왕공(王公 : 王導)과 유공(庾公 : 庾亮)이 나중에 왔다. 왕우군이 곧장 일어나 가려고 하자, 대장군이 그를 붙잡으며 말했다. "너와 한 집안인 사공(司空 : 王導)[(1)]이야. 원규(元規 : 유량)도, 너에게 어려워할 상대가 아니고."

원문| 王右軍少時甚澀訥. 在大將軍許, 王, 庾二公後來. 右軍便起欲去. 大將軍留之曰, 爾家司空.[1] 元規, 復何所難.

(1) 왕승상(王丞相 : 王導)은 앞에서 나왔다.
王丞相已見.

주해| ㅇ澀訥(삽눌)－말이 술술 나오지 않는 것. 《진서(晋書)》 권80 〈왕희지전(王羲之傳)〉에는 '왕희지는 어려서부터 말이 어눌했다. 사람들은 아직 그것을 기(奇)라고 하지 않았다'라고 되어 있다. 구변이 안좋아서 말수가 적은 것을 뜻하기도 함.

ㅇ爾家司空(이가사공)－왕돈(王敦)·왕도(王導)·왕희지는 모두 낭야(琅邪) 왕씨(王氏) 일족(一族)이다.

ㅇ元規(원규), 復何所難(부하소난)－이 배후에는 동진왕조(東晋王朝) 건국 때에, 초대 황제인 원제(元帝)를 도와 힘이 있었던 왕도(王導), 왕돈(王敦) 등의 왕씨(王氏) 일족과 2대 황제인 명제(明帝)의 외척이 되었던 유씨(庾氏) 일족의 확집(確執)이 있다. 원규(元規 : 庾亮)는 명제의 외척에 해당한다. 유량의 누이가 명목황후(明穆皇后). 또 본편 3의 심공(深公)이 유량을 가시 돋힌 인간이라고 평한 것을 보더라도 꽤나 귀찮았던 인물이었던 것 같다.

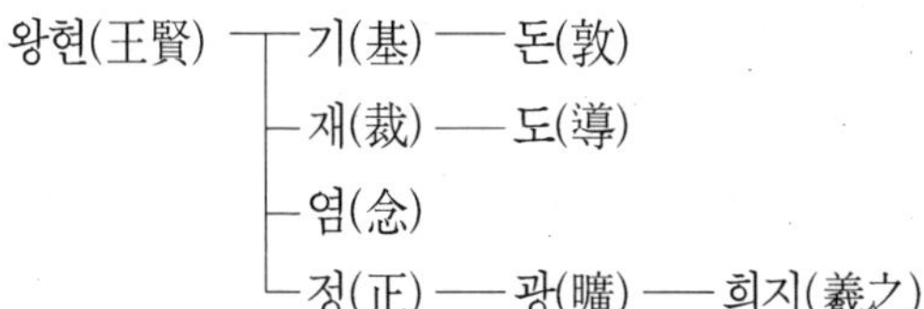

6. 왕승상(王丞相 : 王導)이 채공(蔡公 : 蔡謨)을 경멸하며 말했다. "내가 안기(安期 : 王承)라든가 천리(千里 : 阮瞻)와 함께 낙수(洛水) 가에서 노닐었을 땐, 채극(蔡克)의 자식[蔡謨]이 있다는 말을 들은 적이 없다."[1]

▌원문▏ 王丞相輕蔡公, 曰, 我與安期千里, 共遊洛水邊, 何處聞有蔡克兒.(1)

(1) 《진제공찬(晉諸公贊)》에 이런 이야기가 있다. '채극(蔡克)은 자가 자니(子尼)이며 진류(陳留) 옹구(雍丘) 사람이다.'
《채극별전(蔡克別傳)》에 이런 이야기가 있다. '채극은 조부가 채목(蔡睦)이며 채옹(蔡邕)의 후손이다. 채극은 젊어서부터 학문을 좋아하고 고아한 풍격을 지녔으며 용모가 존엄했기 때문에, 그의 앞에서 그를 함부로 대하는 자가 없었다. 고평(高平)의 유정(劉整)은 뛰어난 인재로서, 거마와 의복에 사치를 부렸는데, 사람들에게 말했다. "고운 비단옷은 사람이 늘 입는 것이지만, 간혹 채자니(蔡子尼 : 蔡克)가 같은 자리에 있으면 온종일 스스로 편치 못하다." 그를 어려워함이 이와 같았다. 당시에 진류는 큰 군(郡)이었으며 명사가 많았는데, 낭야(琅邪)의 왕징(王澄)이 한번은 진류군에 들렀다가 물었다. "이 군에는 명사가 많다는데 어떤 사람이 있소?" 관리가 말했다. "강응원(江應元 : 江統)과 채자니(蔡子尼)가 있습니다." 당시 진류에는 높은 지위에 있던 자가 많았으므로 왕징이 물었다. "어째서 단 두 사람만 말하시오?" 관리가 말했다. "아까는 군후(君侯)께서 명사만 물으신 것이지, 지위를 물으신 것은 아니라고 생각했습니다." 왕징은 웃으면서 그만두었다. 채극은 성도왕(成都王 : 司馬穎)의 동조연(東曹掾)을 역임한 일이 있기 때문에 동조라고 불리기도 했다.'
《투기(妬記)》에 이런 이야기가 있다. '승상(丞相 : 王導)의 조부인(曹夫人)은 성격이 투기가 몹시 심하여 승상이 시첩(侍妾)을 두지 못하도록 금했는데, 좌우의 소인들까지도 역시 단속하여 때때로 예쁜 여자가 있으면 모두 꾸짖었다. 왕공(王公 : 왕도)은 오래 견딜 수 없어서, 은밀히 별채를 마련하여 첩들을 함께 살게 하고 아이들도 키우게 했다. 그후 원단(元旦)의 조회 때, 조부인이 파란 창문이 있는 누대(樓臺)에서 바라보니, 두세 명의 아이들이 양(羊)을 타고 있었는데, 모두 단정하고 사랑스러웠다. 조부인이 멀리서 보다가 몹시 예쁘다고 생각되어 하녀에게 말했다. "너는 나가서 뉘 집 아이인지 물어보아라." 시녀는 분위기를 파악하지 못한 채 그대로 대답했다. "넷째, 다섯째 댁의 도련님들입니다." 조부인은 그 말을 듣고는 경악하고 대노하여 수레 채비를 명한 뒤, 환관과 시녀 20명을 데리고 나서되 사람마다 식칼을 들게 하고서 진상을 규명하러 찾아갔다. 왕공도 황급히 수레 채비를 명하고 고삐를 휘날리며 문을 나섰는데, 소가 더디 가는 것을 걱정한 나머지, 왼손으로 수레 난간을 붙잡고 오른손으로는 주미(麈尾)를 들고, 그 자루로 수레 모는 자의 채찍질을 거들면서, 허겁지겁 내달려 부인보다 약간 먼저 도착했다. 채사도(蔡司徒 : 蔡謨)는 그 이야기를 듣고 웃었으며, 일부러 왕공을 찾아가 말했다. "조정에서 공에게 구석(九錫)을 내리려 하는데 공은 알고 계십니까?" 왕공은 정말인 줄 알고 스스로 겸양의 뜻을 피력했다. 채사도가 말했다. "다른 물건에 대해서는 듣지 못했고, 오직 짧은 끌채의 소 수레와 긴 자루의 주미에 대해서만 들었습니다." 왕공은 크게 부끄러워했다. 그는 그후 채사도를 깎아내리며 말하였다. "내가 옛날에 안기(安期 : 王承) · 천리(千里 : 阮瞻) 등과 함께 낙수에서 모였을 때는 세상에 채극의 자식이 있다는 말을 들어보지 못했다!" 이것은 바로 채극이 이전에 한 농담에 분풀이한 것이다.'

晉諸公贊曰, 克字子尼, 陳留雍丘人.

克別傳曰, 克祖睦, 蔡邕孫也. 克少好學, 有雅尚, 體貌尊嚴, 莫有媟慢於其前者. 高平劉整有儁才, 而車服奢麗, 謂人曰, 紗縠, 人常服耳. 嘗遇蔡子尼在坐, 終日不自安. 見憚如此. 是時陳留爲大郡, 多人士. 琅邪王澄嘗經郡入境, 問, 此郡多士, 有誰乎. 吏曰, 有江應元蔡子尼. 時陳留多居大位者, 澄問, 何以但稱此二人. 吏曰, 向謂君侯問人, 不謂位也. 澄笑而止. 克歷

成都王東曹掾, 故稱東曹.

妬記曰, 丞相曹夫人, 性甚忌, 禁制丞相不得有侍御. 乃至左右小人, 亦被檢簡. 時有姸妙, 皆加誚責. 王公不能久堪, 乃密營別館, 衆妾羅列, 兒女成行. 後元會日, 夫人於靑疎臺中, 望見兩三兒騎羊, 皆端正可念. 夫人遙見, 甚憐愛之. 語婢, 汝出問, 是誰家兒. 給使不達旨, 乃答云, 是第四五等諸郞. 曹氏聞, 驚愕大恚. 命車駕, 將黃門及婢二十人, 人持食刀, 自出尋討. 王公亦遽命駕, 飛轡出門, 猶患牛遲. 乃以左手攀車蘭, 右手捉麈尾, 以柄助御者打牛, 狼狽奔馳, 劣得先至. 蔡司徒聞而笑之, 乃故詣王公, 謂曰, 朝廷欲加公九錫, 公知不. 王謂信然, 自敍謙志. 蔡曰, 不聞餘物, 唯聞有短轅犢車, 長柄麈尾. 王大愧. 後貶蔡曰, 吾與安期千里, 共在洛水集處, 不聞天下有蔡克兒. 正忿蔡前戲言耳.

주해 | ㅇ蔡克(채극)－원본(袁本)은 '채충(蔡充)'으로 적고 있다. 송본(宋本) 및 《진서(晋書)》 권65 〈왕도전(王導傳)〉, 권77 〈채모전(蔡謨傳)〉 등에 의해 '채극(蔡克)'으로 고쳤다. 단, 송본도 주(注) 부분은 '충(充)'으로 되어 있다.

ㅇ蔡邕孫也(채옹손야)－《후한서(後漢書)》 〈채옹전(蔡邕傳)〉, 《진서(晋書)》 권77 〈채모전〉, 《문선(文選)》 권23 이선(李善) 주(注)에서 인용한 《진백관명(晋百官名)》 등에 의하면 채씨(蔡氏)의 가보(家譜)는 다음과 같다.

```
          ┌능(稜) ─옹(邕)
준(攜)─┤                              ┌굉(宏)
          └질(質) ─곡(谷)─목(睦)─┤
                                      └덕(德)─극(克)─모(謨)
```

채극은 채옹의 증손자에 해당하는 듯하다.

ㅇ媟慢(설만)－버릇없이 행동하여 예의를 잃는 것. 만(慢)은 만(嫚)과 같다.

ㅇ東曹掾(동조연)－동조(東曹)는 대사마(大司馬) 밑의 부국(部局)으로서

군(郡)의 태수(太守)·속관·무관의 임면(任免)을 관장했다. 동조연은 그 동조의 주임(主任)격임을 의미한다.

- ㅇ元會(원회)—음력 원단(元旦)의 조회.
- ㅇ靑疎臺(청소대)—소(疎)는 소(疏)와 같으며 격자창(格子窓)을 뜻한다. 파랗게 칠을 한 창문이 있는 누대(樓臺)를 가리키는 것이리라.
- ㅇ黃門(황문)—환관(宦官). 후한(後漢) 때 황문령(黃門令)·중황문(中黃門) 등 제관(諸官)에 환관을 임용했던 일에서 이런 이름이 있게 되었다.
- ㅇ車蘭(거란)—난(蘭)은 난(闌)·난(欄)과 같다. 여기서는 우차(牛車) 좌석 부분 앞에 있는 손잡이.
- ㅇ九錫(구석)—공훈이 있는 제후에게 하사되는 9종류의 품물. 거마·의복·악기·주호(朱戶)·납폐(納陛)·호분(虎賁)·부월(鈇鉞)·궁시(弓矢)·거창(秬鬯). 이것을 내리는 것은 천자(天子)의 자리를 양위하는 전제(前提)이기도 하였다.

7. 저태부(褚太傅 : 褚裒)가 처음 강남으로 건너왔을 당시, 한번은 동쪽 지방을 여행하다가 오(吳) 땅의 금창정(金昌亭)에 이르렀는데, 오(吳) 지방의 호족들이 그 정자에서 연회를 즐기고 있었다.(1) 저공(褚公 : 褚裒)은 본래 명성이 높았지만 그때는 경황이 없어서 서로 알아보지 못했다. 호족들은 시종에게 명하여 저공에게 찻물은 많이 주고 떡은 조금만 놓으라고 하였다. 찻물이 떨어지면 즉시 더 부어 주게 하여 끝내 저공이 떡을 먹지 못하게 했다. 저공이 찻물을 다 마시고 나서 천천히 손을 들어 그들에게 말했다. "저계야(褚季野 : 저부) 올시다!" 좌중의 사람들이 놀라 도망가느라고 허둥대지 않은 자가 없었다.

| 원문 | 褚太傅初渡江, 嘗入東, 至金昌亭, 吳中豪右, 燕集亭中.(1) 褚公雖素有重名, 于時造次不相識別. 敕左右多與茗汁, 少箸粽. 汁盡輒益, 使終不得食. 褚公飮訖, 徐擧手共語云, 褚

季野. 於是四坐驚散, 無不狼狽.

(1) 사흠(謝歆)의 〈금창정시서(金昌亭詩敍)〉에 이런 이야기가 있다. '내가 스승을 찾아가다가 오(吳) 땅에 들어가서 창문(昌門)에 이르러 문득 이 정자를 보았다. 냇물과 강을 옆에 끼고 있었으며 그 편액에는 금창(金昌)이라 적혀 있었다. 나이든 어른을 찾아가 물었더니, 그가 말했다. "옛날 주매신(朱買臣)이 한(漢)나라에서 벼슬을 하다가 돌아와 회계내사(會稽內史)가 되었을 때, 맞이하러 나온 관리를 만나 그들과 함께 여관에 머물게 되었는데, 주매신과 자리를 다투었답니다. 그래서 주매신이 자신의 인장과 인끈을 꺼냈더니, 관리들이 부끄러워 고개를 숙이며 자결을 했답니다. 그 일로 인하여 정자를 세우고 금상(金傷)이라는 이름을 붙였는데, 그 글자의 뜻은 잊어버렸습니다."'

謝歆金昌亭詩敍曰, 余尋師, 來入經吳, 行達昌門, 忽覩斯亭. 傍川帶河, 其榜題曰金昌. 訪之耆老, 曰, 昔朱買臣仕漢, 還爲會稽內史, 逢其迎吏, 逆旅比舍, 與買臣爭席. 買臣出其印綬, 羣吏慙服自裁. 因事建亭, 號曰金傷, 失其字義耳.

주해 | ㅇ茗汁(명즙)－찻물. 차를 끓인 물.

ㅇ褚季野(저계야)－〈아량편(雅量篇)〉 18에 이와 아주 흡사한 일화가 있다.

ㅇ朱買臣(주매신)－한(漢)나라 회계(會稽) 오(吳) 땅 사람. 자(字)는 옹자(翁子). 무제(武帝) 때 엄조(嚴助)의 천거를 받아 회계태수가 되었고 승상장사(丞相長史)에 이르렀다(《漢書》 권64).

ㅇ金傷(금상)－칼로 흠을 냈다는 뜻.

8. 왕우군(王右軍 : 王羲之)이 남쪽에 있을 때, 승상(丞相 : 王導)이 편지를 보내어, 조카들이 뛰어나지 못함을 늘 탄식하면서 말했다. "호돈(虎豘 : 王彭之)과 호독(虎犢 : 王彪之)은 여전히 그 모양이다."(1)

원문 王右軍在南, 丞相與書, 每歎子姪不令, 云, 虎㹠, 虎犢, 還其所如.(1)

(1) 호돈은 왕팽지(王彭之)의 어렸을 때 자이다.

《왕씨보(王氏譜)》에 이런 말이 있다. '왕팽지는 자가 안수(安壽)이며 낭야(琅邪) 사람이다. 조부 왕정(王正)은 상서랑(尙書郎)을 지냈고, 아버지 왕빈(王彬)은 위장군(衛將軍)을 지냈다. 왕팽지는 벼슬이 황문시랑(黃門侍郎)에 이르렀다.'

호독은 왕표지(王彪之)의 어릴 적 자이다.

왕표지는 자가 숙호(叔虎)이며 왕팽지의 셋째 동생이다. 20세 때에 머리카락과 수염이 새하얗게 되었기 때문에 당시 사람들이 그를 '왕백수(王白須)'라고 불렀다. 젊어서부터 나라의 동량(棟梁)이라는 칭송을 받았으며 누천(累遷)되어 좌광록대부(左光祿大夫)에까지 올랐다.

虎㹠, 王彭之小字也.

王氏譜曰, 彭之字安壽, 琅邪人. 祖正, 尙書郎. 父彬, 衛將軍. 彭之仕至黃門郎.

虎犢, 彪之小字也.

彪之字叔虎, 彭之第三弟. 年二十, 而頭須皓白, 時人謂之王白須. 少有局幹之稱. 累遷至左光祿大夫.

주해 ㅇ虎㹠(호돈), 虎犢(호독), 還其所如(환기소여)－돈(㹠)은 소돈(小豚), 독(犢)은 소우(小牛)의 뜻. 여기서는 두 사람의 어렸을 때 아명(兒名)에 따라 여전히 변함없이 그 이름이 나타내는 소돈(小豚)·소우(小牛)로 조금도 변한 게 없다고 조롱한 것이리라.

ㅇ彬(빈)－왕빈(王彬)은 왕도(王導)의 종제(從弟)이며 《진서(晋書)》 권76 〈왕빈전〉에 의하면 위장군(衛將軍)은 추증된 관명(官名)이다. 왕팽지(王彭之)는 그 장남이다.

ㅇ叔虎(숙호) - 《진서》 권76 〈왕표지전(王彪之傳)〉에는 자(字)를 '숙무(叔武)'라고 했다. 《태평어람(太平御覽)》 권215에서 인용한 《진중흥서(晋中興書)》 권513에서 인용한 《진서》, 《통지(通志)》 권128 등에는 모두 '숙호(叔虎)'로 적고 있는데, 《진서》에서 자를 숙무(叔武)라고 한 것은 당대(唐代)의 휘(諱)를 피하여 고친 것으로 추측된다.

ㅇ至左光祿大夫(지좌광록대부) - 《진서》 〈왕표지전〉에는 '광록대부(光祿大夫)·의동삼사(儀同三司)를 가(加)했어도 아직 배(拜)하기 전에 질병이 위독했다'고 되어 있다.

9. 저태부(褚太傅 : 褚裒)가 남쪽으로 내려갔을 때, 손장락(孫長樂 : 孫綽)이 배 안에서 그를 만나 보았다.(1) 얘기를 나누던 중에 유진장(劉眞長 : 劉惔)의 죽음을 언급했더니, 손장락이 눈물을 흘리면서 읊조렸다. "현인이 죽으니 나라가 병들었네[殄瘁]!"(2) 저태부가 크게 화를 내며 말했다. "진장이 생전에 그대와 얼마나 친했다고 그대는 오늘 남을 향해서 이런 얼굴을 보이는가!" 손장락은 울음을 그치고 저태부에게 말하였다. "내가 죽은 뒤에는 그대는 마땅히 나를 생각해 줘야 하네!" 당시 사람들은 모두 손장락이 재능은 있지만 성품이 비속하다고 비웃었다.

원문| **褚太傅南下, 孫長樂於船中視之.(1) 言次, 及劉眞長死, 孫流涕, 因諷詠曰, 人之云亡, 邦國殄瘁.(2) 褚大怒曰, 眞長平生, 何嘗相比數. 而卿今日作此面向人. 孫迴泣向褚曰, 卿當念我. 時咸笑其才而性鄙.**

(1) 장락은 손작(孫綽)이다.
長樂, 孫綽.

(2) 《시경(詩經)》 〈대아(大雅)〉의 시이다. 모공(毛公)의 주(注)에 이렇

게 말했다. '진(殄)은 다하다는 뜻이고, 췌(瘁)는 병든다는 뜻이다.' **大雅詩. 毛公注曰, 殄, 盡. 瘁, 病也.**

주해 ㅇ比數(비수)－친근하다는 뜻.

ㅇ長樂(장락)－손작(孫綽)은 장락후(長樂侯)를 세습하고 있었으므로 이렇게 부른다.

ㅇ大雅詩(대아시)－《시경》〈대아〉 '첨앙(瞻卬).'

10. 사진서(謝鎭西 : 謝尙)가 은양주(殷揚州 : 殷浩)에게 편지를 보내, 유진장(劉眞長 : 劉惔)을 위해 회계태수(會稽太守)직을 청했다. 은양주가 대답했다. "진장은 자기와 뜻이 같은 사람은 칭찬하고 다른 사람은 공격하는 속이 매우 좁은 자입니다. 나는 늘 공(公)께서 자신을 너무 낮춘다고 생각하고 있는데, 그런데도 다시 그를 위해 분주히 뛰어다니십니까?"

원문 **謝鎭西書與殷揚州, 爲眞長求會稽. 殷答曰, 眞長標同伐異, 俠之大者. 常謂使君降階爲甚. 乃復爲之驅馳邪.**

주해 ㅇ謝鎭西(사진서)－진서(鎭西)는 진서장군(鎭西將軍)으로서 사상(謝尙)을 가리킨다.

ㅇ標同伐異(표동벌이)－같은 동료를 추켜세우고 남을 헐뜯는 것.

ㅇ降階(강계)－낮추다. 《전본(箋本)》 주(注)에 '스스로 낮추며 남을 존숭한다'라고 되어 있다.

11. 환공(桓公 : 桓溫)이 낙양(洛陽)으로 공격해 들어가려고 했을 때, 회수(淮水)와 사수(泗水)를 건너 북쪽 국경을 밟으면서, 막료들과 함께 전선(戰船)의 망루에 올라 중원(中原)을 바라보다가, 개탄하며

말했다. "결국 신주(神州 : 中原)를 멸망하게 하여 백 년의 폐허를 가져온 것은 왕이보(王夷甫 : 王衍) 등이 그 책임을 지지 않으면 안된다!"[1] 원호(袁虎 : 袁宏)가 불쑥 대꾸했다. "시운(時運)에는 본디 흥망성쇠가 있으니, 어찌 반드시 그들만의 잘못이라 하겠습니까?" 환공은 엄숙하게 정색하더니 좌중의 사람들을 돌아보며 말했다. "제군들은 유경승(劉景升 : 劉表)의 이야기를 듣지 못했소?[2] 그는 무게가 천 근이나 나가는 큰 소를 가지고 있었는데, 꼴과 콩을 먹는 것은 보통 소의 10배나 되었지만, 무거운 짐을 싣고 먼 곳으로 가는 것은 약한 암소만도 못했소이다. 위(魏) 무제(武帝 : 曹操)가 형주(荊州)로 진격해 들어갔을 때, 그 소를 삶아서 병사들에게 먹였더니, 당시에 통쾌하다고 하지 않는 자가 없었소." 그 속뜻은 원호를 겨냥한 것이었다. 좌중의 사람들은 이미 놀랐으며, 원호 역시 아연실색했다.

원문| **桓公入洛, 過淮, 泗, 踐北境, 與諸僚屬登平乘樓眺矚中原, 慨然曰, 遂使神州陸沈, 百年丘墟, 王夷甫諸人, 不得不任其責.[1] 袁虎率爾對曰, 運自有廢興, 豈必諸人之過. 桓公懍然作色, 顧謂四坐曰, 諸君頗聞劉景升不.[2] 有大牛重千斤, 噉芻豆十倍於常牛, 負重致遠, 曾不若一羸牸. 魏武入荊州, 烹以饗士卒, 于時莫不稱快. 意以況袁. 四坐旣駭, 袁亦失色.**

(1) 《팔왕고사(八王故事)》에 이런 이야기가 있다. '왕이보(王夷甫)는 비록 삼공(三公)의 지위에 있었지만 직무에는 관여하지 않았기 때문에, 당시 사람들은 이것에 감화되어 명교(名敎)를 논하는 것을 수치로 여겼다. 상서랑(尙書郎) 이하는 모두 평소 팔짱을 끼고 침묵하는 것을 숭상했으며, 직무를 유기하는 것을 고상하다고 여겼다. 세상은 아직 평안했지만 식자들은 그것이 장차 난을 일으키게 될 것임을 알았다.'

《진양추(晉陽秋)》에는 이런 이야기가 있다. '왕이보는 장차 석륵

(石勒)에게 죽음을 당하게 되었을 때, 사람들에게 말했다. "우리들이 만약 공담(空談)을 숭상하지만 않았다면 이 지경에 이르지는 않았을 것이오!"'

八王故事曰, 夷甫雖居臺司, 不以事物自嬰, 當世化之, 羞言名敎. 自臺郞以下, 皆雅崇拱默, 以遺事爲高. 四海尙寧, 而識者知其將亂.

晉陽秋曰, 夷甫將爲石勒所殺, 謂人曰, 吾等若不祖尙浮虛, 不至於此.

(2) 《유진남명(劉鎭南銘)》에 이런 이야기가 있다. '유표(劉表)는 자가 경승(景升)이며 산양(山陽) 고평(高平) 사람이다. 덕을 안으로 갖추고 이치에 통달했으며 박학다식했다. 벼슬은 진남장군(鎭南將軍)·형주자사(荊州刺史)에 이르렀다.'

劉鎭南銘曰, 表字景升, 山陽高平人. 黃中通理, 博識多聞. 仕至鎭南將軍, 荊州刺史.

주해 | ㅇ桓公入洛(환공입락)-영화(永和) 10년(354), 환온(桓溫)은 군을 이끌고 관중(關中)에 쳐들어갔으나 장안(長安)을 함락시키지 못하고 영화 12년 다시 강릉(江陵)에서 북벌(北伐)을 개시하여 서진(西晋)의 옛 도읍인 낙양(洛陽)을 의지하고 있던 요양(姚襄) 등을 치고 낙양에 들어갔다.

ㅇ平乘樓(평승루)-《자치통감(資治通鑑)》 권100 영화 12년조(條)의 호삼성(胡三省) 주(注)에 '평승루는 대선(大船)의 누(樓)이다'라고 되어 있다.

ㅇ陸沈(육침)-멸망하여 가라앉는 것. 함몰.

ㅇ王夷甫諸人(왕이보제인), 不得不任其責(부득불임기책)-《자치통감》 권100의 영화 12년조 호삼성 주에, '이왕연등상청담이(以王衍等尙淸談而), 불휼왕사(不恤王事), 이치이적란화야(以致夷狄亂華也)'란 구절이 보인다.

ㅇ袁虎(원호)－원굉(袁宏). 자는 언백(彦伯). 어렸을 때 자가 호(虎)이다. 〈언어편(言語篇)〉 83 유주(劉注) 참조.
ㅇ一羸牸(일영자)－영(羸)은 약(弱), 자(牸)는 암소이다.
ㅇ魏武入荊州(위무입형주)－후한(後漢) 건안(建安) 13년(208)의 일.
ㅇ臺司(대사)－삼공(三公)의 하나.
ㅇ臺郎(대랑)－상서랑(尙書郎). 상서성(尙書省)의 낭관(郎官). 문서의 초안 작성을 관장한다. 《통전(通典)》 권22 직관(職官) 4에는 '진(晋)나라 상서랑은 선극청미(選極淸美)하여 대신(大臣)의 부(副)였다'라고 되어 있다.
ㅇ浮虛(부허)－공허한 청담(淸談)이란 의미.
ㅇ黃中通理(황중통리)－덕이 내부에 갖추어지고 도리에 달하는 것. 《역경(易經)》 곤괘(坤卦)에 '군자황중통리(君子黃中通理), 정위거체(正位居體)'란 구절에 근거한다.

12. 원호(袁虎 : 袁宏)와 복도(伏滔)가 함께 환공(桓公 : 桓溫)의 막부(幕府)에 있었을 때, 환공은 매번 유람을 하거나 연회를 열 때마다 원호와 복도를 같이 부르곤 했다. 원호는 이것을 수치스럽게 여겼는데 늘 탄식하며 말했다. "공의 후의도 국사(國士)를 영광되게 하기에는 부족하다. 나를 복도와 견주다니, 이 또한 얼마나 치욕인가!"

원문| 袁虎伏滔同在桓公府, 桓公每遊燕, 輒命袁伏. 袁甚恥之, 恆歎曰, 公之厚意, 未足以榮國士. 與伏滔比肩, 亦何辱如之.

주해| ㅇ輒命袁伏(첩명원복)－송본(宋本)에는 '복(伏)'자가 없다. 여기서는 원본(袁本)과 《진서(晋書)》 권92 〈원굉전(袁宏傳)〉에 근거한다. 또 원굉과 복도(伏滔)가 환온(桓溫)의 관부(官府)에 있으면서 언제나 '원복(袁伏)'으로 병칭되었던 일은 〈총례편(寵禮篇)〉 2에도 보인다.

13. 고유(高柔)는 동쪽에 있을 때, 사인조(謝仁祖 : 謝尙)로부터 매우 중시(重視)되었으나, 도성으로 나와서는 왕몽(王濛)과 유담(劉惔)의 인정을 받지 못했다. 사인조가 말했다. "근자에 고유를 보니, 적극적으로 상주(上奏)하지만, 아직 인정을 받지 못하고 있소." 유진장(劉眞長 : 劉惔)이 말했다. "그래서 편벽진 곳에서 살면 안된다는 것이오. 경솔하게 구석진 곳[角鰯][(1)]에서 남을 위해 의론을 펼치다니요." 고유가 그 말을 전해 듣고 말했다. "나는 그에게 찾아가서 달라고 할 생각이 없소." 어떤 사람이 진장에게 그 말을 옮겼더니, 진장은 말했다. "나 역시 정말로 그를 상대할 생각이 없소." 그렇지만 진장은 유람을 하거나 연회에 갈 때면 오히려 사람들에게 편지를 보내어 '안고(安固)를 초청하시오'라고 했다. 안고는 고유이다.[(2)]

원문| **高柔在東, 甚爲謝仁祖所重. 旣出, 不爲王劉所知. 仁祖曰, 近見高柔, 大自敷奏. 然未有所得. 眞長云, 故不可在偏地居. 輕在角鰯[(1)]中, 爲人作議論. 高柔聞之, 云, 我就伊無所求. 人有向眞長學此言者. 眞長曰, 我寔亦無可與伊者. 然遊燕猶與諸人書, 可要安固. 安固者, 高柔也.**[(2)]

(1) [약(鰯)의 음은] 노각(奴角)의 반절(反切)이다.
奴角反.

(2) 손통(孫統)이 지은 《고유집(高柔集)》의 서문에서 말했다. '고유는 자가 세원(世遠)이며 낙안(樂安) 사람이다. 재사(才思)가 훌륭했으며 즐거이 인의(仁義)를 행했다. 태산(太山) 호무씨(胡毋氏)의 딸과 결혼했는데, 그녀는 20세에 이미 그 배가 되는 나이의 지각(知覺)을 지녔으며, 자태가 청초하여 상류층 부인에 가까웠다. 고유의 가도(家道)도 훌륭했다. 사공참군(司空參軍)과 안고령(安固令)을 그만두고 나서 복천(伏川)에 거처를 마련했는데, 세상에서

분주히 움직이려는 마음이 이미 엷어졌으며, 또한 어진 부인을 아끼고 사랑했다. 그렇게 은거하면서 생을 마칠 뜻을 가지고 있었다. 상서령(尙書令) 하충(何充)이 관군장군(冠軍將軍)의 참군(參軍)으로 발탁하자, 열심히 명에 응했지만, 부인을 그리워하는 마음이 얽히고 설켜 서로 떨어질 수 없었다. 서로 주고받은 시와 편지는 맑고 고왔으며 마음에 사무쳤다.'

孫統爲柔集敍曰, 柔字世遠, 樂安人. 才理清鮮, 安行仁義. 婚太山胡毋氏女, 年二十, 旣有倍年之覺, 而姿色清惠, 近是上流婦人. 柔家道隆崇. 旣罷司空參軍, 安固令, 營宅於伏川, 馳動之情旣薄, 又愛翫賢妻, 便有終焉之志. 尚書令何充取爲冠軍參軍, 僶俛應命, 眷戀綢繆, 不能相舍. 相贈詩書, 清婉辛切.

주해 | ㅇ角觮(각낙)－약(觮)은 지붕의 모퉁이. 여기서는 궁벽진 곳을 말함.

ㅇ安行(안행)－마음을 평안하게 가지는 것. 《중용(中庸)》에 '혹안이행지(或安而行之)'라고 되어 있다.

ㅇ伏川(복천)－〈언어편(言語篇)〉 84에는 '손작부(孫綽賦) 수초(遂初), 축실견천(築室畎川), ……고세원시역린거(高世遠時亦鄰居)'라고 하여 '견천(畎川)으로 되어 있다.

ㅇ辛切(신절)－마음에 사무치는 것.

14. 유윤(劉尹 : 劉惔) · 강반(江虨) · 왕숙호(王叔虎 : 王彪之) · 손홍공(孫興公 : 孫綽)이 자리를 함께했는데, 강반과 왕숙호는 서로 경시하는 기색이 있었다. 강반이 손으로 왕숙호를 거머쥐며 말했다. "가혹한 관리!" 그 말과 안색이 매우 강경했다. 유윤이 강반을 돌아보며 말했다. "그 말은 화를 낸 것이오? 단지 듣기 싫은 소리와 보기 싫은 눈길만이 아니로구려."(1)

원문| 劉尹, 江虨, 王叔虎, 孫興公同坐. 江, 王有相輕色. 虨以手歙叔虎云, 酷吏. 詞色甚彊. 劉尹顧謂, 此是瞋邪. 非特是醜言聲, 拙視瞻.[(1)]

(1) 강반의 이 말은 단지 듣기 싫고, 보기 싫은 정도가 아니라 왕숙호에게 화를 내는 것 같다는 뜻이다.
言江此言, 非是醜拙, 似有忿於王也.

주해| ㅇ歙(흡)－흡(歙)자는 협(脅)자와 같다고 하는 양용씨(楊勇氏)의 설에 따라 번역했다(《世說新語校箋》).

15. 손작(孫綽)이 《열선전(列仙傳)》의 '상구자(商丘子)'에 대한 찬(贊)을 지어 말했다. '기른 건 어떤 것이었나? 아마도 진짜 돼지는 아니었겠지. 만약 바람과 구름 만난다면, 날 위해 용처럼 솟구치겠지.'[(1)] 당시 사람들은 대부분 잘 지었다고 생각했다. 그러나 왕남전(王藍田 : 王述)은 사람들에게 말했다. "근자에 손씨의 아들이 지은 글을 보았더니, 그게 무엇인가라고 말했는데 진짜 돼지라나 뭐라나."

원문| 孫綽作列仙商丘子贊曰, 所牧何物, 殆非眞猪. 儻遇風雲, 爲我龍攄.[(1)] 時人多以爲能. 王藍田語人云, 近見孫家兒作文, 道何物, 眞猪也.

(1) 《열선전(列仙傳)》에 이런 이야기가 있다. '상구자진(商丘子胥)은 상읍(商邑) 사람이다. 피리를 불고 돼지 기르기를 좋아했다. 70세가 되도록 부인을 얻지 않았으며 늙지도 않았다. 사람들이 도(道)의 요체를 물었더니, 그는 말하기를 "노출(老朮)과 창포(菖蒲) 뿌리를 먹고 물을 마시는데, 이렇게 하기만 하면 배고프지도 않고 늙지도 않소."라고 했다. 황실의 척족(戚族)과 부호들이 그 소문

을 두고 복용했지만, 1년을 넘기지 못하고 곧 그만두었으며, 어쩌면 숨겨둔 비술(秘術)이 있을 것이라고 생각했다. 손작이 찬(贊)을 지어 이르기를 "탁월한 상구자진, 지팡이 짚고 피리 불었네. 목마르면 차가운 샘물 마시고, 배고프면 창포 먹었네. 기른 것은 어떤 것이었나? 아마도 진짜 돼지는 아니었겠지. 만약 바람과 구름 만난다면, 나를 위해 용처럼 솟구치겠지."라고 했다.'

列仙傳曰, 商丘子晉者, 商邑人. 好吹竽牧豕, 年七十不娶妻, 而不老. 問其道要, 言但食老朮, 昌蒲根, 飮水. 如此便不饑不老耳. 貴戚富室, 聞而服之, 不能終歲輒止, 吁將有匿術. 孫綽爲贊曰, 商丘卓犖, 執策吹竽. 渴飮寒泉, 饑食昌蒲. 所牧何物, 殆非眞猪. 儻逢風雲, 爲我龍攄.

주해| ㅇ龍攄(용터)－용이 되어 비상하는 것. 《문선(文選)》 권10 반악(潘岳)의 〈서정부(西征賦)〉에 '홀연히 뱀이 변하여 용처럼 솟아오르다〔龍攄〕'라고 되어 있다.

ㅇ王藍田(왕남전)－송본(宋本)은 남왈(藍曰)로 적고 있는데 원본(袁本)에 따랐다.

ㅇ列仙傳(열선전)－권하(卷下). 단 통행본(通行本)에서는 서두를 '상구자서(商邱子胥), 고읍인야(高邑人也)'로 하는 등 여기에 인용한 글과는 다소 차이가 있다.

ㅇ竽(우)－피리. 생(笙)의 일종.

ㅇ老朮(노출)－삽주 뿌리. 엉거시과에 속하는 다년생 풀. 약초의 일종이다.

ㅇ吁將有匿術(우장유닉술)－송본(宋本)·원본(袁本) 모두 우(吁)로 적고 있는데 능영초교정(凌瀛初校訂)의 명간본(明刊本)에서는 위(謂)로 적고 있다.

ㅇ卓犖(탁락)－높고 뛰어나다, 탁월하다.

16. 환공(桓公 : 桓溫)은 천도(遷都)하여 국토를 개척하고 국가를

안정시킬 사업을 펼치고자 했다. 손장락(孫長樂 : 孫綽)이 표문(表文)을 올려 간했는데, 그 의론이 매우 논리적이었다. 환공은 표문을 보고 마음속으로 감복(感服)했지만, 그가 이의를 제기한 것에 분을 품고서 사람을 시켜 손장락에게 자신의 뜻을 전하며 말하였다. "그대는 어찌하여 〈수초부(遂初賦)〉대로 하지 않고, 한사코 남의 국가 대사를 간섭하는가?"(1)

원문| **桓公欲遷都, 以張拓定之業. 孫長樂上表諫. 此議甚有理. 桓見表心服, 而忿其爲異, 令人致意孫云, 君何不尋遂初賦, 而彊知人家國事.**(1)

(1) 손작(孫綽)이 간언하여 올린 표문은 이러하다. '중종(中宗) 원제(元帝 : 司馬睿)께서 즉위하신 것은 사실상 만리(萬里)의 장강(長江)에 의지하여 그것을 경계선으로 삼아 지켰기 때문이옵니다. 그렇지 않았다면, 오랑캐 말[馬]이 오래 전에 이미 건강(建康)의 땅을 짓밟아, 강동(江東)은 승냥이와 이리의 마당이 되었을 것이옵니다.' 손작은 〈수초부(遂初賦)〉를 지어 분수에 만족할 줄 아는 도리를 진술했다.

孫綽表諫曰, 中宗龍飛, 實賴萬里長江, 畫而守之耳. 不然, 胡馬久已踐建康之地, 江東爲豺狼之場矣. 綽賦遂初, 陳止足之道.

주해| ㅇ遷都(천도)－환온(桓溫)은 낙양(洛陽)을 회복한 다음 융화(隆和) 원년(元年 : 362), 낙양 천도를 상소했다.

ㅇ拓定(탁정)－국토를 넓히고 치란을 유지해 나가는 것.

ㅇ遂初賦(수초부)－진(晋)나라 손작(孫綽) 작(作). 초지(初志)를 관철키 위해 은거할 것을 읊은 것. 〈언어편(言語篇)〉 84의 유주(劉注)에 〈수초부〉 서(敍)를 인용하고 있다.

ㅇ孫綽表(손작표) - 《진서(晋書)》 권56 〈손작전〉에 상소문을 싣고 있는데 거기에는 '불연(不然), 호마구이천건강지지(胡馬久已踐建康之地), 강동위시랑지장의(江東爲豺狼之場矣)'의 19자가 빠져 있다. 《전진문(全晋文)》 권61, 《세설(世說)》의 주(注)에 의해 19자를 보충하고 '간이도낙양소(諫移都洛陽疏)'라고 제목을 달고 있다.

ㅇ龍飛(용비) - 천자(天子)가 즉위하는 것. 《역경(易經)》 건괘(乾卦)에 '구오(九五), 비룡재천(飛龍在天), 이견대인(利見大人)'이라고 되어 있다.

ㅇ止足(지족) - 이른바 지족안분(知足安分)의 뜻. 《노자(老子)》 44장에 '지족불욕(知足不辱), 지지불태(知止不殆), 가이장구(可以長久)'라고 되어 있다. 손작의 〈수초부〉에 대해서는 〈언어편〉 84 참조.

17. 손장락(孫長樂 : 孫綽) 형제가 사공(謝公 : 謝安)을 찾아가 하룻밤을 묵었을 때, 그 말이 몹시 무례하고 잡다했다. 유부인(劉夫人)이 벽 뒤에서 귀를 기울여 그 말을 모두 들었다. 사공이 다음날 돌아와 물었다. "어제 손님은 어떠하였소?" 유부인이 대답했다. "돌아가신 오라버니의 집에는 그와 같은 빈객들은 없었습니다."(1) 사공은 매우 부끄러워했다.

원문 孫長樂兄弟就謝公宿, 言至款雜. 劉夫人在壁後聽之, 具聞其語. 謝公明日還問, 昨客何似. 劉對曰, 亡兄門, 未有如此賓客.(1) 謝深有愧色.

(1) 부인은 유담(劉惔)의 여동생이다.

夫人, 劉惔之妹.

주해 ㅇ款雜(관잡) - 관(款)은 친한 것. 잡(雜)은 뒤섞이는 것. 허물없이 이야기하는 것을 가리킴.

ㅇ劉夫人(유부인)－진릉태수(晋陵太守) 유탐(劉耽)의 딸이며 유담(劉惔)의 여동생. 〈덕행편(德行篇)〉 36 참조.

18. 간문제(簡文帝 : 司馬昱)가 허현도(許玄度 : 許詢)와 함께 담론하고 있을 때, 허현도가 말했다. "군주와 부친의 존비(尊卑) 문제를 들어서 논제로 삼아 보실까요." 간문제는 당장은 대답하지 않았다가 허현도가 가고 난 뒤에 말했다. "현도는 애당초 그런 문제를 언급하지 않았더라면 좋았을 텐데."(1)

원문 | 簡文與許玄度共語. 許云, 擧君親以爲難. 簡文便不復答. 許去後而言曰, 玄度故可不至於此.(1)

(1) 생각하건대 《병원별전(邴原別傳)》에 '위(魏)나라 오관중랑장(五官中郎將 : 曹丕)이 어느 때 여러 현사(賢士)들과 함께 담론하며 말했다. "지금 한 사람만의 병을 고칠 수 있는 환약 하나가 있는데, 군주와 부친이 모두 병들었다면, 군주에게 주겠소? 부친에게 주겠소?" 사람들은 의견이 분분하여 어떤 이는 부친이라 하고, 어떤 이는 군주라고 했다. 병원(邴原)이 발끈하며 말했다. "아비와 자식은 일체이니 더이상 논할 게 못되오." 군주와 부친을 서로 비교하는 것은 예로부터 이와 같았다. 간문제가 허현도를 꾸짖은 뜻은 알 수 없다.'
案邴原別傳, 魏五官中郎將, 嘗與羣賢共論曰, 今有一丸藥, 得濟一人疾, 而君父俱病, 與君邪, 與父邪. 諸人紛葩, 或父, 或君. 原勃然曰, 父子, 一本也. 亦不復難. 君親相校, 自古如此, 未解簡文誚許意.

주해 | ㅇ紛葩(분파)－논의가 분분한 모양. 《문선(文選)》 권18 마융(馬

融)의 〈장적부(長笛賦)〉의 '분파난만(紛葩爛漫)'의 구절 이선(李善) 주(注)에 '분파는 성다(盛多)한 모양'이라고 되어 있다.
ㅇ勃然(발연)－안색을 바꾸어 노하는 모습.
ㅇ父子一本也(부자일본야)－부자(父子)는 일체(一體)이므로 부친을 중시해야 한다는 것.

19. 사만(謝萬)이 수춘(壽春)에서 패한 뒤에 돌아와서 왕우군(王右君 : 王羲之)에게 편지를 보내어 말했다. '지난날 돌봐주심을 저버려서 면목이 없습니다.' 왕우군이 편지를 밀쳐 내며 말했다. "이건 우왕(禹王)과 탕왕(湯王)이 경계했던 바인가?"(1)

원문| **謝萬壽春敗後, 還, 書與王右軍云, 慙負宿顧. 右軍推書曰, 此禹湯之戒.**(1)

(1) 《춘추전(春秋傳)》에 이런 이야기가 있다. '우왕(禹王)과 탕왕(湯王)은 자신을 질책했기 때문에 그 흥성함이 대단했던 것이다.' 하(夏)나라 우왕과 은(殷)나라 탕왕은 성덕(聖德)을 지녔음에도 자신을 질책했기 때문에 흥성할 수 있었다는 뜻이다. 지금 사만은 군율(軍律)을 무시한 탓에 패한 것이니, 비록 자신을 질책한들 돌이킬 수 있겠는가? 그래서 왕우군은 사만을 좋게 보지 않은 것이다.
春秋傳曰, 禹湯罪己, 其興也勃焉. 言禹湯以聖德自罪, 所以能興. 今萬失律致敗. 雖復自咎, 其可濟焉. 故王嘉萬也.

주해| ㅇ壽春敗(수춘패)－사만(謝萬)은 동진(東晋)의 승평(升平) 3년(359), 북정(北征)하여 모용준(慕容儁)과 수춘(壽春 : 안휘성)에서 싸웠는데 장병들에게 신뢰를 잃어 패했다. 〈품조편(品藻篇)〉 49의 유주(劉注) 참조.

ㅇ春秋傳(춘추전)-《춘추좌씨전(春秋左氏傳)》 장공(莊公) 11년조. 유주(劉注)에 인용한 글 다음에 '걸주(桀紂)는 사람에게 죄를 주더니 홀연히 망했다'라고 되어 있다.

ㅇ王嘉萬也(왕가만야)-본문은 사만에게 자책감이 없는 것을 비방하지 않은 것처럼 되어 있다. 그러면 전체적인 문맥이 통하지 않는다. 또한 이 고사(故事)가 〈경저편(輕詆篇)〉에 실려 있는 점을 감안한다면 이 구절은 부정적인 의미가 되어야 한다. 여가석(余嘉錫)은 '왕(王)'을 '불(不)'의 오기(誤記)일 것으로 추정했는데 타당하므로 그것에 따랐다.

20. 채백개(蔡伯喈 : 蔡邕)가 눈여겨보아둔 서까래로 만든 젓대를, 손흥공(孫興公 : 孫綽)이 가기(歌妓)의 노래를 들으면서 (장단을 맞추며) 흔들다가 부러뜨렸다.(1) 왕우군(王右軍 : 王羲之)이 그 얘기를 듣고 크게 화를 내며 말했다. "삼조(三祖)에 걸쳐 전해 온〔三祖壽〕(2) 악기인데, 얼간이 같은〔爏瓦(3)弔〕 손씨의 자식이 부러뜨렸군!"

원문| **蔡伯喈睹睞笛椽, 孫興公聽妓振且擺折.(1) 王右軍聞, 大嗔曰, 三祖壽(2)樂器, 爏瓦(3)弔, 孫家兒打折.**

(1) 복도(伏滔)의 〈장적부서(長笛賦敍)〉에 이런 이야기가 있다. '나의 동료 환자야(桓子野 : 桓伊)는 오래된 장적(長笛)을 가지고 있었다. 소문을 전해들은 노인이 이르길 "채옹(蔡邕) 백개가 만든 것이다."라고 했다. 일찍이 채옹이 강남으로 피난하여 가정(柯亭)의 여관에 묵었는데, 그곳은 대나무로 서까래를 만들었다. 채옹은 그것을 유심히 쳐다보며 말했다. "좋은 대나무로다." 그리고 그것으로 젓대를 만들었는데 그 소리가 절묘했다. 대대로 전해져서 지금까지 이르렀다.'

伏滔長笛賦敍曰, 余同寮桓子野有故長笛. 傳之者老云, 蔡邕伯喈之所製也. 初, 邕避難江南, 宿於柯亭之館, 以竹爲椽. 邕仰

眄之, 曰, 良竹也. 取以爲笛, 音聲獨絶. 歷代傳之至于今.

(2) 어떤 판본에는 '대(臺)'라고 되어 있다.
一作臺.

(3) 어떤 판본에는 '왕범(尪凡)'이라고 되어 있다.
一作尫凡.

주해 ㅇ笛椽(적연)—'연적(椽笛)'의 오기(誤記)일 것이다. 서까래로 만든 젓대란 의미이다.

ㅇ擺(파)—손에 들고 휘젓는다는 의미.

ㅇ三祖壽樂器(삼조수악기)—미상(未詳). 《세설전본(世說箋本)》에서 인용한 송(宋)나라 유진옹(劉辰翁 : 1234~1297년)의 설(說)에 '삼조(三祖)란 구절은 조상 삼세상전(三世相傳)의 악기를 가리킨다'라고 되어 있다. 단 이 설에 의하면 그 젓대는 왕가(王家)의 구장(舊藏)이어서, 유주(劉注)에서 말하는 것과 다르게 된다(《世說解捃拾》). 또 유주(劉注)의 교기(校記)에 따라 '삼조대(三祖臺)의 악기'라고 한다면 삼조(三祖)는 위(魏)나라 무제(武帝 : 太祖)·문제(文帝 : 高祖)·명제(明帝 : 烈祖)를 가리키는데, 일찍이 위나라 동작대(銅雀臺)에서 사용했던 악기가 된다(《世說鈔撮集成》).

ㅇ虺瓦弔(훼와조)—미상(未詳). 《시경(詩經)》〈소아(小雅)〉'사간(斯干)'의 '재롱지와(載弄之瓦)'라는 구절에 대하여 모전(毛傳)에서는 '와(瓦), 방진야(紡磚也)'라고 했다. 또 다른 설에서는 《시경》〈소아〉'사간'의 '유훼유사(維虺維蛇), 여자지상(女子之祥)…… 내생여자(乃生女子), ……재롱지와(載弄之瓦)'라는 구절에 근거하여 '훼와(虺瓦)'를 여자, 즉 가기(歌妓)를 가리키는 것이라고도 했다. 두 가지 경우 모두 '조(弔)'자는 그 의미를 추정하기가 어렵다.

ㅇ桓子野(환자야)—환자야는 마융(馬融)·유초(游楚)·송위(宋褘)·노고(奴顧) 등과 함께 젓대의 명수로 알려져 있다. 《진서(晉書)》 권81 〈환이전(桓伊傳)〉에는 '선음악(善音樂), 진일시지묘(盡一時之妙), 위강좌

제일(爲江左第一). 유채옹가정적(有蔡邕柯亭笛), 상자취지(常自吹之)' 라는 기록이 있다.

ㅇ邕避難江南(옹피난강남)－채옹은 정황(程璜)의 모함으로 죄를 얻었다가 한 번 용서받았는데 오원태수(五原太守) 왕지(王智)의 참언에 의해 다시 죄를 얻었다. 이번에는 죄에서 벗어나지 못할 것으로 알고 강남의 오회(吳會)로 도망갔다. 그리고 오(吳) 땅에서 12년의 세월을 보내게 된다(《後漢書》〈蔡邕傳〉).

ㅇ柯亭(가정)－절강성 소흥현(紹興縣) 서남쪽에 있는 정자 이름. 천추정(千秋亭)이라고도 하고 고천정(高遷亭)이라고도 한다. 이 가정의 대나무는 운몽(雲夢)의 대나무와 형양(衡陽)의 간(幹 : 宋玉의 〈笛賦〉)과 함께 명적(名笛)을 생산하는 재료로 알려졌었다.

21. 왕중랑(王中郎 : 王坦之)과 임공(林公 : 支遁)은 사이가 몹시 좋지 않았다. 왕중랑이 임공을 궤변가라고 말했더니, 임공이 왕중랑을 평하여 말했다. "때묻은 모자를 쓰고, 거친 베 홑옷을 걸치고, 《좌전(左傳)》을 끼고서, 정강성(鄭康成 : 鄭玄)의 수레 뒤나 쫓아다니고 있으니, 묻건대 그는 도대체 어떤 먼지 자루인가?"(1)

▌원문│ 王中郎與林公絶不相得. 王謂林公詭辯, 林公道王云, 箸膩顔帢, 𦅾布單衣, 挾左傳, 逐鄭康成車後, 問是何物塵垢囊.(1)

(1) 왕중랑은 왕탄지(王坦之)이다. 갑(帢)은 모자이다.
《배자(裴子)》에 이런 이야기가 있다. '임공(林公)이 말했다. "문도(文度 : 王坦之)는 때묻은 모자를 쓰고 좌전(左傳)을 끼고 정강성(鄭康成)을 쫓아다니면서 스스로 뛰어난 제자라고 생각한다. 그러나 자세히 따져 보면, 먼지 자루에서 벗어나지 못한다."'
中郎, 坦之. 帢, 帽也.

裴子曰, 林公云, 文度箸膩顔, 挾左傳, 逐鄭康成, 自爲高足弟子. 篤而論之, 不離塵垢囊也.

주해 ㅇ顔帢(안갑)－앞뒤를 구별하기 쉽도록 앞에 재봉선을 넣은 모자. 《진서(晋書)》 권27 《오행지(五行志)》 상(上)에 '초(初), 위조백갑(魏造白帢), 횡봉기전이별후(橫縫其前以別後), 명지왈안갑(名之曰顔帢). 지영가지간(至永嘉之間), 초거기봉(稍去其縫), 명무안갑(名無顔帢)'이라고 되어 있다.

ㅇ鄭康成(정강성)－정현(鄭玄). 후한(後漢)의 대경학자(大經學者).

ㅇ塵垢(진구)－《유마경(維摩經)》 '불국품(佛國品)'에 '원진리구(遠塵離垢)'라고 되어 있으며 그곳에서는 진구는 번뇌를 가리키고 있다. 왕탄지(王坦之)는 노장(老莊)을 좋아하지 않아서 폐장론(廢莊論)을 썼을 정도인데 유학(儒學)·훈고학(訓詁學)을 좋아했기 때문에 지둔(支遁)으로부터 먼지 주머니라는 조롱을 받았던 것이리라.

22. 손장락(孫長樂 : 孫綽)이 왕장사(王長史 : 王濛)의 뇌문(誄文)을 지었는데 그 속에서 말했다. '나와 선생은 권세와 이해(利害)로 사귀지 않았고, 마음은 맑은 물과 같았으며, 함께 이 현묘한 취향을 즐겼다.'(1) 왕효백(王孝伯 : 王恭)이 그 글을 보고 말했다. "재사(才士)는 겸손하지 못하도다. 돌아가신 조부께서 어찌 이런 사람과 사귀셨겠는가."

원문 孫長樂作王長史誄云, 余與夫子, 交非勢利, 心猶澄水, 同此玄味.(1) 王孝伯見曰, 才士不遜, 亡祖何至與此人周旋.

(1) 《예기(禮記)》에 이런 이야기가 있다. '군자의 사귐은 담담하기가 물과 같고, 소인의 사귐은 달콤하기가 단술과 같다.'
禮記曰, 君子之交淡若水, 小人之交甘若醴.

주해 ㅇ誄(뇌)－조문(弔文). 죽은 사람의 생전 공덕을 칭송하고 그 죽음을 애통해하는 글.

ㅇ玄味(현미)－깊은 맛.

ㅇ亡祖何至云云(망조하지운운)－유사한 글이 〈방정편(方正篇)〉 48에도 보인다.

ㅇ周旋(주선)－왕래하는 것.

ㅇ禮記(예기)－〈표기편(表記篇)〉에 '군자가 접하는 것은 물과 같고, 소인이 접하는 것은 단술과 같다. 군자는 담담하게 사귀어 이루고, 소인은 달콤하게 사귀어 깨진다'라고 되어 있다.

23. 사태부(謝太傅 : 謝安)가 아들과 조카들에게 말했다. "중랑(中郎 : 謝萬)이야말로 천 년의 명성을 홀로 얻었다." 거기(車騎 : 謝玄)가 말했다. "중랑은 마음이 겸허하지 못하니, 어찌 홀로 얻었다고 할 수 있겠습니까?"(1)

원문 **謝太傅謂子姪曰, 中郎始是獨有千載. 車騎曰, 中郎衿抱未虛, 復那得獨有.**(1)

(1) 중랑은 사만(謝萬)이다.

中郎, 謝萬.

주해 ㅇ始是(시시)－《전본(箋本)》에는 '태시(殆是)'로 적고 있다.

ㅇ車騎(거기)－사현(謝玄). 사현은 사안(謝安)·사만(謝萬)의 조카이다(도표 참조).

ㅇ衿抱(금포)－회포·흉금의 뜻.

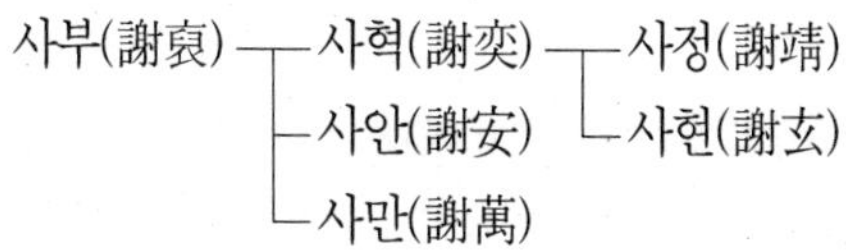

24. 유도계(庾道季 : 庾龢)가 사공(謝公 : 謝安)에게 의아한 표정으로 말했다. "배랑(裴郞 : 裴啓)이 (그가 지은 《語林》에서) '배랑은 분명히 나쁘지 않으니 어찌 다시 술을 마실 필요가 있겠는가라고 사안(謝安)이 평했다'고 했으며,(1) 배랑이 또 '지도림(支道林 : 支遁)은 구방고(九方皐)가 말[馬]을 볼 때 그 털빛은 문제삼지 않고 그 준일(俊逸)함만 취한 것과 같다고 사안이 평했다'고 했습니다."(2) 사공은 말했다. "나는 그 두 가지 말을 전혀 한 적이 없으니, 배씨가 스스로 그런 말을 지어낸 것일 뿐이다." 유도계는 마음속으로 결코 그렇지 않다고 생각하여, (裴啓의 《어림》에 실려 있는) 동정(東亭 : 王珣)의 '주막 아래를 지나며 지은 부[經酒壚下賦]'를 인용했다. 유도계가 읽기를 끝냈지만 사공은 어떠한 비평도 전혀 하지 않은 채 다만 이르기를 "그대도 결국 또 배씨의 학문을 하는구먼."이라고 했다. 그리하여 《어림》은 마침내 폐기되었다. 지금 있는 것은 모두 그 이전에 써놓은 것으로 사안의 말이 보이지 않는다.(3)

원문| **庾道季詫謝公曰, 裴郞云, 謝安謂, 裴郞乃可不惡, 何得爲復飮酒.(1) 裴郞又云, 謝安目支道林如九方皐之相馬, 略其玄黃, 取其儁逸.(2) 謝公云, 都無此二語, 裴自爲此辭耳. 庾意甚不以爲好. 因陳東亭經酒壚下賦. 讀畢, 都不下賞裁, 直云, 君乃復作裴氏學. 於此語林遂廢. 今時有者, 皆是先寫, 無復謝語.(3)**

(1) 유화(庾龢)와 배계(裴啓)는 앞에서 나왔다.
庾龢 · 裴啓已見.

(2) 《지둔전(支遁傳)》에 이런 이야기가 있다. '지둔은 본질을 파악할 때마다 상징이나 비유에는 마음을 두지 않았고, 장구(章句)를 해석할 때도 간혹 빠뜨린 것이 있었기에, 문자에 집착하는 무리들은 대

부분 의문을 가졌다. 사안석(謝安石 : 謝安)은 그의 말을 듣고서 그를 칭찬하여 말했다. "그것은 구방고(九方皐)가 말[馬]을 볼 때 그 털빛은 문제삼지 않고 그 준일(俊逸)함만 취한 것과 같다." '

《열자(列子)》에는 이런 말이 있다. '백락(伯樂)이 진(秦)나라 목공(穆公)에게 말했다. "신과 함께 땔나무와 야채를 묶어서 져 나르는 자 중에 구방고라는 사람이 있는데, 그는 말[馬]을 보는 데 있어서 신보다 못하지 않습니다." 목공이 구방고에게 돌아다니면서 말을 구하라 했는데, 그는 돌아와서 아뢰었다. "찾았습니다. 수컷에 누런 털빛입니다." 사람을 시켜 끌어오게 해서 보았더니, 암컷에 검은 털빛이었다. 목공은 말했다. "털빛과 암수도 모르면서 어떻게 말을 잘 알아본다고 하겠는가?" 백락이 말했다. "구방고가 말을 관찰하는 것은 천부적인 능력입니다. 그 정미(精微)함만 보고 그 조잡함은 잊어버리며, 그 내재적인 것만 보고 그 외형적인 것은 잊어버리며, 보아야 할 것만 보고 보지 않아도 되는 것은 보지 않으며, 살펴야 할 것만 살피고 살피지 않아도 되는 것은 무시합니다. 그가 보는 것은 말 그 자체보다도 귀한 것을 꿰뚫어보는 것입니다." 나중에 그 말은 과연 천리마였다.'

支遁傳曰, 遁每標擧會宗, 而不留心象喩, 解釋章句, 或有所漏. 文字之徒, 多以爲疑. 謝安石聞而善之, 曰, 此九方皐之相馬也, 略其玄黃, 而取其儁逸.

列子曰, 伯樂謂秦穆公曰, 臣所與共儋纏薪菜者, 有九方皐. 此其於馬, 非臣之下也. 公使行求馬. 反曰, 得矣. 牡而黃. 使人取之, 牝而驪. 公曰, 毛物牝牡之不知. 何馬之能知也. 伯樂曰, 若皐之觀馬者, 天機也. 問其精, 亡其麤. 在其內, 亡其外. 見其所見, 不見其所不見. 視其所視, 遺其所不視. 若彼之所相, 有貴於馬也. 旣而, 馬果千里足.

(3) 《속진양추(續晉陽秋)》에 이런 이야기가 있다. '진(晉)나라 융화(隆

和) 연간(362~363)에 하동(河東)의 배계(裴啓)가 한(漢)·위(魏) 이후로 지금에 이르기까지 언어와 응대(應對) 중에서 뛰어난 것을 기록하여 《어림(語林)》이라고 했다. 당시 사람들이 대부분 그 내용을 좋아하여 그 문장이 마침내 유행했다. 그러나 나중에 태부(太傅 : 謝安)의 일을 기술한 것이 사실이 아니었고, 또한 사안이 마련한 자리에서 어떤 사람이 (《어림》에 실려 있는) 사도(司徒) 왕순(王珣)이 황공(黃公)의 주막에 대해 쓴 부(賦)를 언급했으며, 게다가 사공은 왕순과 사이가 좋지 않았기에 이르기를 "그대도 결국 또 배랑의 학문을 하는구먼."이라고 했다. 이때부터 사람들은 모두 그 내용을 하찮게 여기게 되었다. 사안의 향리(鄕里) 사람 중에 중숙현(中宿縣)의 현령을 그만두고 사안을 찾아온 자가 있었는데, 사안이 그에게 고향으로 돌아갈 노자(路資)에 대해 물었더니, 그가 대답했다. "영남(嶺南)은 피폐한 지역입니다. 저에게 5만 개의 파초선(芭蕉扇)이 있긴 합니다만, 제철이 아니어서 물건이 쌓여 있습니다." 그러자 사안은 그 중에서 마음에 드는 것을 꺼내어 손에 쥐었다. 그랬더니 도성의 선비와 서민들이 다투어 흠모하여 사용하는 바람에 파초선의 값이 몇 배로 뛰었고 열흘만에 팔 물건이 동나 버렸다. 대저 좋아하는 사람에게는 깃털과 털이 생기게 하고, 싫어하는 사람에게는 상처의 흉터를 남게 한다는 격이다. 사상(謝相 : 謝安)의 말 한마디면 그 동안 쌓은 명성도 천 년 후에까지 꺾였고, 그가 인정하는 것이면 가치 없는 것도 백금(百金)까지 올라갔다. 그러니 윗사람이 사랑과 미움을 주고 뺏는 것은 가히 신중히 해야 하지 않겠는가.'

續晉陽秋曰, 晉隆和中, 河東裴啓, 撰漢魏以來, 迄于今時, 言語應對之可稱者, 謂之語林. 時人多好其事, 又遂流行. 後說太傅事不實, 而有人於謝坐敍其黃公酒壚, 司徒王珣爲之賦, 謝公加以與王不平, 乃云, 君遂復作裴郎學. 自是衆咸鄙其事矣. 安鄕人有罷中宿縣詣安者, 安問其歸資. 答曰, 嶺南凋弊, 唯有五

萬蒲葵扇. 又以非時爲滯貨. 安乃取其中者捉之, 於是京師士庶競慕而服焉. 價增數倍, 旬月無賣. 夫所好生羽毛, 所惡成瘡痏. 謝相一言, 挫成美於千載, 及其所與, 崇虛價於百金. 上之愛憎與奪, 可不愼哉.

주해 | ㅇ何得爲復飮酒(하득위부음주)—배계(裵啓)는 본디부터 청허(淸虛)한 인물이었으므로 새삼스럽게 술에 취하여 마음속에 있는 속된 것을 털어 버릴 필요도 없다고 하는 의미.

ㅇ玄黃(현황)—흑(黑)과 황(黃). 여기서는 말[馬]의 털색깔을 말한 것이다.

ㅇ經酒壚下賦(경주로하부)—〈문학편(文學篇)〉 90은 《어림(語林)》에 왕순(王珣)의 이 작품이 실려 있다는 것을 기록하고 '매우 재정(才情)이 있다'라고 평하고 있다.

ㅇ語林遂廢(어림수폐)—《수서(隋書)》 〈경적지(經籍志)〉에는 '《어림》 10권, 동진처사(東晋處士) 배계찬(裵啓撰), 망(亡)'이라고 되어 있다.

ㅇ已見(이견)—유화(庾龢)는 〈언어편(言語篇)〉 79, 배계는 〈문학편〉 90에서 나왔다.

ㅇ會宗(회종)—사물의 진수·본질.

ㅇ列子(열자)—〈설부편(說符篇)〉.

ㅇ秦穆公(진목공)—이름은 임호(任好), 진(秦)나라 덕공(德公)의 셋째 아들. 목공(繆公)이라고도 쓴다. 그의 사적은 《사기(史記)》 권5 〈진본기(秦本紀)〉에 자세히 기록되어 있다.

ㅇ天機(천기)—눈에 보이지 아니하는 자연의 기능.

ㅇ問其精(문기정)—원본(袁本)에는 '득기정(得其精)'으로 적고 있다.

ㅇ在(재)—보다. 관찰하다.

ㅇ隆和中(융화중)—동진(東晋)의 애제(哀帝 : 司馬丕) 때의 연호. 362~363년.

ㅇ文(문)—송본(宋本)은 '우(又)'로 적고 있다.

ㅇ安鄕人(안향인)—사안(謝安)은 진군(陳郡) 양하(陽夏 : 하남성) 사람이다.

ㅇ中宿縣(중숙현)－영남 광동(廣東)에 있던 현. 한(漢)나라 때 두어졌다.
ㅇ蒲葵扇(포규선)－포규의 잎으로 만든 둥근 부채. 일반적으로 '파초선(芭蕉扇)'이라 하며, '포선(蒲扇)', '규선(葵扇)'이라고도 한다. 포규는 빈랑나무의 일종이며 그 잎은 종려나무 잎과 비슷하다.
ㅇ所好生羽毛(소호생우모), 所惡成瘡痏(소오성창유)－장형(張衡)의 〈서경부(西京賦)〉에 '소호생모우(所好生毛羽), 소오성창유(所惡成創痏)'라는 구절이 있다. 좋아하는 사람에게는 깃털과 털이 생기게 하고, 싫어하는 사람에게는 상처와 흉터를 남기게 한다는 뜻.
ㅇ謝相(사상)－사안(謝安)을 가리킨다. 사안은 동진(東晋) 효무제(孝武帝)의 재상(宰相)이 되었었다.

25. 왕북중랑(王北中郎 : 王坦之)이 임공(林公 : 支遁)에게 인정을 받지 못하자, '사문(沙門)은 고사(高士)가 될 수 없다〔沙門不得爲高士論〕'는 논문을 썼는데, 그 대략은 다음과 같다. '고사는 반드시 마음대로 여유롭고 평안한 상태에 있지만, 사문은 비록 속세의 밖에 있다고 하더라도 도리어 교리에 더욱 속박되니, 성정(性情)이 자유롭다고 말할 수 없다.'

원문| 王北中郎不爲林公所知, 乃箸論沙門不得爲高士. 論大略云, 高士必在於縱心調暢, 沙門雖云俗外, 反更束於教. 非情性自得之謂也.

주해| ㅇ北中郎(북중랑)－북중랑장(北中郎將). 중랑장은 광록훈(光祿勳)에 속하며 낭(郎)을 조사하는 관료이다. 문관(文官)인 오관중관장(五官中郎將), 좌우중랑장(左右中郎將) 외에, 무관(武官)인 호분중랑장(虎賁中郎將), 동서남북(東西南北)의 사중랑장(四中郎將) 등이 있었다.
ㅇ自得(자득)－깨달음의 경지에 있어서 마음이 즐거운 것.

26. 어떤 사람이 고장강(顧長康 : 顧愷之)에게 물었다. "어찌하여 낙양(洛陽) 서생의 창법〔洛生詠〕을 쓰지 않습니까?" 고장강이 대답하였다. "어찌 늙은 종년의 소리를 내겠소!"(1)

원문| **人問顧長康, 何以不作洛生詠. 答曰, 何至作老婢聲.**(1)

(1) 낙양 서생의 창법〔洛下書生詠〕은 소리가 둔탁하기 때문에 '늙은 종년의 소리'라고 한 것이다.
洛下書生詠, 音重濁. 故云老婢聲.

주해| ㅇ洛生詠(낙생영)－낙하서생영(洛下書生詠)이라고도 한다. 당시 유행하던 비음(鼻音)의 창법. 〈아량편(雅量篇)〉 29의 주해를 참조할 것.
ㅇ音重濁(음중탁)－〈아량편〉 29에서 인용한 《문장지(文章志)》에 의하면 사안(謝安)은 젊었을 때 콧병을 앓아서 코먹은 소리가 탁했으며 이 창법이 득의였다. 그후 명사(名士)들도 대부분 이 창법을 흉내냈다고 한다.

27. 은의(殷顗)와 유항(庾恒)은 모두 사진서(謝鎭西 : 謝尙)의 외손자였다.(1) 은의는 젊어서부터 명민(明敏)했지만, 유항은 늘 그를 존중하지 않았다. 한번은 함께 사공(謝公 : 謝安)을 찾아갔는데, 사공이 은의를 찬찬히 보다가 말했다. "아소(阿巢 : 殷顗)는 정말 진서(鎭西)를 닮았구나."(2) 그러자 유항이 목소리를 낮추어 말했다. "대체 어디가 닮았습니까?" 사공이 이어서 다시 말했다. "아소의 뺨이 진서를 닮았어." 유항도 다시 말했다. "뺨이 닮으면 훌륭한 사람이 됩니까?"(3)

원문| **殷顗, 庾恒並是謝鎭西外孫.**(1) **殷少而率悟. 庾每不推. 嘗俱詣謝公, 謝公熟視殷曰, 阿巢故似鎭西.**(2) **於是庾下聲語曰,**

定何似. 謝公續復云, 巢頰似鎭西. 庾復云, 頰似足作健不.(3)

(1) 《사씨보(謝氏譜)》에 이런 이야기가 있다. '사상(謝尙)의 장녀 승요(僧要)는 유화(庾龢)에게 시집갔고, 차녀 승소(僧韶)는 은흠(殷歆)에게 시집갔다.'

謝氏譜曰, 尙長女僧要. 適庾龢. 次女僧韶, 適殷歆.

(2) 소(巢)는 은의의 어릴 때 자이다.

巢, 殷顗小字也.

(3) 《유씨보(庾氏譜)》에 이런 이야기가 있다. '유항(庾恒)은 자가 경칙(敬則)이다. 조부는 유량(庾亮)이고 아버지는 유화이다. 유항은 벼슬이 상서복야(尙書僕射)에 이르렀다.'

庾氏譜曰, 恆字敬則. 祖亮, 父龢. 恆仕至尙書僕射.

주해 | ㅇ謝公(사공)－사안과 사상(謝尙)은 종형제간이다.

ㅇ健(건)－준매(俊邁)란 의미.

ㅇ殷歆(은흠)－송본(宋本)·원본(袁本) 모두 '은흠(殷歆)'으로 적고 있는데 《진서(晋書)》 권83 〈은의전(殷顗傳)〉에는 '아버지 강(康)은 오흥태수(吳興太守)'라고 되어 있으며 〈언어편(言語篇)〉 106에서 인용한 《속진양추(續晋陽秋)》에도 은중문(殷仲文 : 殷顗의 동생)의 전(傳)에 '아버지 강(康) 오흥태수'라고 되어 있다.

ㅇ父龢(부화)－송본(宋本)에는 아버지의 자(字)가 없다. 원본(袁本)에 따라 보충했다.

28. 이전부터 한강백(韓康伯 : 韓伯)은 다음과 같은 평을 받고 있었다. '팔꿈치를 비틀어도 뼈가 만져지지 않는다.'(1)

원문 | **舊目韓康伯, 捋肘無風骨.**(1)

(1) 《설림(說林)》에 이런 이야기가 있다. '범계(范啓)가 말했다. "한강백은 살이 잔뜩 찐 오리와 비슷하다."'
說林曰, 范啓云, 韓康伯似肉鴨.

주해 | ㅇ肉鴨(육압)-미상(未詳). 식용으로 쓰기 위하여 비육시킨 오리일 것이다. 한편 한강백이 살이 쪘었다는 이야기는 〈품조편(品藻篇)〉 66에도 보인다.

29. 부굉(符宏)이 (後秦에) 반기를 들고 동진(東晉)에 귀순하자, 사태부(謝太傅 : 謝安)는 늘 (그를) 우대하여 이끌어 주었다. 부굉은 스스로 재능이 있다고 생각하여 남을 능멸하기를 좋아했는데, 좌중에서 그를 꺾을 사람이 없었다. 마침 왕자유(王子猷 : 王徽之)가 왔기에 사태부가 함께 이야기를 나눠보라고 했다. 왕자유는 한참 동안 (부굉을) 자세히 바라보고만 있더니, 사태부를 돌아보며 말했다. "역시 결국 다른 점이 없군요." 부굉은 크게 부끄러워하면서 물러갔다.[1]

원문 | **符宏叛來歸國. 謝太傅每加接引. 宏自以有才, 多好上人, 坐上無折之者. 適王子猷來, 太傅使共語. 子猷直熟視良久, 回語太傅云, 亦復竟不異人. 宏大慚而退.**[1]

(1) 《속진양추(續晉陽秋)》에 이런 이야기가 있다. '부굉(符宏)은 부견(符堅)의 태자이다. 부견이 요장(姚萇)에게 살해당하자, 부굉은 모친과 부인을 데리고 (東晉에) 투항했으며, 조정으로부터 전택(田宅)을 하사받았다. 환현(桓玄)이 부굉을 장군으로 삼았는데, 환현이 패하자, 그는 상중(湘中)에서 반란을 일으켰다가 주살당했다.'
續晉陽秋曰, 宏, 符堅太子也. 堅爲姚萇所殺, 宏將母妻來投, 詔賜田宅. 桓玄以宏爲將, 玄敗, 寇湘中, 伏誅.

주해 | ㅇ苻宏叛來歸國(부굉반래귀국)－태원(太元) 10년(385), 부견이 후진왕(後秦王) 요장(姚萇)에게 살해당하자 태자였던 부굉은 난을 피하여 모친과 처자를 데리고 동진(東晋)으로 도망쳐 보국장군(輔國將軍)을 제수받았다.

ㅇ桓玄以宏爲將(환현이굉위장)－환현은 유유(劉裕) 등의 군단에 대항하기 위하여 부굉을 양주자사(梁州刺史)로 임명하여 선봉에 세웠다.

ㅇ玄敗(현패)－원흥(元興) 3년(404) 유유 등의 군단에 의해 환현은 토벌당했고 부굉도 모반했다 하여 의희연간(義熙年間 : 405~418년) 초에 죽음을 당했다.

30. 지도림(支道林 : 支遁)이 동쪽〔會稽〕으로 들어가서 왕자유(王子猷 : 王徽之) 형제를 만나 보고 돌아왔다. 어떤 사람이 물었다. "여러 왕씨들을 만나 보니 어떻습니까?" 대답하여 말했다. "보이는 건 목이 흰 까마귀 한 무리였고, 들리는 건 까악까악 하고 지르는 소리뿐이었소."

원문 | 支道林入東, 見王子猷兄弟, 還. 人問, 見諸王何如. 答曰, 見一羣白頸烏, 但聞喚啞啞聲.

31. 왕중랑(王中郎 : 王坦之)이 허현도(許玄度 : 許詢)를 이부랑(吏部郎)으로 발탁했다. 치중희(郗重熙 : 郗曇)가 말했다. "상왕(相王 : 簡文帝)은 풍류를 좋아하니, 아눌(阿訥 : 許詢)을 그 자리에 있게 해서는 안된다."(1)

원문 | 王中郎擧許玄度爲吏部郎, 郗重熙曰, 相王好事. 不可使阿訥在坐頭.(1)

(1) 눌(訥)은 허순(許詢)의 어렸을 때 자이다.

訥, 詢小字.

주해 ㅇ好事云云(호사운운)－《세설전본(世說箋本)》에는 '현도(玄度), 상왕풍류상사(相王風流相似), 공기상공담의(恐其相共談議), 유해어정사(有害於政事)'라고 되어 있다. 간문제(簡文帝) 사마욱(司馬昱)은 당시 회계왕(會稽王)으로서 승상(丞相)을 겸하고 있었으므로 상왕(相王)이라고 한다(〈容止篇〉 34 참조). 현담(玄談)을 매우 좋아했다. 만약 그러한 허순(許詢)을 가까이한다면 정사를 점차 소홀히 할 것이란 이야기이다. 〈품조편(品藻篇)〉 77과 그 주해를 참조할 것.

32. 왕흥도(王興道 : 王和之)는 사망채(謝望蔡 : 謝琰)를 평하여 말했다. "조급하게 부산떠는 것이 마치 매를 잃어버린 응사(鷹師)와 같다."(1)

원문 **王興道謂謝望蔡, 霍霍如失鷹師.**(1)

(1) 《영가기(永嘉記)》에 이런 이야기가 있다. '왕화지(王和之)는 자가 흥도이며 낭야(琅邪) 사람이다. 조부 왕익(王翼)은 평남장군(平南將軍)을 지냈고, 부친 왕호지(王胡之)는 사주자사(司州刺史)를 지냈다. 왕화지는 영가태수(永嘉太守)와 정원상시(正員常侍)를 역임했다.'

망채(望蔡)는 사염(謝琰)의 어렸을 때 자이다.

永嘉記曰, 王和之字興道, 琅邪人. 祖翼, 平南將軍. 父胡之, 司州刺史. 和之歷永嘉太守, 正員常侍.

望蔡, 謝琰小字也.

주해 ㅇ霍霍(곽곽)－조급하게 부산떠는 것.
ㅇ王和之(왕화지)－송본(宋本)에서는 화(和)를 화(禾)로 적고 있다.

ㅇ祖翼(조익)－《진서(晋書)》 권76의 본전(本傳)에는 익(翼)을 '이(廙)'로 적고 있다.

ㅇ正員常侍(정원상시)－정원(正員)은 원외(員外)·통직(通直)이 아닌 것을 가리키며 여기서는 정원산기상시(正員散騎常侍)를 가리킨다.

ㅇ望蔡(망채), 謝琰小字也(사염소자야)－《진서(晋書)》 권79 〈사염전(謝琰傳)〉에는 종형인 사현(謝玄)과 함께 부견(符堅)을 깨고, 그 공에 의해 망채공(望蔡公)에 봉해졌다고 되어 있다. 이것에 의하면 '망채'를 사염의 어렸을 때 자(字)라고 하는 것은 잘못이다. 참고로 망채는 양주(揚州) 예장군(豫章郡)에 속하는 현명(縣名)이다(《晋書》 권15 〈地理志〉 下). 또 사염의 어렸을 때의 자(字)는 말비(末婢)이다(〈傷逝篇〉 19의 劉注).

33. 환남군(桓南郡 : 桓玄)은 다른 사람이 일을 시원스럽게 처리하지 못하는 것을 볼 때마다 화를 내며 말했다. "그대는 애씨(哀氏) 집의 배[梨]를 얻고서도 반드시 쪄서 먹는가?"(1)

원문| 桓南郡每見人不快, 輒嗔云, 君得哀家梨, 當復不蒸食不.(1)

(1) 예로부터 다음과 같은 말이 전해온다. '말릉(秣陵)에 애중(哀仲)이라는 자가 있었다. 그 집에 매우 맛있는 배가 있었는데, 크기는 됫박만 했고 입에 넣으면 살살 녹았다.' 어떤 멍청한 사람이 맛을 식별하지 못하여 좋은 배를 얻고서도 그것을 쪄서 먹었다고 한다. **舊語, 秣陵有哀仲, 家梨甚美, 大如升, 入口消釋. 言愚人不別味, 得好梨蒸食之也.**

주해| ㅇ不快(불쾌)－《세설전본(世說箋本)》에 '일을 하는 데 쾌리(快利)가 되지 아니한다. 즉 어리석다'라고 했다. 일을 시원스럽게 처리하지 못하는 것.

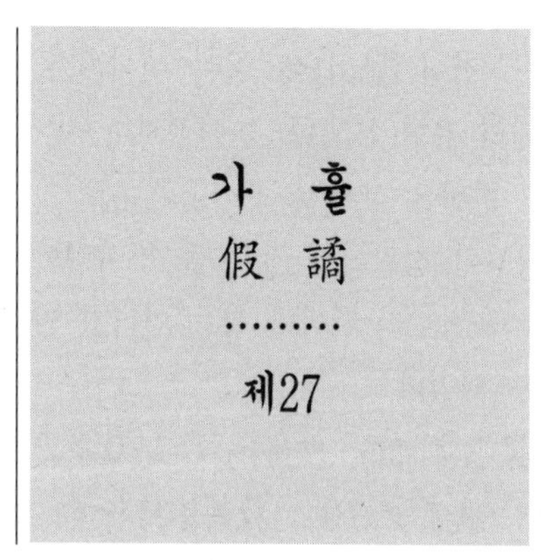

1. 위(魏) 무제(武帝 : 曹操)는 젊었을 때, 일찍이 원소(袁紹)와 함께 유협(遊俠) 행위를 하고 있었다. 한번은 남이 결혼하는 것을 보고는, 그 주인집의 정원으로 몰래 들어가서, 밤에 크게 소리치기를, "도둑이야!"라고 했다. 청려(靑廬) 안에 있던 사람들이 모두 나와서 둘러보았다. 그 틈에 무제는 청려로 들어가서 칼을 빼들고 신부를 겁탈한 뒤 원소와 함께 도로 나왔는데, 도중에 길을 잃고 가시나무 속으로 떨어져 원소는 꼼짝할 수 없었다. 무제는 다시 크게 소리쳤다. "도둑이 여기 있다!" 원소가 다급한 나머지 자기 힘으로 뛰쳐나옴으로써, 마침내 둘 다 겨우 봉변을 면했다.(1)

원문| **魏武少時, 嘗與袁紹好爲游俠. 觀人新婚, 因潛入主人園中, 夜叫呼云, 有偸兒賊. 靑廬中人皆出觀. 魏武乃入, 抽刃劫新婦. 與紹還出, 失道墜枳棘中, 紹不能得動. 復大叫云, 偸兒在此. 紹遑迫自擲出, 遂以俱免.**(1)

(1) 《조만전(曹瞞傳)》에 이런 이야기가 있다. '조조(曹操)는 어렸을

때 자가 아만(阿瞞)이다. 젊었을 때 남을 속이길 좋아했으며, 방탕함에 한도가 없었다.'

손성(孫盛)의 《잡어(雜語)》에 이런 이야기가 있다. '무왕(武王 : 曹操)은 젊어서 유협(遊俠)을 좋아했으며, 방탕하여 행업(行業)을 닦지 않았다. 한번은 상시(常侍) 장양(張讓)의 집 안으로 몰래 들어갔는데, 장양이 정원에서 창을 들고 겨냥하자, 담을 넘어서 도망쳤다. 무왕은 남보다 뛰어난 힘을 지니고 있었기 때문에 아무도 그를 해칠 수 없었다.'

曹瞞傳曰, 操小字阿瞞. 少好譎詐, 遊放無度.

孫盛雜語云, 武王少好俠, 放蕩不修行業. 嘗私入常侍張讓宅中, 讓乃手戟於庭, 踰垣而出. 有絕人力, 故莫之能害也.

주해 | ㅇ假譎(가휼)－가(假)는 속이다, 휼(譎)도 속이다. 가휼이란 남을 속이고 거짓말을 한다는 뜻이다. 이 편에는 모두 남을 속이는 이야기를 모아놓고 있다.

ㅇ靑廬(청려)－혼례 때 신부를 맞는 소사(小舍). 신랑집 문앞에 설치하고 파란 만막(幔幕)을 치므로 청려라는 명칭이 붙었다. 《유양잡조(酉陽雜俎)》 권1에 '북조혼례(北朝婚禮), 청포만위옥(靑布幔爲屋), 재문내외(在門內外), 위지청려(謂之靑廬), 어차교배영부(於此交拜迎婦)'라고 했다.

ㅇ枳棘(지극)－탱자나무와 멧대추나무. 모두 가시가 많은 나무이다.

ㅇ曹瞞傳(조만전)－《수서(隋書)》 〈경직지(經籍志)〉에는 저록되어 있지 않지만 《구당서(舊唐書)》 〈경적지〉에 '조만전 1권, 오인(吳人) 작(作)'이라는 기록이 있음. 《삼국지(三國志)》 배송지(裵松之) 주(注)에 자주 인용되고 있다.

ㅇ孫盛雜語(손성잡어)－《이동잡어(異同雜語)》를 말함이다. 이것도 《삼국지》 배송지 주에 자주 인용되고 있다.

2. 위(魏) 무제(武帝 : 曹操)가 행군하다가 물 긷는 곳으로 가는 길

을 잃어버려 삼군(三軍)의 군사들이 모두 목말라 했다. 무제는 영을 내려 말했다. "앞에 큰 매실 숲이 있는데, 달고 신 열매가 많으므로 갈증을 해소할 수 있다." 병사들은 그 말을 듣자 입안에 모두 침이 고였다. 그 덕택에 앞의 수원(水源)에 도달할 수 있었다.

원문| **魏武行役失汲道, 三軍皆渴. 乃令曰, 前有大梅林, 饒子, 甘酸. 可以解渴. 士卒聞之, 口皆出水, 乘此得及前源.**

3. 위(魏) 무제(武帝 : 曹操)는 늘 말했다. "남이 나를 해치려고 하면 나는 곧바로 심장이 뛴다." 그리고 가깝게 여기는 시종에게 말하는 것이었다. "네가 칼을 품고 은밀히 내 곁으로 오면, 내가 틀림없이 '심장이 뛴다'고 말하면서 너를 체포하여 처형하게 할 것이다. 그렇지만 너는 내가 시켜서 했다는 말을 해서는 안된다. 그렇게만 하면 다른 일은 없을 것이며 마땅히 후하게 보답해 줄 것이다." 체포된 자는 그 말을 믿고 두려워하지 않았다. 무제는 결국 그를 참수했는데, 그 사람은 죽을 때까지 속았다는 사실을 알지 못했다. 좌우의 사람들은 이것이 정말이라고 생각했으며, 역모를 꾀하는 자들은 기가 꺾였다.(1)

원문| **魏武常言, 人欲危己, 己輒心動. 因語所親小人曰, 汝懷刃密來我側, 我必說心動. 執汝使行刑. 汝但勿言. 其使無他, 當厚相報. 執者信焉, 不以爲懼. 遂斬之. 此人至死不知也. 左右以爲實, 謀逆者挫氣矣.**(1)

(1) 《조만전(曹瞞傳)》에 이런 이야기가 있다. '조조(曹操)가 군중(軍中)에 있을 때 군량(軍糧)이 부족했으므로, 담당자에게 은밀히 말했다. "어떻게 하지?" 담당자는 말하였다. "작은 됫박을 사용하면 해결할 수 있습니다." 조조는 말했다. "좋다." 그후 군중에서 조조

가 사람들을 속였다는 말이 나오자, 조조는 그 담당자의 등에 죄상을 적어서 사람들에게 보이며 말했다. "작은 됫박을 사용하여 군량을 훔쳤다." 그리고 결국 그를 참수했다. 그러면서 말했다. "단지 너의 죽음을 빌어 사람들의 마음을 달래려 했을 뿐이다." 그가 거짓말로 속이는 것이 모두 이와 같았다.'

曹瞞傳曰, 操在軍, 廩穀不足, 私語主者曰, 何如. 主者云, 可以小斛足之. 操曰, 善. 後軍中言操欺衆. 操題其主者背, 以徇曰, 行小斛, 盜軍穀. 遂斬之. 仍云, 特當借汝死, 以厭衆心. 其變詐皆此類也.

4. 위(魏) 무제(武帝 : 曹操)는 언제나 이렇게 말했다. "내가 잠들어 있을 때는 함부로 접근해서는 안된다. 접근하면 곧바로 사람을 베어 죽이는데, 내 자신도 의식하지 못한다. 좌우의 사람들은 마땅히 이것을 깊이 조심해야 한다." 나중에 무제가 거짓으로 잠든 체하고 있을 때, 총애하던 어떤 사람이 몰래 그에게 이불을 덮어 주었다. 무제는 곧바로 그 사람을 베어 죽였다. 이 이후로는 그가 잠자고 있을 때 좌우에서 감히 접근하는 자가 없었다.

원문| **魏武常云, 我眠中不可妄近. 近便斫人, 亦不自覺. 左右宜深愼此. 後陽眠, 所幸一人竊以被覆之. 因便斫殺. 自爾每眠, 左右莫敢近者.**

주해| ㅇ近便(근편)－송본(宋本)에는 '근(近)'자가 없다. 여기서는 원본(袁本)에 따랐다.

ㅇ陽(양)－속이다. 양(佯)과 같다.

5. 원소(袁紹)가 젊었을 때, 사람을 보내어 밤에 칼을 위(魏) 무제

(武帝 : 曹操)에게 던지게 했는데, 약간 낮아서 명중시키지 못했다. 위 무제는 그것을 헤아려 보고는, 다음에는 반드시 높게 날아올 것이라고 생각하여, 침상 위에 달라붙어 엎드려 있었더니, 칼이 과연 높게 날아왔다.[1]

원문 | **袁紹年少時, 曾遣人夜以劒擲魏武, 少下, 不箸. 魏武揆之, 其後來必高, 因帖臥牀上, 劒至果高.**[1]

(1) 생각하건대 원소(袁紹)와 조조(曹操)는 나중에 (三國이) 정립했을 때부터 사이가 벌어지기 시작했으며, 그 이전에는 적대적인 관계였다는 말을 듣지 못했으니, 무슨 연유가 있었기에 칼로 그를 찌르려고 했을까?

按, 袁曹後由鼎跱, 迹始攜貳. 自斯以前, 不聞讎隙. 有何意故而剚之以劒也.

주해 | ㅇ帖臥(첩와)－달라붙어 엎드리다. 첩(帖)은 첩(貼)과 통한다.

ㅇ鼎跱(정치)－솥의 발처럼 삼자(三者)가 대치하는 것을 가리킨다.

ㅇ攜貳(휴이)－휴(攜)는 이(離), 이(貳)는 의(疑)의 뜻. 사이가 벌어지고 적대시한다는 의미이다.

ㅇ剚(사)－자(刺). 즉 찌르다의 의미.

6. 왕대장군(王大將軍 : 王敦)이 반란을 일으켜 군대를 고숙(姑孰)에 주둔시키고 있었다. 진(晉) 명제(明帝 : 司馬紹)는 영민하고 용맹스러웠지만, 그래도 의심하고 꺼리는 마음이 들었다. 그래서 군복을 입고 파종마(巴賨馬)를 타고 황금 채찍을 들고, 몰래 군대의 형세를 정찰하러 나갔다. 10여 리를 채 못 갔을 때, 어떤 떠돌이 노파 하나가 객사에서 음식을 팔고 있었다. 명제는 그곳에 들러 쉬면서 노파에게

말했다. "왕돈(王敦)이 군대를 일으켜 반역을 도모하면서 충성스럽고 어진 사람을 의심하고 살해하는 바람에, 조정이 놀라고 두려워하며 나라가 근심에 빠져 있네. 그래서 새벽부터 저녁까지 수고하면서 정찰하러 나왔네. 정체가 탄로나서 혹 일이 잘못될까 봐 걱정이니, 추격당하는 날엔 노파가 숨겨 주었으며 하네." 그리고는 곧장 떠돌이 노파에게 채찍을 주고 떠나, 왕돈의 군영을 한바퀴 둘러보고 나왔는데, 병사가 알아차리고 말했다. "이는 보통 사람이 아니다!" 왕돈은 누워 있다가 이 말을 듣고 뛰는 가슴으로 말했다. "이는 틀림없이 누런 수염의 선비족(鮮婢族) 놈이 온 것이다." 기병에게 명하여 그를 추격하게 했지만, 이미 거리상으로 많은 차이가 있다. 추격하던 병사가 노파에게 물었다. "누런 수염 달린 어떤 사람 한 명이 말을 타고 이곳을 지나가는 것을 보지 못했소?" 노파가 말했다. "지나간 지 이미 오래되었으니, 따라잡을 수 없을 것이오." 그래서 기병은 포기하고 돌아갔다.[(1)]

▌원문｜ 王大將軍旣爲逆, 頓軍姑孰. 晉明帝以英武之才, 猶相猜憚, 乃箸戎服, 騎巴賓馬, 齎一金馬鞭, 陰察軍形勢. 未至十餘里, 有一客姥居店食, 帝過愒之, 謂姥曰, 王敦擧兵圖逆, 猜害忠良. 朝廷駭懼, 社稷是憂. 故劬勞晨夕, 用相覘察. 恐形迹危露, 或致狼狽. 追迫之日, 姥其匿之. 便與客姥馬鞭而去. 行敦營, 匝而出. 軍士覺曰, 此非常人也. 敦臥心動, 曰, 此必黃須鮮卑奴來. 命騎追之. 已覺多許里, 追士因問向姥, 不見一黃須人騎馬度此邪. 姥曰, 去已久矣. 不可復及. 於是騎人息意而反.[(1)]

(1) 《이원(異苑)》에 이런 이야기가 있다. '명제(明帝 : 司馬紹)가 친히 고숙(姑孰)으로 갔을 때, 왕돈(王敦)은 당시 낮잠을 자고 있다가

벌떡 놀라 깨며 말했다. "군영(軍營) 안에 누런 머리의 선비족 놈이 있는데 어찌하여 잡아들이지 않느냐?" 명제의 생모(生母)가 연국(燕國) 사람이었기에 명제의 용모가 선비족과 비슷했다.'

異苑曰, 帝躬往姑孰, 敦時晝寢, 卓然驚悟曰, 營中有黃頭鮮卑奴來, 何不縛取. 帝所生母荀氏, 燕國人. 故貌類焉.

주해 | ㅇ旣爲逆(기위역)－왕돈(王敦)은 동진(東晋) 명제(明帝)의 태녕(太寧) 2년(324), 온교(溫嶠) 토벌을 명분으로 내세워 두 번째 반란을 일으켰다.

ㅇ巴賨馬(파종마)－파(巴 : 四川省 重慶 부근)에 사는 종족(賨族)이 기르던 말. 강한(强悍)한 것으로 알려졌다.

ㅇ客姥(객로)－객(客)은 여(旅), 나그네란 의미. 노(姥)는 모(姆)와 같다. 노파.

ㅇ愒(게)－게(憩)와 같다. 푹 쉬다.

ㅇ猜害(시해)－자기에게 마음이 쏠리는 게 아닌가 의심하여 살해하는 것.

ㅇ劬勞(구로)－뼈빠지게 고생하는 것. 《시경(詩經)》 '패풍(邶風)' 개풍(凱風)에 '모씨구로(母氏劬勞)'란 구절이 있다.

ㅇ燕國(연국)－동진시대(東晋時代) 북방의 선비족 모용씨(慕容氏)가 자립하여 제(帝)라 칭하고 국호를 연(燕)이라 했다.

7. 왕우군(王右軍 : 王羲之)이 열 살이 안 되었을 때, 대장군(大將軍 : 王敦)은 그를 매우 사랑하여 늘 (자신의 軍幕) 휘장 안에서 자게 했다. 어느 때 대장군이 먼저 휘장에서 나왔는데, 왕우군은 아직 일어나지 않고 있었다. 잠시 후에 전봉(錢鳳)이 들어와서 사람들을 물리치고 대장군과 일을 의논하기 시작했는데,(1) 왕우군이 휘장 안에 있다는 것을 까마득히 잊고서 바로 반역의 계획을 언급했다. 왕우군은 깨어나서 두 사람이 의논하는 것을 듣고는 살아날 길이 없다고 판단되자, 곧바로 손가락을 목구멍에 넣고 토해서 얼굴과 이부자리를 더럽

힌 뒤 거짓으로 깊이 잠든 척했다. 왕돈은 일을 의논하던 도중에 비로소 왕우군이 아직 일어나지 않은 것이 생각나서, 전봉과 함께 크게 놀라며 말했다. "제거하지 않을 수 없다!" 휘장을 열어제치고 보았더니 토한 오물과 침이 어지럽게 흩어져 있었으므로 (대장군은) 그가 정말로 깊이 잠들어 있다고 믿었다. 그래서 왕우군은 온전할 수 있었다. 당시 사람들은 그의 지혜로움을 칭찬했다.[(2)]

원문| 王右軍年減十歲時, 大將軍甚愛之, 恆置帳中眠. 大將軍嘗先出, 右軍猶未起. 須臾錢鳳入, 屛人論事,[(1)] 都忘右軍在帳中, 便言逆節之謀. 右軍覺, 旣聞所論, 知無活理, 乃剔吐汙頭面被褥, 詐孰眠. 敦論事造半, 方意右軍未起, 相與大驚曰, 不得不除之. 及開帳, 乃見吐唾從橫, 信其實孰眠, 於是得全. 于時稱其有智.[(2)]

(1) 《진양추(晉陽秋)》에 이런 이야기가 있다. '전봉(錢鳳)은 자가 세의(世儀)이며, 오군(吳郡) 가흥현(嘉興縣) 현위(縣尉)의 아들이다. 간특하고 이득을 좋아했다. 왕돈(王敦)의 개조참군(鎧曹參軍)이 되었을 때, 왕돈에게 역모의 마음이 있는 것을 알고는 나아가 (자신의 의견을) 피력했다. 나중에 왕돈이 반란에 실패하자 주살당했다.'

晉陽秋曰, 鳳字世儀, 吳嘉興尉子也. 奸慝好利. 爲敦鎧曹參軍, 知敦有不臣心, 因進說. 後敦敗, 見誅.

(2) 생각하건대 여러 책에서는 모두 왕윤지(王允之)의 일이라고 하는데 여기에서는 왕희지(王羲之)의 일이라고 하니, 아마도 잘못된 것 같다.

按諸書皆云王允之事. 而此言羲之, 疑謬.

주해 | ㅇ剔吐(척토)－척(剔)은 파다, 파내다. 손가락을 집어넣고 목구멍을 자극하여 토하는 것이리라.

ㅇ鎧曹參軍(개조참군)－도독부(都督府)의 개조행참군(鎧曹行參軍). 개갑(鎧甲)을 관장한다.

ㅇ諸書皆云(제서개운)－현행 《진서(晋書)》에서는 〈왕희지전(王羲之傳)〉이 아닌 〈왕윤지전(王允之傳)〉에 이 고사(故事)를 싣고 있다. 그것에 의하면 왕윤지가 어렸을 때 왕돈(王敦)의 사랑을 듬뿍 받아 함께 생활했었다. 어느 때 왕돈과 왕윤지가 술을 마셨다. 왕윤지가 취하여 잠을 자고 있는 곳에서 왕돈과 전봉(錢鳳)이 밀담을 나누었다. 그 내용을 들은 왕윤지는 의심받게 될 것이 두려워서 토하여 얼굴과 의복을 더럽힌 채 잠을 자고 있는 시늉을 하여 죽음을 면했다. 때마침 왕윤지의 아버지인 왕서(王舒)가 정위(廷尉)에 임명되었는데 왕윤지는 아버지에게로 돌아왔다. 그는 도읍에 도착하자 왕돈과 전봉의 모의사실을 아버지에게 고했다. 왕서는 종형인 왕도(王導)와 함께 그 사실을 명제(明帝 : 司馬紹)에게 주상했다.

8. 도공(陶公 : 陶侃)이 장강(長江)의 상류로부터 내려와서 소준(蘇峻)의 반란을 진정시키려고 했을 때 유공(庾公 : 庾亮)을 주살하려고 했다. (도공은) 반드시 유공을 죽여야 소준을 달랠 수 있을 것이라고 생각했던 것이다.(1) 유공은 도망가 숨자니 그럴 수도 없고 도공을 만나자니 체포당할까 두려워서 진퇴양난의 처지에 방법이 없었다. 온공(溫公 : 溫嶠)이 유공에게 도공을 찾아가 보라고 권하면서 말했다. "그대는 단지 멀리서 절만 하시오. 결코 다른 일은 없을 테니. 내가 그대를 위하여 보장하겠소." 유공이 온공의 말대로 도공을 찾아가서 도착하자마자 절을 했다. 도공은 스스로 일어나 그를 제지하며 말했다. "유원규(庾元規 : 庾亮)가 무슨 연유로 도사형(陶士衡 : 陶侃)에게 절을 하시오?" 유공이 절을 마친 뒤 다시 몸을 낮추고 아래 자리로 나아가자, 도공은 또 스스로 일어나 자기와 같은 자리에 앉자고 했다. 좌정한 뒤에 유공이 잘못을 인정하고 자신을 질책하면서 매우 공손하

게 사죄했다. 도공은 자기도 모르게 마음이 풀려 있었다.

▌원문| 陶公自上流來, 赴蘇峻之難, 令誅庾公. 謂必戮庾, 可以謝峻.[(1)] 庾欲奔竄, 則不可. 欲會, 恐見執, 進退無計. 溫公勸庾詣陶, 曰, 卿但遙拜. 必無他. 我爲卿保之. 庾從溫言詣陶. 至, 便拜. 陶自起止之, 曰, 庾元規何緣拜陶士衡. 畢, 又降就下坐. 陶又自要起同坐. 坐定, 庾乃引咎責躬, 深相遜謝. 陶不覺釋然.

(1) 《진양추(晉陽秋)》에 이런 이야기가 있다. '이때에 성제(成帝 : 司馬衍)는 어린 나이였기에 태후(太后 : 明帝穆皇后)가 섭정을 했는데, 중서령(中書令) 유량(庾亮)은 천자의 외숙으로서 정사를 보좌하면서 풍기(風紀)를 바로잡아 천하를 다스리고자 했다. 그런데 소준(蘇峻)이 군대를 거느리고 도성 부근에 접근하여 그곳을 도망자들의 집결지로 삼았다. 유량은 소준을 초징(招徵)하고자 했으나, 왕도(王導)와 변호(卞壺)가 모두 원하지 않았다. 유량이 말했다. "소준은 승냥이나 이리 같은 놈이니, 결국에는 화란을 일으킬 것이오. 조착(晁錯)이 말한 바대로 '빼앗아도 반역하고 빼앗지 않아도 반역한다'는 격이오." 마침내 특별히 관대한 조서를 내려 소준을 대사농(大司農)으로 초징했더니, 소준은 노하여 말했다. "유량이 나를 유혹하여 죽이려 하는군!" 마침내 도성을 점령했다. 평남장군(平南將軍) 온교(溫嶠)는 난이 일어났다는 소식을 듣고 울면서 배에 올라, 참군(參軍) 왕건기(王愆期)를 보내어 정서장군(征西將軍) 도간(陶侃)을 맹주(盟主)로 추천하고, 함께 도성으로 진군했다. 당시 유량은 패하여 온교에게 도망가 있었는데, 사람들은 모두 그를 비난하면서 경멸했지만, 온교는 더욱 그를 존중하여 군대를 나누어 그에게 보내주었다.'

晉陽秋曰, 是時, 成帝在襁褓, 太后臨朝, 中書令庾亮以元舅輔

政, 欲以風軌格政, 繩御四海. 而峻擁兵近甸, 爲逋逃藪. 亮圖召峻, 王導, 卞壼並不欲. 亮曰, 蘇峻豺狼, 終爲禍亂. 晁錯所謂削亦反, 不削亦反. 遂下優詔, 以大司農徵之. 峻怒曰, 庾亮欲誘殺我也. 遂克京邑. 平南溫嶠聞亂, 號泣登舟, 遣參軍王愆期, 推征西陶侃爲盟主, 俱赴京師. 時亮敗績奔嶠. 人皆尤而少之. 嶠愈相崇重, 分兵以配給之.

주해 ㅇ陶公自上流來云云(도공자상류래운운)－이때의 경과에 대해서는 〈용지편(容止篇)〉 23과 본문 및 유주(劉注)를 참조할 것.

ㅇ元舅(원구)－천자(天子)의 외숙부. 유량(庾亮)은 명목황후(明穆皇后)의 큰오빠이다.

ㅇ格政(격정)－격(格)도 정(政)도 바로잡는다는 의미.

ㅇ甸(전)－전복(甸服)과 같다. 왕성(王城)에서 떨어져 있기 사방 5백리에서 1천리 사이(폭 5백리)의 지역. 《주례(周禮)》 권8 하관(夏官) 직방씨(職方氏)에 '방천리왈왕기(方千里曰王畿), 기외방오백리왈후복(其外方五百里曰侯服), 우기외방오백리왈전복(又其外方五百里曰甸服)'이라고 되어 있다.

ㅇ逋逃藪(포도수)－도망자의 소굴. 여기서는 반란군의 집결지를 가리킨다.

ㅇ晁錯所謂削亦反(조착소위삭역반), 不削亦反(불삭역반)－조착(晁錯)은 조착(鼂錯)이라고도 쓴다. 전한(前漢) 효문제(孝文帝)·경제(景帝)를 섬기면서 제후들의 봉지(封地)를 삭감하여 중앙집권제를 강화코자 했다. 경제가 즉위하고 어사대부(御史大夫)에 등용됨에 이르러 지난날의 봉지 삭감정책을 추진했다. 조착은 그때까지 칭병(稱病)하며 입조하지 않았던 오왕(吳王) 유비(劉濞)의 비행을 꾸짖고 오(吳) 땅을 삭감토록 주상하면서 '오왕(吳王) 유천하망인(誘天下亡人), 모작란역(謀作亂逆), 금삭지역반(今削之亦反), 불삭역반(不削亦反), 삭지(削之) 운운'이라고 아뢰었다(《漢書》 권35 〈吳王劉濞傳〉). 이윽고 오왕 유비를 맹주로 한 '칠국(七國)의 난'이 일어나고 그 정책이 잘못되었다는 문책으로 조착은 기시(棄市)당하였다.

ㅇ優詔(우조)－친밀한 조칙(詔勅).

9. 온공(溫公 : 溫嶠)은 상처(喪妻)했다. 당고모(堂姑母) 유씨(劉氏)는 전란을 만나 가족이 흩어져 버리고 오직 딸 하나만 있었다. 그 딸은 매우 아름답고 총명했다. 당고모가 온공에게 혼처를 찾아 달라고 부탁했다. 온공은 은밀히 자신이 결혼하고 싶은 마음이 있어서 이렇게 대답했다. "훌륭한 사윗감은 구하기 어렵지만 저와 같은 정도라면 어떻습니까?" 당고모가 말했다. "전란으로 가족을 잃은 나머지 겨우 목숨만 부지하고 있는 처지에, 나의 여생을 위로받을 수만 있으면 됐지 어찌 감히 너와 같은 사람을 바라겠느냐?" 그후 얼마 지난 뒤에 온공이 당고모에게 대답했다. "이미 혼처를 찾았습니다. 문벌도 대강 괜찮은 편이고 사윗감의 명성과 관직도 모두 저에 못지않습니다." 그리고 옥경대(玉鏡臺) 하나를 예물로 내놓았더니, 당고모는 크게 기뻐했다. 이윽고 결혼하게 되어 배례(拜禮)를 나눈 뒤에, 신부가 손으로 비단 부채를 제치더니 크게 웃으며 말했다. "나는 처음부터 늙다리 당신일 것이라고 짐작했는데 과연 예상했던 대로군요."(1) 옥경대는 온공이 유월석(劉越石 : 劉琨)의 장사(長史)가 되어 유총(劉聰)을 북벌(北伐)했을 때 얻은 것이었다.(2)

원문| **溫公喪婦. 從姑劉氏, 家値亂離散, 唯有一女. 甚有姿慧. 姑以屬公覓婚. 公密有自婚意, 答云, 佳壻難得, 但如嶠比云何. 姑云, 喪敗之餘, 乞粗存活, 便足慰吾餘年. 何敢希汝比. 卻後少日, 公報姑云, 已覓得婚處. 門地粗可, 壻身名宦, 盡不減嶠. 因下玉鏡臺一枚, 姑大喜. 旣婚, 交禮. 女以手披紗扇, 撫掌大笑曰, 我固疑是老奴. 果如所卜.(1) 玉鏡臺, 是公爲劉越石長史, 北征劉聰所得.(2)**

(1) 생각하건대 《온씨보(溫氏譜)》에서는 '온교(溫嶠)는 처음 고평(高平) 이금(李暅)의 딸과 결혼했고, 다음으로 낭야(琅邪) 왕후(王

詡)의 딸과 결혼했으며, 마지막으로 여강(廬江) 하수(何邃)의 딸과 결혼했다'고 했다. 유씨(劉氏)와 결혼했다는 것은 전혀 듣지 못했으니, 이 이야기는 터무니없는 일이다.

곡구(谷口)에 이런 말이 있다. '유씨는 정작 그의 당고모를 말하는 것일 뿐이며 그 딸의 성이 유씨임을 가리키는 것이 아니다. 유효표(劉孝標)의 주(注)도 마땅함을 얻지 못한 것이다.'

按溫氏譜, 嶠初取高平李暅女, 中取琅邪王詡女, 後取廬江何邃女. 都不聞取劉氏, 便爲虛謬.

谷口云, 劉氏, 政謂其姑爾, 非指其女姓劉也. 孝標之注, 亦未爲得.

(2) 왕은(王隱)의 《진서(晉書)》에는 이런 이야기가 있다. '건흥(建興) 2년(314)에 온교는 유곤(劉琨)의 가수좌사마(假守左司馬) · 도독상전봉제군사(都督上前鋒諸軍事)가 되어 유총(劉聰)을 토벌했다.'

《진양추(晉陽秋)》에 이런 이야기가 있다. '유총은 일명 유재(劉載)이고, 자는 현명(玄明)이며, 도각(屠各) 사람이다. 아버지 유연(劉淵)이 난을 틈타 군대를 일으켰다가 죽자, 유총이 그 과업을 이었다.'

王隱晉書曰, 建興二年, 嶠爲劉琨假守左司馬 · 都督上前鋒諸軍事, 討劉聰.

晉陽秋曰, 聰一名載, 字玄明, 屠各人. 父淵, 因亂起兵死. 聰嗣業.

주해 | ㅇ從姑(종고)－당고모(堂姑母). 아버지의 사촌형제의 자매.

ㅇ披紗扇(피사선)－혼례 때 시아(侍兒)가 먼저 사선(紗扇)으로 신부의 얼굴을 가리고 있다가 그 부채를 치우는 것을 '철선(徹扇)', '각선(却扇)' 혹은 '피선(披扇)'이라고 했다. 시아가 없을 경우에는 자신이 스스로 부채로 가리고 있다가 치웠다. 또 이 일에서 혼례가 이루어지는 것을 '각선(却扇)'이라고도 한다.

ㅇ谷口(곡구)-불상(不詳). 유효표(劉孝標)의 주(注)를 비판하고 있으므로 후인의 주기(注記)가 찬입(竄入)된 부분이 있는 것은 명백하며 이 책의 《세설(世說)》 성립을 생각하는 데 주의해야 할 점의 한 가지이다. 한편 이밖에 유주(劉注) 이외의 것으로서 〈현원편(賢媛篇)〉 9의 '신위(臣謂)', 〈태치편(汰侈篇)〉 6, 〈혹닉편(惑溺篇)〉 3의 '신안(臣按)', 〈우회편(尤悔篇)〉 4의 '경윤안(敬胤按)' 등이 보인다.

ㅇ都督上前鋒諸軍事(도독상전봉제군사)-《진서(晋書)》 권67 〈온교전(溫嶠傳)〉에는 '곤천대장군(琨遷大將軍), 교위종사중랑(嶠爲從事中郎), 상당태수(上黨太守), 가건위장군(加建威將軍), 독호전봉군사(督護前鋒軍事)'라는 구절이 있다.

ㅇ屠各(도각)-흉노 종족의 이름.

ㅇ父淵(부연)-《진서》 권101 재기(載記)에 전(傳)이 있으며 '유원해(劉元海), 신흥흉노인(新興匈奴人), 모돈지후야(冒頓之後也). 명범고조묘휘(名犯高祖廟諱), 고칭기자언(故稱其字焉)'이란 기록이 보인다. 5호16국(五胡十六國)의 하나인 한(漢 : 前趙)을 세우고 영가(永嘉) 2년(308) 광문제(光文帝)라 칭했다. 총(聰)은 그의 넷째 아들이다.

ㅇ因亂起兵死(인란기병사)-유연(劉淵)은 영가 3년(309) 서진(西晋)의 도읍 낙양(洛陽)을 쳤다가 패하고 이듬해인 영가 4년 병사했다(《진서》 권101).

ㅇ聰嗣業(총사업)-아버지 연(淵)이 죽은 후 한때 형 화(和)가 즉위했는데 총(聰)은 그를 죽이고 제위에 올랐다. 시호는 소무황제(昭武皇帝), 묘호는 열종(烈宗)이다. 제위에 오른 다음 영가 5년(311) 우선 낙양을 쳐서 함락시키고 회제(懷帝)를 죽였으며(永嘉의 亂), 이어서 316년 장안(長安)을 함락시키어 민제(愍帝)를 사로잡았는데 이로써 서진(西晋) 왕조를 멸망시켰다.

10. 제갈령(諸葛令 : 諸葛恢)의 딸은 유씨(庾氏 : 庾會)의 부인이었다. 과부가 되고 나서 '다시는 개가하지 않겠다'고 맹세했다. 그녀는 성품이 매우 단정하고 강직했으므로 (신부가 타는) 수레에 오르는 일

이 없었다.[(1)] 제갈회(諸葛恢)는 이미 강사현(江思玄 : 江虨)에게 딸과의 결혼을 허락했으므로, 곧 강사현의 집 근처로 이사했는데, 처음에 딸을 속여 말하기를 "이사하는 것이 좋겠다."라고 했다. 그래놓고는 집안 식구들이 일시에 떠나 버리고 딸만 혼자 뒤에 남겨두었다. 그녀가 알아차렸을 때는 이미 떠날 수 없는 상황이었다. 강랑(江郎 : 江虨)이 저녁에 왔더니, 그녀는 더욱 심하게 울어댔는데, 며칠이 지나자 점차 수그러들었다. 강반(江虨)은 저녁이 되면 들어가 침상에서 잠을 잤지만, 늘 맞은편 침상에 있었다. 나중에 그녀의 마음이 점차 안정되는 것을 보고, 강반은 거짓으로 악몽을 꾸는 체했는데, 한참 동안 깨어나지 못했으며 말소리와 호흡이 점점 급해졌다. 그녀는 급히 하녀를 불러 말하기를 "강랑을 깨워서 일으켜라."고 했다. 그러자 강반이 벌떡 일어나 그녀에게 다가가서 말했다. "나는 본디 천하의 대장부요. 악몽을 꾼 것이 당신의 일과 무슨 상관이 있다고 나를 깨웠단 말이오? 그렇지만 이미 이렇게 나에게 관심을 보였으니 나와 얘기하지 않으면 안되게 되었소." 그녀는 말없이 부끄러워했으며, 부부간의 정의(情義)가 마침내 돈독해졌다.[(2)]

원문| 諸葛令女, 庾氏婦. 旣寡, 誓云, 不復重出. 此女, 性甚正彊, 無有登車理.[(1)] 恢旣許江思玄婚, 乃移家近之. 初, 誑女云, 宜徙. 於是家人一時去, 獨留女在後. 比其覺, 已不復得出. 江郎暮來, 女哭詈彌甚, 積日漸歇. 江虨暝入宿, 恆在對牀上. 後觀其意轉帖, 虨乃詐厭, 良久不悟, 聲氣轉急. 女乃呼婢云, 喚江郎覺. 江於是躍來就之, 曰, 我自是天下男子. 厭, 何預卿事而見喚邪. 旣爾相關, 不得不與人語. 女默然而慙, 情義遂篤.[(2)]

(1) 유량(庾亮)의 아들 유회(庾會)가 문표(文彪)에게 장가들었던 것이

다. 앞에서 나왔다.

卽庾亮子會妻文彪, 已見上.

(2) 제갈령은 맑고 빼어났으며 강군(江君 : 江虨)은 박식했으나, 틀림없이 성인의 바른 규범을 어기거나 오랑캐의 좋지 못한 행동에 젖어들지는 않았을 것이다. 강왕(康王 : 劉義慶)의 문장에는 이들을 경멸한 바가 많다.

葛令之清英, 江君之茂識, 必不背聖人之正典, 習蠻夷之穢行. 康王之言, 所輕多矣.

주해 | ㅇ登車(등거)－시집갈 때는 수레에 올라탄다.

ㅇ怗(첩)－마음이 안정되는 것.

ㅇ厭(염)－악몽에 시달리는 것. 《설문(說文)》에는 '몽경야(夢驚也)'라고 되어 있다.

ㅇ文彪(문표)－송본(宋本)·원본(袁本) 모두 '부반(父虨)'으로 적고 있는데 뜻이 이어지지 아니하여 〈방정편(方正篇)〉 25에 의해 고쳤다.

ㅇ已見(이견)－〈방정편〉 25.

ㅇ必不背聖人之正典(필불배성인지정전), 習蠻夷之穢行(습만이지예행)－제갈회(諸葛恢)가 딸을 강반(江虨)과 재혼시킨 사실을 가리키고 있다.

ㅇ康王(강왕)－《세설(世說)》의 찬자(撰者) 유의경(劉義慶)의 시호.

11. 민도도인(愍度道人 : 支愍度)이 처음 강남으로 건너가려 했을 때, 북방 스님 한 명과 동행했는데, 서로 의논했다. "(佛學의) 옛 해석을 가지고 강남으로 간다면 아마 밥도 얻어먹지 못할 것이오." 그래서 곧장 함께 심무(心無)라는 해석을 만들었다. 그후 그 스님은 장강(長江)을 건너갈 수 없었지만, 민도는 강남에서 버젓이 수년 동안 심무를 강론했다.(1) 나중에 북방 사람이 왔는데, 이전의 그 스님이 전하는 말이라고 하면서 말했다. "나를 대신해서 민도에게 내 뜻을 전

하시게. 심무는 어떻게 만들어졌는가? 그런 계획을 생각해 냈던 것은 잠시 배고픔을 구하기 위한 방편일 뿐이었어. 여래불(如來佛)께 죄를 짓지 말라고!"

원문| **愍度道人始欲過江, 與一傖道人爲侶, 謀曰, 用舊義往江東, 恐不辦得食. 便共立心無義. 旣而, 此道人不成渡, 愍度果講義積年.(1) 後有傖人來. 先道人寄語云, 爲我致意愍度. 無義那可立.(2) 治此計, 權救饑爾. 無爲遂負如來也.**

(1) 《명덕사문제목(名德沙門題目)》에 이런 이야기가 있다. '지민도(支愍度)는 재능과 식견이 탁월했다.'
손작(孫綽)의 〈민도찬(愍度贊)〉에는 이런 이야기가 있다. '지민도는 문질(文質)이 빈빈(彬彬)하여 훌륭하게 새로운 해석 만들었다네. 타고난 품성 밝게 드러나, 능히 남보다 뛰어났네. 세상에선 그의 비범함을 중히 여겨, 모두 다투어 그 진귀함 구했네. 역산(嶧山) 남쪽의 한 그루 오동나무요, 사수(泗水) 가의 가벼운 경쇠였네.'
名德沙門題目曰, 支愍度才鑒清出.
孫綽愍度贊曰, 支度彬彬, 好是拔新. 俱稟昭見, 而能越人. 世重秀異, 咸競爾珍, 孤桐嶧陽, 浮磬泗濱.

(2) 옛 해석이란 다음과 같다. '모든 것을 아는 지혜가 있어서 만물을 두루 비출 수 있다. 그런즉 온갖 장애가 사라지는 것을 일러 공무(空無)라 하고, 영원히 존재하여 변하지 않는 것을 일러 묘유(妙有)라고 한다.' 〈심무(心無)〉의 해석은 다음과 같다. '모든 것을 아는 지혜의 본체는 태허(太虛)처럼 광활하다. 텅 비었지만 알 수 있고 아무것도 없지만 응할 수 있다. 지극한 경지에 도달하는 것은 오직 무(無)뿐이도다.'

舊義者曰, 種智有是, 而能圓照. 然則萬累斯盡, 謂之空無. 常住不變, 謂之妙有. 而無義者曰, 種智之體, 豁如太虛, 虛而能知, 無而能應. 居宗至極, 其唯無乎.

주해 ㅇ愍度道人(민도도인)－지민도(支愍度)를 가리킴이다. 지민도는 동진(東晋)의 성제(成帝) 재위기간(326~342년)에 강승연(康僧淵)·강법창(康法暢)과 함께 남천(南遷)한 인물이다.

ㅇ傖(창)－이 글자에 대해서는 〈배조편(排調篇)〉 10의 주해를 참조할 것. 강남 사람이 북방 중원(中原) 사람을 가리키는 말이다.

ㅇ心無義(심무의)－동진시대(東晋時代)에는 불교의 '반야(般若)'의 근본 뜻을 해석하는 여러 학설이 난립하고 있었다. 그 학설들 중에서는 축법태(竺法汰)의 본무의(本無義), 지둔(支遁)의 즉색의(卽色義)와 함께 지민도(支愍度)의 심무의(心無義)가 그 대표적인 반야학(般若學)이었다. 승조(僧肇)의 《조론(肇論)》 부진공론(不眞空論)에 의하면 '심무(心無)'란 만물에 대하여 무심해지는 것, 즉 물(物)에 대하여 집착심을 일으키지 않는 것이다. 그러나 만물 그 자체는 실재한다고 설명되어 있다. 승조는 이 해석의 장점은 만물에 대하여 무심하게 됨으로써 정신이 조용해지는 것이라 하였고, 단점은 만물의 비실재성(非實在性)을 인정하지 않는 것이라고 하였다. 이 심무의는 도항(道恒)에 의해서도 넓혀졌으며, 특히 형주(荊州) 땅에서 유행했다. 그러나 축법태는 사설(邪說)이라 하였고, 담일(曇壹)에게 비판하게 했으며, 혜원(慧遠)까지 가세하여 공격함으로써 쇠퇴했다고 한다. 불교는 강남 귀족 사회에 널리 퍼졌는데 노장적(老莊的) 교양이 깊었던 귀족들의 비위에 맞추어 불설(佛說)을 해설할 필요성을 느꼈던 것이다.

ㅇ彬彬(빈빈)－《논어(論語)》〈옹야편(雍也篇)〉에 '문질빈빈(文質彬彬), 연후군자(然後君子)'라 하였고 포함(包咸)은 '외견상의 아름다움과 내면의 실질이 서로 잘 조화를 이루는 것을 말한다'고 하였다.

ㅇ孤桐嶧陽(고동역양), 浮磬泗濱(부경사빈)－《상서(尙書)》〈우공(禹貢)〉의 서주조(徐州條)에 '역양고동(嶧陽孤桐), 사빈부경(泗濱浮磬)'이란 구절을 압운(押韻)하기 위해 뒤집어서 사용했다. 빈(彬)·신(新)·인

(人)·진(珍)·빈(濱)은 압운이다. 역양(嶧陽)은 역산(嶧山)의 양(陽 : 南). 일설에 산의 이름이라고도 한다(《漢書》 권28上의 〈地理志〉 原注 참조). 역산은 강소성 비현(邳縣)에 있으며 비역산(邳嶧山)·갈역산(葛嶧山)이라고도 한다. 예로부터 금(琴)과 슬(瑟)을 만드는 양질의 오동나무 산지로 알려져 있다. 역양의 고동(孤桐)이란 역산의 남쪽에 한 그루 나있는 오동나무를 가리킨다. 사수(泗水)는 산동성 사수현(泗水縣)의 배미산(陪尾山)에서 발원하며 곡부현(曲阜縣)을 흘러 미산호(微山湖)에 흘러드는 강 이름이다. 부경(浮磬)은 《한서》 권28 상(上), 〈지리지(地理志)〉의 안사고(顔師古) 주(注)에 '사수 가에는 좋은 돌이 부출(浮出)한다. 이로써 경(磬)을 만든다'라고 되어 있으며 수면 위에 나타나 있고, 경(磬 : 타악기)을 만드는 데 적합한 양질의 돌을 가리킨다. 이 두 구절은 모두 지민도가 탁월한 재료임을 칭송한 말이다.

- 種智有是(종지유시)-종지(種智)는 일체종지(一切種智)의 약어(略語). 모든 종류의 것을 아는 지(智)를 가리킨다. 전지(全智)란 의미로서 일반적으로 부처의 지혜를 가리킨다. 송본(宋本)·원본(袁本) 모두 '유시(有是)'로 적고 있는데 《세설전본(世說箋本)》에서는 '의심스럽기는 시유(是有)로 써야 하지 않을까?'라고 적고 있다.
- 空無(공무)-공(空)도 무(無)도 존재하지 않는다는 의미이다.
- 妙有(묘유)-묘(妙)는 절대여서 비교할 수 없는 것을 가리키며, 유(有)는 공(空)과 무(無)의 대(對)로서 존재를 의미한다. 즉 묘유란 최상의 절대적 존재를 가리킨다.

12. 왕문도(王文度 : 王坦之)의 동생 아지(阿智 : 王處之)는 나쁜 점이 한두 가지가 아니어서, 나이가 들었는데도 결혼하려는 사람이 없었다. 손흥공(孫興公 : 孫綽)에게 딸이 하나 있었는데, 역시 성격이 괴팍하고 삐뚤어져서 시집갈 가능성이 없었다. 그래서 손흥공은 왕문도를 찾아가 아지를 만나게 해 달라고 청했다. 만나 보고 나서 곧장 거짓으로 말했다. "이 아이는 정말 괜찮소. 사람들이 전하는 말하고는 사뭇 다른데. 어찌하여 지금까지 혼처가 없단 말이오? 나에게 딸이

하나 있는데 그리 나쁘지는 않소. 다만 내가 빈한한 선비라서 그대와 혼사를 논하기가 마땅치는 않지만, 아지를 장가들게 했으면 하오." 왕문도는 기뻐하며 아버지인 남전(藍田 : 王述)에게 아뢰었다. "흥공이 방금 전에 와서 불쑥 (자기 딸을) 아지와 결혼시키고 싶다고 말했습니다." 남전은 놀라면서도 기뻐했다. 결혼을 하고 보았더니 그녀의 완고함과 어리석음이 아지보다 더할 것 같았다. 그제야 흥공이 속였다는 것을 알게 되었다.(1)

원문| 王文度弟阿智, 惡乃不翅, 當年長而無人與婚. 孫興公有一女, 亦僻錯, 又無嫁娶理. 因詣文度求見阿智. 旣見, 便陽言, 此定可, 殊不如人所傳. 那得至今未有婚處. 我有一女, 乃不惡. 但吾寒士, 不宜與卿計, 欲令阿智娶之. 文度欣然, 而啓藍田云, 興公向來, 忽言欲與阿智婚. 藍田驚喜. 旣成婚, 女之頑嚚, 欲過阿智, 方知興公之詐.(1)

(1) 아지(阿智)는 왕처지(王處之)의 어렸을 때 자이다. 왕처지는 자가 문장(文將)이며, 주(州)의 별가(別駕)로 부름받았으나 나아가지 않았다. 태원(太原) 손작(孫綽)의 딸을 부인으로 맞았는데 그녀의 자는 아항(阿恒)이다.
阿智, 王處之小字. 處之, 字文將, 辟州別駕, 不就. 娶太原孫綽女, 字阿恆.

주해| ㅇ頑嚚(완은)－은(嚚)은 어리석은 것.
ㅇ別駕(별가)－속관(屬官)의 최고직으로서 청관(淸官)이다. 주인과 동승(同乘)하지 아니하고 다른 탈것을 타기 때문에 이런 호칭으로 부른다.

13. 범현평(范玄平 : 范汪)은 사람됨이 모략과 술수(術數) 쓰기를

좋아했는데, 때로는 많은 술수 때문에 실패하기도 했다. 어느 때 관직을 잃고 동양(東陽)에 머물러 있었는데, 환대사마(桓大司馬 : 桓溫)가 남주(南州)에 있었으므로 그에게 가서 의탁했다. 환대사마는 당시 바야흐로 불우한 인재를 초빙하여 조정을 무너뜨리고자 했었다. 더구나 범현평은 도성에서 본래 명성이 높았었다. 환대사마는 그런 그가 자기에게 의탁하려고 멀리서 찾아왔다고 생각하여 뛸 듯이 기뻐했다. 범현평이 들어와 뜰에 이를 때까지 환대사마는 몸을 기울인 채 목을 빼고 기다렸으며, 매우 즐겁게 담소했다. 환대사마가 원호(袁虎 : 袁宏)를 돌아보며 말했다. "범공(范公 : 范汪)은 태상경(太常卿)도 될 만하오." 범현평이 자리에 앉자마자 곧바로 환대사마는 그가 멀리서 찾아온 뜻에 대하여 감사했다. 범현평은 실제로 환대사마에게 의탁하러 왔지만, 시세(時勢)에 영합한다고 여겨져 명성을 해칠까봐 걱정하며 말했다. "비록 조정에 나아가 벼슬할 마음도 있긴 하지만, 마침 죽은 자식이 이 근방에 묻혀 있기에 그래서 둘러보려고 온 것입니다." 환대사마는 너무나 실망하여 이전에 겸허한 마음으로 기대했던 것이 일시에 모두 무너져 버렸다.[(1)]

원문 范玄平爲人好用智數, 而有時以多數失. 會嘗失官居東陽, 桓大司馬在南州, 故往投之. 桓時方欲招起屈滯, 以傾朝廷. 且玄平在京素亦有譽, 桓謂遠來投己. 喜躍非常. 比入至庭, 傾身引望, 語笑歡甚. 顧謂袁虎曰, 范公且可作太常卿. 范裁坐, 桓便謝其遠來意. 范雖實投桓, 而恐以趨時損名, 乃曰, 雖懷朝宗, 會有亡兒瘞在此, 故來省視. 桓悵然失望向之虛佇一時都盡.[(1)]

(1) 《중흥서(中興書)》에 이런 이야기가 있다. '처음에 환온(桓溫)은 범왕(范汪)에게 정서대장군(征西大將軍)의 장사(長史)가 되어 달

라고 청했으며, 또한 표문(表文)을 올려 강주자사(江州刺史)로 삼았으나, 범왕은 모두 나아가지 않았다. 범왕은 도성으로 돌아가서 동양태수(東陽太守)가 되겠다고 요청했는데, 환온은 몹시 못마땅해했다. 나중에 범왕이 서주자사(徐州刺史)가 되었을 무렵, 환온이 북벌을 감행하면서 범왕에게 양국(梁國)으로 나아가라고 했는데, 범왕이 시기를 놓치자, 환온은 유감을 품고 상주(上奏)하여 범왕을 서인(庶人)으로 강등시켰다. 범왕이 오군(吳郡)에 있다가, 나중에 고숙(姑孰)으로 가서 환온을 만났더니, 환온이 그의 부하에게 말했다. "범현평이 만나러 왔으니 호군장군(護軍將軍)으로 기용하는 것이 마땅하다." 그런데 범왕이 며칠 뒤에 돌아가겠다고 하자, 환온이 말했다. "그대는 이제 막 왔는데 어찌하여 곧장 떠나려 하는가?" 범왕은 말했다. "몇 해 전에 어린 아들이 죽었는데, 당시에는 전란을 겪고 있었기에 임시로 이 근방에 묻었습니다. 그래서 그 애를 보러 왔다가 일이 끝났기에 떠나는 것일 뿐입니다." 환온은 더욱 화가 났으며, 결국 범왕을 달갑게 여기는 마음이 없어졌다.'

中興書曰, 初, 桓溫請范汪爲征西長史, 復表爲江州, 竝不就. 還都, 因求爲東陽太守. 溫甚恨之. 汪後爲徐州, 溫北伐, 令汪出梁國, 失期. 溫挾憾奏汪爲庶人. 汪居吳, 後至姑孰見溫, 語其下曰, 玄平乃來見. 當以護軍起之. 汪數日辭歸. 溫曰, 卿適來, 何以便去. 汪曰, 數歲小兒喪, 往年經亂, 權瘞此境. 來迎之, 事竟去耳. 溫愈怒之, 竟不屑意.

주해 | ㅇ東陽(동양)－지금의 절강성 금화현(金華縣).

ㅇ南州(남주)－형주(荊州), 혹은 고숙(姑孰)이라고 한다. 환온(桓溫)의 근거지는 형주이다.

ㅇ袁虎(원호)－원굉(袁宏). 자(字)는 언백(彦伯). 호(虎)는 그가 어렸을 때 자(字). 환온의 사마(司馬)가 되었으며 동양태수(東陽太守)에 이르렀다. 〈총례편(寵禮篇)〉 2 참조.

- 太常卿(태상경)－구경(九卿)의 하나. 천자(天子)의 종묘 의례 제사를 관장한다.
- 懷朝宗(회조종)－조종(朝宗)은 천자에게 조견(朝見)하는 것. '회조종'으로 조정에서 벼슬하고 싶다는 마음을 피력했다.
- 護軍(호군)－영군(領軍)과 함께 중앙정부의 일부(一部)를 이루는 군부(軍府)의 이름. 그 지휘자를 호군장군이라고 한다. 무관(武官)의 선거를 장악한다.

14. 사알(謝遏 : 謝玄)은 어렸을 때, 자줏빛 비단 향낭(香囊)을 몸에 차기를 좋아했는데, 그 크기는 손을 덮을 정도였다. 아버지 태부(太傅 : 謝安)는 그것을 걱정했지만, 그의 마음을 다치게 하지 않았다. 그래서 내기를 하자고 속여서 그것을 따낸 뒤 즉시 태워버렸다.(1)

원문 謝遏年少時, 好箸紫羅香囊, 垂覆手. 太傅患之, 而不欲傷其意, 乃譎與賭, 得卽燒之.(1)

(1) 알은 사현(謝玄)의 어렸을 때 자이다.
遏, 謝玄小字.

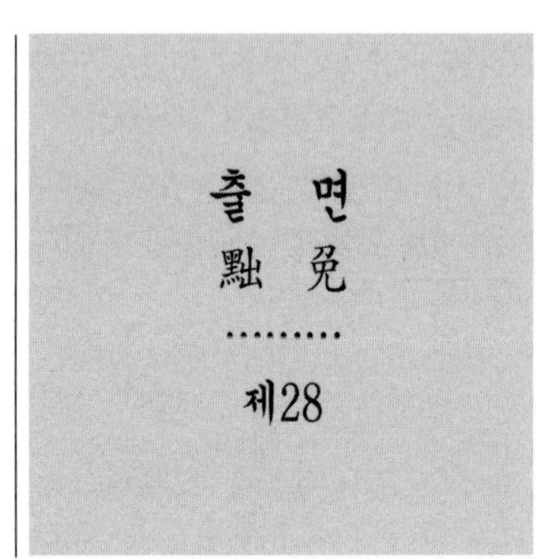

출면 黜免 제28

1. 제갈굉(諸葛宏)은 서진(西晉) 때 젊어서부터 훌륭한 명성이 있어서, 왕이보(王夷甫 : 王衍)에게 존중받았었다. 당시 논자들도 그를 왕이보에 견주었다. 나중에 계모의 친족들에게 참소를 당해, 그가 미쳐서 역모했다고 무고당했다. 제갈굉이 장차 멀리 유배지로 떠날 때, 친구 왕이보 등이 압송 수레로 찾아가 작별했다. 제갈굉이 물었다. "조정에서 무슨 이유로 나를 유배시켰다던가?" 왕이보가 말했다. "그대가 미쳐서 역모했다고 하네." 제갈굉이 말했다. "역모했다면 죽이는 게 마땅하지만, 미쳤다면 어째서 유배시키는 건가?"(1)

원문 諸葛宏在西朝, 少有清譽, 爲王夷甫所重. 時論亦以擬王. 後爲繼母族黨所讒, 誣之爲狂逆, 將遠徙. 友人王夷甫之徒, 詣檻車與別. 宏問, 朝廷何以徙我. 王曰, 言卿狂逆. 宏曰, 逆則應殺, 狂何所徙.(1)

(1) 제갈굉은 앞에서 나왔다.
宏已見.

주해 ㅇ黜免(출면)－출(黜)은 물러나는 것. 몰아내는 것. 폄하하는 것. 면(免)은 면관(免官), 파면 등의 의미이다. 이 편에서는 벼슬자리를 면직당하거나 비방당한 사람들의 이야기를 모으고 있다.

ㅇ爲王夷甫所重(위왕이보소중)－왕이보가 제갈굉(諸葛宏)의 재능을 사랑했던 이야기가 〈문학편(文學篇)〉 13에 있다.

ㅇ遠徙(원사)－사(徙)는 옮기다. 여기서는 먼 곳으로 유배시키는 것.

ㅇ詣檻車(지함거)－송본(宋本)은 지거(詣車)로 적고 있다. 여기서는 원본(袁本)에 따랐다. 함거는 죄인을 호송하는 데 사용하던 수레로 사방을 널빤지로 막았다.

ㅇ宏已見(굉이견)－〈문학편〉 13.

2. 환공(桓公 : 桓溫)이 촉(蜀) 땅으로 〔공격해〕 들어가 삼협(三峽)에 이르렀을 때, 부대 안에서 원숭이 새끼를 잡은 자가 있었다.(1) 그 어미가 강 언덕을 따라가며 슬피 우는데 백여 리를 가도록 떠나지 않다가, 마침내 배 위로 뛰어오르더니 그 자리에서 죽었다. 그 배 속을 가르고 보았더니, 창자가 모두 마디마디 끊어져 있었다. 환공은 그 얘기를 듣고 격노하여, 그 사람을 파면하라고 명했다.

원문 **桓公入蜀, 至三峽中, 部伍中有得猨子者.(1) 其母緣岸哀號, 行百餘里不去. 遂跳上船, 至便卽絶. 破視其腹中, 腸皆寸寸斷. 公聞之, 怒, 命黜其人.**

(1) 《형주기(荊州記)》에 이런 이야기가 있다. '협곡의 길이는 7백 리인데, 양쪽 강 언덕으로 이어진 산은 끊어진 곳이 거의 없으며, 중첩된 바위와 산마루가 하늘과 태양을 가리고 있다. 항상 높은 곳에서 원숭이가 길게 우는데, 그 소리가 맑고 멀리 퍼진다. 어부가 노래불러 말했다. "파릉(巴陵) 동쪽 삼협 중에서 무협(巫峽)이

가장 긴데, 원숭이의 외마디 울음소리에 눈물이 옷을 적시네."'

荊州記曰, 峽長七百里, 兩岸連山, 略無絶處. 重巖疊障, 隱天蔽日. 常有高猨長嘯, 屬引淸遠. 漁者歌曰, 巴東三峽巫峽長, 猨鳴一聲淚沾裳.

주해 ㅇ桓公入蜀(환공입촉)-환온(桓溫)은 동진(東晋)의 목제(穆帝) 영화(永和) 2년(346), 촉(蜀 : 四川省) 땅으로 쳐들어가 이세(李勢)를 토벌하고 이듬해에 평정했다. 〈식감편(識鑒篇)〉 20 · 〈호상편(豪爽篇)〉 8 참조.

ㅇ三峽(삼협)-무협(巫峽) · 서릉협(西陵峽) · 귀협(歸峽). 일설에는 무협 · 구당협(瞿唐峽) · 서릉협.

ㅇ腸皆寸寸斷(장개촌촌단)-'단장(斷腸)'이란 고사(故事)의 출전(出典)이다.

ㅇ障(장)-장(嶂)과 통한다.

ㅇ屬引(촉인)-목소리를 길게 뽑는 것.

ㅇ一聲(일성)-《수경주(水經注)》 권34 강수조(江水條)에는 '삼성(三聲)'으로 적고 있다.

3. 은중군(殷中軍 : 殷浩)이 서인으로 폐출(廢黜)당하여 신안현(信安縣)에 있을 때, 온종일 허공에다 무슨 글자를 쓰고 있었다. 양주(揚州)의 관리와 주민들이 그의 옛 은의(恩義)를 잊지 못하여 그를 좇아 왔었는데, 그들이 가만히 살펴보았더니, 오직 '돌돌괴사(咄咄怪事)'라는 네 글자를 쓰고 있을 뿐이었다.(1)

원문 **殷中軍被廢, 在信安. 終日恒書空作字. 揚州吏民, 尋義逐之, 竊視, 唯作咄咄怪事四字而已.**(1)

(1) 《진양추(晉陽秋)》에 이런 이야기가 있다. '처음에 은호(殷浩)가

중군장군(中軍將軍)으로 수양(壽陽)에 주둔하고 있을 때, 강족(羌族) 요양(姚襄)이 상소문을 올리고 투항했는데, 나중에 요양이 죄를 짓자, 은호는 그를 주살하려고 은밀히 계획했다. 때마침 관중(關中)에서 변란이 일어나 부건(符健)이 죽자, 은호는 선제(先帝)의 어릉(御陵)을 수복한다면서 윤허도 없이 군대를 이끌고 진격했는데, 요양은 선봉에 섰다가 (은호가 자신을 살해할까 봐) 두려워서 마침내 모반했다. 은호의 군대는 산상현(山桑縣)에 도착했을 때, 요양이 장차 들이닥칠 것이라는 소문을 듣고는, 군수품을 버리고 달려가 초(譙) 땅을 방어했다. 요양은 도착하여 산상현을 점거하고 은호의 배에 실려 있던 물품을 불태웠으며, 수양(壽陽)에 이르러 유민(流民)을 약탈한 뒤 돌아갔다. 은호의 병사들이 대부분 모반하자, 정서대장군(征西大將軍) 환온(桓溫)이 은호를 폐출해야 한다는 표문(表文)을 올렸으며, 이에 따라 무군대장군(撫軍大將軍 : 司馬昱)은 상주하여 은호를 면직시키고 사적(士籍)에서 제명하여 서민으로 강등시켰다. 은호는 황급히 돌아가 사죄했으나, 얼마 후 동양군(東陽郡) 신안현(信安縣)으로 유배되었다.'

晉陽秋曰, 初, 浩以中軍將軍鎭壽陽, 羌姚襄上書歸降, 後有罪, 浩陰圖誅之. 會關中有變, 符健死, 浩僞率軍而行. 云修復山陵, 襄前驅, 恐遂反. 軍至山桑, 聞襄將至, 棄輜重馳保譙. 襄至, 據山桑, 焚其舟實. 至壽陽, 略流民而還. 浩士卒多叛, 征西溫乃上表黜浩, 撫軍大將軍奏免浩, 除名爲民. 浩馳還謝罪. 旣而遷于東陽信安縣.

주해 | ㅇ咄咄怪事(돌돌괴사)－매우 괴이한 일. '돌돌(咄咄)'은 의외로 놀라 괴성을 지르는 것. 〈배조편(排調篇)〉 61에 보인다.

ㅇ符健死(부건사)－은호(殷浩)는 전진(前秦)의 군주인 부건의 부하 양안(梁安)과 뇌약아(雷弱兒) 등에게 부건을 살해하면 관우(關右)의 땅을 다스리게 해주겠노라고 유혹했다. 때마침 부건이 양안을 죽이려고 했는

데 부건의 형의 아들 부미(符眉)가 낙양에서 서쪽으로 도망쳤는데 은호는 양안 등의 거사가 성공된 것으로 생각했다. 그래서 은호는 병력 7만을 거느리고 북쪽으로 향하여 낙양을 점거하고 선제(先帝)의 어릉(御陵)을 수복(修復)코자 했던 것이다.

○修復山陵(수복산릉)—서진(西晋) 선제(先帝)의 어릉(御陵)은 낙양에 있었다. 낙양은 회제(懷帝) 영가(永嘉) 5년(311), 유총(劉聰)과 석륵(石勒) 등에게 공격을 받고 함락되었다.

○遂反(수반)—요양(姚襄)이 모반한 것은 동진(東晋)의 목제(穆帝) 영화 9년(353)의 일이다. 요양에 대해서는 《진서(晋書)》 권116 〈요양재기(姚襄載記)〉 참조. 은호는 요양의 위명(威名)을 두려워하여, 또 위경(魏憬)이 그에게 살해당한 일도 있어서 요양을 몹시 미워했다.

○征西溫云云(정서온운운)—당시 환온은 촉(蜀) 땅을 평정함으로써 권력을 잡고, 조정에서 위세를 떨치고 있었다. 사마욱(司馬昱)은 성명(盛名)이 있는 은호(殷浩)를 발탁하여 환온의 대항마(對抗馬)로 삼고자 하였다. 그래서 은호는 평소부터 환온에게 미움을 받았던 것이다.

4. 환공(桓公 : 桓溫)의 연회석상에서 어떤 참군(參軍)인 의(椅)란 사람이 찐 부추를 젓가락으로 집었는데, (찐 부추가 엉켜 있어서) 금방 떨어지지 않았다. 함께 식사를 하고 있던 사람들이 도와주지 않는데도 그 참군 의는 끝까지 젓가락을 놓지 않았다. (이 광경을 보고) 좌중이 모두 웃자, 환공이 말했다. "같은 쟁반의 음식을 같이 먹을 때도 서로 도와주지 않는데, 하물며 위난(危難)에 처했을 때임에랴!" 그리고 명을 내려 도와주지 않은 사람들을 모두 면직시키라고 했다.

원문| 桓公坐有參軍椅. 蒸薤不時解, 共食者又不助. 而椅終不放. 擧坐皆笑. 桓公曰, 同盤尚不相助, 況復危難乎. 敕令免官.

5. 은중군(殷中軍 : 殷浩)이 폐출(廢黜)당한 뒤, 간문제(簡文帝 : 司

馬昱)를 원망하며 말했다. "사람을 백 척이나 되는 누대 위에 올려놓고는 사다리를 메고 가버렸다."(1)

원문| **殷中軍廢後. 恨簡文曰, 上人著百尺樓上, 儋梯將去.**(1)

(1) 《속진양추(續晉陽秋)》에 이런 이야기가 있다. '은호는 비록 폐출당했지만, 평온한 마음으로 (자신의 처지를) 운명에 맡긴 채 고상하게 노래하길 그치지 않았으므로, 집안 사람일지라도 그에게 유배당한 슬픔이 있음을 보지 못했다. 외조카 한백(韓伯)이 처음부터 유배지까지 따라왔다가 1년 뒤에 도성으로 돌아갔는데, 은호는 평소에 그를 아끼었기에 강가까지 나가 배웅하면서 조안원(曹顏遠 : 曹攄)의 시를 읊었다. "부귀할 때는 남들까지 모이더니, 빈천할 때는 친척조차 떠나네." 그리고 눈물을 흘렸다. 은호가 밖으로 슬픔을 드러낸 것은 오직 이 한 가지 일뿐이었다. 그러니 허공에 글씨를 썼다거나 사다리를 치웠다고 하는 말은 반드시 모두 사실이 아닐 것이다.'

續晉陽秋曰, 浩雖廢黜, 夷神委命, 雅詠不輟, 雖家人不見有流放之戚. 外生韓伯始隨至徙所, 周年還都, 浩素愛之, 送至水側, 乃詠曹顏遠詩曰, 富貴他人合, 貧賤親戚離. 因泣下. 其悲見于外者, 唯此一事而已. 則書空, 去梯之言, 未必皆實也.

주해| ㅇ恨簡文(한간문)－환온(桓溫)의 세력이 강해졌기 때문에 간문제(簡文帝 : 당시는 會稽王)는 은호(殷浩)를 기용하여 이를 억누르려고 하였다. 그후 영화(永和) 9년(353), 은호는 중군장군이 되어 북벌군(北伐軍)을 일으켰다가 실패하고 환온의 상소에 의해 폐출되어 신안(信安)에 유배되었다. 상세한 것은 본편의 유주(劉注)를 참조할 것.

ㅇ外生(외생)－외생(外甥)과 같다. 시집간 자매가 낳은 아들. 한백(韓伯)의 어머니는 은호의 여동생이다.

ㅇ曹顏遠詩(조안원시)－안원(顏遠)은 조터(曹攄)의 자(字). 《진서(晉書)》

권90 〈양리전(良吏傳)〉 참조. 여기에 인용한 시는 《문선(文選)》 권29에 수록되어 있는 〈감구시(感舊詩)〉 제1·2구.

6. 등경릉(鄧竟陵 : 鄧遐)이 면직당한 뒤 산릉(山陵)에 참석하러 가다가, 대사마(大司馬) 환공(桓公 : 桓溫)에게 들렀는데, 환공이 물었다. "그대는 어찌하여 더 말랐는가?"(1) 등경릉이 말했다. "숙달(叔達 : 孟敏)에게 부끄럽게 생각합니다. 깨진 시루에 미련을 두지 않을 수 없군요."

원문 **鄧竟陵免官後赴山陵, 過見大司馬桓公. 公問之曰, 卿何以更瘦.(1) 鄧曰, 有愧於叔達, 不能不恨於破甑.(2)**

(1) 《대사마요속명(大司馬寮屬名)》에 이런 이야기가 있다. '등하(鄧遐)는 자가 응현(應玄)이며 진군(陳郡) 사람으로, 평남장군(平南將軍) 등악(鄧嶽)의 아들이다. 용기와 힘이 출중하고 기개가 세상을 덮을 만했기 때문에, 당시 사람들은 그를 번쾌(樊噲)에 견주었다. 환온(桓溫)의 참군(參軍)이 되어 여러 차례 환온을 따라 정벌에 나섰으며, 경릉태수(竟陵太守)를 역임했다. 방두(枋頭)의 전쟁에서 패한 것에 대해 환온은 치욕과 분노를 품었고 또한 등하를 꺼려했기 때문에, 등하의 관직을 파면했다. 등하는 병으로 죽었다.' **大司馬寮屬名曰, 鄧遐字應玄, 陳郡人, 平南將軍嶽之子. 勇力絶人, 氣蓋當世, 時人方之樊噲. 爲桓溫參軍, 數從溫征伐, 歷竟陵太守. 枋頭之役, 溫旣懷恥忿, 且憚遐, 因免遐官, 病卒.**

(2) 《곽임종별전(郭林宗別傳)》에 이런 이야기가 있다. '거록(鉅鹿)의 맹민(孟敏)은 자가 숙달(叔達)이며, 돈후하고 질박했다. 태원(太原)에서 객지생활을 하면서 일반 백성들과 섞여 지냈기 때문에

이름이 알려지지 않았었다. 한번은 시장에 가서 시루를 사서 메고 가다가 땅에 떨어뜨려 깨뜨렸는데, 돌아보지도 않고 곧장 갔다. 때마침 우연히 곽임종(郭林宗 : 郭泰)이 그것을 보고는 남다르다고 생각하여 물었다. “깨진 시루가 아까울 텐데 어찌하여 돌아보지도 않는 것이오?” 객(客 : 孟敏)은 말했다. “시루는 이미 깨졌는데 그것을 본다 한들 무슨 도움이 되겠습니까?” 곽임종은 그의 단호함을 좋게 여겨 그로써 그의 덕성을 알게 되었으며, 틀림없이 훌륭한 선비가 될 것이라고 생각하여 그에게 책을 읽으라고 권했다. 맹민은 10년 동안 유학한 끝에 마침내 이름을 알리게 되었다. 삼공(三公)의 부(府)에서 모두 초청했지만 나아가지 않았다. 동하(東夏)에서는 그를 훌륭한 현자(賢者)라고 여겼다.’

郭林宗別傳曰, 鉅鹿孟敏字叔達, 敦樸質直. 客居太原, 雜處凡俗, 未有所名. 嘗至市買甑, 荷儋墮地壞之, 徑去不顧. 適遇林宗, 見而異之, 因問曰, 壞甑可惜, 何以不顧. 客曰, 甑旣已破, 視之何益. 林宗賞其介決, 因以知其德性, 謂必爲美士, 勸令讀書. 遊學十年, 遂知名. 三府並辟, 不就. 東夏以爲美賢.

주해 | ㅇ甑(증)－시루. 떡 따위를 찌는 도구.

ㅇ大司馬寮屬名(대사마요속명)－책 이름. 복도(伏滔) 찬(撰). 〈상예편(賞譽篇)〉 102 유주(劉注)에 나왔음.

ㅇ鄧遐字應玄(등하자응현)－《진서(晋書)》 권81 〈등하전(鄧遐傳)〉에는 ‘하자응원(遐字應遠)’으로 적고 있다.

ㅇ樊噲(번쾌)－전한(前漢)의 무장(武將). 고조(高祖) 유방(劉邦)을 섬겼는데 홍문지회(鴻門之會)에서는 유방을 위기에서 구해냈다. 그후 고조를 따라 항우(項羽)를 치는 데 동참했다. 또 초왕(楚王) 한신(韓信)이 모반했을 때 이를 평정하고 무양후(舞陽侯)에 봉해졌다(《史記》 권95).

ㅇ枋頭之役(방두지역)－태화(太和) 4년(369), 대사마(大司馬) 환온(桓溫)은 치음(郗愔)·원진(袁眞) 등과 함께 북벌(北伐)하여 전연(前燕)의 모용위(慕容暐)·모용수(慕容垂) 등을 격파하고 방두(枋頭)까지 공격해

들어갔다가 양말(糧秣)이 떨어져서 퇴각했는데 적군의 추격을 받고 전사자가 3만 명에 이르렀다. 그 패전 결과 환온은 죄를 원진에게 돌리어 그를 서인(庶人)으로 강등시키는 한편 선봉에 섰던 관군장군(冠軍將軍) 등하를 면관했다. 〈호상편(豪爽篇)〉 10의 주해 참조.

- 三府(삼부)－삼공(三公)의 부(府). 삼공이란 후한(後漢) 이후 태위(太尉)·사도(司徒)·사공(司空)을 가리키며 이 삼공의 관소를 삼부라고 한다.
- 東夏(동하)－《상서(尙書)》 미자지명(微子之命)의 주(注)에 '동방화하(東方華夏)의 나라'라고 되어 있으며 기타 제설(諸說)이 있는데 미상(未詳).

7. 환선무(桓宣武 : 桓溫)가 태재(太宰 : 簡文帝의 兄 司馬晞) 부자(父子)를 폐출하고 나서, 다시 표문(表文)을 올려 말했다. '마땅히 골육의 정을 잘라내서 (국가의) 원대한 계책을 보전하셔야 합니다. 만약 태재 부자를 제거하신다면 훗날의 근심이 없을 것입니다.' 간문제(簡文帝 : 司馬昱)는 친필로 표문에 답변했다. '그 일은 차마 입에 담지 못할 바인데 하물며 말보다 더한 것임에랴!' 환선무가 또 거듭 표문을 올렸는데, 그 어조가 더욱 혹독했다. 간문제가 다시 답변했다. '만약 진조(晉朝)가 장구히 지속될 것이라면 명공(明公 : 桓溫)께선 곧장 이 조서를 받들어 행함이 마땅할 것이며, 만일 국가의 명운이 다했다면 나는 현자(賢者)에게 길을 피해 주겠소.' 환공(桓公 : 桓溫)은 조서를 읽더니 손이 떨리고 땀이 흘러내렸다. 그래서 태재 부자를 제거하려는 일을 그만두었다. 태재 부자는 신안군(新安郡)으로 멀리 유배당했다.(1)

원문| 桓宣武旣廢太宰父子, 仍上表曰, 應割近情, 以存遠計. 若除太宰父子, 可無後憂. 簡文手答表曰, 所不忍言, 況過於言. 宣武又重表. 辭轉苦切. 簡文復手答曰, 若晉室靈長, 明公

便宜奉行此詔. 如大運去矣, 請避賢路. 桓公讀詔, 手戰流汗. 於此乃止. 太宰父子遠徙新安.[(1)]

(1) 《사마희전(司馬晞傳)》에 이런 이야기가 있다. '사마희는 자가 도승(道升)이며 원제(元帝 : 司馬睿)의 넷째 아들이다. 처음 무릉왕(武陵王)에 봉해졌고 태재로 임명되었다. 젊어서부터 학문을 좋아하지 않았으며, 무(武)를 숭상하여 난폭하고 방자했다. 당시 태종(太宗 : 簡文帝 司馬昱)이 정치를 보좌하게 되자, 사마희는 종실의 연장자인데도 정권을 잡을 수 없어서 늘 분개하던 차에, 환온(桓溫)이 조정에 들어간 틈을 타서 그를 살해하려고 했다. 태종이 즉위했을 때, 신채왕(新蔡王) 사마황(司馬晃)은 자신이 사마희와 그의 아들 사마종(司馬綜)을 끌여들여 함께 역모했다고 자수했다. 관리가 사마희 등을 참형(斬刑)에 처해야 한다고 상주했으나, 태종은 조서를 내려 그들을 용서하고 신안군으로 유배시켰다. 사마희는 아직 폐출되기 전 4~5년 동안 만가(挽歌)를 짓길 좋아했는데, 스스로 큰 방울을 흔들면서 좌우 사람들에게 그것을 익히어 따라 부르게 했다. 또한 연회 때 사람들에게 신안군 사람의 가무를 하게 하면서 이별의 가사를 부르게 했는데, 그 소리가 매우 슬펐다. 나중에 과연 신안군으로 유배당했다.'

司馬晞傳曰, 晞字道升, 元帝第四子. 初封武陵王, 拜太宰. 少不好學, 尚武凶恣. 時太宗輔政, 晞以宗長不得執權, 常懷憤慨. 欲因桓溫入朝殺之. 太宗卽位, 新蔡王晃首辭, 引與晞及子綜謀逆. 有司奏晞等斬刑, 詔原之, 徙新安. 晞未敗, 四五年中, 喜爲挽歌, 自搖大鈴, 使左右習和之. 又燕會, 倡妓作新安人歌舞, 離別之辭, 其聲甚悲. 後果徙新安.

주해 | ㅇ旣廢太宰父子(기폐태재부자)－이때 환온(桓溫)은 해서공(海西公)을 폐하고 회계왕(會稽王) 사마욱(司馬昱)을 간문제(簡文帝)로

세웠다. 환온이 태재 사마희(司馬晞)를 폐출한 것은 이 간문제 즉위월(月), 함안(咸安) 원년(元年 : 371) 겨울 11월의 일이다(《晋書》 권9 〈簡文帝紀〉 · 권98 〈桓溫傳〉).

- 若晋室靈長(약진실영장) - 《진서》 권9 〈간문제기(簡文帝紀)〉에는 '약진조영장(若晋祚靈長), 공편의봉행전조(公便宜奉行前詔), 여기대운거의(如其大運去矣), 청피현로(請避賢路)'라고 되어 있다.
- 字道升(자도승) - 《진서》 권64 〈원사왕전(元四王傳)〉에는 '자도숙(字道叔)'이라고 되어 있다.
- 元帝第四子(원제제사자) - 원제(元帝)에게는 6명의 아들이 있었다. 《진서》 권64 〈원사왕전(元四王傳)〉에는 '원제에게는 6남이 있었다. 궁인(宮人) 순씨(荀氏)는 명제(明帝) 및 낭야효왕(琅邪孝王) 부(裒)를 낳았다. 석첩여(石婕妤)에게서 동해애왕(東海哀王) 충(沖)을 낳았다. 왕재인(王才人)은 무릉위왕(武陵威王) 희(晞)를 낳았다. 정부인(鄭夫人)은 낭야도왕(琅邪悼王) 환(煥) 및 간문제를 낳았다'라고 되어 있다.
- 初封武陵王(초봉무릉왕) - 희(晞)가 무릉왕을 배수한 것은 태흥(太興) 원년(元年 : 318), 태재(太宰)로 옮긴 것은 목제(穆帝) 즉위년(卽位年 : 345)이다(《晋書》 권64 本傳).
- 新蔡王晃首辭(신채왕황수사) - 《진서》 권64 〈원사왕전〉에는 '온우핍신채왕황(溫又逼新蔡王晃), 사자무여희(使自誣與晞), 종급저작랑은연(綜及著作郎殷涓), 태재장사유천(太宰長史庾倩), 연조수(掾曹秀), 사인유강등모역(舍人劉彊等謀逆), 수부정위(收付廷尉), 청주지(請誅之), 간문제불허(簡文帝不許), 온우시주사신안군(溫于是奏徙新安郡), 가속실종지(家屬悉從之)'라고 되어 있다. 《진서》 권9 〈간문제기〉에 의하면 이것도 간문제 즉위년, 즉 함안(咸安) 원년(元年 : 371) 겨울 11월의 일이다.

8. 환현(桓玄)이 (帝位 찬탈에) 실패한 뒤, 은중문(殷仲文)은 도성으로 돌아가 대사마(大司馬 : 劉裕)의 자의참군(咨議參軍)이 되었는데, 마음속으로 갈피를 잡지 못하여 지난날 같지가 않았다. 대사마 관부(官府)의 정청(政廳) 앞에 늙은 홰나무 한 그루가 있었는데, 매우

무성했다. 은중문은 매월 초하루 회의 때, 여러 사람들과 함께 정청에서 홰나무를 오랫동안 바라보고 있다가 탄식하며 말했다. "홰나무가 축 처져서 더이상 생기가 없구나."(1)

원문| 桓玄敗後, 殷仲文還爲大司馬咨議, 意似二三, 非復往日. 大司馬府聽前, 有一老槐, 甚扶疎. 殷因月朔, 與衆在聽, 視槐良久, 嘆曰, 槐樹婆娑, 無復生意.(1)

(1) 《진안제기(晉安帝紀)》에 이런 이야기가 있다. '환현(桓玄)이 패하자, 은중문(殷仲文)이 도성으로 돌아갔는데, 고조(高祖 : 劉裕)는 그가 두 황후를 호위한 데다 신망(信望)도 대단했기 때문에 진군장군(鎭軍將軍)의 장사(長史)로 발탁했다. 은중문은 명류(名流)의 선배로서 존귀한 지위와 예우를 받아야 한다고 스스로 생각했지만, 지난날 자신을 따르던 자들인 후배 사혼(謝混)의 무리가 지금은 모두 자신과 어깨를 나란히하고 동렬에 있었으므로, 늘 불만스러워하며 스스로 실망했다. 나중에 과연 신안현(信安縣)으로 유배당했다.'

晉安帝紀曰, 桓玄敗, 殷仲文歸京師. 高祖以其衛從二后, 且以大信宜令, 引爲鎭軍長史. 自以名輩先達, 位遇至重. 而後來謝混之徒, 皆疇昔之所附也, 今比肩同列. 常怏然自失. 後果徙信安.

주해| ㅇ桓玄敗後(환현패후)－환현은 한때 제위(帝位)를 찬탈했었으나 유유(劉裕)의 거병(擧兵)에 의해 패사(敗死)했다.
ㅇ殷仲文還(은중문환)－은중문의 아내는 환현의 누나이다. 한때 환현의 심복이었는데 환현이 패한 다음 유유에게 귀순했고 섬기었다.
ㅇ意二三(의이삼)－이것저것 깊이 생각하는 것. 의심을 품는 것.
ㅇ扶踈(부소)－나뭇가지가 사방으로 무성한 모양.
ㅇ婆娑(파사)－너울너울 춤추는 모습.

ㅇ衛從二后(위종이후)－이후(二后)란 목제(穆帝)의 장황후(章皇后 : 永安何皇后)와 안제(安帝)의 왕황후(王皇后)를 가리킨다. 안제의 원흥(元興) 3년(404) 유유에게 패한 환현은 안제를 모시고 서주(西走)했는데 두 황후는 파릉(巴陵)에 머물렀다. 은중문은 당시 환현을 따라갔는데 파릉으로 돌아와 두 황후를 모시고 의군(義軍)에 투항했다(《晋書》 권99 〈殷仲文傳〉).

9. 은중문(殷仲文)은 본디부터 명망이 있었기에 당연히 조정의 정치를 보좌할 재상이 될 거라고 스스로 생각했는데, 뜻밖에도 동양태수(東陽太守)가 되자 마음속으로 몹시 불만스러웠다.(1) 동양군으로 부임하러 갈 때, 부양(富陽)에 이르러 개탄하며 말했다. "이 산천의 형세를 보니, 틀림없이 손백부(孫伯符 : 孫策) 한 명이 또 나오겠구나."(2)

▌원문 | **殷仲文旣素有名望, 自謂必當阿衡朝政. 忽作東陽太守, 意甚不平.(1) 及之郡, 至富陽, 慨然歎曰, 看此山川形勢, 當復出一孫伯符.(2)**

(1) 《진안제기(晉安帝紀)》에 이런 이야기가 있다. '은중문(殷仲文)은 나중에 동양태수(東陽太守)가 되자 더욱 분개하여, 마침내 환윤(桓胤)과 함께 모반했다가 결국 주살당했다. 은중문이 한번은 거울을 보았을 때 머리가 보이지 않았는데, 얼마 후 화가 닥쳤다.'
晉安帝紀曰, 仲文後爲東陽, 愈憤怨. 乃與桓胤謀反, 遂伏誅. 仲文嘗照鏡不見頭, 俄而難及.

(2) 손책(孫策)은 부춘(富春) 사람이다. 그래서 (은중문이) 이곳에 이르러 탄식한 것이다.
孫策, 富春人. 故及此而歎.

주해 ㅇ阿衡(아형)－이 말은 《상서(尙書)》 '태갑(太甲)' 상(上)과 《시경(詩經)》 〈상송(商頌)〉 '장발(長發)' 등에 보이며 은(殷)나라 재상 이윤(伊尹)의 관명(官名)이라고 한다. 정전(鄭箋) 등에 의하면 아(阿)는 의(倚), 형(衡)은 평(平)의 뜻으로서, 은나라 탕왕(湯王)이 이윤에게 의지하여 기준을 정했기 때문에 그것으로 이윤의 관명을 삼았다고 한다. 여기서는 재상으로서 조정의 정치를 보좌하는 것을 가리킨다.

ㅇ富陽(부양)－양주(揚州) 오군(吳郡) 부양현(富陽縣)이며, 부춘(富春)은 그 옛 이름이다. 동진(東晋)의 효무제(孝武帝)가 간문정태후(簡文鄭太后)의 휘(諱) '춘(春)'을 피하기 위하여 부춘을 부양으로 고쳤다고 한다(《宋書》 권35 〈地理志〉). 이 땅은 삼국시대 오(吳)나라 손책(孫策)의 본거지이다.

ㅇ一孫伯符(일손백부)－손백부는 손책(孫策)을 가리킨다. 백부(伯符)는 그의 자(字)이다. 손책은 아버지 손견(孫堅)이 죽자 그 뒤를 이어 강남 땅을 평정하고 오왕조(吳王朝)의 기초를 쌓은 인물이다. 여기서 은중문이 이렇게 말한 것은 자신을 손책에 견주어 그동안 품고 있던 야심을 드러낸 것이리라. 그후 은중문은 군사를 일으켰다가 주살되었다.

ㅇ桓胤(환윤)－《진서(晋書)》 권74 〈환윤전(桓胤傳)〉에 의하면 동양태수(東陽太守)인 은중문과 영가태수(永嘉太守) 낙구(駱求) 등은 의희(義熙) 3년(407)에 모반을 일으키자 은밀히 환윤을 세워, 환현(桓玄)의 적계(跡繼)로 삼고자 했는데 일이 발각되어 주살당했다고 한다. 환윤은 환현으로부터 총애를 받던 인물이다. 참고로 환윤 위의 '여(與)'자가 송본(宋本)에는 없다. 원본(袁本)을 따랐다.

검색 儉嗇

제29

1. 화교(和嶠)는 천성이 지극히 인색했다. 집에 좋은 오얏나무가 있었는데 처남인 왕무자(王武子 : 王濟)가 달라고 해도 겨우 수십 개만 주었다. 왕무자는 그가 조정에 숙직하러 간 틈을 타, 먹성 좋은 젊은이들을 데리고 도끼를 들고 과수원으로 찾아가서, 함께 배불러 다 먹고 난 뒤에 나무를 베어 버렸다. 그는 한 수레 분량의 나뭇가지를 화공(和公 : 和嶠)에게 보내주면서 "당신의 오얏나무와 비교하여 어떻습니까?"라고 물었다. 화교는 받고 나서 단지 웃을 뿐이었다.(1)

원문| 和嶠性至儉. 家有好李, 王武子求之, 與不過數十. 王武子因其上直, 率將少年能食之者, 持斧詣園. 飽共噉畢, 伐之, 送一車枝與和公, 問曰, 何如君李. 和旣得, 唯笑而已.(1)

(1) 《진제공찬(晉諸公贊)》에 이런 이야기가 있다. '화교(和嶠)는 성격이 통탈(通脫)하지 못했다. 가산(家産)을 잘 관리하여 왕공(王公)에 견줄 만큼 부유했지만, 지극히 인색하여 의리를 해친다는 평판이 있을 정도였다.'

《어림(語林)》에 이런 이야기가 있다. '화교의 동생들이 과수원에 가서 오얏을 먹었는데, 화교가 그 씨를 모두 헤아려서 값을 요구했다. 그래서 화교 부인의 동생인 왕제(王濟)가 나무를 베어 버렸다.'

晉諸公贊曰, 嶠性不通, 治家富擬王公. 而至儉, 將有犯義之名. 語林曰, 嶠諸弟往園中食李, 而皆計核責錢. 故嶠婦弟王濟伐之也.

주해 | ㅇ儉嗇(검색)－검(儉)은 검약(儉約), 색(嗇)은 인색이다. 구두쇠들의 이야기를 모아놓았다. 모두 아홉 가지 이야기 가운데 네 가지가 왕융(王戎)과 관계되는 것이다.

ㅇ王武子求之(왕무자구지)－《진서(晋書)》 권42 〈왕제전(王濟傳)〉에서는 이 이야기가 거의 그대로 채록되어 있는데 《세설(世說)》의 '왕무자구지(王武子求之)'란 부분이 《진서》에서는 '제구지(帝求之)'로 되어 있다.

ㅇ責錢(책전)－책(責)은 구(求)한다는 의미이다.

2. 왕융(王戎)은 인색했다. 그의 조카가 결혼했을 때 홑옷 한 벌을 보내주었는데, 나중에 그 대금(代金)을 청구했다.(1)

원문 | **王戎儉吝. 其從子婚, 與一單衣, 後更責之.**(1)

(1) 왕은(王隱)의 《진서(晋書)》에 이런 이야기가 있다. '왕융은 천성이 지극히 인색하여, 제대로 먹고 입지도 못했으며, 재물을 밖으로 내보내지도 않았다. 세상 사람들은 그의 인색함을 고칠 수 없는 병이라고 했다.'

王隱晉書曰, 戎性至儉, 不能自奉養, 財不出外. 天下人謂爲膏肓之疾.

주해 | ㅇ膏肓之疾(고황지질)-병이 고황에 들어간다는 의미. 치유될 가능성이 없는 중병. 《좌전(左傳)》 성공(成公) 10년조에 진(晋)나라 경공(景公)이 병에 걸렸는데 병마가 수자(豎子)가 되어, 명의(名醫)를 피해서 고(膏 : 심장 아랫부분) 아래, 황(肓 : 가슴과 배 사이의 얇은 막) 위에 숨은 것을 꿈속에서 보았다는 고사(故事)에서 나온 말이다.

3. 사도(司徒) 왕융(王戎)은 신분이 고귀하고 재산이 부유하여, 그가 소유하는 가택 · 하인 · 목동 · 옥답(沃畓) · 물레방아 따위가 낙양(洛陽)에서 비할 자가 없었다. 문서장부를 정리하느라고 여념이 없어서, 매양 부인과 함께 촛불 아래에서 산가지를 늘어놓고 계산을 하곤 했다.[(1)]

원문 | **司徒王戎, 旣貴且富. 區宅僮牧, 膏田水碓之屬, 洛下無比. 契疏鞅掌, 每與夫人燭下散籌算計.**[(1)]

(1) 《진제공찬(晉諸公贊)》에 이런 이야기가 있다. '왕융은 성품이 간결하고 요체를 터득하고 있었으며, 위의(威儀)를 차리지 않았고, 스스로 몹시 검소하게 생활했으나 가산은 아주 풍족했다. 논자들은 왕융을 삼공(三公)의 명망도 무겁지 않다고 생각했다.'
왕은(王隱)의 《진서(晉書)》에는 이런 이야기가 있다. '왕융은 재산 관리를 잘하여 장원과 전답이 세상에 두루 퍼져 있었는데, 노부부 두 사람은 늘 상아로 만든 산가지를 가지고 밤낮으로 가산(家産)을 계산했다.'
《진양추(晉陽秋)》에 이런 이야기가 있다. '왕융은 재산 증식을 많이 했지만 늘 부족한 듯이 했다. 어떤 사람은 왕융이 일부러 이렇게 함으로써 자신을 숨겼다고 생각했다.'
대규(戴逵)가 논한 글에는 이런 말이 있다. '왕융은 위험하고 어지러운 때에 숨어서 묵묵히 지냄으로써 근심과 화를 면했으니, 명철하게 자신을 보전할 수 있었던 원인이 여기에 있다. 어떤 사람이 "대신(大臣)의 마음씀이 어떻게 그럴 수 있습니까?"라고 하자, 내[戴逵]가 말했다. "운세에는 어려움과 쉬움이 있고, 시세에는 어두움과 밝음이 있는 법이오. 그대의 말대로 한다면, 거원(蘧瑗)과 계찰(季札) 같은 사람들도 모두 책임을 져야 할 것이오. 예로부터 보더라도 (그런 사람이) 어찌 왕융 한 사람뿐이겠소."'

晉諸公贊曰, 戎性簡要, 不治儀望, 自遇甚薄, 而產業過豊. 論者以爲臺輔之望不重.

王隱晉書曰, 戎好治生, 園田周徧天下, 翁嫗二人, 常以象牙籌晝夜算計家資.

晉陽秋曰, 戎多殖財賄, 常若不足. 或謂戎故以此自晦也.

戴逵論之曰, 王戎晦默於危亂之際, 獲免憂禍. 旣明且哲, 於是在矣. 或曰, 大臣用心, 豈其然乎. 逵曰, 運有險易, 時有昏明. 如子之言, 則蘧瑗, 季札之徒, 皆負責矣. 自古而觀, 豈一王戎也哉.

주해 | ㅇ膏田(고전)－기름진 전답.

ㅇ水碓(수대)－물레방아. 위진(魏晋)시대에는 이 수대가 발달 보급되었는데 당시의 귀족·권문세가의 중요한 자산이기도 했다.

ㅇ契疏(계소)－증문(證文).

ㅇ鞅掌(앙장)－일이 많은 상태. 《시경(詩經)》 〈소아(小雅)〉 '북산(北山)'의 시에 '혹왕사앙장(或王事鞅掌)'이라고 되어 있으며 모전(毛傳)에는 '실용야(失容也)'라 하여 일이 바빠서 몸치장할 틈도 없다는 뜻.

ㅇ戎性簡要(융성간요)－왕융간요(王戎簡要)에 대해서는 〈상예편(賞譽篇)〉 5와 6을 참조할 것.

ㅇ產業(산업)－생업(生業).

ㅇ臺輔之望(대보지망)－대보(臺輔)는 삼공(三公). 삼공으로 추앙받는 것.

ㅇ治生(치생)－식재(殖財)·식산(殖產)의 의미.

ㅇ危亂之際(위란지제)－서진(西晋)의 영희(永熙) 원년(元年 : 290), 혜제(惠帝 : 司馬衷)가 즉위하자 가황후(賈皇后) 일파는 초왕(楚王) 위(瑋)를 부추기어 태후(太后) 양씨(楊氏)를 타도하고 황태자를 폐한 다음 자신의 양자를 세웠다. 이윽고 영강(永康) 2년(301), 조왕(趙王) 윤(倫)은 가씨(賈氏) 일파를 주멸하고 스스로 칭제(稱帝)하며 혜제를 유폐했다. 이때부터 소위 '팔왕(八王)의 난(亂)'이 시작된다. 위란지제는 이러한 일련의 내란을 가리킨다.

ㅇ旣明且哲(기명차철)－현명하여 자신을 잘 보선하는 것. 《시경》〈대아(大雅)〉 '증민(烝民)'에 '기명차철(旣明且哲), 이보기신(以保其身)'이란 구절이 있는 것에 따름.

ㅇ蘧瑗(거원)－자(字)는 백옥(伯玉). 춘추시대 위(衛)나라의 대부(大夫). 국가에 도(道)가 행해질 때에는 나아가 벼슬을 하고, 국가에 도가 행해지지 않을 때는 재능을 감추고 벼슬을 하지 않았다고 한다. 《논어(論語)》〈위령공편(衛靈公篇)〉에 '참으로 군자로다, 거백옥은. 나라에 도가 있으면 벼슬하고, 나라에 도가 없으면 거두어 감추었다'는 공자(孔子)의 말이 기록되어 있다.

ㅇ季札(계찰)－춘추시대 오(吳)나라 사람. 오왕(吳王) 수몽(壽夢)의 막내아들. 수몽에게는 네 명의 아들이 있었는데 계찰이 제일 현명했기 때문에, 수몽은 이 막내아들 계찰에게 왕위를 물려주고자 했으나 계찰은 이를 사양했다. 그래서 장남인 제번(諸樊)이 왕위를 계승했는데 제번은 아버지 상(喪)를 마치자 왕위를 동생 계찰에게 양보코자 하였다. 그러나 계찰은 또 이를 사양하고 야(野)에 물러났다(《史記》 권31 〈吳太伯世家〉).

4. 왕융(王戎)은 좋은 오얏나무를 가지고 있었는데, 그것을 팔 때 남이 그 종자를 얻을까봐 걱정하여, 항상 그 씨에 구멍을 뚫어 놓았다.

원문| 王戎有好李, 常賣之恐人得其種, 恆鑽其核.

주해| ㅇ鑽(찬)－송곳 따위로 구멍을 뚫는 것을 가리킨다.

5. 왕융(王戎)은 딸이 배위(裴頠)에게 시집갈 때, 수만 전(錢)을 빌려주었다. 딸이 친정으로 돌아왔을 때 왕융의 안색이 즐겁지 못했다. 딸이 급히 돈을 갚았더니 (왕융은) 그제야 마음이 풀어졌다.

▌원문| 王戎女適裴頠, 貸錢數萬. 女歸, 戎色不悅. 女遽還錢, 乃釋然.

6. 위강주(衛江州 : 衛展)가 심양(尋陽)에 있을 때,(1) 오래 전부터 알고 지내던 어떤 사람이 그를 찾아왔는데, 전혀 대접하지 않은 채 오직 왕불류행(王不留行) 한 근만 보내주었다. 그 사람은 보내준 물건을 받고는 곧바로 수레 채비를 명했다.(2) 이홍범(李弘範 : 李軌)은 그 말을 듣고 말했다. "외숙도 너무 각박하시지. 결국 초목을 사용하여 손님을 쫓아 버렸군."(3)

▌원문| 衛江州在尋陽,(1) 有知舊人投之, 都不料理. 唯餉王不留行一斤. 此人得餉, 便命駕.(2) 李弘範聞之曰, 家舅刻薄. 乃復驅使卉木.(3)

(1) 《영가류인명(永嘉流人名)》에 이런 이야기가 있다. '위전(衛展)은 자가 도서(道舒)이며 하동(河東) 안읍(安邑) 사람이다. 조부 위렬(衛列)은 팽성(彭城) 호군(護軍)을 지냈고, 부친 위소(衛韶)는 광평(廣平) 현령을 지냈다. 위전은 광희연간(光熙年間) 초에 응양장군(鷹揚將軍)과 강주자사(江州刺史)에 제수되었다.'
永嘉流人名曰, 衛展字道舒, 河東安邑人. 祖列, 彭城護軍. 父韶, 廣平令. 展光熙初除鷹揚將軍, 江州刺史.

(2) 《본초(本草)》에 이런 이야기가 있다. '왕불류행(王不留行)은 태산

(太山)에서 자라는데, 창상(創傷)을 치료하고 중풍을 방지하며, 오래 복용하면 몸이 가벼워진다.'

本草曰, 王不留行, 生太山, 治金瘡, 除風, 久服之, 輕身.

(3) 《중흥서(中興書)》에는 이런 이야기가 있다. '이궤(李軌)는 자가 홍범(弘範)이며 강하(江夏) 사람이다. 벼슬은 상서랑(尙書郞)에 이르렀다.'

생각하건대 이궤는 유씨(劉氏)의 조카이다. (따라서) 그는 틀림없이 이홍도(李弘度 : 李充)이며 이홍범(李弘範 : 李軌)이 아니다.

中興書曰, 李軌字弘範, 江夏人. 仕至尙書郞.

按, 軌, 劉氏之甥. 此應弘度, 非弘範者也.

주해 | ㅇ料理(요리)－접대하다. 돌보다란 의미.

ㅇ王不留行(왕불류행)－약초 이름. 석죽과(石竹科)에 속하는 1년생 초본식물. 《본초강목(本草綱目)》 권16 〈초부(草部)〉 '왕불류행'에 '차물(此物) 성주이부득주(性走而不得住), 수유왕명(雖有王命), 불능류기행(不能留其行), 고명(故名)'이라는 기록이 있다. 봄에서 가을에 걸쳐 담홍색(淡紅色)의 꽃이 피고 콩과 비슷한 열매가 열린다. 위전(衛展)은 이 약초를 손님에게 보내어 '더이상 머물지 말라'는 약초 이름의 뜻을 전했던 것이다.

ㅇ江州刺史(강주자사)－《진서(晋書)》 권36 〈위관전(衛瓘傳)〉에 딸린 〈위전전(衛展傳)〉에는 '영가중(永嘉中), 강주자사(江州刺史)가 되다'라고 하였다. 참고로 혜제(惠帝)의 광희연간(光熙年間)은 306년 1년간에 지나지 않으며 이듬해 이후는 회제(懷帝)의 영가연간이 된다.

ㅇ除風(제풍)－《본초강목》 왕불류행(王不留行)의 주치조(主治條)에는 풍비(風痺 : 수족의 마비 증세)를 고친다고 되어 있다.

ㅇ輕身(경신)－《본초강목》 같은 조(條)에는 '오래 복용하면 몸이 가벼워지고 노화예방과 장수를 한다'라고 되어 있다.

ㅇ此應弘度(차응홍도)－《태평어람(太平御覽)》 권749에서 인용한 《진중흥서(晋中興書)》에 의하면 이충(李充 : 字 弘度)의 어머니 위씨(衛氏)는

위전(衛展)의 여동생이다. 따라서 이충은 위전의 생질이 된다. 또 송(宋)나라 고종(高宗) 찬(撰) 《한묵지(翰墨志)》에는 이충의 어머니에 대하여 '위부인(衛夫人), 이름은 삭(鑠), 자(字)는 무의(茂漪), 진(晋)나라 여음태수(汝陰太守) 이구(李矩)의 아내이다'라고 기록했는데 글씨에 뛰어났다. 왕희지(王羲之)와 두보(杜甫)도 그의 글씨를 배웠다고 한다.

7. 왕승상(王丞相 : 王導)은 검약가(儉約家)였다. 그 정청(政廳)에 달콤한 과일이 차고 넘쳤지만 다른 사람들에게 나눠주지 않았다. 봄이 되어 과일이 물러져 썩었다. 도독(都督)이 아뢰었더니, 왕공(王公 : 王導)이 치우라고 하면서 했다. "삼가 대랑(大郞 : 王悅)이 알게 해서는 안되느니라."(1)

원문| **王丞相儉節. 帳下甘果盈溢不散, 涉春爛敗. 都督白之, 公令舍去曰, 愼不可令大郞知.**(1)

(1) 대랑(大郞)은 왕열(王悅)을 가리킴이다.
王悅也.

주해| ㅇ都督(도독)－승상부(丞相府)의 속관인 휘하 도독을 가리킨다. ㅇ大郞(대랑)－장남(長男)이란 뜻도 있다.

8. 소준(蘇峻)이 난(亂)을 일으켰을 때, 유태위(庾太尉 : 庾亮)가 남쪽으로 도망가 도공(陶公 : 陶侃)을 만났다. 도공은 평소 유태위를 존중했었다. 도공은 천성이 인색했다. 식사를 하며 부추를 먹다가 유태위가 흰 부분을 남겨놓자, 도공이 물었다. "그것으로 무얼 하려오?" 유태위가 말했다. "물론 심으려고요." 그래서 도공은 유태위가 풍류

뿐만 아니라 정치적 실제능력도 겸비하고 있음에 크게 감탄했다.

원문| 蘇峻之亂, 庾太尉南奔見陶公. 陶公雅相賞重. 陶性儉吝. 及食, 啖薤, 庾因留白. 陶問, 用此何爲. 庾云, 故可種. 於是大歎庾非唯風流, 兼有治實.

주해| ㅇ蘇峻之亂(소준지란)－소준은 함화(咸和) 2년(327), 유량(庾亮)의 토벌을 명목으로 난(亂)을 일으켰다. 〈방정편(方正篇)〉 25·34·35 등을 참조할 것.

ㅇ治實(치실)－《진서(晋書)》 권73 〈유량전(庾亮傳)〉에서 인용한 유화(類話)에는 '비유풍류(非惟風流), 겸유위정지실(兼有爲政之實)'이라고 적은 것을 참고하여 위와 같이 번역하였다.

9. 치공(郗公 : 郗鑒)은 재물을 크게 모아 수천만 전(錢)을 가지고 있었다. 손자인 치가빈(郗嘉賓 : 郗超)은 그와는 매우 다른 생각을 했다. 한번은 아침 문안인사를 드릴 때였는데, 치씨 집안의 가법(家法)에는 자제가 어른과 함께 앉지 못했기 때문에, 치가빈은 한참 동안 서서 이야기한 뒤에 마침내 재물에 관한 일을 언급했다. 치공은 말했다. "너는 틀림없이 내 돈을 얻고 싶은 게로구나." 그리고 온종일 창고를 열어 놓고 마음대로 쓰라고 했다. 치공은 처음에 기껏해야 수백만 전 정도만 손실될 것이라고 생각했다. 그러나 치가빈은 결국 하루 동안 친척과 친구들에게 나눠주어, 얼마 되지 않아 거의 다 써 버렸다. 치공은 그 말을 듣고 놀라 자빠지지 않을 수 없었다.(1)

원문| 郗公大聚斂, 有錢數千萬. 嘉賓意甚不同. 常朝旦問訊, 郗家法子弟不坐. 因倚語移時, 遂及財貨事. 郗公曰, 汝正當欲得吾錢耳. 迺開庫一日, 令任意用. 郗公始正謂損數百萬許. 嘉

賓遂一日乞與親友, 周旋略盡. 郗公聞之, 驚怪不能已已.(1)

(1) 《중흥서(中興書)》에 이런 이야기가 있다. '치초(郗超)는 젊어서부터 탁월하고 자유분방했으며, 당세(當世)에 견줄 바가 없는 도량을 지니고 있었다.'
中興書曰, 超少卓犖而不羈, 有曠世之度.

주해 | ㅇ倚語(의어)－《세설음석(世說音釋)》에는 '입담(立談)'으로 되어 있다.
ㅇ乞與(걸여)－걸(乞)도 여(與)의 의미.
ㅇ周旋略盡(주선약진)－《진서(晉書)》 권67 〈치초전(郗超傳)〉 및 《태평어람(太平御覽)》 권191·836과 《사류부(事類賦)》 권10에 인용된 《세설(世說)》에는 이 구절이 '도진(都盡)' 즉 '모두 다 써 버렸다'라고 되어 있다.
ㅇ曠世之度(광세지도)－당세(當世)에 견줄 바가 없다. 광세(曠世)는 광대(曠代)라고도 하며 당대에 견줄 바가 없을 정도로 빼어나다는 의미이다.

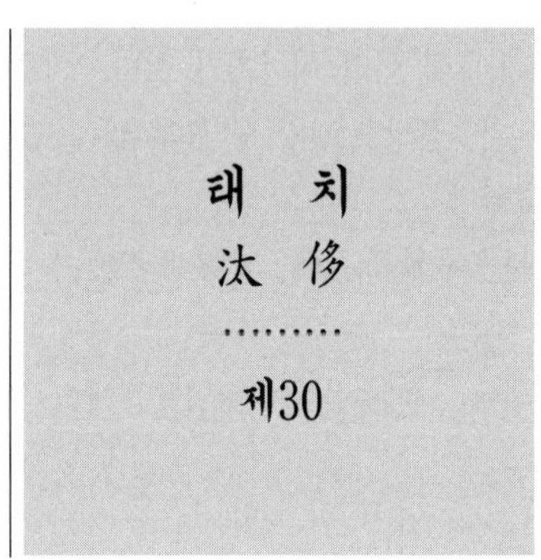

1. 석숭(石崇)은 손님을 초청하여 연회를 열 때마다 항상 미인들로 하여금 술을 권하게 했는데, 손님이 술을 다 마시지 않을 경우, 황문(黃門)을 시켜 시중든 미인을 번갈아 목을 베게 했다. 어느 때 왕승상(王丞相 : 王導)과 그의 사촌 형 대장군(大將軍 : 王敦)이 함께 석숭을 방문했다. 승상은 평소 술을 잘 마시지 못했지만, 무리하여 진탕 취하고 말았다. 한편 대장군에게 돌아왔지만 대장군은 한사코 마시지 않으면서 어떻게 되나 보고 있었다. 이미 세 명의 미인을 목베었지만 대장군은 안색조차 변하지 않은 채 여전히 마시려 하지 않았다. 이에 승상이 질책하자 대장군은 말했다. "자기 집 사람을 자기가 죽이는데 그대와 무슨 상관인가."[1]

원문| 石崇每要客燕集, 常令美人行酒. 客飮酒不盡者, 使黃門交斬美人. 王丞相與大將軍嘗共詣崇. 丞相素不能飮, 輒自勉彊, 至於沈醉. 每至大將軍, 固不飮, 以觀其變. 已斬三人, 顔色如故, 尙不肯飮. 丞相讓之. 大將軍曰, 自殺伊家人, 何預卿事.[1]

(1) 왕은(王隱)의 《진서(晋書)》에 이런 이야기가 있다. '석숭은 형주자사(荊州刺史)로 있을 때, 남의 재물을 약탈하고 사람을 죽여 엄청난 부를 축적했다.'

《왕승상덕음기(王丞相德音記)》에는 이런 이야기가 있다. '왕승상은 평소 여러 숙부들로부터 존중받았다. 왕군부(王君夫 : 王愷)가 왕돈(王敦)에게 물었다. "당신의 사촌동생[王導]은 훌륭한 인물인데다 음률(音律)에도 밝다고 들었소이다. 한번 여악(女樂)을 펼쳐 보려 하니 둘이서 함께 오지 않으시려오." 그래서 두 사람이 찾아갔다. 피리를 불고 있을 때 어떤 기녀가 선율을 약간 놓치자, 군부가 듣고 있다가 황문(黄門)을 시켜 계단 아래에서 그녀를 때려죽이게 했는데, 왕돈은 안색조차 변하지 않았다. 승상은 돌아오자 말했다. "아마도 그 사람이 득세하게 되면 틀림없이 그와 같은 일이 발생할 것이다."' 두 설(說)이 다르기 때문에 상세히 기록한다.

王隱晉書曰, 石崇爲荊州刺史, 劫奪殺人, 以致巨富.

王丞相德音記曰, 丞相素爲諸父所重. 王君夫問王敦, 聞君從弟佳人, 又解音律. 欲一作妓, 可與共來. 遂往. 吹笛, 人有小忘. 君夫聞, 使黃門階下打殺之, 顔色不變. 丞相還, 曰, 恐此君處世, 當有如此事. 兩説不同, 故詳錄.

주해 | ㅇ汰侈(태치)－《좌전(左傳)》 양공(襄公) 30년조와 소공(昭公) 원년조 및 5년조 등에 보이며, 신분에 맞지 아니하는, 지나친 사치를 가리킨다. 태(汰)·치(侈), 모두 사치하는 것을 말한다. 이 편에는 바로 앞편인 〈검색편(儉嗇篇)〉과는 반대인 교만과 사치스러운 이야기를 다루고 있는데 석숭(石崇)이라든가 왕개(王愷)의 이야기가 중심이 되어 있다.

ㅇ常令美人行酒(상령미인행주)－이 이야기는 왕개(王愷)의 이야기로서 《진서(晋書)》 권98 〈왕돈전(王敦傳)〉에 보인다.

ㅇ黄門(황문)－환관(宦官)의 별칭. 후한(後漢)시대에 소황문(小黄門)·황문령(黄門令)·황문서장(黄門署長)·중황문(中黄門) 등의 여러 벼슬에

모두 환관을 임용했었기 때문에 이렇게 부른다(《後漢書》〈百官志》3). 이 이야기에 의하면 사가(私家)에서도 환관을 고용했으며 시녀들의 감독을 하게 했던 것으로 생각된다.

ㅇ劫奪殺人(겁탈살인), 以致巨富(이치거부)－《북당서초(北堂書鈔)》 권72에서 인용한 《진중흥서(晋中興書)》에 의하면 '석숭(石崇)은 형주자사(荊州刺史)가 되었을 때 몇몇 장사꾼을 겁탈했는데 재산을 모으기 산더미와 같았다'라고 되어 있다.

ㅇ王丞相德音記(왕승상덕음기)－미상(未詳). 문정식(文廷式)과 정국균(丁國均)의 《보진서예문지(補晋書藝文志)》에는 이 조(條)를 기록하고 있을 뿐이다.

ㅇ王君父(왕군부)－왕개(王愷). 자(字)가 군부(君父)이다. 〈방정편(方正篇)〉 58에 보이는 왕개(王愷 : 王坦之의 아들)와는 다른 사람으로서 왕숙(王肅)의 아들이다. 진(晋)나라 문왕(文王 : 司馬昭)의 후비(后妃)인 문명황후(文明皇后)의 남동생. 《진서》 권93 〈외척전(外戚傳)〉에 상세한 기록이 있다. 같은 편 4의 유주(劉注)를 참조할 것.

2. 석숭(石崇)의 집 화장실에는 항상 10여 명이 시중들며 늘어서 있었는데, 모두 화려한 옷을 입고 곱게 화장을 했으며, 갑전분(甲煎粉)과 침향수(沈香水) 등등을 놓아 두어 갖추지 않은 것이 없었다. 또한 새옷을 주어 갈아입고 나오도록 했는데, 손님들 대부분은 부끄러워하여 화장실을 가지 못했다. 왕대장군(王大將軍 : 王敦)은 화장실에 가서, 입고 있던 옷을 벗고 새옷을 입으면서도 기색이 오만했다. 여러 시녀들이 서로 말했다. "이 손님은 틀림없이 모반을 일으킬 것이다."(1)

원문| **石崇厠, 常有十餘婢侍列, 皆麗服藻飾. 置甲煎粉, 沈香汁之屬, 無不畢備. 又與新衣箸令出, 客多羞不能如厠. 王大將軍往, 脫故衣, 箸新衣, 神色傲然. 羣婢相謂曰, 此客必能作賊.**(1)

(1) 《어림(語林)》에 이런 이야기가 있다. '유식(劉寔)이 석숭을 방문했을 때, 화장실에 가서 보았더니, 진홍색 깁 휘장이 드리워진 커다란 침상에 매우 화려한 요가 깔려 있었으며, 두 명의 시녀가 비단 향주머니를 들고 있었다. 유식은 황급히 도로 달려나와 석숭에게 말했다. "방금 전에 당신의 방 안으로 잘못 들어갔소이다." 석숭이 말했다. "그곳이 화장실이오."

語林曰, 劉寔詣石崇, 如厠, 見有絳紗帳大牀, 茵蓐甚麗, 兩婢持錦香囊. 寔遽反走, 卽謂崇曰, 向誤入卿室內. 崇曰, 是厠耳.

주해 | ㅇ甲煎粉(갑전분)－남방(南方)에서 생산되던 향(香)의 이름. 갑향(甲香)과 거의 같다. 일설에 제채(諸菜) 및 미과화(美果花)를 태운 재에 납(蠟)을 섞어서 만든다고 했다(《本草綱目》 권46 甲煎).

ㅇ沈香汁(침향즙)－침향은 향나무 이름. 열대지방에서 생산된다. 그 재목을 다년간 물속에 담그어두면 딱딱한 부분이 물속으로 가라앉는다. 그러므로 침향이라고 하는데 향료로 사용한다(《本草綱目》 권34 沈香).

3. 무제(武帝 : 司馬炎)가 어느 때 왕무자(王武子 : 王濟)의 집으로 행차했다. 무자가 주찬(酒饌)을 대접했는데, 모두 유리그릇을 사용했으며, 시녀 백여 명이 모두 화려한 비단 치마〔袴〕와 저고리〔纙〕를 입고 두 손으로 음식을 받쳐 내왔다. 찐 새끼돼지 고기가 통통하고 맛이 좋았는데 보통의 맛과는 달랐다. 그래서 무제가 이상히 여겨 물었더니, 무자가 대답했다. "사람의 젖을 새끼돼지에게 먹였습니다." 무제는 매우 불쾌하여 식사가 끝나기도 전에 그냥 가 버렸다. 이것은 왕개(王愷)나 석숭(石崇)도 미처 알지 못했던 일이었다.[1]

원문 | **武帝常降王武子家. 武子供饌, 並用瑠璃器, 婢子百餘人, 皆綾羅袴纙, 以手擎飮食. 蒸㹠肥美, 異於常味. 帝怪而問**

之. 答曰, 以人乳飮豘. 帝甚不平, 食未畢, 便去. 王, 石所未知作.(1)

(1) '저고리[襬]'는 일명 '치마[襬]'라고도 했다.

襬, 一作襬.

주해 | ㅇ袴(고)－고(絝)와 같다. 경의(脛衣 : 치마)의 일종. 바지의 한 종류를 가리키기도 한다.

ㅇ襬(나)－《옥편》 의부(衣部) 조(條)에 '여인(女人)의 상의(上衣)'라고 되어 있다.

ㅇ以手擎飮食(이수경음식)－《세설초촬집성(世說鈔撮集成)》에 음식을 올려놓는 것이 아니라 시녀들로 하여금 손으로 받들고 있게 했다고 한다.

ㅇ以人乳飮豘(이인유음돈)－《진서(晋書)》 권42 〈왕제전(王濟傳)〉에는 '사람의 젖을 끓여서 주다(以人乳蒸之)'라고 했다.

ㅇ襬(피)－'상(裳)'과 같은 의미. 즉 치마.

4. 왕군부(王君夫 : 王愷)는 엿기름과 건반(乾飯)으로 솥을 닦았다. 석계륜(石季倫 : 石崇)은 밀랍 초로 불을 때서 밥을 지었다. 왕군부가 40리나 되는, 푸른 무늬 비단으로 안을 댄 자줏빛 명주 베 보장(步障)을 만들었더니, 석숭(石崇)은 50리나 되는 비단 보장을 만들어서 맞섰다. 석숭이 산초(山椒)로 벽을 칠했더니, 왕군부는 적석지(赤石脂)로 벽을 칠했다.(1)

원문 | **王君夫以粭糒澳釜, 石季倫用蠟燭作炊. 君夫作紫絲布步障碧綾裏四十里, 石崇作錦步障五十里以敵之. 石以椒爲泥, 王以赤石脂泥壁.**(1)

(1) 《진제공찬(晉諸公贊)》에 이런 이야기가 있다. '왕개(王愷)는 자가

군부(君父)이며 동해(東海) 사람으로, 왕숙(王肅)의 아들이다. 비록 검약(儉約)한 품행은 없었지만, 젊어서부터 재능으로 이름이 알려졌으며, 훌륭한 관료라는 칭찬을 받았다. 그는 본래 외척이었기 때문에 진(晉)나라 조정에서 너그럽게 대해 주기도 했지만, 또한 천성이 지극히 호사스러웠다. 이전의 규제에 따르면, 짐새[鴆鳥]는 장강 이북으로 들여올 수 없었는데, 그 깃털을 술 속에 담가두면 반드시 사람을 죽게 하기 때문이었다. 왕개는 익군(翊軍)으로 있을 때, 석숭(石崇)에게서 짐새를 얻어 길렀는데, 그것의 크기는 거위만했고 부리의 길이는 1척이 넘었으며, 오로지 독사만 먹었다. 사예교위(司隷校尉)가 왕개와 석숭을 조사해야 한다고 상주했으나, 천자는 조서(詔書)를 내려 그들을 용서해 주고 도성의 거리에서 즉시 짐새를 태우게 했다. 왕개는 하고 싶은 대로 행동했으며 꺼리는 바가 없었다. 후군장군(後軍將軍)이 되었으며, 죽은 뒤에는 추(醜)라는 시호를 받았다.'

晉諸公贊曰, 王愷, 字君夫, 東海人. 王肅子也. 雖無行檢, 而少以才力見名, 有在公之稱. 旣自以外戚, 晉氏政寬, 又性至豪. 舊制, 鴆不得過江. 爲其羽櫟酒中, 必殺人. 愷爲翊軍時, 得鴆於石崇而養之. 其大如鵝, 喙長尺餘, 純食蛇虺. 司隷奏按愷, 崇, 詔悉原之, 卽燒於都街. 愷肆其意色, 無所忌憚. 爲後軍將軍, 卒, 諡曰醜.

주해 | ㅇ粔籹(이비)－이(粔)는 이(飴)와 같으며 엿기름을 넣어서 만든 엿. 비(籹)는 건반(乾飯), 건량(乾糧).

ㅇ澳釜(오부)－오(澳)는 오(燠)와 같으며 데우다.

ㅇ步障(보장)－귀부인이 외출할 때 추위와 먼지를 방지하기 위해 길 양쪽에 치는 막(幕).

ㅇ以椒爲泥(이초위니)－황후(皇后)의 궁전에서는 산초(山椒)가 난기(暖氣)와 향기를 주고, 또 열매를 많이 맺는다는 데서 자손이 많아짐을 의미한다고 하여 벽에 칠했다.

- 赤石脂(적석지)－제남(濟南)·오군(吳郡) 등에서 생산되며 돌이 풍화(風化)되어 빨간 송진처럼 생긴 것이라고 한다.
- 王愷(왕개)－〈방정편(方正篇)〉 58의 왕개(王愷 : 王坦之의 아들)와는 다른 사람이다.
- 在公之稱(재공지칭)－송본(宋本)은 공(公)을 군(軍)으로 적고 있다. 원본(袁本) 및 《진서(晋書)》 권93 〈왕개전(王愷傳 : 外戚傳)〉에 따랐다. 《시경(詩經)》 〈노송(魯頌)〉 '유필(有駜)'에 '일찍부터 밤늦게까지 관청일 보니, 관청 일 밝게 다스려시네(夙夜在公, 在公明明)'라고 되어 있다.
- 外戚(외척)－왕개의 누나가 진(晋)나라 문왕(文王 : 司馬昭)의 후비(后妃)이다.
- 舊制(구제)－《진서》 권33 〈석숭전(石崇傳)〉에는 '시제(時制)'라고 되어 있으며 진(晋)나라 시대의 제도를 가리킨다.
- 櫟(역)－휘젓다, 문지르다.
- 翊軍(익군)－천자의 측근에서 경호하는 군단.

5. 석숭(石崇)은 손님을 위해 콩죽을 만들 때면 순식간에 곧바로 차려 내왔으며, 겨울철인데도 항상 다진 부추와 부평초 절임[韭蓱虀]이 있었다. 또한 석숭의 소는 겉모습과 기력이 왕개(王愷)의 소를 능가하지 못했는데, 왕개와 함께 교외로 나들이했다가 돌아오면서 출발이 너무 늦어지자, 낙양성(洛陽城)으로 누가 먼저 들어가는지 경주했다. 석숭의 소는 수십 보 뒤에 처져 있었지만 나는 새처럼 빨리서, 왕개의 소가 있는힘을 다해 달려도 따라잡을 수가 없었다. 왕개는 항상 이 세 가지 일로 절치부심했었다. 그래서 왕개는 석숭의 장하도독(帳下都督)과 수레 모는 사람을 은밀히 매수하여 그 비결을 물었더니, 도독이 말했다. "콩은 삶기가 매우 어렵기 때문에 미리 익혀서 가루로 만들어 놓았다가, 손님이 오면 흰죽을 끓일 때 집어넣는 것입니다. 다만 부추와 부평초 절임은 찧은 부추 뿌리에 보리의 싹을 섞은 것입니다."라고 했다. 다시 어자(御者)에게 소가 빨리 달리는 비결을

물었더니, 어자가 말했다. "소가 본래 느린 게 아니라, 어자가 따라가지 못하고 오히려 제어하기 때문입니다. 급할 때는 한쪽 끌채에만 의지하면 빨리 달리게 됩니다." 왕개가 모두 그대로 따라했더니, 마침내 경주에서 이겼다. 석숭은 나중에 그 사실을 듣고는 일러준 자를 모두 죽여 버렸다.(1)

원문 | **石崇爲客作豆粥, 咄嗟便辦, 恆冬天得韭蓱齏. 又牛形狀氣力不勝王愷牛, 而與愷出遊, 極晩發, 爭入洛城. 崇牛數十步後, 迅若飛禽, 愷牛絶走不能及. 每以此三事爲搤腕. 乃密貨崇帳下都督及御車人, 問所以. 都督曰, 豆至難煮. 唯豫作熟末, 客至, 作白粥以投之. 韭蓱齏是擣韭根, 雜以麥苗爾. 復問馭人牛所以駛. 馭人云, 牛本不遲. 由將車人不及制之爾. 急時聽偏轅, 則駛矣. 愷悉從之, 遂爭長. 石崇後聞, 皆殺告者.**(1)

(1) 《진제공찬(晉諸公贊)》에 이런 이야기가 있다. '석숭(石崇)은 천성이 호협(豪俠)을 좋아하여, 왕개(王愷)와 서로 과시하면서 경쟁했다.'
晉諸公贊曰, 崇性好俠, 與王愷競相誇眩也.

주해 | ㅇ韭蓱齏(구평제)－구(韭)는 부추. 평(蓱)은 평(萍)과 같으며 부평초. 제(齏)는 야채 무침. 자의(字義)대로 해석하면 부추와 부평초와 야채무침이다. '동천운운(冬天云云)'이라고 한 것은 겨울에는 부평초를 구하기가 어려워서 보리의 어린 싹으로 대용했다는 뜻이 된다(《世說新語補索解》).

ㅇ帳下都督(장하도독)－대장군(大將軍)의 속관 중 하나인데 여기서는 아마도 사설(私設) 집사(執事)를 가리키는 것이리라.

ㅇ牛本不遲(우본부지), 由將車人不及制之爾(유장거인불급제지이)－《진서(晉書)》 권33 〈석숭전(石崇傳)〉에는 '우분부지(牛奔不遲), 양유어자축불급(良由馭者逐不及), 반제지(反制之)'라고 되어 있는데 이쪽이 문의

(文意)가 분명하다.

ㅇ偏轅(편원)-《진서》〈석숭전〉에는 '편원(蹁轅)'으로 적고 있다. 원(轅)은 수레 양쪽에 앞쪽으로 길게 나와 있는 막대로서 소나 말을 여기에 맨다. '편원'은 수레를 몰 때 수레의 중심을 한쪽 끌채로 쏠리도록 하여, 다른 한쪽의 바퀴가 땅에 닿는 마찰력을 감소시킴으로써 수레를 빨리 달리게 하는 것을 가리킨다.

ㅇ誇眩(과현)-과(誇), 현(眩) 모두 자랑하는 것. 긍지를 갖는 것.

6. 왕군부(王君夫 : 王愷)는 '팔백리박(八百里駮)'이라고 불리는 소를 가지고 있었는데, 언제나 그 발굽과 뿔을 갈아서 깎았다. 왕무자(王武子 : 王濟)가 왕군부에게 말했다. "나는 활 쏘는 솜씨가 그대만 못하지만, 지금 그대의 소를 내기에 건다면 천만 전(錢)으로 상대하겠소." 왕군부는 (자신의) 민첩한 손 솜씨에 자신이 있었으며 게다가 왕무자가 훌륭한 소를 죽일 리는 없을 것이라고 생각하여, 곧바로 허락했다. 왕무자에게 먼저 쏘라고 했다. 왕무자는 한 발에 과녁을 명중시킨 뒤 물러나 의자에 기대앉아 시종에게 소리치기를 "속히 소의 심장을 꺼내오라."고 했다. 잠시 후에 구운 소 심장을 가져오자, 그는 한 점만 먹고 가버렸다.(1)

원문| **王君夫有牛, 名八百里駮. 常瑩其蹄角. 王武子語君夫, 我射不如卿, 今指賭卿牛, 以千萬對之. 君夫旣恃手快, 且謂駿物無有殺理. 便相然可. 今武子先射, 武子一起便破的, 却據胡牀, 叱左右, 速探牛心來. 須臾炙至, 一臠便去.**(1)

(1) 《상우경(相牛經)》에 이런 이야기가 있다. '우경(牛經)은 영척(甯戚)이 지어서 백리해(百里奚)에게 전했다. 한대(漢代)에 하서(河西)의 설공(薛公)이 그 책을 얻어 소를 감별했는데, 천백 번에 하

나도 틀림이 없었다. 소는 본디 무거운 짐을 싣고 먼 곳까지 가는 것이고 수레를 끌지는 않았기 때문에, 그 문장이 전해지지 않았다. 위대(魏代)에 이르러 고당생(高堂生 : 高堂隆)이 또 그 책을 진(晉) 선제(宣帝 : 司馬懿)에게 바쳤으며, 그후에 왕개(王愷)가 그 책을 얻었다.'

신(臣)이 생각하건대 그 《상우경》에서 말했다. '음홍(陰虹)이 목에 붙어 있으면 천리를 간다'라고 했으며, 주(注)에서 말했다. '음홍은 양 근육이 꼬리뼈에서 목까지 이어져 있는 것으로 영척이 사육한 것이다.' 왕개의 소에도 역시 음홍이 있었다.

영척의 《상우경》에 이런 이야기가 있다. '목등뼈가 높을수록 몸 전체가 긴장되고, 옆구리가 크고 갈비뼈가 성글면 되새김질하기가 어려우며, 용처럼 생긴 머리에 눈이 튀어나왔으면 잘 뛴다. 또한 뿔이 가늘수록 몸이 탄탄하고 모습이 말아놓은 것처럼 동그랗게 된다.'

相牛經曰, 牛經出甯戚, 傳百里奚. 漢世河西薛公得其書, 以相牛, 千百不失. 本以負重致遠, 未服輜軿, 故文不傳. 至魏世, 高堂生又傳以與晉宣帝, 其後王愷得其書焉.

臣按, 其相經云, 陰虹屬頸, 千里. 注曰, 陰虹者, 雙筋白尾骨屬頸, 甯戚所飯者也. 愷之牛, 亦有陰虹也.

甯戚經曰, 棰頭欲得高, 百體欲得緊, 大膁疏肋難齣, 龍頭突目好跳. 又角欲得細, 身欲促, 形欲得如卷.

주해 | ㅇ手快(수쾌)—손재주가 뛰어난 것.

ㅇ相牛經(상우경)—《수서(隋書)》〈경적지(經籍志)〉 3에는 양대(梁代) 영척(甯戚)의 《상우경》이 전해졌었는데 없어졌다고 기록되어 있다.

ㅇ甯戚(영척)—춘추시대 위(衛)나라 사람. 집안이 빈궁하여 짐수레를 끌며 생활했었는데 제(齊)나라에 왔을 때, 수레 옆에서 소에게 여물을 먹이고 쇠뿔을 두드리며 큰 소리로 노래를 부르고 있는데 이것을 환공(桓公)이 보고 중용하였다(《淮南子》〈道應訓〉, 《呂氏春秋》〈直諫〉, 《史

記》〈魯仲連鄒陽列傳〉 등).

- 百里奚(백리해) — 춘추시대 진(秦)나라 사람. 진나라 목공(繆公)을 섬기면서 국정을 맡았었다. 목공이 초(楚)나라에서 고양(羖羊) 가죽 다섯 개로 그를 대속(代贖)했기 때문에 오고대부(五羖大夫)라고도 한다(《史記》 권5 〈秦本紀〉).
- 薛公(설공) — 불상(不詳).
- 輜軿(치병) — 휘장과 덮개가 있는 수레. 치(輜)는 뒤쪽에 포장이 있는 수레. 병(軿)은 앞쪽에 포장이 있는 수레. 혹은 사방에 휘장이 있는 수레.
- 高堂生(고당생) — 고당륭(高堂隆). 《삼국지(三國志)》 권25에 본전(本傳)이 있으며 '고당륭자승평(高堂隆字升平), 태산평양인(泰山平陽人), 노고당생후야(魯高堂生後也)'라는 기록이 있으며, 또한 《수서》 〈경적지〉 3에는 양대(梁代)에 고당륭의 《상우경》이 전해졌으나 없어졌다고 기록되어 있다.
- 雙筋白尾骨屬頸(쌍근백미골속경) — 송본(宋本)은 '쌍근백미속경(雙筋白尾屬輕)'으로, 원본(袁本)은 '쌍근백미골속경(雙筋白尾骨屬頸)'으로 적고 있는데 여기서는 원본에 따랐다. 단 《초학기(初學記)》 권29에서 인용한 영척의 《상우경》 주(注)에 '음홍자(陰虹者), 유쌍근(有雙筋), 자미골속경(自尾骨屬頸), 영공소반(甯公所飯)'라고 되어 있는 것에 의해 그 '백(白)'을 '자(自)'의 잘못으로 보고 번역했다.
- 棰頭(추두) — 미상(未詳). 《제민요술(齊民要術)》 권6에는 '삽경(揷頸)'으로 적고 있다.
- 難齝(난치) — 원본(袁本)은 '난령치(難齡齝)'로 적고 있다. 《제민요술》 권6에서는 '난사(難飼)'로 적고 있다. 치(齝)는 풀을 먹는다는 의미. 여기서는 송본을 따랐다.

7. 왕군부(王君夫 : 王愷)가 어느 때 속옷을 입지 않은 어떤 사람을 벌주었다. 조정으로 숙직하러 가면서 그 사람을 아주 깊숙한 내실 속에 집어넣고 사람들에게 풀어주지 말라고 했다. 그 사람은 결국 며칠을 굶었는데 어느 곳으로 가야 할지 몰라 헤맸다. 나중에 아는 사람

들이 서로 도와주어, 거의 죽을 지경에 이르러서야 겨우 빠져 나올 수 있었다.

원문 | 王君夫嘗責一人無服餘衵. 因直內, 箸曲閤重閨裏, 不聽人將出. 遂饑經日, 迷不知何處去. 後因緣相爲, 垂死迺得出.

주해 | ㅇ餘衵(여일)—일(衵)은 속옷. 송본(宋本)에는 '여단(餘袒)'으로 되어 있는데 원본(袁本) 및 능영초교명간본(淩瀛初校明刊本)에 따랐다. 여일(餘衵)·여단(餘袒) 모두 의미는 불상(不詳).

ㅇ曲閤重閨(곡합중규)—합(閤)도 규(閨)도 작은 문. 전(轉)하여 깊숙한 방을 가리킨다. 으리으리한 저택 안의 깊숙한 방.

ㅇ因緣(인연)—연고. 연줄이란 의미이다.

8. 석숭(石崇)은 왕개(王愷)와 호사(豪奢)를 다투었는데 어느 쪽이든 사치의 극을 달리어 그 수레라든가 의복 등을 꾸미었다.(1) 무제(武帝 : 司馬炎)는 왕개의 생질이다. 언제나 왕개를 원조했는데, 어느 때 높이가 두 자쯤 되는 산호수(珊瑚樹)를 왕개에게 하사했다. 가지가 멋있게 뻗어있는데 세상에서 따를 산호수가 없을 것 같았다. 왕개는 그것을 석숭에게 보여주었다. 석숭은 보기를 끝내자 철여의(鐵如意)로 이것을 내리쳤다. 산호수는 순식간에 부서지고 말았다. 왕개는 매우 안타까워했는데 자기 보물을 투기한 것으로 생각했고 안색을 확 바꾸며 소리를 질렀다. 석숭이 말했다. "한스럽게 생각지 마오. 내가 곧 그대에게 돌려주리다." 그리고 좌우 사람에게 명하여 산호수를 잔뜩 가져오라고 했다. 높이가 석 자, 넉 자나 되었고 그 가지는 세상에 없을 만큼 아름다웠는데 눈이 부실 정도로 광택이 나는 것도 예닐곱 개나 있었다. 왕개가 가지고 있던 것 정도는 얼마든지 있었다. 왕개는 망연자실하였다.(2)

원문 石崇與王愷爭豪, 並窮綺麗, 以飾輿服.(1) 武帝, 愷之甥也. 每助愷, 嘗以一珊瑚樹, 高二尺許賜愷. 枝柯扶疎, 世罕其比. 愷以示崇. 崇視訖, 以鐵如意擊之, 應手而碎. 愷旣惋惜, 又以爲疾己之寶, 聲色甚厲. 崇曰, 不足恨, 今還卿. 乃命左右悉取珊瑚樹. 有三尺四尺, 條幹絶世, 光采溢目者六七枚. 如愷許比, 甚衆. 愷惘然自失.(2)

(1) 《속문장지(續文章志)》에 이런 이야기가 있다. '석숭(石崇)의 자산은 거만금을 쌓았고, 저택과 거마(車馬)는 신분에 어울리지 않아 왕자(王者)에 비견되었다. 식탁에는 반드시 산해진미가 그득했고, 처첩(妻妾)은 1백을 헤아렸는데 모두들 백견(白絹)과 자수옷을 걸치고 황금과 비취 장식을 머리에 꽂았다. 관현(管絃)의 기예(技藝)도 당대의 일류를 가려 뽑았으며, 고루(高樓)를 건축하고 지소(池沼)를 파는 등 인공(人工)의 극을 달리었다. 외척(外戚)인 양수(羊琇)와 왕개(王愷) 등과 서로 다투어가며 사치를 다했는데 석숭의 사치는 그 중에서도 제일이었다. 양수 등은 언제나 따르지 못함을 부끄러워하고 부러워하였다.'
續文章志曰, 崇資産累巨萬金, 宅室輿馬, 僭擬王者. 庖膳必窮水陸之珍, 後房百數, 皆曳紈綉, 珥金翠. 而絲竹之藝, 盡一世之選, 築榭開沼, 殫極人巧. 與貴戚羊琇, 王愷之徒競相高以侈靡, 而崇爲居最之首. 琇等每愧羡, 以爲不及也.

(2) 《남주이물지(南州異物志)》에 이런 이야기가 있다. '산호는 대진국(大秦國)에서 채취된다. 남해(南海) 속에 주(洲)가 있으며 그 나라에서 7, 8백 리 떨어져 있는 곳을 산호수주(珊瑚樹洲)라고 부른다. 물의 깊이는 20여장(丈), 해저에는 반석이 있으며 산호가 그 돌 위에 난다. 나기 시작한 때는 백색으로서 버섯처럼 연약하다. 그 나라 사람들은 큰 배를 타고 쇠그물을 싣고 가서 우선 그

그물을 물속에 가라앉혀 둔다. 1년이 지나면 그물눈 속에 산호가 나는데 그것은 아직 황색이며 가지는 교차하는데 높이는 3, 4척(尺), 큰 것은 주위가 1척(尺) 정도나 된다. 3년이 지나면 적색으로 바뀌는데, 쇠칼로 그 뿌리를 파낸 다음 쇠그물을 배에 연결하고 도르래로 그물을 끌어올린다. 가지고 돌아와서 세공(細工)하여 원하는 모양을 만든다. 만약 오랫동안 세공을 하지 않으면 말라버리거나 벌레먹게 된다. 그 큰 것은 왕궁에 보내고 작은 것은 판다.'
《광지(廣志)》에 이런 이야기가 있다. '산호 중 큰 것은 차축(車軸)으로 사용할 수가 있다.'

南州異物志曰, 珊瑚生大秦國. 有洲在漲海中, 距其國七八百里, 名珊瑚樹洲. 底有盤石, 水深二十餘丈, 珊瑚生於石上. 初生白, 軟弱似菌. 國人乘大船, 載鐵網, 先沒在水下. 一年便生網目中, 其色尚黃, 枝柯交錯, 高三四尺, 大者圍尺餘. 三年色赤, 便以鐵鈔發其根, 繫鐵網於船, 絞車擧網. 還裁鑿, 恣意所作. 若過時不鑿, 便枯索蟲蠹. 其大者輸之王府, 細者賣之.
廣志曰, 珊瑚大者, 可爲車軸.

주해 | ㅇ愷之甥也(개지생야)－송본(宋本)에 '구(舅)'라고 되어 있는 것은 잘못이다. 왕개(王愷)는 무제(武帝)의 어머니의 남동생이다.
ㅇ扶疎(부소)－나무의 가지와 잎이 무성한 모습.
ㅇ紈綉(환수)－환(紈)은 하얀 비단. 수(綉)는 수(繡)와 통한다. 자수무늬 옷.
ㅇ珥(이)－꽂는 것.
ㅇ榭(사)－누대(樓臺). 지붕이 있는 나무로 만든 대(臺).
ㅇ羊琇(양수)－서진(西晋) 경제(景帝)의 헌황후(獻皇后)의 당질(堂姪).
ㅇ南州異物志(남주이물지)－《수서(隋書)》〈경적지(經籍志)〉2에 '《남주이물지》1권 오단양태수만진찬(吳丹陽太守萬震撰)'이라 되어 있다.
ㅇ大秦國(대진국)－서방(西方)의 나라. 《후한서(後漢書)》〈서역전(西域傳)〉대진국조(大秦國條) 참조.
ㅇ漲海(창해)－남해(南海). 바닷물이 한없이 펼쳐져 있다는 의미이기도

하다.
ㅇ鐵鈔(철초)—잘라내는 칼.
ㅇ廣志(광지)—《수서》〈경적지〉 3에 '《광지(廣志)》 2권 곽의공(郭義恭) 찬(撰)'이라고 되어 있다.

9. 왕무자(王武子 : 王濟)는 처벌을 받고 북망산(北芒山) 아래로 이사했다.(1) 당시 그곳은 주민이 많았고 땅값이 비쌌다. 왕제는 말을 타면서 활 쏘는 것을 좋아했기에, 땅을 매입하자 담을 쌓고 동전을 꿰어 지경의 담에 빙 둘러놓았다. 당시 사람들은 그것을 '금구(金溝)'라고 불렀다.(2)

| 원문 | 王武子被責, 移第北芒下.(1) 于時人多地貴. 濟好馬射, 買地作埒, 編錢匝地竟埒. 時人號曰金溝.(2)

(1) 《진제공찬(晉諸公贊)》에 이런 이야기가 있다. '왕제(王濟)는 종형(從兄) 왕염(王恬)과 사이가 좋지 않았다. 왕제가 하남윤(河南尹)이 되어 아직 임명받지 않았을 때 왕염의 저택을 지나가고 있었는데, 왕염의 아전이 갑자기 길에 뛰어들자, 왕제는 수레 앞에서 그를 채찍질했다. 그래서 담당 관리는 왕제의 임관을 취소해야 한다고 상주했으며, 논자들은 왕제가 왕염보다 못하다고 평가했다. 얼마 후 왕제는 태복(太僕)으로 전임되었지만, 그때는 왕염이 이미 신임을 받고 있었으므로, 왕제는 마침내 도성 밖으로 쫓겨났다.'
晉諸公贊曰, 濟與從兄恬不平. 濟爲河南尹, 未拜, 行過王宮, 吏不時下道, 濟於車前鞭之. 有司奏免官, 論者以濟爲不長者. 尋轉太僕, 而王恬已見委任, 濟遂斥外.

(2) '구(溝)'는 '날(埒)'이라고 한다.
溝, 一作埒.

주해 | ㅇ北芒(북망)-낙양(洛陽) 북쪽에 있는 북망산을 가리킨다. 원본(袁本)에서는 '망(芒)'을 '망(邙)'으로 적고 있다.

ㅇ馬射(마사)-기사(騎射)라고도 한다. 즉 달리는 말 위에서 활을 쏘는 것이다.

ㅇ從兄恬(종형염)-왕제(王濟)는 태원왕씨(太原王氏)인데, 왕도(王導)의 차남(次男)인 왕염(王恬)은 낭야왕씨(琅邪王氏)이다. 역시 《진서(晋書)》 권42 〈왕제전(王濟傳)〉과 마찬가지로 같은 태원왕씨인 왕우(王佑)로 적었어야 했을 것이다. 참고로 왕조(汪藻)의 《태원왕씨보(太原王氏譜)》에 의하면 왕우는 왕제의 종형이다.

ㅇ溝(구), 一作埒(일작랄)-이 네 글자가 송본(宋本)에는 없다.

10. 석숭(石崇)은 왕돈(王敦)과 함께 언제나 태학(太學)에 들어가 놀곤 했다. 안회(顔回)와 원헌(原憲)의 초상(肖像)을 보고,[(1)] 탄식하며 말했다. "만약 저들과 함께 공자(孔子)의 당(堂)에 올랐다면 우리와 어찌 반드시 차이가 있었겠는가?" 왕돈이 말했다. "다른 제자는 어떤지 모르겠지만, 자공(子貢)은 그대와 거의 비슷했을 것이오."[(2)] 석숭이 정색하며 말했다. "사대부라면 마땅히 신분과 명성이 모두 훌륭해야 하오. 어찌 옹기(甕器) 창문을 통해서 남과 얘기하는 지경에 이르러야 하겠소."[(3)]

원문 | **石崇每與王敦入學戲. 見顔, 原象,[(1)] 而歎曰, 若與同升孔堂, 去人何必有間. 王曰, 不知餘人云何, 子貢去卿差近.[(2)] 石正色云, 士當令身名俱泰, 何至以甕牖語人.[(3)]**

(1) 《가어(家語)》에 이런 이야기가 있다. '안회는 자가 자연(子淵)이며 노(魯)나라 사람이다. 공자(孔子)보다 29세나 젊었지만 백발이었으며, 32세에 일찍 죽었다.'

원헌(原憲)은 이미 나왔다.

家語曰, 顔回, 字子淵, 魯人. 少孔子二十九歲, 而髮白, 三十二歲早死.

原憲已見.

(2) 《사기(史記)》에 이런 이야기가 있다. '단목사(端木賜)는 자가 자공(子貢)이며 위(衛)나라 사람이다. 일찍이 노(魯)나라 재상을 지냈고, 가산을 천금이나 축적했으며, 제(齊)나라에서 죽었다.'

史記曰, 端木賜, 字子貢, 衛人. 嘗相魯, 家累千金, 終於齊.

(3) 원헌은 (깨진) 옹기로 창문을 만들었다.

原憲以甕爲户牖.

주해 | ㅇ象(상)－상(像)과 같음. 초상(肖像).

ㅇ升孔堂(승공당)－당(堂)은 사랑방. 승당(升堂)이란 말은 《논어(論語)》〈선진편(先進篇)〉에 '유야승당의(由也升堂矣), 미입어실야(未入於室也)'라는 구절이 있다.

ㅇ甕牖(옹유)－〈언어편(言語篇)〉 9에서 인용한 《가어(家語)》 참조.

ㅇ家語(가어)－《공자가어(孔子家語)》 권9 72제자해(弟子解).

ㅇ已見(이견)－〈언어편〉 9.

ㅇ史記(사기)－권67 〈중니제자열전(仲尼弟子列傳)〉.

11. 팽성왕(彭城王 : 司馬權)은 빨리 달리는 소를 가지고 있었는데, 몹시 아끼고 사랑했다.(1) 왕태위(王太尉 : 王衍)는 그와 함께 내기 활쏘기를 하여 그 소를 얻었다. 팽성왕이 말했다. "당신이 직접 타고자 한다면 말할 필요도 없지만, 만약 잡아먹고자 한다면 살찐 소 20마리와 바꾸었으면 하오. 그렇게 하면 먹여 없애지도 않고, 아끼는 소를 살릴 수도 있겠소이다." 그러나 왕태위는 결국 그대로 잡아서 먹어

버렸다.

▌원문｜ **彭城王有快牛, 至愛惜之.**[(1)] **王太尉與射, 賭得之. 彭城王曰, 君欲自乘則不論. 若欲噉者, 當以二十肥者代之. 旣不廢噉, 又存所愛. 王遂殺噉.**

(1) 주봉(朱鳳)의 《진서(晉書)》에 이런 이야기가 있다. '팽성목왕(彭城穆王) 사마권(司馬權)은 자가 자여(子輿)이며, 선제(宣帝 : 司馬懿)의 동생 사마규(司馬馗)의 아들이다. 태시(太始) 원년(215)에 팽성왕에 봉해졌다.'

朱鳳晉書曰, 彭城穆王權, 字子輿, 宣帝弟馗子. 太始元年封.

▌주해｜ ㅇ朱鳳晋書(주봉진서)－《수서(隋書)》〈경적지(經籍志)〉에 '《진서(晋書)》 10권. 아직 미완성. 본(本) 14권. 지금 남아있지 않다. 진(晋)나라 중서랑(中書郞) 주봉찬(朱鳳撰). 원제(元帝)에게 바치다'라고 되어 있다.

ㅇ太始(태시)－'태시(泰始)'라고도 쓴다. 서진(西晋) 무제(武帝 : 司馬炎)의 연호.

12. 왕우군(王右軍 : 王羲之)이 젊었을 때, 주후(周侯 : 周顗)의 연회에서 말석에 앉아 있었는데, 주후가 소의 심장을 잘라서 그에게 먹게 했다. 이로 인해 사람들이 왕우군을 달리 보게 되었다.[(1)]

▌원문｜ **王右軍少時, 在周侯末坐, 割牛心噉之. 於此改觀.**[(1)]

(1) 세간에서 소의 심장을 귀하게 여겼다. 그러므로 왕희지(王羲之)가 우선 그것을 먼저 먹었던 것이다.

俗以牛心爲貴. 故羲之先食之.

주해 ㅇ王右軍(왕우군) - 《진서(晉書)》 권80 〈왕희지전(王羲之傳)〉에 '연십삼(年十三), 상알주의(嘗謁周顗), 의찰이이지(顗察而異之), 시중우심적(時重牛心炙), 좌객미담(坐客未噉), 의선할함희지(顗先割啗羲之), 어시시지명(於是始知名)'이라고 되어 있다.

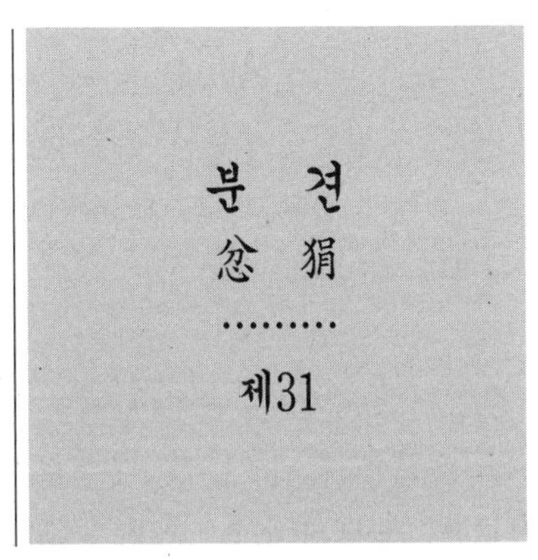

1. 위(魏) 무제(武帝 : 曹操)에게 가기(歌妓) 한 명이 있었는데, 그 목소리는 최고로 청아했지만 성질은 지독히 좋지 않았다. 죽이자니 재능이 아깝고, 그냥 두자니 못된 성질을 견딜 수가 없었다. 그래서 백 명을 선발하여 동시에 함께 가르쳤다. 얼마 후 그녀를 따라갈 만한 소리를 내는 가기 한 명이 다시 나오자, 곧바로 성질 못된 자를 죽여 버렸다.

원문| **魏武有一妓, 聲最淸高, 而情性酷惡. 欲殺則愛才, 欲置則不堪. 於是選百人, 一時俱敎. 少時, 果有一人聲及之, 便殺惡性者.**

주해| ㅇ忿狷(분견)-성미가 급하여, 화를 잘 낸다는 뜻이다.

2. 왕남전(王藍田 : 王述)은 성격이 급했다. 어느 때 달걀을 먹으려고 젓가락으로 찔렀으나 찔러지지 않았다. 버럭 크게 화를 내며 집어 들어서 땅에 던져 버렸다. 달걀이 땅에서 떼굴떼굴 굴러가며 멈추질

않자, 땅으로 내려가서 나막신의 굽으로 밟았으나 이번에는 밟히지를 않았다. 왕남전은 너무 화가 나서 다시 땅에서 달걀을 주워 입 속에 집어넣고, 꽉 깨물어 부순 뒤 뱉어냈다. 왕우군(王右軍 : 王羲之)이 그 말을 듣고 크게 웃으며 말했다. "설사 왕안기(王安期 : 王承, 왕술의 아버지)에게 그런 성격이 있다 하더라도 당연히 털끝만큼도 언급할 게 없을 텐데, 하물며 왕남전임에랴."[1]

원문| 王藍田性急. 嘗食雞子, 以筯刺之, 不得. 便大怒, 擧以擲地, 雞子於地圓轉未止. 仍下地, 以屐齒蹍之, 又不得. 瞋甚, 復於地取內口中, 齧破卽吐之. 王右軍聞而大笑曰, 使安期有此性, 猶當無一豪可論. 況藍田邪.[1]

(1) 《중흥서(中興書)》에 이런 이야기가 있다. '왕술(王述)은 청아하고 고귀하며 대범하고 곧은 사람으로, 누구에게도 굽히는 경우가 드물었다. 다만 성격이 급한 것이 흠이었다.'
왕안기(王安期)는 왕술의 부친으로 명성과 덕망이 있었다. 앞에서 나왔다.
中興書曰, 述淸貴簡正, 少所推屈. 唯以性急爲累.
安期, 述父也. 有名德. 已見.

주해| ㅇ蹍(전)－답(踏)과 같다.
ㅇ豪(호)－호(毫)와 통한다.
ㅇ已見(이견)－〈정사편(政事篇)〉 9.

3. 왕사주(王司州 : 王胡之)는 어느 때 눈을 맞으며 왕리(王螭 : 王恬)의 집에 갔다.[1] 왕사주의 어투가 왕리에게 약간 거슬리자, 왕리는 곧바로 못마땅한 안색을 지었다. 왕사주는 왕리가 기분 나빠하는 것

을 알아차리고는, 의자를 옮겨 그에게 다가가서, 그의 팔을 붙잡고 말하였다. "자네가 어찌 이 노형(老兄)과 겨루려 하는고?"(2) 왕리가 그의 손을 뿌리치며 말했다. "귀신처럼 차가운 손이로군. (그런 손으로) 남의 팔을 억지로 붙잡다니!"

원문| 王司州嘗乘雪往王螭許,(1) 司州言氣少有牾逆於螭. 便作色不夷. 司州覺惡, 便輿牀就之, 持其臂曰, 汝詎復足與老兄計.(2) 螭撥其手曰, 冷如鬼手馨, 彊來捉人臂.

(1) 왕호지(王胡之)와 왕염(王恬)은 둘 다 앞에서 나왔다. 왕염의 어릴 때 자가 이호(螭虎)이다.
王胡之, 王恬竝已見. 恬小字螭虎.

(2) 생각하건대 《왕씨보(王氏譜)》에 의하면, 왕호지(王胡之)는 왕염의 종조형(從祖兄)이다.
按王氏譜, 胡之是恬從祖兄.

주해| ㅇ計(계)－계(計)는 계교(計較). 다투다, 경쟁하다란 의미.

ㅇ馨(형)－'여(如)……형(馨)'의 용법은 〈문학편(文學篇)〉 22의 주해를 참조할 것.

ㅇ已見(이견)－왕호지(王胡之)는 〈언어편(言語篇)〉 81, 왕염(王恬)은 〈덕행편(德行篇)〉 29.

ㅇ從祖兄(종조형)－종조형이란 한 증조부 소생 중 형제 항렬의 연장자. 즉 재종형(再從兄)을 가리킨다. 《진서(晋書)》 권65 〈왕도전(王導傳)〉에 왕도는 '광록대부(光祿大夫) 남(覽)의 손자'라고 되어 있으며, 또 《진서》 권76 〈왕이전(王廙傳)〉에 왕이는 '승상(丞相) 도(導)의 종형(從兄)'이라고 되어 있는 것에 의하면, 왕도의 차남인 왕염과, 왕이의 아들인 왕호지는 둘 다 증조부가 왕남(王覽)으로 종조형제(從祖兄弟 : 再從兄弟) 사이가 된다.

4. 환선무(桓宣武 : 桓溫)가 원언도(袁彦道 : 袁耽)와 함께 저포(樗蒱) 놀이를 했다. 원언도가 던진 주사위의 점수가 기대했던 대로 나오지 않자, 마침내 벌컥 화를 내며 오목(五木)을 집어 던졌다. 온태진(溫太眞 : 溫嶠)이 말했다. "원생(袁生)이 화를 내는 것을 보니, 안자(顔子 : 顔回)가 고귀한 인물임을 알겠다."(1)

원문| **桓宣武與袁彦道樗蒱. 袁彦道齒不合, 遂厲色擲去五木. 溫太眞云, 見袁生遷怒, 知顔子爲貴.**(1)

(1) 《논어(論語)》에 이런 이야기가 있다. '애공(哀公)이 공자에게 물었다. "제자 중에서 누가 학문을 좋아합니까?" 공자가 대답했다. "안회(顔回)라는 자가 있습니다. 학문을 좋아하고 노여움을 옮기지 않으며, 같은 잘못을 두 번 저지르지 않았는데, 불행하게도 단명하여 죽었습니다."'

論語曰, 哀公問, 弟子孰爲好學. 孔子曰, 有顔回者, 好學, 不遷怒, 不貳過. 不幸短命死矣.

주해| ○袁彦道(원언도)－원침(袁耽)인데 그는 저포(樗蒱)의 명수로 소문이 났었다. 〈임탄편(任誕篇)〉 34 참조.

○齒(치)－서포놀이를 할 때 사용하는 주사위의 눈.

○五木(오목)－저포놀이에는 한 면이 검고, 다른 한 면은 희게 칠한 5개의 목제(木製) 주사위를 사용한다. 그것을 오목이라고 불렀다. 오목을 흔들어서 던지고 흑백 눈이 나오는 것에 따라 승부를 겨룬다.

○論語(논어)－옹야편(雍也篇).

5. 사무혁(謝無奕 : 謝奕)은 성격이 거칠고 사나웠다. 어떤 일 때문에 왕남전(王藍田)과 서로 반목하게 되었는데, 그는 직접 왕남전을

찾아가 따지며 입에서 나오는 대로 심하게 욕을 했다. 그러나 왕남전은 안색을 바로하고 벽을 마주한 채 꼼짝하지 않으며 한나절 동안 있었다. 사무혁이 가고 나서 한참 지난 뒤에, 왕남전은 고개를 돌려 옆에 있던 시종에게 물었다. "떠났느냐?" "이미 떠났습니다."라고 시종이 대답했다. 왕남전은 그런 연후에 다시 자리에 앉았다. 당시 사람들은 그가 성격은 급하지만 능히 너그러울 수 있음에 감탄했다.

원문| 謝無奕性麤彊. 以事不相得, 自往數王藍田, 肆言極罵. 王正色面壁不敢動, 半日. 謝去, 良久轉頭問左右小吏曰, 去未. 答云, 已去. 然後復坐. 時人歎其性急而能有所容.

주해| ㅇ事不相得(사불상득)－《진서(晋書)》 권75 〈왕술전(王述傳)〉에 실려있는 유화(類話)에서는 '사혁(謝奕), 성미가 거칠었는데 일찍이 왕술을 화나게 하고 극언으로 욕을 했다'라고 되어 있어서, 왕술에 대하여 화를 심하게 냈던 것으로 되어 있다.

ㅇ性急(성급)－왕술이 성급한 성격이었음은 본편(本篇) 2에도 보인다.

6. 왕령(王令 : 王獻之)이 사공(謝公 : 謝安)을 찾아갔을 때, 마침 습착치(習鑿齒)가 이미 그 자리에 있었기에 같은 의자에 앉아야만 했다. 왕령이 머뭇거리면서 앉지 않자, 사공이 그를 잡아끌며 습착치와 의자에 마주 앉게 하였다. 두 사람이 돌아간 뒤에 사공은 조카 사호아(謝胡兒 : 謝朗)에게 말했다. "자경(子敬 : 王獻之)은 진실로 청고(淸高)한 인물이지만, 단지 사람됨이 그처럼 너무 자긍심에 구애받다 보면, 아마 그의 자연스러운 성품을 해치게 될 것이다."(1)

원문| 王令詣謝公, 値習鑿齒已在坐. 當與併榻, 王徙倚不坐. 公引之與對榻. 去後, 語胡兒曰, 子敬實自淸立. 但人爲爾多矜

咳, 殊足損其自然.(1)

(1) 유겸지(劉謙之)의 《진기(晋紀)》에 이런 이야기가 있다. '왕헌지(王獻之)는 성격이 너무 단정하고 준엄하여, 동류(同類)가 아닌 자와는 교제하지 않았다.'
劉謙之晉紀曰, 王獻之性甚整峻, 不交非類.

주해 | ㅇ徙倚(사의)－주저하다, 배회하다. 저회(低佪)와 같은 뜻. 《초사(楚辭)》〈애시명(哀時命)〉에 '독사의이방양(獨徙倚而彷徉)'이라고 되어 있으며 그 왕일(王逸) 주(注)에 '사의(徙倚), 유저회야(猶低佪也)'라고 되어 있다.
ㅇ矜咳(긍해)－오만불손한 것. 《세설해군습(世說解捃拾)》에는 '해(咳)는 유주(劉注)에서 지적한 대로 준(峻)의 오자일까?'라고 되어 있다.

7. 왕대(王大 : 王忱)와 왕공(王恭)이 어느 때 함께 하복야(何僕射 : 何澄)의 주연(酒宴) 자리에 간 적이 있었다.(1) 당시 왕공은 단양윤(丹陽尹)으로 있었고, 왕대는 막 형주자사(荊州刺史)로 임명된 처지였다.(2) 주연이 끝나고 장차 헤어지게 되었을 때, 왕대가 왕공에게 술을 권했는데, 왕공은 마시려 하지 않았으나, 왕대가 무리하게 강요했다. 상황이 점차 악화되어 결국에는 각자 끈으로 손을 감고 싸우려고 하였다. 왕공은 관부(官府)에 있던 1천 명에 가까운 사람을 모두 방으로 불러들였고, 왕대는 종자(從者)가 비록 적었지만 역시 앞으로 나오라고 명했는데, 바로 상대방을 죽일 듯한 기세였다. 하복야는 이들을 말릴 방법이 없자, 자신이 일어나 두 사람 사이를 밀치고 들어가 앉음으로써, 겨우 떼어놓을 수 있었다. 이른바 '권세와 이욕에 따른 사귐은 옛사람이 부끄러워했다'는 것이다.

원문 | **王大, 王恭嘗俱在何僕射坐.**(1) **恭時爲丹陽尹. 大始拜**

荊州.(2) 訖將乖之際, 大勸恭酒. 恭不爲飮. 大逼彊之, 轉苦. 便各以帬帶繞手. 恭府近千人, 悉呼入齋. 大左右雖少, 亦命前, 意便欲相殺. 何僕射無計, 因起排坐二人之間, 方得分散. 所謂勢利之交, 古人羞之.

(1) 《중흥서(中興書)》에 이런 이야기가 있다. '하징(何澄)은 자가 자현(子玄)이며, 청렴·정직했고 기량과 명망이 높았다. 상서좌복야(尙書左僕射)를 역임했다.'

中興書曰, 何澄字子玄, 淸正有器望. 歷尙書左僕射.

(2) 《영귀지(靈鬼志)》 〈요징(謠徵)〉에 이런 이야기가 있다. '처음에 환석민(桓石民)이 형주자사가 되어 상붕(上朋)에 주둔하고 있을 때, 주민들이 갑자기 〈황담곡(黃曇曲)〉이라는 노래를 불렀다. "황담(黃曇 : 王忱)은 양주(揚州)의 빼어난 인물, 대불(大佛 : 王忱)이 상붕(上朋)에 온다네." 얼마 후 환석민이 죽고 왕침(王忱)이 형주자사가 되었다.'

불대(佛大)는 왕침의 어릴 적 자이다.

靈鬼志謠徵曰, 初, 桓石民爲荊州, 鎭上朋. 民忽歌黃曇曲曰, 黃曇英揚州, 大佛來上朋. 少時, 石民死, 王忱爲荊州.

佛大, 忱小字也.

주해 | ㅇ以帬羣帶繞手(이군대요수)—미상(未詳). 끈을 손에 감고 싸움을 시작할 때의 모습을 가리키는 것일까?

ㅇ勢利之交(세리지교), 古人羞之(고인수지)—이 말은 《한서(漢書)》 권32 〈장이(張耳)〉·〈진여전(陳餘傳)〉의 찬(贊)에 보인다. 여기서는 상대방을 위협하는 것 같은 교제는 부끄러워해야 한다는 의미.

ㅇ子玄(자현)—《진서(晋書)》 권93 〈하징전(何澄傳)〉에서는 자(字)를 '계현(季玄)'이라 했다.

o 尙書左僕射(상서좌복야) - 《진서》 〈하징전〉에는 '안제(安帝 : 司馬德宗)가 즉위한 다음 상서좌복야로 옮기다'라고 되어 있다.
o 靈鬼志謠徵(영귀지요징) - 〈방정편(方正篇)〉 35 주해 참조.
o 鎭上朋(진상붕) - 송본(宋本) · 원본(袁本) 모두 진상붕으로 되어 있으나 《송서(宋書)》 권31 오행지(五行志)와 《진서》 권28 오행지에는 '상명(上明)'으로 되어 있다. '상붕(上朋)'은 상명의 잘못일까? 참고로 상명은 형주(荊州)의 지명으로서 환충(桓沖)에 의하여 형주진(荊州鎭)이라고 하게 되었다(《晋書》 권74 〈桓沖傳〉 참조). 환석민(桓石民)이 형주자사가 된 것은 환충이 죽은 후의 일이다.
o 黃曇曲(황담곡) - 《악부시집(樂府詩集)》 권87 잡가요사(雜歌謠辭)의 조(條)에 〈황담자가(黃曇子歌)〉가 보이는데 '안(按), 횡취곡이연년이십팔해유(橫吹曲李延年二十八解有) 〈황담자(黃覃子)〉 부지여차동부(不知與此同否), 범가사고지(凡歌辭考之), 여사불합자(與事不合者), 단인기성이작가이(但因其聲而作歌爾)'라고 하였다.
o 黃曇(황담) - 황담은 왕침(王忱)의 자(字). 《진서》 권28 〈오행지〉에서 '황담자내시왕침자야(黃曇子乃是王忱字也)'라고 했다.

8. 환남군(桓南郡 : 桓玄)은 어렸을 때, 여러 사촌형제들과 함께 각자 거위를 키워서 서로 싸움을 붙였다. 남군은 자신의 거위가 늘 다른 사람들 것만 못했으므로 몹시 분하게 생각했다. 그래서 밤에 거위 우리 안으로 들어가, 사촌형제들의 거위를 잡아서 모두 죽여 버렸다. 날이 밝은 뒤에 집안 사람들이 모두 깜짝 놀라 변괴(變怪)라고 말하면서 거기(車騎 : 桓沖)에게 보고했다. 거기가 말했다. "괴이하게 여길 것 없다. 틀림없이 남군의 장난일 것이야." 물어보았더니 과연 그러했다.

▌원문| 桓南郡小兒時, 與諸從兄弟各養鵝共鬪. 南郡鵝每不如, 甚以爲忿. 迺夜往鵝欄閒, 取諸兄弟鵝悉殺之. 旣曉, 家人

咸以驚駭, 云, 是變怪. 以白車騎. 車騎曰, 無所致怪. 當是南郡戲耳. 問, 果如之.

주해 | ㅇ諸從兄弟(제종형제)－《진서(晋書)》 권74 〈환충전(桓沖傳)〉에 의하면 환현(桓玄)의 아버지 환온(桓溫)의 동생인 환충에게는 사(嗣), 겸(謙), 수(脩), 숭(崇), 홍(弘), 선(羨), 이(怡) 등 7명의 아들이 있었다고 한다.

ㅇ欄(난)－담. 울타리. 우리(동물을 가두어 기르는 곳).

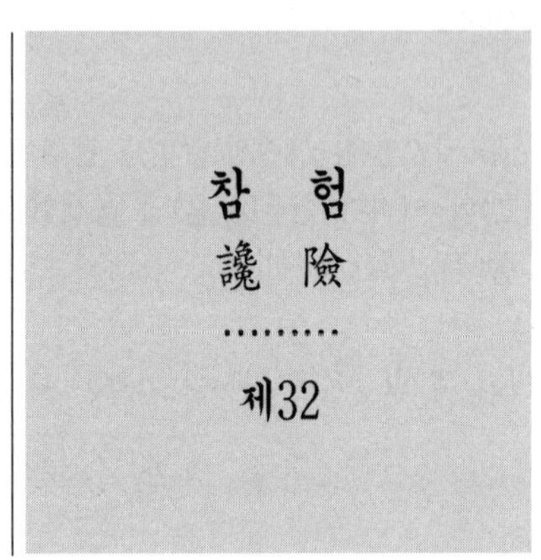

1. 왕평자(王平子 : 王澄)는 겉모습은 산뜻하고 말쑥했지만, 속마음은 실제로 강팍(剛愎)하고 협기(俠氣)가 있었다.(1)

원문| 王平子形甚散朗, 內實勁俠.(1)

(1) 등찬(鄧粲)의 《진기(晉紀)》에 이런 이야기가 있다. '유곤(劉琨)이 어느 때 왕징(王澄)에게 말했다. "그대는 겉모습은 산뜻하고 말쑥하지만 속마음은 강팍하고 협기가 있으니, 이러한 태도로 세상을 살아간다면 제 명에 죽기가 어려울 것이오." 왕징은 묵묵히 있으면서 대답하지 않았다. 나중에 왕징이 과연 왕돈(王敦)에게 살해당하자, 유곤이 그 소식을 듣고 말하기를 "죽음을 자초했을 따름이다."라고 했다.'
鄧粲晉紀云, 劉琨嘗謂澄曰, 卿形雖散朗, 而內實勁俠. 以此處世, 難得其死. 澄默然無以答. 後果爲王敦所害. 劉琨聞之曰, 自取死耳.

주해| ㅇ讒險(참험)－참(讒)은 비방하다, 중상하다란 의미. 험(險)은

음험하다는 뜻. 이 편에는 남을 중상하거나 음험한 언행을 한 이야기들이 수록되어 있다.

- 勁俠(경협) - 《진서(晋書)》 권43 〈왕징전(王澄傳)〉에는 '동협(動俠)'으로 적고 있으며, 《책부원구(冊府元龜)》 권855 종일조(縱逸條)에는 '동협(動狹)'으로 적고 있다.
- 果爲王敦所害(과위왕돈소해) - 왕징(王澄)은 후에 왕돈(王敦)으로 말미암아 비참한 최후를 맞았다. 이 일은 〈방정편(方正篇)〉 31 유주(劉注)에 인용한 《진양추(晋陽秋)》나 《배자(裵子)》에 상세히 나와 있다.
- 自取死耳(자취사이) - 유곤(劉琨)은 같은 내용의 말을 화일(華軼)의 경우에도 하고 있다. 〈식감편(識鑒篇)〉 9의 유주(劉注)에서 인용한 《한진춘추(漢晋春秋)》를 참조할 것.

2. 원열(袁悅)은 말재주가 있고 종횡설(縱橫說)에 능했으며 치밀한 논리도 지니고 있었다. 처음 사현(謝玄)의 참군(參軍)이 되어 자못 예우를 받았다. 그후 친상(親喪)을 당했다가 복상(服喪) 기간이 끝난 뒤 도성으로 돌아왔는데, 오직 《전국책(戰國策)》만 가지고 왔다. 원열은 사람들에게 말했다. "젊은 시절에 《논어(論語)》와 《노자(老子)》를 읽고, 또 《장자(莊子)》와 《주역(周易)》을 보았는데, 이것은 모두 사람을 골치 아프게 하는 일이니, 무슨 도움되는 바가 있겠소? 천하의 중요한 것으로 바로 《전국책》이 있을 뿐이오." 도성으로 온 뒤에, 사마효문왕(司馬孝文王 : 司馬道子)에게 유세(遊說)하여 신임과 후대를 크게 받음으로써, 국가의 중추를 거의 어지럽혔다. 그러나 얼마 후 주살당했다.[1]

| 원문 | **袁悅有口才, 能短長說, 亦有精理. 始作謝玄參軍, 頗被禮遇. 後丁艱, 服除還都, 唯齎戰國策而已. 語人曰, 少年時讀論語老子, 又看莊易, 此皆是病痛事, 當何所益邪. 天下要物, 正有戰國策. 旣下, 說司馬孝文王, 大見親待, 幾亂機軸.**

俄而見誅.(1)

(1) 《원씨보(袁氏譜)》에 이런 이야기가 있다. '원열(袁悅)의 자는 원례(元禮)이며 진군(陳郡) 양하(陽夏) 사람이다. 아버지 원랑(袁朗)은 급사중(給事中)을 지냈다. 벼슬은 표기장군(驃騎將軍 : 司馬道子)의 자의참군(咨議參軍)에 이르렀다. 태원(太元) 연간(376~396년)에 원열은 회계왕(會稽王 : 司馬道子)에게 조정의 권력을 독단적으로 장악하라고 권하곤 했는데, 회계왕은 대부분 그의 말을 받아들였다. 왕찬(王粲)이 그 말을 듣고 효무제(孝武帝 : 司馬曜)에게 아뢰자, 효무제는 다른 죄목을 빌어 원열을 시중에서 처형했다. 이리하여 붕당이 서로 다투는 소리가 조야(朝野)에 퍼지게 되었다.'

袁氏譜曰, 悅字元禮, 陳郡陽夏人. 父朗, 給事中. 仕至驃騎咨議. 太元中, 悅有寵於會稽王, 每勸專覽朝權, 王頗納其言. 王粲聞其說, 言於孝武, 乃託以他罪, 殺悅於市中. 旣而朋黨同異之聲, 播於朝野矣.

주해 | ㅇ短長說(단장설)－《사기(史記)》 권15 〈육국연표(六國年表)〉에 '모사(謀詐)를 사용하여 종횡(從衡 : 合從連衡) 단장(短長)의 설(說)을 일으키다'라고 되어 있으며 전국시대 세객(說客)의 변설을 가리킨다. 또 전국 세객의 이야기를 많이 모아놓은 《전국책(戰國策)》을 옛날에는 《단장(短長)》이라고 칭했다(劉向 〈戰國策書錄〉).

ㅇ司馬孝文王(사마효문왕)－《진서(晋書)》 권64 〈간문삼자전(簡文三子傳)〉에는 '문효왕(文孝王)'으로 적고 있다.

ㅇ專覽(전람)－남(覽)은 남(攬)과 통한다.

ㅇ王粲(왕찬)－능영초교정(凌瀛初校訂)의 명본(明本)에서는 왕공(王恭)으로 적고 있다. 《진서》 권84 〈왕공전(王恭傳)〉에도 '공언지어제(恭言之於帝), 수주지(遂誅之)'라고 되어 있으며 왕찬(王粲)은 왕공의 오기(誤記)일 것이다. 왕공은 후일 사마도자(司馬道子)·왕국보(王國寶)의

정권을 미워한 나머지 군사를 일으켰다가 패하여 죽었다.

3. 효무제(孝武帝 : 司馬曜)는 왕국보(王國寶)와 왕아(王雅)를 매우 신임하고 경애했다.[(1)] 왕아가 효무제에게 왕순(王珣)을 추천하자, 효무제는 그를 만나보고자 했다. 어느 날 밤에 왕국보·왕아와 함께 마주 앉아 있었는데, 무제가 약간 술기운이 있는 상태에서 왕순을 불러들이라고 했다. 그가 거의 도착할 즈음에, 사졸이 보고하는 소리가 이미 들렸다. 왕국보는 자신의 재능이 왕순보다 못하다는 것을 알고 있었기 때문에, 황제의 총애를 빼앗길까봐 두려워하며 말했다. "왕순은 당대의 이름난 명사이므로, 폐하께서 술기운이 있으신 상태에서 그를 접견하시는 것은 마땅하지 못하오니, 따로 조서를 내려 부르시는 것이 좋겠습니다." 효무제는 그의 말이 옳다고 여겼으며 마음속으로 충성스럽다고 생각하여, 결국 왕순을 접견하지 않았다.

원문| **孝武甚親敬王國寶王雅.[(1)] 雅薦王珣於帝, 帝欲見之. 嘗夜與國寶及雅相對, 帝微有酒色, 令喚珣. 垂至, 已聞卒傳聲. 國寶自知才出珣下, 恐傾奪其寵, 因曰, 王珣當今名流. 陛下不宜有酒色見之. 自可別詔召也. 帝然其言, 心以爲忠, 遂不見珣.**

(1) 《왕아별전(王雅別傳)》에 이런 이야기가 있다. '왕아(王雅)의 자는 무건(茂建)이며, 동해(東海) 기(沂) 사람이다. 젊어서부터 이름이 알려졌다.'
《진안제기(晉安帝紀)》에 이런 이야기가 있다. '왕아가 시중(侍中)으로 있을 때, 효무제(孝武帝)는 그를 매우 신임하고 중히 여겼다. 왕순(王珣)과 왕공(王恭)은 특히 문벌과 명망으로 예우를 받았는데, 총애를 받음에 있어서는 왕아를 따를 자가 없었다. 효무제는 주연을 열 때마다, 왕아를 불렀으나 간혹 미처 도착하지 않으면, 먼저 술잔을 들지 않았다. 당시 사람들이 평하길, 왕순과 왕공이 동궁(東宮)의 부(傅 : 스승)가 되어야 마땅하지만, 왕아가 총애를 받았기 때문에 그들을 제치고 태부(太傅)·상서좌복야(尙書左僕射)에 제수되었다고 했다.'

雅別傳曰, 雅字茂建, 東海沂人. 少知名.

晉安帝紀曰, 雅之爲侍中, 孝武甚信而重之. 王珣, 王恭特以地望見禮, 至於親幸, 莫及雅者. 上每置酒燕集, 或召雅未至, 上不先擧觴. 時議謂珣, 恭宜傅東宮, 而雅以寵幸, 超授太傅, 尙書左僕射.

주해 | ㅇ親敬(친경)-송본(宋本)에는 '친수(親數)'로 적고 있는데 원본(袁本) 및 능영초교명간본(淩瀛初校明刊本)에 의해 고쳤다.

ㅇ字茂建(자무건), 東海沂人(동해기인)-송본·원본 모두 이런 형태인데 《진서(晉書)》 권83 〈왕아전(王雅傳)〉에는 '자무달(字茂達), 동해담인(東海郯人)'으로 적고 있다. 또 《진서》 권15 〈지리지(地理志)〉 하(下)의 서주(徐州) 동해군조(東海郡條)에는 '기(沂)'라고 하는 현명(縣名)이 안보이는데 일단 대본에 따랐다.

4. 왕서(王緖)가 왕국보(王國寶)에게 은형주(殷荊州 : 殷仲堪)를 자주 참언하자, 은형주가 그것을 매우 걱정하여 왕동정(王東亭 : 王珣)에게 대처할 방법을 구했던 바, 왕동정이 말했다. "그대는 단지 왕서를 자주 방문하되, 가자마자 주위 사람을 물리치고 나서, 다른 일만 얘기하시게. 그렇게 하면 왕서와 왕국보의 좋은 사이가 멀어지게 될 걸세." 은형주는 그의 말대로 따랐다. 왕국보가 왕서를 만나서 물었다. "근자에 주위 사람을 물리치고 중감(仲堪)과 무슨 말을 했는가?"

왕서가 대답했다. "진실로 일상적인 왕래였으며 달리 논의한 것은 없습니다." 왕국보는 왕서가 자기에게 숨기는 것이 있다고 생각했다. 과연 두 사람 사이의 좋은 교분이 날로 소원해졌으며, 은형주에 대한 참언도 잠잠해졌다.(1)

원문| **王緖數讒殷荊州於王國寶. 殷甚患之, 求術於王東亭, 曰, 卿但數詣王緖, 往輒屛人, 因論他事, 如此, 則二王之好離矣. 殷從之. 國寶見王緖問曰, 比與仲堪屛人何所道. 緖云, 故是常往來, 無他所論. 國寶謂緖於己有隱. 果情好日疎. 讒言以息.**(1)

(1) 생각하건대 왕국보(王國寶)가 회계왕(會稽王 : 司馬道子)에게 총애를 받은 것은 왕서(王緖)가 회계왕에게 그를 추천한 덕분이었다. 나쁜 짓을 함께 하며 서로 도와준 것이 시장의 상인들과 같았는데, 결국에는 함께 주살당했으며, 일찍이 서로 멀어지거나 의심한 적이 없었다. 그러니 어찌 은중감이 약간 이간질했다고 해서 둘 사이의 틈이 벌어질 수 있었겠는가?

按, 國寶得寵於會稽王, 由緖獲進. 同惡相求, 有如市賈, 終至誅夷. 曾不攜貳. 豈有仲堪微間, 而成離隟.

주해| ㅇ王緖(왕서)－왕서는 왕국보(王國寶)의 종제(從弟)이다. 〈규잠편(規箴篇)〉 26에서 인용한 《왕국보별전(王國寶別傳)》을 참조할 것.

ㅇ同惡相求(동악상구)－악한 면을 같이하는 사람끼리 서로 구하고 서로 돕는 것. 《좌전(左傳)》 소공(昭公) 13년조에 '동악상구(同惡相求), 여시고언(如市賈焉)'이라고 되어 있는 것에 근거를 둔 말이다.

ㅇ攜貳(휴이)－의심을 품고 멀어지는 것. 휴(攜)는 이(離)와 같고, 이(貳)는 의심을 품는 것이다.

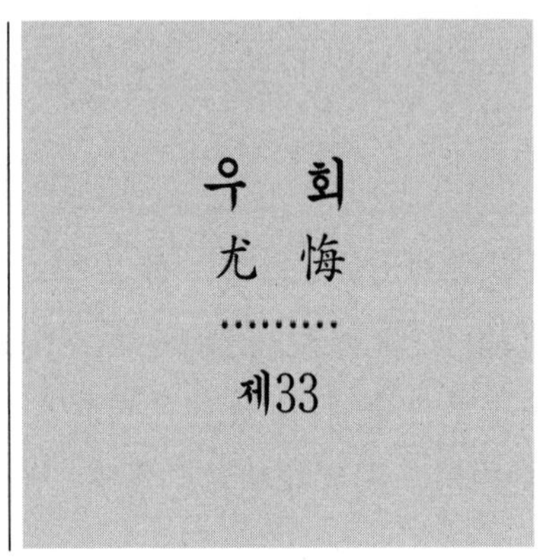

1. 위(魏) 문제(文帝 : 曹丕)는 동생 임성왕(任城王 : 曹彰)이 용맹스러운 것을 꺼려했다. 그래서 어머니인 변태후(卞太后)의 방에서 함께 바둑을 두며 같이 대추를 먹는 기회를 틈타, 문제는 대추 꼭지 속에 독을 넣어 두고서, 자신은 먹어도 괜찮은 것만 골라 먹었다. 임성왕은 그것도 모르고 독이 든 것과 안 든 것을 가리지 않은 채 섞어서 먹었다. 임성왕이 이미 중독된 후 태후는 그를 살리기 위해 물을 찾았으나, 문제가 미리 좌우 시종에게 명하여 두레박을 깨뜨려 놓으라고 했기 때문에, 태후는 맨발로 우물로 뛰어갔지만 물을 길을 수가 없었다. 잠시 후 임성왕은 결국 죽고 말았다.(1) 문제가 또 동아왕(東阿王 : 曹植)을 살해하려고 하자, 태후는 말했다. "그대는 이미 우리 임성왕을 죽였거니와 우리 동아왕까지 또 죽일 수는 없소."(2)

| 원문 | 魏文帝忌弟任城王驍壯. 因在卞太后閤共圍棊, 並噉棗, 文帝以毒置諸棗蔕中, 自選可食者而進. 王弗悟, 遂雜進之. 旣中毒, 太后索水救之, 帝預敕左右毁缾罐, 太后徒跣趨井, 無以汲, 須臾遂卒.(1) 復欲害東阿. 太后曰, 汝已殺我任城,

不得復殺我東阿.(2)

(1) 《위략(魏略)》에 이런 말이 있다. '임성위왕(任城威王) 조창(曹彰)은 자(字)가 자문(子文)이며, 태조(太祖 : 曹操)의 변태후(卞太后)가 낳은 둘째 아들이다. 성격이 강건하고 용맹스러웠으며 수염이 노란색이었다. 북쪽으로 대군(代郡)을 토벌했을 때, 그는 혼자 부하 백여 명과 함께 적진을 돌파하고 도주했다. 태조는 그 말을 듣고 말했다. "우리 노란 수염 아들이 쓸 만하군."'
《위지춘추(魏志春秋)》에 이런 이야기가 있다. '황초(黃初) 3년(222)에 조창(曹彰)이 내조(來朝)했다. 이전에 조창은 옥새의 인끈에 대해 물어봄으로써, 장차 제위를 넘보려는 마음을 품었었다. 그래서 내조하여 곧바로 제(帝 : 文帝)를 배알할 수 없었으며, 이러한 분함과 두려움이 있었기에 갑자기 죽었던 것이다.'
魏略曰, 任城威王彰, 字子文, 太祖卞太后第二子. 性剛勇而黃須. 北討代郡, 獨與麾下百餘人突虜而走. 太祖聞曰, 我黃須兒可用也.
魏志春秋曰, 黃初三年, 彰來朝. 初, 彰問璽綬, 將有異志. 故來朝不卽得見, 有此忿懼而暴薨.

(2) 《위지(魏志)》〈방기전(方伎傳)〉에 이런 이야기가 있다. '문제(文帝)가 주선(周宣)에게 몽점(夢占)에 대해 물었다. "내가 동전을 문지르는 꿈을 꾸었는데, 동전의 문자를 없애고자 했지만 더욱더 분명해졌으니, 무슨 의미인고?" 주선은 슬픈 모습을 한 채 대답하지 않았다. 문제가 한사코 묻자, 주선은 대답했다. "폐하의 집안일이오니, 비록 그렇게 하고자 하시더라도 태후께서 허락하지 않기 때문에, 동전의 문자를 없애려 하셨지만 더욱 분명해진 것이옵니다." 문제는 동생 조식(曹植)의 죄를 다스리고자 했으나, 태후의 압력 때문에 단지 그의 작위를 낮추기만 했다.'

魏志方伎傳曰, 文帝問占夢周宣, 吾夢磨錢. 文欲滅而愈更明, 何謂. 宣悵然不對. 帝固問之, 宣曰, 陛下家事. 雖欲爾而, 太后不聽, 是以欲滅更明耳. 帝欲治弟植之罪, 逼於太后, 但加貶爵.

주해 | ㅇ尤悔(우회)－우(尤)는 문책, 비난, 책망 등의 뜻이고 회(悔)는 뉘우친다는 의미이다. 《논어(論語)》 〈위정편(爲政篇)〉에 '말에 허물이 적고, 행동에 뉘우침이 적으면, 녹(祿)은 스스로 얻게 마련이다(言寡尤, 行寡悔, 祿在其中矣)'란 말이 있다. 여기서는 갖가지 과실과 그에 따른 회한의 이야기들을 모아놓고 있다.

ㅇ缾罐(병관)－병(缾)은 병(瓶)과 같다. 여기서는 두레박.

ㅇ任城威王(임성위왕)－위(威)는 조창(曹彰)의 시호.

ㅇ北討代郡(북토대군)－조조(曹操)는 건안(建安) 23년(218) 대군(代郡)에서 일어난 오환(烏丸)의 반란을 진압했다.

ㅇ魏志春秋(위지춘추)－지(志)는 씨(氏)의 오기(誤記)일 것이다.

ㅇ黃初三年(황초삼년)－《삼국지(三國志)》 권19 〈임성위왕창전(任城威王彰傳)〉에는 '황초 4년 경도(京都)에서 조회했는데 병이 있어 훙(薨)하다'라고 되어 있어서 황초 3년이 아니라 4년으로 되어 있음.

ㅇ魏志方伎傳(위지방기전)－《삼국지》 권29.

2. 왕혼(王渾)의 후처는 낭야(琅邪) 안씨(顏氏)의 딸이었다. 왕혼은 당시 서주자사(徐州刺史)로 있었는데, 교배례(交拜禮) 때 신부의 선배(先拜)가 끝나고 왕혼이 답배(答拜)를 하려는데, 참례자들이 모두 말했다. "왕후(王侯 : 王渾)는 본주(本州)의 장관이고 신부는 본주의 백성이니, 아무래도 답배할 이유가 없을 것 같습니다." 왕혼은 답배를 그만두었다. 왕무자(王武子 : 王濟)는 부친이 답배하지 않아서 혼례가 성사되지 않았으므로 부부가 아니라고 생각하여, 그녀에게 배례하지 않고 '첩 안씨'라고 불렀다. 안씨는 그것을 치욕스러워했지만, 왕씨 가

문이 존귀했기 때문에 끝내 이혼하지 못했다.(1)

원문| **王渾後妻, 琅邪顏氏女, 王時爲徐州刺史. 交禮拜訖, 王將答拜, 觀者咸曰, 王侯州將, 新婦州民. 恐無由答拜. 王乃止. 武子以其父不答拜, 不成禮, 恐非夫婦, 不爲之拜, 謂爲顏妾. 顏氏恥之, 以其門貴, 終不敢離.(1)**

(1) 혼인의 의례는 인륜의 대사인데, 어찌 한 번 배례하지 않았다고 끝내 첩으로 간주한단 말인가? 이런 점에서 《세설(世說)》의 말은 잘못이다.
婚姻之禮, 人道之大, 豈由一不拜而遂爲妾媵者乎. 世說之言, 於是乎紕繆.

주해| ㅇ交禮(교례)—혼례 때 신랑이 신부와 함께 장인·장모에게 절을 하고 방안에 들어와 천지신명에게 절을 한 다음, 끝으로 부부 상호간에 절을 하는 것.

3. 육평원(陸平原 : 陸機)은 하교(河橋)에서 패전한 뒤, 노지(盧志)에게 참소당하여 주살되었다.(1) 그는 처형에 임하여 탄식했다. "화정(華亭)의 학(鶴) 울음소리를 듣고 싶어도 다시 들을 수 없게 되었구나."(2)

원문| **陸平原河橋敗, 爲盧志所讒, 被誅.(1) 臨刑歎曰, 欲聞華亭鶴唳, 可復得乎.(2)**

(1) 왕은(王隱)의 《진서(晉書)》에 이런 이야기가 있다. '성도왕(成都王) 사마영(司馬穎)은 장사왕(長沙王) 사마예(司馬乂)를 토벌하

면서, 육기(陸機)를 도독전봉제군사(都督前鋒諸軍事)로 임명했다.' 《육기별전(陸機別傳)》에는 이런 이야기가 있다. '성도왕(成都王 : 司馬穎)의 장사(長史) 노지(盧志)는 육기의 동생 육운(陸雲)과 출처진퇴(出處進退)가 달랐다. 또한 황문(黃門 : 宦官) 맹구(孟玖)가 사마영에게 한단령(邯鄲令)직을 구하자, 사마영은 육운에게 그렇게 하라는 교지를 내렸는데, 당시 좌사마(左司馬)로 있던 육운이 말하기를 "형벌을 받고 난 사람은 백성 위에 군림할 수 없습니다."라고 했다. 맹구는 이 말을 듣고 육운을 원망했다. 노지와 함께 참언을 날조하여 때가 오길 기다렸다. 육기가 칠리간(七里澗)에서 대패했을 때, 맹구가 육기의 모반으로 인해 생긴 결과라고 무고하자, 사마영은 견수(牽秀)에게 육기를 참수하게 했다. 이에 앞서 육기는 밤에 수레를 휘감은 검은 휘장을 아무리 손으로 찢어도 걷혀지지 않는 꿈을 꾸고는, 불길하다고 생각했다. 다음날 아침에 견수의 병사가 갑자기 들이닥쳤다. 육기는 군복을 벗고 의복과 모자를 착용한 뒤 견수를 만났는데, 그 용모가 태연자약했다. 마침내 죽음을 당했으니, 당시 나이 43세였다. 군사들 중에 눈물을 흘리지 않는 자가 없었다. 그날은 하늘과 땅에 짙은 안개가 끼어 분간할 수 없었고, 폭풍이 불어 나무를 꺾었으며, 평지에 한 척의 눈이 쌓였다.'

간보(干寶)의 《진기(晉紀)》에 이런 이야기가 있다. '처음에 육항(陸抗)이 보천(步闡)을 주살하면서 그 일족을 모두 죽였는데, 식자들은 그것을 비난했다. 육기와 육운이 살해당했을 때 그의 삼족(三族) 중에 남은 자가 없었다.'

王隱晉書曰, 成都王穎討長沙王乂, 使陸爲都督前鋒諸軍事.

機別傳曰, 成都王長史盧志, 與機弟雲趣舍不同. 又黃門孟玖求爲邯鄲令於穎, 穎教付雲. 雲時爲左司馬, 曰, 刑餘之人, 不可以君民. 玖聞此怨雲, 與志讒構日至. 及機於七里澗大敗, 玖誣機謀反所致. 穎乃使牽秀斬機. 先是, 夕夢黑幔繞車, 手決不開,

惡之. 明旦秀兵奄至. 機索戎服, 箸衣帢見秀, 容貌自若, 遂見害. 時年四十三. 軍士莫不流涕. 是日天地霧合, 大風折木, 平地尺雪.

干寶晉紀曰, 初, 陸抗誅步闡, 百口皆盡. 有識尤之. 及機, 雲見害, 三族無遺.

(2) 《팔왕고사(八王故事)》에는 이런 이야기가 있다. '화정(華亭)은 오군(吳郡) 유권현(由拳縣)의 교외 들녘에 있으며, 맑은 샘과 우거진 숲이 있다. 오(吳)나라가 평정된 뒤, 육기 형제가 이곳에서 10여년 동안 함께 지냈다.'

《어림(語林)》에 이런 이야기가 있다. '육기가 하북도독(河北都督)으로 있을 때, 군대의 뿔피리 소리를 듣고, 손승(孫丞)에게 말하였다. "들어보니, 저 소리는 화정의 학 울음소리만 못하군." 그래서 육기는 처형에 임하여 그런 탄식을 한 것이다.'

八王故事曰, 華亭, 吳由拳縣郊外墅也. 有清泉茂林. 吳平後, 陸機兄弟共遊於此十餘年.

語林曰, 機爲河北都督, 聞警角之聲, 謂孫丞曰, 聞此, 不如華亭鶴唳. 故臨刑而有此歎.

주해 | ㅇ河橋(하교)－하남성 맹현(孟縣) 남쪽에 있는 다리 이름. 낙양(洛陽)을 방어하는 데 요충이었다. 송본(宋本)에는 '사교(沙橋)'라고 적고 있는데, 사교는 호북성 강릉현(江陵縣)에 있는 다리 이름이며, 이 경우 지리적으로 안 맞는다.

ㅇ華亭(화정)－《자치통감(資治通鑑)》 권85 진(晋)나라 태안(太安) 2년조에 인용한 호삼성(胡三省) 주(注)에 '화정은 당시 오군(吳郡)에 속했었다. 가흥현(嘉興縣)의 경계에 화정곡(華亭谷)·화정수(華亭水)가 있다. 당(唐)나라 때에 비로소 가흥현을 떼어 화정현이라고 했다. 오늘날의 현(縣) 동쪽 70리이다. 이 땅에는 학(鶴)이 출몰하는데 그곳 지방인들은 이를 학과(鶴窠 : 窠는 巢와 같다)라고 했다'라고 되어 있다. 또 《원

화군현도지(元和郡縣圖志)》 권25 소주화정현조(蘇州華亭縣條)에 '화정곡(華亭谷)은 현(縣) 서쪽 35리에 있다. 육손(陸遜)·육항(陸抗)의 저택이 그쪽에 있다. 육손이 화정후(華亭侯)에 봉해지다. 육기(陸機)의 화정지학려(華亭之鶴唳)라고 하는 것은 이 땅을 가리킴이다'라고 되어 있다.

- 成都王穎討長沙王乂(성도왕영토장사왕애)－이른바 팔왕지란(八王之亂)의 하나로서 태안(太安) 2년(303)의 일이다.
- 求爲邯鄲令於穎(구위한단령어영)－《진서(晋書)》 권54 〈육운전(陸雲傳)〉에는 '맹구(孟玖), 욕용기부위한단령(欲用其父爲邯鄲令)'이라고 되어 있음.
- 刑餘之人(형여지인)－환관(宦官)이란 의미. 옛날 형벌 중 한 가지에 궁형(宮刑)이 있었는데, 환관은 궁형받은 자를 가리켰는데 환관이란 뜻으로도 사용하게 되었다.
- 讒構(참구)－남을 중상하여 죄에 빠뜨리는 것. '구(構)'는 없는 일을 멋대로 만들어서 남을 비난하는 것.
- 於七里澗大敗(어칠리간대패)－칠리간(七里澗)은 하남성 낙양현(洛陽縣)의 동쪽 땅. 《진서》 〈육기전(陸機傳)〉에는, '장사왕애봉천자(長沙王乂奉天子), 여기전어록원(與機戰於鹿苑), 기군대패(機軍大敗), 부칠리간이사자(赴七里澗而死者), 여적언(如積焉), 수위지불류(水爲之不流)'라고 되어 있다.
- 索戎服(색융복)－송본(宋本)·원본(袁本) 모두 색(索)으로 적고 있는데 의미가 통하지 않으므로 능영초교명간본(凌瀛初校明刊本) 및 《진서》 〈육기전〉 등에 따라 색(索)을 '해(解)'로 고쳐서 번역했다.
- 陸抗誅步闡(육항주보천), 百口皆盡(백구개진)－육기 형제의 아버지인 육항(陸抗)이 보천의 모반을 토벌한 것은 오(吳)나라 봉황(鳳凰) 원년(元年 : 272)의 일이다. 《삼국지》 권58 〈육항전〉에는 '주이천족급기대장리(誅夷闡族及其大將吏)'라고 되어 있다. 또 '백구(百口)'란 정치상의 연대책임이 미치는 범위를 나타내는 말이며, 당연히 '부(父)·백부(伯父)·숙부(叔父)·자(子)·손(孫)·생질' 등이 포함된다.
- 有識尤之(유식우지)－《삼국지》 〈육항전〉의 배주(裵注)에 인용한 《기운

별전(機雲別傳)》에는 '주급영해(誅及嬰孩), 식도자우지왈(識道者尤之曰), 후세필수기앙(後世必受其殃)'이라고 되어 있다.

- 由拳縣(유권현)－진한시대(秦漢時代)의 옛이름으로서, 당시는 가흥현(嘉興縣)으로 불리고 있었다(《晋書》 권15 〈地理志〉 下).
- 孫丞(손승)－〈손승전(孫拯傳)〉은 《진서》 〈육기전〉에 부재(付載)되어 있으며, 거기에는 승(丞)을 '승(拯)'으로 적고 있다. 또 《문관사림(文館詞林)》 권156에 인용한 시(詩)에서는 승(丞)을 '승(承)'으로 적고 있다.

4. 유곤(劉琨)은 사람을 초치(招致)하는 데는 뛰어났지만, 사람을 통솔하는 데는 서툴렀다. 하루에 수천 명이 귀순해 왔지만, 도망가는 자의 수도 역시 그와 같았다. 그래서 끝내 공을 세운 것이 없었다.(1)

원문| **劉琨善能招延, 而拙於撫御. 一日雖有數千人歸投, 其逃散而去, 亦復如此. 所以卒無所建.(1)**

(1) 등찬(鄧粲)의 《진기(晉紀)》에 이런 이야기가 있다. '유곤(劉琨)은 병주자사(幷州刺史)로 있으면서 동맹자들을 규합하여 군대를 이끌고 나섰지만, 안으로 백성들을 위무(慰撫)하지 못하여 결국 군대와 병사를 잃음으로써 공을 이루지 못했다.'
경윤(敬胤)은 생각하기를 유곤은 영가(永嘉) 원년(307)에 병주자사가 되었는데, 당시에 진양(晉陽)은 성이 비어 있어도 도적이 사방에서 공격해 왔다. 그래서 유곤은 사람들을 모아 유연(劉淵)·석륵(石勒)에게 대항했는데, 10년 간 패하면서도 무위(武威)를 떨칠 수 있었다. 그런즉 그가 부하들을 통솔할 수 없었다면, 어떻게 그렇게 할 수 있었겠는가? 당시 북방은 흉년이 든 때였기에 천리에 걸쳐 밥 짓는 연기가 없었는데, 어떻게 하루에 수천 명이 그에게 귀순했단 말인가? 만약 하루에 수천 명이 떠났다면, 또 어떻게

10년이 넘는 동안 강한 적에게 대항할 수 있었겠는가?

鄧粲晉紀曰, 琨爲幷州牧, 糺合齊盟, 驅率戎旅. 而內不撫其民, 遂至喪軍失士, 無成功也.

敬胤按, 琨以永嘉元年爲幷州. 于時晉陽空城, 寇盜四攻, 而能收合士衆, 抗行淵, 勒. 十年之中, 敗而能振, 不能撫御, 其得如此乎. 凶荒之日, 千里無煙, 豈一日有數千人歸之. 若一日數千人去之, 又安得一紀之閒, 以對大難乎.

주해| ㅇ敬胤(경윤)－경윤(敬胤)이란 주자(注者)에 대해서는 불상(不詳)인데 송본(宋本) 말미에 붙여진 왕조(汪藻)의 〈고이(考異 : 《世說敍錄》 所收)〉에서는 이본(異本)의 하나로 경윤주(敬胤注)를 몇 군데 들고 있으며 유효표(劉孝標)보다 이전 사람일 것으로 추측하고 있다.

ㅇ晋陽(진양)－산동성 태원(太原) 땅. 이 지방의 흉노(匈奴)가 반란을 일으킨 일이 영가지란(永嘉之亂)의 계기가 되었다.

ㅇ抗行(항행)－항형(抗衡)과 같은 뜻이다.

ㅇ淵(연), 勒(륵)－영가지란의 중심인물이었던 흉노의 유연(劉淵 : 5胡 16國의 하나인 漢을 건국했다)과 갈족(羯族)의 석륵(石勒).

ㅇ一紀(일기)－12년간을 가리킨다. 영가지란에 의해 진왕조(晋王朝)는 중원에게 쫓겨나 남하했는데, 유곤(劉琨) 한 사람만 북방에 남아 있으면서 분전을 계속하였다.

5. 왕평자(王平子 : 王澄)가 처음 도성으로 내려왔을 때, 승상(丞相 : 王導)이 대장군(大將軍 : 王敦)에게 말했다. "다시는 강족(羌族)을 동쪽으로 오게 하지 마시오." 왕평자는 얼굴이 강족과 비슷했다.(1)

원문| **王平子始下, 丞相語大將軍, 不可復使羌人東行. 平子面似羌.**(1)

(1) 생각하건대 왕징(王澄)은 본디 왕돈(王敦)에게 살해당했다. 승상

은 명성과 덕망이 있는 인물이었는데 어찌 그런 말을 했겠는가?

按, 王澄自爲王敦所害. 丞相名德, 豈應有斯言也.

주해 | ㅇ王平子始下(왕평자시하)－왕징(王澄)은 형주자사(荊州刺史)였을 때, 원제(元帝 : 司馬睿)의 부름을 받고 도읍으로 향했는데, 그 도중에 강주자사(江州刺史)였던 왕돈(王敦)에게 죽음을 당했다. 죽은 사정에 대해서는 〈방정편(方正篇)〉 31의 유주(劉注), 〈참험편(讒險篇)〉 1의 유주를 참조할 것.

ㅇ羌人(강인)－서진(西晋)을 멸망시킨 북방계(北方系)의 이민족을 가리킨다. 구체적으로는 한(漢 : 후일의 前趙)의 유요(劉曜)를 가리킴일까? 강인과 모습이 비슷한 왕징이 동쪽으로 가면 서진(西晋)이 강인에게 멸망당한 것처럼 동진왕조(東晋王朝)에 혼란이 일어날 우려가 있은 즉 그렇게 해서는 안된다는 의미이다.

6. 왕대장군(王大將軍 : 王敦)이 모반을 일으키자, 승상(丞相 : 王導)의 형제들이 대궐에 나아가 천자(天子)에게 사죄했다. 주후(周侯 : 周顗)는 왕씨 일족을 깊이 걱정하여, 처음 (조정에) 들어갈 때는 매우 근심스런 기색이었다. 승상이 주후를 불러 말했다. “우리 일족의 운명을 그대에게 맡기겠소.” 그러나 주후는 그냥 지나가면서 응답하지 않았다. 주후는 조정에 들어간 뒤에 승상 등을 구하려고 애를 썼다. 마침내 승상 등이 사면되자, 주후는 크게 기뻐하며 술을 마셨다. 주후가 조정에서 나왔을 때 왕씨 일족은 그때까지 궁문에 있었다. 주후가 말했다. “금년에는 여러 간적(奸賊)들을 죽이고 말[斗]만한 크기의 황금 인장(印章)을 얻어 팔꿈치 뒤에 매어야겠소.” 나중에 대장군이 석두(石頭)에 이르러 승상에게 물었다. “주후는 삼공(三公)이 될 수 있겠소?” 승상이 대답하지 않자 다시 물었다. “상서령(尙書令)은 될 수 있겠소?” 승상은 역시 대답하지 않았다. 그래서 대장군 왕돈은 말했다. “그렇다면 마땅히 죽여야겠군.” 그렇건만 승상은 계속

묵묵히 있었다. 주후가 살해당한 뒤에, 승상은 주후가 자기를 구해 주었다는 사실을 뒤늦게 알고, 탄식하며 말했다. "내가 주후를 죽인 것은 아니지만, 주후가 나 때문에 죽었으니, 저승에서 그 사람에게 면목이 없겠구나."(1)

원문| 王大將軍起事, 丞相兄弟詣闕謝. 周侯深憂諸王, 始入, 甚有憂色. 丞相呼周侯曰, 百口委卿. 周直過不應. 旣入, 苦相存救. 旣釋. 周大說, 飮酒. 及出, 諸王故在門. 周曰, 今年殺諸賊奴, 當取金印如斗大繫肘後. 大將軍至石頭, 問丞相曰, 周侯可爲三公不. 丞相不答. 又問, 可爲尙書令不. 又不應. 因云, 如此, 唯當殺之耳. 復默然. 逮周侯被害, 丞相後知周侯救己, 歎曰, 我不殺周侯, 周侯由我而死. 幽冥中負此人.(1)

(1) 우예(虞預)의 《진서(晉書)》에 이런 이야기가 있다. '왕돈(王敦)이 도성(都城 : 建康)을 장악했을 때, 참군(參軍) 여의(呂漪)가 왕돈에게 말했다. "주의(周顗)와 대연(戴淵)은 모두 명망이 있으므로, 인심을 미혹시키기에 충분합니다. 근자의 언동을 살펴보았는데, 부끄러워하거나 두려워하는 기색이 없으니, 만약 그들을 제거하지 않는다면 이 전쟁은 아마 끝나지 않을 것입니다." 왕돈은 그 말이 옳다고 생각하여, 마침내 대연과 주의를 살해했다. 이전에 여의가 대랑(臺郎 : 尙書郎)으로 있을 때, 대연은 그 상관으로 있었는데, 평소에 성격이 오만하여 여의를 하찮은 인물로 대했다. 그래서 여의가 그런 말을 했던 것이다.'
虞預晉書曰, 敦克京邑, 參軍呂漪說敦曰, 周顗, 戴淵, 皆有名望, 足以惑衆. 視近日之言, 無慙懼之色. 若不除之, 役將未歇也. 敦卽然之, 遂害淵, 顗. 初, 漪爲臺郎, 淵旣上官, 素有高氣, 以漪小器待之, 故售其說焉.

주해 ㅇ王大將軍起事(왕대장군기사)－동진(東晋) 왕조의 창건에 있어 힘을 다했던 왕도(王導)·왕돈(王敦) 등. 왕씨(王氏) 일족이 원제(元帝)로부터 괄시를 받기 시작하자 왕돈은 간신 유외(劉隗) 등을 토벌한다는 것을 명분삼아 영창(永昌) 원년(元年 : 322) 무창(武昌)에서 군사를 일으켰다.

ㅇ丞相兄弟詣闕謝(승상형제예궐사)－《진서(晋書)》 권35 〈왕도전(王導傳)〉에 의하면 '왕돈지반야(王敦之反也), 유외권제실주왕씨(劉隗勸帝悉誅王氏), 논자위지위심(論者爲之危心), 도솔군종곤제자질이십여인(導率群從昆弟子姪二十餘人), 매단예대대죄(每旦詣臺待罪)'라고 되어 있다.

ㅇ百口(백구)－〈우회편(尤悔篇)〉 3의 주해 참조.

ㅇ視近日之言(시근일지언)－〈방정편(方正篇)〉 33 참조.

ㅇ臺郞(대랑)－상서랑(尙書郞). 상서성의 낭관(郞官). 문서의 초안을 잡는다.

7. 왕도(王導)와 온교(溫嶠)가 함께 명제(明帝 : 司馬紹)를 알현했다. 명제가 온교에게 서진(西晉) 왕조가 천하를 얻을 수 있었던 이유를 물었다. 온교가 미처 대답하지 못하던 중 조금 있다가 왕도가 말했다. "온교는 젊어서 아직 잘 알지 못하오니, 신이 폐하께 아뢰겠습니다." 왕도는 곧 선왕(宣王 : 司馬懿)이 창업을 시작할 때 명족(名族)을 주살하고 자기에게 동조하는 자를 총애하여 심어 준 일과, 문왕(文王 : 司馬昭) 말년에 고귀향공(高貴鄕公 : 曹髦)을 살해한 일 등을 갖추어 진술했다.(1) 명제는 그 말을 듣고 얼굴을 어좌에 파묻은 채 말했다. "만약 공이 말한 대로라면 이 왕통(王統)이 어떻게 오래 갈 수 있겠소!"

원문 王導, 溫嶠俱見明帝. 帝問溫前世所以得天下之由, 溫未答. 頃王曰, 溫嶠年少未諳, 臣爲陛下陳之. 王迺具敍宣王創業之始, 誅夷名族, 寵樹同己, 及文王之末, 高貴鄕公事.(1) 明

帝聞之, 覆面箸牀曰, 若如公言, 祚安得長.

(1) 선왕이 창업할 때 조상(曹爽)을 주살하고 장제(蔣濟)의 무리를 임용한 것이 이것이다. 고귀향공(高貴鄕公)의 일은 앞에서 이미 나왔다.

宣王創業, 誅曹爽, 任蔣濟之流者是也. 高貴鄕公之事, 已見上.

주해| ㅇ寵樹(총수)－사랑하여 이끌어주는 것.

ㅇ誅曹爽(주조상)－위(魏)나라 제왕(齊王) 방(芳)의 가평원년(嘉平元年 : 249), 사마의(司馬懿)는 조상에게 모반할 마음이 있다고 보고, 하안(何晏), 등양(鄧颺) 등과 함께 붙잡고, 그 삼족(三族)을 주멸하였다(《삼국지》 권9).

ㅇ任蔣濟之流(임장제지류)－《삼국지(三國志)》 권14 〈장제전(蔣濟傳)〉에는 '이수태부사마선왕둔낙수부교(以隨太傅司馬宣王屯洛水浮橋), 주조상등(誅曹爽等), 진봉도향후(進封都鄕侯), 읍칠백호(邑七百戶)'라고 되어 있다.

ㅇ已見上(이견상)－〈방정편(方正篇)〉 8.

8. 왕대장군(王大將軍 : 王敦)은 여러 사람이 모인 자리에서 말했다. "주씨(周氏) 일족 중에서 여태껏 삼공(三公)이 된 자는 없었소." 어떤 사람이 대꾸했다. "오직 주후(周侯 : 周顗)만 (樗蒱 노름으로 치자면) 오마(五馬) 가운데 우두머리가 될 듯했습니다만 성공하지 못했습니다." 대장군이 말했다. "나와 주후는 낙양(洛陽)에서 서로 만났는데, 만나자마자 의기가 투합했었소. (그런데) 어지러운 세상을 만나 결국 이런 지경에 이르다니." (대장군은) 그를 위해 눈물을 흘렸다.(1)

원문| **王大將軍於衆坐中曰, 諸周由來未有作三公者. 有人答曰, 唯周侯邑五馬領頭而不克. 大將軍曰, 我與周, 洛下相遇,**

一面頓盡. 値世紛紜, 遂至於此. 因爲流涕.(1)

(1) 등찬(鄧粲)의 《진기(晉紀)》에 이런 이야기가 있다. '왕돈(王敦)의 참군(參軍) 중에서 왕돈이 마련한 주연 자리에서 저포(樗蒱) 노름을 한 자가 있었는데, 다 이겨 가는 판에 대마(大馬)가 죽어 버리자, 말했다. "주씨 가문은 대대로 명망이 뛰어났지만 삼공(三公)의 지위에 오른 자가 없었는데, 백인(伯仁 : 周顗)이 거의 삼공이 되려다가 성공하지 못했으니, 하관(下官)의 대마와 같소이다." 그 말을 듣자 왕돈이 개탄하면서 눈물을 흘리며 말했다. "백인이 총각 시절에 동궁(東宮)에서 나와 서로 만났는데, 나는 만나자마자 흉금을 열고 그를 삼공이 될 만한 인재라고 인정했다. 그를 국법으로 다스리게 될 줄을 어찌 생각이나 했겠는가. 이 깊은 비통함을 말로 어떻게 다 할 수 있겠는가."'

鄧粲晉紀曰, 王敦參軍, 有於敦坐樗蒱, 臨當成都, 馬頭被殺. 因謂曰, 周家奕世令望, 而位不至三公. 伯仁垂作而不果, 有似下官此馬. 敦慨然流涕曰, 伯仁總角時, 與於東宮相遇, 一面披衿, 便許之三司. 何圖不幸王法所裁. 悽愴之深, 言何能盡.

주해 | ㅇ由來(유래)－지금까지. 종래(從來).

ㅇ邑五馬領頭(읍오마령두)－저포(樗蒱)의 용어인데 미상(未詳). 오마(五馬)는 오목(五木).

ㅇ成都(성도)－저포의 용어. 《유양잡조속집(酉陽雜俎續集)》 권4에는 '위희법(魏戲法), 선립기어국중(先立棊於局中), 여자백흑위요지(餘者白黑圍繞之), 십팔주성도(十八籌成都)'라고 되어 있다. 한편 '도(都)'자가 송본(宋本)에는 '자(者)'자로 되어 있다.

ㅇ馬頭(마두)－마(馬)는 기(棊)를 의미한다. 저포의 용어인데 미상.

ㅇ三司(삼사)－삼공(三公)이라고도 하며 후한(後漢) 이후에는 태위(太尉)·사도(司徒)·사공(司空)을 가리켰다. 인신(人臣)의 최고직.

9. 온공(溫公 : 溫嶠)이 처음에 유사공(劉司空 : 劉琨)의 명을 받고 사마예(司馬睿)에게 제위에 오르라고 권하게 되었을 때, 모친 최씨(崔氏)가 한사코 그를 붙잡았지만, 온교(溫嶠)는 옷자락을 끊고서 떠났다.[(1)] 이 때문에 온교는 존귀하게 되었을 때에도, 향품(鄕品)에는 여전히 통과하지 못했다. 그래서 온교가 관작(官爵)을 받을 때마다 모두 조서를 내려야만 했다.[(2)]

원문 | 溫公初受劉司空使勸進. 母崔氏固駐之, 嶠絶裾而去.[(1)] 迄於崇貴, 鄕品猶不過也. 每爵皆發詔.[(2)]

(1) 《온씨보(溫氏譜)》에 이런 이야기가 있다. '온교의 아버지 온첨(溫襜)은 청하(淸河) 최참(崔參)의 딸을 부인으로 맞았다.'
溫氏譜曰, 嶠父襜, 娶淸河崔參女.

(2) 우예(虞預)의 《진서(晉書)》에는 이런 이야기가 있다. '원제(元帝 : 司馬睿)가 즉위하자 온교를 산기시랑(散騎侍郞)에 임명하려 했는데, 온교는 어머니가 돌아가셨지만 외적(外賊)의 핍박 때문에 장례에 갈 수 없다는 이유로 고사했다. 원제는 조서를 내려 말했다. "온교는 아직 모친의 장례를 치르지 못했으며, 조정의 논의 또한 자못 이견이 있기 때문에 임명하지 않는다. 여러 신하들이 함께 모여 논의하면, 내가 절충하겠다." '
虞預晉書曰, 元帝卽位, 以溫嶠爲散騎侍郞. 嶠以母亡, 逼賊, 不得往臨葬, 固辭. 詔曰, 嶠以未葬, 朝議又頗有異同, 故不拜. 其令入坐議, 吾將折其衷.

주해 | ㅇ溫公初受劉司空使勸進(온공초수유사공사권진) — 권진(勸進)이란 제위(帝位)에 오를 것을 권한다는 의미. 위진(魏晋) 이래로 제위를 찬탈하는 자는 모두 선양(禪讓)을 하겠다며 조서(詔書)가 내려져도 형

식적으로 여러번 사양했다. 그러면 군신(群臣)들은 권진표(勸進表)를 지어, 그 덕을 칭송하고 이것을 천명(天命)으로 돌리면서 선양을 권했던 것이다. 단 여기서는 서진(西晋) 내부에서의 정권이양이다(西晋에서 東晋으로의 옮김). 서진 최후의 천자인 민제(愍帝 : 司馬鄴)가 한(漢)나라 유요(劉曜)에 의해 붙잡히게 되자 병주(幷州)에 있던 유곤(劉琨)은 건무(建武) 원년(元年 : 317) 강남(江南)에 있던 사마예(司馬睿)에게 제위에 오를 것을 권했던 것이다. 사공(司空)·병주자사였던 유공이 단필제(段匹磾)와 유한(劉翰)·단진(段辰) 등과 같이 행한 180명의 연서로 된 권진표는 《진서(晋書)》 권6 〈원제기(元帝紀)〉에 인용되어 있으며, 《문선(文選)》 권37에도 유곤 작(作) 〈권진표〉로 수록되어 있다. 이 〈권진표〉를 휴대하고 건강(建康)으로 향했던 자가 우사마(右司馬)인 온교(溫嶠)였다.

○鄕品不過也(향품불과야)－향품이란 관품(官品)에 대(對)하는 말로서 지방의 군(郡)마다 두어졌었던 중정(中正)이, 군내의 관리지망자들의 재능과 인격을 조사하여 1품(品)에서 9품까지 분류한 그 평가를 가리킨다. 구품관인법(九品官人法)에서는 이 향품은 기가(起家)의 관(官)이나 극관(極官 : 최종적으로 받은 官)을 규제함과 동시에 기가 후의 관위(官位) 승진을 규제하고 있었다. 그것은 일반적으로 모관(某官)은 향품 몇 품에 오를 관(官)이란 식으로 정해져 있었으며, 그 이외의 향품인 자가 그 관위에 오를 수는 없었기 때문이다. 즉 중정이 내린 향품에 따른 관품의 관에 임명되었던 것이다. 본문의 '향품유불과야(鄕品猶不過也)'란 결국 온교가 그 향품으로는 임관할 수 없는 높은 지위에 임명되게 되었음을 가리키며 '과(過)'란 승인하여 통한다는 의미를 함유하고 있는 것이리라. 온교는 어머니를 배신하고 고향을 떠났는데 또 난(亂)에 휩쓸리던 끝에 귀향하여 어머니의 장례를 치를 수가 없었으므로 중정이 내린 향품은 여전히 낮았던 것이다. 그래서 천자의 조서(詔書)에 의한 특별 조치가 필요했던 것이고 ―. 참고로 이 향품은 한 번 정해진 다음에도 변경시킬 수 있는 것이었다.

○嶠父襜(교부첨)－《진서》 권67 〈온교전(溫嶠傳)〉에 의하면 첨(襜)을 담(憺)으로 적고 있다.

ㅇ其令入坐議(기령입좌의)－《진서》〈온교전〉에는 '조삼사(詔三司)·팔좌의기사(八坐議其事)'라고 되어 있다. 팔좌(八坐 : 八座)란 육조상서(六曹尙書)에 영(令)과 복야(僕射) 두 사람을 더해서 하는 말이다.

10. 유공(庾公 : 庾亮)은 주자남(周子南 : 周邵)을 기용하고 싶었으나, 주자남은 더욱 완강하게 사양했다. 유공이 주자남을 찾아갈 때마다, 유공이 남문(南門)으로 들어가면 주자남은 뒷문으로 나가곤 했다. 유공이 한번은 불시에 들이닥쳤더니, 주자남이 미처 도망가지 못하여, 하루 종일 서로 마주 대하게 되었다. 유공이 주자남에게 음식을 요구하자, 주자남이 변변찮은 음식을 내왔는데, 유공은 애써 먹었다. 그리고 매우 즐거워했으며, 함께 세상일에 대해 얘기하면서 군주를 보좌하여 천하를 다스릴 임무를 함께 하도록 〔그를〕 추천하겠다고 약속했다. 주자남은 출사(出仕)하여 장군(將軍)과 2천석(石)의 지위에 이르렀지만,(1) 마음에 들어하지 않았다. 그는 한밤중에 개탄하였다. "대장부가 결국 유원규(庾元規 : 庾亮)에게 팔렸구나." 탄식 끝에 마침내 등창이 생겨 죽었다.

원문| 庾公欲起周子南, 子南執辭愈固. 庾每詣周, 庾從南門入, 周從後門出. 庾嘗一往奄至, 周不及去, 相對終日. 庾從周索食, 周出蔬食. 庾亦彊飯, 極歡, 幷語世故, 約相推引, 同佐世之任. 旣仕, 至將軍二千石,(1) 而不稱意, 中宵慨然曰, 丈夫乃爲庾元規所賣. 一歎遂發背而卒.

(1) 《심양기(尋陽記)》에 이런 이야기가 있다. '주소(周邵)는 자가 자남(子南)이며, 남양(南陽)의 적탕(翟湯)과 함께 심양의 여산(廬山)에서 은거했다. 유량(庾亮)이 강주자사(江州刺史)로 부임하여

적탕과 주소의 풍격을 듣고는, 단정하게 관대(官帶)를 두르고 신발을 신고서 그들을 찾아갔는데, 두 사람은 유량이 왔다는 말을 듣고 곧바로 피해 버렸다. 유량이 나중에 은밀히 찾아갔는데, 마침 주소는 숲에서 새를 쏘고 있었다. 앞으로 다가가 함께 얘기를 나누었다. 유량은 돌아간 뒤 말하길 "이 사람은 기용할 만하다."라고 하고는, 즉시 진만호군(鎭蠻護軍)·서양태수(西陽太守)로 발탁했다.' 유량의 문집에 실려 있는 주소에게 보낸 편지〔與邵書〕에는 이런 이야기가 있다. '서양(西陽)이란 군(郡)은 주민들이 진실함이 부족하니, 참되고 순수하게 도(道)를 실천하는 사람이 아니라면, 어떻게 그 유랑민들을 다스릴 수 있겠소? 조야(朝野)에 자문을 구했더니, 모두들 그대를 말했소. 지금 표문(表文)을 갖추어 올리며, 그대에게 부임할 것을 청하니, 사양하지 마시오.'

尋陽記曰, 周邵, 字子南, 與南陽翟湯, 隱於尋陽廬山. 庾亮臨江州, 聞翟, 周之風, 束帶躡履而詣焉. 聞庾至, 轉避之. 亮復密往, 値邵彈鳥於林, 因前與語. 還便云, 此人可起. 卽拔爲鎭蠻護軍, 西陽太守. 其集載與邵書曰, 西陽一郡, 户口差實, 非履道眞純, 何以鎭其流遁. 詢之朝野, 僉曰足下. 今具上表, 請足下臨之. 無讓.

주해 | ㅇ發背而卒(발배이졸)—등에 난 악성 종기.
ㅇ束帶躡履(속대섭리)—예의를 갖추는 것.
ㅇ其集(기집)—《수서(隋書)》〈경적지(經籍志)〉에 '진태위유량집이십일권(晋太尉庾亮集二十一卷)'이라고 저록되어 있음.

11. 완사광(阮思曠 : 阮裕)은 불법(佛法)을 신봉하여 독실한 믿음이 대단했다. 큰아들이 약관(弱冠)의 나이가 되었을 때, 갑자기 위중한 병에 걸렸다.(1) 그는 애지중지하는 아들이었기에 그를 위해 삼보(三

寶)에 기도하기를 밤낮으로 게을리하지 않았다. 지극한 정성에 감응이 있어서 틀림없이 부처님의 가호를 받을 것이라고 생각했다. 그러나 아들은 결국 살아나지 못했다. 그래서 완사공은 불교에 원한을 품고, 그때까지 지녀 왔던 신심(信心)을 모두 버렸다.(2)

원문| **阮思曠奉大法, 敬信甚至. 大兒年未弱冠, 忽被篤疾.(1) 兒旣是偏所愛重. 爲之祈請三寶, 晝夜不懈. 謂至誠有感者, 必當蒙祐. 而兒遂不濟. 於是結恨釋氏, 宿命都除.(2)**

(1) 《완씨보(阮氏譜)》에 이런 이야기가 있다. '완유(阮牖)는 자가 언륜(彦倫)이며 완유(阮裕)의 큰아들이다. 벼슬은 주(州)의 주부(主簿)에 이르렀다.'

阮氏譜曰, 牖字彦倫, 裕長子也. 仕至州主簿.

(2) 완공(阮公 : 阮裕)의 (불법에 대한) 식견으로 보건대, 틀림없이 이런 과오는 없었을 것이다. 설혹 이 일이 잘못되지 않았다 하더라도, 어떻게 그렇게까지 미혹될 수 있겠는가? 대저 문왕(文王)의 수명이 다했지만 성인의 아들(聖子 : 武王)도 그의 나이를 멈추게 할 수 없었으며, 석가의 일족이 도륙당했지만 부처의 힘으로도 그들의 목숨을 연장시킬 수 없었다. 그러므로 업인(業因)에는 정해진 한계가 있으며, 과보(果報)는 바꿀 수 없는 것이다. 만약 기도하여 영험을 바란다거나 영험하지 않다고 해서 불도(佛道)를 소홀히 한다면, (그것은) 진실로 고루한 무리일 뿐이니, 어찌 가히 지혜에 대해 논할 수 있는 자이겠는가?

以阮公智識, 必無此弊. 脫此非謬, 何其惑歟. 夫文王期盡, 聖子不能駐其年, 釋種誅夷, 神力無以延其命. 故業有定限, 報不可移. 若請禱而望其靈, 匪驗而忽其道, 固陋之徒耳. 豈可與言神明之智者哉.

주해 ㅇ宿命(숙명) - 처음부터 믿고 있던 신앙심. 《세설초촬(世說鈔撮)》에 '숙명은 불가(佛家)의 말이다. 숙심(宿心)을 말함이다'라고 되어 있다. 숙심은 이전부터 지니고 있는 마음.

ㅇ牖(유) - 송본(宋本)·원본(袁本) 모두 '유(牖)'로 적고 있는데 《진서(晋書)》 권49 〈완유전(阮裕傳)〉에는 '세 아들이 있었다. 용(傭)·영(寧)·보(普)'라고 되어 있고, '용(傭)은 일찍 죽다'라고 되어 있다.

ㅇ脫(탈) - 만약.

ㅇ釋種誅夷(석종주이) - 불설(佛說 : 《增壹阿含經》 권26, 《毘奈耶雜事》, 《佛祖統記》 권4 등)에 유리태자(瑠璃太子)가 8세 때 가비라국(迦毘羅國)의 석종마하남(釋種摩訶男)에게 놀러가 욕먹은 것에 원한을 가지고 있었는데, 즉위한 후 석종을 토벌하여 1만 2천의 석종 여자들의 귀와 코를 베고 수족을 잘라서 생매장하였다. 이것은 전세(前世)로부터의 인연에 의한 것이란 이야기가 있다.

12. 환선무(桓宣武 : 桓溫)는 간문제(簡文帝 : 司馬昱)를 대하면 그다지 말을 잘하지 못했다. 천자를 해서공(海西公 : 司馬奕)으로 폐위시킨 뒤에는 마땅히 스스로 상주(上奏)해야 했으므로, 미리 수백 언을 지어서 폐립(廢立)의 이유를 진술해 놓았다. 이윽고 간문제를 알현했는데, 간문제가 눈물을 줄줄 흘리자, 환선무는 양심에 가책을 느껴서 한마디 말도 할 수 없었다.

원문 **桓宣武對簡文帝, 不甚得語, 廢海西後, 宜自由敍, 乃豫撰數百語, 陳廢立之意. 旣見簡文, 簡文便泣下數十行. 宣武矜愧, 不得一言.**

주해 ㅇ廢海西後(폐해서후) - 태화(太和) 4년(369), 환온(桓溫)은 전연(前燕)의 모용수(慕容垂) 등에게 방두(枋頭) 땅에서 대패하고 사실상 북벌(北伐)이 저지되었다. 그래서 환온은 자신의 권위를 회복시키기 위해 황제의 폐립을 모의했고, 태화 6년(371), 마침내 사마혁(司馬奕 : 廢帝)을 폐하여 해서공(海西公)으로 강등시키고 회계왕(會稽王) 사마욱(司馬昱)을 제위에 올렸다. 〈언어편(言語篇)〉 59, 〈품조편(品藻篇)〉 41 참조. 방두 땅의 대패에 대해서는 〈호상편(豪爽篇)〉 10의 주해를 참조할 것.

13. 환공(桓公 : 桓溫)이 누워 있는 채 말했다. "이처럼 조용히 있다면 문제(文帝 : 司馬昭)와 경제(景帝 : 司馬師)에게 비웃음을 살 일이지." 잠시 후에 벌떡 일어나 말했다. "훌륭한 명성을 후세에 전할 수 없다면, 악명을 만세에 남길 수도 없단 말인가?"(1)

원문| **桓公臥語曰, 作此寂寂. 將爲文, 景所笑. 旣而屈起坐曰, 旣不能流芳後世, 亦不足復遺臭萬載邪.**(1)

(1) 《속진양추(續晉陽秋)》에 이런 이야기가 있다. '환온(桓溫)은 무위(武威)로써 조정을 전횡(專橫)한 데다가 장군과 재상까지 겸임했는데, 그의 모반하려는 마음이 언행에 드러났다. 한번은 가까운 막료들을 향하여 베개를 치며 일어나서 말했다. "이처럼 조용히 있다면 문제(文帝)와 경제(景帝)에게 비웃음을 살 일이지!" 사람들은 아무도 감히 대답하지 못했다.'
續晉陽秋曰, 桓溫旣以雄武專朝, 任兼將相. 其不臣之心, 形于音迹. 曾臥對親僚, 撫枕而起曰, 爲爾寂寂. 爲文, 景所笑. 衆莫敢對.

주해| ㅇ將爲文景所笑(장위문경소소)－사마의(司馬懿)는 위조(魏朝)에서 차츰 세력을 쌓아나가다가 군사상 실권을 장악했다. 이 사마의가 죽고 난 다음, 그 장남인 사마사(司馬師 : 景帝)가 아버지의 실권을 계승하여 세력을 강대화해 나갔고, 가평(嘉平) 6년(254), 제왕(齊王) 방

(芳)을 폐위시키고 고귀향공(高貴鄕公)을 옹립했다. 사마사가 죽은 다음에는 그의 동생인 사마소(司馬昭 : 文帝)가 아버지와 형의 실권을 이어받아 조정의 정치를 장악했고, 감로(甘露) 5년(260)에는 고귀향공을 살해한 다음 진류왕(陳留王) 환(奐)을 옹립했다. 즉 이 사마사·사마소 형제는 모두 위왕조 찬탈을 꾀하다가 위진선양(魏晋禪讓)을 실질적으로 추진했던 인물이었다.

ㅇ屈起(굴기)-일어나는 모습. 굴(屈)은 굴(崛)의 가차(假借)이다.

ㅇ音迹(음적)-말과 행동. 언동(言動)이란 의미이다.

14. 사태부(謝太傅 : 謝安)가 동쪽에서 배를 타고 여행할 때, 노복(奴僕)이 배를 끌면서 늦게 갔다가 빨리 갔다가 멈추었다가 기다렸다가 했으며, 또 배가 제멋대로 가도록 내버려두어 사람을 치고 강 기슭에 부딪치곤 했다. 그러나 사공(謝公 : 謝安)은 전혀 야단치지 않았으므로, 사람들은 사공이 항상 노하고 기뻐하는 감정을 드러내지 않는다고 생각했다. 어느 때 형인 사정서(謝征西 : 謝奕)의 장례를 치르고 돌아오는 길에[(1)] 날이 저문 데다 비까지 쏟아졌다. 노복들이 모두 취하여 수레를 몰 수가 없었다. 그래서 사공은 수레 안에서 수레 버팀목을 손수 꺼내 들고 마부를 쳤는데, 그 목소리와 안색이 매우 매서웠다. 대저 물의 성질은 고요하고 부드럽지만, 좁은 곳으로 들어가면 세차게 흐르는 법이다. 그것을 사람의 성정에 비유하면, 급박한 지경에 처했을 때엔 그 평온함을 유지할 수 없음을 잘 알 수 있는 것과 같다.[(2)]

원문 謝太傅於東船行. 小人引船, 或遲或疾, 或停或待, 又放船從橫, 撞人觸岸. 公初不呵譴. 人謂, 公常無嗔喜. 曾送兄征西葬還,[(1)] 日暮雨駛, 小人皆醉, 不可處分. 公乃於車中, 手取車柱撞馭人, 聲色甚厲. 夫以水性沈柔, 入隘奔激. 方之人

情, 固知, 迫隘之地, 無得保其夷粹.[2]

(1) 사정서는 사혁(謝奕)이다.

征西, 謝奕.

(2) 《맹자(孟子)》에 이런 말이 있다. '여울물은 동쪽으로 터주면 동쪽으로 흐르고, 서쪽으로 터주면 서쪽으로 흐른다. 물을 손으로 쳐서 튀어오르게 하면 사람의 이마를 넘게 할 수도 있고, 흐름을 막아서 역류(逆流)하게 하면 산으로 올라가게 할 수도 있다. 하지만 그것이 어찌 물의 본성이겠는가? 사람에게 불선(不善)을 행하게 할 수 있는 것은 성정(性情) 역시 그와 같기 때문이다.'

孟子曰, 湍水, 決之東則東, 決之西則西. 搏而躍之, 可使過顙, 激而行之, 可使在山. 豈水之性哉. 人可使爲不善, 性亦猶是也.

주해 | ㅇ征西(정서)－《진서(晋書)》 권79 〈사혁전(謝奕傳)〉에는 '안서장군(安西將軍)'으로 되어 있다.

ㅇ孟子(맹자)－〈고자편(告子篇)〉 상(上).

15. 간문제(簡文帝 : 司馬昱)가 논의 벼를 보고는, 그것이 어떤 풀인지 몰라서 물었다. 시종들이 벼라고 대답했다. 간문제는 돌아온 뒤 3일 동안 밖에 나가지 않은 채 말했다. "정녕 그 끝이 되는 쌀에 의지하고 살아가면서도 그 근원은 알지 못하다니!"[1]

원문 | **簡文見田稻不識, 問是何草. 左右答是稻. 簡文還, 三日不出, 云, 寧有賴其末, 而不識其本.**[1]

(1) 진(晉)나라 문공(文公)은 쌀을 파종하고, 증자(曾子)는 양을 수레

에 메었으니, 설령 벼를 알지 못했다 하더라도 어찌 깊이 후회할 일이겠는가? 이 고사(故事)는 틀림없이 거짓일 것이다.

文公種菜, 曾子牧羊. 縱不識稻, 何所多悔. 此言必虛.

주해 | ○文公種菜(문공종채), 曾子牧羊(증자목양)－송본(宋本)·원본(袁本) 모두 종채(種菜)·목양(牧羊)으로 적고 있는데 의미가 통하지 않는다. 여기서는 《회남자(淮南子)》〈태족훈(泰族訓)〉에 '문공수미(文公樹米), 증자가양(曾子架羊)'이라고 되어 있는 것에 따라 번역하였다. 진나라 문왕이 벼가 아닌 쌀을 심었고, 증자는 양을 소처럼 수레의 멍에를 메었다는 것이다. 같은 말이 육가(陸賈)의 《신어(新語)》〈보정편(輔政篇)〉과 《설원(說苑)》〈잡언편(雜言篇)〉 등에도 보이며, 《설원》에서는 '문공종미(文公種米), 증자가양(曾子駕羊)'이라 하여, '큰일을 하는 사람은 작은 것을 잊는다'란 예로 사용하고 있다.

16. 환거기(桓車騎 : 桓沖)가 상명(上明)에서 사냥하고 있을 때, 동쪽에서 전령이 도착하여 회수(淮水)에서 큰 승리를 거두었다고 전했다. 환거기는 좌우 사람들에게 말했다. "사가(謝家)의 젊은것들이 적을 크게 격파한다는군." 그리고 병이 나서 죽었다. 논자들은 그 죽음이 양주자사(揚州刺史)를 사안(謝安)에게 양보하고, 형주자사(荊州刺史)로 간 것보다 낫다고 생각했다.(1)

원문 | **桓車騎在上明畋獵, 東信至, 傳淮上大捷. 語左右云, 羣謝年少大破賊. 因發病薨. 談者以爲, 此死賢於讓揚之荊.**(1)

(1) 《속진양추(續晉陽秋)》에 이런 이야기가 있다. '환충(桓沖)은 본디 장군과 재상은 적임자가 다르고, 소유한 재능과 그것의 쓰임은 같지 않다고 생각했다. 그는 자신의 덕망과 기량이 사안(謝安)에게 미치지 못함을 헤아렸기 때문에 양주자사를 사양하고 사안에게

양보했지만, 젊어서부터 겪은 군진(軍鎭)의 경험은 풍부하다고 스스로 평가했다. 형주자사가 되었을 때, 부견(符堅)이 회수(淮水)와 비수(淝水)로 진출했다는 소식을 듣고 나라의 근본을 깊이 우려하여, 휘하의 정예병 3천 명을 도성으로 파견했다. 당시 사안은 이미 군대를 파견해 놓았으면서도, 겉으로 여유있다는 것을 드러내기 위하여, 환충의 군대를 돌아가게 했다. 환충은 크게 놀라며 말했다. "사안은 조정의 재상 기량은 지니고 있지만 군사 책략에는 익숙지 못하다. 나는 적이 반드시 양양(襄陽)을 격파하고 회수와 비수로 병력을 집결할 것이라고 생각했다. 지금 과연 대규모의 적군이 이르렀는데도, 사안은 노닐고 담소하며 여유를 보이면서 경험도 없는 젊은것들을 파견했지만, 실상은 병력이 적고 약하다. 세상의 일을 누가 알겠는가? 나는 옷깃을 왼쪽으로 여미게 되었구나!" 그러나 얼마 뒤 사안이 큰 승리를 거두었다는 소식을 듣고는 치욕스러워하고 개탄하다가 죽었다.'

續晉陽秋曰, 桓沖本以將相異宜, 才用不同. 忖己德量不及謝安, 故解揚州以讓安. 自謂少經軍鎭, 及爲荊州, 聞符堅自出淮, 淝, 深以根本爲慮, 遣其隨身精兵三千人赴京師. 時安已遣諸軍, 且欲外示閒暇, 因令沖軍還. 沖大驚曰, 謝安乃有廟堂之量, 不閑將略. 吾量賊必破襄陽, 而幷力淮, 淝. 今大敵果至, 方遊談示暇, 遣諸不經事年少, 而實寡弱. 天下誰知, 吾其左衽矣. 俄聞大勳克擧, 慚慨而薨.

주해 | ㅇ上明(상명)－호북성 송자현(松滋縣)의 서쪽. 형주자사(荊州刺史)가 진을 쳤던 땅. 〈분견편(忿狷篇)〉 7의 주해를 참조할 것.

ㅇ畋獵(전렵)－송본(宋本)은 전(畋)을 정(政)으로 적고 있다. 원본(袁本)에 따랐다.

ㅇ淮上大捷(회상대첩)－태원(太元) 8년(383), 사현(謝玄) 등이 비수지전(淝水之戰)에서 부견(符堅)의 군사에게 대승을 거두었던 일.

ㅇ外示閒暇(외시간가)－송본(宋本)은 간(閒)을 문(門)으로 적고 있다. 원본(袁本)에 따랐다. 비수지전 및 당시 사안(謝安)의 태도에 대해서는 〈아량편(雅量篇)〉 35 참조.

ㅇ左衽(좌임)－옷깃을 왼쪽으로 여미는 이민족(異民族)의 풍속. 《논어(論語)》〈헌문편(憲問篇)〉에 '미관중(微管仲), 오기피발좌임의(吾其被髮左衽矣)'라고 되어 있다.

17. 환공(桓公 : 桓玄)이 처음 은형주(殷荊州 : 殷仲堪)에게 보복하고자 그를 치려 했을 때,(1) 한번은 《논어(論語)》를 강론한 적이 있는데, '부(富)와 귀(貴)는 사람들이 바라는 바이지만, 정당한 방법으로 그것을 얻지 않았을 때엔 누리지 않는다'라는 구절에 이르자,(2) 환현(桓玄)은 기색이 몹시 불쾌해졌다.

원문| 桓公初報破殷荊州,(1) 曾講論語, 至富與貴, 是人之所欲. 不以其道得之不處,(2) 玄意色甚惡.

(1) 주지(周祗)의 《융안기(隆安記)》에 이런 이야기가 있다. '은중감(殷仲堪)은 인심이 환현에게 쏠려 있다고 생각하고, 조정에서 환현으로 자신을 대신하려 한다고 의심하여, 승려 축승견(竺僧慭)을 보내 보물을 싸 들고 가서 상왕(相王 : 司馬道子)의 총희(寵姬), 나이 든 비구니, 측근들에게 선사하고 환현을 무고하게 했다. 환현은 그의 계략을 알고서 그를 공격하여 죽였다.'
周祗隆安記曰, 仲堪以人情注於玄, 疑朝廷欲以玄代己, 遣道人竺僧慭齎寶物遺相王寵幸, 媒尼, 左右, 以罪狀玄. 玄知其謀, 而擊滅之.

(2) 공안국(孔安國)의 주(注)에 말했다. '정당한 방법으로 부귀를 얻지 않으면, 인자(仁者)는 그것을 누리지 않는다.'

孔安國注曰, 不以其道得富貴, 則仁者不處.

주해 | ㅇ富與貴云云(부여귀운운)－《논어(論語)》〈이인편(里仁篇)〉에 있는 구절.

ㅇ媒尼(매니)－문자 그대로 풀이하면 '중매쟁이 비구니'라고 해석되지만 《진서(晋書)》 권64 〈사마도자전(司馬道子傳)〉의 '우시효무제불친만기(于時孝武帝不親萬機), 단여도자감가위무(但與道子酣歌爲務), 담모니승(姏姆尼僧), 우위친특(尤爲親暱), 병절농기권(並竊弄其權)'이라고 되어 있으며 또 《진서》 권27 〈오행지(五行志)〉 중(中)에도 '회계왕(會稽王) 도자(道子), 총행니급담모(寵幸尼及姏母)'라고 되어 있는 것을 참작하면 사마도자의 신변 가까이에 있는 사람으로는 '담니(姏尼)' 쪽이 적절한 것으로 생각되어 원문은 그대로 매니(媒尼)로 두되 번역은 '담니'의 뜻으로 풀었다.

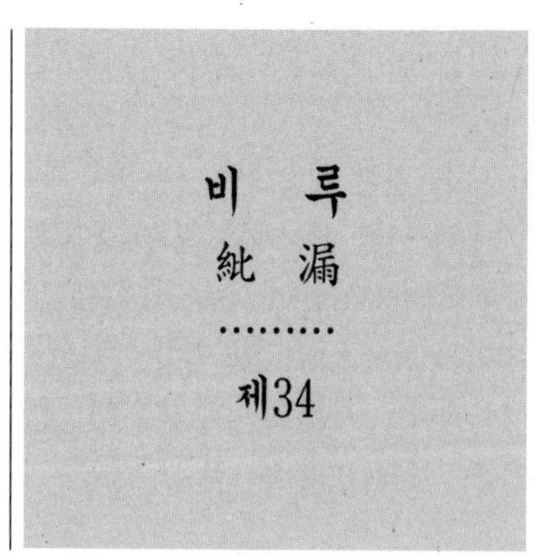

비 루
紕 漏
제34

1. 왕돈(王敦)이 처음 공주에게 장가들었을[(1)] 때, 화장실에 가서 옻칠한 상자에 말린 대추가 담겨 있는 것을 보았는데, 본래는 코를 막기 위한 것이었지만, 왕돈은 화장실에도 과일을 차려 놓았다고 생각하여, 먹다 보니 바닥이 났다. 화장실에서 돌아오자, 시녀가 황금 세숫대야에 물을 담아 들고 있었고, 유리 주발에는 조두(澡豆)를 담아 놓았다. 그 조두를 물 속에 부어서 마셨는데, 왕돈은 그것을 말린 밥이라고 생각했다. 시녀들은 이를 보고 입을 가리고 웃지 않는 자가 없었다.

원문| 王敦初尚主,[(1)] 如厠, 見漆箱盛乾棗. 本以塞鼻, 王謂厠上亦下果. 食遂至盡. 旣還, 婢擎金澡盤盛水, 瑠璃盌盛澡豆. 因倒箸水中而飮之. 謂是乾飯. 羣婢莫不掩口而笑之.

(1) 왕돈(王敦)은 무제(武帝 : 司馬炎)의 딸 무양공주(舞陽公主)에게 장가들었는데, 공주의 자는 수위(脩褘)였다.
敦尚武帝女, 舞陽公主, 字脩褘.

주해 | ㅇ紕漏(비루)－비(紕)는 착오, 누(漏)는 실수. 이 편은 여러 가지 오해에서 일어난 실수담(失手談)을 모아놓고 있다.

ㅇ尙主(상주)－주(主)는 공주(公主). 상(尙)은 천자(天子)의 딸에게 장가드는 것.

ㅇ金澡盤(금조반)－금을 칠한 세숫대야.

ㅇ澡豆(조두)－콩가루로 만든 세척제의 일종. 콩으로는 완두 등을 사용했었다. 《본초강목(本草綱目)》 권24 완두(豌豆)에 '작조두(作澡豆), 거간증(去䵟黵), 영인면광택(令人面光澤)'이란 기록이 있음.

ㅇ敦尙武帝女(돈상무제녀), 舞陽公主(무양공주)－《진서(晋書)》 권98 〈왕돈전(王敦傳)〉에는 '무제(武帝)의 딸, 양성공주(襄城公主)'라고 되어 있음.

2. 원황제(元皇帝 : 司馬睿)가 처음 하사공(賀司空 : 賀循)을 접견했을 때, 오(吳)나라 시대의 일을 언급하다가, 물었다. "손호(孫皓)가 불에 달군 톱으로 어떤 하씨(賀氏)의 목을 잘랐다고 하는데 그 사람이 누군가?" 하사공이 미처 대답하지 못하자, 원황제가 스스로 기억해 내어 말했다. "하소(賀邵)[(1)]요." 하사공이 눈물을 흘리며 말했다. "신의 부친이 무도한 폭군을 만났사옵니다. 그 상처가 너무나 크고 애통함이 너무나 깊기 때문에, 폐하의 영명(英明)하신 물음에 삼가 대답하지 못했나이다."[(2)] 원황제는 부끄럽고 민망하여 3일 동안 조회에 나오지 않았다.

원문 | 元皇初見賀司空, 言及吳時事, 問, 孫皓燒鋸截一賀頭, 是誰. 司空未得言, 元皇自憶曰, 是賀劭.[(1)] 司空流涕曰, 臣父遭遇無道, 創巨痛深, 無以仰答明詔.[(2)] 元皇愧慙, 三日不出.

(1) 하소(賀劭)는 바로 하순(賀循)의 부친이다. 손호(孫皓)는 흉포하

고 교만했는데, 하소가 상소하여 준엄하게 간했으므로, 손호는 그에게 깊은 원한을 품었다. 손호의 측근들이 하소의 올곧음을 꺼려하여 하소가 국정을 비방했다고 참소한 탓에 하소는 문초당했지만 나중에 다시 복직되었다. 하소는 심한 중풍에 걸려 입으로 말을 할 수 없었다. 손호는 하소가 병을 핑계 댄다고 의심하여 술저장 창고로 압송하여 수많은 고문을 했지만, 하소가 결국 한마디 말도 하지 않자, 그를 죽였다.

劭, 卽循父也. 皓凶暴驕矜, 劭上書切諫, 皓深恨之. 親近憚劭貞正, 譖云謗毁國事. 被詰責. 後還復職. 劭中惡風, 口不能言語. 皓疑劭託疾, 收付酒藏, 考掠千數, 卒無一言. 遂殺之.

(2) 《예기(禮記)》에 이런 이야기가 있다. '상처가 크면 그 아무는 날은 오래 가고, 애통함이 깊으면 그 치유는 더디다.'

禮云, 創巨者其日久, 痛深者其愈遲.

주해 | ㅇ賀司空(하사공)－하순(賀循)은 본디 삼국시대 오(吳)나라 사람이다. 오나라가 멸망하자 고향인 회계군(會稽郡) 산음현(山陰縣)으로 돌아갔는데 당시 안동장군(安東將軍)이었던 사마예(司馬睿 : 後의 元帝)에게 발탁되어 오국내사(吳國內史)가 되었다. 《진서(晋書)》 권68 〈하순전〉에서는 이 이야기를 그때에 한 것으로 기록하고 있다.

ㅇ孫皓(손호)－손권(孫權)의 손자. 오나라 마지막 황제. 진(晋)나라에 항복하고 귀명후(歸命侯)에 봉해졌다.

ㅇ禮(예)－《예기(禮記)》 삼년문(三年問). 복상(服喪) 3년의 이유를 말한 부분임.

3. 채사도(蔡司徒 : 蔡謨)가 장강(長江)을 건너와서 팽기(彭蜞 : 게의 종류로 작은 것인데 독이 있음)를 보고 크게 기뻐하며 말했다. "게는 8개의 다리가 있고 2개의 집게발이 더 있다." 그리고 그것을 삶게

했다. 먹은 뒤 토하고 설사하며 곤욕을 치르고 나서야 비로소 게가 아닌 것을 알았다. 나중에 사인조(謝仁祖 : 謝尙)에게 그 일을 말했더니, 사인조가 말했다. "그대는 《이아(爾雅)》를 자세히 읽지 않아서, 〈권학(勸學)〉 때문에 거의 죽을 뻔했군."[(1)]

원문| **蔡司徒渡江, 見彭蜞, 大喜曰, 蟹有八足, 加以二螯. 令烹之, 旣食, 吐下委頓, 方知非蟹. 後向謝仁祖說此事, 謝曰, 卿讀爾雅不熟, 幾爲勸學死.**[(1)]

(1) 《대대례(大戴禮)》〈권학편(勸學篇)〉에 이런 이야기가 있다. '게는 2개의 집게발과 8개의 다리가 있는데, 뱀장어의 구멍이 아니면 기거할 곳이 없는 것은 그 성질이 조급하기 때문이다.' 그래서 채옹(蔡邕)은 《권학장(勸學章)》을 지으면서 거기에서 뜻을 취했다.
《이아(爾雅)》에 이런 이야기가 있다. '활택(蝟蟔)의 작은 것을 노(蟧)라고 한다. 즉, 팽기(彭蜞)인데 게와 비슷하지만 작다.' 그런데 팽기는 게보다 작고 팽활(彭蝟)보다 크니, 바로 《이아》에서 말한 활택이다. 그러나 이 세가지는 모두 8개의 다리와 2개의 집게발이 있으며, 모습이 서로 매우 비슷하다. 채모(蔡謨)가 그것의 크기를 잘 알지 못하여 먹고 낭패를 당했기 때문에 《이아》를 자세히 읽지 않았다고 말한 것이다.
大戴禮勸學篇曰, 蟹二螯八足, 非蛇蟺之穴, 無以寄託者, 用心躁也. 故蔡邕爲勸學章取義焉.
爾雅曰, 蝟蟔小者蟧. 卽彭蜞也. 似蟹而小. 今彭蜞小於蟹, 而大於彭蝟. 卽爾雅所謂蝟蟔也. 然此三物, 皆八足二螯, 而狀甚相類. 蔡謨不精其小大, 食而致弊. 故謂讀爾雅不熟也.

주해| ㅇ彭蜞(팽기)－방게. 바다 근처 민물의 모래 속에서 사는 게의

일종. 독이 있다고 한다.

ㅇ 虵螬(사선)－사(虵)는 사(蛇)의 속자(俗子). 선(螬)은 지렁이.

ㅇ 蔡邕(채옹)－후한(後漢) 사람. 자(字)는 백개(伯喈). 채모(蔡謨)의 증조부. 채목(蔡睦)의 형. 《수서(隋書)》〈경적지(經籍志)〉에 채옹 찬(撰) '권학(勸學) 1권'이라고 되어 있다.

ㅇ 取義焉(취의언)－채옹은 《대대례(大戴禮)》 글의 의미를 취하여 '해유팔족(蟹有八足), 가이이석(加以二螯)'의 사자구(四字句)로 했다.

ㅇ 蝟蠌(활택)－소라게의 일종.

ㅇ 卽彭蜞也(즉팽기야), 似蟹而小(사해이소)－이 두 구절은 진(晋)나라 곽박(郭璞)의 주(注).

ㅇ 彭蝟(팽활)－털이 있는 것을 팽기(彭蜞), 털이 없는 것을 팽활이라고 한다(《正字通》).

4. 임육장(任育長 : 任瞻)은 젊었을 때 훌륭한 명성이 있었다. 무제(武帝 : 司馬炎)가 붕어했을 때, 120명의 만랑(挽郎)을 선발했는데, 한결같이 당시의 준수한 인재들이었으며, 임육장도 그 중에 들어 있었다. 왕안풍(王安豊 : 王戎)이 사위를 선택할 때, 만랑 중에서 뛰어난 자를 찾아 4명을 골라냈는데, 임육장은 여전히 그 중에 들어 있었다. 그는 어렸을 때부터 총명함이 남달라서, 당시 사람들은 임육장의 그림자까지도 아름답다고 말했다. 그러나 그는 강남으로 건너온 뒤로는 곧바로 실의에 빠졌다. 왕승상(王丞相 : 王導)이 먼저 강남으로 건너왔던 당시의 명사들을 초청하여 함께 석두(石頭)로 가서 그를 맞이하고, 여전히 그를 지난날처럼 대우했는데, 만나자마자 곧 그가 이전과는 다름을 느꼈다. 모두 자리에 앉고 나서 차가 나오자, 임육장이 곧 사람들에게 물었다. "이것이 차(茶)요, 명(茗)이요?" 의아해하는 기색을 알아차린 뒤, 스스로 해명했다. "방금 전에 차가 뜨거운지〔熱〕 차가운지〔冷〕 물었을 뿐이오." 한번은 외출했다가 관(棺) 파는 가게를 지나가면서 눈물을 흘리며 슬퍼했다. 왕승상이 그 말을 듣고 말했다.

"그는 정에 너무 빠져 있다."[(1)]

원문 | 任育長年少時, 甚有令名. 武帝崩, 選百二十挽郞. 一時之秀彥. 育長亦在其中. 王安豊選女壻, 從挽郞搜其勝者, 且擇取四人. 任猶在其中. 童少時, 神明可愛, 時人謂育長影亦好. 自過江, 便失志. 王丞相請先度時賢共至石頭迎之, 猶作疇日相待, 一見便覺有異. 坐席竟, 下飮, 便問人云, 此爲茶, 爲茗. 覺有異色, 乃自申明云, 向問飮爲熱爲冷耳. 嘗行從棺邸下度, 流涕悲哀. 王丞相聞之曰, 此是有情癡.[(1)]

(1) 《진백관명(晉百官名)》에 이런 이야기가 있다. '임첨(任瞻)은 자가 육장(育長)이며 낙안(樂安) 사람이다. 아버지 임곤(任琨)은 소부경(少府卿)을 지냈다. 임첨은 알자복야(謁者僕射) · 도위(都尉) · 천문태수(天門太守)를 역임했다.'

晉百官名曰, 任瞻字育長, 樂安人. 父琨, 少府卿. 瞻歷謁者僕射, 都尉, 天門太守.

주해 | ㅇ挽郞(만랑)－영구(靈柩)를 끄는 젊은이. 진(晉)나라 때는 천자(天子)가 붕어했을 때 공경육품관(公卿六品官)의 자제 중에서 만랑을 선발했었다.

ㅇ下飮(하음)－《세설초촬집성(世說鈔撮集成)》에 '음주(飮酒)를 가리키는 것'이라고 했다.

ㅇ此爲茶(차위다), 爲茗(위명)－당(唐)나라 육우(陸羽) 찬(撰) 《다경(茶經)》 칠지사(七之事)에 이 《세설(世說)》의 본문이 인용되어 있고 석대전(釋大典)은 '정신이 황홀해져서 술과 차를 혼동하게 된다'라는 주(注)를 달고 있다(《茶經詳說》). 다(茶)란 글자는 도(荼)자의 생략형이며 육조시대(六朝時代)에 있어서는 도(荼) 한 글자로 다(茶)와 고채(苦菜 : 쓴나물)의 두 가지 뜻을 나타냈었다. 따라서 여기의 다(茶)자도 본디는 도(荼)자였을 것으로 생각된다. 또 《이아(爾雅)》 석목(釋木)의

가(檟), 고도(苦荼) 조(條)에 붙인 곽박(郭璞)의 주(注)에 '금호조채자위도(今呼早采者爲荼), 만채자위명(晩采者爲茗)'이라고 되어 있다.

- 向問飮爲熱(향문음위열), 爲冷耳(위랭이)－당시에는 '명(茗)'과 '냉(冷)'의 운모(韻母)가 같았다. 독음(讀音)도 비슷했다고 한다. 또 다(荼)와 열(熱)은 발음이 비슷했다고 한다. 이 구절은 임첨(任瞻)이 자신의 실언(失言)을 얼버무리기 위해 궁색하게 한 말이다.
- 謁者僕射(알자복야)－빈객이 알현하는 것을 맡아보던 알자(謁者)의 장(長)을 가리킨다.

5. 사호자(謝虎子 : 謝據)가 어느 때 지붕에 올라가 쥐를 잡기 위해 연기를 피웠다.(1) 사호아(謝胡兒 : 謝朗)는 아버지가 그런 일을 했다는 사실을 전혀 알지 못했으므로, 사람들이 "멍청한 사람 중에 그런 짓을 하는 자가 있었다."고 하는 말만 듣고 그런 사람을 놀려대며 웃었는데, 당시에 이것을 한두 번 얘기한 게 아니었다. 호아의 숙부인 사태부(謝太傅 : 謝安)는 호아 자신이 모르고 있다는 것을 알고서, 그와 얘기하는 틈을 타서 호아에게 했다. "세상 사람들은 그 일로 중랑(中郎 : 謝據)을 비방하고, 또한 내가 함께 일을 했다고 말한다."(2) 호아는 민망하고 얼굴이 달아올라서 한 달 동안 방문을 잠근 채 나오지 않았다. 태부는 자기가 지은 잘못이라고 가탁(假託)함으로써 호아를 깨우쳐 주었으니, 가히 덕있는 가르침이라고 이를 만하다.

원문| **謝虎子嘗上屋熏鼠.(1) 胡兒旣無由知父爲此事, 聞人道癡人有作此者, 戲笑之. 時道此非復一過. 太傅旣了己之不知, 因其言次, 語胡兒曰, 世人以此謗中郎, 亦言我共作此.(2) 胡兒懊熱, 一月日閉齋不出. 太傅虛託引己之過, 以相開悟, 可謂德教.**

(1) 호자(虎子)는 사거(謝據)의 어렸을 때 자이다. 사거는 자가 현도

(玄道)이며, 상서(尙書) 사부(謝裒)의 둘째 아들로, 33세에 죽었다.

虎子, 據小字. 據字玄道, 尙書裒第二子. 年三十三亡.

(2) 중랑(中郎)은 사거(謝據)이며, ('중'의 음은) 장중(章仲)의 반절(反切)이다. 생각하건대 세간에서는 형제가 3명 있을 경우 둘째를 '중'이라 한다. 지금 사씨 집안의 형제는 6명인데 사거를 '중랑'이라 한 것은 이해가 되지 않는다. 틀림없이 3명만 있었을 때 '중'이라 불렀다가 그후에도 계속 고치지 않았기 때문일 것이다.

中郎, 據也. 章仲反. 按, 世有兄弟三人, 則謂第二者爲中. 今謝昆弟有六, 而以據爲中郎, 未可解. 當由有三時, 以中爲稱, 因仍不改也.

주해 ｜ o 熏鼠(훈서)－《시경(詩經)》 빈풍(豳風) 칠월(七月)에 '궁질훈서(穹窒熏鼠)'란 구절이 있으며, 지붕에 올라가 연기를 피워서 쥐를 잡는 것을 의미한다. 그런데 지붕에 올라가 연기를 피워가지고는 효과가 없으므로 웃음거리가 되었다.

o 一過(일과)－《세설전본(世說箋本)》에 '더 한번 이야기하는 것과 같다'라고 되어 있다.

o 了己之不知(요기지부지)－사거(謝據)가 사람들에게 웃음거리가 되었고, 더구나 그 아들인 사랑(謝朗)은 그것이 아버지의 행위인지 모르는 채 같이 웃었다는 것은, 사안(謝安)은 자신이 모르고 있었음을 깨달았다는 의미.

o 尙書(상서)－사부(謝裒)는 〈방정편(方正篇)〉 25의 주(注)에서 인용한 《영가류인명(永嘉流人名)》에 의하면 이부상서(吏部尙書)였다.

o 章仲反(장중반)－중랑(中郎)의 중자(中字)가 거성(去聲)으로 읽혀지는 것을 나타내고, 백중숙(伯仲叔)의 중(仲)과 같은 의미가 된다.

o 謝昆弟有六(사곤제유륙)－송본(宋本) 권말에 부재(附載)하는 왕조(汪藻)의 《진국양하사씨보(陳國陽夏謝氏譜)》에 의하면 사부(謝裒)는 혁(奕)·거(據)·안(安)·만(萬)·석(石)·철(鐵) 등 여섯 명의 아들이 있었다.

6. 은중감(殷仲堪)의 아버지〔殷師〕가 동계(動悸)라는 병을 앓았는데, 침상 아래에서 개미가 움직이는 소리를 듣고도 소가 싸우는 것이라고 했다.(1) 효무제(孝武帝 : 司馬曜)는 그 환자가 은중감의 부친인 줄도 모르고 은중감에게 물었다. "어떤 은씨(殷氏)가 그와 같은 병을 앓고 있다던데?" 은중감은 눈물을 흘리며 일어나 말했다. "신은 진퇴양난이옵니다."(2)

원문| **殷仲堪父病虛悸, 聞牀下蟻動, 謂是牛鬪.(1) 孝武不知是殷公, 問仲堪, 有一殷病如此不. 仲堪流涕而起曰, 臣進退唯谷.(2)**

(1) 《은씨보(殷氏譜)》에 이런 이야기가 있다. '은사(殷師)는 자가 사자(師子)이다. 조부 은식(殷識)과 아버지 은융(殷融)은 모두 명성이 있었다. 은사는 표기장군(驃騎將軍)의 자의참군(咨議參軍)에 이르렀으며, 중감(仲堪)을 낳았다.'

《속진양추(續晉陽秋)》에는 이런 이야기가 있다. '은중감의 아버지가 일찍이 정신착란증을 앓았을 때, 중감은 허리에서 띠도 풀지 않은 채 간병했지만, 이듬해 아버지가 죽었다.'

殷氏譜曰, 殷師, 字師子. 祖識, 父融, 竝有名. 師至驃騎咨議, 生仲堪.

續晉陽秋曰, 仲堪父曾有失心病, 仲堪腰不解帶, 彌年父卒.

(2) 〈대아(大雅)〉의 시(詩)이다. 모공(毛公)의 주(注)에 '곡(谷)은 어려움을 겪는다는 뜻'이라고 하였다.

大雅詩也. 毛公注曰, 谷, 窮也.

주해| ㅇ虛悸(허계)－심장이 동계(動悸 : 두근거리는)하는 병일 것이다. 《세설해군습(世說解捃拾)》에 '품자전(品字箋)에 말했다. 경계(驚悸)하

고 심동(心動)하는 것이다'라고 되어 있다. 《진서(晋書)》 권84 〈은중감전(殷仲堪傳)〉에 보이는 비슷한 이야기에는, '은중감의 아버지가 일찍이 귓병을 앓았는데 침상 밑에서 개미가 움직이는 소리를 듣고, 그것을 소가 싸우는 것이라고 했다'라고 되어 있으며, 청각 이상이 아주 예민했었다고 한다.

ㅇ師子(사자)-왕조(汪藻)의 《은씨보(殷氏譜)》에서는 자(字)를 '자환(子桓)'으로 적고 있다. 여기서는 송본(宋本)·원본(袁本)을 따랐다.

ㅇ不解帶(불해대)-의관을 풀지 아니하고 열심히 간병하는 것. 《예기(禮記)》 〈문왕세자(文王世子)〉에 '문왕(文王)에게 질병이 있자, 무왕(武王)은 허리띠를 풀지 않은 채 공양했다'라고 되어 있다. 〈배조편(排調篇)〉 61에서 인용한 《중흥서(中興書)》 참조.

ㅇ大雅詩(대아시)-《시경(詩經)》 〈대아(大雅)〉 '상유(桑柔)'의 시이다. '인역유언(人亦有言), 진퇴유곡(進退維谷)'이라고 되어 있다. '유(維)'와 본문의 '유(唯)'는 통용된다.

7. 우소보(虞嘯父)가 효무제(孝武帝 : 司馬曜)의 시중(侍中)으로 있을 때, 효무제가 조용히 물었다. "그대는 문하성(門下省)에 있는데 그대가 헌체(獻替)하는 것을 전혀 듣지 못했소." 우소보의 집은 바다에 가까운 부춘(富春)에 있었는데, 그는 효무제가 진상물을 바란다고 생각하여 대답했다. "계절이 아직 따뜻하여 제어(鮆魚)와 새우젓을 운반할 수 없사오니, 머지않아 틀림없이 진상하겠나이다." 효무제는 손뼉을 치며 크게 웃었다.[(1)]

| 원문 | 虞嘯父爲孝武侍中, 帝從容問曰, 卿在門下, 初不聞有所獻替. 虞家富春, 近海, 謂帝望其意氣. 對曰, 天時尚煖, 鮆魚蝦鮓未可致, 尋當有所上獻. 帝撫掌大笑.[(1)]

(1) 《중흥서(中興書)》에 이런 이야기가 있다. '우소보(虞嘯父)는 회계

(會稽) 사람으로, 광록대부(光祿大夫) 우담(虞潭)의 손자이고 우장군(右將軍) 우순(虞純)의 아들이다. 젊어서 높은 벼슬을 역임했으며, 왕흠(王廞)과 함께 역모에 가담했다가 서인(庶人)으로 폐출당했다. 유유(劉裕) 등이 의군(義軍)을 일으켰을 당초에 회계내사(會稽內史)가 되었다.'

中興書曰, 嘯父, 會稽人. 光祿潭之孫, 右將軍純之子. 少歷顯位, 與王廞同廢爲庶人. 義旗初, 爲會稽內史.

주해 | ㅇ獻替(헌체)－의견을 주상(奏上)하는 것인데, 이것을 헌상(獻上), 즉 물건을 바친다는 뜻으로 오해한 것이다. 참고로 헌체는 헌가체부(獻可替否)의 축어(縮語)이다. 선(善)을 권하고 악(惡)을 못하게 하여 군주를 보좌한다는 의미이다.

ㅇ虞家富春近海(우가부춘근해)－부춘은 절강성 부양현(富陽縣)에 있는 지명. 회계군(會稽郡)에 속한다. 《진서(晋書)》 권76 〈우소보전(虞嘯父傳)〉에는 '소보가근해(嘯父家近海)'라고 되어 있으며 《어람(御覽)》 권943에서 인용한 《세설(世說)》에는 '우가부근해(虞家富近海)'라고 되어 있다.

ㅇ意氣(의기)－바치는 예물. 《세설음석(世說音釋)》에 '궤향(饋餉)이다'라고 되어 있다.

ㅇ鮺(자)－자(鮓)와 같다. 젓으로 만든 생선.

ㅇ右將軍純之子(우장군순지자)－《진서》 권76 〈우담전(虞譚傳)〉에는 소보(嘯父)의 아버지를 흘(仡)로 적고, '벼슬은 우장군사마(右將軍司馬)에 이르다'라고 했다. 《진서각주(晋書斠注)》에서는 이에 대하여 '생각하건대 순(純)자와 흘(仡)자는 글자 모양이 비슷하여 오기(誤記)일 듯하다. 세설(世說)의 《중흥서(中興書)》는 사마(司馬) 두 글자가 빠졌다'라고 했다.

ㅇ義旗(의기)－동진(東晋) 안제(安帝)에게서 선양(禪讓)받은 환현(桓玄)에 대하여 원흥(元興) 3년(404) 유유(劉裕) 등이 토벌군을 일으킨 것을 가리킨다.

8. 왕대(王大 : 王忱)가 죽은 뒤, 조정의 논의 가운데 어떤 이는 (왕대의 동생) 왕국보(王國寶)가 형주자사(荊州刺史)가 되는 것이 당연하다고 했다.[(1)] 왕국보의 주부(主簿)가 밤에 봉함 문서를 들고 와서 보고했다. "형주의 인사(人事)는 이미 결정났습니다." 왕국보는 크게 기뻐하며 그 밤에 쪽문을 열고 막료(幕僚)를 불렀는데, 말로는 형주자사가 되었다는 것을 언급하지 않았지만 기색은 매우 만족스러워 했다. 그러나 새벽에 사람을 보내 탐문해 보도록 했더니, 그런 일이 전혀 없었다는 것이었다. 그는 즉시 주부를 불러 질책하며 말했다. "그대가 어떻게 남의 인사를 오해하게 할 수 있느냐?"

원문 | **王大喪後, 朝論或云, 國寶應作荊州.[(1)] 國寶主簿夜函白事云, 荊州事已行. 國寶大喜, 其夜開閤, 喚綱紀. 話勢雖不及作荊州, 而意色甚恬. 曉遣參問, 都無此事. 卽喚主簿數之曰, 卿何以誤人事邪.**

(1) 《진안제기(晉安帝紀)》에 이런 이야기가 있다. '왕침(王忱)이 죽자, 회계왕(會稽王 : 司馬道子)은 왕국보(王國寶)를 그의 후임으로 삼고자 했으나, 효무제(孝武帝 : 司馬曜)가 직접 조서를 내려 은중감(殷仲堪)을 임용하는 바람에 그만두었다.'
晉安帝紀曰, 王忱死, 會稽王欲以國寶代之. 孝武中詔用仲堪, 乃止.

주해 | ㅇ綱紀(강기)-지방 아문(衙門)에서 제조(諸曹)를 총괄하는 것. 부(府)의 장사(長史)와 사마(司馬), 주(州)의 별가(別駕)와 치중(治中), 군(郡)의 주부(主簿)와 공조(功曹) 등이 이에 해당한다.

ㅇ中詔(중조)-황제의 내부 문서. 수조(手詔). 《자치통감(資治通鑑)》 권124의 호삼성(胡三省) 주(注)에 '조(詔), 내부에서 나와 문하(門下)를 거치는데 이것을 중조(中詔)라고 한다. 오늘날의 수조(手詔)가 그것이다'라고 했다.

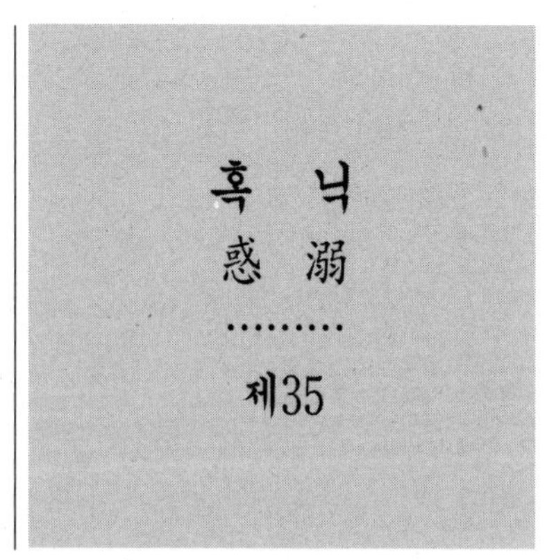

혹 닉
惑 溺
제35

1. 위(魏)나라의 견황후(甄皇后)는 총명하고 아름다웠다. 이전에는 원희(袁熙)의 부인으로서 대단한 총애를 받았었다. 조공(曹公 : 曹操)이 업성(鄴城)을 공략했을 때, 속히 견씨(甄氏)를 불러오라고 명령했다. 좌우에 있던 자들이 아뢰었다. "오관중랑(五官中郎 : 曹丕)이 이미 데리고 떠났습니다" 조공은 말했다. "금년에 적을 격파한 것은 바로 그 계집 때문이었던 것과 마찬가지야!"(1)

원문| 魏甄后惠而有色. 先爲袁熙妻, 甚獲寵. 曹公之屠鄴也, 令疾召甄. 左右白, 五官中郎已將去. 公曰, 今年破賊, 正爲奴.(1)

(1) 《위략(魏略)》에 이런 이야기가 있다. '건안(建安) 연간(201~219년)에 원소(袁紹)는 둘째 아들 원희(袁熙)를 위해 견회(甄會)의 딸을 부인으로 얻어 주었다. 원소가 죽은 뒤, 원희는 전출되어 유주(幽州)에 있었는데, 견씨는 남아서 시어머니를 모셨다. 업성(鄴城)이 함락되자 오관장(五官將 : 曹丕)이 곧바로 원소의 집으로

들어가서 보았더니, 견씨가 겁에 질려서 시어머니의 무릎 위에 머리를 파묻고 있었다. 오관장이 원소의 처 원부인(袁夫人)에게 견씨를 붙들어 머리를 들게 하라고 말했는데, 그 미색이 뛰어난 것을 보고 감탄했다. 태조(太祖 : 曹操)가 그 조비의 뜻을 알고서 마침내 그의 부인으로 맞이하게 했는데, 그녀는 몇 년 동안 총애를 독차지했다.'

《세어(世語)》에는 이런 이야기가 있다. '태조가 업성(鄴城)을 공략했을 때, 문제(文帝 : 曹丕)가 먼저 원상(袁尙 : 원희의 동생)의 관부(官府)로 들어가서 보았더니, 어떤 부인이 흐트러진 머리카락에 때묻은 얼굴로 눈물을 흘리면서 원소의 부인 유씨(劉氏)의 뒤에 서 있었다. 문제는 물어본 뒤 원희의 부인임을 알고서, 머리카락을 쓸어올리고 소매로 얼굴을 닦으라 했는데, 용모가 비할 데 없이 아름다웠다. 문제가 가고 난 뒤에 유씨가 견씨에게 말했다. "너는 다시는 죽지 않을 것이다."고 했다. 문제는 마침내 그녀를 부인으로 맞이하여 총애하였다.'

《위씨춘추(魏氏春秋)》에 이런 이야기가 있다. '오관장(五官將 : 曹丕)이 원희의 부인을 받아들이자, 공융(孔融)이 태조에게 서찰을 보내 말했다. "주(周)나라 무왕(武王)이 은(殷)나라 주왕(紂王)을 토벌했을 때, 주왕의 비 달기(妲己)를 동생 주공(周公)에게 하사했습니다." 태조는 공융이 박학하기 때문에 정말로 그런 사실이 전적에 기록되어 있는 것이라고 생각했다. 나중에 공융을 만나서 물어보았더니, 대답했다. "지금의 입장에서 옛날을 헤아려 보면 아마도 그러했을 것이라고 생각했던 것입니다."'

魏略曰, 建安中, 袁紹爲中子熙娶甄會女. 紹死, 熙出任幽州, 甄留侍姑. 及鄴城破, 五官將從而入紹舍, 見甄怖, 以頭伏姑膝上. 五官將謂紹妻袁夫人, 扶甄令擧頭. 見其色非凡, 稱歎之. 太祖聞其意, 遂爲迎娶, 擅室數歲.

世語曰, 太祖下鄴, 文帝先入袁尙府, 見婦人被髮垢面垂涕, 立

紹妻劉後. 文帝問知是熙妻, 使令攬髮, 以袖拭面, 姿貌絶倫. 旣過, 劉謂甄曰, 不復死矣. 遂納之, 有寵.

魏氏春秋曰, 五官將納熙妻也, 孔融與太祖書曰, 武王伐紂, 以妲己賜周公. 太祖以融博學, 眞謂書傳所記. 後見融問之, 對曰, 以今度古, 想其然也.

주해 | ㅇ惑溺(혹닉)－미혹당한다는 의미. 이 편에는 여색(女色)에 혹닉되어 이성(理性)을 잃었던 이야기들을 모아놓고 있다.

ㅇ袁熙(원희)－원소(袁紹)의 차남이며 원담(袁譚)의 동생이다. 자(字)는 현옹(顯雍). 관직은 후한(後漢)의 유주자사(幽州刺史). 동생 원상(袁尙)이 조조(曹操)에게 격파당하자 원희와 원상은 요동(遼東)의 공손강(公孫康)에게 가서 몸을 의지했으나 도리어 공손강에게 두 사람 모두 죽음을 당했다.

ㅇ曹公之屠鄴也(조공지도업야)－조조가 업성(鄴城)을 쳐서 함락시킨 것은 후한 건안(建安) 9년(204) 8월의 일이다.

ㅇ五官中郎(오관중랑)－오관중랑장(五官中郎將)의 약어(略語). 오관중랑장은 광록훈(光祿勳) 밑에 있으면서 궁중의 모든 전문(殿門)의 숙위(宿衛)를 맡았다. 근위대장을 가리킴이다. 참고로 조비가 오관중랑장이 된 것은 건안 16년(211)의 일이다.

ㅇ甄會(견회)－《삼국지》 권5 〈견황후전(甄皇后傳)〉에는 아버지의 이름을 '일(逸)'로 적고 있다. 또 배주(裴注)에서 인용한 《위략(魏略)》에서도 '일(逸), 상산(常山)의 장씨(張氏)에게 장가들어 3남 5녀를 낳다'라고 되어 있으며 그 다섯째 딸이 견황후였다.

ㅇ熙出任幽州(희출임유주)－'임(任)'자가 원본(袁本)에는 '재(在)'자로 되어 있다.

ㅇ紹妻袁夫人(소처원부인)－송본·원본 모두 '원부인(袁夫人)'으로 적고 있는데 《삼국지》 〈견황후전〉에서 인용한 《위략(魏略)》과 마찬가지로 '유부인(劉夫人)'으로 적었어야 했을 것이다.

ㅇ袁尙(원상)－원소(袁紹)의 막내아들. 자(字)는 현보(顯甫). 원소는 세 아들 중 이 원상을 제일 사랑했었다. 원소가 죽자 원상이 뒤를 이었는

데 형인 원담(袁譚)과 싸웠다. 조조는 그 틈을 타서 원상을 격파했던 것이다.

ㅇ被髮垢面垂涕(피발구면수체)－송본에는 '피발여수체(被髮如垂涕)'로 적고 있다.

ㅇ納熙妻也(납희처야)－송본에서는 '처(妻)'를 '첩(妾)'으로 적고 있다.

ㅇ妲己(달기)－은(殷)나라 주왕(紂王)의 비(妃). 유소씨(有蘇氏)의 딸. 주왕은 이 달기의 말에 따라 포학무도한 정치를 했다고 한다. 하(夏)나라 걸왕(桀王)의 말희(末喜)라든가 주(周)나라 유왕(幽王)의 포사(褒似) 등과 함께 나라를 멸망시킨 근본이 되었던 비(妃)로 유명하다.

2. 순봉천(荀奉倩 : 荀粲)은 부인과의 사랑이 아주 돈독했다. 겨울철에 부인이 열병을 앓자, 곧장 정원으로 나가 자신의 몸을 차갑게 해서 돌아온 뒤, 자신의 몸을 부인에게 갖다 댔다. 부인이 죽자, 순봉천도 그후 얼마 되지 않아 역시 죽었는데, 이 때문에 세간의 비난을 받았다.(1) 순봉천은 말하였다. "부인의 품덕(品德)은 일컫기에 부족하며, 마땅히 미색(美色)을 위주로 해야 한다." 배령(裴令 : 裴頠)이 그 말을 듣고 말했다. "그것은 흥이 올랐을 때의 일이지 훌륭한 덕을 지닌 자의 말이 아니니, 후인들은 그 말에 현혹되지 말기를 바란다."(2)

원문| 荀奉倩與婦至篤. 冬月婦病熱, 乃出中庭自取冷還, 以身熨之. 婦亡, 奉倩後少時亦卒. 以是獲譏於世.(1) 奉倩曰, 婦人德不足稱, 當以色爲主. 裴令聞之曰, 此乃是興到之事, 非盛德之言. 冀後人未昧此語.(2)

(1) 《순찬별전(荀粲別傳)》에 이런 이야기가 있다. '순찬은 부인의 재지(才智)는 말할 바가 못되며, 자고로 마땅히 미색을 위주로 해야 한다고 늘 생각했다. 표기장군(驃騎將軍) 조홍(曹洪)의 딸이 미색

이 뛰어났으므로, 순찬은 그녀를 부인으로 맞이했다. 그녀는 용모·의복·모든 도구들까지 매우 아름다웠으며, 사랑을 한몸에 독차지했다. 몇 년이 지난 뒤에 부인이 병으로 죽었다. 아직 염을 하기 전에 부하(傅嘏)가 순찬을 찾아 조문했는데, 순찬은 사리를 분간하지 못할 정도로 정신이 상해 있었다. 부하가 물었다. "부인의 재지와 미색은 둘 다 훌륭하기가 어려운 법이네. 그대의 결혼은 여자의 재지는 고려하지 않고 미색만 염두에 둔 것으로, 그런 상대는 만나기 어려운 것도 아닐세. 어찌하여 이토록 심하게 애통해 하는가?" 순찬이 말했다. "가인(佳人)은 다시 얻기 어려운 법이네. 생각해 보면 떠난 사람이 경국지색(傾國之色)을 지녔다고 할 수는 없지만, 쉽게 만날 수 있는 사람은 아니야." 그는 비통함을 그치지 못하다가 1년여만에 역시 죽었는데, 죽었을 때 나이가 29세였다. 순찬은 정갈하고 고귀하여 보통 사람들과는 사귀지 않았으며, 사귄 자는 당대의 준걸들이었다. 장례식날 저녁에 조문하러 온 사람은 10여 명에 불과했지만, 모두 동년배 중에서 이름난 명사들이었다. 그들의 곡례(哭禮)는 길 가는 사람까지도 감동시켜 눈물을 흘리게 했다. 순찬은 비록 외곬이었고 부부간의 사랑 때문에 스스로 목숨을 끊었지만, 식자들은 여전히 그의 언변에 뛰어났던 점을 생각하며 추도했다.'

粲別傳曰, 粲常以婦人才智不足論, 自宜以色爲主. 驃騎將軍曹洪女有色, 粲於是聘焉. 容服帷帳甚麗, 專房燕婉. 歷年後, 婦病亡. 未殯, 傅嘏往喭粲, 粲不哭而神傷. 嘏問曰, 婦人才色, 並茂爲難. 子之聘也, 遺才存色, 非難遇也. 何哀之甚. 粲曰, 佳人難再得. 顧逝者不能有傾城之異, 然未可易遇也. 痛悼不能已已. 歲餘亦亡, 亡時年二十九. 粲簡貴, 不與常人交接, 所交者一時俊傑, 至葬夕, 赴期者裁十餘人, 悉同年相知名士也. 哭之, 感慟路人. 粲雖褊隘, 以燕婉自喪, 然有識猶追惜其能言.

(2) 하소(何劭)가 순찬을 논하여 이렇게 말했다. '중니(仲尼 : 孔子)는 "덕있는 자에게는 훌륭한 언론이 있다."고 했는데, 순찬은 이 점에 있어서 부족했다. 가만히 생각해 보니, 그는 언변에는 남음이 있었으나 식견은 부족했다.'

何劭論粲曰, 仲尼稱, 有德者有言. 而荀粲減於是. 內顧所言有餘, 而識不足.

주해 | ○熨(위)－갖다 대다. 본디는 눌러서 덥게 하다란 의미인데 여기서는 자신의 몸을 부인에게 '갖다 대서' 열을 식혀 주었다는 뜻으로 쓰이고 있다.

○以色爲主(이색위주)－송본(宋本)에서는 주(主)를 지(至)로 적고 있는데 원본(袁本)에 따랐다.

○聘焉(빙언)－송본은 홍(興)으로 적고 있는데 원본을 따랐다.

○專房(전방)－일실(一室)을 독점한다는 데서 전(轉)하여 처첩이 총애를 한몸에 받는 것.

○喭(언)－언(唁)과 통하며 불행한 일을 당한 사람을 위로하러 찾아간다는 의미이다.

○何劭論粲(하소논찬)－하소는 〈임탄편(任誕篇)〉에 보이는 하증(何曾)의 아들. 《진서(晋書)》 권33 〈하소전〉에 의하면 하소는 〈순찬전(荀粲傳)〉을 지었다는데 이 글도 그 일부일까?

○有德者有言(유덕자유언)－《논어(論語)》 〈헌문편(憲問篇)〉에 '유덕자필유언(有德者必有言)'이란 구절이 있다.

3. 가공려(賈公閭 : 賈充)[(1)]의 후처 곽씨(郭氏 : 郭槐)는 투기가 심했다. 여민(黎民)이라고 하는 아들이 있었는데, 태어난 지 갓 한 돌이었다. 가충(賈充)이 밖에서 돌아왔을 때, 유모가 아이를 안고 정원에 있었는데, 아이가 가충을 보고 좋아서 뛰자, 가충이 유모에게 다가가서 유모 손 안에 있는 아이에게 입을 맞추었다. 곽씨는 이 모습을 멀리서

보고 가충이 유모를 사랑하고 있다고 생각하며, 곧바로 그녀를 죽여 버렸다. 아이는 슬픔 속에서 유모를 그리며 울었고, 다른 젖을 먹지 않다가 결국 죽고 말았다. 곽씨는 그후 끝내 아들을 낳지 못했다.(2)

원문| **賈公閭(1)後妻郭氏酷妬. 有男兒, 名黎民, 生載周. 充自外還, 乳母抱兒在中庭. 兒見充喜踊. 充就乳母手中嗚之. 郭遙望見, 謂充愛乳母, 卽殺之. 兒悲思啼泣, 不飮他乳, 遂死. 郭後終無子.(2)**

(1) 《가충별전(賈充別傳)》에 이런 이야기가 있다. '가충의 부친 가규(賈逵)는 늘그막에 아들을 낳았기 때문에, 이름을 '충(充)'이라 하고 자를 '공려(公閭)'라 했는데, 나중에 틀림없이 가문을 충실하게 할 남다름이 있을 것이라는 뜻이었다.'
充別傳曰, 充父逵, 晩有子, 故名曰充, 字公閭. 言後必有充閭之異.

(2) 《진제공찬(晉諸公贊)》에는 이런 이야기가 있다. '곽씨는 바로 가황후(賈皇后)의 모친이다. 성품이 고상했으며, 가황후에게 아들이 없음을 알고서 민회태자(愍懷太子 : 司馬遹)를 몹시 걱정하고 아끼면서 늘 그를 격려했다. 임종할 때, 가황후에게 태자를 극진히 보살피라고 가르쳤는데, 그 말이 매우 간절했다. 한편 조충화(趙充華 : 趙粲)와 가밀(賈謐)의 모친은 가황후의 여동생을 모두 궁중에 출입하지 못하게 하라면서, 이렇게 말했다. "이들은 모두 너의 일을 그르치게 할 것이다." 그러나 가황후는 그 말을 따를 수 없었으며, 결국에는 주살당하고 말았다.' 신(臣)이 생각하건대 부창(傅暢)의 이 말[《晉諸公贊》]에 따른다면, 곽씨는 현명한 부인이다. 만약 가황후에게 민회태자를 사랑하라고 했다면, 아무리 투기가 심하다 하더라도 어찌 스스로 자기 아들을 죽게 할 수 있단

말인가? 그렇다면 남의 자식을 대할 경우와 자기 자식을 대할 경우가 달랐던 것인가? 아니면 늙었을 때와 젊었을 때의 감정이 달랐던 것인가?

晉諸公贊云, 郭氏卽賈后母也. 爲性高朗. 知后無子, 甚憂愛愍懷, 每勸厲之. 臨亡, 誨賈后, 令盡意於太子. 言甚切至. 趙充華及賈謐母, 並勿令出入宮中. 又曰, 此皆亂汝事. 后不能用, 終至誅夷. 臣按, 傳暢此言, 則郭氏賢明婦人也. 向令賈后撫愛愍懷, 豈當縱其妬悍, 自斃其子. 然則物我不同, 或老壯情異乎.

주해 | ㅇ載周(재주)－만 1년. 재(載)는 시(始). 일설에 재(載)는 재(再)와 통하며 2세란 뜻이라고도 한다. 한편 《진서(晋書)》 권40 〈가충전(賈充傳)〉에는 이와 비슷한 이야기를 인용하고 '초(初), 여민년삼세(黎民年三歲)'라고 했다.

ㅇ嗚(오)－입을 맞추다란 뜻. 오(嗚)는 오(歍)와 통하며 아이를 어를 때 내는 의성어로 풀이하기도 한다.

ㅇ賈后(가후)－혜제(惠帝 : 司馬衷)의 황후. 가충(賈充)의 딸로서 휘(諱)는 남풍(南風). 여동생 가오(賈午)·여동생의 아들 가밀(賈謐), 조찬(趙粲) 등과 공모하여 민회태자(愍懷太子)를 폐한 다음 살해했는데 영강(永康) 원년(元年 : 300) 조왕(趙王) 윤(倫)에게 주살당했다.

ㅇ愍懷(민회)－민회태자. 혜제(惠帝)의 장남. 휘(諱)는 휼(遹). 어렸을 때 총명하여 조부인 무제(武帝 : 司馬炎)에게 사랑을 받았고 태자에 책봉되었다. 가후(賈后)·가밀(賈謐) 등의 참언에 의해 원강(元康) 9년(299) 12월, 폐태자되었고, 이듬해인 영강(永康) 원년 3월에 죽음을 당했다. 당시 나이 23세였다.

ㅇ趙充華(조충화)－충화(充華)는 여관(女官)의 칭호. 조찬(趙粲), 가후(賈后)와 친하게 지내면서 민회태자를 폐태자 하는 일에 가담했다가 영강 원년, 조왕 윤에 의해 가씨(賈氏) 일족과 함께 주살당했다.

ㅇ賈謐母(가밀모)－가후의 여동생, 가오(賈午). 한수(韓壽)와 가오 사이에 태어난 아들이 가밀이며 가밀은 외조부 가충의 뒤를 이어 가씨로

성을 바꾸었다. 가오는 가후와 가밀 등과 모의하여 민회태자를 폐태자시키고 죽였는데 영강 원년 조왕 윤에게 주살당했다.
- 誅夷(주이)－이미 말한 것처럼 영강 원년 4월, 조왕 윤은 군사를 일으키어 가후를 폐황후하고 가씨 일족과 함께 죽였다.
- 臣按(신안)－이 말에서 추찰할 때 그는 유효표(劉孝標) 주(注)가 아닐 것이다.
- 向(향)－만약.
- 物我(물아)－물(物)은 남의 아들, 즉 민회태자를 가리키고 아(我)는 자기 아들, 즉 여민(黎民)을 가리킨다. 또 《전본(箋本)》의 두주(頭注)에는 '물(物)은 남을 가리키는데 곧 유모를 말함이요, 아(我)는 내 아들을 가리키는데 곧 가후이다'라고 하였다.

4. 손수(孫秀)가 진(晉)나라에 투항하자, 진나라 무제(武帝 : 司馬炎)가 그를 매우 총애하여,(1) 처제 괴씨(蒯氏)를 그에게 시집보냈는데, 부부간의 금슬이 매우 좋았다. 부인이 한번은 투기하다가 손수에게 '오소리 새끼[貉子]'라고 욕을 했다.(2) 손수는 몹시 불쾌하여 마침내 두번 다시 부인의 방으로 들어가지 않았다. 괴씨는 크게 후회하고 자책하면서 무제에게 도움을 청했다. 당시 사면을 크게 시행하여 신하들이 모두 무제를 알현했는데, 신하들이 나가고 난 뒤에 무제는 손수만 남게 하여 조용히 말했다. "천하가 대사면으로 인해 크게 관대해졌으니, 괴부인도 그 예를 따를 수 있지 않을까?" 손수는 모자를 벗고 사죄했으며, 결국 부부 사이가 처음처럼 되었다.

원문| 孫秀降晉, 晉武帝厚存寵之,(1) 妻以姨妹蒯氏. 室家甚篤. 妻嘗妬, 乃罵秀爲貉子.(2) 秀大不平, 遂不復入. 蒯氏大自悔責, 請救於帝. 時大赦, 群臣咸見. 旣出, 帝獨留秀, 從容謂曰, 天下曠蕩, 蒯夫人可得從其例不. 秀免冠而謝, 遂爲夫婦如初.

(1) 《태원곽씨록(太原郭氏錄)》에 이런 이야기가 있다. '손수(孫秀)는 자가 언재(彦才)이며 오군(吳郡) 오(吳) 땅 사람이다. 하구(下口)의 도독(都督)이 되었는데, 위의와 덕망이 대단했다. 손호(孫皓)는 그를 꺼려하여 제거하려고 했는데, 장군 하정(何定)을 파견하여 장강을 거슬러 올라가게 하면서 주방에 제공할 사슴 3천 마리를 잡으려고 한다는 핑계를 대게 했다. 손수는 그 계략을 미리 알고 마침내 진(晋)나라에 귀순했다. 세조(世祖 : 司馬炎)는 그를 좋아하여 표기장군(驃騎將軍) · 교주목(交州牧)으로 삼았다.'

太原郭氏錄曰, 秀字彦才, 吳郡吳人. 爲下口督, 甚有威恩. 孫皓憚欲除之, 遣將軍何定遡江而上, 辭以捕鹿三千口供廚. 秀豫知謀, 遂來歸化. 世祖喜之, 以爲驃騎將軍, 交州牧.

(2) 《진양추(晉陽秋)》에는 이런 이야기가 있다. '괴씨(蒯氏)는 양양(襄陽) 사람이다. 조부 괴량(蒯良)은 이부상서(吏部尚書)를 지냈고, 아버지 괴균(蒯鈞)은 남양태수(南陽太守)를 지냈다.'

晉陽秋曰, 蒯氏, 襄陽人. 祖良, 吏部尚書. 父鈞, 南陽太守.

주해 | ㅇ姨妹(이매)－처제.

ㅇ貉子(학자)－중국의 북방 사람이 남방 사람들을 경멸하여 부르는 말. 《진서(晋書)》 권54 〈육기전(陸機傳)〉에 환관인 맹초(孟超)가 육기를 욕하여 '학여(貉如)'라고 부른 예가 있다.

5. 한수(韓壽)는 용모가 준수했는데, 가충(賈充)이 그를 초빙하여 속관으로 삼았다. 가충이 매번 속관들과 모임을 가질 때마다 가충의 딸 가오(賈午)는 푸른 격자창 안에서 엿보았는데, 한수를 보고는 그를 좋아하여 늘 사모하는 마음을 품었으며 그 마음을 시(詩)로 읊조렸다. 나중에 하녀가 한수의 집으로 가서 그러한 사정을 갖추어 말하면서, 아가씨가 눈부시게 아름답다는 말도 했다. 한수는 그 말을 듣고

마음이 동하여, 마침내 하녀에게 몰래 소식을 전해 달라고 부탁한 뒤, 약속한 기일에 찾아가서 하룻밤을 같이 보냈다. 한수는 날렵하고 민첩하기가 따를 자가 없었다. 그래서 담을 뛰어넘어 들어갔는데, 집 안에서는 아무도 알지 못했다.(1) 이때부터 가충은 딸이 유달리 멋을 내고 평상시와는 달리 유쾌해 한다는 것을 느꼈다. 나중에 속관들을 회견할 때, 한수에게서 진기한 향기가 풍겼다. 그 향은 공물로 외국에서 바친 것으로 한 번 사람의 몸에 차면 몇 달 동안 향기가 사라지지 않는 것이었다.(2) 가충은 곰곰이 생각해 보았다. '무제(武帝 : 司馬炎)께서 오직 나와 진건(陳騫)에게만 이 향을 하사하였으므로 다른 집에는 이 향이 없겠다. 혹시 한수와 내 딸이 밀통한 것일까? 하지만 담장이 몇 겹이나 되고 대문과 쪽문도 저토록 높은데 무슨 수로 그렇게 할 수 있겠는가?' 그래서 도둑이 들었다고 핑계를 대고 사람을 시켜 담장을 수리하게 했더니, 그 사람이 돌아와서 말하는 것이었다. "다른 곳은 이상이 없고 오직 동북쪽 모퉁이에 사람의 발자국이 있는데, 담장이 높아서 사람이 뛰어넘을 수는 없습니다." 그래서 가충이 딸 주변의 하녀를 붙잡아 캐물었더니, 하녀가 사실대로 대답했다. 가충은 그 일을 비밀에 부치고, 딸을 한수에게 시집보냈다.(3)

원문 韓壽美姿容. 賈充辟以爲掾. 充每聚會, 賈女於青璅中看, 見壽, 悅之, 恒懷存想, 發於吟詠. 後婢往壽家, 具述如此, 幷言女光麗. 壽聞之心動, 遂請婢潛修音問, 及期往宿. 壽蹻捷絶人, 踰牆而入, 家中莫知.(1) 自是充覺女盛自拂拭, 說暢有異於常. 後會諸吏, 聞壽有奇香之氣. 是外國所貢, 一箸人, 則歷月不歇.(2) 充計武帝唯賜己及陳騫, 餘家無此香, 疑壽與女通. 而垣牆重密, 門閤急峻, 何由得爾. 乃託言有盜, 令人修牆. 使反曰, 其餘無異. 唯東北角如有人跡, 而牆高, 非人所踰. 充乃取女左右婢考問, 卽以狀對. 充秘之, 以女妻壽.(3)

(1) 《진제공찬(晉諸公贊)》에 이런 이야기가 있다. '한수(韓壽)는 자가 덕진(德眞)이며 남양(南陽) 자양(赭陽) 사람이다. 증조부 한기(韓暨)는 위(魏)의 사도(司徒)를 지냈으며 품행이 고상했다.' 한수는 가풍(家風)을 중시했으며 성품이 진실되고 중후했는데, 어찌 이와 같은 일이 있었겠는가? 이 이야기는 다른 책에는 기록되어 있지 않고 오직 《세설(世說)》에서만 보이니, 애당초부터 믿을 수 없다.

晉諸公贊曰, 壽字德眞, 南陽赭陽人. 曾祖暨, 魏司徒, 有高行. 壽敦家風, 性忠厚. 豈有若斯之事. 諸書無聞, 唯見世說, 自未可信.

(2) 《십주기(十洲記)》에는 이런 이야기가 있다. '한(漢)나라 무제(武帝) 때, 서역(西域) 월지국(月氏國)의 왕이 사자(使者)를 파견하여 4량의 향을 헌상했는데, 크기는 참새알 만했고 오디처럼 까맸는데, 그것을 사르면 향기가 석 달이 넘도록 사라지지 않았다.' 아마도 이 향일 것이다.

十洲記曰, 漢武帝時, 西域月氏國王遣使獻香四兩. 大如雀卵, 黑如桑椹. 燒之, 芳氣經三月不歇. 蓋此香也.

(3) 《곽자(郭子)》에는 한수와 밀통한 사람은 사실상 진건의 딸이며, 그녀를 바로 한수에게 시집보내려고 했으나 결혼하기 전에 그녀가 죽는 바람에, 한수가 가씨(賈氏 : 賈午)를 부인으로 맞이했다고 한다. 세간에서는 이로 인해 한수와 밀통한 사람이 가충의 딸이라고 전해졌다고 했다.

郭子謂與韓壽通者, 乃是陳騫女, 卽以妻壽, 未婚而女亡. 壽因娶賈氏. 故世因傳是充女.

주해 | ㅇ賈女(가녀)-《진서(晉書)》 권40 〈가밀전(賈謐傳)〉에 '어머니 가오(賈午)는 가충(賈充)의 딸이다'라고 되어 있으며, 또 《예문유취(藝文類聚)》 권35 음조(淫條)에 인용한 장영서(臧榮緖)의 《진서(晋

書)》에 의하면 가충의 후처인 곽씨(郭氏)가 낳은 딸이 14, 5세 때 한수(韓壽)와 밀통했다고 되어 있다.

o 靑瑣(청쇄)—파랗게 칠을 한 창문. 청쇄(靑瑣)는 청쇄(靑瑣)와 통하며 《후한서(後漢書)》〈양기전(梁冀傳)〉 이현(李賢) 주(注)에 '청쇄위각위쇄문(靑瑣謂刻爲瑣文), 이이청식지야(而以靑飾之也)'라고 되어 있다.

o 後婢往壽家(후비왕수가)—《진서》〈가밀전〉에 의하면 이 비(婢)는 본디 환수를 섬겼던 일이 있는 시녀라고 한다.

o 蹻捷(교첩)—민첩하고 몸이 가볍다는 의미. 교(蹻)는 교(趫)와 통용된다.

o 拂拭(불식)—화장을 한다는 의미.

o 考問(고문)—죄를 추궁하여 심문하는 것.

o 赭陽(자양)—《진서》〈가밀전〉에는 한수가 '도양(堵陽)' 사람으로 되어 있으며 《진서》 권15 〈지리지(地理志)〉 하(下)의 형주남양국조(荊州南陽國條)에도 도양현이란 이름이 보인다. 단 《한서(漢書)》 권28 〈지리지〉 상(上)의 남양군(南陽郡) 도양(堵陽)의 위소(韋昭) 주(注)에 '도(堵)의 음(音)은 자(者)'라고 했으며 자(赭)와 도(堵)는 서로 음이 통한다.

o 曾祖曁(증조기)—〈한기전(韓曁傳)〉은 《삼국지》 권24에 보인다.

o 十洲記(십주기)—《수서(隋書)》〈경적지(經籍志)〉 2에 동방삭찬(東方朔撰) '십주기(十洲記) 1권'을 저록하고 있는데 육조인(六朝人)의 위작(僞作)이라고 한다. 이 조(條)는 '해내(海內) 《십주기(十洲記)》' 취굴주재서해조(聚窟洲在西海條)에 보이며 정화(征和) 3년(기원전 90), 무제(武帝)가 안정(安定)으로 행행했을 때의 것이라고 한다.

o 月氏(월지)—진한시대(秦漢時代)에 중앙아시아에서 활약했던 민족. 기원전 3세기경 신강(新疆) 동부 일대에 월지라고 부르는 민족이 유목생활을 하며 한때 감숙(甘肅) 방면까지 세력을 뻗쳤었는데 흉노(匈奴)로 말미암아 두 차례에 걸쳐 패했고 이동하여 소구트 지방에서 대국을 세웠다고 한다.

o 四兩(사량)—양(兩)은 무게 단위.

o 郭子(곽자)—《수서》〈경적지〉 3에 '곽자삼권(郭子三卷)'을 저록하고, 동

진(東晋) 중랑(中郎) 곽증지(郭澄之) 찬(撰)이라고 했다. 또《구당서(舊唐書)》〈경적지〉 하와《신당서(新唐書)》〈예문지(藝文志)〉 3에는 모두 가천(賈泉) 주(注) '곽자삼권(郭子三卷)'을 저록하고 있다. 참고로 곽증지의 본전(本傳)은《진서》 권92 〈문원전(文苑傳)〉에 보인다.

6. 왕안풍(王安豊 : 王戎)의 부인은 언제나 안풍을 자네라고 불렀다. 안풍이 말했다. "부인이 남편을 자네라고 부르는 것은 예법상 불경한 일이니, 이후로 다시는 그렇게 부르지 마시오." 부인이 말했다. "자네를 가까이하고 자네를 사랑하기에 자네를 자네라고 부르는 것이니, 내가 자네를 자네라고 부르지 않는다면, 누가 자네를 자네라고 부르겠소?"라고 했다. 왕안풍은 결국 그렇게 부르는 것을 항상 허락해 주었다.

원문 | 王安豊婦, 常卿安豊. 安豊曰, 婦人卿壻, 於禮爲不敬. 後勿復爾. 婦曰, 親卿愛卿, 是以卿卿. 我不卿卿, 誰當卿卿. 遂恆聽之.

주해 | ㅇ卿卿(경경)－〈방정편(方正篇)〉 20의 주해 참조. 앞의 '경(卿)'은 동사(動詞)로 쓰였고 뒤의 '경(卿)'은 2인칭 대명사로 쓰였다. 이 경(卿)은 이(爾), 여(汝)와 같은 어감으로 친한 사이의 동년배나 그 이하의 사람에게 사용했었다.

7. 왕승상(王丞相 : 王導)에게는 성이 뇌씨(雷氏)인 애첩이 있었는데, 그녀는 자못 정사에 간여하면서 뇌물을 받았다. 채공(蔡公 : 蔡謨)이 그녀를 '뇌상서(雷尙書)'라고 불렀다.(1)

원문 | 王丞相有幸妾, 姓雷, 頗預政事, 納貨. 蔡公謂之雷尙

書.(1)

(1) 《어림(語林)》에 이런 말이 있다. '뇌씨는 총애를 받아 왕흡(王洽)과 왕염(王恬)을 낳았다.'

語林曰, 雷有寵, 生洽, 恬.

주해 | ㅇ尙書(상서)－상서는 본디 문자 그대로 문서를 관장하는 관명이었는데 위진(魏晋) 이후 중앙정부의 행정관청이 되었다. 당시 상서성(尙書省)은 육부조(六部曹)로 나뉘어져 있었는데 각각 그 장관을 상서라고 했으며 오늘날 각 부의 장관에 해당한다.

ㅇ生洽恬(생흡념)－흡념(洽恬)의 순서가 원본(袁本)에서는 '염흡(恬洽)'으로 되어 있다. 참고로 왕염(王恬)은 왕도(王導)의 둘째아들(〈德行篇〉 29의 劉注에서 인용한 《文字志》)이고, 왕흡(王洽)은 셋째아들(〈賞譽篇〉 114의 劉注에서 인용한 《中興書》)이다.

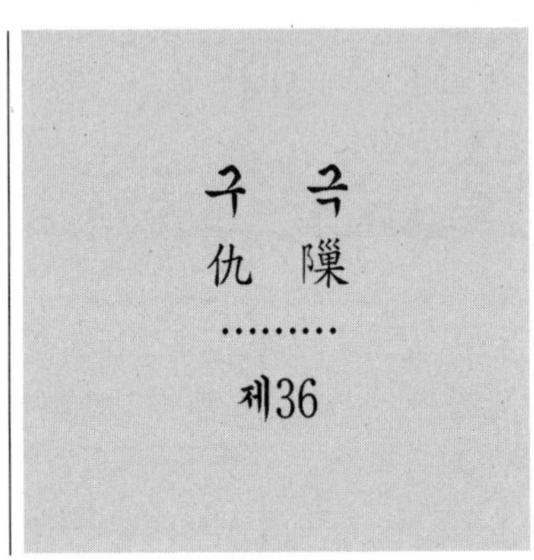

1. 손수(孫秀)는 석숭(石崇)이 녹주(綠珠)를 주지 않은 것에 원한을 품었으며,(1) 또한 반악(潘岳)이 예전에 자신을 예우하지 않은 것에 원한을 품었다. 나중에 손수가 중서령(中書令)이 되었을 때, 반악이 중서성(中書省) 안에서 그를 보고 불러서 말했다. "손령(孫令 : 孫秀), 지난날의 교제를 기억하시오?" 손수가 말했다. "마음속 깊이 간직하고 있으니, 어느 날인들 잊을 수 있겠소?" 그래서 반악은 틀림없이 화를 면하지 못하리란 것을 처음부터 알았다.(2) 나중에 석숭과 그의 생질인 구양견석(歐陽堅石 : 歐陽建)이 체포되었으며, 같은 날 반악도 체포되었다.(3) 석숭은 먼저 처형장인 동시(東市)로 압송되었지만, 역시 서로 알지 못했다. 반악이 나중에 도착하자, 석숭이 반악에게 말했다. "안인(安仁 : 潘岳), 그대 역시 이렇게 되었구려." 반악이 말했다. "이른바 '백발이 되어 운명을 함께하리'라는 것이오."(4) 반악의 〈금곡집시(金谷集詩)〉에 '투합된 의기를 반석 같은 우정에 부치며, 백발이 되어 운명을 함께하리'라는 구절이 있는데, 이 시구가 결국 시참(詩讖)이 되었던 것이다.

| 원문 | 孫秀旣恨石崇不與綠珠,(1) 又憾潘岳昔遇之不以禮. 後秀爲中書令, 岳省內見之, 因喚曰, 孫令憶疇昔周旋不. 秀曰, 中心藏之, 何日忘之. 岳於是始知必不免.(2) 後收石崇, 歐陽堅石, 同日收岳.(3) 石先送市, 亦不相知. 潘後至. 石謂潘曰, 安仁, 卿亦復爾邪. 潘曰, 可謂白首同所歸.(4) 潘金谷集詩云, 投分寄石友. 白首同所歸. 乃成其讖.

(1) 간보(干寶)의 《진기(晉紀)》에 이런 이야기가 있다. '석숭에게 녹주(綠珠)라는 기녀(妓女)가 있었는데, 아름다웠으며 피리를 잘 불었다. 손수(孫秀)가 사람을 보내어 그녀를 자기에게 달라고 요구했다. 석숭은 북망산(北邙山) 아래에 별장을 짓고 있었는데, 막 서늘한 누대(樓臺)에 올라 맑은 물을 굽어보고 있을 때, 손수의 사자(使者)가 와서 고했다. 석숭이 비첩(婢妾) 수십 명을 나오게 하여 보여주면서 말했다. "마음대로 골라 보시게." 사자가 말했다. "본래 제가 받은 명령은 녹주를 데려오라는 것인데 누구인지 모르겠습니다." 석숭이 발끈하여 말했다. "녹주는 내가 총애하는 사람이므로 내줄 수 없다." 사자는 말했다. "나으리께서는 고금(古今)에 박통하시고 원근(遠近)에 명철하시니, 재삼 고려해 주셨으면 합니다." 그러나, 석숭은 들어주지 않았다. 사자가 이미 떠났다가 다시 돌아왔지만, 석숭은 끝내 허락하지 않았다.'

干寶晉紀曰, 石崇有妓人綠珠, 美而工笛. 孫秀使人求之. 崇別館北邙下, 方登涼觀, 臨清水, 使者以告. 崇出其婢妾數十人以示之, 曰, 任所以擇. 使者曰, 本受命者, 指綠珠也. 未識孰是. 崇勃然曰, 綠珠, 吾所愛. 不可得也. 使者曰, 君侯博古知今, 察遠照邇. 願加三思. 崇不然. 使者已出又反, 崇竟不許.

(2) 왕은(王隱)의 《진서(晉書)》에는 이런 이야기가 있다. '반악의 아버지 문덕(文德)이 낭야태수(琅邪太守)로 있을 때, 손수가 하급관

리로 일했는데, 반악이 손수를 여러번 발로 차면서 사람으로 대우하지 않았다.'

王隱晉書曰, 岳父文德, 爲琅邪太守, 孫秀爲小吏給使, 岳數蹴蹋秀, 而不以人遇之也.

(3) 《진양추(晉陽秋)》에 이런 이야기가 있다. '구양건(歐陽建)은 자가 견석(堅石)이며 발해(渤海) 사람이다. 문재(文才)가 있었는데, 당시 사람들은 그를 두고 말했다. "발해의 혁혁한 인물은 구양견석이다." 처음에 구양건은 풍익태수(馮翊太守)로 있었는데, 조왕(趙王) 사마윤(司馬倫)이 정서장군(征西將軍)이 되었을 때 손수(孫秀)가 그의 심복이 되어 관중(關中)을 어지럽히자, 구양건은 매번 이를 바로잡으려고 했으며, 이 때문에 손수와 틈이 벌어졌다.'

왕은의 《진서》에는 이런 이야기가 있다. '석숭과 반악은 가밀(賈謐)과 서로 친한 사이였다. 가밀이 폐출당하자, 석숭 등은 결국 자기네들도 위해(危害)를 당할까봐 두려워서 회남왕(淮南王 : 司馬允)과 함께 사마윤(司馬倫)을 주살하기로 모의했는데, 일이 누설되는 바람에 석숭과 그의 친족들이 체포되어 모두 참수당했다. 처음에 반악의 어머니가 반악에게 분수에 만족할 줄 알아야 한다고 경계했거니와 체포당했을 때 어머니와 이별하며 말했다. "어머니의 가르침을 저버렸습니다." 석숭은 하북(河北)에 집이 있었는데, 체포하는 자가 도착하자, 말했다. "나는 교주(交州)나 광주(廣州)로 유배당하는 것에 불과할 것이다." 이윽고 호송 수레가 동시(東市)에 이르고 나서야 비로소 탄식하며 말했다. "네 놈들이 내 집의 재물을 탐내는구나!" 석숭을 체포한 자가 말했다. "재물이 해를 끼친다는 것을 알았다면 어찌하여 일찍 버리지 않았소?" 석숭은 대꾸할 수가 없었다.'

晉陽秋曰, 歐陽建, 字堅石, 渤海人. 有才藻, 時人爲之語曰, 渤海赫赫, 歐陽堅石. 初, 建爲馮翊太守, 趙王倫爲征西將軍,

孫秀爲腹心, 撓亂關中, 建每匡正, 由是有隟.

王隱晉書曰, 石崇, 潘岳與賈謐相友善. 及謐廢, 懼終見危, 與淮南王謀誅倫. 事泄, 收崇及親朞以上, 皆斬之. 初, 岳母誡岳以止足之道. 及收, 與母別曰, 負阿母. 崇家河北, 收者至, 曰, 吾不過流徙交, 廣耳. 及車載東市, 始歎曰, 奴輩利吾家之財. 收崇人曰, 知財爲害, 何不蚤散. 崇不能答.

(4) 《어림(語林)》에는 이런 이야기가 있다. '반악과 석숭이 동시에서 함께 처형당할 때, 석숭이 반악에게 말했다. "천하에서는 영웅을 죽이는구려. 그대는 또한 어찌된 일이오?" 반악이 말했다. "준걸들의 시체가 개천을 메우다 보니, 그 여파가 나에게까지 미친 것이오."'

語林曰, 潘, 石同刑東市. 石謂潘曰, 天下殺英雄, 卿復何爲. 潘曰, 俊士塡溝壑, 餘波來及人.

주해 | ㅇ仇隟(구극)－극(隟)은 극(隙)과 같으며 사이가 벌어지는 것. 원수진 이야기라든가 서로 반목(反目)한 사람들의 이야기를 모아놓고 있다.

ㅇ孫秀(손수)－조왕(趙王) 사마윤(司馬倫)에게 신임을 얻었었는데 사마윤의 팔왕지란(八王之亂)으로 제위(帝位)를 찬탈하자 그 중서령(中書令)이 되어 정치를 전횡하였다. 〈현원편(賢媛篇)〉 17 참조.

ㅇ綠珠(녹주)－석숭(石崇)의 총기(寵妓). 석숭이 손수 등에 의해 체포되자 누상(樓上)에서 몸을 던져 죽었다. 이 이야기는 '녹주추루(綠珠墜樓)'란 제목으로 《몽구(蒙求)》에도 실려 있다.

ㅇ中心藏之(중심장지), 何日忘之(하일망지)－《시경(詩經)》〈소아(小雅)〉 '습상(隰桑)'에 있는 구절. 〈규잠편(規箴篇)〉 6의 주해를 참조.

ㅇ金谷集詩(금곡집시)－송본은 시(詩)를 서(序)로 적고 있는데 원본에 따랐다. 《금곡집(金谷集)》은 서진(西晉)의 원강(元康) 6년(296), 석숭이 낙양 교외의 별장인 금곡원(金谷園)에 반악 등 여러 명사 30명을 모은

연회를 개최했을 때 만든 시집이다. 〈품조편(品藻篇)〉 57 참조.
ㅇ投分寄石友(투분기석우)—돌처럼 굳어서 변하지 않는 교분의 친구란 의미로서 석숭을 가리켜 한 말이다.
ㅇ讖(참)—참(讖)은 장래의 예언. 시구(詩句)가 후일의 사건에 대한 전조(前兆)가 되는 것을 시참(詩讖)이라고 한다.
ㅇ未識孰是(미식숙시)—미(未)를 송본에서는 주(朱)로 적고 있는데 원본에 따랐다.
ㅇ博古知今(박고지금)—지(知)자가 송본(宋本)에는 보이지 않음. 원본에 따랐다.
ㅇ岳父文德(악부문덕)—《진서(晋書)》 권55 〈반악전(潘岳傳)〉에는 아버지 이름이 비(芘)로 기록되어 있다. 문덕(文德)은 자(字)일까?
ㅇ爲腹心(위복심)—송본에는 위(爲)자가 없다. 원본에 따라 보충했다.
ㅇ賈謐(가밀)—아버지는 한수(韓壽), 어머니는 가충(賈充)의 딸 가오(賈午 : 〈惑溺篇〉 5 참조). 가충의 후사가 되었다. 백모(伯母)인 가후(賈后 : 惠帝의 妃)의 위세를 믿고 교만했었다. 가밀의 주위에 24우(友)로 불리는 친구들이 있었는데 석숭 · 구양건(歐陽建) · 반악 등도 그 중에 들어 있었다. 그후 영강(永康) 원년, 조왕 사마윤에 의해 가후는 폐위되었고 가밀도 죽음을 당했다(《진서》 권40 〈가밀전〉).
ㅇ親朞(친기)—기(朞)는 기(期)와 같으며 1년상(喪)을 가리킨다. 그 죽음을 당하여 1년 동안의 상복을 입는 의무를 지는 범위의 친척.

2. 유여(劉輿) 형제는 젊었을 때 왕개(王愷)에게 미움을 받았다. 왕개는 어느 때 두 사람을 불러 자기 집에서 자게 하고 암암리에 그들을 죽이고자 했다. 사람을 시켜 구덩이를 파놓게 했는데, 구덩이가 완성되었기에 곧 죽일 참이었다. 석숭은 평소 유여 · 유곤(劉琨)과 친한 사이였는데, 두 사람이 왕개의 집으로 자러 갔다는 말을 듣고는 틀림없이 변고가 있을 것이라고 간파하여, 곧장 밤에 왕개를 찾아가 유씨 형제가 어디 있는지 물었다. 왕개는 다급한 나머지 숨길 수가 없어서

이렇게 대답했다. "뒷방에서 자고 있소이다." 석숭은 곧바로 들어가서 직접 두 사람을 끌고 나와 함께 수레를 타고 떠나며 말했다. "젊은이들이 어찌하여 함부로 남의 집에서 자는가?"(1)

원문| 劉輿兄弟, 少時爲王愷所憎. 嘗召二人宿, 欲默除之, 令作坑. 坑畢, 垂加害矣. 石崇素與輿, 琨善. 聞就愷宿, 知當有變, 便夜往詣愷, 問二劉所在. 愷卒迫不得諱. 答云, 在後齋中眠. 石便徑入, 自牽出, 同車而去, 語曰, 少年何以輕就人宿.(1)

(1) 유찬(劉璨)의 《진기(晉紀)》에 이런 이야기가 있다. '유곤(劉琨)과 그의 형 유여(劉輿)는 모두 명성이 알려졌으며, 권문귀족들과 교유했는데, 당시 사람들은 그들을 호걸이라 여겼다.'
劉璨晉紀曰, 琨與兄輿俱知名, 遊權貴之門. 當世以爲豪傑.

주해| ㅇ劉輿(유여) - 송본(宋本)에는 '유여(劉璵)'로 적고 있는데 원본(袁本)과 〈아량편(雅量篇)〉 10의 유주(劉注), 〈상예편(賞譽篇)〉 28의 유주에 따라 '유여(劉輿)'로 고쳤다. 이름은 그 동생이 '유곤(劉琨)'인 점으로 볼 때, 구슬옥(玉)이 붙는 '여(璵)'가 맞을지도 모르겠다.

ㅇ欲默除之(욕묵제지), 令作坑(영작갱) - 갱(坑)은 구덩이. 생매장하고자 구덩이를 팠다는 뜻이다.

ㅇ劉璨晋紀(유찬진기) - 원본에는 '유찬(劉瓚)', 능영초교명간본(凌瀛初校明刊本)에는 '유찬(劉粲)'으로 적고 있는데 송본에 따랐다. 현행의 《수서(隋書)》〈경적지(經籍志)〉에 《진기(晋紀)》로 이름이 붙여진 책의 찬자(撰者)로 기록된 것은, 육기(陸機), 간보(干寶), 조가지(曹嘉之), 등찬(鄧粲), 유겸지(劉謙之), 왕소지(王韶之), 서광(徐廣) 등 칠가(七家)인데 유찬(劉璨 : 혹은 粲)이란 이름은 보이지 않는다. 어쩌면 등찬의 와전(譌傳)일까?

3. 왕대장군(王大將軍 : 王敦)이 사마민왕(司馬愍王 : 司馬丞)을 체포하고, 밤에 왕세장(王世將 : 王廙)을 보내어 민왕을 수레에 태워서 가는 도중에 죽이게 했는데, 당시 사람들은 아무도 그 사실을 알지 못했다.(1) 비록 민왕의 집이라 할지라도 모든 사람이 알고 있었던 것은 아니었으며, 게다가 민왕의 아들인 사마무기(司馬無忌) 형제는 모두 어렸었다.(2) 왕세장의 아들 왕호지(王胡之)와 사마무기는 성장한 뒤 서로 아주 친했는데, 왕호지가 어느 때 사마무기와 함께 놀고 있을 때, 사마무기가 집으로 들어가 어머니께 고하고 식사를 차려 달라고 청했더니, 어머니는 눈물을 흘리며 말했다. "왕돈이 지난날 너의 부친에게 가혹한 짓을 자행하면서 왕세장의 손을 빌렸었다.(3) 내가 오랜 세월 동안 너에게 그런 사실을 일러주지 않았던 이유는, 왕씨 가문은 강성하고 너희 형제는 아직 어리기에 그 소문이 드러나지 않게 하고자 했으니 대개 화를 피하기 위함일 따름이었다." 사마무기가 경악하고 소리치며 칼을 빼들고 나갔더니, 왕호지는 이미 멀리 도망치고 없었다.

▌원문│ 王大將軍執司馬愍王, 夜遣世將載王於車而殺之, 當時不盡知也.(1) 雖愍王家, 亦未之皆悉. 而無忌兄弟皆稚.(2) 王胡之與無忌長甚相暱. 胡之嘗共遊, 無忌入告母, 請爲饌. 母流涕曰, 王敦昔肆酷汝父, 假手世將.(3) 吾所以積年不告汝者, 王氏門彊, 汝兄弟尚幼, 不欲使此聲箸, 蓋以避禍耳. 無忌驚號, 抽刃而出, 胡之去已遠.

(1) 《진양추(晉陽秋)》에 이런 이야기가 있다. '사마승(司馬丞)은 자가 원경(元敬)이고 초왕(譙王) 사마손(司馬遜)의 아들이며, 중종(中宗 : 元帝 司馬睿)의 상주자사(相州刺史)가 되었다. 무창(武昌)에 들렀을 때, 왕돈(王敦)이 그를 위해 연회를 열었는데, 술기운이

오른 상태에서 왕돈이 사마승에게 말했다. "대왕(大王 : 元帝)은 독실하고 훌륭한 인물이지만, 군신(群臣)을 통솔할 재목은 아니오." 사마승이 대답했다. "어찌 무딘 칼일지라도 한 번은 벨 수 없다고 하겠소이까?" 왕돈이 장차 반란을 일으키려 할 때, 사마승을 불러 군사마(軍司馬)로 삼자, 사마승이 탄식하며 말했다. "나는 죽었구나. 국토는 황폐화하고 백성은 흩어졌으며, 군세(軍勢)는 고립무원의 처지이다. 군주의 어려움에 뛰어드는 것은 충(忠)이요, 왕사(王事)를 위해 죽는 것은 의(義)이다. 충과 의를 위해 죽는다면 다시 무엇을 구하리요." 그리고는 여러 군(軍)에 왕돈 토벌의 격문(檄文)을 급히 돌리고 의군(義軍)에 가담했다. 왕돈이 이종 사촌동생 위예(魏乂)를 보내 사마승을 공격하게 하자, 왕이(王廙)가 부하에게 사마승을 맞이하여 수레에서 죽이게 했다. 왕돈이 주멸(誅滅)된 뒤, 사마승은 표기장군(驃騎將軍)에 추증되었으며, 민왕(愍王)이라는 시호를 받았다.'

晉陽秋曰, 司馬丞字元敬, 譙王遜子也. 爲中宗相州刺史, 路過武昌, 王敦與燕會, 酒酣, 謂丞曰, 大王篤實佳士, 非將御之才. 對曰, 焉知鉛刀不能一割乎. 敦將謀逆, 召丞爲軍司馬, 丞歎曰, 吾其死矣. 地荒民鮮, 勢孤援絶. 赴君難, 忠也. 死王事, 義也. 死忠與義, 又何求焉, 乃馳檄諸郡, 丞赴義. 敦遣從母弟魏乂攻丞. 王廙使賊迎之, 薨於車. 敦旣滅, 追贈驃騎將軍, 謚曰愍王.

(2) 《사마무기별전(司馬無忌別傳)》에는 이런 이야기가 있다. '사마무기는 자가 공수(公壽)이며 사마승(司馬丞)의 아들이다. 재능과 기량을 겸비했으며 문무(文武)의 재간이 있었다. 초왕(譙王)에 습봉(襲封)되었으며, 위군장군(衛軍將軍)이 되었다.'

無忌別傳曰, 無忌字公壽. 丞子也. 才器兼濟, 有文武幹. 襲封譙王, 衛軍將軍.

(3) 《사마씨보(司馬氏譜)》에 이런 이야기가 있다. '사마승은 남양(南

陽) 조씨(趙氏)의 딸을 부인으로 맞았다.'

《왕이별전(王廙別傳)》에는 이런 이야기가 있다. '왕이(王廙)는 자가 세장(世將)이며, 조부는 왕람(王覽)이고 아버지는 왕정(王正)이다. 왕이는 고상하고 호쾌했다. 왕도(王導)와 유량(庾亮)이 석두(石頭)에서 노닐 때, 마침 왕이가 도착했다. 그날은 바람이 세차게 불어 돛이 날아갈 듯했지만, 왕이는 배의 망루에 기대어 길게 휘파람을 불었는데, 그 기상이 매우 고매했다. 왕도가 유량에게 말했다. "세장도 시사(時事)를 알고 있구먼." 그러자, 유량이 말했다. "한창 그 고매한 기상을 펼치고 있을 뿐이지요." 왕이는 성격이 거만하여, 자기와 뜻이 맞지 않는 자는 면전에서 배척했기 때문에 사람들에게 질시를 받았다. 평남장군(平南將軍)이 되었다가 죽었다.'

司馬氏譜曰, 丞娶南陽趙氏女.

王廙別傳曰, 廙字世將. 祖覽, 父正. 廙高朗豪率. 王導, 庾亮遊于石頭, 會廙至, 爾日迅風飛颿, 廙倚船樓長嘯, 神氣甚逸. 導謂亮曰, 世將爲復識事. 亮曰, 正足舒其逸耳. 性倨傲, 不合己者面拒之, 故爲物所疾. 加平南將軍, 薨.

주해 | ㅇ司馬丞字元敬(사마승자원경)-《진서(晋書)》 권37에는 '민왕승자경재(閔王承字敬才)'로 적고 있다.

ㅇ爲中宗相州刺史(위중종상주자사)-《진서》 권37 〈사마승전(司馬承傳)〉에는 '상주자사(湘州刺史)'로 되어 있다. 중종(中宗)은 원제(元帝 : 司馬睿).

ㅇ路過武昌云云(노과무창운운)-동진(東晉) 왕조를 세울 때 힘이 되었던 왕도(王導)·왕돈(王敦) 등 왕씨 일족이 원제로부터 소원해지게 되기 시작하자, 왕돈은 황제 측근의 간신 유외(劉隗) 등을 주멸하겠다는 명분하에 영창(永昌) 원년(元年 : 322) 무창에서 반란을 일으켰다.

ㅇ鉛刀不能一割乎(연도불능일할호)-연도(鉛刀)라 하더라도 한 번은 벨 수 있다는 뜻. 《후한서(後漢書)》 〈반초전(班超傳)〉에 보이는 반초의

상소문에 '황신봉대한지위(況臣奉大漢之威), 이무연도일할지용호(而無鉛刀一割之用乎)'라고 한 데에 근거를 두고 있다.

ㅇ王廙使賊迎之(왕이사적영지) - 《진서》 권37 〈사마승전〉에 의하면 왕돈(王敦)이 반란을 일으키자 상주자사(湘州刺史) 사마승이 군사를 일으키어 토벌하러 나섰다가 패했다. 그런데 왕돈의 장수 위예(魏乂)가 사마승을 형주(荊州)로 호송하던 중, 형주자사 왕이(王廙)가 왕돈의 뜻을 받들어 그를 살해했다고 한다. 당시 나이 59세.

ㅇ颿(범) - 범(帆)과 통한다.

4. 응진남(應鎭南 : 應詹)이 형주자사(荊州刺史)가 되어 부임하러 갈 때,(1) 왕수재(王脩載 : 王耆之)와 초왕(譙王 : 司馬丞)의 아들 사마무기(司馬無忌)가 함께 신정(新亭)으로 가서 전별연에 참석했는데, 좌중에 손님이 너무 많아서 두 사람이 함께 온 것을 알지 못했다. 어떤 손님이 말했다. "초왕 사마승(司馬丞)이 화를 당한 것은 대장군(大將軍 : 王敦)의 뜻이 아니라 바로 평남(平南 : 왕기지의 아버지 王廙)이 저지른 것일 따름이오." 그 말을 들은 사마무기는 직병참군(直兵參軍)의 칼을 빼앗아 곧장 왕수재를 베려고 했다. 왕수재는 도망치다 물속으로 뛰어들었는데, 배에 타고 있던 사람이 건져 주어 위기를 모면할 수 있었다.(2)

| 원문 | 應鎭南作荊州,(1) 王脩載, 譙王子無忌, 同至新亭與別. 坐上賓甚多, 不悟二人俱到. 有一客道, 譙王丞致禍, 非大將軍意, 正是平南所爲耳. 無忌因奪直兵參軍刀, 便欲斫. 脩載走投水, 舸上人接取, 得免.(2)

(1) 왕은(王隱)의 《진서(晉書)》에 이런 이야기가 있다. '응첨(應詹)은 자가 사원(思遠)이며, 여남(汝南) 남돈(南頓) 사람으로, 응거(應璩)의 증손자이다. 사람됨이 건장하고 도량이 넓었으며 거기다가

문재(文才)까지 갖추고 있었다. 사도(司徒) 하충(何充)이 감탄하여 말했다. "이른바 문질(文質)이 빈빈(彬彬)한 인물이로다." 여러 벼슬을 거쳐 강주자사(江州刺史)·진남장군(鎭南將軍)에 이르렀다.'

王隱晉書曰, 應詹, 字思遠, 汝南南頓人, 璩曾孫也. 爲人弘長有淹度, 飾之以文才. 司徒何充歎曰, 所謂文質之士. 累遷江州刺史, 鎭南將軍.

(2) 《중흥서(中興書)》에는 이런 이야기가 있다. '저부(褚裒)가 강주자사(江州刺史)가 되어 부임할 때 사마무기(司馬無忌)가 전별연 자리에서 칼을 뽑아 왕기지(王耆之)를 베려고 했는데, 저부와 환경(桓景)이 함께 그를 제지했다. 어사(御史)가 사마무기가 마음대로 사람을 죽이려 했다고 상주하자, 속형(贖刑)으로 처리하라는 조서가 내려졌다.' 앞 조(條)에서는 이미 사마무기의 어머니가 사마승의 사건을 일러주었다고 했는데, 이 조(條)에서는 또 손님이 그 사건을 얘기했다고 했다. 더욱이 왕이(王廙)가 사마승을 살해한 것은 원근의 사람들이 모두 익히 알고 있었으니, 왕수령(王脩齡 : 王胡之) 형제가 어찌 몰랐겠는가? 하법성(何法盛)의 말은 모두 사실의 기록이다.

中興書曰, 褚裒爲江州, 無忌於坐拔刀斫耆之, 裒與桓景共免之. 御史奏無忌欲專殺害, 詔以贖論. 前章旣言無忌母告之, 而此章復云客敍其事. 且王廙之害司馬丞, 遐邇共悉, 脩齡兄弟, 豈容不知. 法盛之言, 皆實錄也.

주해 | ㅇ王脩載(왕수재)－앞 항(項)에 보이는 왕이(王廙)의 아들로, 왕호지(王胡之)의 동생.

ㅇ新亭(신정)－도읍 건강(建康)의 교외, 강소성 강녕현(江寧縣)에 있었다.

ㅇ平南(평남)－왕이는 평남장군(平南將軍)이 되었으므로 이렇게 부른다.

ㅇ汝南南頓(여남남돈)－송본(宋本)은 여남돈(汝南頓)으로 적고 있는데

원본(袁本) 및 《진서(晉書)》 권70 〈왕첨전(王詹傳)〉에 의해 남(南)자를 보충했다.

- 璩曾孫(거증손)－《진서》 〈응첨전(應詹傳)〉에는 '위(魏) 시중(侍中) 거(璩)의 손(孫)이다'라고 되어 있다.
- 何充(하충)－《진서》 〈응첨전〉에는 '사도하소견지(司徒何劭見之), 왈군자재약인(曰君子哉若人)'이라고 되어 있다.
- 御史(어사)－관리의 부정을 조사하는 관리.
- 贖(속)－속형(贖刑). 죄를 금품으로 대신 바치어 실형을 면하는 것.

5. 왕우군(王右軍 : 王羲之)은 평소에 왕남전(王藍田 : 王述)을 경시했는데, 왕남전의 명성이 만년에 점점 높아지자, 왕우군은 더욱 불만스러워했다. 왕남전이 회계(會稽)에서 친상(親喪)을 당하여 산음(山陰)에 머물면서 상을 치르고 있었다. 왕우군이 대신 회계내사(會稽內史)가 되었는데, 누차 조문하러 가겠다고 말했지만 차일피일 미루며 실행하지 않았다. 나중에 왕남전을 찾아가 (조문하러 왔다고) 직접 통보했는데, 상주(喪主)가 곡례(哭禮)를 하고 났더니, (왕우군은 왕남전에게) 다가가서 위로하지도 않고 떠남으로써, 그를 능멸했다. 그래서 두 사람 사이의 원한이 크게 생기게 되었다. 나중에 왕남전은 양주자사(揚州刺史)가 되었지만, 왕우군은 여전히 회계내사로 있었다. 왕우군은 처음 그 소식을 듣고, 참군(參軍) 한 명을 조정에 파견하여 회계군을 양주에서 분리시켜 따로 월주(越州)를 설치해 달라고 요청했는데, 명을 받은 사자(使者)가 임무에 실패하는 바람에 그는 당시 명사들로부터 크게 비웃음을 받았다. 왕남전은 종사(從事)에게 은밀히 명을 내려 회계군의 여러 불법 행위를 조사하게 했는데, 이전부터 원한이 있었기 때문에 (왕우군으로 하여금) 스스로 적절한 해결 방안을 찾게 하고자 함이었다. 왕우군은 결국 병을 핑계대고 회계내사직을 그만두었으며, 분개해하다가 죽고 말았다.[1]

원문| 王右軍素輕藍田. 藍田晩節論譽轉重, 右軍尤不平. 藍田於會稽丁艱, 停山陰治喪. 右軍代爲郡, 屢言出弔, 連日不果. 後詣門自通, 主人旣哭, 不前而去, 以陵辱之. 於是彼此嫌隙大構. 後藍田臨揚州, 右軍尚在郡. 初得消息, 遣一參軍詣朝廷, 求分會稽爲越州. 使人受意失旨, 大爲時賢所笑. 藍田密令從事數其郡諸不法, 以先有隙, 令自爲其宜. 右軍遂稱疾去郡, 以憤慨致終.[1]

(1) 《중흥서(中興書)》에 이런 이야기가 있다. '왕희지(王羲之)와 왕술(王述)은 지향하는 바가 달라서, 두 사람은 서로 사이가 좋지 않았다. 왕술이 회계내사(會稽內史)로 있을 때 친상을 당하여 회계군의 경내에 머물고 있었다. 왕희지가 나중에 (그를 대신하여) 회계내사가 되었는데 애도의 말만 할 뿐, 애당초 다시 찾아가질 않았기에, 왕술은 깊이 원망했다. 상기(喪期)를 마치고 나서 (왕술은) 초징(招徵)되어 양주자사(揚州刺史)로 임명되었는데, 초징을 받고 회계군의 경내를 두루 둘러보면서도 왕희지에게는 들르지 않았다. 그곳을 떠날 때에도 (왕희지에게) 딱 한 번 작별 인사만 하고 떠났다. 왕희지가 그 전에 그의 친구에게 말했다. "왕회조(王懷祖 : 王述)는 상기(喪期)를 마치면, 바로 상서(尙書)가 될 것이며, 노년에는 복야(僕射)까지 될 수 있을 것이다. 그때 다시 회계내사를 바라보면 정말로 하찮게 보일 거야." 왕술은 높은 관직을 제수받은 뒤, 다시 회계군을 조사하여 그 잘잘못을 추궁했는데, 담당 관리가 조사에 응하느라고 피곤하여 지칠 정도였다. 왕희지는 치욕스럽고 분개하여 마침내 병을 핑계대고 회계내사직을 그만두었으며, 부모의 묘 앞에서 다시는 벼슬하지 않겠다고 스스로 맹세했다. 조정에서는 그의 맹세가 단호했기 때문에 더이상 부르지 않았다.'

中興書曰, 義之與述志尚不同, 而兩不相能. 述爲會稽, 艱居郡境, 王義之後爲郡, 申尉而已, 初不重詣. 述深以爲恨. 喪除, 徵拜揚州, 就徵, 周行郡境, 而不歷義之. 臨發, 一別而去. 義之初語其友曰, 王懷祖免喪, 正可當尚書, 投老可得爲僕射. 更望會稽, 便自邈然. 述既顯授, 又檢校會稽郡, 求其得失, 主者疲於課對. 義之恥慨, 遂稱疾去郡, 墓前自誓不復仕. 朝廷以其誓苦, 不復徵也.

주해 | ㅇ丁艱(정간)－친상(親喪)을 당하는 것. 정(丁)은 당(當)·조(遭)의 의미. 한편 《진서(晋書)》 권80 〈왕희지전(王羲之傳)〉에는 '술선위회계(述先爲會計), 이모상거군경(以母喪居郡境)'이라고 되어 있다.

ㅇ會稽(회계)·山陰(산음)·揚州(양주)－양주(揚州)가 통할하는 18군(郡) 중 하나가 회계군이며 산음현은 그것에 속해 있었다.

ㅇ使人受意失旨(사인수의실지)－《진서》 권80 〈왕희지전〉에는 '행인실사(行人失辭)'로 적고 있다.

ㅇ申尉(신위)－위(尉)는 위(慰)와 통한다. 애도의 뜻을 말하는 것.

ㅇ尙書(상서)－상서성(尙書省)에 속하는 육부조(六部曹)의 장관.

ㅇ投老(투로)－도로(到老)와 같다. 노년에 이르는 것.

ㅇ僕射(복야)－상서복야(尙書僕射).

ㅇ邈然(막연)－경멸하는 것.

ㅇ墓前(묘전)－《진서》 권80 〈왕희지전〉에는 '어부모묘전(於父母墓前)'이라고 되어 있다.

6. 왕동정(王東亭 : 王珣)과 왕효백(王孝伯 : 王恭)은 나중에 의견이 점점 달라졌다. 왕효백이 왕동정에게 말했다. "그대의 속내는 정말로 알 수가 없소." 〔왕효백이〕 대답했다. "왕릉(王陵)은 조정에서 직간(直諫)했고, 진평(陳平)은 따르며 침묵했지만, 문제는 끝마무리를 어떻게 하느냐는 것일 뿐이오."(1)

원문| 王東亭與孝伯語, 後漸異. 孝伯謂東亭曰, 卿便不可復測. 答曰, 王陵廷爭, 陳平從默. 但問克終云何耳.(1)

(1) 《한서(漢書)》에 이런 이야기가 있다. '여후(呂后)가 여씨 일족을 왕으로 봉하고 싶어서, 우승상(右丞相) 왕릉(王陵)에게 물었더니 불가하다고 했다. 좌승상 진평(陳平)에게 물었더니, 진평은 "가합니다."라고 대답했다. 조정에서 나와 진평을 질책하자, 진평이 말했다. "얼굴을 맞대고 조정에서 직간하는 것은 내가 그대만 못하지만, 사직(社稷)을 보전하고 유씨(劉氏)의 천하를 안정시키는 것은 그대가 나만 못하오."'

《진안제기(晉安帝紀)》에는 이런 이야기가 있다. '처음에 왕공(王恭)은 국상(國喪)에 참석했을 때 왕국보(王國寶)를 죽이려고 했으나, 왕순(王珣)이 한사코 말리는 바람에 그만두었다. 나중에 왕공이 왕순에게 말했다. "그날 그대를 보았더니 호광(胡廣)과 똑같더이다." 그러자, 왕순이 말했다. "왕릉은 조정에서 직간했고, 진평은 따르며 침묵했지만, 문제는 끝마무리를 어떻게 하느냐는 것이외다."'

漢書曰, 呂后欲王諸呂. 問右相王陵, 以爲不可. 問左丞相陳平, 平曰, 可. 陵出讓平. 平曰, 面折廷爭, 臣不如君. 全社稷, 定劉氏, 君不如臣.

晉安帝紀曰, 初, 王恭赴山陵, 欲斬國寶, 王珣固諫之, 乃止. 旣而恭謂珣曰, 此日視君, 一似胡廣. 珣曰, 王陵廷爭, 陳平從默. 但問克終如何也.

주해| ㅇ廷爭(정쟁)-조정에서 군주의 과실을 간언하는 것을 가리킨다. '쟁(爭)'은 '쟁(諍)'과 같으며 직간한다는 의미. 안사고(顔師古)의 주(注)에 '정쟁(廷爭), 위당조정이간쟁(謂當朝廷而諫爭)'이라고 했다(《漢書》 권40 〈王陵傳〉).

ㅇ從默(종묵)－《진서(晋書)》 권65 〈왕순전(王珣傳)〉에서는 이 이야기를 인용한 다음 '신묵(愼默)'이라고 적었다.
ㅇ漢書(한서)－권40 〈왕릉전(王陵傳)〉.
ㅇ面折(면절)－얼굴을 맞대고 상대방의 잘못을 간언하는 것.
ㅇ定劉氏(정유씨)－유씨(劉氏)의 한왕조(漢王朝)를 안정시키는 것.
ㅇ赴山陵(부산릉)－동진(東晋)의 태원(太元) 21년(396), 효무제(孝武帝)가 장귀인(張貴人)에 의해 살해당한 때를 가리킨다.
ㅇ欲斬國寶(욕참국보)－당시 왕국보(王國寶)는 회계왕(會稽王) 사마도자(司馬道子)를 위해 획책하며 조정을 전횡하고 있었다. 상세한 내용은 〈규잠편(規箴篇)〉 26의 유주(劉注)를 참조.
ㅇ胡廣(호광)－후한(後漢) 사람으로 육제(六帝 : 安帝·順帝·沖帝·質帝·桓帝·靈帝)를 섬기면서 사공(四公 : 司空·司徒·太尉·太傅)을 지냈던 인물. 언제나 자기 자신을 낮추고 공손했으며 직간(直諫)을 하지 아니했다. 질제(質帝)가 붕어했을 때 청하왕(淸河王)을 옹립해야 한다는 중론에 반대한 양기(梁冀)가 자신의 매부(妹夫)를 옹립하고자 했는데, 호광은 양기의 권세를 두려워하여 묵묵히 그의 말에 따랐다. 《후한서(後漢書)》에 그의 전(傳)이 있다.

7. 왕효백(王孝伯 : 王恭)이 처형당하자, 그의 머리를 대항(大桁)에 매달아 놓았다. 사마태부(司馬太傅)가 수레 채비를 명하여 외출했다가 효수목(梟首木)에 이르러, 왕효백의 머리를 자세히 쳐다보며 말했다. "그대는 무슨 이유로 그리 급히 나를 죽이려 했는고?"(1)

| 원문 | 王孝伯死, 縣其首於大桁. 司馬太傅命駕出至標所, 熟視首, 曰, 卿何故趣欲殺我邪.(1)

(1) 《속진양추(續晉陽秋)》에 이런 이야기가 있다. '왕공은 나라의 환난을 깊이 근심하여 항표문(抗表文)을 올리고 거병(擧兵)했다. 그

래서 조정에서는 좌장군(左將軍) 사염(謝琰)을 파견하여 왕공을 토벌하게 했는데, 왕공은 곡아(曲阿)로 패주했다가 호포위(湖浦尉)에게 사로잡혔다. 처음에 사마도자(司馬道子)는 왕공과 사이가 좋았기 때문에 그를 죽이지 않고 도성으로 연행하여 면전에서 질책하려고 했으나, 서군(西軍)이 들이닥쳤다는 말을 듣고는 아당(兒塘)에서 그를 참수하여 동항(東桁)에 효수하게 했다.'

續晉陽秋曰, 王恭深懼禍難, 抗表起兵. 於是遣左將軍謝琰討恭. 恭敗, 走曲阿, 爲湖浦尉所擒. 初, 道子與恭善, 欲載出都, 面相折數. 聞西軍之逼, 乃令於兒塘斬之, 梟首於東桁也.

주해 | ㅇ縣(현)－현(懸)과 같다.

ㅇ大桁(대항)－도읍 건강(建康)의 남쪽 주작문(朱雀門) 밖 진회하(秦淮河)에 놓였던 다리. 유주(劉注)에 보이는 동항(東桁)도 같다.

ㅇ禍難(화난)－사마도자(司馬道子)의 심복인 왕국보(王國寶)의 전횡을 가리킨다.

ㅇ抗表(항표)－조정에 의견서를 올리는 것.

ㅇ折數(절수)－잘못을 열거하며 꾸짖다.

ㅇ西軍(서군)－형주(荊州) 방면에서 왕공(王恭)의 거병(擧兵)에 호응하고자 했던 환현(桓玄)·은중감(殷仲堪) 등의 군사.

ㅇ兒塘(아당)－예당(倪塘)으로 쓰기도 하며 《자치통감(資治通鑑)》 권110 호주(胡注)에 '예당재건강동북방산태남(倪塘在建康東北方山埭南), 예씨축당(倪氏築塘), 인차위명(因此爲名)'이라고 되어 있다.

8. 환현(桓玄)이 제위(帝位)를 찬탈하려 했을 때, 환수(桓脩)가 환현이 자기 어머니 처소에 있는 것을 틈타 그를 습격하려 했다. 유부인(庾夫人 : 桓脩의 어머니)이 말했다. "너희들은 사이 좋게 지내면서 나의 여생을 편히 보낼 수 있도록 해 주었으면 한다. 나는 그 환현을 친자식처럼 길렀으니, 이런 일을 자행하는 것을 차마 보지 못하

겠다."(1)

원문 桓玄將簒, 桓脩欲因玄在脩母許襲之. 庾夫人云, 汝等近過我餘年. 我養之. 不忍見行此事.(1)

(1) 《환씨보(桓氏譜)》에 이런 이야기가 있다. '환충(桓沖)은 나중에 영천(潁川) 유멸(庾蔑)의 딸을 부인으로 맞았는데, (그녀의) 자는 요(姚)이다.'
《진안제기(晉安帝紀)》에는 이런 이야기가 있다. '환수(桓脩)는 젊었을 때 환현(桓玄)에게 업신여김을 받았으며 (환현은) 말할 때마다 항상 그를 멸시했다. 그래서 환수는 깊이 원한을 품고 은밀히 환현을 죽이려는 마음을 갖고 있었다. 환수의 어머니가 말했다. "영보(靈寶 : 桓玄)는 나를 어머니처럼 여기고 있는데, 너희들은 어찌하여 골육(骨肉)끼리 서로 해치는 것을 자행하려 하느냐." 그래서 환수는 그 계획을 그만두었다.'
桓氏譜曰, 桓沖後娶潁川庾蔑女, 字姚.
晉安帝紀曰, 脩少爲玄所侮, 言論常鄙之. 脩深憾焉, 密有圖玄之意. 脩母曰, 靈寶視我如母. 汝等何忍骨肉相圖. 脩乃止.

주해 ㅇ近(근)－《세설강의(世說講義)》 권10에 '근(近)은 또한 고(姑)라고 하는 것과 같다'라고 한 것에 따랐다.
ㅇ桓沖(환충)－송본(宋本)·원본(袁本) 모두 '항충(恒沖)'으로 적고 있는데 잘못이라고 인정되기에 '환충(桓沖)'으로 고쳤다. 환충은 환수(桓脩)의 아버지로서 환온(桓溫 : 桓玄의 아버지)의 막내동생이다. 즉 환수와 환현은 종형제간이다.

세설신어 해제(解題)

1

《수서(隋書)》〈경적지(經籍志)〉에 '세설(世說) 8권, 송임천왕의경찬(宋臨川王義慶撰). 세설(世說) 10권, 양유효표주(梁劉孝標注)'라고 되어 있는데, 이 책은 처음에는 그냥 세설(世說)이라고 불리었다. 남송(南宋) 왕조(汪藻)의 《세설서록(世說叙錄)》에 의하면 이미 양(梁)·진(陳) 무렵까지는 《세설신서(世說新書)》로 개제(改題)한 것이 있으며, 당(唐)나라 단성식(段成植)의 《유양잡저(酉陽雜俎)》에도 《세설신서》의 이야기가 보인다.

왜 신서(新書)란 글자를 보충했는지에 대하여 《사고전서(四庫全書)》 총목제요(總目提要)에서는 황백사(黃伯思)의 《동관여론(東觀餘論)》을 인용하여, 한(漢)나라 유향(劉向)에게도 《세설(世說)》이란 책이 있었는데 일실(佚失)되었으므로 그 때문에 유의경이 모은 것을 《세설신서》라고 이름 붙였다는 것이다.

그런데 유지기(劉知幾)의 《사통(史通)》 17, 잡설(雜說) 제진사(諸晋史) 7조(條)에 유의경의 《세설신어》란 책 이름이 있는 것을 보면, 당대(唐代)에 들어와서는 《세설신어》로 불리었으며, 그것이 송대(宋代) 이후가 되면 한결같이 《세설신어》로 불리게 되었던 것이다.

이 책은 위로는 후한(後漢)으로부터 아래로는 동진(東晋)에 이르기까지의 일사쇄어(佚事瑣語)를 모은 것이며, 유효표(劉孝標)의 주(注)

는 그 이야깃거리들에 대하여 여러 다른 사서(史書)에서 보이는 것을 참고로 하여 많이 인용하고 있다. 그것을 보면 《세설신어》의 그 재미 있고 긴장감에 넘치며 세련된 문장은 아무래도 찬자(撰者)가 픽션을 사용하고, 촌언쌍어(寸言雙語)에 각 인물들의 개성을 생생하게 묘사코자 했었던 것으로 사료된다.

따라서 이것은 이미 사서(史書)가 아니라 문학(文學)이다. 그러므로 《수지(隋志)》에서도 소설로 취급하고 있으며, 《사고전서》 총목제요에서도 자부(子部) 소설가류(小說家類)에 넣고 있는 것이다. 또 노신(魯迅) 역시 소설사략(小說史略) 속에 이 책을 포함시키고 있다.

유의경의 전(傳)은 《송서(宋書 : 51)》〈종실전(宗室傳)〉 및 《남사(南史)》〈유의경전(劉義慶傳)〉에 보이는데 그는 육조말(六朝末)의 고조(高祖) 유유(劉裕)의 조카로서 장사왕(長沙王) 유도련(劉道憐)의 차남으로, 동진(東晋) 안제(安帝) 원흥(元興) 2년(403)에 태어났고, 임천왕(臨川王) 유도규(劉道規)가 아들이 없었으므로 그 양자로 들어갔다. 13세 때 남군공(南郡公)을 습봉(襲封)하고, 영초(永初) 원년(元年 : 420) 임천왕의 습봉을 받았다.

원가(元嘉) 연간에 산기상시(散騎常侍), 비서감(祕書監), 탁지상서(度支尙書)를 거쳐 단양윤(丹陽尹), 보국장군(輔國將軍)이 되었다. 이어서 원가 6년에는 상서좌복야(尙書左僕射), 9년에는 형(荊)·옹(雍)·익(益)·영(寧)·양(梁)·남북진(南北秦) 등 7주(州)의 제군(諸軍)을 도독(都督)하고 평서장군(平西將軍)·형주자사(荊州刺史)가 되었다. 이어서 16년에는 위장군(衛將軍), 강주자사(江州刺史), 17년에는 남연주자사(南兗州刺史)가 되었고, 이어서 개부의동삼사(開府儀同三司)가 더해졌다. 그리고 21년(444) 경사(京師)에서 사거(死去)했다. 향년 42세……. 시중사공(侍中司空)이 추증되었다.

위인이 간소과욕(簡素寡欲)하며 문학(文學)을 사랑했고, 종실(宗室) 중에서도 특별히 존경을 받았는데 단, 만년에 사문(沙門)을 봉양

(奉養)하며 과다한 재물을 허비했던 일로 비난을 받았다고 한다. 즐겨 문학의 선비들을 초치했는데 원근을 가리지 아니했다. 강주자사(江州刺史)였을 때(38세)는 당시 문학자로서 이름이 높았던 원숙(袁淑)을 초빙하여 자의참군(諮議參軍)으로 삼았고, 그밖에 육전(陸展)·하장유(何長瑜)·포조(鮑照) 등 문인을 막중(幕中)에 두었다. 《세설신어》의 찬(撰)에 있어, 이들의 힘을 입었던 바가 많았을 것으로 생각된다.

그밖에 유의경의 찬(撰)으로 된 책에 《선험기(宣驗記)》 30권(《隋志》), 《유명록(幽明錄)》 20권(《隋志》 兩唐書志作 30권), 《소설》 10권(《隋志》), 《서주선현전(徐州先賢傳)》 10권(《宋書》 本傳) 및 《문집(文集)》 8권(《隋志》)이 있다. 특히 소설에 흥미를 가지고 있었음이 이것에 의해서도 알 수가 있다.

유의경의 《세설신어》에 주(注)를 단 사람으로는 제양(齊梁) 간의 사람 경윤(敬胤 : 宋本世說考異引)이 있으며, 또 《세설신어》 〈문학편(文學篇)〉 속에 '일본주(一本注)'로 인용한 것이 있다. 그러나 그런 것들은 모두 일실되어 전하지 않고 오직 유효표의 주만이 전한다.

주가 전한다기보다 이 주에 의하여 《세설신어》는 한층 더 빛을 발하고 있으며, 그 중에는 유의경의 본문보다 더 재미있는 것이 있다고까지 말한다. 그 징인(徵引)이 극히 넓어서 《세설신어》 본문과 함께 읽어야 하는데 배송지(裵松之)의 《삼국지주(三國志注)》, 정도원(鄭道元)의 《수경주(水經注)》와 함께 세상에서 칭송되는 이유이기도 하다.

유효표의 전(傳)은 《양서(梁書 : 50)》에 보인다.

유준(劉峻), 자(字)는 효표(孝標), 평원(平原) 사람이다. 아버지 유반(劉斑)은 송(宋)나라 시흥내사(始興內史)였다. 송나라 무제(武帝) 대명(大明) 6년(462)에 태어나 양나라 무제 보통(普通) 2년(521)에 60세로 사거(死去)했다. 태시(泰始) 연간에 고향이 북위(北魏)에게 점령당했는데 8세 때 사람에게 붙잡히어 중산(中山)의 부호(富豪)인

유실(劉實)에게 팔려갔는데, 유실은 그의 영민함을 보고, 학문을 시켰다.

그는 밤새 잠을 자지 않으면서 독서를 했다. 제(齊)나라 영명(永明) 연간에 도읍으로 나와서 다시 이서(異書)를 구하여 독서에 탐닉했는데 남들은 그를 가리켜 독음(讀淫)이라고 불렀다. 그러나 불우한 생활은 계속되었는데 안성왕(安成王)의 부름을 받고 호조참군(戶曹參軍)이 되어, 왕을 위해 《유원(類苑)》을 찬(撰)했으나 아직 완성되기 전에 병을 얻어 떠났다. 그는 동양(東陽)의 자암산(紫巖山)에 집을 의지해놓고 살면서 《산서지(山栖志)》를 썼다. 양나라 무제가 문학하는 선비들을 불러 모았을 때 그의 솔직한 성격이 화가 되었음인지, 채용되지 못했다. 그는 〈변명론(辨命論)〉을 지어 그 감회를 읊었다.

동양에 있을 때 수많은 지방사람들이 그에게서 배웠는데 그가 죽자 문인들은 그에게 현정선생(玄靖先生)이라는 시호를 바쳤다. 문집(文集) 6권(《隋志》)이 있다. 그의 《세설신어》 주가 실로 상세하고 해박한 것은 역시 이상과 같은 그의 사람 됨됨이에서 온 것이리라.

2

《세설신어》는 위에서 말한 것처럼 후한말(後漢末)부터 위진(魏晋)에 걸친 동안, 그 시대 사람들의 언행(言行)을 모아놓은 책인데 그 배경이 되는 시대는 어떤 시대였을까?

후한 왕조가 붕괴의 조짐을 보였을 때 환관(宦官)의 전횡에 반항하여 일어난 기개의 선비들은 자신들을 청류(淸流)로 보고 크게 정치언론을 폈다. 이것을 청의(淸議)라고 한다. 조조(曹操)가 권력을 휘두르게 되자 그는 강력하게 언론을 압박했고, 명제(明帝)에 이르러서는 특히 강하게 언론 탄압을 하였다.

이때 정치적 권력을 백안시하고, 권력자들이 방패로 삼는 유교적(儒教的) 예교(禮教)를 도외시하면서 자유 정신을 찾던 귀족들은 오히려 정치에서 떠나 철학적 담론에 탐닉하였다. 이것이 이른바 청담(淸談)이었다.

청담은 이렇게 해서 문제(文帝)의 황초(黃初) 연간, 그리고 이어서 명제(明帝)의 태화(太和)·청룡(靑龍) 연간에 일어났다고 하는데 정시(正始) 시대의 하안(何晏)·왕필(王弼) 등에 이르러서 성황기를 이루었다. 하안·왕필은 함께 《노자(老子)》에 주(注)를 달았고, 또 하안은 《논어집해(論語集解)》를, 왕필은 《역경주(易經注)》를 쓴 당시의 대표적인 학자이다.

그러나 하안은 당시 조정의 권신(權臣)이었던 조상(曹爽)의 일파였으므로, 조상이 사마의(司馬懿)에게 멸망당하자 하안도 주멸당했다. 사마의의 아들인 사마사(司馬師 : 景王)가 대장군이 되어, 제왕(齊王) 방(芳)을 폐하고 고귀향공(高貴鄕公) 모(髦)를 세우고, 이어서 사마사의 동생인 사마소(司馬昭)가 실권을 잡더니, 사마소가 사거(死去)한 다음 그의 아들 사마염(司馬炎)이 위(魏)나라로부터 선양(禪讓)을 받아 진(晋)나라의 무제(武帝)로 즉위한다.

이 사이에 정국(政局)의 암흑은 실로 뒤숭숭했으며 음모가 소용돌이치고 있었다. 이 위진(魏晋) 교체 시기에 나온 것이 죽림칠현(竹林七賢)이다. 죽림 속에 칠현이 모였었다는 이야기는 그후 동진(東晋) 시대가 된 다음에 만들어진 이야기이겠는데 이 사람들은 모두 허위적인 예교(禮教)에 반대하고, 참되고 자유스런 생활태도를 추구하고자 했던 사람들이었을 것으로 생각된다.

위나라가 멸망하고 사마씨(司馬氏)의 진왕조(晋王朝)가 시작되자, 이 시대에 두드러졌던 일은 무제(武帝)뿐만 아니라, 귀족들의 현저한 사치 풍조였다. 이미 중앙 집권의 실력이 약해졌고, 귀족들의 긍지가 그만큼 강해졌었던 것이리라. 석숭(石崇)·왕개(王愷) 등, 귀족의 사치는 《세설신어》에도 묘사되어 있는 그대로이며 후세의 이야깃거리가 되고 있다.

이윽고 혜제(惠帝) 때가 되자 '팔왕(八王)의 난(亂)'이 일어나고, 그것이 7년 동안이나 이어지는 바람에 나라는 전혀 다스려지지 않았고, 그 사이에 북방 이적부족(夷狄部族)이 득세하여 남하해 왔다. 이른바 '영가(永嘉)의 난'이다.

'영가의 난'에 의해 중국 북방은 이적들에게 점령당하고, 중국의 귀족과 호족(豪族)은 모두 강남으로 이동했으며, 일반 국민들도 역시 앞다투어 강을 건넜다. 그리고 건강(建康)을 도읍으로 하는 동진 왕조(東晋王朝)가 성립된다. 이 때 이른바 민족의 대이동이 실행되었으므로 그 이후 강남에 중국문화의 꽃이 피는 시대가 되었다.

동진 왕조의 건설에 가장 많이 공헌한 것은 낭야왕씨(琅琊王氏)의 일족인 왕도(王導)였다. 왕도는 원제(元帝)·명제(明帝)·성제(成帝) 등 3대에 걸쳐 동진 왕조의 정치를 지도한 대공로자였다. 이 강남 정권의 주력이 되었던 것은 북방에서 강을 건너온 귀족들이었는데, 왕도는 그들을 잘 다루어 동진 왕조를 그 위에 굳건히 세웠다. 왕도는 《세설신어》에서 선한 주인공 중 한 사람이며, 그가 그의 종형(從兄)인 왕돈(王敦)이 모반을 일으켰을 때 조정에 대하여 얼마나 고심(苦心)을 했는지, 그 점에 대한 이야기도 《세설신어》에 보인다.

다행스럽게도 왕돈의 모반은 실패로 끝이 났는데 왕도도, 그리고 왕도와 함께 재상의 자리에 있었던 유량(庾亮)도 세상을 떠나고, 유량의 동생인 유빙(庾冰)이 재상으로 있을 무렵에는 이미 동진의 원훈(元勳)인 온교(溫嶠)·치감(郗鑒)·도간(陶侃) 등도 세상에 없었는데 이번에는 환온(桓溫)이 조정에 대하여 딴 뜻을 품는다.

환온은 북방 공략에 큰 공이 있었으며 그 세력은 점차 두드러지게 커갔다. 이 무렵 사안(謝安)이 재상이 되어 동진 왕조를 잘 지켜내고 있었다. 사안은 낭야의 왕씨와 병칭되는 진군사씨(陳郡謝氏)의 일족이었다. 환온의 야심을 억제하기 위하여 은호(殷浩)를 기용했는데 은호는 북벌에 실패하고 도리어 환온에게 탄핵을 받아 서인(庶人)이 되어 귀양지에 있으면서 '돌돌괴사(咄咄怪事)'란 네 글자를 하늘에 그리고 있었다는 이야기가 《세설신어》에 나온다.

환온은 왕위를 꿈꾸면서 효무제(孝武帝) 영강(寧康) 원년(元年)에 죽어갔는데 그 아들 환현(桓玄)이 안제(安帝) 원흥(元興) 2년, 마침내 건강(建康)으로 쳐들어가 스스로 제(帝)라 칭했다. 그러나 그는 그 이듬해 유유(劉裕)에 의해 죽음을 당했고, 유유가 제위(帝位)에 올랐는데 이 사람이 송(宋)나라 무제(武帝)이다.

3

이 시대의 사상과 학술 방면을 생각해보면 한(漢)나라는 유학(儒學)을 관학(官學)으로 정하고 있었으며, 유교(儒教)는 강력한 중앙집권체제와 연결지어져서 국가 지배의 받침대가 되고 있었는데, 이윽고 후한(後漢)이 되자 유교는 오로지 훈고학(訓詁學)으로 향하는 한편, 중앙집권의 쇠미와 함께 그 사상적 지배력을 잃어간다. 이윽고 위진시대(魏晋時代)에 접어들자 이것에 대신하여 노장사상(老莊思想)이 강성해진다.

죽림칠현(竹林七賢)과 같은 사람들은 이미 원래의 정신을 잃고 형해화(形骸化)되었고, 혹은 봉건지배의 구실이 되어 버린 유교의 예교사상(禮教思想)에 반항하면서 자유분방한 생활태도를 구했다. 하물며 위(魏)·진(晋)으로 이어지는 불안한 시대, 권력자들의 싸움에 정나미가 떨어진 사람들은 자연히 이 세상과의 대립(對立)을 초월한 무위자연(無爲自然)의 가르침에 경도(傾倒)되어 가는 것도 역시 자연스런 현상이었다.

이것이 또 후한시대 무렵부터 중국에 이입(移入)해온 불교(佛敎)의 사상을 받아들이는 계기가 되었으며, 중국 북방이 이민족의 지배하에 들어감과 동시에 서방(西方) 문명이 점차 중국에 유입되어 불교라고 하는 서역(西域)의 가르침이 점점 중국인 사이에 뿌리를 내려가게 된다. 특히 동진(東晋)으로 접어들자 불교의 신앙은 점차 더 깊이 침투해 갔다.

이렇게 해서 유교·노장과 함께 불교사상은 육조인(六朝人)의 교양 속에 깊이 파고들었고 또 노장불교(老莊佛敎)에 의해 사람들은 깊은 철학적 사색(思索)을 몸에 익히게 된다. 이른바 현학(玄學)이라고 하는 것이 이것이다. 이것이 또 청담(淸談)의 유행이 되었으며 교양인들은 종종 상대방을 찾아서, 예컨대 재성론(才性論)과 같은 철학적 토론을 반복하며 서로 그 이치의 우열을 다투었던 것은 이 《세설신어》에서도 자주 보는 바이다.

당시의 문학자와 사상가들은 모두가 귀족들이었으므로 그들이 아무리 피하고자 해도 각 시대의 정권과 어떤 형태로든 연결지어져 있었다. 그 때문에 격렬한 정권의 이동은 그들 귀족의 운명을 항상 위협했는데 그 중에서도 위진(魏晋)의 문인 전기(傳記)를 읽어보면 그 최후는 권력자의 손에 의해 주살당한 예가 혜강(嵇康)뿐만이 아니라 너무나도 많다는 데 놀라게 된다.

그들은 이런 현황을 눈으로 보고, 귀로 전해 들으면서 항상 어두운 공포감을 안고 살아갔던 것이 아닌가 하는 생각이 든다. 그런데도 《세설신어》에 소개되고 있는 사람들의 언행은 그 얼마나 명랑하고 또 유연하단 말인가? 본디부터 그들 귀족은 중앙정권에서의 다툼에 말려들지 않는 한, 장원경제(莊園經濟)의 토대 위에 안주(安住)하면서 그 자신들은 아무런 생산도 하지 않으며, 유유히 청담(淸談)에 탐닉할 수 있었을 것이다.

동진(東晋) 중엽 무렵부터 산수 자연(山水自然)의 미(美)를 즐기는 풍조가 강해진다. 유협(劉勰)이 '노장(老莊)을 떠나 산수에 재미들다'라고 했던 것처럼, 그들은 산수 자연 사이에서 미(美)를 찾아내고 진(眞)을 구하며 자유를 찾아 헤맸던 것이다. '안석(安石) 나가지 않는즉 창생을 어이할꼬?'라고 말했던 사안(謝安)과 같은 사람도 회계(會稽)의 동산(東山)에 살고 있으면서 중앙에서의 부름에 좀처럼 나아가려고 하지 아니했다. 왕희지(王羲之)가 회계내사(會稽內史)가 되어 난정회(蘭亭會)를 개최했던 것은 누구나 다 아는 이야기이다.

그러나 이 어지러운 정권의 이동, 음참(陰慘)한 권력자의 투쟁은 자칫 그들을 투쟁 속으로 끌어들이지 않을 수 없었으리라. 그런데도 불구하고 그런 와중에서 《세설신어》에 등장하는 사람들은 모두가 실로 시원시원하기만 하다.

이런 시원스러움은 어디서 오는 것일까? 언제 어디서 검은 그림자가 몰래 스며들는지 모르는 시대에 어떻게 그처럼 시원시원할 수 있었던 것일까?

첫째로는 그들 귀족들이 지니는 의젓함이다. 매사를 시간의 흐름에 맡기고, 혹은 마음에 드는 대화를 나누며, 또는 철저한 현학(玄學)의 토론을 즐기었다. 그러나 그것뿐만이 아니었다. 노장사상(老莊思想)은 그들에게 현실의 대립을 초월하는 자유로운 경지를 제시하였다. 불교는 그들에게 심원한 철리(哲理)를 생각하도록 가르쳤다.

그들은 또 권력자인 누가 제위(帝位)를 뺏더라도 자기들은 높은 문화의 소유자임을 자랑했다. 거기에서 그들은 자기네들의 생활태도에 대하여 일종의 자신감을 가지고 있었다. 그러므로 비록 주살당하여 비참한 최후를 맞는다 하더라도 권력이란 것의 어리석음을 마음속으로 비웃을 수 있었던 것이 아닐까?

후한(後漢) 말기, 청담(淸談)이 일어나기 시작할 때로부터 인물에 대한 월단(月旦)이 사람들 사이에서 계속하여 행해졌는데, 이윽고 위

(魏)나라 세상이 된 다음에는 구품관인(九品官人)의 법이 행해짐에 이르러 이것과 함께 사람의 품격에 대한 논평이 성행되었다. 이런 일은 예술(藝術)에 있어서도 각 작가들을 품평하기 시작했으며, 이윽고 서품(書品)·화품(畵品)·시품(詩品)이란 것들이 나타났는데 이 시대는 특히 인물 품평에 특별한 흥미를 가지고 있었던 듯하다. 한마디로 말해서 그 사람의 풍격(風格)을 정확하게 평하는 것을 자랑으로 삼았는데 그 품평의 기준은 무엇보다도 청고(淸高)·간이(簡易)·명민(明敏)·준수(俊秀)·우아(優雅)한 것을 좋아했다.

이른바 육조(六朝)의 인물 풍격은 이 《세설신어》에 잘 나타나 있으며 이 책 문장들의 재미있는 면들과 함께, 거기에 묘사되어 있는 인물의 매력에 푹 빠지지 않을 수 없다. 단, 이것을 자칫 잘못 익혔다가는 청고(淸高)는 독선이 되고, 간이(簡易)는 거오(倨傲)가 되며, 방종이 될는지도 모른다. 일부의 《세설신어》가 후생(後生)을 그르친다고 하는 것은 이것을 말하는 것일까?

4

《당사본세설신서잔권(唐寫本世說新書殘卷)》은 《세설신어》의 현존 최고(最古)의 것으로 귀중한 것인데 그것이 잔권(殘卷)이란 점은 실로 아쉽다 하겠다. 송대(宋代)가 되어 《세설신어》는 조문원(晁文元)·전문희(錢文僖)·안원헌(晏元獻)·왕중지(王仲至)·황노직(黃魯直) 등의 제본(諸本)이 있었던 것이 남송(南宋) 왕조(汪藻)의 《세설서록(世說叙錄)》에 보인다. 이 가운데 안원헌은 북송(北宋)의 재상(宰相)으로서 시사(詩詞)에 뛰어났던 안수(晏殊)인데 자(字)는 동숙(同叔)이다.

남송 소흥(紹興) 8년(1138), 동분(董弅)이 가장(家藏)해 오던 구본

(舊本)과 안수의 수정본(手訂本)을 참조하여 3권 26편으로 간행하였다. 이것을 육유(陸游)가 중간(重刊)하여 상(上)·중(中)·하(下)로 나누었다. 이것들은 모두 일실(佚失)되었는데 명(明)나라 원경(袁褧)은 이 육유본을 다시 중간했다. 이것이 지금 사부총간(四部叢刊)에 수록되어 있으며 소흥 8년, 동분의 발(跋)이 이것에 부록(附錄)되어 있다.

명나라에 들어서서 왕세정(王世貞)은 하양준(何良俊)의 《어림(語林)》을 가하여 《세설신어보(世說新語補)》로 간행했다. 이것이 크게 유행되었는데 이 책은 원래의 《세설신어》를 많이 삭감하고, 또 순서를 바꾸었는데, 이것에 당송명인(唐宋名人)들의 사적(事績)을 더 가한 것이므로 《세설신어》의 본디 모습과는 완전히 다르다.

청(淸)나라가 되어 왕선겸(王先謙)이 원경본(袁褧本)을 가지고 사현강사본(思賢講舍本)을 간행했는데 이것이 오늘날 제일 많이 퍼져 있는 《세설신어》이다.

세설신어 관계 연표

연도	연호		내용
25	건무(建武)	원년	광무제(光武帝 : 劉秀) 즉위하다.
27		3년	풍이(馮異), 적미적(赤眉賊)을 크게 격파하고 난(亂)을 거의 평정하다.
32		8년	공손술(公孫述)·외효(隗囂) 등 후한 왕조에 저항하다. 반고(班固) 태어나다.
37		13년	광무제, 중국을 완전히 통일하다.
48		24년	흉노(匈奴)의 일축왕비(日逐王比), 남선우(南單于)가 되어 후한 왕조에 항복하다.
57	중원(中元)	2년	광무제 죽다. 명제(明帝) 즉위하다.
59	명제 영평(永平)	2년	벽옹(辟雍)에서 양로의례(養老儀禮)를 행하다. 이 무렵 초왕(楚王) 영(英), 불교를 신봉하다.
74		17년	반초(班超), 서역(西域) 경영의 성공으로 서역 여러 나라가 후한 왕조에 입공(入貢)하다.
75		18년	명제 죽다. 장제(章帝) 즉위하다.
79	장제 건초(建初)	4년	유학자를 백호관(白虎觀)에 모으고 오경(五經)의 이동(異同)을 토론케 하다. 마융(馬融) 태어나다.
82		7년	태자 경(慶)을 폐하고, 양귀인(梁貴人)의 아들 조(肇)를 태자로 세우다.
83		8년	순숙(荀淑) 태어나다.
87	장화(章和)	원년	북흉노의 58부(部), 후한 왕조에 항복하다.
88		2년	장제 죽다. 화제(和帝) 즉위하다. 두태후(竇太后) 섭정을 펴며 실권을 장악하다.
89	화제		두헌(竇憲)·경병(耿秉) 등, 삭방(朔方)에서 북흉

연도	연 호	내 용
	영원(永元) 원년	노를 치다.
92	4년	두헌, 환관 정중(鄭衆)의 손에 의해 주살(誅殺)당하다. 이후 환관의 대두가 시작되다. 《한서(漢書)》 및 〈양도부(兩都賦)〉의 작자 반고(班固), 옥중에서 죽다.
97	9년	두태후 죽다. 반초(班超), 부하인 감영(甘英)을 서아시아에 파견하다.
104	16년	진식(陳寔) 태어나다.
105	원흥(元興) 원년	화제 죽다. 등태후(鄧太后), 황자(皇子) 융(隆 : 殤帝)을 세우고 섭정하다.
106	상제 연광(延光) 원년	등즐(鄧騭), 거기장군의동삼사(車騎將軍儀同三司)가 되다. 상제 죽다. 안제(安帝) 즉위하다.
107	안제 영초(永初) 원년	서역도호(西域都護) 및 이오(伊吾)·유중(柳中)의 둔전(屯田)을 폐지하다. 강족(羌族)이 반란을 크게 일으키다.
109	3년	선비(鮮卑) 및 오환(烏桓), 북방 변두리를 위협하다. 교현(喬玄) 태어나다.
110	4년	이응(李膺) 태어나다.
121	건광(建光) 원년	등태후 죽다. 대장군 등즐 자살하다.
125	연광(延光) 4년	안제 죽다. 소제(少帝) 즉위했으나 같은 해 죽고 환관 등이 순제(順帝)를 옹립하다.
128	순제 보영(保永) 3년	곽태(郭泰) 태어나다.
135	영가(永嘉) 4년	환관 등 양자(養子)를 맞아들이어 작위(爵位)를 인정키로 하다. 양상(梁商)이 대장군이 되다.
137	영화(永和) 2년	범방(范滂) 태어나다.
140	5년	남흉노(南匈奴) 반란을 일으키다. 도료장군(度遼將軍) 마속(馬續), 이를 쳐서 항복받다.
144	건강(建康) 원년	순제 죽다. 충제(沖帝) 즉위하다. 양태후(梁太后)

연도	연 호	내 용
		섭정이 되다. 이고(李固), 태위녹상사(太尉錄尙事)가 되다.
145	충제 영가(永嘉) 원년	충제 죽다. 질제(質帝) 즉위하다.
146	질제 본초(本初) 원년	군국(郡國)의 명경(明經)을 관리가 도맡아서 하게 되다. 수도 낙양(洛陽)의 태학(太學)에 3만 명의 학생이 유학하다. 양기(梁冀)가 질제를 독살하고 환제(桓帝)를 옹립하다.
147	환제 건화(建和) 원년	청류파(淸流派)인 이고(李固)·두교(杜喬) 등 죽음을 당하다.
148	2년	안식(安息 : 파르티아)의 승(僧), 안세고(安世高), 낙양에 와서 불경을 한역(漢譯)하다.
149	3년	순숙(荀淑) 죽다.
153	영흥(永興) 원년	공융(孔融) 태어나다.
155	영수(永壽) 원년	조조(曹操, 후의 魏 武帝) 태어나다.
157	3년	화흠(華歆) 태어나다.
159	연희(延熹) 2년	양태후 죽다. 환제, 환관 등과 함께 외척인 양기(梁冀)를 주살하다. 환관의 세력 점차 강성해지다.
162	5년	유비(劉備) 태어나다.
163	6년	무릉만(武陵蠻) 반란을 일으키다. 순욱(荀彧) 태어나다.
166	9년	제1차 당고사건(黨錮事件) 일어나서 이응(李膺)·두밀(杜密) 등 2백 여명 체포 투옥되다. 마융(馬融) 죽다.
167	영강(永康) 원년	당인(黨人), 출옥 사면되고 종신 금고(禁錮)에 처해지다. 환제 죽고 영제(靈帝) 즉위하다. 두태후(竇太后) 섭정이 되다.
168	영제 건녕(建寧) 원년	대장군 두무(竇武)와 진번(陳蕃) 등 조정에서 환관을 주멸코자 하다가 도리어 죽음을 당하다.

연도	연 호		내 용
			고옹(顧雍) 태어나다.
169		2년	제2차 당고사건 일어나고 이응(李膺)・범방(范滂) 등 1백 명에 이르는 관료・지식인이 사형에 처해지다. 곽태(郭泰) 죽다.
174	희평(熹平)	3년	제갈근(諸葛瑾) 태어나다.
175		4년	채옹(蔡邕), 명을 받고 석경(石經)을 태학(太學)의 문에 세우다.
176		5년	금고(禁錮)의 범위를 그 일족낭당(一族郎黨)에까지 확대하다.
177		6년	왕찬(王粲) 태어나다.
178		7년	채옹이 환관의 모함으로 삭방(朔方)으로 유배되다. 국가 재정이 부족함에 따라 관작(官爵)의 매매가 성행하다.
181	광화(光和)	4년	제갈량(諸葛亮)・왕상(王祥) 태어나다.
183		6년	육손(陸遜) 태어나다. 교현(喬玄) 죽다.
184	중평(中平)	원년	장각(張角)이 이끄는 황건적(黃巾賊)의 난이 일어나다. 당인(黨人)을 대사면하다.
185		2년	장각의 반란이 실패하다. 태항산맥(太行山脈) 주변에서 흑산적(黑山賊)의 반란이 일어나다.
186		3년	무습(繆襲) 태어나다.
187		4년	어양(漁陽)・장사(長沙) 등지에서 반란이 일어나다. 진식(陳寔) 죽다. 조비(曹丕, 魏 文帝) 태어나다.
188		5년	산서(山西)에서 황건적(黃巾賊)의 잔당 백파적(白波賊)이 난을 일으키다. 방통(龐統) 태어나다.
189		6년	영제(靈帝) 죽고 소제(少帝) 유변(劉辯) 즉위하다. 원소(袁紹)가 낙양을 제압하고 환관을 주살하다. 동탁(董卓)이 낙양을 제압한 뒤 소제를 폐하고 헌제(獻帝) 유협(劉協)을 옹립하다.
190	헌제		관동(關東)의 주군(州郡)이 원소(袁紹)를 맹주(盟

연도	연 호	내 용
	초평(初平) 원년	主)로 하여 동탁(董卓) 토벌군을 일으키다. 동탁은 도읍을 낙양에서 장안(長安)으로 천도(遷都)하다.
191	2년	원소가 기주(冀州)를 탈취하여 차지하다.
192	3년	여포(呂布)가 동탁을 주살하다. 조조(曹操)가 서주(徐州)의 황건적을 진압하다. 조식(曹植)·사마의(司馬懿) 태어나다.
195	흥평(興平) 2년	손책(孫策)이 강남(江南)으로 진출하여 강동(江東)을 경영하기 시작하다.
196	건안(建安) 원년	조조가 헌제(獻帝)를 허창(許昌)으로 모셔 와 중원(中原)을 점거지로 삼다. 또한 유민(流民)을 모아 대규모로 둔전(屯田)을 개척하다.
197	2년	원술(袁述)이 수춘(壽春)에서 칭제(稱帝)하다. 등애(鄧艾) 태어나다.
198	3년	조조가 여포(呂布)를 살해하다. 육개(陸凱) 태어나다.
199	4년	하조(何曹) 태어나다.
200	5년	관도지전(官渡之戰)에서 조조가 원소(袁紹)의 대군을 격파하다. 손책(孫策) 죽다.
202	7년	원소(袁紹) 병사(病死)하다.
203	8년	조예(曹叡, 魏 明帝) 태어나다.
204	9년	조조가 기주목(冀州牧)을 겸임하고 업(鄴)을 새로운 근거지로 삼다.
205	10년	조조가 원소(袁紹)의 아들 원담(袁譚)을 참수(斬首)하고 하북(河北)을 평정하다.
208	13년	적벽대전(赤壁大戰)에서 조조는 손권(孫權)과 유비(劉備)의 연합군에게 대패하여 전국 통일이 불가능하게 되다. 오(吳)는 이 일을 기회로 독립을 확보하다. 사마사(司馬師, 司馬景王. 西晉 景帝)

연도	연 호	내 용
		태어나다. 공융(孔融) 죽다.
209	14년	부하(傅嘏)·하후현(夏侯玄)·위서(魏舒) 태어나다.
210	15년	조조가 위왕(魏王)을 칭하고 화북(華北) 통일하다. 조비(曹丕)가 오관중랑장(五官中郎將)이 되다. 완적(阮籍) 태어나다.
211	16년	사마소(司馬昭, 西晉 文王) 태어나다.
212	17년	손권(孫權)이 건강(建康) 경영에 착수하다. 순욱(荀彧) 자살하다. 진건(陳騫) 태어나다.
213	18년	조조, 위공(魏公)에 봉해지고 동한(東漢) 왕조로부터 선양(禪讓)을 획책하다.
214	19년	유비(劉備), 성도(成都)를 점령하고 촉(蜀)을 점령하다. 제갈량(諸葛亮)을 군사장군(軍事將軍)으로 삼다.
215	20년	사천(四川), 한중(漢中) 분지(盆地)에서 세력을 펼치던 오두미도(五斗米道) 일당이 조조에게 항복하다. 황보밀(皇甫謐) 태어나다.
216	21년	조조, 위왕(魏王)의 작위를 받다.
217	22년	건안칠자(建安七子)인 유정(劉楨)·왕찬(王粲)·서간(徐幹)·응창(應瑒)이 역병(疫病)으로 죽다.
218	23년	조조가 유표(劉表)를 멸하다. 조식(曹植)이 〈변도론(辯道論)〉을 짓다. 가충(賈充) 태어나다.
219	24년	유비가 한중왕(漢中王)을 자칭(自稱)하다. 조조가 양수(楊脩)를 살해하다. 육적(陸績) 죽다.
220	연강(延康) 원년	진군(陳羣)의 헌책(獻策)에 따라 구품관인법(九品官人法)을 제정하고 각 군국(郡國)에 중정(中正)을 설치하다. 조조 죽다.
	위 문제(文帝) 황초(黃初) 원년	조비(曹丕, 魏 文帝)가 헌제(獻帝)로부터 선양(禪讓)을 받아 위(魏)를 개국하다. 이로써 동한(東漢) 왕조가 망하고 삼국시대(三國時代)로 들어가다.

연도	연 호	내 용
221	2년	유비가 촉(蜀)에서 제위(帝位)에 오르고 제갈량을 승상으로 삼다. 양호(羊祜) 태어나다.
222	3년	손권(孫權)이 오(吳)를 건국하다. 두예(杜預) 태어나다.
223	4년	유비 병사(病死)하다. 후주(後主) 유선(劉禪) 즉위하다. 촉(蜀)의 부장(部將) 방통(龐統) 전사하다. 조창(曹彰) 죽다. 혜강(嵇康) 태어나다.
224	5년	위(魏)에서 태학(太學)을 다시 세우고 박사(博士)를 설치하다. 배수(裴秀) 태어나다.
225	6년	관구검(毌丘儉)이 수춘(壽春)에서 거병(擧兵)하자, 사마사(司馬師, 司馬景王)가 토벌하다.
226	7년	문제(文帝) 죽고, 명제(明帝) 조예(曹叡) 즉위하다. 왕필(王弼)・육항(陸抗) 태어나다.
227	명제 태화(太和) 원년	촉(蜀)의 제갈량이 〈출사표(出師表)〉를 올리고 위(魏) 토벌에 나서다. 하소(賀劭) 태어나다.
228	2년	왕랑(王朗) 죽다.
229	3년	오왕(吳王) 손권이 칭제(稱帝)하고 건업(建業)에 도읍을 정하다.
230	4년	종요(鍾繇)・화흠(華歆) 죽다.
232	6년	위(魏) 명제(明帝)가 허창궁(許昌宮)을 건조하다. 조식(曹植) 죽다. 사마준(司馬駿, 扶風王)・장화(張華) 태어나다.
233	청룡(青龍) 원년	진수(陳壽) 태어나다.
234	2년	동한 헌제(獻帝) 죽다. 제갈량이 오장원(五丈原) 전투중 병사하다. 신비(辛毗) 죽다. 왕융(王戎) 태어나다.
235	3년	위(魏)에서 낙양궁을 건조하다. 손휴(孫休, 吳 景帝) 태어나다.
236	4년	오(吳)에서 대전(大錢)을 주조(鑄造)하다. 위(魏)

연도	연 호	내 용
		사공(司空) 진군(陳羣)·장소(張昭) 사망하다. 사마염(司馬炎, 西晉 武帝) 태어나다.
237	경초(景初) 원년	배해(裴楷) 태어나다.
238	2년	사마의(司馬懿)가 요동(遼東)의 공손연(公孫淵)을 멸하다.
239	3년	위(魏) 명제(明帝) 죽고 태자 제왕(齊王) 조방(曹芳) 즉위하다. 사마의와 조상(曹爽)이 정무를 보좌하다.
240	제왕 정시(正始) 원년	조상(曹爽)이 정치 실권을 장악하다. 청담(淸談)이 유행하여 왕필(王弼)·하안(何晏) 등이 노장사상(老莊思想)에 새로운 해석을 하다.
241	2년	오(吳)의 제갈근(諸葛瑾)이 사마씨(司馬氏)를 토벌하다가 패사(敗死)하다. 오(吳) 태자 손등(孫登) 병사하다. 조모(曹髦, 高貴鄕公) 태어나다.
242	3년	오(吳)의 손화(孫和)가 태자가 되다. 손호(孫皓) 태어나다.
243	4년	하후담(夏侯湛) 태어나다. 고옹(顧雍) 죽다.
244	5년	배잠(裴潛) 죽다.
245	6년	육손(陸遜)·무습(繆襲) 죽다. 왕담(王湛) 태어나다.
247	8년	반악(潘岳) 태어나다.
249	가평(嘉平) 원년	사마의가 정변(政變)을 일으켜 조상(曹爽)·환범(桓範)·등양(鄧颺)·하안(何晏) 등을 살해하다. 군중정(郡中正) 위에 주대중정(州大中正)을 설치하여 문벌귀족의 형성이 확립되다. 왕필(王弼) 병사하다.
250	2년	오(吳)에서 태자 손화(孫和)를 폐하고 손량(孫亮)을 태자로 책봉하다.
251	3년	위(魏) 왕릉(王凌)이 천자 제왕(齊王) 조방(曹芳)

연도	연 호	내 용
		을 폐하고 초왕(楚王) 조표(曹彪)를 옹립하려다가 일이 발각되어 사마의에게 주살당하다. 사마의 죽다. 석숭(石崇) 태어나다.
252	4년	오(吳)의 손권(孫權) 죽고, 태자 손량(孫亮) 즉위하다.
253	5년	오(吳)의 제갈각(諸葛恪)이 손준(孫峻)에게 살해당하다. 산간(山簡) 태어나다.
254	정원(正元) 원년	하후현(夏侯玄)이 사마사(司馬師)의 전횡(專橫)을 타도하려다가 오히려 살해당하다. 사마사가 제왕(齊王) 조방(曹芳)을 폐하고 문제(文帝)의 손자 고귀향공(高貴鄕公) 조모(曹髦)를 옹립하다.
255	2년	사마사(司馬師, 司馬景王)·부하(傅嘏)·곽회(郭淮) 죽다.
256	감로(甘露) 원년	오(吳)의 손준(孫峻)이 병사하자 손침(孫綝)이 권력을 장악하다. 왕연(王衍) 태어나다.
258	3년	위(魏) 사마소(司馬昭)가 수춘(壽春)에서 오(吳) 제갈탄(諸葛誕)을 격파하고 살해하다. 배위(裴頠) 태어나다.
259	4년	사마충(司馬衷)·도간(陶侃)·왕징(王澄) 태어나다.
260	원제 경원(景元) 원년	사마소(司馬昭)가 고귀향공(高貴鄕公)·상서(尙書)인 왕경(王經)을 살해하고 원제(元帝) 조환(曹奐)을 옹립하다. 진태(陳泰) 죽다.
261	2년	육기(陸機) 태어나다.
262	3년	혜강(嵇康)이 여안(呂安)의 사건에 연루되어 사형당하다. 육운(陸雲) 태어나다.
263	4년	사마소(司馬昭)가 상국(相國)·진공(晉公)이 되다. 촉(蜀) 멸망하다. 종육(鍾毓)·완적(阮籍) 죽다.
264	함희(咸熙) 원년	등애(鄧艾)가 종회(鍾會)와 분쟁을 일으켰다가

연도	연 호	내 용
		둘 다 살해되다. 사마소(司馬昭)가 진왕(晉王)에 봉해지다. 오(吳) 경제(景帝) 손휴(孫休) 죽다. 사마민왕(司馬愍王, 司馬丞) 태어나다.
265	서진(西晉) 무제 태시(太始) 원년	사마소(司馬昭) 죽다. 진(晉)이 위(魏)로부터 선양(禪讓)을 받아 무제(武帝) 사마염(司馬炎)이 즉위함으로써, 서진(西晉) 왕조가 시작되다.
266	2년	월지국(月氏國) 고승(高僧) 축법호(竺法護)가 장안에 도착하여 역경(譯經)하다. 조적(祖逖)·왕돈(王敦) 태어나다.
267	3년	사마예(司馬睿, 東晉 元帝)·왕도(王導) 태어나다.
268	4년	가충(賈充) 등이 율령(律令)을 제정하다. 공유(孔愉) 태어나다.
269	5년	주의(周顗)·치감(郗鑒) 태어나다. 왕상(王祥)·육개(陸凱) 사망하다.
271	7년	촉(蜀) 후주(後主) 유선(劉禪) 죽다. 배수(裴秀) 죽다. 유곤(劉琨) 태어나다.
274	10년	위(魏) 폐제(廢帝) 조방(曹芳) 죽다. 육항(陸抗)·정충(鄭沖) 죽다. 양만(羊曼) 태어나다.
276	함녕(咸寧) 2년	오(吳)의 손호(孫皓)가 중서령(中書令) 하소(賀劭)를 살해하다. 환이(桓彝)·곽박(郭璞) 태어나다.
278	4년	두예(杜預)가 진남대장군도독형주제군사(鎭南大將軍都督荊州諸軍事)가 되다. 하증(何曾)·양호(羊祜) 죽다.
279	5년	성도왕(成都王) 사마영(司馬穎)·육완(陸玩) 태어나다.
280	태강(太康) 원년	오(吳)가 서진(西晉)의 공격을 받아 멸망하고 손호(孫皓)는 투항하다. 호위(胡威) 죽다.
281	2년	위항(衛恒)에게 《죽서기년(竹書紀年)》 교리(校理)를 명하다. 채모(蔡謨) 태어나다.

연도	연 호	내 용
282	3년	왕개(王愷)와 석숭(石崇)이 재부(財富)를 다투다. 이윤(李胤)·황보밀(皇甫謐)·가충(賈充) 죽다.
283	4년	산도(山濤)·임개(任愷) 죽다.
284	5년	유의(劉毅) 등이 구품중정제(九品中正制) 폐지를 주청(奏請)하다. 손호(孫皓)·두예(杜預) 죽다. 제갈회(諸葛恢) 태어나다.
285	6년	구품중정제의 폐해(弊害)를 제기한 유의(劉毅) 죽다.
286	7년	공탄(孔坦)·위개(衛玠)·축법심(竺法深) 태어나다. 사마준(司馬駿, 扶風王) 죽다.
287	8년	곽혁(郭奕) 죽다.
288	9년	온교(溫嶠)·고화(顧和) 태어나다.
289	10년	선비족(鮮卑族) 모용외(慕容廆)가 귀항(歸降)하여 선비도독(鮮卑都督)에 임명되다. 순욱(荀勗)·유량(庾亮) 태어나다.
290	혜제 영희(永熙) 원년	무제(武帝) 죽고, 혜제(惠帝) 사마충(司馬衷) 즉위하다. 위서(魏舒) 죽다.
291	원강(元康) 원년	가후(賈后)가 태부(太傅) 양준(楊駿)을 살해하고 정치 실권을 장악하다. 배해(裴楷)·하후담(夏侯湛) 죽다. 위항(衛恒)·위관(衛瓘) 피살되다.
292	2년	가후가 양태후(楊太后)를 살해하다. 하충(何充) 태어나다. 진건(陳騫)·화교(和嶠) 죽다.
295	5년	왕담(王湛) 죽다.
296	6년	저족(氐族) 수령 제만년(齊萬年)이 반란을 일으키다. 유빙(庾氷) 태어나다.
297	7년	제만년의 반란을 진압하다가 주처(周處) 전사하다. 진수(陳壽)·왕혼(王渾) 죽다.
299	9년	제만년의 반란이 진압되다. 가후가 태자 사마휼(司馬遹)을 폐위시키다.

연도	연 호	내 용
300	영강(永康) 원년	조왕(趙王) 사마윤(司馬倫)이 가후(賈后) 일당을 주멸(誅滅)하고 장화(張華)·배위(裴頠) 등도 살해하다. 반악(潘岳)은 손수(孫秀)의 모함을 받아 석숭(石崇)과 함께 사형당하다. 상수(向秀) 죽다.
301	영녕(永寧) 원년	조왕(趙王) 사마윤이 혜제(惠帝)를 유폐(幽閉)시키고 스스로 황제라 칭함으로써 팔왕(八王)의 난(亂)이 시작되다. 제왕(齊王) 사마경(司馬冏), 하간왕(河間王) 사마옹(司馬顒), 성도왕(成都王) 사마영(司馬穎) 등이 사마윤을 토벌하고 혜제를 복위시키다. 이특(李特)이 거병하여 성도(成都)를 공략하다.
302	태안(泰安) 원년	하간왕(河間王) 사마옹(司馬顒)이 장사왕(長沙王) 사마예(司馬乂)를 보내 제왕(齊王) 사마경(司馬冏)을 살해하다.
303	2년	이특(李特)의 아들 이웅(李雄)이 성도(成都)를 점령하다. 육기(陸機)·육운(陸雲) 형제가 성도왕(成都王) 사마영(司馬穎)에게 살해당하다. 장창(張昌)과 석빙(石氷)의 유민(流民) 반란군이 장강(長江) 하류 유역까지 진출하다. 저부(褚裒) 태어나다.
304	영흥(永興) 원년	동해왕(東海王) 사마월(司馬越)이 장방(張方)을 보내 장사왕(長沙王) 사마예(司馬乂)를 살해하다. 유연(劉淵)은 한왕(漢王)을 칭하고 이웅(李雄)은 성도왕(成都王)을 칭하며 독립하다. 혜소(嵇紹)가 탕음(蕩陰)의 전쟁에서 혜제(惠帝)를 지키다가 죽다. 석빙(石氷)의 난이 진압되다. 구양건(歐陽建)이 살해당하다. 악광(樂廣) 죽다.
305	2년	석빙 토벌에서 공을 세운 부장(部將) 진민(陳敏)

연도	연 호	내 용
		이 강동(江東)을 할거(割據)할 뜻을 천명하다. 강돈(江惇)·왕술(王述) 태어나다. 왕융(王戎)·좌사(左思) 죽다.
306	광희(光熙) 원년	성도(成都)를 점거한 이웅(李雄)이 제위에 올라 국호(國號)를 대성(大成)이라 하다. 성도왕(成都王) 사마영(司馬穎)이 주살(誅殺)되다. 혜제(惠帝) 죽고, 회제(懷帝) 사마치(司馬熾) 즉위하다.
307	회제 영가(永嘉) 원년	양선(陽羨)의 대호족(大豪族) 주기(周玘) 등이 진민(陳敏)의 난을 진압하다. 낭야왕(琅邪王) 사마예(司馬睿, 東晉 元帝)가 왕도(王導) 등을 데리고 건강(建康)에 입성하다. 모용외(慕容廆)가 선비대선우(鮮卑大單于)라고 자칭하다. 왕희지(王羲之) 태어나다.
309	3년	유연(劉淵)과 아들 유총(劉聰)이 낙양(洛陽)을 공격했으나 실패하다. 왕몽(王濛)·사상(謝尙) 태어나다.
310	4년	유연 죽고 유총 즉위하다. 서역승(西域僧) 불도징(佛圖澄)이 낙양에 입성하다. 곽상(郭象) 죽다.
311	5년	석륵(石勒)이 진군(晉軍)을 격파하고 왕연(王衍)을 살해하다. 전조(前趙)의 유요(劉曜)·왕미(王彌) 등이 낙양을 공격하고 회제(懷帝)를 평양(平陽)으로 납치함으로써 이른바 영가(永嘉)의 난이 일어나다. 유요는 장안(長安)도 일시 점령하다. 사마월(司馬越) 병사하다. 양침(羊忱)·지우(摯虞) 죽다.
312	6년	산간(山簡)·위개(衛玠) 죽다. 동진(東晉) 창업의 기초를 닦은 고영(顧榮) 죽다. 왕징(王澄)이 왕돈(王敦)에게 살해되다. 환온(桓溫) 태어나다.
313	민제	유총(劉聰)이 회제(懷帝)를 살해하다. 민제(愍帝)

연도	연 호	내 용
	건흥(建興) 원년	사마업(司馬業)이 장안(長安)에서 즉위하다. 고장(姑臧)을 수도로 정한 전량(前凉)이 건국되다. 조적(祖逖)이 북벌(北伐)을 주청하다. 유회(庾會) 태어나다.
314	2년	석륵(石勒)이 왕릉(王浚)을 멸하고 하북(河北)을 제압하다. 전량(前涼)의 장궤(張軌)가 죽고 아들 장식(張寔)이 뒤를 잇다. 강남(江南)의 호족(豪族) 주협(周勰, 周玘의 아들)이 반란을 일으켰다가 진압당하다. 석도안(釋道安)·지둔(支遁) 태어나다.
316	4년	유요(劉曜)가 장안을 점령하고 민제(愍帝)가 항복함으로써 서진(西晉) 왕조가 멸망하다. 사마희(司馬晞) 태어나다.
317	동진(東晉) 원제 건무(建武) 원년	동진(東晉) 원제(元帝) 사마예(司馬睿)가 진왕(晉王)이라 칭하다. 민제(愍帝)가 평양(平陽)에서 유총(劉聰)에게 살해당하다. 갈홍(葛洪)이 《포박자(抱朴子)》를 짓다.
318	태흥(太興) 원년	사마예(司馬睿)가 즉위하여 동진(東晉) 왕조가 시작되다. 유총 죽다.
319	2년	한왕(漢王) 유요가 장안에 도읍을 정하고 전조(前趙)를 건국하다. 석륵(石勒)이 유곤(劉琨)의 군대를 격파하고 산서(山西) 북부를 제압하여 후조(後趙)를 건국하다. 하순(賀循) 죽다.
320	3년	사마욱(司馬昱, 東晉 簡文帝)·사안(謝安)·축법태(竺法汰) 태어나다.
321	4년	조적(祖逖) 죽다. 순선(荀羨) 태어나다.
322	명제 영창(永昌) 원년	왕돈(王敦)이 제1차 반란을 일으켜 사마민왕(司馬愍王, 司馬丞)·조협(刁協)·주의(周顗) 등을 격파하고 살해하다. 원제(元帝) 죽고, 명제(明帝)

연도	연 호	내 용
		사마소(司馬紹) 즉위하다. 왕도(王導)가 보좌하다. 사마악(司馬岳) 태어나다.
324	영녕(永寧) 2년	왕돈(王敦)이 제2차 반란을 일으켰다가 실패하고 병사(病死)하다. 곽박(郭璞) 죽다.
325	3년	명제(明帝) 죽고 성제(成帝) 사마연(司馬衍) 즉위하다. 외척(外戚) 유량(庾亮)이 정권을 전횡하다.
326	성제 함화(咸和) 원년	등유(鄧攸) 죽다.
327	2년	소준(蘇峻)·조약(祖約) 등이 반란을 일으키다.
328	3년	소준이 수도 건강(建康)을 함락시키다. 양만(羊曼)·환이(桓彝)가 난중(亂中)에 죽다. 원굉(袁宏) 태어나다.
329	4년	도간(陶侃)·치감(郗鑒)·온교(溫嶠) 등이 소준(蘇峻)의 난을 평정하고 건강을 탈환하다. 조약(祖約)은 석륵(石勒)에게 피신했다가 살해당하다. 전조(前趙) 멸망하다. 온교 죽다.
330	5년	후조(後趙)의 석륵이 칭제(稱帝)하다. 왕도(王導) 죽다. 왕온(王蘊) 태어나다.
334	9년	성한왕(成漢王) 이웅(李雄) 죽고 아들 이반(李班)이 계승하다. 도간(陶侃) 죽다. 왕수(王脩)·혜원(慧遠) 태어나다.
336	함강(咸康) 2년	치초(郗超) 태어나다. 공탄(孔坦) 죽다.
338	4년	전진(前秦)의 건국자 부견(符堅) 태어나다.
339	5년	유빙(庾氷)이 집정(執政)하다. 치감(郗鑒) 죽다. 범녕(范寧) 태어나다.
340	6년	유량(庾亮) 죽다.
342	8년	성제(成帝) 죽고 강제(康帝) 사마악(司馬岳) 즉위하다. 유빙(庾氷)·하충(何充)·저부(褚裒)가 유

연도	연 호	내 용
		조(遺詔)를 받고 정무를 보좌하다. 공유(孔愉)·육완(陸阮) 죽다. 해서공(海西公) 사마혁(司馬奕, 東晉 廢帝) 태어나다.
343	강제 건원(建元) 원년	성한왕(成漢王) 이수(李壽) 죽고 아들 이세(李勢)가 계승하다. 정서장군(征西將軍) 유익(庾翼)이 북방의 석계룡(石季龍) 토벌에 나서다. 사현(謝玄) 태어나다.
344	2년	강제(康帝) 죽고, 목제(穆帝) 사마담(司馬聃) 즉위하다. 저태후(褚太后)가 섭정하다. 유빙(庾氷) 죽다. 고개지(顧愷之)·왕헌지(王獻之) 태어나다.
345	목제 영화(永和) 원년	장준(張駿)이 양왕(涼王)을 칭하고 전량(前涼)을 건국하다. 유익(庾翼)·제갈회(諸葛恢) 죽다.
346	2년	하충(何充) 죽다. 장천석(張天錫, 前涼의 君主) 태어나다.
347	3년	환온이 촉(蜀)을 정벌하여 성한왕(成漢王) 이세(李勢)가 항복하다. 왕몽(王濛) 죽다.
348	4년	환온이 정서대장군(征西大將軍)이 되다. 고승(高僧) 불도징(佛圖澄) 죽다.
349	5년	후조(後趙)의 석호(石虎)가 칭제(稱帝)했다가 곧 죽다. 저부(褚裒) 죽다.
350	6년	염민(冉閔)이 후조(後趙)를 멸하고 대위(大魏)를 건국하다. 사마무기(司馬無忌) 죽다.
351	7년	부건(符健)이 전량(前涼)을 멸하고 전진(前秦)을 건국하다. 고화(顧和) 죽다.
353	9년	왕희지(王羲之)가 〈난정집서(蘭亭集序)〉를 짓다. 강돈(江惇) 죽다.
354	10년	은호(殷浩)가 북벌에 실패하여 관직을 박탈당하고 동양군(東陽郡)으로 좌천되다. 환온이 실권을 장악하다.

연도	연호	내용
355	11년	전진(前秦)의 부건(符健) 죽다.
356	12년	환온이 북벌하여 낙양을 탈환하다. 유유(劉裕, 宋武帝) 태어나다. 채모(蔡謨) 죽다.
357	승평(升平) 원년	부견(符堅)이 부생(符生)을 제거하고 전진(前秦)의 군주가 되다. 왕수(王脩) 죽다.
358	2년	순선(荀羨)·사상(謝尙) 죽다.
359	3년	사만(謝萬)이 수춘(壽春)의 전쟁에서 전연(前燕)의 모용준(慕容儁)에게 패하다.
361	5년	목제(穆帝) 죽고, 애제(哀帝) 사마비(司馬丕) 즉위하다. 환온이 연군(燕軍)을 격파하고 허창(許昌)을 수복하다. 이세(李勢) 죽다.
362	애제 융화(隆和) 원년	환온이 낙양으로 천도(遷都)할 것을 상소하다. 사마요(司馬曜, 東晉 孝武帝) 태어나다.
364	흥녕(興寧) 2년	회계왕(會稽王) 사마도자(司馬道子) 태어나다. 갈홍(葛洪) 죽다.
365	3년	애제(哀帝) 죽고, 폐제(廢帝) 사마혁(司馬奕) 즉위하다. 승가제파(僧伽提婆)가 장안에 입성하다. 왕희지(王羲之) 죽다.
366	폐제 태화(太和) 원년	지둔(支遁) 죽다.
368	3년	왕술(王述) 죽다.
369	4년	환온이 재차 북벌을 단행했지만 전연(前燕)에게 패하다.
371	간문제 함안(咸安) 원년	환온이 폐제(廢帝)를 폐하고 간문제(簡文帝) 사마욱(司馬昱)을 옹립하다.
372	2년	유희(庾希)·유막(庾邈) 등이 환온 토벌에 나섰으나 패사하다. 간문제(簡文帝) 죽고, 효무제(孝武帝) 사마요(司馬曜) 즉위하다. 공순지(孔淳之) 태어나다.

연도	연 호	내 용
373	효무제 영강(寧康) 원년	전진(前秦)이 촉(蜀) 지방을 탈취하다. 환온 죽다.
374	2년	축법심(竺法深) 죽다. 부량(傅亮) 태어나다.
376	태원(太元) 원년	전진(前秦)이 전량(前涼)을 병합, 십익건(什翼犍)의 대국(代國)을 공격하여 양분(兩分)하다. 원굉(袁宏) 죽다.
377	2년	환활(桓豁)·치초(郗超) 죽다.
381	6년	환충(桓沖)의 부장(部將) 환석건(桓石虔)이 전진(前秦)의 침공을 격퇴하다. 사마희(司馬晞) 죽다.
382	7년	전진(前秦)이 여광(呂光) 등을 파견해 서역(西域) 원정에 나서다. 산도(山濤) 죽다.
383	8년	동진(東晉)의 사석(謝石)·사현(謝玄)이 비수(淝水)의 전쟁에서 전진(前秦)의 부견(符堅)을 대패시키다.
384	9년	모용수(慕容垂)는 후연(後燕)을, 요장(姚萇)은 후진(後秦)을, 모용충(慕容沖)은 서연(西燕)을 각각 건국(建國)하다. 왕온(王蘊) 죽다.
385	10년	전진(前秦)의 부굉(符宏)이 동진(東晉)에 항복하고 부견(符堅)이 요장에게 살해됨으로써 전진이 멸망하다. 전진의 부장(部將) 여광(呂光)이 고장(姑臧)에서 독립하여 후량(後涼)을 건국하다. 사안(謝安)·석도안(釋道安) 죽다. 왕혜(王惠)·사영운(謝靈運) 태어나다.
386	11년	사마혁(司馬奕, 廢帝)·왕헌지(王獻之) 죽다. 혜원(慧遠)이 여산(廬山)에 들어가다.
387	12년	축법태(竺法汰) 죽다.
388	13년	사현(謝玄)·사석(謝石)·환석건(桓石虔) 죽다.
390	15년	혜원(慧遠)이 여산(廬山)에서 백련사(白蓮社)를 결성하다.

연도	연 호		내 용
391		16년	승가제파(僧伽提婆)가 여산에서 불경을 번역하다.
394		19년	후진(後秦)이 전진(前秦)을 멸하고, 후연(後燕)이 서연(西燕)을 멸하다.
396		21년	효무제(孝武帝) 죽고, 안제(安帝) 사마덕종(司馬德宗) 즉위하다. 회계왕(會稽王) 사마도자(司馬道子)가 실권을 장악하다. 왕공(王恭)이 북부군(北府軍)을 통솔하여 사마도자에게 내정 개혁을 요구하다. 대규(戴逵) 죽다.
398	안제 융안(隆安)	2년	왕공이 사마도자의 전횡을 타도하기 위해 거병했다가 패사(敗死)하다.
399		3년	손은(孫恩)이 난을 일으키다. 환현(桓玄)이 은중감(殷仲堪)을 격파하고 서부(西府)의 장(長)이 되다. 법현(法顯)이 천축국(天竺國)으로 구법여행(求法旅行)하다. 왕응지(王凝之)·은중감(殷仲堪)·양전기(楊佺期) 죽다.
400		4년	이고(李暠)가 서량(西涼)을 건국하다. 사염(謝琰)이 손은(孫恩)의 난에서 죽다.
401		5년	저거몽손(沮渠蒙遜)이 단업(段業)을 살해하고 북량국(北涼國)을 탈취하다. 원산송(袁山松)이 손은의 난에서 죽다.
402	원흥(元興)	원년	손은이 해도(海島)로 쫓겨갔다가 자살하다. 환현이 건강을 제압하고 회계왕(會稽王) 사마도자(司馬道子)와 그의 아들 사마원현(司馬元顯)을 살해하다. 유뇌지(劉牢之) 자살하다.
403		2년	환현이 선양(禪讓) 형식으로 안제(安帝)로부터 제위를 찬탈하고 국호(國號)를 초(楚)라고 하다.
404		3년	유유(劉裕)가 환현을 토벌하고 안제를 복위(復位)시키다. 환현 죽다.
405	의희(義熙)	원년	고개지(顧愷之) 죽다.

연도	연 호	내 용
409	5년	유유가 남연국(南燕國)을 멸하다.
411	7년	손은(孫恩)의 잔당(殘黨)인 노순(盧循)이 교주(交州) 용편(龍編, 베트남 하노이) 부근까지 도망갔다가 자살하다.
412	8년	유유가 유의(劉毅)를 토벌하다. 유의 자살하다. 유번(劉藩)·사혼(謝混) 죽다.
416	12년	고승(高僧) 혜원(慧遠) 죽다.
417	13년	후진(後秦) 멸망하다. 유유가 한때 장안을 탈환하다.
420	공제 원희(元熙) 2년	동진(東晉) 멸망하다. 유유가 송조(宋朝)를 개국하고 즉위하여 무제(武帝)가 되다.

삼국(三國) 시대와 진송(晋宋) 시대 세계표(世界表)

후한(後漢)

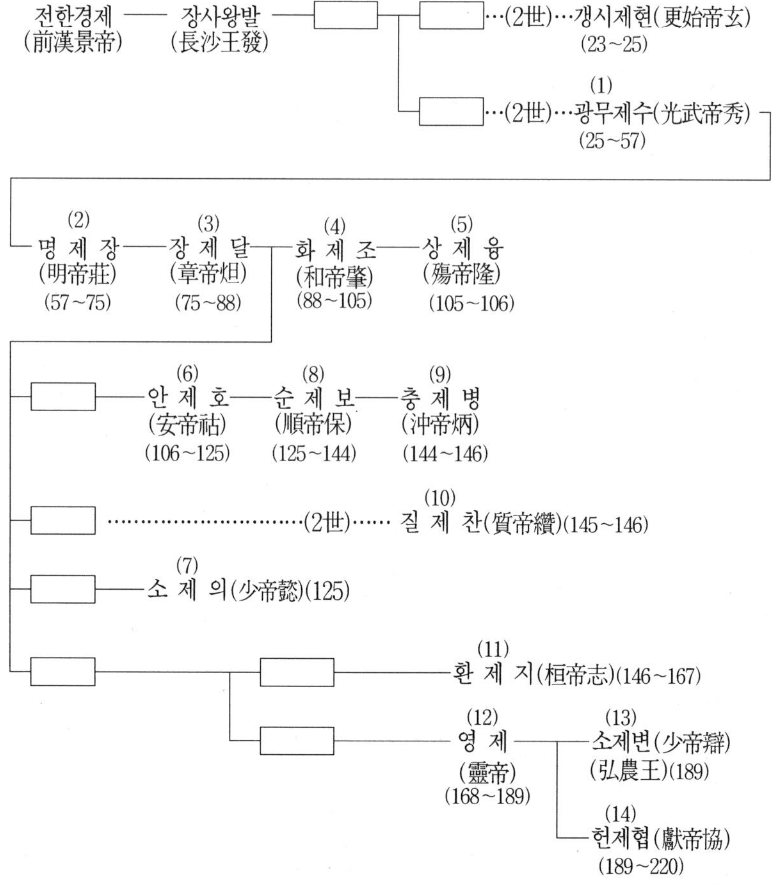

삼국(三國)시대

● 위(魏, 曹氏)

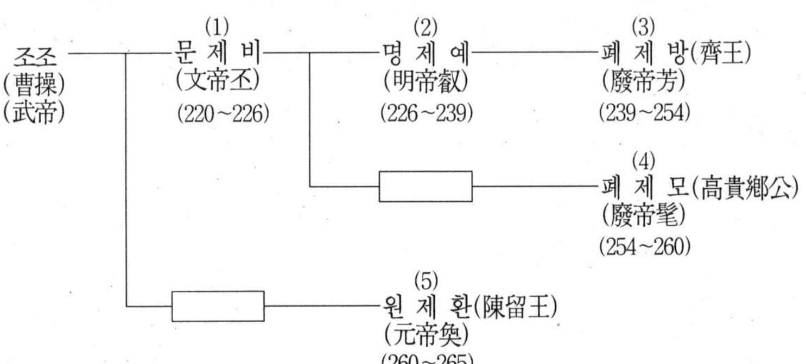

● 촉한(蜀漢, 劉氏)

(1)
선 주 비(昭烈帝) ———— (2) 후 주 선
(先主備) (後主禪)
(221~223) (223~263)

● 오(吳, 孫氏)

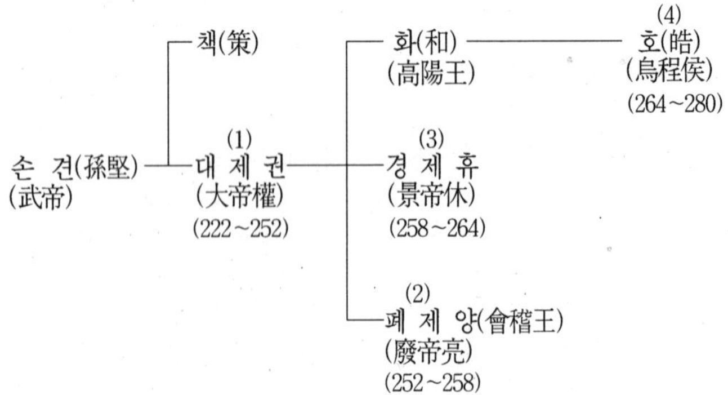

● **진**(晉, 西晉 · 東晉 司馬氏)

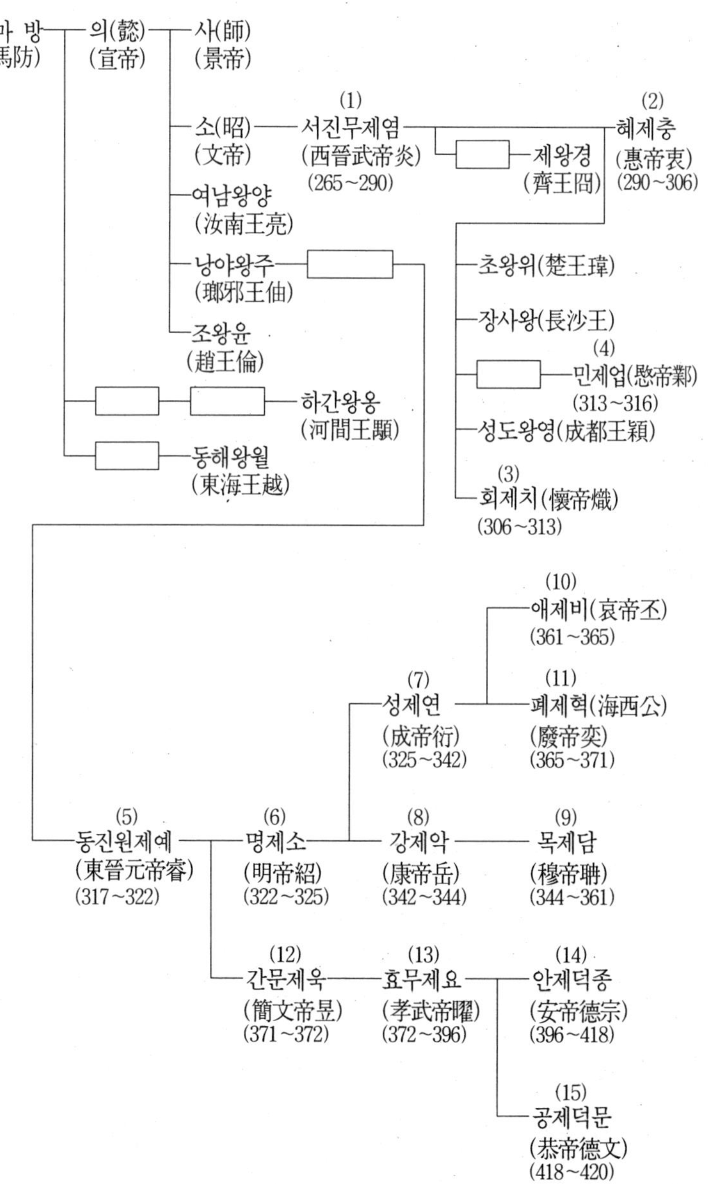
사 마 방
(司馬防)
의(懿)
(宣帝)
사(師)
(景帝)
소(昭)
(文帝)
(1)
서진무제염
(西晉武帝炎)
(265~290)
제왕경
(齊王冏)
(2)
혜제충
(惠帝衷)
(290~306)
여남왕양
(汝南王亮)
낭야왕주
(瑯邪王伷)
조왕윤
(趙王倫)
하간왕옹
(河間王顒)
동해왕월
(東海王越)
초왕위(楚王瑋)
장사왕(長沙王)
(4)
민제업(愍帝鄴)
(313~316)
성도왕영(成都王穎)
(3)
회제치(懷帝熾)
(306~313)
(10)
애제비(哀帝丕)
(361~365)
(7)
성제연
(成帝衍)
(325~342)
(11)
폐제혁(海西公)
(廢帝奕)
(365~371)
(5)
동진원제예
(東晉元帝睿)
(317~322)
(6)
명제소
(明帝紹)
(322~325)
(8)
강제악
(康帝岳)
(342~344)
(9)
목제담
(穆帝聃)
(344~361)
(12)
간문제욱
(簡文帝昱)
(371~372)
(13)
효무제요
(孝武帝曜)
(372~396)
(14)
안제덕종
(安帝德宗)
(396~418)
(15)
공제덕문
(恭帝德文)
(418~420)

5호(胡) 16국

● 전조(前趙, 漢劉氏 匈奴)

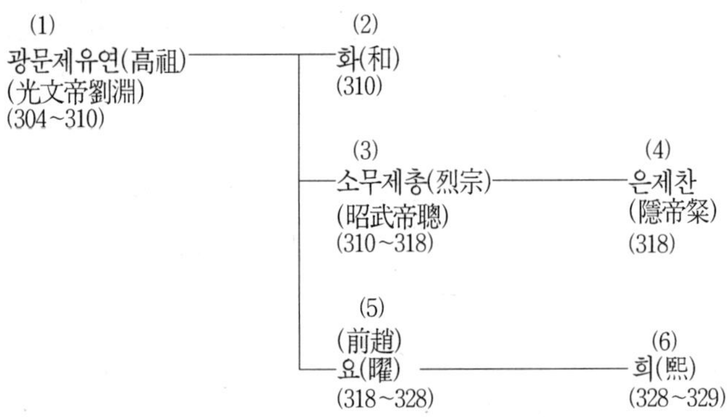

● 후조(後趙, 石氏 羯)

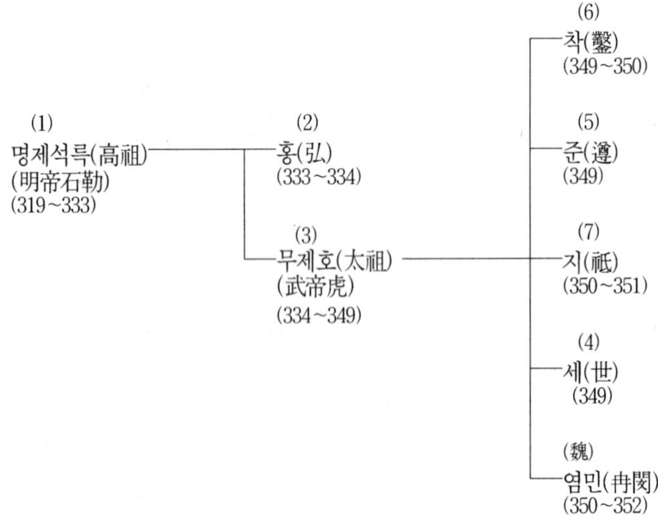

● **연**(燕, 前燕 · 後燕 · 南燕 · 西燕 · 慕容 · 鮮卑)

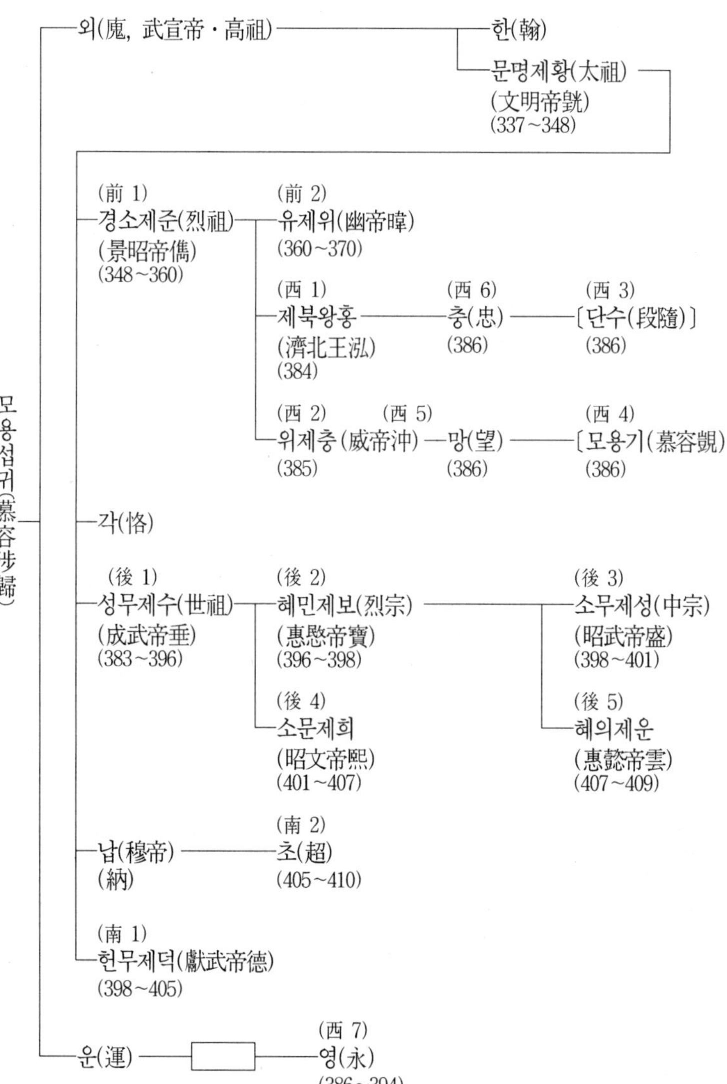

● **전진**(前秦, 符氏 氐族)

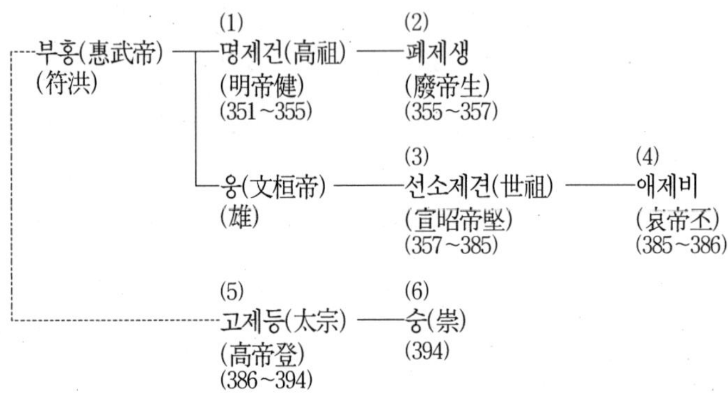

● **후진**(後秦, 姚氏 羌族)

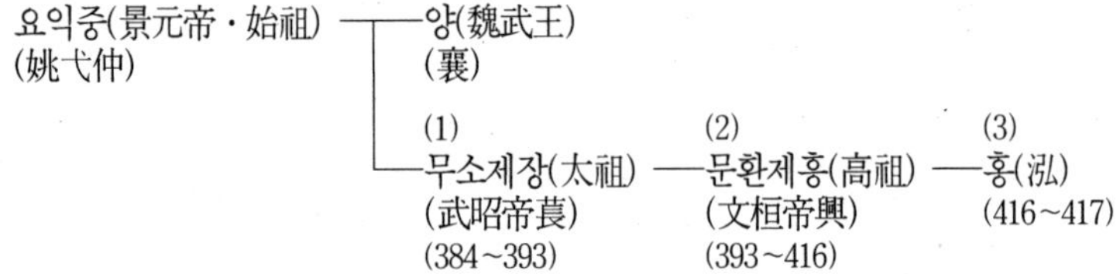

● **위한**(威漢, 李氏 氐族)

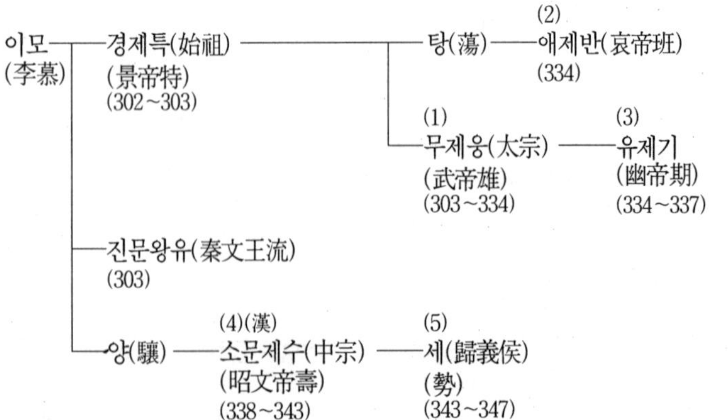

●**전량**(前涼, 張氏)

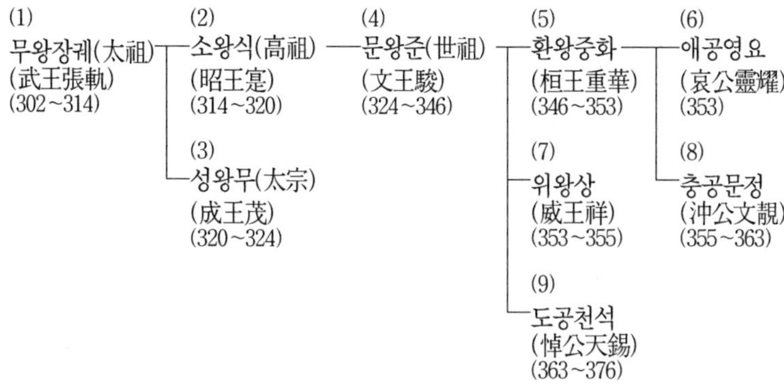

●**후량**(後涼, 呂氏 氐族)

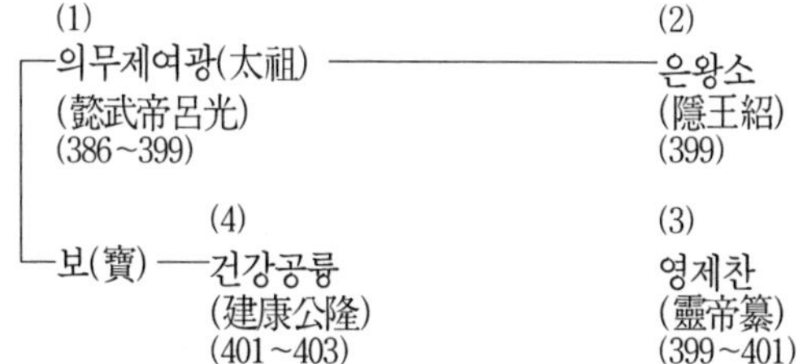

●**서진**(西秦, 乞伏氏 鮮卑)

●북연(北燕, 馮氏)

(1)
문성제풍발(太祖)
(文成帝馮跋)
(409~430)

(2)
소성제홍
(昭成帝弘)
(430~436)

●남량(南涼, 禿髮氏 鮮卑)

(1)
무왕독발오고(烈祖)
(武王禿髮烏孤)
(397~399)

(2)
강왕이록고
(康王利鹿孤)
(399~402)

(3)
경왕녹단
(景王傉檀)
(402~414)

●북량(北涼, 沮渠氏 匈奴)

(1)
단업
(段業)
(397~401)

(2)
무선왕저거몽손(太祖)
(武宣王沮渠蒙遜)
(401~433)

(3)
애왕목건
(哀王牧犍)
(433~439)

●서량(西涼, 李氏)

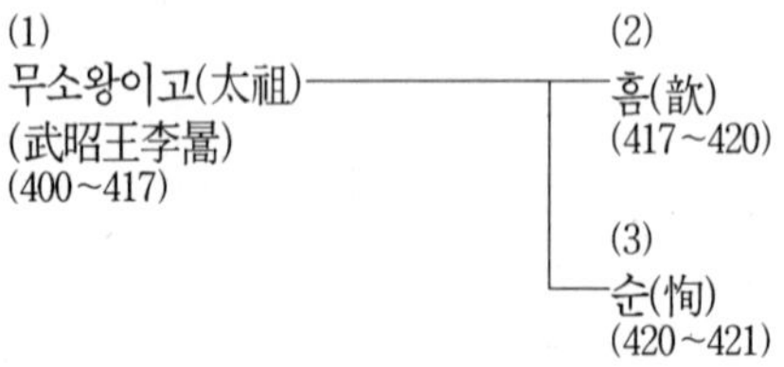

● **하**(夏, 赫連氏 匈奴)

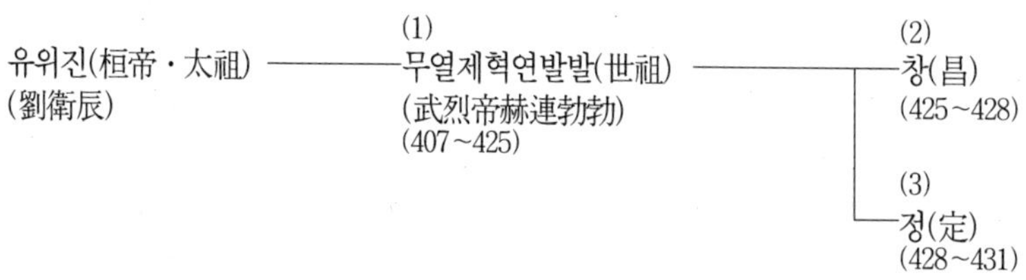

남조(南朝)

● **송**(宋, 劉氏)

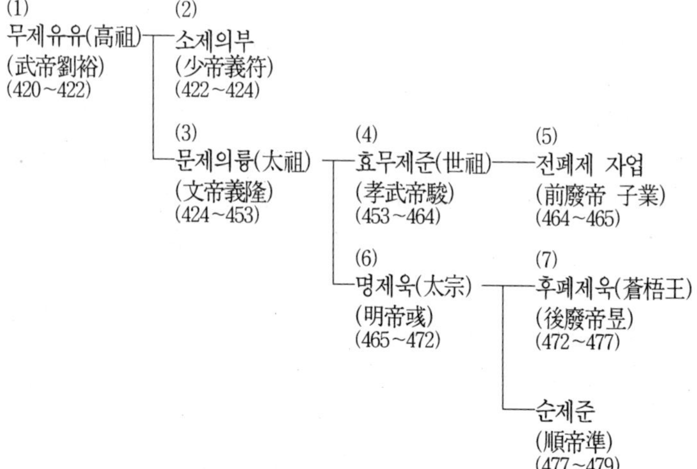

인명 색인

※ ㊤－상권 ㊥－중권 ㊦－하권

ㄱ

ㄴ

ㄷ

ㅂ

ㅅ

ㅇ

ㅈ

ㅊ

ㅌ

ㅍ

ㅎ

중요 어구 및 책명 색인

※ ㉯-상권 ㉰-중권 ㉱-하권

ㄱ

ㄴ

ㄷ

ㅁ

ㅂ

ㅅ

ㅇ

ㅈ

ㅊ

ㅌ

ㅍ

ㅎ

지명 색인

※ ㉻－상권 ㉾－중권 ㊀－하권

ㄱ

ㄴ

ㄷ

ㅁ

ㅂ

ㅅ

ㅇ

유주(劉注) 인용 문헌 색인

※ ㉯-상권 ㉰-중권 ㉱-하권

ㄱ

ㄴ

ㄷ

ㅁ

ㅂ

ㅅ

ㅇ

ㅈ

新完譯 世 說 新 語 (下)

初版 1 刷 發行 ●2006年 5月 30日

初版 3 刷 發行 ●2019年 9月 20日

撰 者●劉 義 慶

譯 者●安 吉 煥

發行者●金 東 求

發行處●明 文 堂(1923. 10. 1 창립)
서울 종로구 윤보선길61(안국동)
우체국 010579-01-000682
전화 (영) 733-3039, 734-4798
(편) 733-4748
FAX 734-9209
Homepage : www.myungmundang.net
E - mail : mmdbook1@hanmail.net
등록 1977. 11. 19. 제1～148호

값 25,000원
ISBN 89-7270-812-7 94150
ISBN 89-7270-052-5 (세트)